日本建築史講義

木造建築がひもとく技術と社会

海野聡 著

学芸出版社

まえがき

　法隆寺をはじめとする日本の古建築。ほとんどの人が一度は目にしたことはあるでしょう。国宝や重要文化財に指定されているものも多いですが、この本で取り上げる建物の大半は観光ガイドやカルチャーセンターでは出てこないものばかりです。古建築に向き合うときには、第一印象、すなわち感性が大事ですが、一般向けの概説書や部材名・様式などの知識を詰め込んだだけでは、古建築の真の理解にはつながりません。それぞれ未熟な技術であった時代から技術変革を経て発展していく様子、個々の建築の構成・細部に向き合い、歴史の「流れ」を意識することで、自身の感性と知識が有機的につながっていきます。その意味では、日本建築の鑑賞眼を養うのにも役立つでしょう。

　さて、この本は２０１９年度から２０２０年度にかけて、東京大学で行った「都市建築史概論」計7回、「日本建築史」計13回、「日本住宅建築史」計7回の講義のうち、20回分をまとめたものです。一部、内容を圧縮・削除した部分もありますが、ライブ感も伝えるべく、なるべく講義の内容そのままの構成としています。それでも1コマ１０５分で20回分、講義時間にして35時間分の内容にたじろいでしまうかもしれません。さらに、日本建築史というと、工学部建築学科の理系の講義で、とっつきにくいイメージを持たれる方もいるでしょう。確かに聴講する学生は建築学科や工学部の学生が大半ですが、日本史、美術史、インド哲学など、様々な分野の学生が参加してくれています。数式は出てきませんし、むしろ日本史の成果による社会的背景、発掘調査で得られる考古学的な知見、美術史の観点など、建築に限らない幅広い話題が多く出てきます。

というのも私が20代のころ、美術史の研究仲間から「建築史は入れ物ばかり見ている」と言われたことがあったからです。少しムッともしたのですが、実は核心を突いた言葉です。仏堂であれば、仏像が主役、この視点は欠かせません。また儀式など建物の使い方も設計に深くつながっています。そのため講義でも建築ばかりではなく、仏像・生活・道具・社会など、幅広く触れることを心掛けているのです。その意味では、ほかの日本建築史の教科書とは毛色が異なるかもしれません。

さりとて、建築が中心ですから、まず最低限の木造建築の基本構造を知ることは重要です。これを理解したうえで、古建築に向き合った方がわかりやすいため、1回・2回目の講義でお話ししています。そして原始住居から古代、そして中世、近世とおおむね時間軸に沿って講義を進めています。ひとつひとつの建物の知識・用語・設計やデザインの理念をバラバラに習得していくのではなく、それぞれを織りなすことで、日本建築の知のネットワークを紡いでいくことを目指しています。なかには何度も登場する建築もありますので、巻末の索引を使って、本の中を横断してみてください。

またこの本で、寺社建築については古代・中世に重きが置かれていますが、これにも理由があります。もちろん近世の寺社建築にも良いもの、重要なものはたくさんありますが、古代・中世の建築の延長で理解することができます。むしろ古代・中世の建築を理解することが、近世の建築、ひいては日本建築史の本質をつかむことにつながるのです。
この本を読むにあたっては、通史を記した拙著『建物が語る日本の歴史』(吉川弘文館、2018年)との関係を述べておきたいと思います。前著が建築の社会的意義、すなわちコトを中心に述べたのに対し、この本は建築の技術や細部といったモノに重きを置いています。そのため、二冊を合わせて読むことで、多彩な世界観に触れ、日本建築史の理解の促進という相乗効果を狙っています。この本が日本建築史の理解を深めるとともに、日本建築の鑑賞の一助になることを願っています。

海野　聡

目次

1章　木造建築の理解への第一歩

1　木造建築の基本構造

◇木造建築の基本（基礎・軸部・組物・屋根）

前近代の日本建築のほとんどは木造建築で、その成り立ちは日本建築史の理解に欠かせません。そのため歴史の話に入る前に、日本の木造建築の構造の成り立ちをお話ししましょう。木造建築には原始の構法から現在のプレハブ住宅にいたるまで共通した部分があります。

木造建築の基本的な構成として、建物の下に石やコンクリートなどの「基礎」があり、その上に「柱」を立てます。柱と柱を繋ぐものが「梁」。そして梁と直交する方向にかかる「桁」。これらを「軸部」と言います。軸部は建物の根幹を成し、最も大切です。

柱の上に「組物」がのる場合があります。組物は寺院や

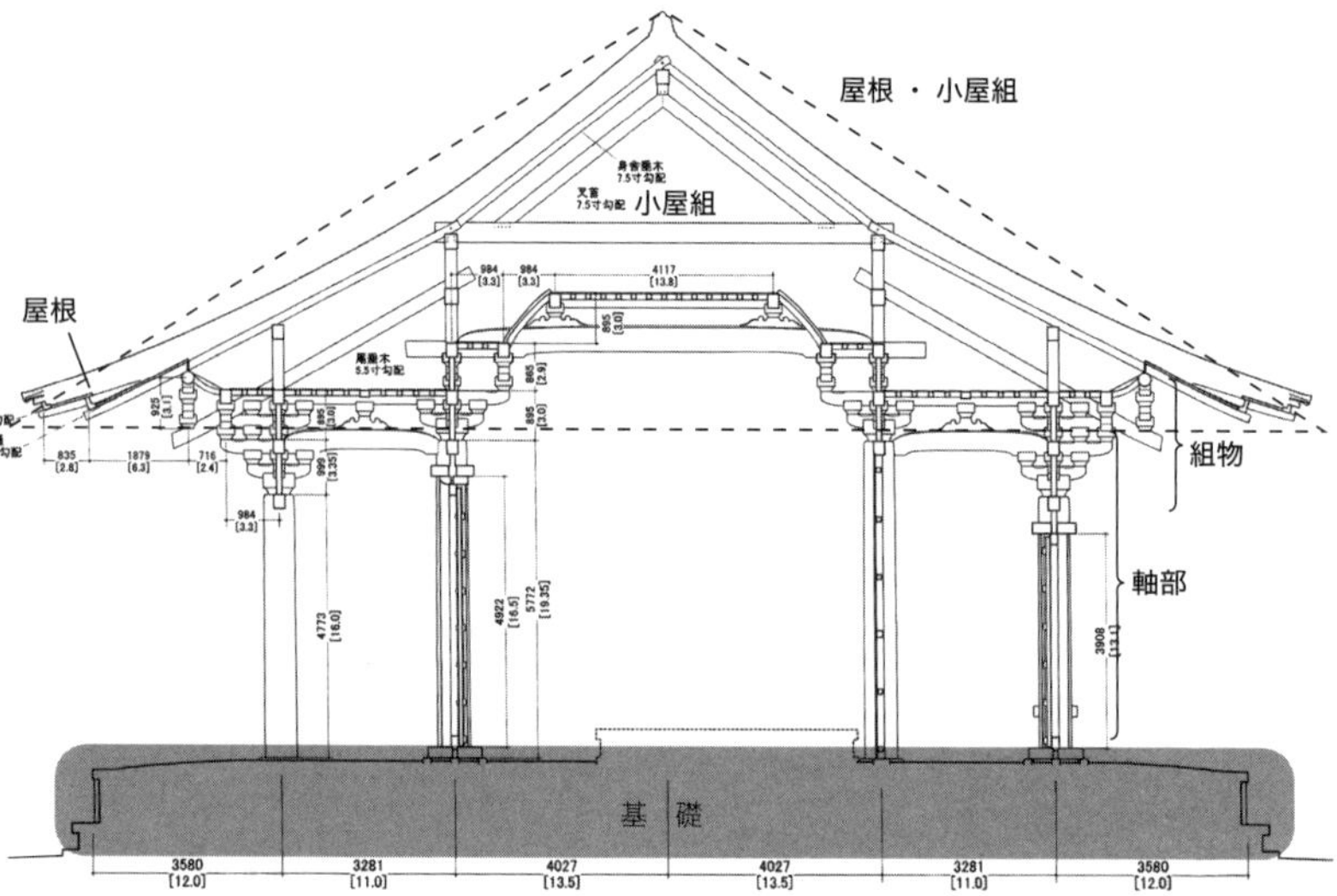

図１・１　日本の木造建造物の各部（出典：唐招提寺金堂復原断面図、奈良県教育委員会『国宝唐招提寺金堂修理工事報告書』2009 年、936 頁を一部改変加筆）

神社で見られるもので、東アジア中国や韓国の前近代に共通して見られ、装飾的・構造的に意味があるものですが、一般的な住宅にはかつても現代もほぼ使われません。最後に、屋根と小屋組があります。このように建築は大きく「基礎部分」「軸部」「組物」「屋根」で構成されます（図１・１）。

日本の建築は建物に対して大きな屋根があることが特徴的です。組物や小屋組の技術的な革新によって屋根の形は変化してきました。この辺りが日本の木造建築を理解する上で１つのキーになります。実際に建つ建物の実測調査でも軸部や組物、小屋組などがどう積み重なり構成されているかをよく観察して描くことが大切になります。

ちなみに発掘調査ではほとんどの場合、基礎よりも下の部分しか出てきません。しかしここにも建築に関する情報はたくさん残っています。例えば柱の位置が残っているかもしれないし、屋根の先端と基壇《きだん》の端は大体一致します。つまり基壇の大きさがわかれば屋根の大きさを類推できます。間接的な情報を蓄積することで過去の建築の情報を引き出す、これが発掘調査で建築情報を得るということです。

◇各部の名称

例えば柱を横で繋ぐ部材を貫《ぬき》や長押《なげし》といいます。柱の外から打ち付ける「長押」、柱の中を貫通させる「貫」で使い分けられます（図1・2）。長押は建物が建った後からでも横から打ち付けることができますが、貫は後から柱の間に入れるのが大変です。

最も馴染みがある長押は「内法《うちのり》長押」です。扉や出入り口の高さは内法高さと呼ぶので内法長押と言います。今でも旅館・住宅の和室がある部屋には長押があることも多く、長押の断面は三角形でハンガーを掛けられるところです。その上に「頭貫《かしらぬき》」があり柱の上から材を落とし込みます。

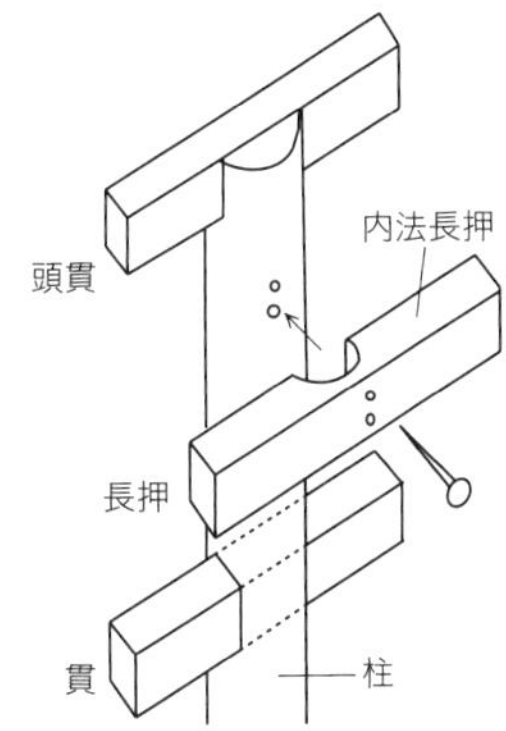

図1・2　長押と貫

さて日本建築の場合、部材が柱のどの位置にあるかによって接頭語が変わります。地面に付いていれば「地《じ》○○」、内法の高さでは「内法○○」、柱の頂部にあれば「頭《かしら》○○」と呼びます。例えば「頭貫《かしらぬき》」だけでなく同じ位置に長押があれば「頭長押」と言います。人体で言えば柱の頂部が頭、柱の真ん中よりやや下部にあれば「腰長押」と言います。

柱の上に載るプレート状の「台輪《だいわ》」は梁や桁とはまた異なる部材です。建物によってはない場合もあります。その上が「組物」です。そして屋根を支える斜め方向の材料が「垂木《たるき》」です。

◇4つの屋根形式

もう1つ覚えておくべきことが4つの伝統的な屋根の形です（図1・3）。一番単純な屋根のかけ方は本を山折りにして下にできる空間です。この一番簡単な方法が「切妻造《きりづまづくり》」です。切妻造の周りにぐるっと廂をまわすと「入母屋造《いりもやづくり》」になります。

入母屋造に似ていますが小さな三角がないものが「寄棟造《よせむねづくり》」です。寄棟造は後の時代になると減り「入母屋造」が多くなりますが、奈良時代には寄棟造が中国で格式

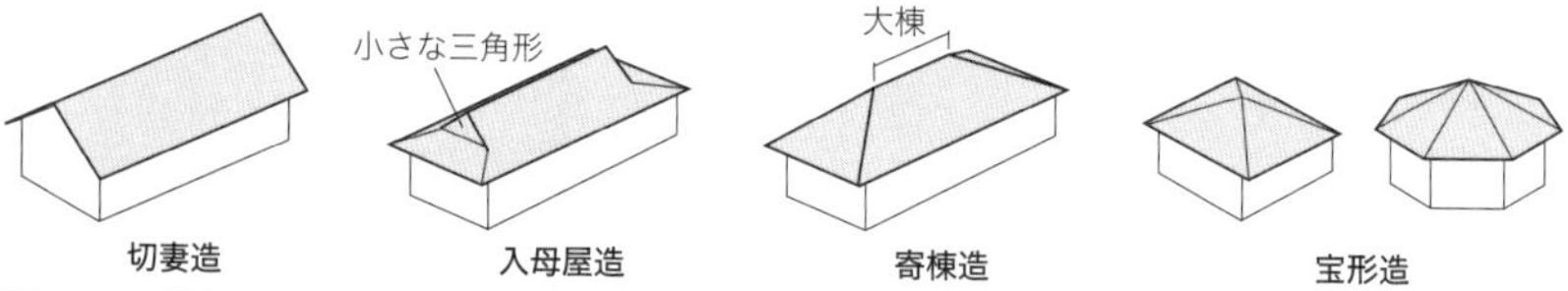

図1・3　様々な屋根形状

図1・4　様々な葺き材

の高い形式と考えられ、よく用いられました。

もう1つが「宝形造《ほうぎょうづくり》」です。棟がなく頂点1点から各辺に屋根が延びている形です。典型的なものは夢殿で、平面が正方形や正六角形、正八角形で、錐の形となって屋根をつくるのが「宝形造」です。

◇様々な葺き材

屋根には色々な葺き材があります（図1・4）。伝統的なものに「茅《かや》葺（草葺き）」があります。茅や葦《あし》などは水草を重ねていますが、茅は単独で水を弾くのではなく、重ねることで水の進入を防ぐので、瓦や檜皮《ひわだ》、柿《こけら》よりも厚くなります。

瓦が入ってくる前には檜皮葺《ひわだぶき》が用いられていました。ヒノキの樹皮を何枚も重ねる日本固有の方法です。平安時代以降、特に神社を中心によく使われましたが、寺院でも用いられています。もう1つが「柿葺《こけらぶき》」で1枚1枚が薄い板を何枚も重ねることで、雨の浸透を防いでいます。

瓦葺は元々寺院建築とともに大陸から入ってきたと

されます。後の時代では一般住宅で使われますが、元々瓦は寺院や宮殿を中心に使われました。現代の瓦は軽量化が進んでいますが、昔の瓦は土をこねて焼きそれを何百、何千枚も葺くので屋根は非常に重くなります。そのため建物は自重をどう支えるのかが大切で、屋根が重いと構造的に不利になります。特に柱に強い荷重がかかるとズブズブと地面に入り込んで、柱は沈下するため、それを防ぐために礎石を用います。礎石を置くことで地面に伝わる力が分散し重い力にも耐えられるのです。この場合、古い方法では石の上にそのまま柱を立て、礎石と柱は固定しません。このように多くの場合、礎石と瓦葺がセットで使われます。

屋根勾配も葺き方で変わり、茅葺では雨が屋根面を流れるのではなく、茅を伝っていくので流れやすいように急勾配の屋根になります。それに対して瓦葺や檜皮葺、杮葺では雨が屋根面を伝っていくので屋根勾配はきつくなくて良いのです。このように屋根の傾斜も葺き材と関係しています。一方、現代では金属葺の例が増えています。元々茅葺だったものに金属を覆いかぶせる方法もあり、その場合、金属葺でも急勾配です。

◇本瓦葺と桟瓦葺

伝統的な建築で中心的なものは瓦葺ですが、大きく2つの方法があります。1つが朝鮮半島から伝わって以来の正式なやり方とされている「本瓦葺《ほんがわらぶき》」で、丸瓦と平瓦を2つセットで使います（図1・5）。平瓦が並ぶだけでは隙間から雨が入ってしまうので、そこに丸瓦で蓋をします。本瓦葺は屋根が重くなる問題はありますが、今でも正式なやり方とされ、寺院の本堂など技術的には簡便なやり方があるにも拘らず、あえて本瓦葺で、格式を示す場合があります。

もう1つが「桟瓦葺《さんがわらぶき》」の方法です。現代の一般的な住宅や簡素な建物の瓦葺は大抵桟瓦葺です。江戸時代以降、丸瓦と平瓦を一体にした桟瓦が使われるようになり、屋根全体も軽くなり施工も簡単で、普及していきます。この軽量化は画期的なことでした。

瓦を葺く時にまず、屋根板の上に土を載せて、そのうえに瓦を葺いていました。これを葺土《ふきつち》と言います。一方で葺土を入れるとさらに屋根が重くなり構造的にどんどん不利

図1・5　本瓦葺の詳細

になります。そのため、一般住宅でも、戦後、土と同じ空間だけつくって中を空洞にする「空葺《からぶき》」が中心になっていきます。

2　基礎と柱・梁

◇古代建築の基礎

次に基礎の話をしましょう。古代建築には3つの基礎の形式があります。まずは「掘立柱」。残念ながら古代の現存建築はありません。次が「礎石」で現在残っている重要文化財や国宝のほとんどはこの形式です。もう1つに「土台」があります。礎石建物は石の上にそのまま柱を立てますが、土台建物では土台という横木を渡して柱を立てます。

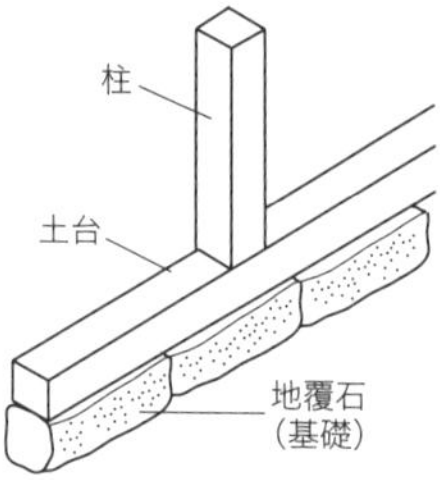

図1・6　土台と基礎の違い

ちなみに土台と基礎は違います。土台は木材を横に渡すものを指し、基礎はそれよりも下に置かれます(図1・6)。図では土台を置くための「地覆石《じふくいし》(基礎)」

を置いています。土台が使われる典型は神社です。土台は雨があたると腐りやすく地面に木が接していることから、耐久性の面でやや課題があります。

神社には御神輿や御旅所《おたびしょ》など神様は移動するという考え方があるので、礎石や掘立柱のように固定化されて同じ場所にずっとあり続ける建築とは異なる意味で土台建物が使われていると考えられています。

◇基礎と柱――掘立柱の発見

掘立柱は地面にそのまま柱を立てる方法で、柱は自立します。一方で地面に礎石を置き、その上に柱を立てただけでは、柱を横から押したら倒れてしまいます。その意味では掘立柱は合理的で世界的に使われる方法です。

しかしこの方法には1つ問題があり、雨が降って地中に水がしみこむと地中の木部が腐ってしまうため、建物の寿命が短いのです。明治時代以来の文化財調査が行われていますが、残っている建物はほとんど礎石の建物で、法隆寺金堂や東大寺大仏殿も礎石です。掘立柱の古い建築は残っていません。そのため現存建築からは掘立柱の形式が古代にあった確証がかつては得られなかったのです。

なぜ掘立柱の存在が判明したかというと、法隆寺の昭和初期の修理で、地下の発掘調査で掘立柱が見つかったのです。等間隔で並んだ木で、発見当初は建物の柱とは気付きませんでした。当時、法隆寺東院の修理中で、建築の専門家らが建築の特徴として、柱が等間隔に並ぶことを知っていましたから、均等に木が並ぶのは柱の跡かもしれないと気付いたわけです。これが法隆寺における掘立柱建物の最初の発見です。

◇掘立柱の柱穴ができるまで

掘立柱はまず柱を立てるために穴を掘ります。そこに柱を入れて穴を埋めて柱を立てます。

このままの状態では腐りやすく、長く残ることは難しいので、発掘調査では壊れた跡や柱の根元が見つかるわけです。

壊す時には柱を引っこ抜くのですが、深くまで埋まる場合には、

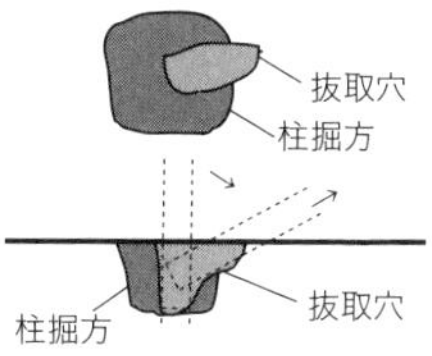

図1・7　掘立柱の柱穴の特徴

抜き取るための穴を掘り、柱を撤去して穴を埋めます。こうすると発掘現場では穴が2つ重なったように見えるのが、掘立柱の柱穴の特徴です（図1・7）。最初に柱を立てる時に掘った穴が濃いグレー、抜いた時の穴が薄いグレーです。このように掘立柱については、発掘調査とともに、建てる順番を考えることが考古学的な研究に活かされています。

◇基壇と版築

礎石の場合、大きな石を安定させて置くのは大変です。特に石の底面が穴と一致せず、底がガタガタのことが多いため、底がグラつかないように下に小さな石を置くことがあり、これを「根石《ねいし》」と言います。根石、つまり礎石を置いて柱を立てるのです。ちなみに礎石を使う時には「基壇《きだん》」を伴うことが多くあります。

興福寺中金堂（図9・2）のように、古い寺院では地表面よりも高い場所にお堂や塔があります。この理由の1つは高い所に建てることで水の影響が受けにくくするためです。木造に大敵の水を避けたのです。もう1つは高い所にあると立派に見える点です。この2つが基壇の機能と考えられており、基壇をつくる時には版築《はんちく》という方法を使うことがよくあります。

版築は数センチ単位で粘土や砂の層を交互に重ねて突き固めていき、地盤を固めます（図1・8）。土のままでは雨で流れてしまうので外側に石や瓦を置いて築き上げるのが基壇です。

◇ブータンの版築造民家

版築はブータンの伝統的な建築で今でも使われています（図1・9）。木造屋根がかかり、躯体の壁は版築で土を突き固められて構築されています。さらに版築壁には横に筋が入っていて各層で土を積み重ねている様子が表れています。

現代でも土を突き固める時には型枠をつくり、土が外に広がらないよ

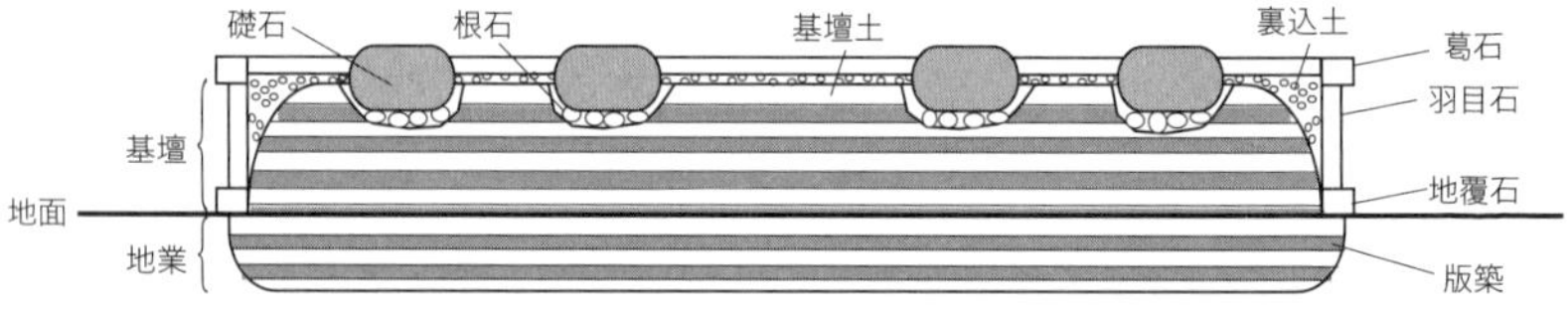

図1・8　版築と基壇

図1・9　ブータンの版築造の民家

うにしています。型枠をつくり先が大きな木を使って突き固め、それを繰り返しながらつくるのです。

おばちゃんが歌を歌いながら一定のリズムでやっていたりします。皆女性で、男性が版築をすることはあまりありません。日本の修理でも版築や土間のたたき仕上げは女性の方が上手いと言われます。男性は力を入れすぎて均等な力が加わらずムラができてしまうのに対して女性は重力を上手く使って均等にできるようです。

◇様々な基壇

基壇にも色々な種類があります（図5・1）。ある程度加工した石を綺麗に積むのは「切石積基壇《きりいしづみきだん》」や「壇正積基壇《だんじょうづみきだん》」です。もう少し簡素なものは「乱石積《らんせきづみ》基壇」で加工していない石を積むものです。瓦でも水は防げるので瓦を積む「瓦積基壇」もあります。また「磚積《せんづみ》基壇」は瓦製のレンガを積んだもの。レンガは赤いものを想像しますが、瓦を焼くのと同じようにブロックにして焼けば同じように硬い磚ができます。また木材を並べて基壇土を保護する「木製基壇」もあります。ただし木材は腐ってしまい、その痕跡が残らず、発掘調査ではほとんどわかりません。

さて現代の寺院建築の大半は入堂時に靴を脱いで入りますね。大体、床張で、床下を覗くと白い土饅頭状の漆喰で覆われた亀腹《かめばら》があります。特に平安時代以降、床を張って縁《えん》を用いるようになると亀腹に変化していきます（図1・10）。

◇柱の形状——丸柱と角柱

軸部と架構を見ていきましょう。まず柱の形状が重要です。日本建築には丸い柱と四角い柱の2つがあります。現代住宅では大抵四角

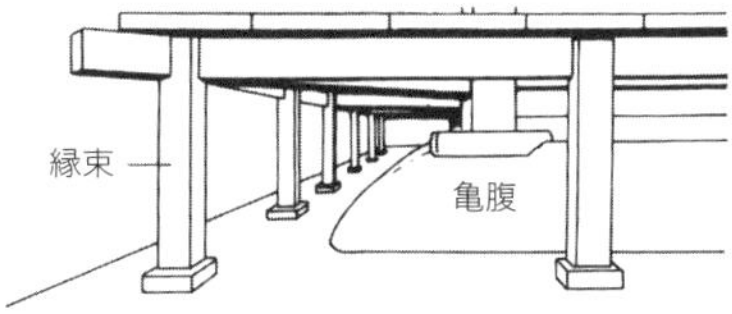

図1・10　縁と亀腹（出典：奈良文化財研究所『古代の官衙遺跡Ⅰ』遺構編、2003年、71頁）

の柱ですが、古代以来丸柱が正式でした。薬師寺東塔《とうとう》では中心部が全部丸柱で外周は角柱です。中心は大事なので正式な丸柱、外の裳階《もこし》は角柱としていて（図8・6）、建物の格式を示すサインとして使われます。

一方で、角柱は実用性があります。丸柱では柱と扉の間に隙間ができるので「辺付《へんつけ》」という角材を入れる必要があります。そのため後の時代では最初から角断面の柱を用いるようになるのです。しかし後世の寺院でも仏像を祀る後ろの来迎《らいごう》壁前の来迎柱だけは正式な丸柱にすることもあります。このように柱の形から、どこが大事かわかるのです。

◇基本の架構

以上のように、日本の建築は柱を立てて梁をかけ、その上に桁と棟木を置いて、上から垂木をかけます。2本の柱を立てて梁をかける形は鳥居のような形状です。鳥居状の構造は手前から奥に押せば倒れてしまい安定しません。したがって3次元的に連続して奥に並べ、そこに桁を置くことで安定させます（図1・11）。これが日本建築の基本的な構成です。

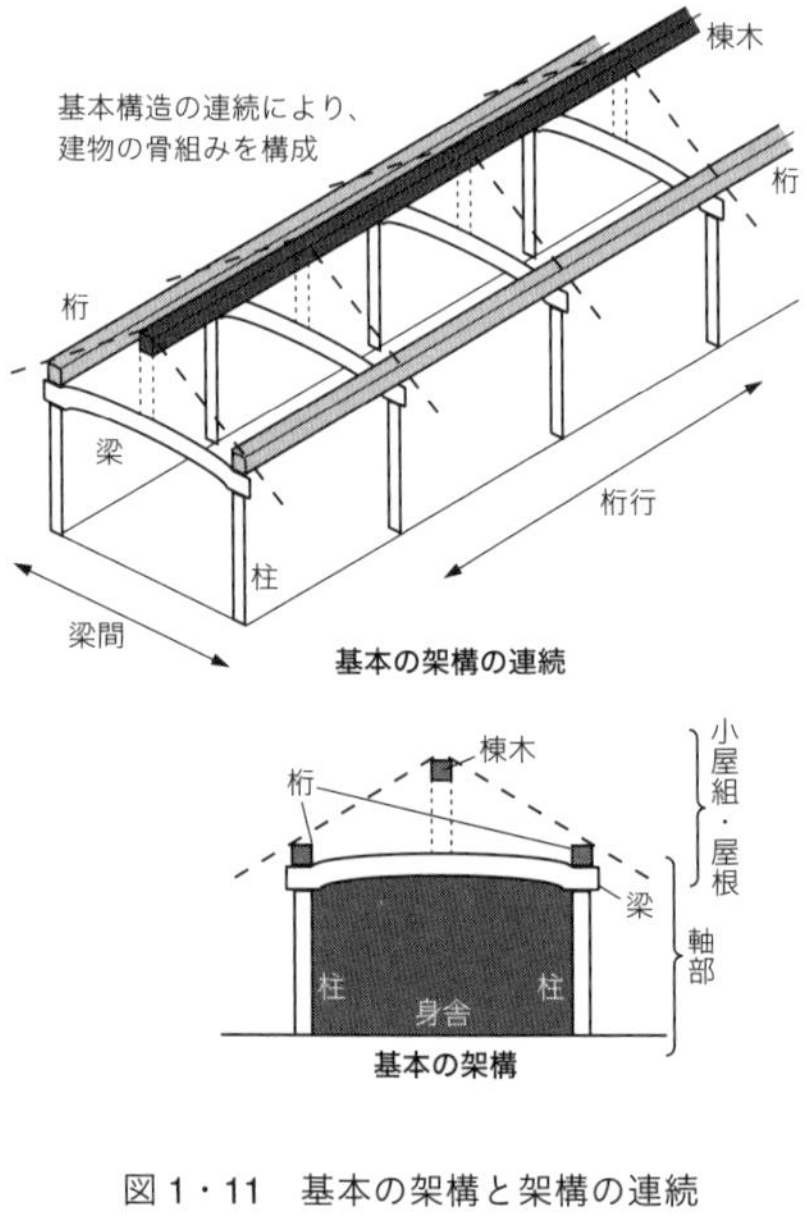

図1・11　基本の架構と架構の連続

梁がかかる方向のことを「梁間《はりま》」、棟木と平行する方向を「桁行《けたゆき》」と言います。梁間と桁行は基本的な構造と組み合わせて、建物の大きさや構造を理解するきっかけとなります。

3　建物の規模

◇桁行・梁間と妻入・平入

日本建築において独特なのが建物の大きさの考え方です。

建物規模は柱と柱の間の数で表現します。柱の間のことを1間《いっけん》と言い、柱間が5つあれば「桁行5間」とある程度大きさがわかります（図1・12）。「桁行○間、梁間○間」の呼び方が木造建築を考える第一歩になります。ところが柱間《はしらま》の寸法はどの建物も同じではありません。大きな柱間もあれば小さいものもあります。間数《けんすう》は絶対値（寸法）ではありませんので注意してください。

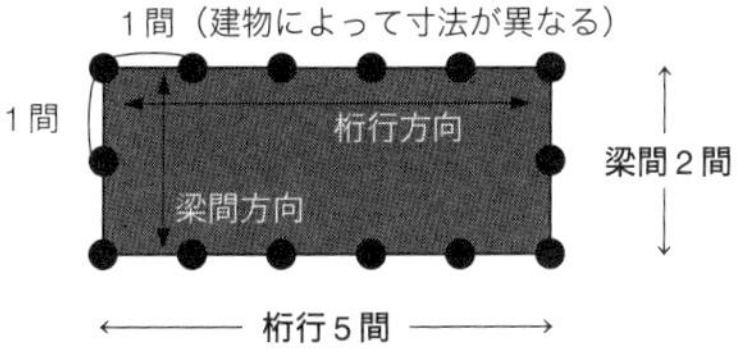

図1・12　桁行・梁間と平入・妻入

もう1つ建物の入り口によっても分類があります。大棟と直交する長手方向から入るものを「平入《ひらいり》」、逆に梁間方向から入るものを「妻入《つまいり》」と言います。世界的には恐らく平入の方が多いですが、日本は妻入も多く見られます。建物への入り方の違いは地域性や文化を表します。なぜ妻入・平入というのかというと、梁間方向の三角形が見える部分を「妻側」と言い、長手の桁行方向の部分を「平側」というからです。

建物はどう拡大されていくのでしょうか。基本的な断面を長く連続すれば細長い建物ができることは想像できます。一方で、奥行方向に大きくするには梁を長くする必要がありますが、長大な材はなかなかありません。つまり奥行方向はかかる梁の長さや大きさによって限界があるわけです。

◇大木の入手方法と木造建築

大木の入手困難の典型例が東大寺大仏殿（図14・5）で、江戸時代にも全国各地で大梁の材を探しています。初代の東大寺大仏殿は奈良時代中期（７５８）にでき、約４００年後の治承4年（１１８０）に焼けています。二代目の大仏殿がその後１１９５年に建てられますが松永久秀らの戦闘によって１５６７年に焼けてしまいます。三代目に建てられたのが今の大仏殿（１７０８）で、桁行7間ですが、奈良時代の方が大きく、桁行11間です。江戸時代の再建時の経済的事情もありますが、梁間方向にかける大梁を手に入れるのに苦労したわけです。

大仏殿の木をどこから持ってきたかを比べると時代ごと

の森林環境もよくわかります。現在の大仏殿は桁行約50m、梁間約50mで正方形に近い平面をしています。柱は奈良時代には径約112cm、長さ約21mであったと文献資料からわかっています。鎌倉時代には径約153cmで、奈良時代の大仏殿は完成後、すぐにつっかえ棒が必要になったことから、鎌倉時代にはさらに太い材料を使ったのです。この時には周防国、今の山口県から材料を調達しています。奈良時代には信楽の杣（山林）から入手しましたが、周防国まで行かなければ大きな木が手に入らなくなっていたようです。江戸時代の再建には公慶《こうけい》上人が関わっています。この再建時の柱径は約150cmですが、大木が手に入らず集成材にしています（図1・13）。

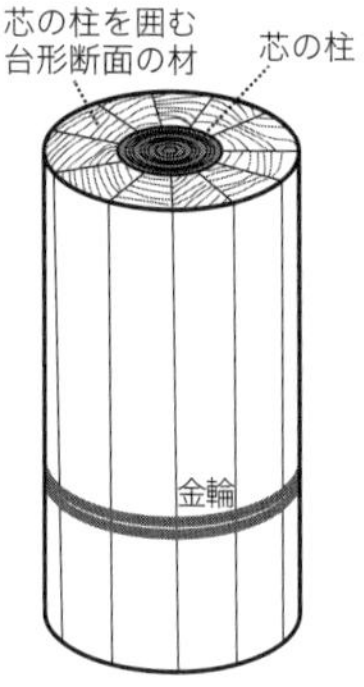

図1・13　集成材の柱

柱は集成材でも良いですが、梁は途中で継げず、1本もののの材が必要です。そのため江戸時代には日向国、今の宮崎県でようやく巨木を見つけました。これは一例ですが梁間方向の拡大には巨大な梁が必要で構造的にも大変なのです。

余談ですが大きな木材の運搬は精神的にも重要で儀式を行います。御木曳《おきひき》という儀式はみんなで巨木を運ぶことで仏の利益があると言われ、祭りのように木を引き歩いています。巨木に対する信仰は今でも諏訪大社の御柱祭《おんばしらまつり》のように現代にも生き続けています。

◇梁間方向の拡大

奥行の拡張には巨大な梁が必要ですが、限界があるため廂を付加するようになります。廂の付加が木造建築の架構と大きく関わっています。廂に対して建物本体のことを「身舎《もや》」と言います。身舎がグレー、廂が薄いグレーの部分です（図1・14）。廂をどのくらい付けるかで建物の面積や平面が大きくなります。最も単純な形は廂の全く付かない形（無廂）です。この場合、建物の梁間は身舎梁間と同じ大きさです。もう少し大きくする時には正面だけに廂を付けます（片廂《かたびさし》）。さらに大きくするには後ろにも廂を付ける。前面の廂よりも前に廂を付ける孫廂という方法もあ

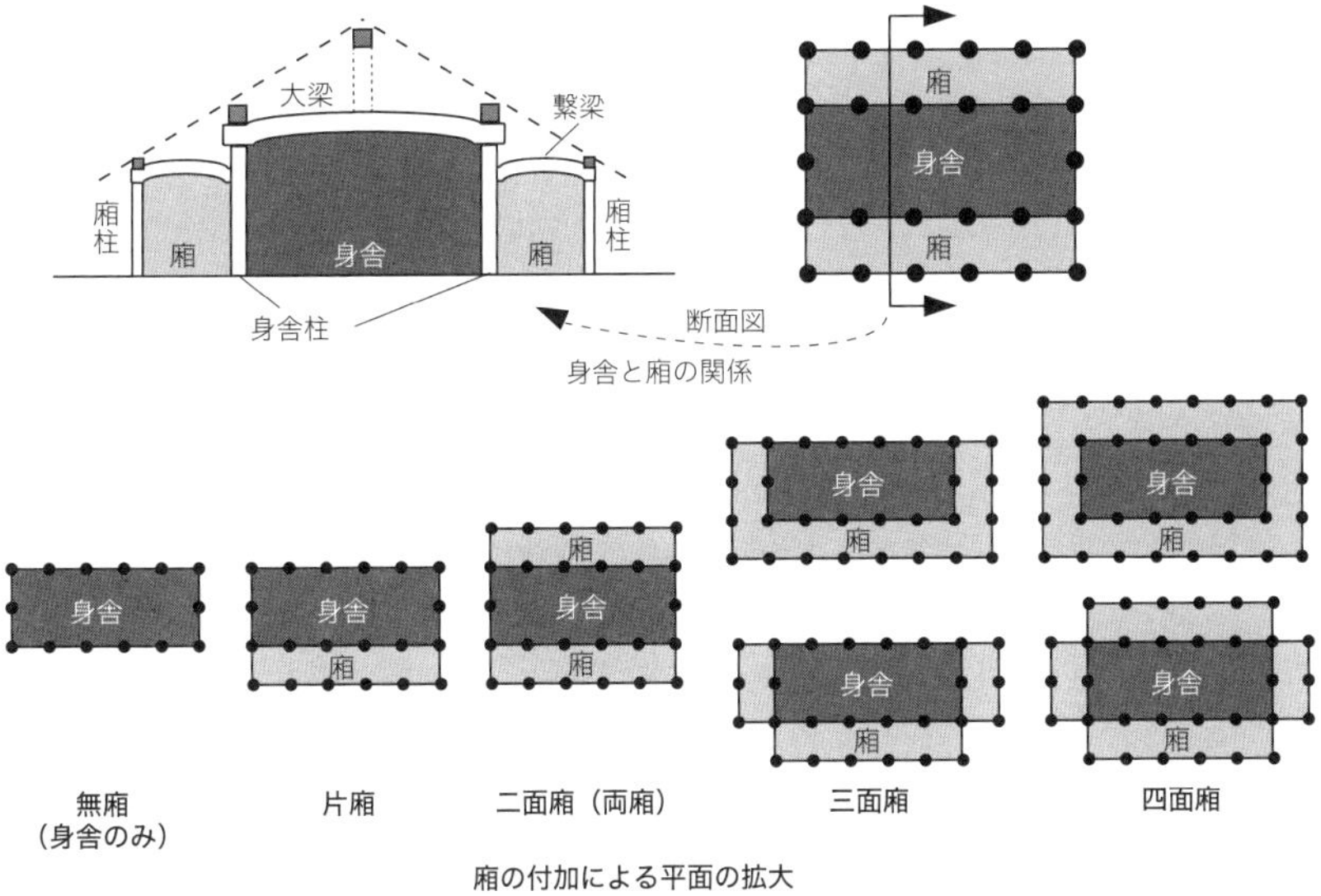

図1・14　身舎と廂

りますが、軒がどんどん下がって正面の高さがどうしても低くなってしまいます。そのため、無尽蔵に廂を延ばすことはできません。したがって正面に廂を付けた後には、背面に廂を付けます。この正背面に付けるものを「両廂」や「二面廂」と言います。さらに大きくするには身舎の両脇に廂を付けます。身舎の正面と両脇に付ける形を「三面廂」、身舎の四周に廂をまわすと「四面廂《しめんびさし》」になります。この廂の付け方が木造建築の発展の基本です。

ちなみに三面廂・四面廂でも隅に廂が付いていない場合（隅欠《すみかき》）もあります。隅欠がプリミティブな形式で、隅まで廂を綺麗にぐるっとまわすと整った形になります。

◇身舎・廂以外の柱配置

身舎と廂が基本ですがそれ以外の形を取ることもあります。その代表例が「門」「倉庫」「塔」の3つです。基本的には身舎の内部に柱を置く必要はありません。一方で門の場合には扉を付けるために内部にも柱が置かれることがあります。また校倉のような高床倉庫では内容物が重く、床を張るので内部にも柱が置かれます。そして塔では、相輪を支えるために「心柱《しんばしら》」が建物の中心に置かれます（図4・8）。なお倉庫や塔はともに内部に柱が立ちますが、中央の心柱の有無が両者の決定的な違いです。

◇建物規模の表し方と間面記法・尺

身舎・廂の概念は間面記法《けんめんきほう》という古くからある建物規模を示す方法に表れています。古い文献にある「三間四面」や「五間四面」などの表記です。日本建築史の研究が始まった時期にはこの間面記法について誤解がありました。この「三間四面」をどう解釈するかが問題になりました。かつては「三間四面」を正面三間、奥行四間と理解し、正面と奥行の大きさを表していると理解していました。

一方で文献の研究者からなぜ「三間四間」ではなく「三間四面」というのかを聞かれ、建築史の研究者は答えられませんでした。そこで奈良時代や南北朝までの建物を見ていくと、身舎部分は書かなくても梁間2間が常識で、○間は身舎の桁行、○面は廂の付く位置を示すと解釈したのです。すなわち「三間四面」は身舎3間の4面に廂がつくことを表しています。中世以降にこの数え方が失われたため江戸・明治時代には間面記法が理解できず、誤解してしまったのです。この間面記法は身舎と廂という構造の共通理解があったこと、そして建築の平面の発展と廂が密接に関わっていたことを示しています。

間面記法は桁行○間、梁間○間と関係がありますが、柱間寸法が異なると規模も異なるので、正確な大きさの把握には問題があります。柱間寸法が1間＝6尺（約1・8 m）と決まっていればどの時代の建物も比較できますが、1間の大きさは地域によっても一定しません。さらに1尺の寸法ですら奈良時代と江戸時代で異なります。江戸時代の1尺は約30・3 cm、奈良時代は約29・5 cmで微妙に異なります。

江戸時代になると、やはり柱間がそれぞれ異なると不便だったため大体1間を6尺くらいにするようになります。この1間は畳の長辺の長さです。

ただし畳の大きさも地域によって異なります。「江戸間《えどま》」は関東や江戸で使われる方法で柱間を6尺で固定し畳の大きさを決めます。畳は2・9×5・8尺で小さくなり、柱を先に決めるため設計しやすいです（芯々設計）。

一方で畳の大きさを固定した上で設計する場合、柱は畳の外側にくるので1間を6・5尺にすると畳の3・25×6・3尺で固定できます。この内法の大きさを固定し畳を基準に設計するのが「京間《きょうま》」のやり方です。京間と江戸間の中間が「中京間《ちゅうきょうま》」です。3尺6尺の畳で1間が6・2尺となります。このように同じ1間や畳1枚でも地域によって大きさに差があるのです。

さて現代でも部屋の大きさを○畳と表しますが、同じ畳数でも江戸間と京間では京間の方が大きくなります。一方で現代ではマンション畳という小さい畳があり、同じ六畳でも狭く感じます。このように何平方メートルという絶対的な数値とは異なり、畳数、間数、尺は絶対的な数値ではありません。

◇建物の平面と屋根の形式

平面規模の話に戻ると、廂の付き方と屋根の形は密接に関わります。両廂では身舎の前後に廂が付き切妻造になります。一方、四面廂では中心の身舎の四周に廂が廻り、入母屋造や寄棟造の形をとることができます。時代が下ると四面廂でなくとも入母屋造や寄棟造をつくれるようになりますが、古代建築では柱配置と屋根の形が密接に関係しています。

身舎と廂の構造が一体化しない場合には、身舎を瓦葺、付廂を檜皮葺など、身舎と廂で葺き材をかえることができます。身舎と廂が別構造であるからです。

四面廂は入母屋造や寄棟造になり

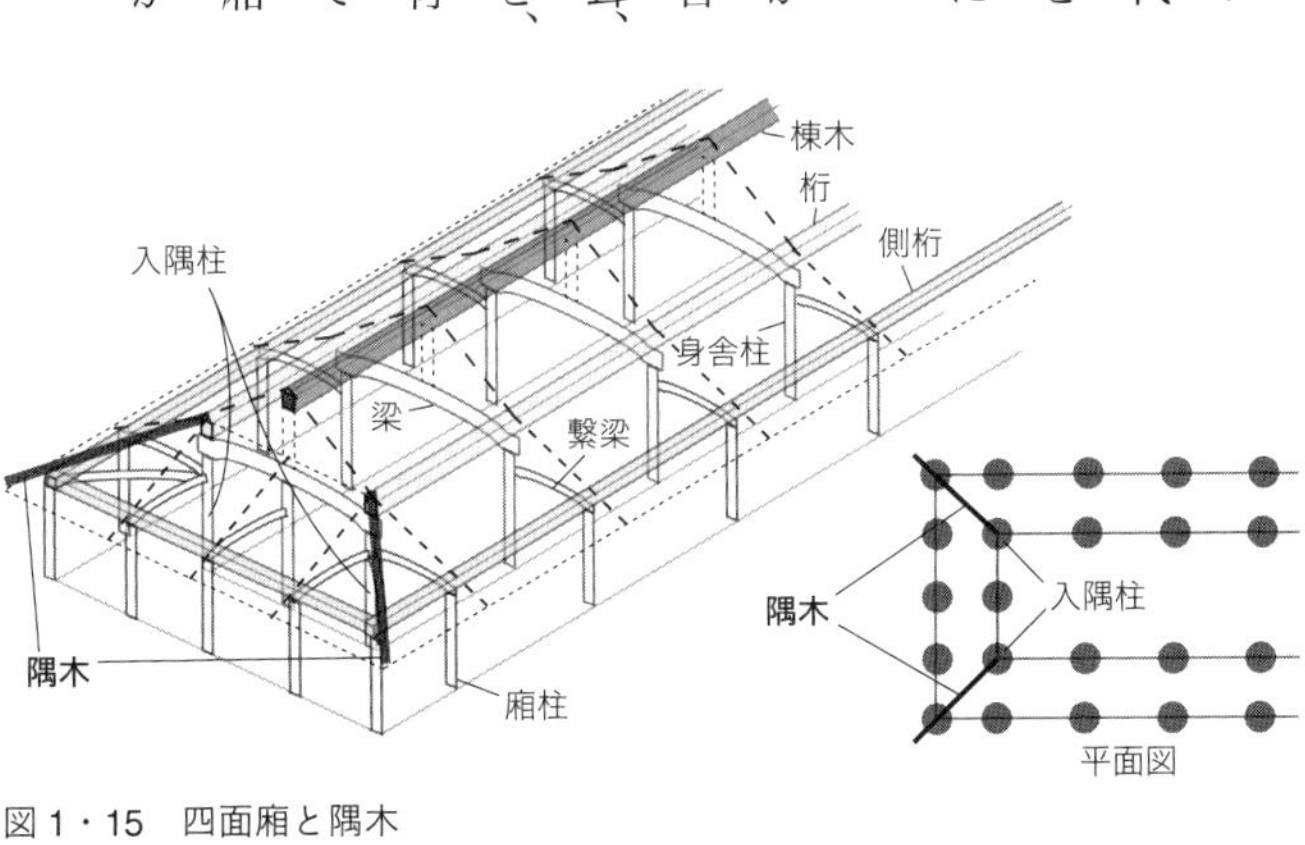

図1・15　四面廂と隅木

隅木《すみぎ》が入ることが大きな特徴です（図1・15）。入母屋造や寄棟造は斜め方向に屋根が出て分解すると隅木がかかります。木材をかけるには下に支えが必要です。柱の内側に別の柱（入隅柱）が必要になります。この柱の有無が屋根の形を考える上で重要で隅木があると寄棟造や入母屋造にすることができます。

ちなみに入母屋造にも色々な形があります。法隆寺玉虫厨子《たまむしのずし》の（図4・10）の屋根では切妻と廂に段差がある錣葺《しころぶき》としています。身舎の外側にぐるっと廂が回ったことをよく示す形です。現存例は少ないですが、錣葺は切妻造と入母屋造、身舎と廂の発展の関係をよく示しています。

◇屋根の垂木と照り・起り

屋根の形には2つの傾向があります。屋根が凹んでいれば「照り」、上に凸になっていれば「起り《むく》」です。日本建築では照り屋根が多く、時代が下ると起り屋根も増えます。

また軒先の垂木は1本とは限らず、垂木を2つ重ねることで軒を大きくできます。この方法を「二軒《ふたのき》」と言い、建物に近い垂木を「地垂木《じだるき》」遠い方を「飛檐垂木《ひえんだるき》」と呼びます。奈良時代の垂木では、建物に近い垂木は円形の断面、外側は角の断面と使い分けていて、先述の柱と同じように中心に近い方が大切なので円形、離れた外側は略式の方形になります。地垂木が円で飛檐垂木が角なので「地円飛角」と言います。これも丸の上に四角い垂木を重ねるのは大変なので、後の時代では両方角垂木になっていきます。

◇垂木の配し方

垂木は並び方にもいくつか種類があります。1つは各垂木が平行に並ぶかどうかです。例えば切妻造では全て平行に並んでいて問題ありません（平行垂木）。一方で入母屋造や寄棟造では隅の垂木を放射状に出すこともできます（扇《おうぎ》垂木）。この扇垂木は中世になると大仏様・禅宗様の建築でよく用いられます（14章）。平行垂木では木口の断面は同じ形状ですが、扇垂木では同じ長さで配すると先端が揃わなくなり、先端を揃えるために切ってしまうと、断面が楕円になり、形状が均一ではなくなり統一感がなくなります（図1・16）。これらの理由から日本ではあまり使われなかったようですが、中国や韓国ではよく使われます。

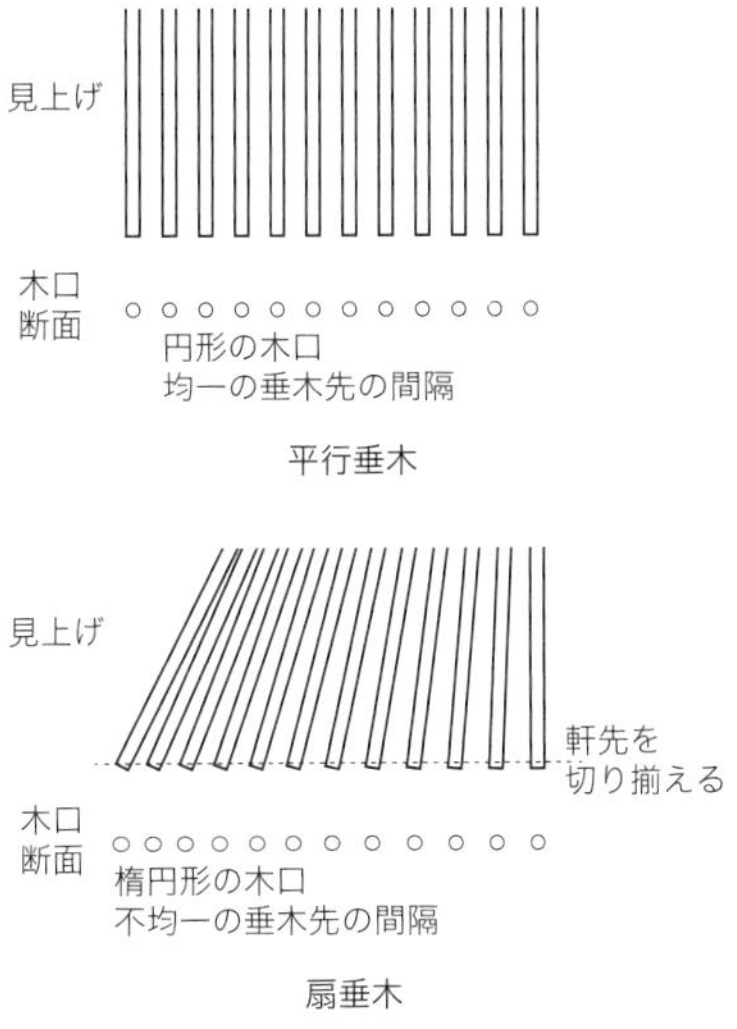

図1・16　扇垂木と平行垂木

また垂木の数によって「疎垂木《まばらだるき》」と「繁垂木《しげだるき》」の方法もあります。繁垂木は密に垂木が入る方法ですが、構造的にはここまでの本数は必要ありません。疎垂木のように垂木を少なくした方が軽やかに見えます。数寄屋では疎垂木がよく用いられますが、寺院の本堂など正式な建物では繁垂木の方法が採用されます。垂木の疎密や平行に並べられているか否かが垂木を見る時のポイントです。

このように日本の木造建築を基礎・軸部・屋根と各部分で見ることで、古建築の見え方が変わってくるでしょう。

また平面と屋根形式の関係、建物への入り方、丸と角の部材形状などから、歴史を深く知ることができるのです。

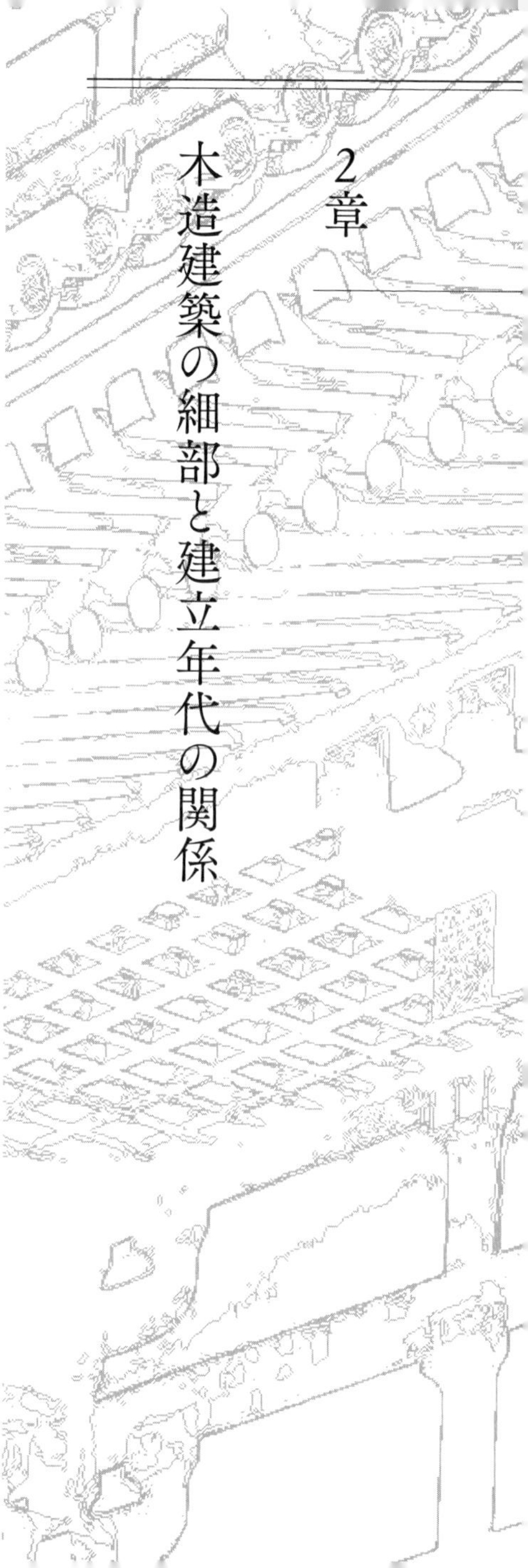

2章 木造建築の細部と建立年代の関係

今回は建物の細部や屋根を支える技術的な革新と建築年代の考え方について、お話ししましょう。

1　建物を支える細部

◇柱と柱を繋ぐ——長押と貫

まず柱と柱をどう繋ぐのか、横に繋ぐ材は梁以外にも何らかないと構造的に弱くなります。これには大きく2つのやり方があり、1つは前回お話ししたとおり、柱に横から木を打ち付ける「長押《なげし》」です。長押は柱を貫通せずに釘で柱の横から留める構造です（図1・2）。後からペタッと釘で打ち付けることができ、加工精度が高くなくてもできます。柱を貫通させる「貫《ぬき》」に比べると外れやすいので構造的には少し弱くなります。現代の和室にある長押は構造的な要素よりは飾りとしての要素が強いですが、古い時代の長押は部材自体の断面が大きく、それ自体が強い構造体でした。梁ほどではありませんがそれに準ずるくらい強固で、地震があった時に「長押がなかったために壊れてしまった」と記されるほどです。

次に中世以降になると「貫」の方法が多く用いられます。今の木造建築でも貫はよく使われますが、貫は柱に穴をあけ横木を差し込む方法です（図1・2）。柱と柱の間に横木が貫通するので地震があっても簡単に抜けず構造的に強くなります。そのため、全部貫にすれば良いと思いますが、柱の3〜4つの場所を同じ高さや位置で貫通させるには高い加工精度が要求されます。それよりは外から打ち付ける長押の方が楽なわけです。一般的には貫の技術は古代には使われず中世以降に広まったとされます。

さて前回、頭貫《かしらぬき》の話をしましたが、頭貫は実は貫ではありません。柱の一番上の部材が頭貫ですが、柱の上から落とし込んでいるだけです（図1・2）。柱の中を貫通しているのではなく上からスポッと落とすだけなので技術精度がなくてもできます。頭貫は柱頭の高さが揃っていればできるので古代でもよく使われました。

◇柱と柱の間を補強する──筋交い・差物

もう1つ柱と柱の間を構造補強する方法として「筋交《すじか》い」があります。筋交いは柱に対して斜め方向に入れる部材です。ヨーロッパでもハーフティンバーなど木の架構を見せるようなものには筋交いを使います。日本では見えるところに筋交いを使うことはほとんどありません。これは好みの問題と考えられていますが、筋交いの斜め方向が入ることが意匠的に綺麗ではないと捉えたのでしょう。もう1つ、壁をつくる時に筋交いがあると斜めにクラックが入りやすくなります。小屋組など普段は人から見えないところで使われることが多いです（図2・1）。

筋交いのメリットは長押と同じで柱の外側から斜めの部材を打ち付けるだけで高い構造的な効果が得られることです。現代でも歴史的建造物を構造補強する時には見えない部分に筋交いを入れることはよくあります。

もう1つが「差物《さしもの》」です。貫のような位置にあり柱の途中に渡るものです。軸部を固める横材で柱は貫通しません

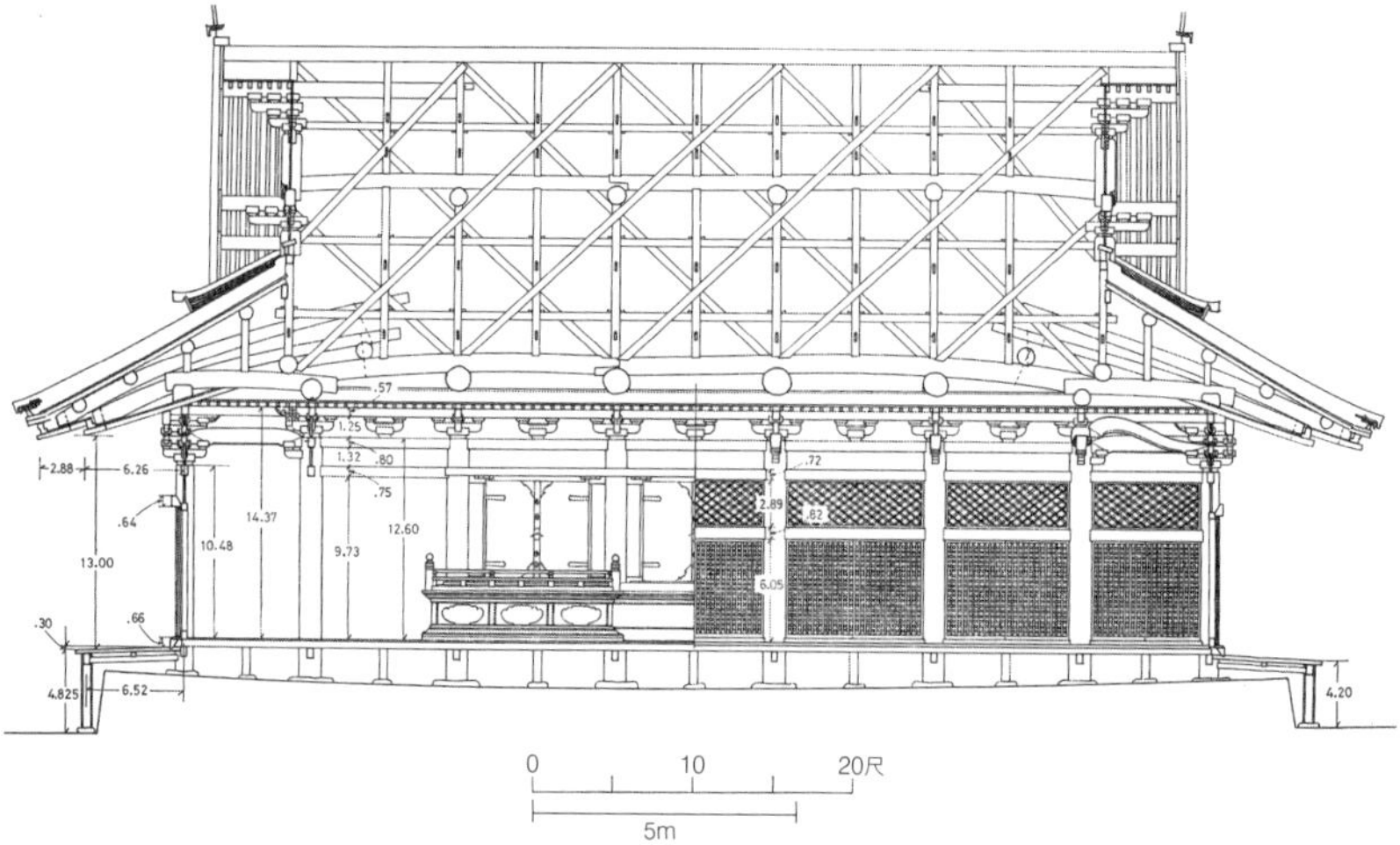

図2・1　小屋裏で用いられる筋交い（観心寺金堂）（出典：『日本建築史基礎資料集成』仏堂Ⅳ、中央公論美術出版、1975年、191頁）

図2・2　民家の土間境の差鴨居（堀内家住宅）

が、柱と柱の途中で繋がっており、民家でよく使われます。特に土間から床上に上がる所の境で使われ、鴨居など建具を入れる溝を伴って、「差鴨居《さしがもい》」となることがあります（図2・2）。

江戸時代までの民家ではトコやタナなどの座敷構えや良い材料はなかなか使えませんでした。そのため差物に大きな良い材料を使って特に入り口周りを立派に見せたのです。

◇古建築の様々な組物

組物は柱の上にごちゃごちゃと載っている意匠上の効果

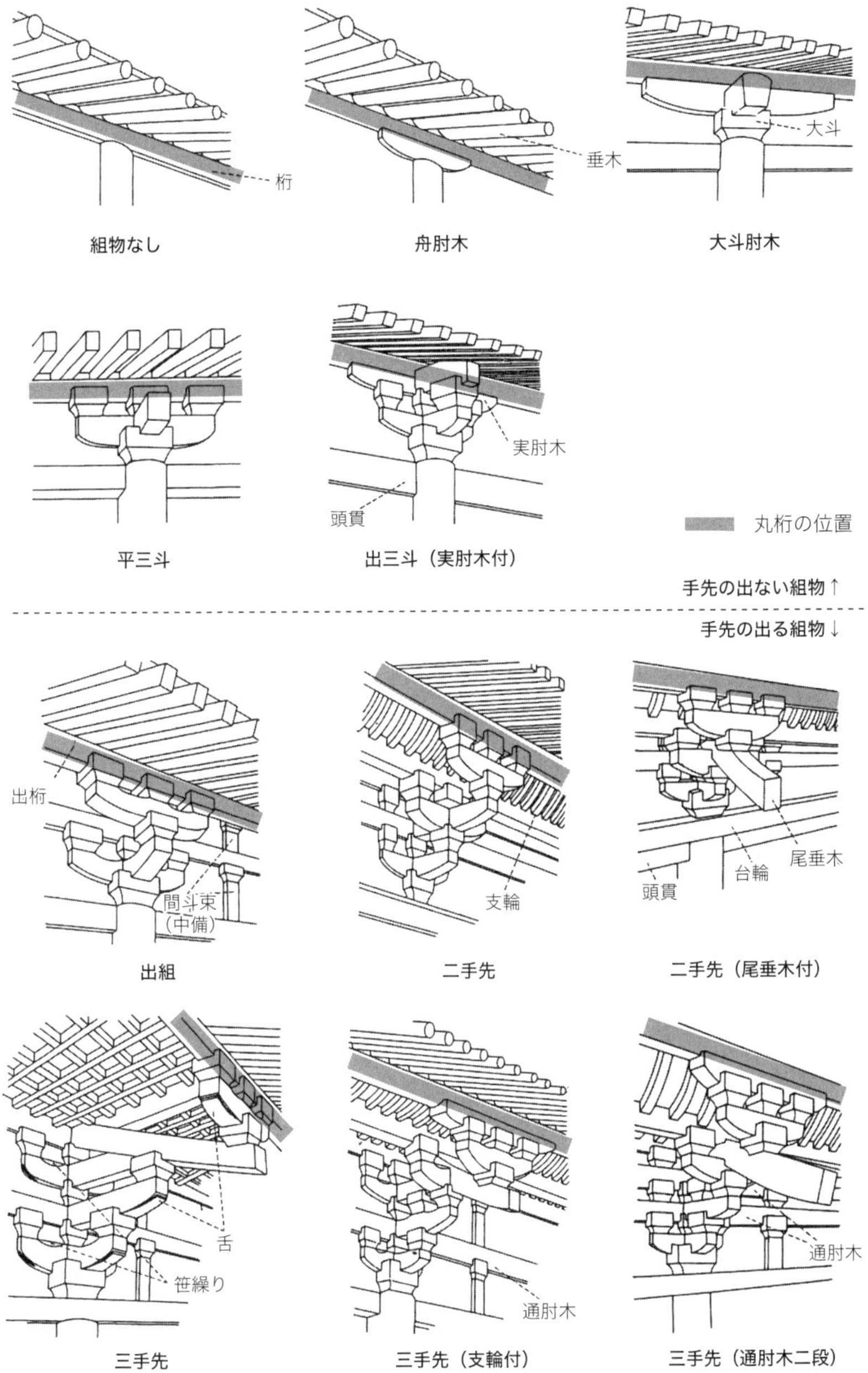

図2・3　様々な組物と桁の位置(出典：『文化財講座日本の建築2　古代2』第一法規、1976年、109頁に加筆)

だけではなく、桁を柱から外に持ち出して軒の出を大きくする構造的な機能があります。図2・3の上側の組物は柱と桁の位置関係を見ると、全て桁が柱の筋に載っています。それに対して下側は柱と桁の位置は大きくずれていて、柱より外側に出ています。下側の組物の方が格式が高く、塔などの中心的な建物でよく使われます。組物には構造的な役割と建物を立派に見せる役割があるのです。

　組物の構造を分解していくと（図2・4）、まず柱の上に大斗《だいと》を載せ肘木を載せます。その上に巻斗《まきと》を3つ載せその上に桁、あるいは虹梁《こうりょう》を載せます。

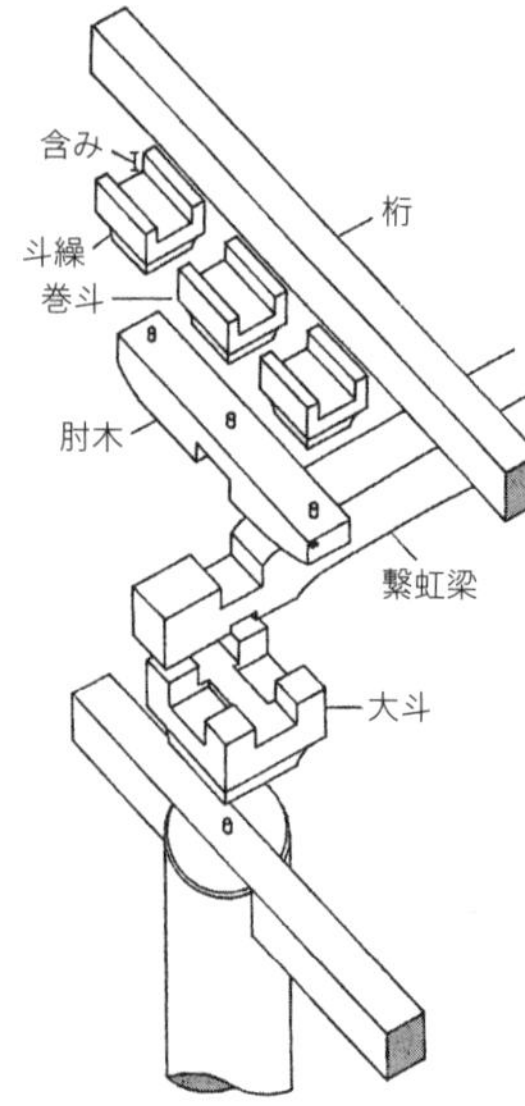

図2・4　組物の構造（出典：鈴木嘉吉「古代建築の構造と技法」『奈良の寺2』岩波書店、1974年、10頁）

　組物を考える時に大切なのは組物の手先を数えることです。手先は桁の位置と関係があります。垂木のかかる桁が柱からだいぶ外に出ているように（図2・5）、組物を使うことで桁の位置をかなり外側まで出すことができます。桁がどれだけ外に出たのかを「〇手先」と呼びます。壁の位置を0と数え肘木が1つ出ると「一手」、2つなら「二手」、3つなら「三手」。柱の位置から桁がどれだけ出ているのかを比べると何手先かがわかるのです。

　この組物形式は建物の格式とも関係があります。規模の大きな建物では軒先が短いと寸詰まりに見えるため、手先の大きな組物を使います。塔では小さい柱間に対して軒の出を大きくするため、シュッと立ち上がった形になり

図2・5　組物の手先の数え方

ます。塔では一番格式の高い「三手先《みてさき》」を使うことが多く、組物の形式が建物の格式を表すサインとしても使われています。

◇たわみを防ぐ中備《なかぞなえ》

次に柱の上以外の部分を見ていきましょう。柱と柱の間にも「束」などの部材「中備」が置かれることがあります。桁行方向でも柱間が広ければ、柱と柱の間で桁を支えなければたわんでしまうので中備を置くことがあります。中備の種類としては最も単純な柱状の束を立て斗で受ける「間斗束《けんとづか》」があります。また板状の「蟇股《かえるまた》」に斗を載せ、中備とするものもあります。加えて柱の上以外にも組物を載せることがあります。特に手先が出る組物では途中で支えるものがなければ、桁はたわんでしまいます。そこを支えるためにも中備にも組物を置く方法「詰組《つめぐみ》」が用いられました。詰組は主に中世の禅宗様《ぜんしゅうよう》以降のものとされています。

間斗束や蟇股も時代によって好みの違いがでます。ある時代では真っ直ぐの間斗束であったものが、台形になったり、上にデコレーションが付いたり、蟇股も薄い板や背の高いもの、あるいは内部を透彫にしたもの、近世では龍や狛犬など彫刻を入れたりするものとデザインが変わっていきます。このような形状変化が中備にはあるのです。

◇組物と軒の出の関係

組物の構造的な効果を、海龍王寺《かいりゅうおうじ》西金堂の建物と、唐招提寺金堂で比べてみます（図2・6）。どちらもほぼ同じ柱間です。下の海龍王寺西金堂が手先の出ない組物で上の唐招提寺金堂が三手先の組物です。海龍王寺では柱から軒先までが約2・4m、唐招提寺の金堂は柱から軒先まで約4・7mで軒の出が倍近く異なります。そこで桁の位置に着目すると海龍王寺は柱の上に桁がありますが、唐招提寺では柱から約1・7m外に丸桁《がぎょう》があります。桁の位置を外に出すことは軒の出を大きくする点で、効果的なのです。

◇屋根と雨落溝の関係

組物を気にするもう1つの理由は軒の出が地面と大きく関わりがあるからです。屋根と屋根から落ちる雨の関係を見ると、屋根を伝った雨は基壇上に落ちると基壇や柱が傷んでしまいます。そのため古代では基壇の外側に雨水を受ける「雨落溝《あまおちみぞ》」が多く見られます。発掘調査で発見されるのは一番下の基礎部分だけなのでこの雨落溝の位置が大切になり、おおよそ軒先と雨落溝の位置が一致しています。すなわち軒の出は柱から雨落溝の距離とほぼ一致してくるのです（図2・6）。軒の出が柱と雨落溝までの距離と一致しているので、発掘調査で上ものが残っていなくても元々あった建物の軒の出が何mくらいだったのかわかるのです。

例えば、唐招提寺金堂の断面図を見ると柱から雨落溝までの距離が軒の出と近似しています（図2・6）。手先を出さない組物では大きな軒の出はつくれないので、例えば柱から雨落溝の距離が4・5mと発掘調査でわかれば、その建物は手先の出る組物を持っていたに違いないと推定する

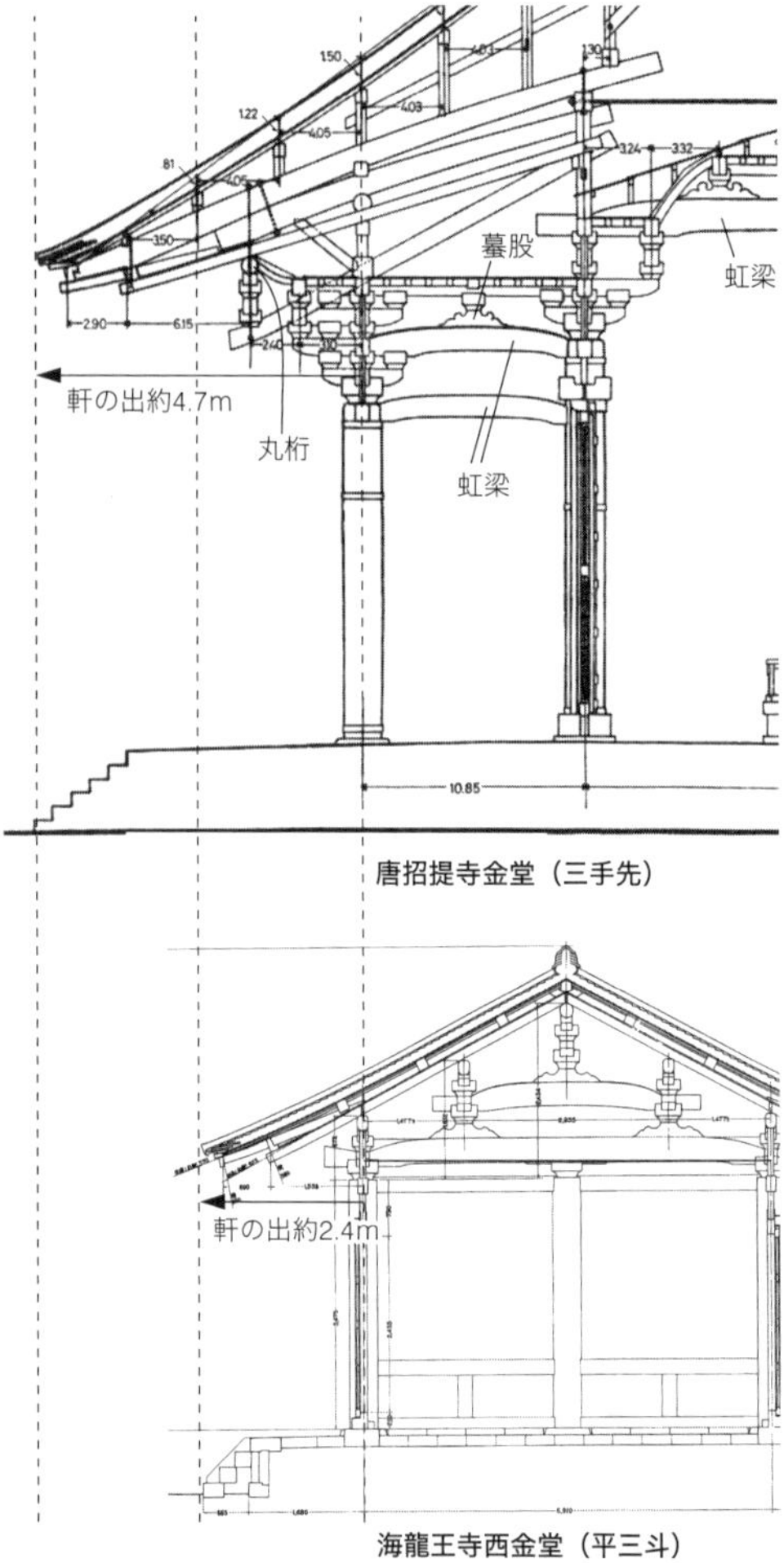

図2・6　組物の形式の違いと軒の出の比較　唐招提寺金堂（三手先）（上）と海龍王寺西金堂（平三斗）（下）（出典：『日本建築史基礎資料集成４』仏堂１、中央公論美術出版、1981年、232頁及び奈良県教育委員会事務局奈良県文化財保存事務所『重要文化財海竜王寺西金堂・経蔵修理工事報告書』1967年、第五図に加筆）

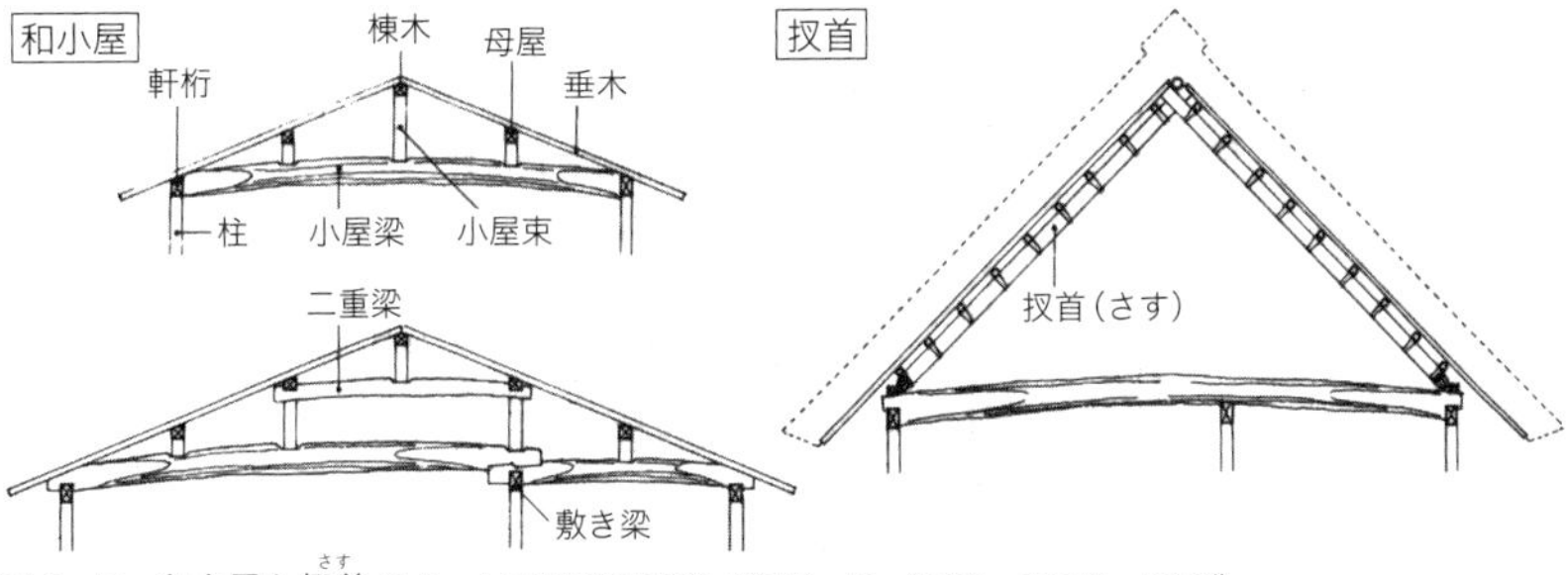

図2・7　和小屋と扠首《さす》（出典：内田祥哉『建築構法』第四版、市ヶ谷出版、2001年、122頁）

1つの根拠になります。

◇小屋組の架構

小屋組にもいくつかの方法があります。伝統的な方法は小屋の中でも梁を架けて束を立て母屋桁を支える方法、あるいは梁を架けて束を立てまた梁を架ける「和小屋」の形式です。もう1つが民家でよく使われる「扠首《さす》」と呼ばれる方法です（図2・7）。垂木と近い位置に斜め方向の材を組み合わせてつくります。一長一短があり、扠首では屋根裏の空間を使えるようになるので養蚕や農作業の空間が生まれています。しかし扠首を1本の木でつくらなければいけないので長い材料が必要になります。大スパンを飛ばそうとするとさらに材が長くなり、大変です。それに対して和小屋では梁は必要ですが、細かい材料を組み合わせるので長大材や大径材は必要ありません。もう1つの方法が幕末明治以降に入ってきたトラス系の「洋小屋」です。新築だけではなく、明治時代の歴史的建造物の修理でもこのトラスの方法が使われました。

◇天井の形式

天井にも様々な形式があり建物の格式や部屋の格式を示します（図2・8）。フラットな天井に対し、一段盛り上がっているものを「折上《おりあげ》」と言います。最も格式が高い「折上《おりあげ》小組格《こぐみごう》天井」は折り上げている分だけ小組格天井よりも格式が高いのです。格天井も細かいメッシュ状のものが入っているのが格上の「小組格天井」で、何も入っていないものが「格天井」です。近世の御殿など将軍がいる場所は折上小組格天井にします。控えの間になると小組格天井、さらに廊下は棹縁《さおぶち》天井や格天井になります。棹縁天井は一般の住宅でも使われることが多いのですが、折上小組格天井は書院造や御座敷を持つ建物でしか見られません。

さて日本建築ではそのまま見せるものを「化粧」と言います。それに対して「野〇〇」は天井に隠れて見えない場所です。「野物《のもの》」や「野屋根《のやね》」ではしっかり仕上げをしません。対して、人目につく化粧材の場合には最後まで仕上げなくてはいけません。

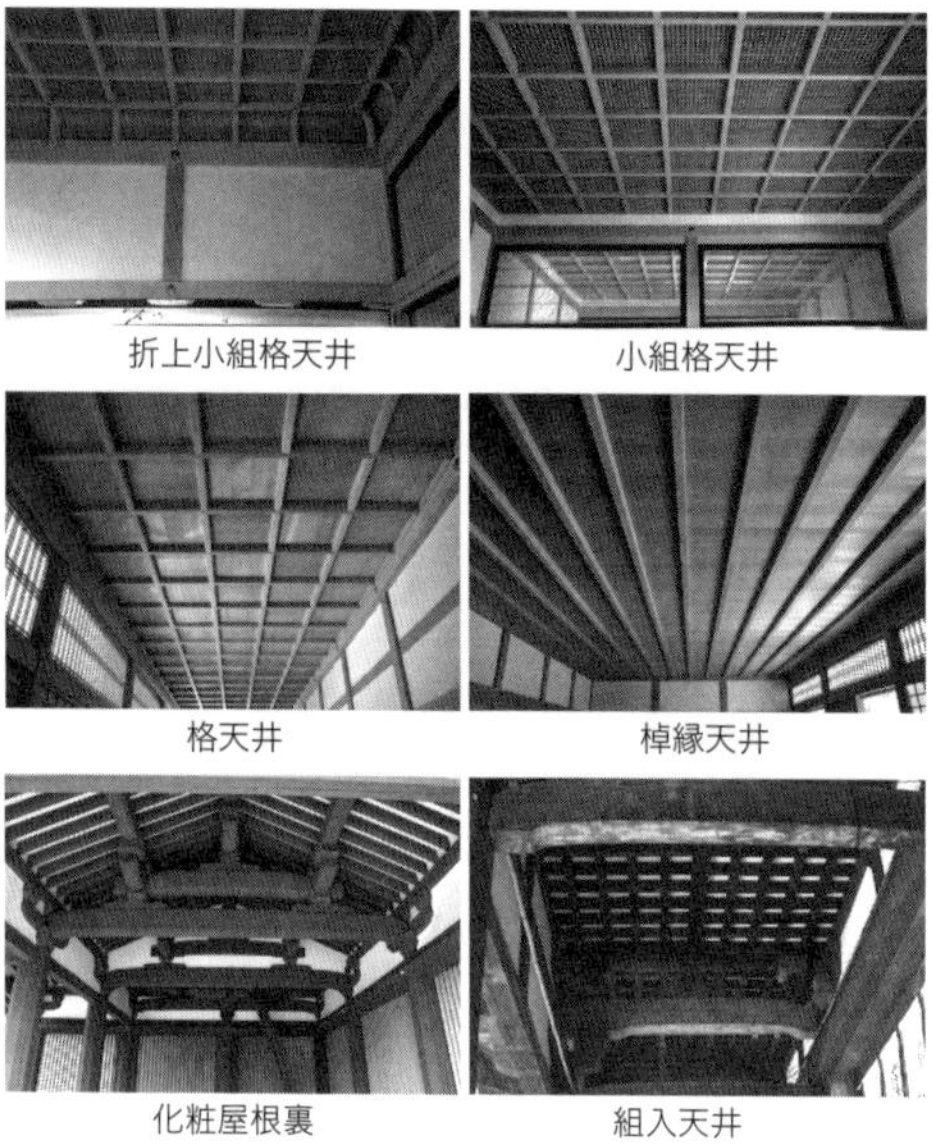

折上小組格天井
小組格天井
格天井
棹縁天井
化粧屋根裏
組入天井

図2・8　様々な天井形式

天井では「化粧屋根裏」は天井を張らずに下からそのまま垂木が見えます。古代建築では意匠材と構造材を兼ねた二重虹梁の架構などで化粧屋根裏として、垂木を見せることがよくあります。また格天井に似た小さな方形のメッシュが入ったものが「組入《くみいれ》天井」です。これは人が上に乗って歩けるくらい強度のある材です。一方、格天井や棹縁天井の板は人が乗ると抜けてしまうので注意が必要です。

2　建具の発展

◇柱間装置

柱と柱の間に入っているものを「柱間装置」と言い、代表は建具です（図2・9）。伝統的な建具には「扉」があり、その中でも「板戸」は古くからある方法です。「一枚板戸」は法隆寺金堂でも見られ、大きな1枚の扉を1本の木から継ぎ接ぎなしでつくっています。しかし扉1枚に1本の大きな木を使うのは材料的に勿体ないので一枚板戸はあまりつくられなくなってきます。上下に板を繋ぐ「端喰《はしばみ》」の方法で、扉に必要な材料が小さくなっていきます。

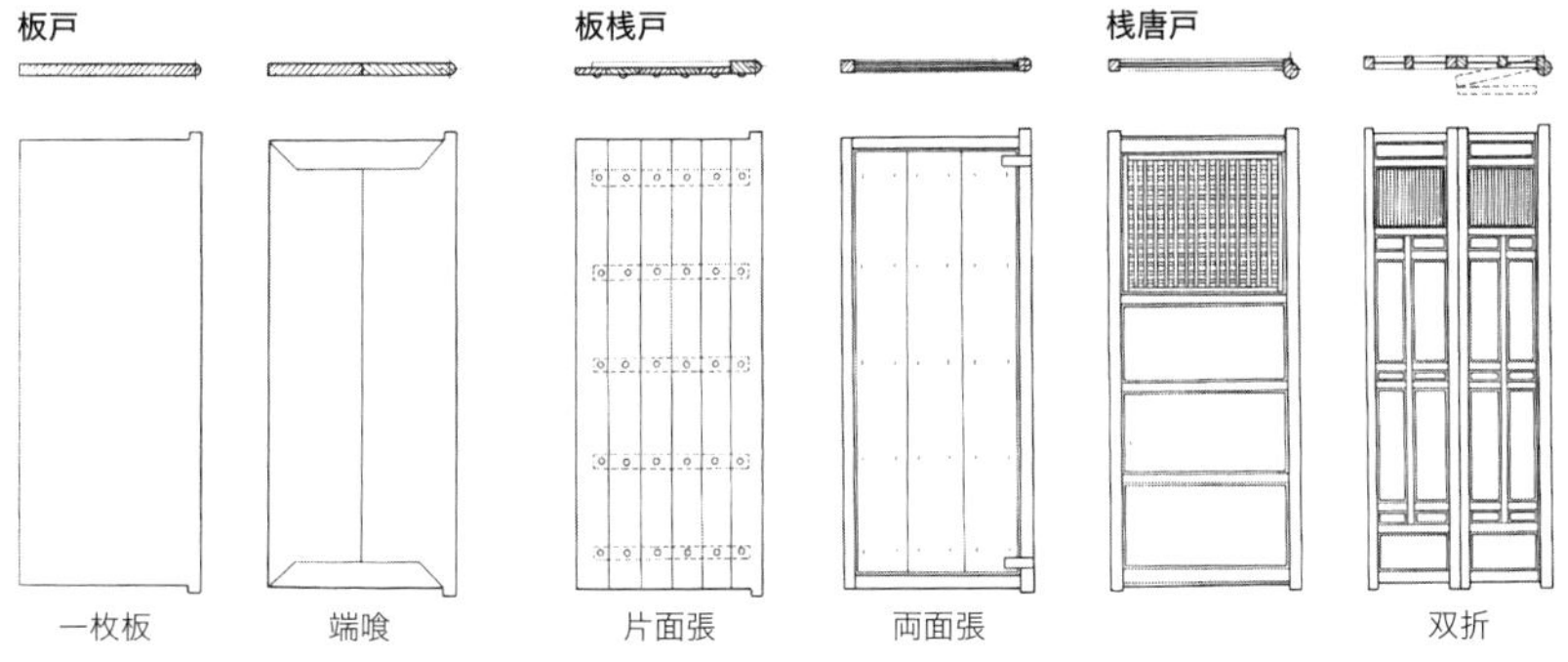

図2・9　扉の種類(出典:『改訂第二版　伝統のディテール』彰国社、2021年、93頁)

　ただし一枚板も端喰も板戸は厚みのある扉なので重量があります。さらに板戸から「板桟戸《いたさんど》」になると、いっそう材料が小さくなります。これは細い板を縦に並べて後ろから横木を渡して桟で止める方法です(片面張)。しかし桟が見えると不格好なので表裏の両側に板を貼る「両面張」の板戸も登場します。両面の板張りでは絵を描くことができ、平等院鳳凰堂ではそこに大和絵を描き堂内を荘厳しました。

　ただし、板戸・板桟戸の2つとも木材を大量に使うので扉は重く、開閉が大変です。大きなものでは力いっぱい押さないと開かないくらい重い扉もあります。特に古代建築は我々のイメージからスケールアウトした大きさでつくっているので不便でした。中世になると画期的な「桟唐戸《さんからど》」が用いられるようになります。扉の外側に桟をまわして桟の間に薄い板を挟んでつくります。そうすれば外側は硬く、間に入っているのは薄板なので扉も非常に軽くなります。中世以降、仏堂や霊廟の扉は桟唐戸を用いる例が多く見られます。

　一方で一枚板の使用は大径材という良い材料を使っているので、これはこれで好まれ残ります。扉1つにしても構造的な発展や意匠上の好みの違いが表れているのです。

◇多彩な窓

　建築では「窓」も重要な要素になります。通風や採光の役割だけでなく様々な形があります(図2・10)。「連子窓《れんじまど》」

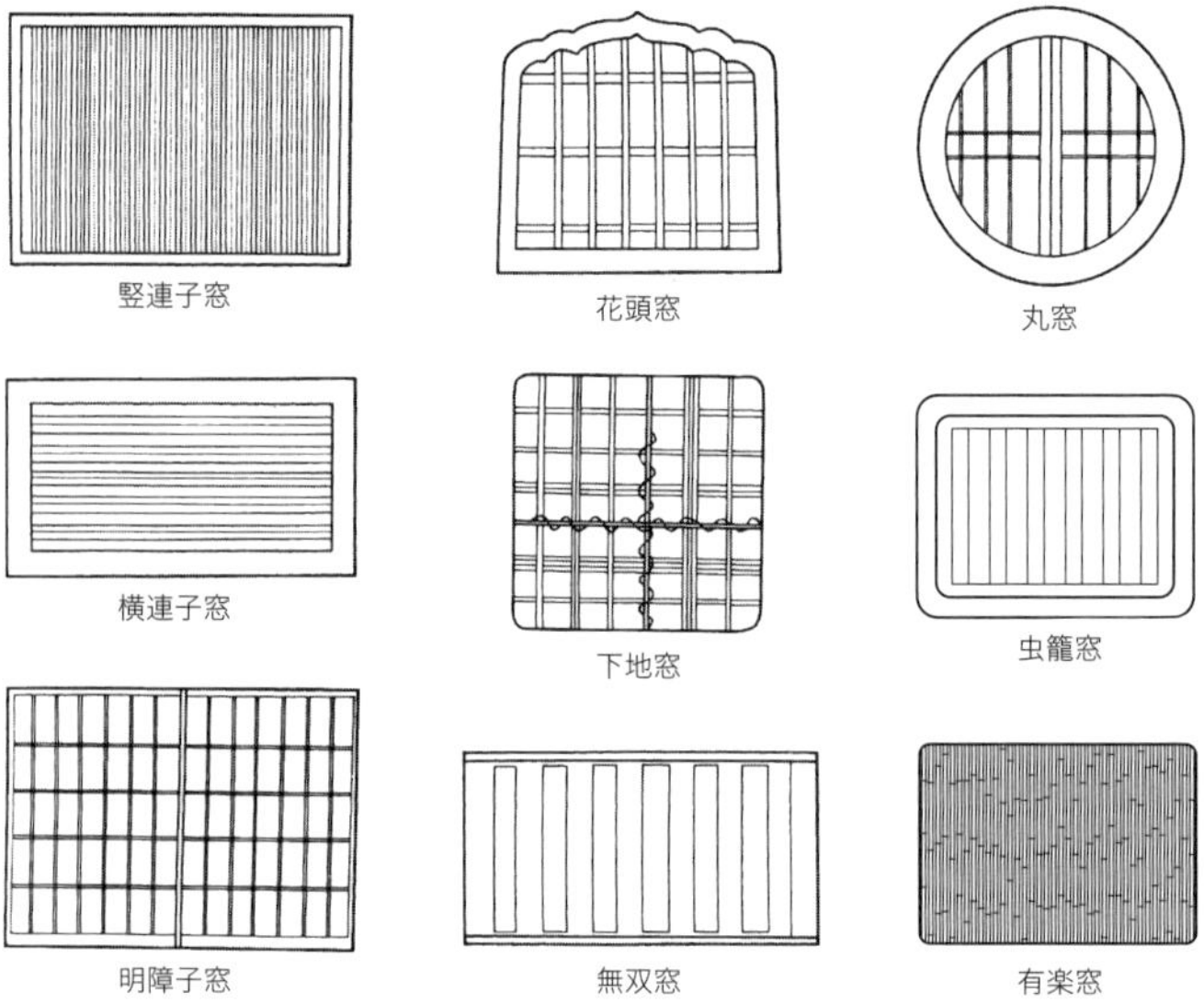

図2・10　様々な窓（出典：『改訂第二版　伝統のディテール』彰国社、2021年、103頁に一部加筆）

は縦に連子子《れんじこ》が入ったもの、「花頭窓《かとうまど》」は玉ねぎ頭のようなデザインに凝った形をした窓です。「丸窓」は完全に円形で、「有楽窓」では縦に細い竹が入って少しだけ光が漏れてきます。民家でよく使われる「虫籠窓《むしこまど》」は太い格子を使って道路側に重厚な形を見せます。また出格子を付けた「出格子窓」もあります。窓は建築に表情を与え、内観外観ともに重要な要素になります。

その最たるものが八窓庵《はっそうあん》（茶室）です。茶室の場合、光をどう採るか、中からどう見えるか、外からどう見えるが大事ですが、その中でも「窓」を主役に8つの窓を組み合わせるコンセプトでつくられたのが八窓庵です。北海道に移築された八窓庵を見ると、1つの茶室の中で窓の高さや形、形式を組み合わせディテールに拘って建築を練り上げています。

他には明障子《あかりしょうじ》や襖は馴染みがあるものです。特殊なものとして「蔀戸《しとみど》」があります。手前に持ち上げ上から金具で吊るもので、平安時代の寝殿造など伝統的な住宅の建具として使われました（図10・9）。ただし1枚でつくられた蔀戸は大きな格子や板なので重く、上げ下げも大変で、上半分だけ蔀とした半蔀《はじとみ》も登場します。さらに時代が下るとスライド式の「遣戸《やりど》」が多く用いられるようになります。

例えば日本の仏堂では仏像を直接見ることがなかなかできません。見えたとしてもわずかで、外陣にいる人は「格子戸」越しに中の様子をうかがえますが、内陣には入れないことはよくあります。元々、内陣と外陣の境界は板扉などで閉まっており、中の様子は声だけが聞こえる程度であったのでしょうが、時代が下ると内陣を少し見えるように格子戸に変わり緩やかに繋がります。このような建具は空間や境界を構成する上で重要な装置です。

◇扉と引き戸の違い

引き戸には日本建築の特徴の一端がよく表れています。扉には軸を受ける軸擦りの穴が必要で、軸擦りの穴を付けるには上下の軸を受ける穴の位置が揃っていないと歪みがでますが、逆にそこだけ揃えれば扉に求められる加工精度を満たします。扉同士が若干空いていてもとりあえず閉鎖することができるのが扉の良いところです。農作業小屋のような簡素な建物では精度が悪いものもありますが閉めるだけであれば、そこまで精度は求められないのが扉です。

一方、引き戸は上下の鴨居と敷居の間隔が常に一定でなければスライドできません。また戸の溝の幅が広すぎても狭すぎても戸は動きません。引き戸には高い加工精度が求められるのです。そのため溝を彫るための専用のカンナをつくり、一定の溝幅・深さで削るよう工夫しました。つくる建具に合わせて加工道具が進化し、精度が高まったのが日本の特徴です。日本では引き戸は平安時代にはあったとされますが、室町後期、江戸期以降、特に多く用いられます。一方で中国や韓国では伝統的な建築では引き戸の文化は日本ほど成熟せず、扉の文化が残っています。

◇壁の形式

壁にもいくつか形式があり1つは「土壁」です。土壁を分解すると中に下地の小舞《こまい》の木や竹が入っています。小さい木や竹を編み、その上に土を塗り付け(荒壁)、その上に左官仕事で漆喰を何回も塗り重ねて仕上げます。ただ壁に土を張れば良いわけではなく、壁の下にも壁を受けるための木材（地覆）が必要です。

荒壁で仕上げたり上塗りまでしたりすることもありますが、土壁だけで自立しているのではなく、壁の中にも木材が使われていることを理解しておきましょう。

もう1つ日本の建築では板壁をよく使いますが、板壁にも色々な形式があります。正倉院正倉の「校倉」のように横木を積み重ねてつくる壁など、柱と柱の間にどういう材を渡すかで方法が変わります。例えば柱と柱の間に板を落とし込む場合（横羽目板《よこはめいた》）、柱に溝を彫るだけでは不十分で、板の柱との取り合い部分を少し欠き込んで、上から落とし込みます。こうすると横から力が加わっても取り合い部分が外れない限り大丈夫です。神社ではよくこの方法が見られます。

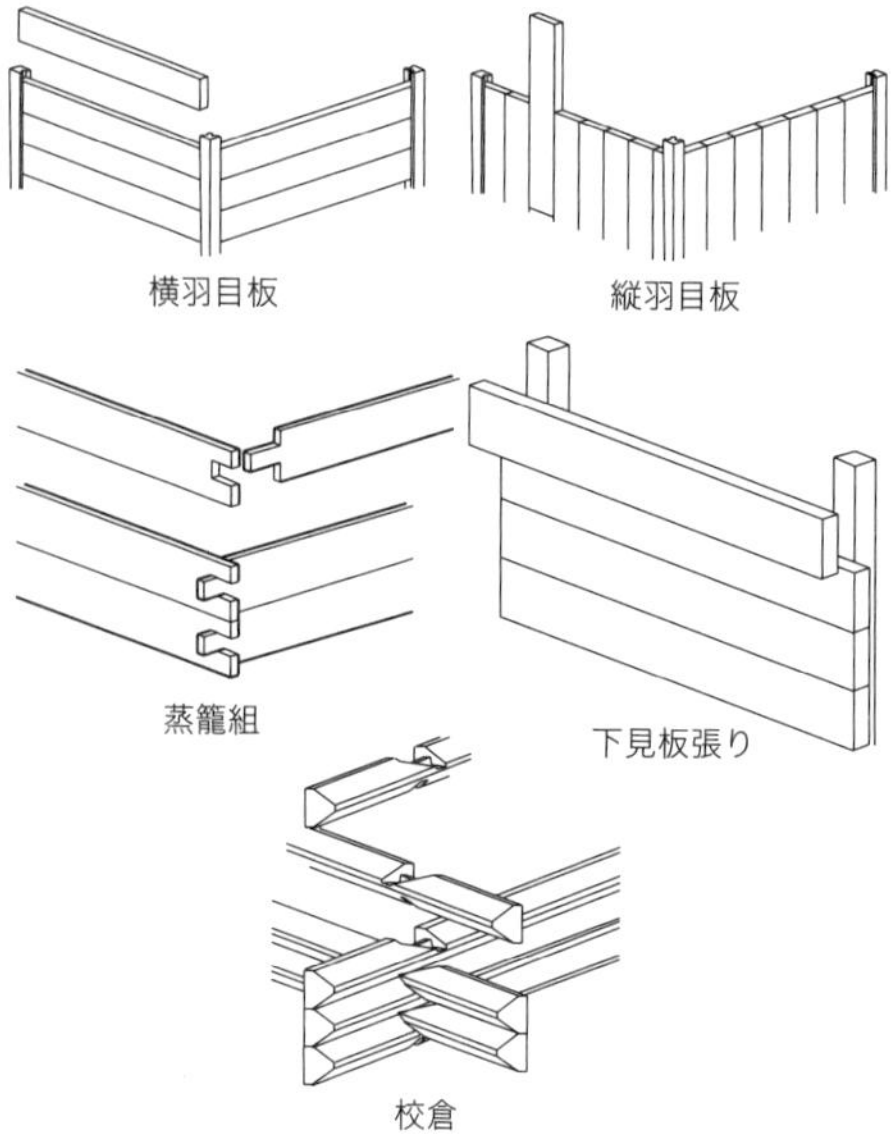

図2・11　板壁の構法

日本に残っている建物は横板の形式が多いですが、柱がなくても縦板や角材だけを並べて柵をつくることもあります（縦羽目板）。横木を組み合わせて壁をつくるにも端部に突起のある材とない材を交互に組み合わせて重ねる方法もあります（蒸籠組《せいろうぐみ》）。柱の外側に板を張って釘で打ち込み留める「下見板張」の形式もあります。頻繁に材を取り替える場合には、簡便な下見板は有効です（図2・11）。

このように柱の周辺を組物の形に、虹梁や扠首、束、長押に分解できます。壁や窓も各部材に分かれます。細部まで落とし込むと、それぞれの違いが良く見えてきます。

3　建物の完成はいつか？

◇完成時をどう判断するか

最後に建立年代の話に移ります。例えばガウディのサグラダファミリアは１８８２年に着工し部分部分では完成していますが全体としては未完成です。ではいつになれば完成と言えるでしょうか。一般の建築でも同じで、現代では建築の内覧時はほぼでき上がっているでしょう。施主に引き渡す時期が完成なのかもしれませんし、あるいは登記時が完成かもしれません。完成時期は色々考えられます。明確な完成の瞬間は言えないにせよ、大体の人が完成の共通認識を持てる時期は現代であればあるかもしれません。

建設の節目で儀礼が行われ、そこからおおよその建設の時期がうかがえます。例えば建築の伝統的な儀式では工事を始める前に「地鎮祭《じちんさい》」や「鍬入れ」をし、木材を切り始める時には「手斧始《ちょうなはじめ》」をします。伊勢神宮では山で木を切り倒す時期の「御杣始祭《みそまはじめさい》」や木を持ってくる時の「御木曳初式《おきひきはじめしき》」、木を切り刻み始める際の「木造始式《こづくりはじめしき》」などがあります。

また軸部を組み上げる時に「立柱式《りっちゅうしき》」や棟を上げる時に行う「上棟式《じょうとうしき》」、屋根の葺きあげる時の「葺籠り《ふきこもり》」そして「落成式」「落慶供養《らっけいくよう》」はほぼ完成した時期の儀式ですね。

寺院では仏堂の完成の時に法要として記録に残ることがあり、民間施設でも集金や代金の支払いもあります。建設計画を示すものです。ただし、建物の完成の時期とは厳密には違うわけです。現代では竣工式のような式典がありますが、節目の儀式の状態が果たして建築の完成とどの程度リンクできるのかを考える必要があります。

◇上棟は建設時期の目安

「○○年上棟」など記録でよく出てくるように上棟式は大きな画期です。ただし上棟は木部の棟木を上げただけなので、これから屋根を葺き左官仕事もあります。現代では設備を入れるでしょうし、上棟以降も作業はまだまだありますから、ピンポイントの完成時期はわかりません。一方で上棟は建築の完成に近い時期でしょうから、１００年単位の歴史で見ればその近くの時期に完成したことはわかります。

例えば奈良にある興福寺中金堂《ちゅうこんどう》は２０１４年に上棟しましたが、建物として完成したのは２０１８年です（図9・2）。さらに古い時代では上棟後に屋根を葺くまでに数年〜何十年の期間があくこともあります。２０１８年の興福寺では僧侶が集まって完成の儀式をしています。この落慶供法要をすれば、ほぼ仏堂の完成だと考えられます。この興福寺中金堂のように落慶法要と上棟式に時間差があることもあるので、上棟式から完成時期がある程度わかりますが、完成の時期は詳しくは精査しなければいけないわけです。

◇建物に残る文字

建物に残る文字も参考になります。最も信頼できる物は「棟札《むなふだ》」です。近世以降の主要な建物には棟札が残されることも多く、上棟・完成・修理などの際につくられます。棟木や小屋束など天井裏の見えない所に大工や施主、どの時期にどのようなことがされたか、手伝いや木挽《こびき》などの関係者の名前を記録し打ち付けておきます。例えば重要文化財の延暦寺四季講堂の棟札から松平安芸守が責任者の１人であったことがわかります。

年代を知るもう１つの方法に金具銘《かなぐめい》があります。擬宝珠《ぎぼし》と呼ばれる高欄のキャップに金物師がいつ頃つくったかなどが書いてあることがあります。さらに鬼瓦の裏（瓦銘）などに瓦師が年を刻んでいることもあります。これらは別の建物から持ってくることもないわけではありませんが、建物を修理・建設した時に職人が書くことが多いので、建築年代を考える有力な根拠になります。また近世・近代では建具の裏に職人が年紀や氏名を記銘することもあります。これらから年代だけではなく、作者や寄進者までわかることもあります。棟札よりも瓦・建具・金具は外から持ってくる可能性は高いですが、建設の終盤に行うことが多く、建築年代を考える上で大きな根拠になります。

◇建物自体から知る年代

もう１つが建物自体をよく見ることです。建物から受ける印象も大切な要素です。ざっくり言えば古代建築では建物全体の規模に対して柱が太く、時代がくだると細くなっていきます。法隆寺西院と賀茂御祖神社（下鴨神社）の廻廊を比べると、後者の方が柱が細く、時代差を見分けることができます。このように木太さは1つの参考になります。
また風食の具合も参考になります。経年劣化があるので長く外にあるものは古そうに見えるものです。伊勢神宮の遷宮直後はピカピカで、経年した古殿舎と比べるとどちらが古いかはある程度推測できます。しかし建っている場所によっても風食具合は異なりますから全く違う場所のものを風食だけで比べるのは適切ではありません。また塗装されていれば経年劣化しにくいですし、その建物が建っていた途中の環境も大きく影響するので、これだけで判断することは難しいです。

さらに細かい話をすると角柱の面取《めんと》りを見ると古さがわかります。面取りとは柱の角を落とすことです。古い時代のものは面取りが大きく、時代が下ると柱が細くなり、角をあまり落さなくなります。年代による傾向があるので、これは建築年代を考える基準になるのです（図2・12）。

また古代建築では組物の形式を比較することで、細部の変遷もうかがえます。建築年代の判明している組物を並べて比べると、時代による変遷が見えてくるのです。考古学ではよく行う方法で、年代で並べて細部の変化を分析することで標準編年を考えます。瓦の先端部の瓦当《がとう》の文様などは代表的なもので、その文様の変遷により、年代を知ることができます（図2・13）。日本では前近代の建物の多くが調査されていて、建築年代が判明しているものも多くあります。これらをもとに、建築年代のわからない建物もある程度想定できます。

◇年代を示す建物の細部意匠

近世の建物では絵様《えよう》という渦の形の彫刻の細部意匠が編年指標として用いられます。渦の形が時代によって変って

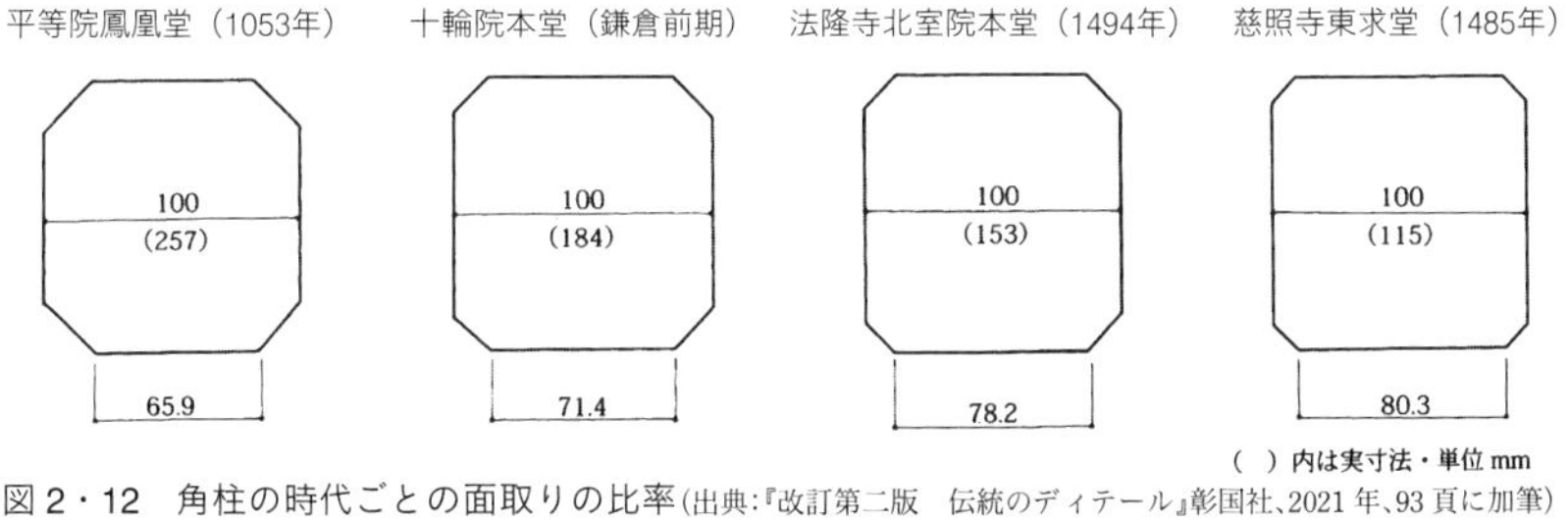

図2・12　角柱の時代ごとの面取りの比率(出典:『改訂第二版　伝統のディテール』彰国社、2021 年、93 頁に加筆)

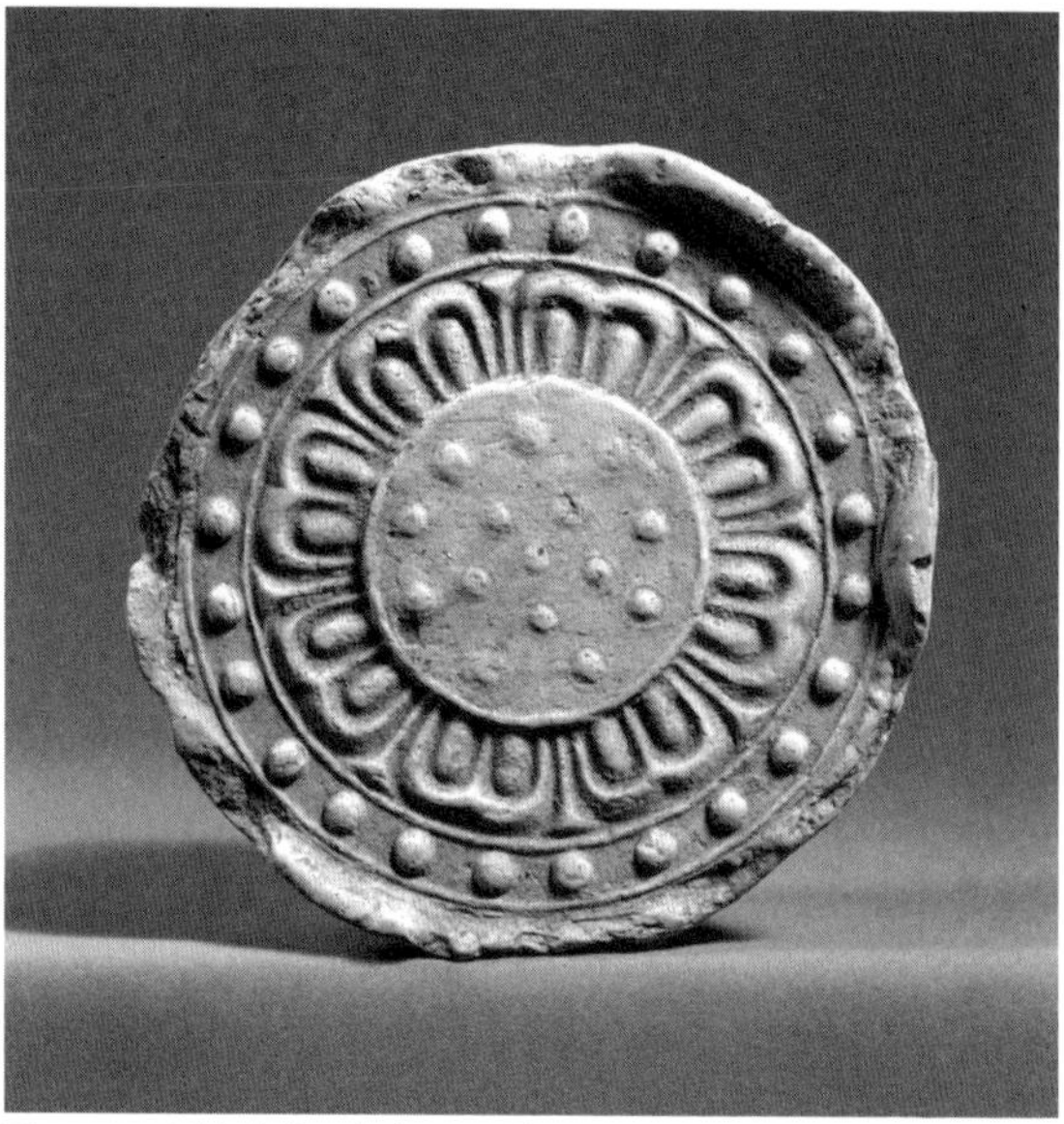

図2・13　飛鳥時代の軒丸瓦の文様（出典：ColBase；https://colbase.nich.go.jp）

いることに着目した研究です。古い絵様では渦と若葉がくっ付いていて、正円に近い形をしています。時代が下ると渦と若葉が離れ、渦もつぶれた楕円形になって崩れた形になっています。このような少しの違いを年代ごとに並べて、建築年代がわかっている建物を基準に比較しています。

地域ごとに工匠や地方の特色などの要素もあり一筋縄ではいきませんが、建立年代の特徴が表れるディテールに注目することは重要です。

◇延暦寺浄土院拝殿の建築年代を探る

延暦寺浄土院拝殿の事例で建築年代を見てみましょう。延暦寺は8世紀末に最澄が天台宗を比叡山で開いたことに由来します。比叡山は織田信長の焼き討ちで焼け、ほとんどの建物はその後の再建で、それらのいくつかが現存しています。そのため、基本的には延暦寺の建物はどんなに古くても信長の焼き討ち以降のものだと歴史的にわかります。浄土院は最澄が祀られる廟所で、現在も侍真《じしん》という僧が常住し、最澄が現世にいた時と同じように食べ物をお供して世話をしています。その建築年代を考えていきましょう。

まずは建物の特徴から建立年代を考えていくと、桁行4間、梁間3間、入母屋造、銅板葺で、内部は間仕切《まじき》りのない一室空間です。延暦寺は8世紀末からある伝統的な寺院で、最新の建築形式ではなく復古的な形式を使うこともあるので、建物の平面や類型のみからでは、年代判断が難しいのですが、近世の建物なので絵様は参考になります。この絵様の形は編年の基準から見て、17世紀後半と考えられますが、これもあくまで推定です。

一方で擬宝珠高欄《ぎぼしこうらん》の金具銘に寛文2年（１６６２）とあります。さらに腰板壁に内部の獅子の絵の右下に「狩野法眼永真筆下」とあり、狩野永真が描いた絵であることがわかります。狩野永真は狩野派の絵師で、１６１８〜１６８５年の人で擬宝珠の年代とも一致しますので、彼が描いたと考えても問題なさそうです。ここに記される「法眼」は絵師としての位で、狩野永真が法眼になったのがちょうど寛文2年頃で、これも一致しています。しかし法眼の地位になかったのに後から銘を書き足して偽装することもありますので、歴史的な背景を調べる必要があります。狩野永真は寛文2年には活躍していたようで、浄土院拝殿の後ろに伝教大師御廟があり、この最澄が祀られた廟の棟札写《むなふだうつし》という文献史料によると、同じ時期の棟札の中には狩野法眼永真とあり、たしかに彼が廟・拝殿に関わったと考えられます。これらの絵様の形状・擬宝珠銘・板絵の記銘の3点から、延暦寺浄土院拝殿の建築年代は寛文2年（１６６２）と見て、間違いなさそうです。

このように最初に建物が持つ絵様の情報として17世紀後半あたり、そして擬宝珠銘や絵師の情報など二重三重のチェックを経て確認します。ここで重要なのは、文字で確認できる年代と実物から推定した建立年代が一致することです。擬宝珠や板絵は後で取り替えることもでき、それだけで信用してはいけません。建物全体の類型や細部を見た年代と他の年紀などの情報を別々に考え、両者の結果の一致を確認することが重要です。このような作業を積み重ねて建立年代を解き明かしていくのが歴史的建造物の調査です。古い建物では建築年代の答え合わせがここまでできず、○○時代前期など明確な年代はわからないことも多くあります。一方で新しい建物では建築年代が書かれていることや儀式、集金、材の購入などの史料が残っているので推定できる可能性が古い建物よりも高くなります。こういった情報の蓄積の上に建物の年代の推定ができ、これらをもとに日本建築史の研究が成り立っています。

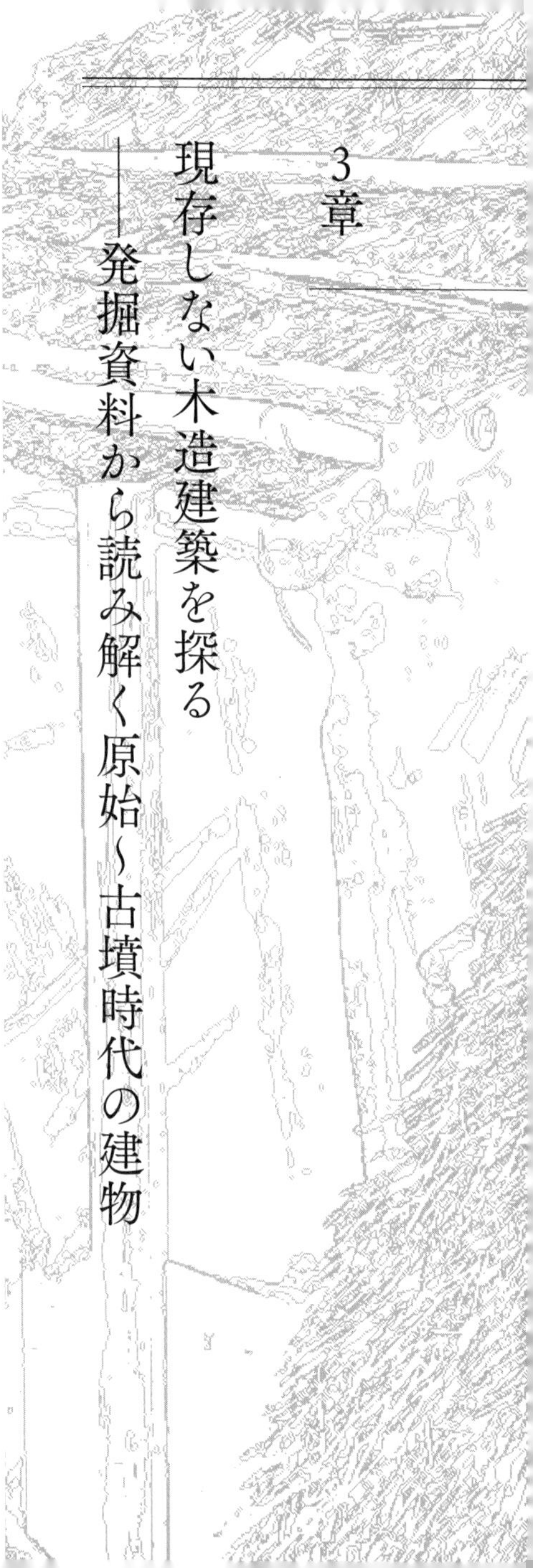

3章
現存しない木造建築を探る
——発掘資料から読み解く原始〜古墳時代の建物

1 農耕生活の始まりと富の偏在化

◇法隆寺以前の木造建築

世界最古の木造建築である法隆寺金堂が7世紀後半の建物ですが、より古い時代の建築の形や建て方についても発掘調査をもとにお話ししましょう。原始的な木造建築として、住居を中心に穀物などを保管する倉庫も見ていきます。

法隆寺以前の縄文、弥生時代については発掘資料を根拠に建築の形や様相、使い方が推定されます。旧石器時代は狩猟・採集の社会で、季節ごとに動物の移動や植生の変化を追いかけながら河川の周辺や台地の縁辺部で食べ物を獲得し生活していました。かつて縄文時代と弥生時代の区分は農耕の有無が1つの判断基準とされてきましたが、縄文時代にも栽培民と呼ばれる農耕民が存在したという指摘が近年出ています。水稲農耕が始まると移動生活から定住化が始まります。すると建物は長寿命化し、食糧を貯蔵する倉庫、祭祀関係の施設が生まれます。縄文時代は土偶が有名ですが、残念ながら祭祀関係の施設は一時的なものが多いため、その痕跡や形態をうかがい知ることは困難です。

弥生時代に農耕文化が成熟すると食物の備蓄によって富の偏在、権力の集中も生まれます。農耕には高い土木技術が必要ですから、労働力の編成とそれを統制する者が現れます。農耕に従事しなくてもよい身分、食糧に不安がない階層化された社会が生まれるのですが、彼らに富や権力が集中した結果、生きるためだけではない建築が生み出されたのです。すなわち建築が象徴性を帯び、巨大なあるいは長期に残るモニュメント性の高い建築がたくさんつくられるようになります。建築をつくることが、社会の安定や権力の象徴として機能していくのです。

一方で、一部に富が蓄積されると収奪も頻発し、政治的・軍事的な対策が必要になります。さらに交易も増えて物の移動が増えます。このあたりが旧石器時代から縄文時代や弥生時代に起きた生活の変化です。

◇生活形態と建築――旧石器時代〜縄文時代

生活の形態は建築と大きな関わりがあります。旧石器時代は移動式の生活ですから洞穴のような横穴式、あるいは木の上のような一時的な住居や巣に近い形が推定されています。痕跡がたくさんあるわけではないため想定の域を超えませんが、縄文時代になると色々なことが判ってきます。

縄文時代の人々は河川流域沿岸部〜丘陵上・台地上に住んでいました。草創期に定住が始まり、数戸単位での集住であったと判っています。その他、横穴式の洞窟、岩陰に人が住んでいた痕跡がありました。次第に竪穴建物が普及し定住化が進みます。ちなみに「竪穴住居」と習ったかもしれませんが、近年は集会所や祭祀施設の可能性を否定できないため竪穴「建物」と言います。

縄文時代の早期では大型の集落や祭祀施設が出てきます。人が集まり住む機能に特化したものに加え、祭祀施設が登場したのです。さらに前期まで時代が下ると10m超の竪穴建物が出現します。人が増えて、共同で建築をつくり、食糧を得て交流する地域の拡大が見えてきます。この頃には食料を貯蔵する貯蔵穴が掘られています。

中期になると100棟以上の建物が集まった集落の形が見えてきます。環状・馬蹄形で囲うものもありますが多くは非環状の形でした。貯蔵穴だけではなく、倉庫か祭祀施設であるのかは議論がありますが高床の建物も出現します。

後期になると今度は集落が小型化していきます。建築の形は竪穴建物が多いですが、平地建物（掘立柱建物）が登場します。地面を掘り凹めて屋根をかける竪穴形式に対し、平地建物は地面を必ずしも掘り凹めず柱を立て屋根をかける方法です。また集落に墓域がつくられるのも特徴です。

◇生活形態と建築――弥生時代

弥生時代に入ると農耕と建築の関係が強まります。住む場所も丘陵や台地など水を避けた安全な場所から平野を望む丘陵地や、平地でも少し高い場所、湧水が出る場所に移ります。水田のために水の便が良いことが重要だからです。また農耕は自然環境が影響しますから、自然に対する信仰が目覚めます。農耕が進み生産力が向上することで人口が爆発的に増加し、更なる労働力や農耕以外の支配者層をつくりだすことにも繋がりました。特に収穫物を貯蔵するために高床の倉庫建築が多くつくられますが、倉庫建築は単にストックするだけではなく、富や権力の象徴の意味も持ちます。これは弥生時代だけではなく、鎌倉室町時代にも金融業者を「土倉《どそう》」と言っていたように土倉自体が富の象徴で、高利貸しにより、利益を得ていました。建築の加工面でも、石器から金属器に変化しています。青銅製品や鉄製品が出てきて細かな加工が可能になります。

一般的な村では、10棟程度の竪穴建物がまだ多く存在していました。そこに共同の倉庫や墓地を備えるのですが、それらが集まり大規模化した集落も出てきます。それらは外敵に備える環濠集落（拠点集落）と呼ばれ、そこから衛星的に小さな村々が存在したと考えられています。

環濠とは周囲に大きな溝を掘り集落を防御するものです。もう1つ、祭祀施設や居住地域などの区画を分け、汚れている所と聖なる所を溝で表す意味もあります。また、集落の中に水気が入るとジメジメして疫病の原因になるので、溝を掘ることで湿気除去の役割があったりゴミや人糞を集める場所であったとも考えられています。

さらに時代が下ると、これらのムラが集合して地域としてのクニが形成されます。強大な権力者が現れ、軍事的な防御体制が充実し、古墳を築造することで古墳時代の幕開けとなっていきます。

2　建築資料（発掘遺構と出土建築部材）から探る——

◇定住の広がりと建築の変化

以上のように狩猟・採集民が、次第に定住するようになり部族社会が構築されると建築の形にも大きな影響を与えます。まだ詳細な設計が行われない段階ですので建築は一品生産の性格が強いですが、基本的な構成は住居、貯蔵穴、祭祀施設、埋葬施設が中心でした。次第に住居、倉庫、祭祀施設、墳丘墓と変化していきます。特に倉庫や墳丘墓は富と権力を示す装置です。いずれも現存するものはなく、考古資料に基づく研究からわかっていることです。

考古資料の中でも建物の痕跡を示す「発掘遺構」と「出土建築部材」が重要です。出土建築部材は柱や梁などの建築部材が発掘されたものを言います。そこから、当時の材料やその大きさ、金物であればどういった道具なのかがわかります。さらに材料の入手方法もうかがうことができ、縦えば杣《そま》（山林）からの切り出し・運搬に関わるインフラが想定できます。近くの山からすぐに木が切れる状況ばかりではないので、木材が動いた範囲もかつての様相を知る手掛かりになります。さらに加工の道具も重要で、石器から金属器に変わったことで特に組上技術が進歩します。積み上げる技術は高層化と大きな関係があるわけです。

◇遺跡・遺構の年代判定

さて発掘された遺跡の年代はどのように決まるのでしょう。発掘調査では地層を見ますが、中でも火山灰層は比較的判別がしやすい層です。火山灰の積もったローム層は広い地域に展開しますからある共通の年代の基準となります。

もう1つ、遺物の編年から年代を考える方法があります。例えば土器や瓦などの遺物も年ごとに形が変わります。現代でも空き缶の形やデザインからある程度年代を想定できるのと同じように、土器や瓦もその時々によって形や傾向が違うので、相対的にどちらが古いかを判断できます。

ただし、２０００年、古い層にわざと旧石器を埋めたねつ造事件が毎日新聞のスクープで明らかになりました。遺物の編年指標や出土した層位に偏重した考古学の研究手法そのものにも一石を投じる事件でした。

遺物の編年とは別のもう1つの方法がC14（カーボンフォーティーン）、放射性炭素年代測定です。炭素に含まれるC14が半分に減るのに５７３０年かかることを利用して、大気中のC14と比較することで年代を測定します。

さらに木製品では年輪年代学の方法があります。木の年輪は1年ごとに1層ずつ増えていき、その成長パターンが各地域や広い範囲で一定の傾向が見られます。その特徴を活かして、残っている木材の年輪のパターンから伐採された年代を推定する方法です。この方法は古い年代だけではなくC14とともに古代中世建築の中で建立年代が判っていない建物、特に民家では文献資料が少ないこともあり、よく使われます。しかし年輪年代学はあくまで木を伐採した年代が判るにすぎず、成果は必ずしも建立年代と直結しません。さらに見つかったものがかつての標準的な建物であるかどうかはわかりません。

◇原始住居研究の黎明期

例えば竪穴建物のような原始住居は考古学との関係が深く、発掘遺構から平面を類型化していく作業がまずなされました。早い時期に発掘遺構からその上に建っていたであろう上部構造を考えたものに、天地根元宮造《てんちこんげんみやづくり》があります（図３・１）。建築史家で建築家でもある伊東忠太や関野貞《ただし》など日本建築史を始めた人たちは、古代住居の概念の1つで、竪穴建物と古来の伝統形式が継承されたと考えられていた神社建築が結び付いていると考えました。

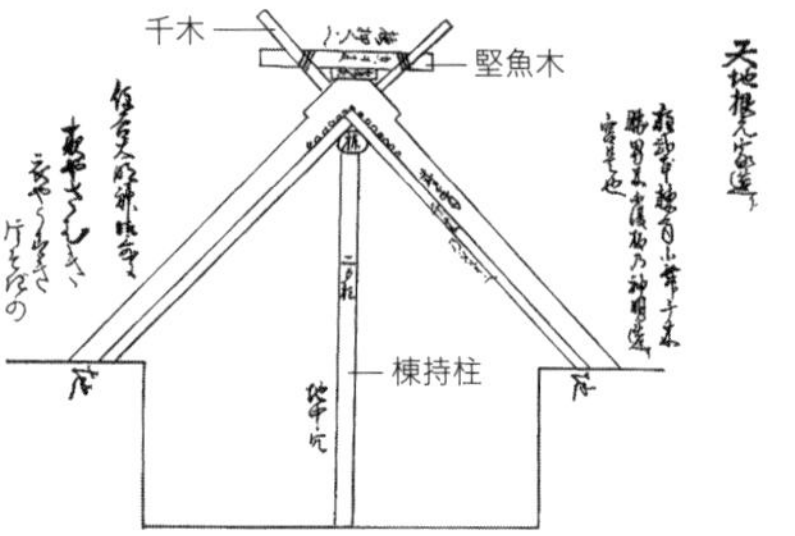

図３・１　天地根元宮造（出典：辻内伝五郎『鳥居之巻』1804年に加筆）

天地根元宮造の姿は実際に江戸時代の工匠辻内家に伝わる『鳥居之巻』の中に表されており、掘り凹んだ所に伏せ屋根をかけています。堅魚木《かつおぎ》・千木《ちぎ》が載り、棟を直接支える棟持柱があります。また地面から立ち上がる切妻造など特徴的な形で、これが原始住居であろうと考えたわけです。ただし実証する発掘遺構はなく、あくまで考えにすぎません。しかも江戸時代の史料ですから、何を基に判断した内容なのかを見極めなくてはいけません。

この状況が発掘遺構を中心に研究を進めることで変わっていきます。建築史家の関野克《まさる》は１９３４年の段階に縄文時代と弥生時代の住居跡について実例となる発掘遺構を基に上部構造を考えました。まずは竪穴・平地・高床の３つの住居を挙げています。竪穴は地面からやや凹めた所に屋根を伏せたもの、あるいは壁を立ち上げて切上屋根をかけた形です。平地は地面にそのまま屋根を伏せたもの、あるいは側壁を地上から立ち上げて屋根をかけた形です。高床は床が高く上がった形式で、床上に壁を持つものもありますが、屋根自体で空間を構成して倉とするものもあったと考えられています。さらに関野克はこれを21の類型に分類しました。当初はこれに適合する発掘例は5例でしたが、その後の発掘調査によって想定した21形式全ての遺構が発掘され、仮説が考古学的成果によって実証されました。

関野克は発掘遺構で判った形を分類するだけではなく、仮説を提案したわけです。これは発掘調査にとって重要なことで、あるパターンが存在するかもしれないという仮説をもって発掘調査をすると、建築に関わる情報がより正確に取れるようになります。現代でも、発掘調査では建築史学者と考古学者が専門知識を共有して、方向性を議論し、発掘作業を行うことがあります。

◇登呂遺跡の発掘

関根克はさらに復元の考えを深めました。参考にしたのは天明４年（１７８４）に書かれた『鉄山秘書《てつざんひしょ》』にあったたたらという製鉄のための高殿《たかどの》の建物です（図3・2）。この高殿の構造が原始的であったためヒントにしたのです。この構造は近世の民家にも類例がなく、一方で古墳時代以前の竪穴建物跡の平面の形と類似することから、高殿が古

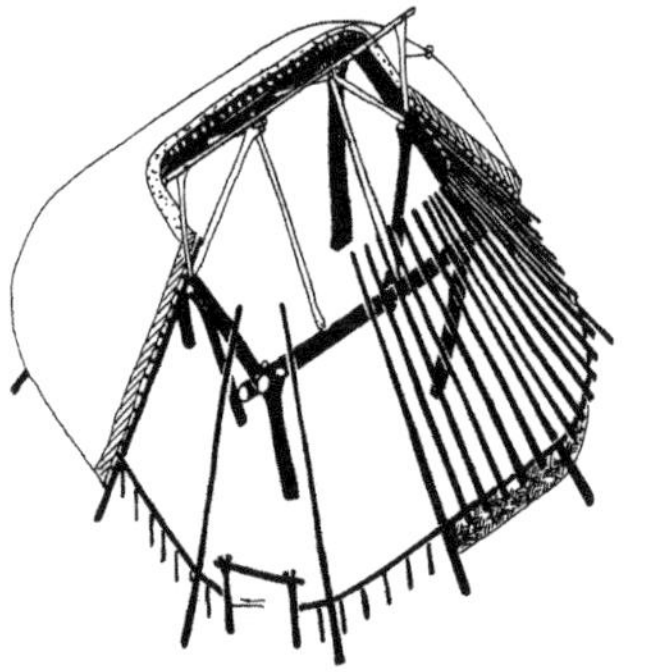

図３・２　『鉄山秘書』に描かれた高殿
（出典：日本建築学会編『日本建築史図集』新訂第3版、彰国社、2011年、3頁）

式な形を後世に伝えたものだと関野は考えました。

関野の成果が最大限に活かされたのが登呂遺跡です。登呂遺跡は弥生時代の大規模な集落で水田の遺構などが見つかっています。１９４３年の戦時中に軍需工場の建設時に発見され、木製品や水田をつくるための杭の跡が見つかりました。１９４７年になると、考古学・人類学・地質学者らによって発掘調査が行われ、建築史学者では当時原始住居の研究をしていた関野克が参画しています。登呂では高床倉庫や竪穴建物が取り上げられますが、水路水田の高い土木技術も重要です。

◇竪穴建物の上部構造

登呂遺跡の発掘遺構にはいくつか特徴があります。通常竪穴建物は床を掘り込んで地下に凹めた形が多いですが、登呂遺跡では周囲を土盛して中の空間をつくり上げています（図3・3）。

第1の特徴としては、平面が円に近い楕円形である点。2つ目が内部に4本の柱があること。3つ目は側面の竪穴の壁が垂直に立っていること。4つ目は中央に炉を構えていること。これらの特徴から上部の構造を考えます。

復元にあたって関野はまず、竪穴建物は縄文時代の建物であり高床や平地建物は弥生時代のものであると考えていました。特に重要なのは垂木の長さが一定であると仮定して復元した点で、そこをスタートに登呂遺跡の竪穴建物の構造を考えました。

垂木の長さが一定の場合、梁や桁が直接かかる長手の部分ではより遠くに端部が届くのに対し、斜め45度方向では必ずしも遠くにいきません。その結果、長手方向に長い楕円形の平面になったと考えたわけです。さらに材料供給の面でも規格化されていたと考えました。近代以降の建築史学者らしい考えです。そして中央部の柱・梁・桁の構造が

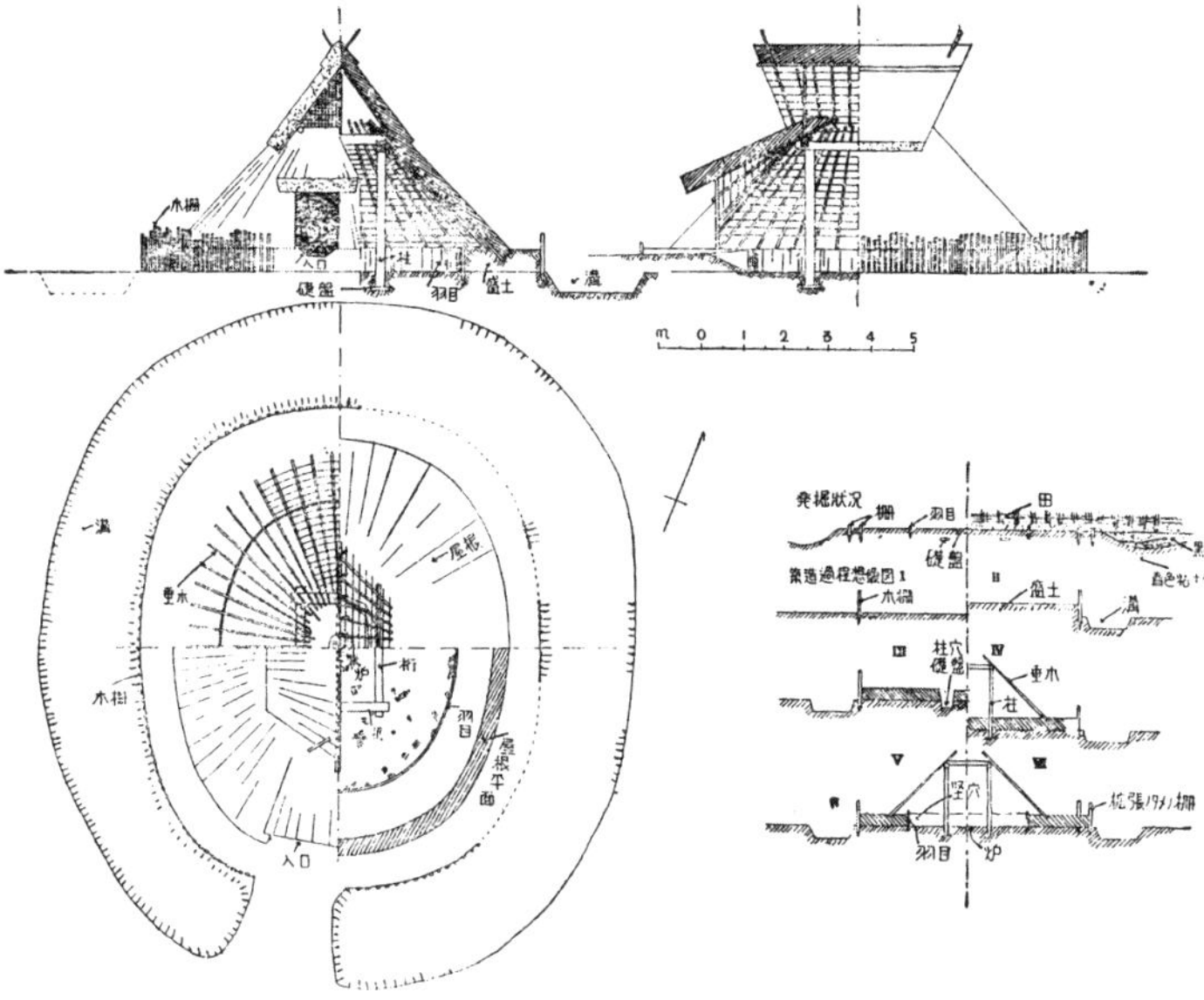

図３・３　登呂遺跡の竪穴建物（出典：日本考古学協会編『登呂』毎日新聞社、1949年、118頁）

切妻造の屋根を構築すると考え、羽目板による土止めをし、復元の住居をつくり上げています。

◇登呂遺跡の成果

登呂遺跡の復元ではいくつかの副次的な成果が出ています。１つ目は原始住居について書物や絵としては考えられていましたが、初めて実証的、実践的に示されたのです。関野は『鉄山秘書』のたたらの高殿《たかどの》との特徴が一致することにヒントを得て、上部の形を考え、これによって天地根元宮造が正しくないであろうことを示したわけです。

さらに施工の手順も検討しています。最初に周濠・土盛り・柱掘方の作業、そして中心の架構となる柱・梁・桁・棟木などを組み上げる。次に下部の垂木・入り口の設置を

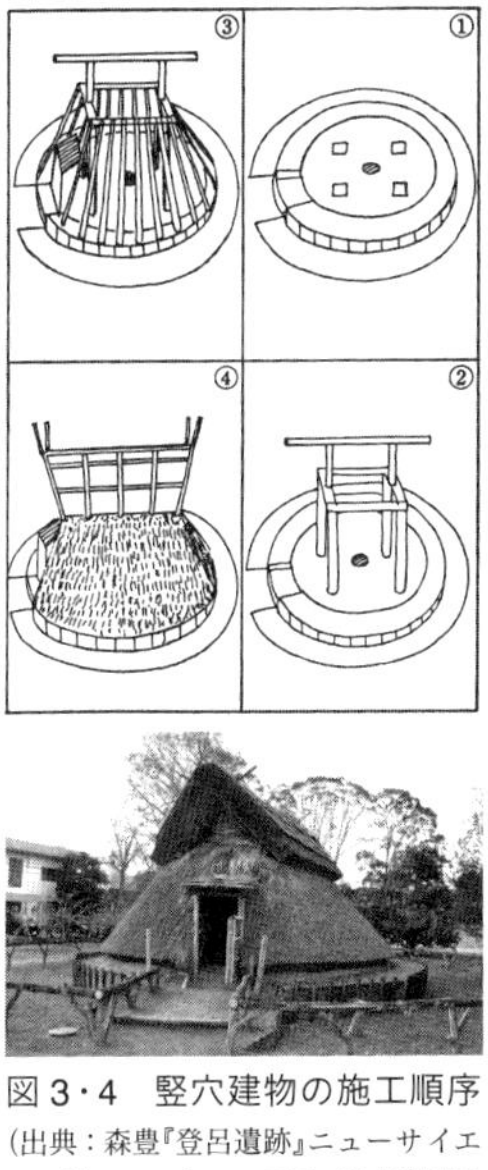

図３・４　竪穴建物の施工順序
（出典：森豊『登呂遺跡』ニューサイエンス社、1979年、26頁及び海野撮影）

する。最後に屋根を葺く工程の手順であろうと考えました（図３・４①〜④）。さらに加工技術に関しては、石器時代とは異なる金属器による高い技術があったと考えました。

一方で登呂遺跡は弥生時代のものですが、なぜ竪穴建物としたかが疑問に残ります。これに対しては、新しい技術を有していても旧形式の建物を使わないわけではないと解釈しています。これはいつの時代においても最先端の建築に使われる技術と、普通にある建築に使われる技術が併存するのと同じです。日本建築史で扱うのは比較的最先端、最高級の技術が中心ですが、背景には普遍的に広まっていたその他多くの建築の存在を知っておく必要があります。

◇登呂遺跡の復元コンセプト

関野は「想像復元」という言葉を使ったように、復元自体が１００％正しいわけではないことはわかっていましたが、学術的根拠が十分ではないとしつつも、形式的復元ばかりではなく、内在する技術も重要と考え、思考実験として、復元しました。

一方で関野の復元に対して批判や反論もあります。実際、関野の案は現在の研究によって違うであろうと判っているのですが、登呂遺跡ではあえて関野案の竪穴建物が焼失した後にも再建して残しています（図３・４）。関野の復元自体が登呂遺跡の学術の歴史にとっても重要であるからです。

◇同時代の竪穴建物の復元

実はこの時期、登呂遺跡だけでなく多くの遺跡で竪穴建物が復元されています。与助尾根《よすけおね》遺跡では地元有志による復元、尖石《とがりいし》石器時代遺跡では堀口捨己《ほりぐちすてみ》が、１９５１年には平出遺跡で藤島亥治郎《がいじろう》が復元をしています。

復元された竪穴建物は三者三様の形をしています。発掘遺構が違うこともありますが、復元する人の解釈による違いもあります。最近では竪穴建物の焼失した跡から部材も多く出ており、そこから高い精度で復元されていますが、平面に関する情報のみから上部構造を考えると、色々な考えができてしまうのです。一方、屋根は3つとも草葺で近世民家のような様相でした。その後は土葺や板葺もあったとわかり、日々発掘調査や研究が進んでいます。

◇尖石石器時代遺跡の復元

堀口の尖石石器時代遺跡の復元の特徴は、隅木《すみぎ》を用いない慈光院の事例を参考にしている点です。合掌造《がっしょうづくり》という2つの三角形をつくる形を中心に全体を構成しています。当時の社会状況を考えて部材は持ち運べるサイズであることに焦点を当てたわけです。さらに堀口は材料の長さ、施工に関わる人数にも言及しています。単なる上部構造だけではなく、その背景にある社会まで考えたわけです。

扠首《さす》や棟木で支え、梁・桁・束を用いません。棟木の位置は扠首のバッテンの位置で決まるので、足下は円形の平面を描きにくい問題もあります。堀口も関野と同じく加工の手順まで復元しています。最初は柱を立て、そして棟木を支える扠首を取り付けます（図3・5①②）。さらに柱と梁を繋ぎますが、柱を繋ぐことで足場として扠首の上を結んだと考えています。足場を用いて棟木を扠首の上にかけ大きな架構をつくります（図3・5③④）。さらに桁行方向に「頬杖《ほおづえ》」を出し棟木を支えます（図3・5⑤）。これにより構造的に強固な形をつくり上げたわけです。さらに「中扠首」という間の部分に棟木を支える架構を持ってきて、扠首の間には水平の材である「くつわぎ」を付けて扠首を安定させたと考えます（図3・5⑥⑦）。その後、小枝か細竹で扠首と頬杖を付けて棟押えを設け、最終的には上下の形が分離した屋根の建物を想定しました（図3・5⑧⑨）。

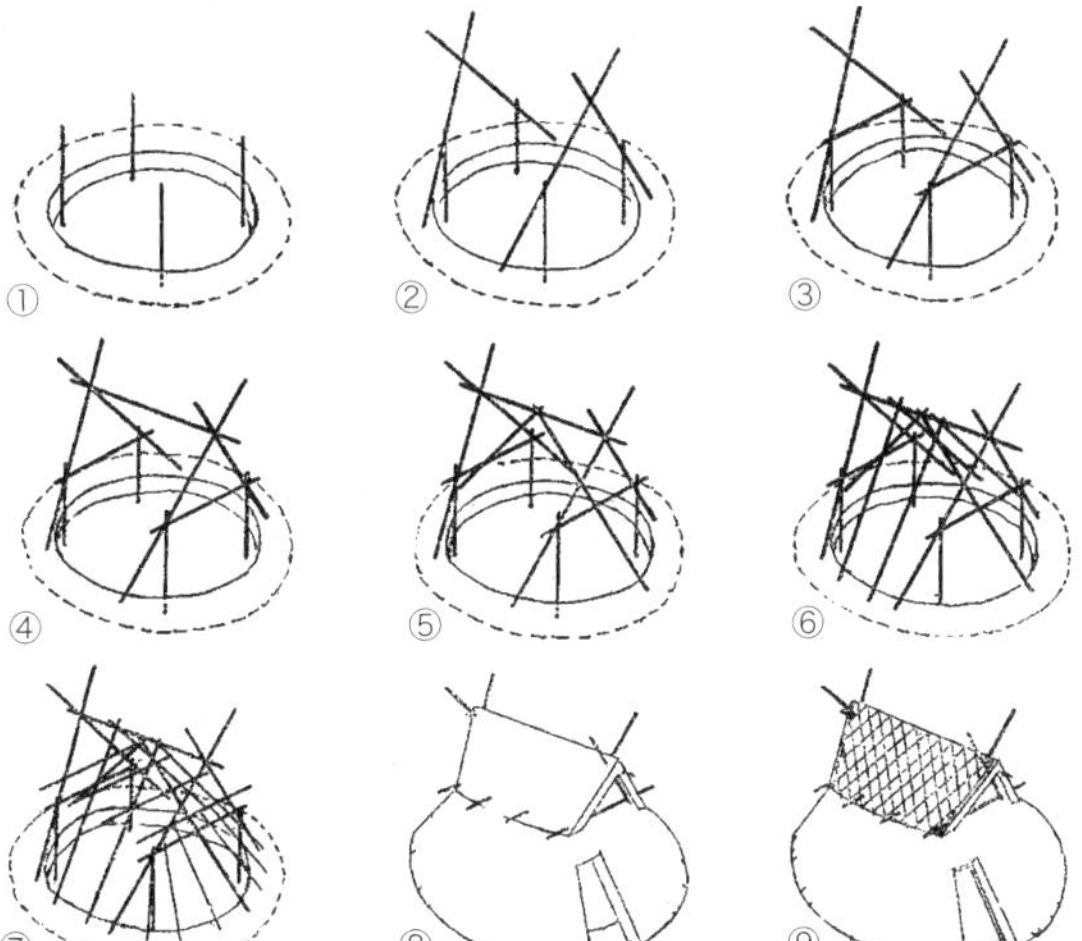

図3・5　尖石石器時代遺跡の施工順序（出典：堀口捨己「尖石の石器時代住居とその復原」『建築雑誌』774、1951年、4頁）

◇**イギリスにおける住居の復元**

実験的な復元は海外でも見られます。イギリスのウェストストウ（West Stow）という5世紀頃のアングロサクソンの集落の復元の事例です。ケンブリッジ大学が1970年からいくつかの建物を実験的に復元しています。面白いのが復元された時期によって細かい構法が異なり、その都度、何を根拠にどう考えたか、実験の前提条件を明示しています。それが顕著にわかるのが板壁の納め方で（図3・6）、ウェストストウではオスとメスで凹んだ部分に差し込む形で板を繋ぎ合わせたり、三角形に近い断面から少し幅が均一になり接合部だけが細くなる形に変化したりと、6つの手法が試みられています。つまり画一的な考え方を追求する復元ではなく、色々な案を提示することが遺跡にとって大事だと社会に対して示しているわけです。

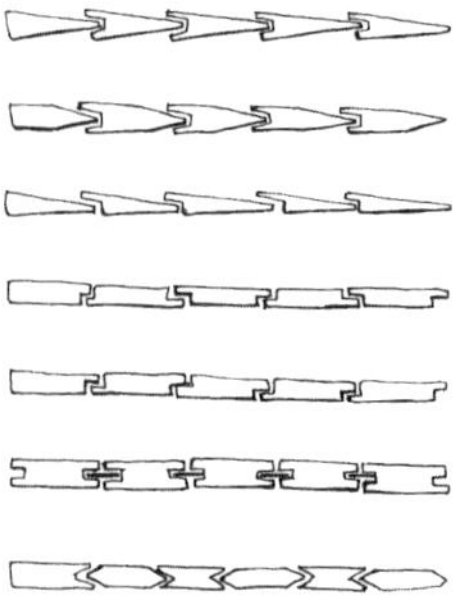

図3・6　ウェストストウの板壁の構法（出典：Stanley West, *West Stow Revisited*, 2001、67頁）

関野や堀口の復元の事例もそうですが、復元を思考実験として捉えると、何を重視し、前提条件とするかで色々な考え方ができ、形が大きく変わるのです。

3　原始の建物の諸類型

◇**竪穴建物の上部構造**

近年、発掘調査がかなり増え、それに伴い原始建物の類例が増えています。竪穴建物に加え平地建物、壁立建物《かべだちたてもの》があります。竪穴建物にも伏屋と呼ばれる屋根の下端が地面につく形と、壁立式と呼ばれる屋根と地面の間に隙間があるもの、この2つに分かれます（図3・7）。屋根の葺き材も茅《かや》・葦《よし》・藁《わら》などの草葺だけではなく、樹皮、土、獣皮も使っていたと考えられています。形状は切妻造・入母屋造・寄棟造・宝形造など色々な形が判っています。ちなみに竪穴建物は縄文・弥生時代のイメージが強いですが、東北地方などでは中世以降も用いられています。

竪穴建物の上部構造を考える上で、まず柱と棟木、垂木がどうかけられているかが重要になります。竪穴に柱がな

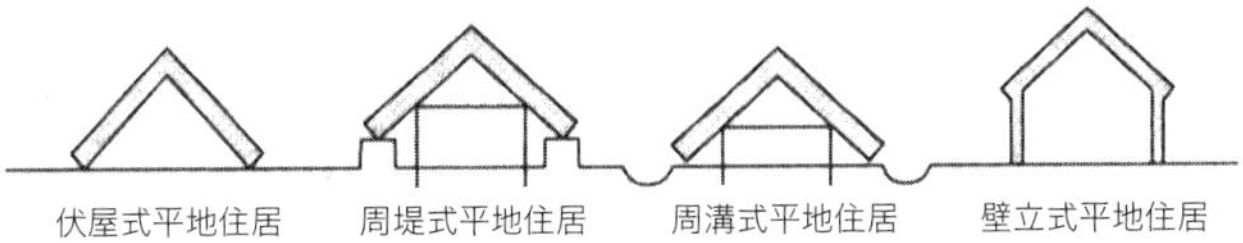

平地住居 —— 地表面を生活面とする住居で、壁立《かべたて》式と伏屋《ふせや》式とがある。
小形住居には屋内に主柱がなく、中形以上の住居には主柱がある。

竪穴式住居 —— 壁柱または壁と呼ばれる細い柱を間隔狭く立てて草壁・土壁を造り、壁体で屋根の加重を受ける形式の住居をいう。

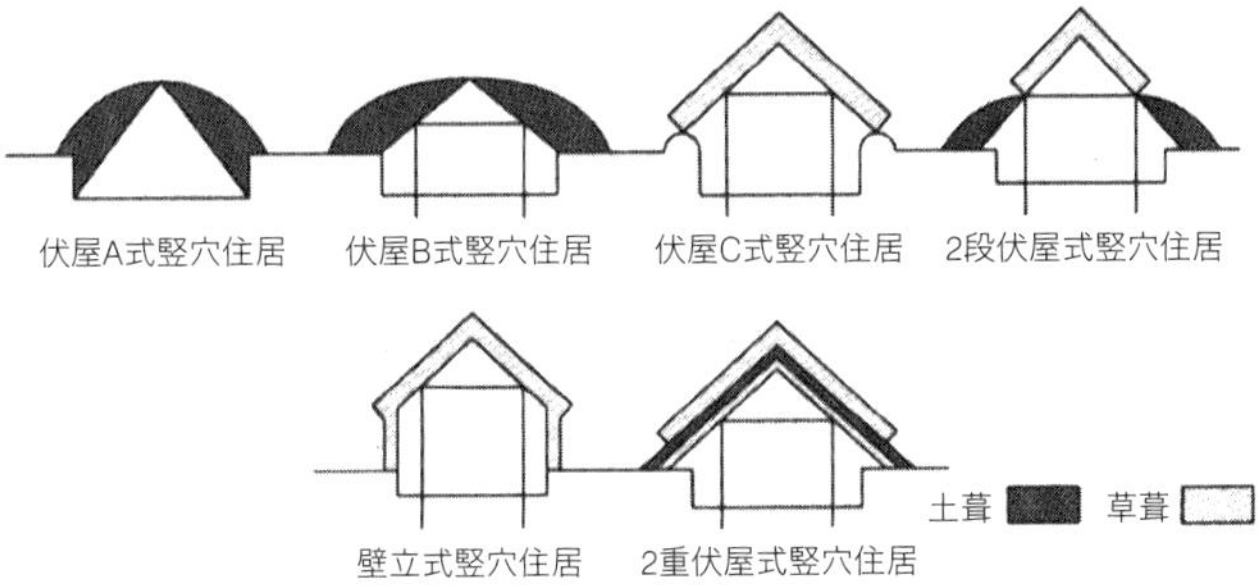

伏屋式住居 ———— 屋根を地上に伏せた形式の住居で、平地住居と竪穴住居に多い。
伏屋A式竪穴住居 —— 垂木尻を竪穴壁の下方に据えて土葺き屋根とするもの。
伏屋B式竪穴住居 —— 垂木尻を竪穴の外縁部に据えて土葺き屋根とするもの。
伏屋C式竪穴住居 —— 壁穴の周りに土堤（周堤）を巡らせ、周堤上に垂木を据えて草葺き屋根とするもの。

図3・7　竪穴建物の類型(出典：『カラー版　日本建築様式史』美術出版社、2010年、6頁)

い場合、扠首と言われるバッテンの斜めに入る形式によって棟木を支えます。その上で棟木から放射状に垂木が配されて竪穴建物をつくり上げます。内部に2本柱がある場合、柱によって棟木を支える棟持柱の形が取られます。この場合でも棟木から放射状に垂木が配されます。

さらに複雑な形で4本柱の場合、4本の柱の上には梁や桁を組みます。そこから扠首などで棟木を支え、垂木を配します。棟木から梁・桁、梁・桁から地面までそれぞれの部位で屋根の形を分けられるようになります。平面が多角形になるとさらに複雑になります。井桁《いげた》という長い桁を十字にかけ、頂部まで扠首を伸ばします。

伏屋式竪穴建物は垂木の長さが1つのキーになります。垂木が長くなると途中で支えが必要になります。4本柱のように梁と桁を組んだ時、柱・梁・桁でつくられる下部の垂木と、それより上部で扠首を用いて棟木を支持する部分の2つの構造が組み合わさってできたと考えられます。

◇竪穴建物と設備

竪穴建物では周りに湿気を抜き排水する周濠が掘られることがあります。雨が家の中に入ってくると気持ち悪いですよね。もう1つが炉です。炉は調理や暖を取る設備で、生活に必須の設備です。例えば地床炉《じしょうろ》・石囲炉《いしがこいろ》などがあり、物によっては埋甕《うめがめ》のようなものを炉にする場合もあります。そのまま残ることは少ないですが、熱を受け真っ赤に焼けている床面の痕跡から炉と推測できます（図3・8）。

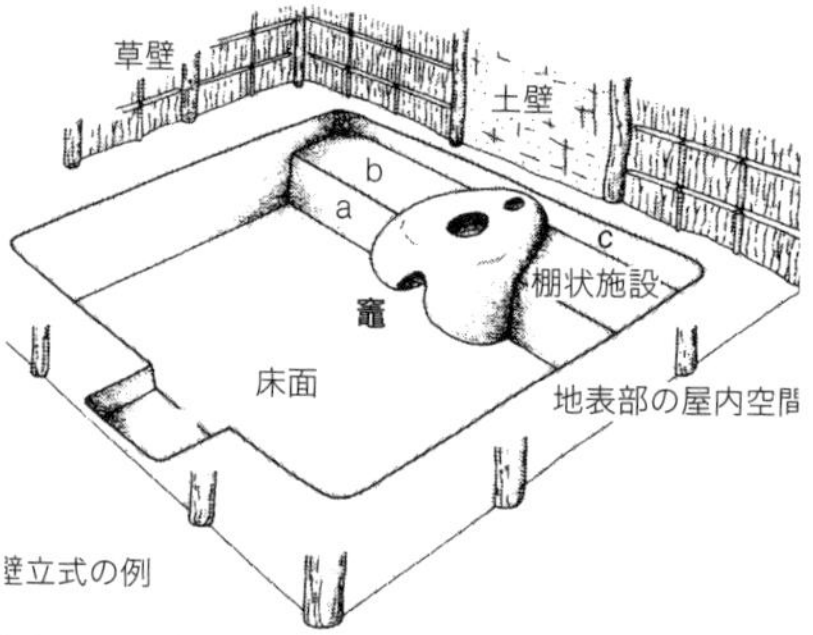

図3・8　竈のある竪穴建物の内部（出典：『発掘調査のてびき』文化庁文化財部、2010年、140頁を一部修正）

時代が進むと調理施設の竈《かまど》が出てきます。古墳時代初頭では九州や近畿など限定的ですが、5世紀以降広範囲に伝播します。竈は煙道で排煙したり、あるいは屋内に煙出し、燻しをしたことも考えられます。竈は飛鳥時代以降の渡来系の竪穴建物で竈から煙道をのばしてオンドルのような使い方をしていた事例もあります。

他にも棚状の施設が見つかっていますが、ベッドなのか、収納や祭壇なのか、決定打はありません。貯蔵穴、食糧貯蔵の施設が竪穴建物の中にあることがあります。建物外部の近隣にあることもあり、周辺にも注意しながら発掘調査がなされます。

◇掘立柱建物の平面

掘立柱の場合は柱の跡がキーになります。平面には2つのパターンがあり、1つは建物内部に柱がなく、側柱（外周柱）だけで建物が成立しているもので、側柱建物と呼びます。一方で総柱建物では内部にも柱があります。側柱建物では外周柱だけでなく、棟通りの筋にも柱があることがあります。古いものでは梁間1間で、真ん中に柱がなく、棟通りを支持する別の柱を立てる事例も多く見られます。

総柱建物では、なぜ内部にも柱が必要なのでしょう。棟通りの位置であれば棟木を支えるであろうと判りますが、総柱建物では棟通りの位置だけではないので何か別のもの、つまり床を支えていたと考えられています。大多数は桁行2間×梁間1間程度の小さなものが多いのですが、中には100m²を超える巨大な総柱建物も発見されており、社会階層の表れ、富の象徴、祭祀施設との関連がうかがえます。

◇独立する棟持柱

棟持柱の構造を見ましょう。棟通りの筋にある柱は建物の構造上、一番重要な棟木を支えます。棟持柱は梁・桁の構造と棟木の支持が分離しているところに特徴があり、古い形式の神社建築にも見られます。

　棟持柱でも弥生・古墳時代では独立棟持柱・近接棟持柱、屋内棟持柱がありました（図3・9）。建物の妻通りの位置から離れたところに柱が立てられるものや妻通りに近接した形もあります。独立した棟持柱の場合には棟持柱までの距離が長くなるので棟持柱を置くメリットが大きくなります。妻通りと近接している場合は、妻通りからの距離が短いので棟持柱は構造面でそれほど効果的ではありません。極端に言えば梁の上に直接束を立てればある程度支えられます。何のために棟持柱を使ったかというと、意匠的な意味があります。実は棟持柱が片側にしかない例もあり、棟持柱の意匠性が強く表れているわけです。もちろん構造的に必須の独立棟持柱のように妻通りからの距離が長いために支えざるを得ないものでは両側に必要です。つまり構造的合理性だけを追求すれば要らないはずのものが用いられているからこそ、片側の側面だけでは棟持柱が構造的な要因ではなく、意匠として重要であることを意味しているのです。このように建築をつくる時に何を考え、どのような意味があるのかが見えてくるところが建築史の面白いところです。

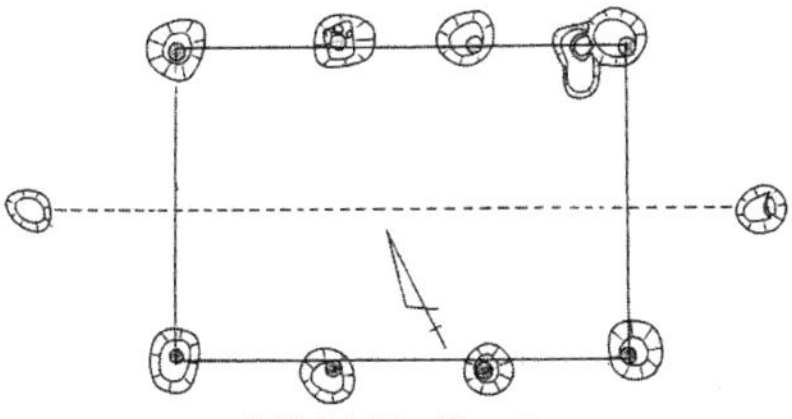

図3・9　棟持柱の遺構平面（出典：宮本長二郎『日本原始古代の住居建築』中央論考美術出版、1996年、185頁）

◇**高床建物の構造**

高床の建物は床を張る上で難しい技術を使っており日本建築の基礎が詰まっています。床の張り方はいくつかあり、後の時代にも共通する考え方があります（図3・10）。

1つ目は屋根倉式です。上に屋根だけで構成された倉を柱の上に載せる形です。柱と屋根を支える部分の構造が分離し、下の柱の上に桁・梁を置き、その上に床を張る方法です。屋根倉は上部の屋根部分の空間を倉とし、その床下は別個に床上の屋根を支える構造を組み上げる方法です。奄美大島や沖縄では屋根倉が現存しています。古い時代の建築と現在の付属屋あるいは地方に残る建築との関連がうかがえます。

2つ目が鼠返しを用いる方法です。日本建築史の中ではあまり一般的な方法ではありません。造出柱式《つくりだしばしらしき》と言い、床より下部は太い柱ですが床上は削り出した細い柱にします。この細い部分に鼠返しを上から落とし込み、その上に台輪を置いて床を張ります。

3つ目は分枝式《ぶんししき》の方法です。プリミティブな形ですが、枝分かれした節のある木をあえて柱に用い水平材を引掛けます。枝分かれした部分に大引を掛け、その上に床を張ります。この造出柱式と分枝式は後述する山木《やまき》遺跡の出土部材からわかっています。

4つ目の添束式は奈良時代以降でも用いられます。屋根を支える構造体とは別に添束を加えその上に大引を置きます。柱の

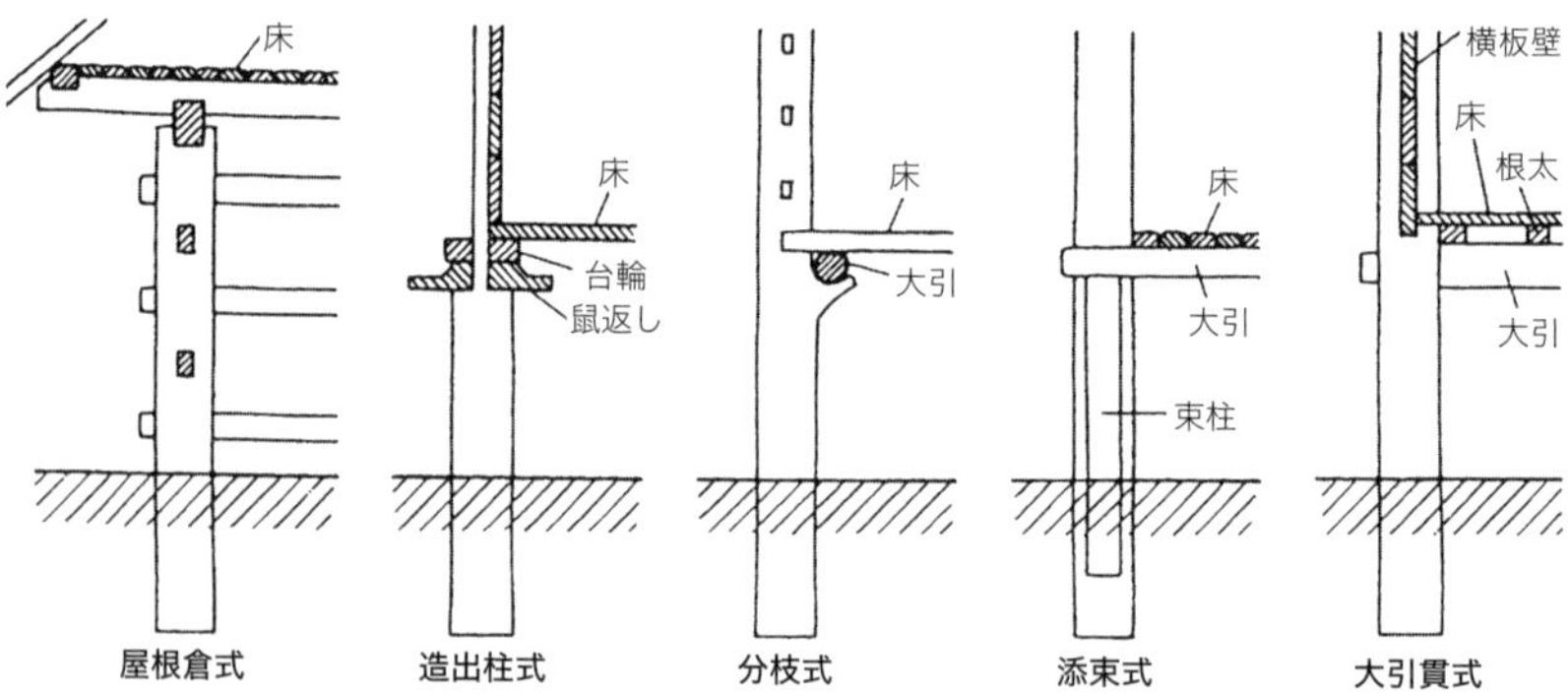

図3・10　高床倉庫の床の張り方（出典：宮本長二郎『日本原始古代の住居建築』中央論考美術出版、1996年、175頁）

内側に置く場合と、外側に置く場合があります。

別の添束を使わない方式として長押状の材を使う方法もあります。長押状に柱の横から材を打ち付け、そこに大引を掛け、その上に根太を置いて床を張る方法です。また柱にホゾ穴を空けて大引貫を通し、その上に根太・床を張る大引貫式《おおびきぬきしき》の方法もあります。このように床1つを支えるにも様々な構法があり、人々が知恵を凝らしていたのです。

4　縄文時代以来の高床建物

◇山木遺跡の出土部材と高床倉庫の復元

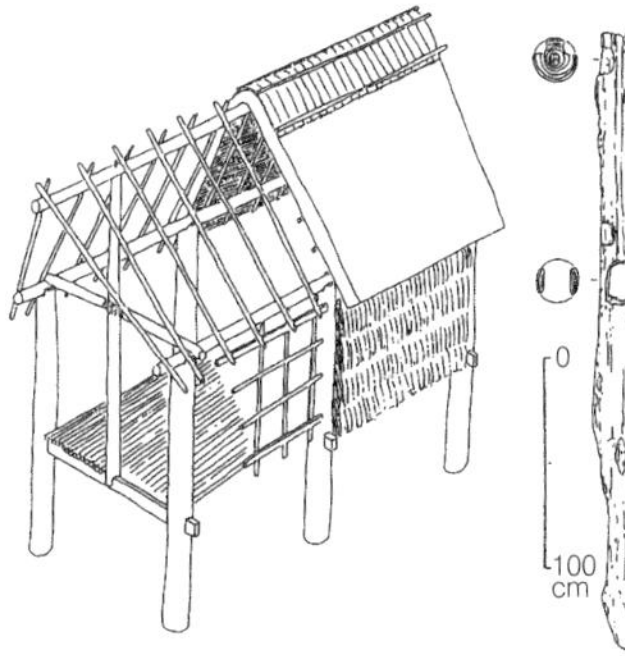

図３・11　桜町遺跡の高床倉庫の復元
（出典：宮本長二郎『日本原始古代の住居建築』中央論考美術出版、1996 年、124 頁）

縄文時代の高床倉庫を見ていきましょう。富山県・縄文中期の桜町遺跡の倉庫は出土建築部材から全体の要素が明らかになっています。３ｍ長の部材のうち下部１ｍの風食が大きいことが特徴です。この材の下端の約１ｍの範囲を見ると傷みが大きく、この出土建築部材は掘立柱の柱で、下部が地中に埋まっていたと考えられます（図３・11）。

この柱は一番上の部分が少し欠けており、頂部に桁受けの仕口があることから、柱の上で桁を支えていたことがわかります。柱の途中の部分で貫通する穴が空いている場所は床を受けるための大引貫が挿さった痕跡と見られます。

山木遺跡は登呂遺跡の高床倉庫の復元でも参考にされた遺跡です。高床倉庫の建築部材が大量に出土しており、分枝式、造出柱式の柱があることが判っています。造出柱は下部が太く上部が細くなっています。細くなった上部に台輪や鼠返しを落とし込んでいたわけです。

柱以外にも例えば扉の軸受けが見つかっています。回転する建具、つまり開き扉で穴に扉の軸を挿し込んで扉を支えていました。階段は一木《いちぼく》つくり出しでそれぞれに足を掛ける蹴込をつくっています。さらに階段の上端部には突起が付いて、突起部分を鼠返しに差し込んで固定するものだ

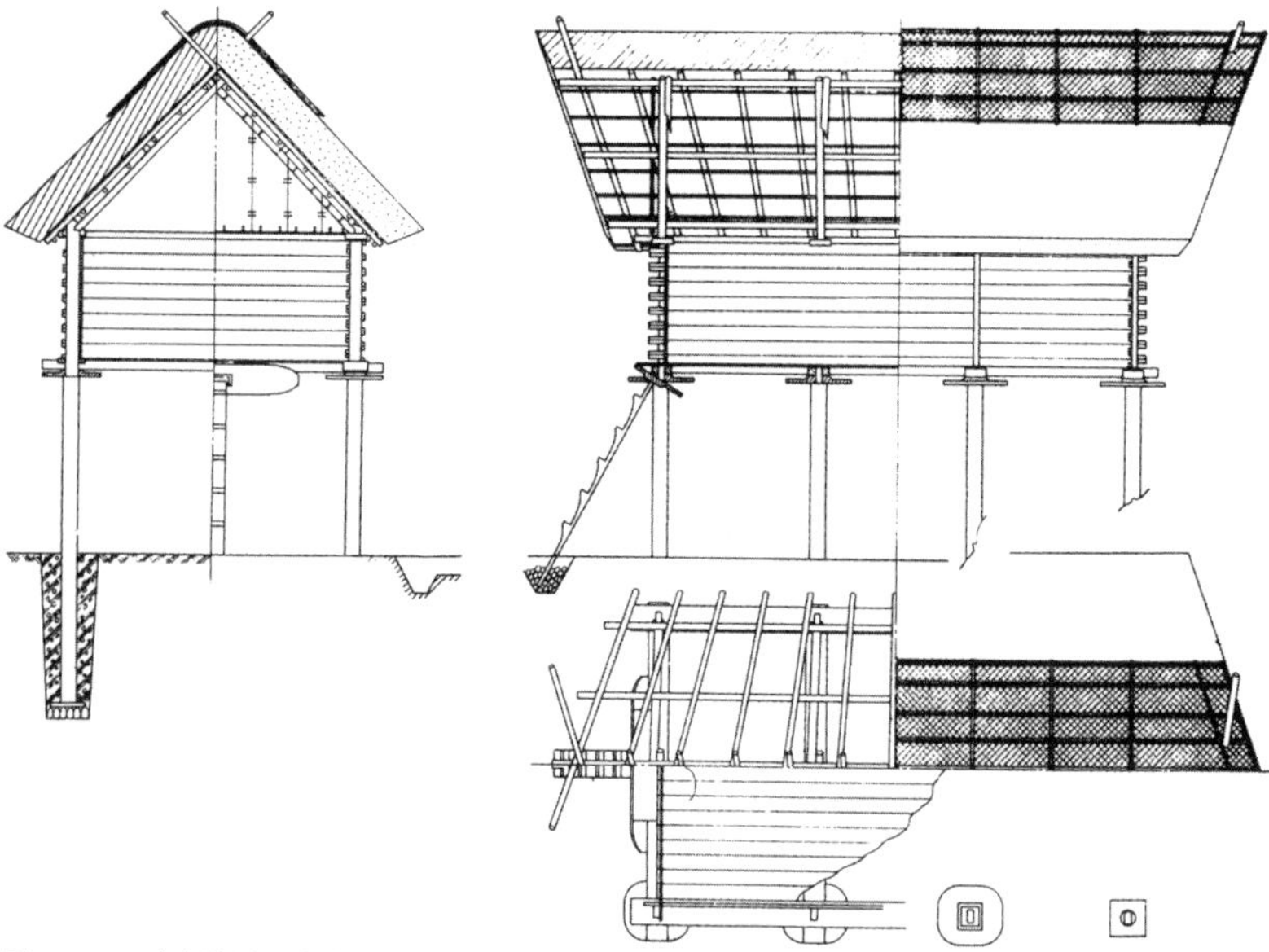

図３・12　山木遺跡の高床倉庫の復元図（出典：『韮山町史』第一巻、韮山町、1979年、139・140頁）

と判ります。実は山木遺跡で出てきたこの階段の形とブータンの民家で見られる一木をつくり出した階段がすごく似ています。ブータンの民家で現在も使っている一木の階段形式は日本に限らず一定の範囲で用いられる方法です。

これらを基に高床建物を復元した図面があります（図３・12）。掘立柱で、柱には鼠返し、台輪を置き、床上を板壁として、切妻屋根を構築しています。一木の階段を斜めに突き刺して鼠返しの仕口に先端を挿す形であったと考えられます。出土建築部材といっても建物１棟の部材一式が揃っているわけではなく、出土建築部材に「柱」と書いてあるわけでもありませんから、後の時代や同時代の似た物の知識を使いながら、パーツを組み上げることになります。

◇**多様な高床建物**

このように出土建築部材の最大の長所は現存しない建物の情報を持っていることです。短所の第一は全ての建築部材が揃っているわけではなく、少なからず創造的な復元が行われる点です。２つ目は遺物が脆弱である点です。

日本では木製品の多くが水漬けの状態で出てきます。水に浸かった部材は、少し力を加えると凹むくらい脆弱ですから、発掘調査時の保存状態が影響します。例えば建築部材が出土した時に長い時間放置してしまうと傷みが早くなります。もちろん部材の取り上げの時にも荷重が掛かれば傷や圧痕になってしまいます。

このように出土建築部材には長所短所はありますが、何もない状態と比べれば建築情報が多いのですから、今後その情報が増えることで新たな建築史の発展が期待されます。

◇貫の技術

出土建築部材が日本建築史の定説に疑問を投げかけた一例をご紹介します。貫の有無の問題です。貫は柱と柱の間を貫通する部材です（図3・13）。長押のように横から打ち付ける部材は古い時代からありますが、貫は高い施工技術や加工精度が必要なため古代以前にはなく、定説では中世の大仏様以降の技術であると言われていました。ところがいくつかの出土建築部材から貫通する穴が発見されたのです。これを根拠に古墳時代以前にも貫があったと唱える研究者が出てきます。実際に吉野ヶ里遺跡の大型の建物の復元では高床建物の軸部の支持に貫を使っています。このように建築技術は常に存在し続けたわけではなく、かつての技術が一度失われ、再び出てくる可能性も考えられるわけです。

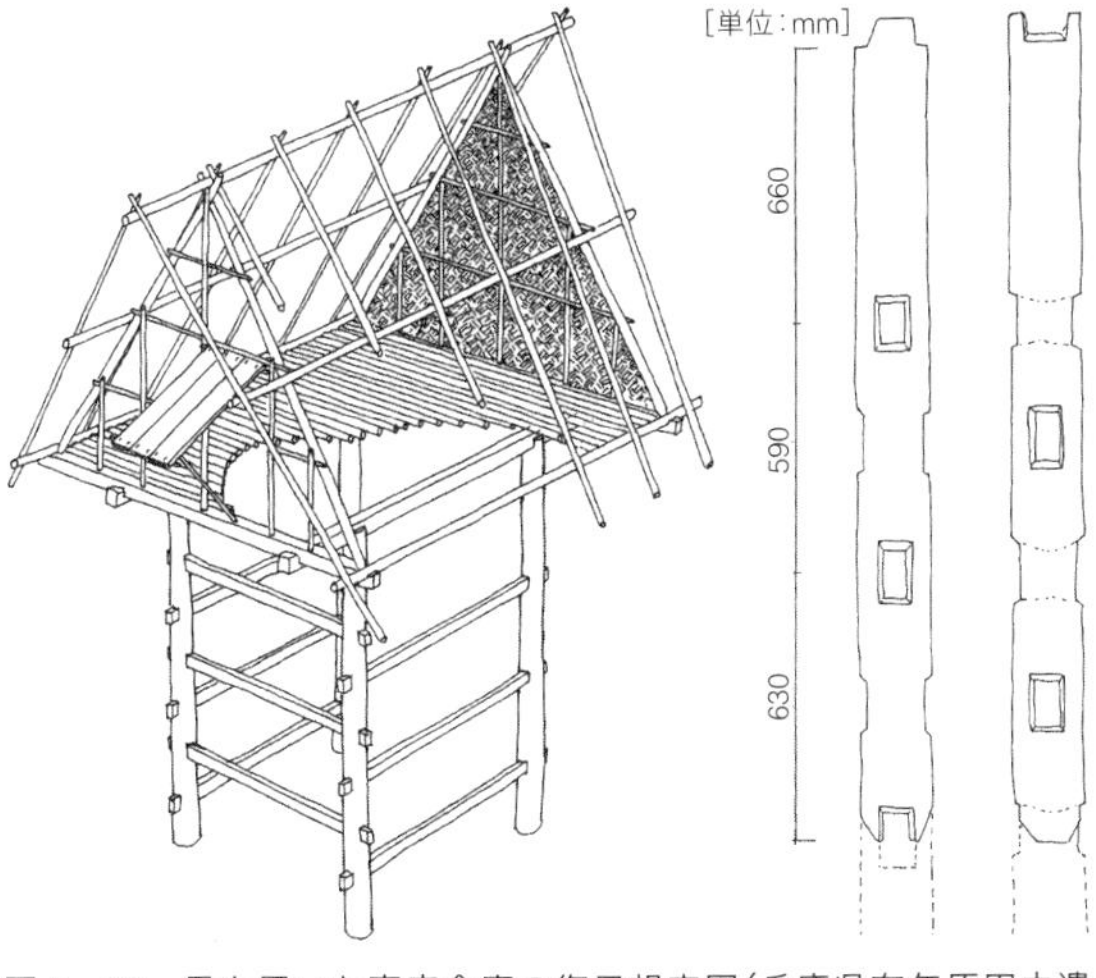

図3・13　貫を用いた高床倉庫の復元想定図（兵庫県有年原田中遺跡）（出典：宮本長二郎『日本原始古代の住居建築』中央論考美術出版、1996年、179頁）

一方で貫がどこの復元でも使われたわけではありません。

奈良県の唐古《からこ》・鍵《かぎ》遺跡では柱に桁を置き、その上に根太を置き、床板を貼っています。つまり唐古・鍵遺跡の復元では貫はなかったと考えたようです。

◇家形埴輪の造形

古墳時代以前の現存する建築は残っていませんが、唐古・鍵遺跡の土器のように建築を描写したものや家形埴輪には参考になるものがあります。有名な家形埴輪に赤堀茶臼山古墳があります（図3・14）。建物一群で出ており建物配置も正殿・後殿・脇殿による構成と考えられています。屋根も切妻造・寄棟造などいくつかの形があります。細部表現を見ると破風や平地建物・高床建物など多彩な建築の様相を示しています。堅魚木を置いたものもあり、これは建築の格差を示すシンボルで、正殿にも付けられています。

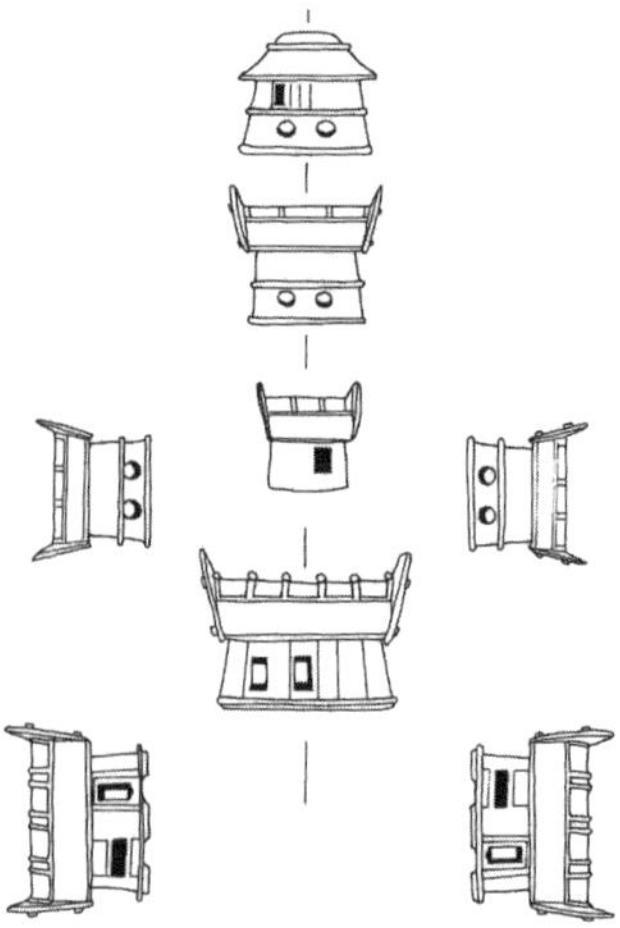

図3・14　赤堀茶臼山古墳の家形埴輪（小笠原好彦案）（出典：小笠原好彦『中国の明器からみた古墳時代の形象埴輪』科研報告書、課題番号 14510425、2004 年、36 頁）

今城塚古墳では多数の家形埴輪が出ていて多様な形だけでなく配置にも違いがある点が課題になっています（図3・15）。今後の考古学的整理や飛鳥・奈良時代以降の天皇の儀礼との関係の点から研究の展開が期待されています。

図3・15　今城塚古墳の家形埴輪

ただし家形埴輪は断片でしか出土していないものがある点に注意しなければいけません。オリジナルの小さな断片から大胆な復元がなされたりするので、どの部材がオリジナルで、どこが復元なのか、さらに家形埴輪の姿が現実の建築からデフオルメされた形であることも常に意識しなければいけません。

建築を象った陶器は中国にもあり、明器も建築の造形を象っています。楼閣を象り、各層で軒を支える支柱、扉口の部材や腰組を支える組物、さらに建物の四周を囲む塀が構成されるなど、赤堀茶臼山古墳と同じように周囲を含めた環境をうかがい知る重要な要素となります。

◇銅鐸の高床家屋の描写

伝讃岐国の出土の銅鐸には高床の建物の描写があり（図3・16）、切妻造・草葺であると考えられています。階段があり、妻入で、先端部分には千木が突出し、高床の建物であることもわかります。千木の先端から下方に柱が出て地面まで達しており、これは棟持柱と考えられ、

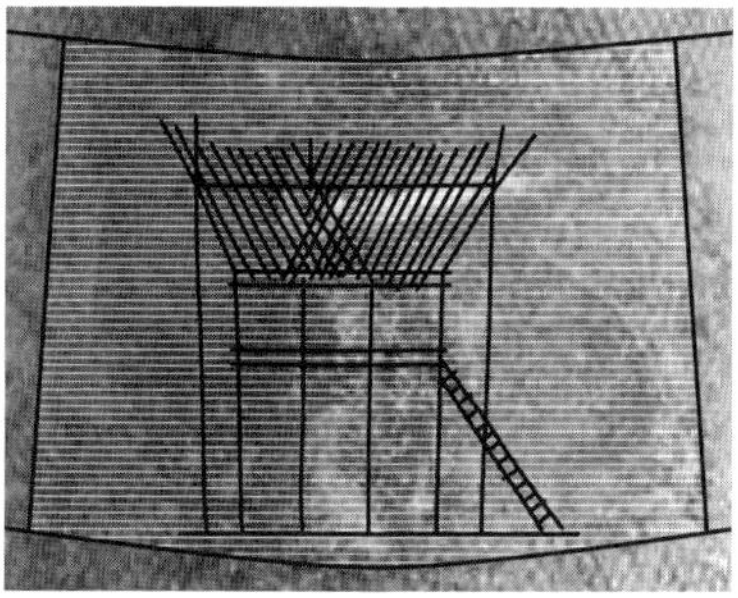

図3・16　伝讃岐出土銅鐸に描かれた高床倉庫（出典：『文化財講座　日本の建築1古代1』第一法規、1977年、45頁を参考に作成）

神社建築の細部意匠と共通する点が多く見られます。一方でこの描写の建物がそのまま建っていたとはやはり考えられません。デフォルメされた過程を考えながらかつての建築の形や部分要素を抽出することが重要です。

◇家屋文鏡の描写

もう1つ重要なのが家屋文鏡《かおくもんきょう》の描写です。佐味田《さみた》宝塚古墳出土の鏡で4つの建築が描かれています（図3・17）。それぞれ伏屋や高床建物、高床でも規模の大きな建物や平地建物とそれぞれの建築の形に違いが見られ、この4つの描写の建物には社会階層の差が見えることが重要です。

A棟の入母屋造の形は伏屋の竪穴建物で地面から直接立ち上がっています。さらに先端には千木が描かれ、蓋《きぬがさ》も掛けられています。蓋は貴人の建物であることを示し、外側に突き上げの戸がついていたと考えられます。入口が妻側にあり、戸を突き上げて使ったと推定されます。十字の線は柵のようにも、舞台のようにも見えます。

B棟の切妻造の建物は入母屋造とは描き分けられています。さらに床が張られ、階段が付き妻入の高床建物です。

屋根は千木があり、床下は山形のマークが描かれ、網代によって壁をつくり、床下を囲ったのでしょう。これによって床下床上の両方の空間を使った可能性が考えられます。

C棟の入母屋造で高床建物は、階段に手摺が付いており、B棟よりも格式が高いことがわかります。屋根は千木を持つ点は他の建物と共通します。大きな蓋があり貴人の邸宅や集会場、祭祀施設など一般の建物とは異なるサインがうかがえます。窓の形状が描かれ、さらに柱より外に出る床は縁が張られた可能性もあります。床下はC棟と同じく山形のマークがあり網代と見られます。

D棟は入母屋造ですが高床建物でも竪穴建物でもなく柱の立つ建物です。平地もしくは壁立の建物の可能性がありＡＢＣ棟とは違うタイプです。屋根には千木が付き、下には基壇のような台があります。

以上のように、現存する建築のない原始の住宅や高床倉庫は発掘遺構からの上部構造の推定や出土部材・遺物などの情報を駆使して、研究が重ねられてきたのです。

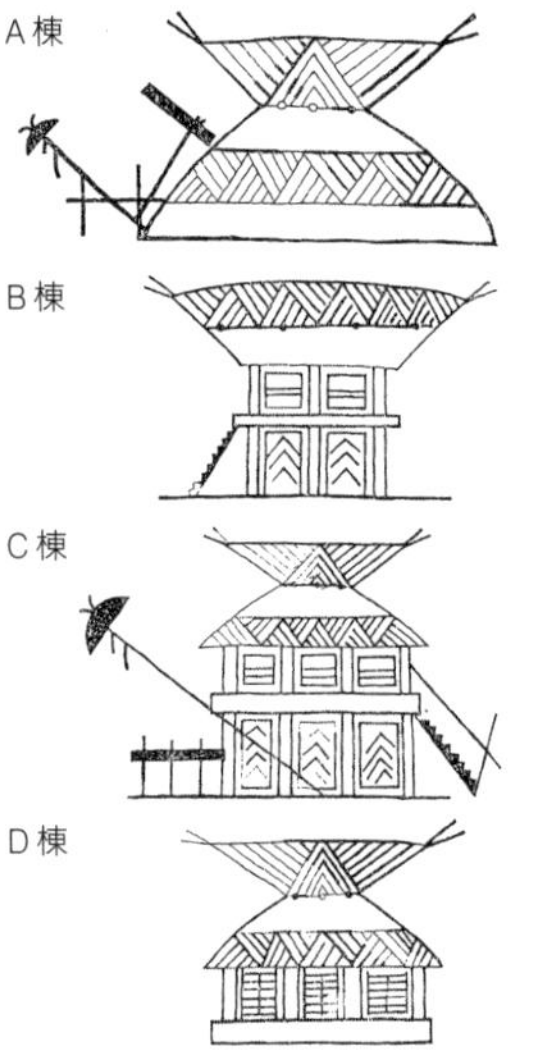

図3・17　家屋文鏡に描かれた建物（出典：木村徳国『古代建築のイメージ』日本放送出版協会、1979年、21頁）

4章 仏教の伝来——飛鳥の寺院建築と法隆寺

1　仏教と建築

◇仏教のルート——大陸から日本へ

古墳時代以前の竪穴建物や高床倉庫は木造建築の基礎を踏まえてつくりあげられていきましたが、大陸からもたらされた仏教建築とその建築技術は日本建築に大きな影響を与えました。その伝来と主な飛鳥寺院、そして世界最古の現存木造建築である法隆寺についてお話します。仏教建築自体は古墳時代以前には日本に存在しませんでした。

そもそも仏教はインドの釈迦が開祖です。紀元前４５０年頃から広まり２つの系統があります。１つは中国や朝鮮半島を経由して日本に広まった大乗仏教。もう１つが上座部仏教（小乗仏教）でミャンマーやタイに伝播しました。ですからミャンマーやタイの仏教寺院と中国・朝鮮半島・

日本の仏教寺院の建築では大きく形が異なります。
仏教では釈迦の骨（仏舎利）が重要で、寺院でもこれを納めたストゥーパが重要視されました。インドのストゥーパは中国で漢語訳されると「卒塔婆《そとば》」で、仏塔を示します。日本では「塔婆《とうば》」や「仏塔《ぶっとう》」「仏舎利塔《ぶっしゃりとう》」と言います。すなわち塔は釈迦の骨を納めているのですが、形は中国やチベットの塔、日本の木造塔、それぞれ形が異なります。

◇十干十二支

仏教が日本に伝わったのは6世紀半ばと言われますが、渡来人はそれ以前からいましたから私的なルートによる伝播はもっと古い可能性もあります。なぜ仏教の公伝（公的な伝来）が重要かというと、寺院建築のために、仏教建築の新技術が大陸から持ち込まれ、寺院がつくられるようになり、技術発展するからです。

仏教公伝の時期は詳しくは２つの時期、戊午《ぼご》説（５３８）と壬申《じんしん》説（５５２）が考えられています。ここで知っておきたいのは戊午と壬申など「十干十二支《じっかんじゅうにし》」の考え方です。「十二支」はみなさんご存知だと思います。対して「十干」は甲乙丙丁の順番を示したもので、例えば「甲乙付けがたい」という表現はここからきています。かつてはこの十干と十二支を組み合わせて暦を表していました。十と十二で組み合わさっているので甲・子から始まりその次に乙・丑が来ます。十と十二の組み合わせが60通り、60年経つと同じ暦に帰って来ます。人が60歳で迎える還暦は生まれた時と暦が同じになることから使われる言葉です。かつてはこの十干十二支で暦を表していました。

◇仏教公伝の2説

仏教公伝の２説について、戊午説（５３８）は『上宮《じょうぐう》聖徳法王帝説《しょうとくほうおうていせつ》』や『元興寺伽藍縁起并流記資財帳《がんごうじがらんえんぎならびにるきしざいちょう》』などの文献史料に書かれたものです。欽明天皇の時代（５４０〜５７１）がその期間で、戊午の年に百済の聖明王から伝来したとされています。

壬申説は欽明天皇13年（５５２）、正史『日本書紀』に書かれています。百済の聖明王から仏像・経典と共に上表文が出されています。ただし５５２年は釈迦の入滅からキリの良い年でもあり、後世の作為ではないかという説もあります。『日本書紀』にはこれ以前の545年に百済から仏像（丈六仏）を贈られたとも書かれていますから、545年には既に仏教を受容できる素地があったのでしょう。

以上から壬申より古い時代に仏教が入った可能性を鑑みると戊午説が有力です。いずれにせよ6世紀中頃に百済から仏教が入ってきたことはある程度正しいのでしょう。

◇排仏派と崇仏派

仏像は煌びやかな意匠、見たこともない形で欽明天皇が感銘を受けたことが記されています。輝く仏像は強烈なインパクトがありました。既存の伝統的な信仰と対立的な要素を生み出し、排仏派と崇仏派が出てきます。

崇仏した蘇我氏は有力な豪族でしたが、中でも渡来系の氏族と縁が深いことが知られています。特に蘇我稲目《いなめ》が仏教の受容を押し進め、大陸諸国では仏教が浸透していると説きます。一方、物部氏は大伴氏とともに軍事的に有力な貴族で排仏を主張しました。

この対立は蘇我馬子・物部守屋の代に引き継がれます。敏達《びだつ》天皇末年に疫病が流行し、用明天皇が病気になると、異国の神（蕃神《ばんしん》）を崇めた祟りであると言われます。ここから戦いが起こり、用明天皇2年（587）、皇子らを味方に付けた蘇我馬子が勝利し仏教受容の素地が整いました。

◇東アジアの中の倭国

遣隋使の派遣も仏教と関わります。大王《おおきみ》が統治する倭国が隋と直接交流することになると、隋から社会システムに対する指示が出てきます。法整備は十七条憲法、体制整備としては冠位十二階が整えられた時期です。東アジアにおいて倭国の立ち位置が重要な時期であった6世紀末～7世紀前半のことです。

一方、天智天皇2年（663）に白村江の戦いで敗戦し、東アジアで倭国が孤立していきます。これにより日本の国名（倭から日本へ）や天皇の号を使い始め、国家再編の時期を迎えます。そしてこの流れと寺院建築は大きく関わっているのです。

例えばこれまで被葬者を祀るものが古墳から寺院に移っていきます。蘇我氏による飛鳥寺、聖徳太子（厩戸皇子《うまやどのおうじ》）による四天王寺が代表的です。当初は渡来系氏族による氏

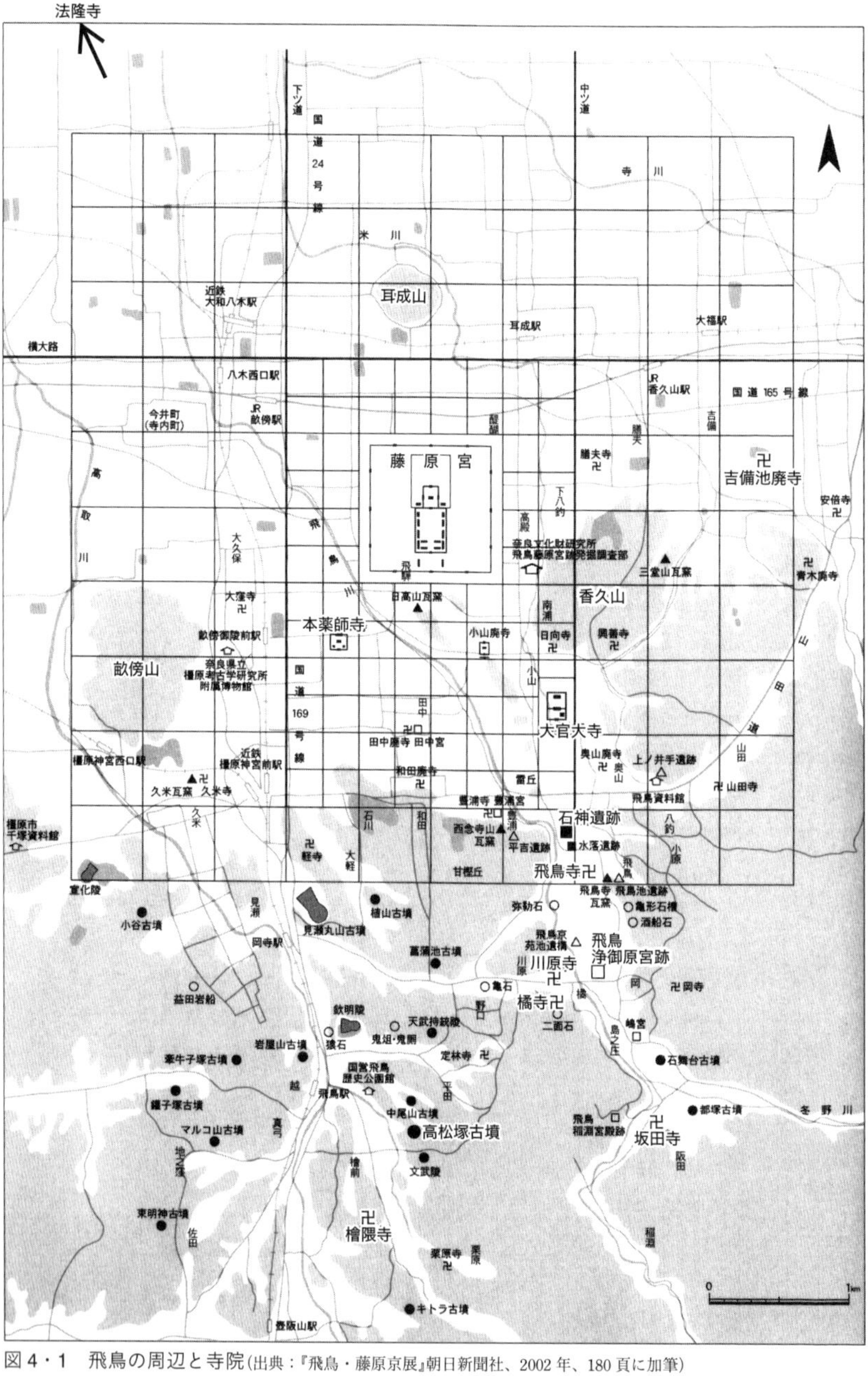

図４・１　飛鳥の周辺と寺院(出典：『飛鳥・藤原京展』朝日新聞社、2002年、180頁に加筆)

寺が中心で、坂田寺や檜隈寺《ひのくまでら》が有名です。これらも次第に増え、推古天皇32年（624）には寺46ヶ所、僧816人、尼569人とも言われるほど、寺院と僧尼が飛鳥の地にいたと知られています。東アジアにおいて、立派な寺院建築を備えること自体が国力を示す重要なものだったのです。

2　飛鳥の周辺と寺院の伽藍配置

◇飛鳥の位置とその周辺

飛鳥は奈良盆地の南端部にあり、その周辺では北側に藤原京が置かれます。狭義の飛鳥はその一体から南の部分を指します（図4・1）。例えば飛鳥寺は飛鳥の中枢、奈良盆地への出入り口の近くです。南には川原寺や橘寺、坂田寺があり、そして檜隈《ひのくま》寺や高松塚古墳はさらに飛鳥の奥の方に位置しています。飛鳥には宮殿も多く、この狭い地域に宮殿や寺院が林立していました。

寺院の伽藍配置は時代的特徴や寺院の性格を示しています。仏教では仏・法・僧の3つを三宝として重視します。十七条憲法の第二番目の条項にも、仏は悟りを体現したも

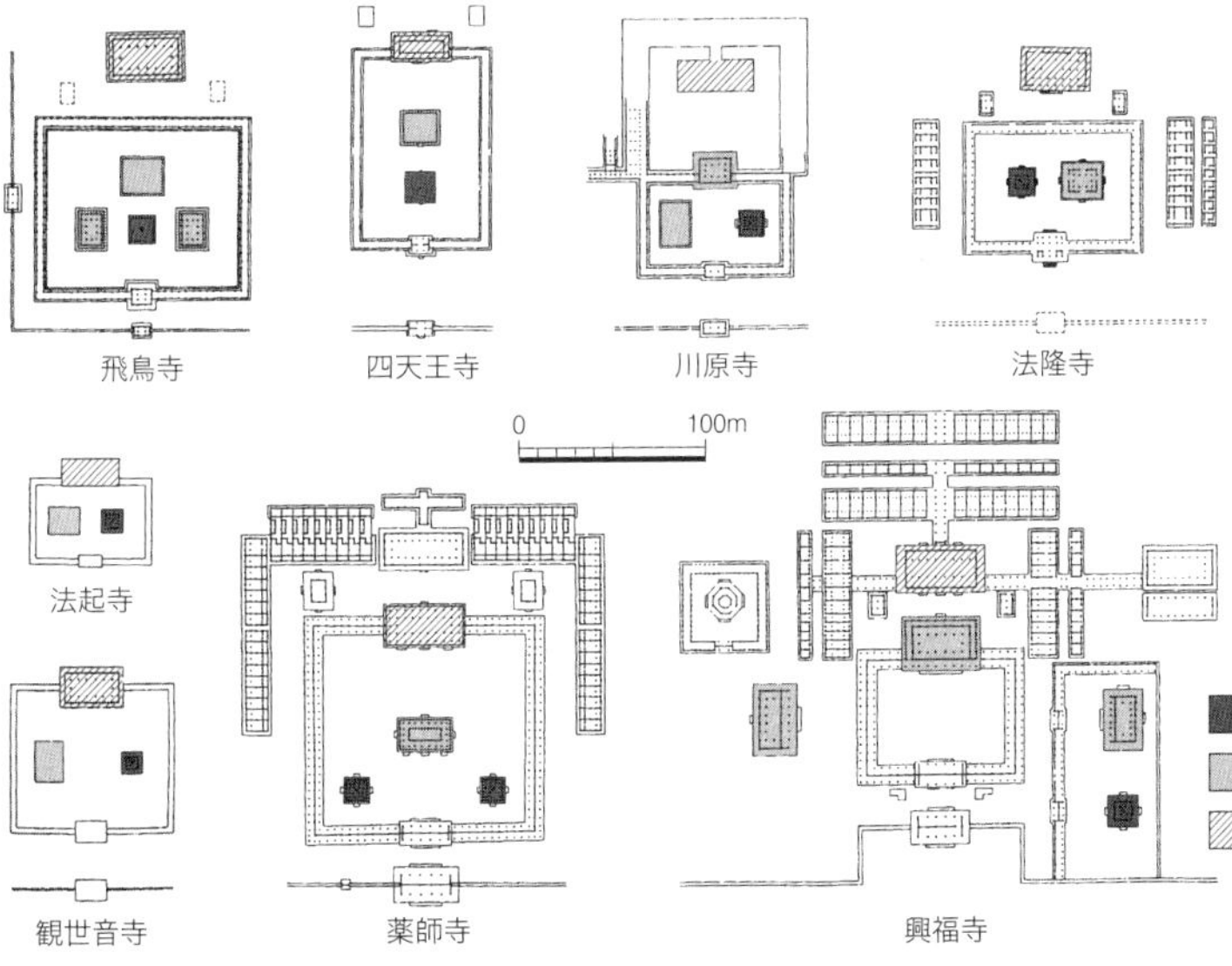

図4・2　古代寺院の伽藍配置（出典：文化庁文化財部記念物課編『発掘調査のてびき』各種遺跡調査編、2013年、86頁に加筆）

の、その象徴として仏像があるとあります。仏像は寺院の中心的な位置に供えられるものです。法は仏の教えを説いた経典経巻《きょうてんきょうかん》を示します。建築的には経典を納める経蔵《きょうぞう》・経楼が重要になります。3つ目が僧で法を学ぶ仏弟子を指し、出家者を僧侶と言います。

　これら三宝に対応して仏教寺院に必要な7つの建築があります。仏像を納める金堂《こんどう》、仏舎利を納める塔の2つは寺院の中心的位置を占め欠くことができない施設です。そして教えを学ぶ講堂が論議の場所としてあります。さらに教えを記した経典を納めておく経蔵、時を告げる鐘楼、僧が斎食《さいじき》をして潔斎《けっさい》する食堂《じきどう》。僧侶が寺院に居住する僧房と、これら7つを合わせて七堂伽藍と言い、伽藍における位置関係を伽藍配置と呼びます（図4・2）。

◇飛鳥寺の建立の経緯

　本格的な寺院のはじめである飛鳥寺は元々、法興寺という名で蘇我氏による発願です。全く見たことのない建築をつくるには、それをイメージするものが必要で、本様が用いられたようです。本様とは百済から送られた模型や図面のようなものと見られています。『日本書紀』には崇峻《すしゅん》天皇元年（588）に百済から日本へ仏舎利・僧・技術者を送ってきたとあります。技術者は寺の匠である寺工が2名、鑪盤《ろばん》博士が1名、瓦博士が4名、画工が1名。算術・測量・造営技術を含む技術を持った僧が送られてきた可能性もあります。なお鑪盤は仏塔の相輪（図4・8）という頂部に延びているものと屋根を組み合わせる部分で用いるもので、鑪盤博士は金属製品の製作技術者と見られます。いずれも倭国にない新しい技術です。現代では寺院建築は塗装されず素木《しらき》に見えますが、当時は華やかな建築でした。特に彩色や瓦、金属装飾を付けた総合芸術の世界だったのです。

　法興寺の造営を見ると、崇峻天皇3年（590）に大量の木材を山に入って探す杣《そま》入りを行っています。その2年後には仏殿や歩廊の起工を開始し、翌593年には塔の心礎（中心の心柱の礎石）に仏舎利を安置しています。その後心柱を立柱し塔を建てていきました。この塔心礎は元々、地中に埋められていて、そこに舎利容器が埋納されていましたが、後世に塔が消失したのちに再埋納されました。これらは古墳の副葬品と同じく玉や鈴が納められたと知られています。崇峻天皇6年（596）に造営が完了し、蘇我馬子の息子が寺司となり、高句麗の僧、百済の僧も住むようになり寺院として機能し始めました。

ちなみにわずか6年で建立されたことになっていますが、造営の完了が全ての伽藍の完成ではありません。中心部は完成しても周辺部は造営していた可能性もあります。

◇飛鳥寺の伽藍配置

飛鳥寺には609年に完成したとされる飛鳥大仏が今でも安置されています。鞍作鳥《くらつくりのとり》の作と言われ、法隆寺金堂《こんどう》の釈迦三尊《しゃかさんぞん》の作者としても知られています。かつては中心に塔があり、背後に金堂、中門から延びる回廊で囲み後ろに講堂が置かれる伽藍配置が考えられていました。

しかし飛鳥寺の伽藍配置は中軸線に塔と金堂が並ぶだけでなく、塔の左右に西と東の金堂があることが後の発掘調査によってわかりました。一塔三金堂の飛鳥寺式の伽藍配置が確認できるわけです。これは昭和30年代の奈良国立文化財研究所による面的な発掘調査で判ったことです。

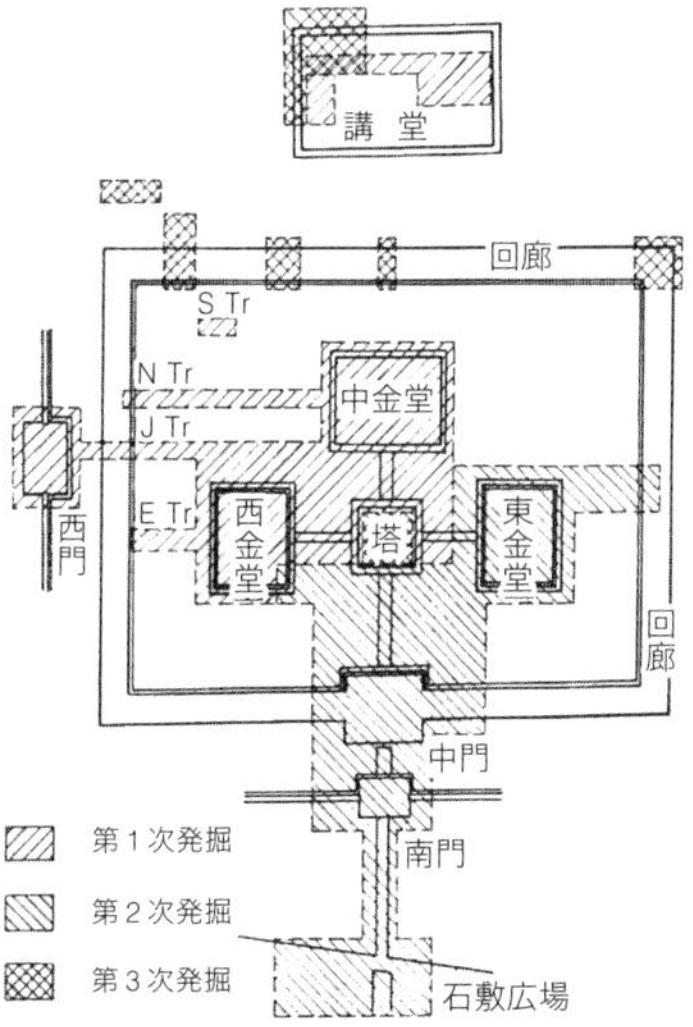

図4・3　飛鳥寺の発掘調査（出典：奈良国立文化財研究所『飛鳥寺発掘調査報告書』奈良国立文化財研究所学報5、1958年、9頁）

当初、トレンチ調査という幅の狭い発掘調査が伽藍配置の誤解を生みました（図4・3）。この調査では、中門《ちゅうもん》の位置は判っていましたから中門と金堂から伽藍の中軸線を想定できます。また回廊の位置がある程度左右対称であることから、左右対称の回廊が巡っていたと考えたわけです。トレンチ調査は面的な発掘調査と比べて時間、コストにおいてメリットはありますが、部分的な調査結果から他の部分も想定してしまうリスクはあります。

一方の面的な発掘は時間が掛かります。1つの建物でも

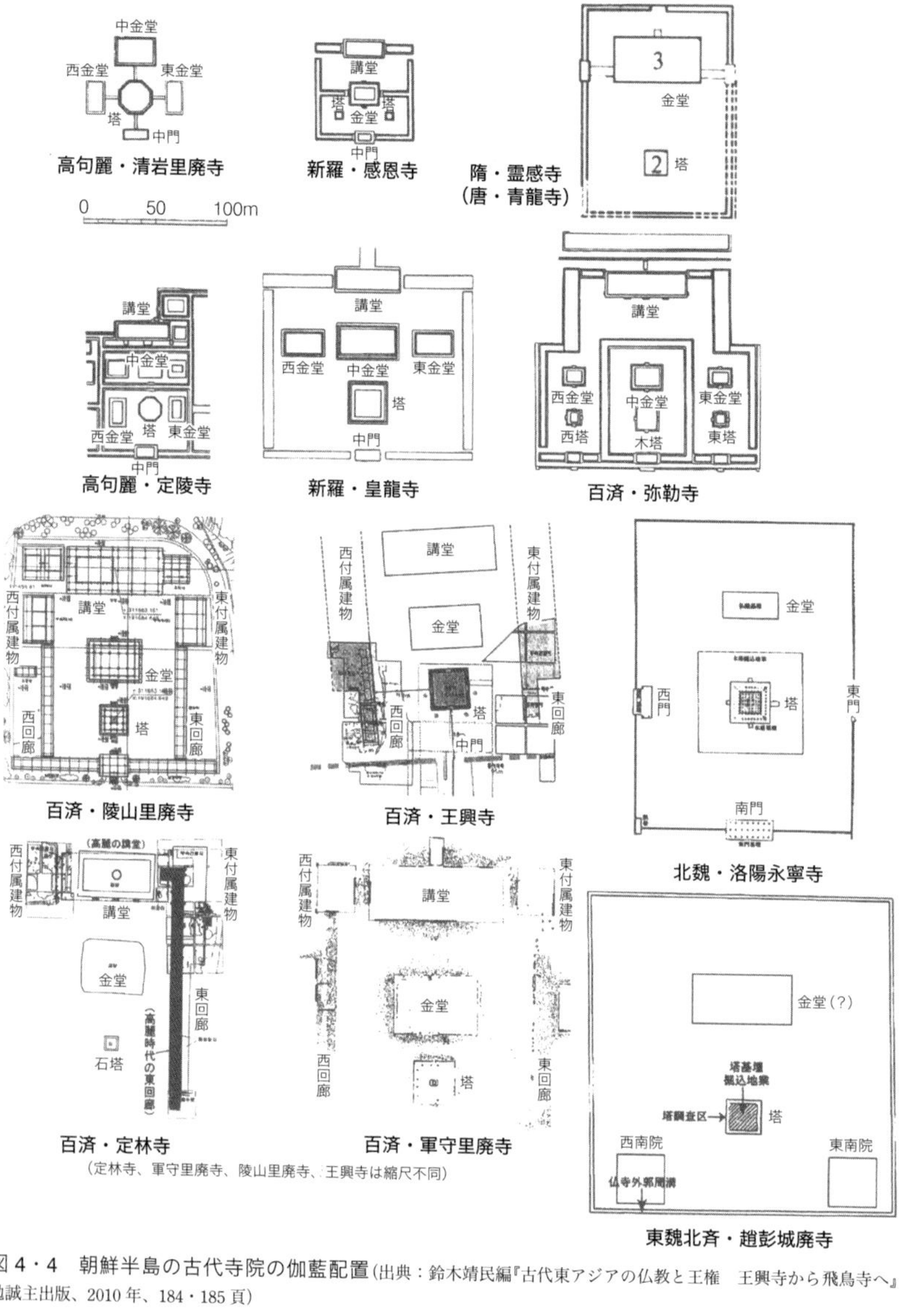

図4・4　朝鮮半島の古代寺院の伽藍配置(出典：鈴木靖民編『古代東アジアの仏教と王権　王興寺から飛鳥寺へ』勉誠主出版、2010年、184・185頁)

部分的にしか発掘しないのは、発掘により残っていた情報がある意味失われてしまうからです。例えば礎石を据えてそれが壊れた後の痕跡は壊さないとわかりません。しかし外せば情報は失われます。もし左右対称と想定できるなら、後世に新事実がわかった時に再確認できるように半分だけ掘るのです。主要建物の場合は全体を掘ることもありますが、回廊の場合にはごく一部、東か西の半分を掘って残りは掘らない方法は他の宮殿や寺院で、よく見られます。

調査によって南門、中門・塔が発掘され、飛鳥寺の伽藍配置の全容が掴めました。三金堂の形式は清岩里廃寺《せいがんりはいじ》や定陵寺《ていりょうじ》など高句麗のものに類似することや、軒瓦の文様が百済の扶余のものに似ているなど、部分的ですが、朝鮮半島の寺院の形式を導入したことがうかがえます（図4・4）。

◇大王・天皇発願の寺

大王、天皇の発願の寺を勅願寺《ちょくがんじ》と言います。欽明天皇11年（639）の百済大寺《くだらのおおでら》の造営が初めてです。「西の民は宮をつくり、東の民は寺をつくる」と記され、宮殿も寺院も国家的造営であったことがうかがえます。宮殿や寺院は建築の中でも権威を帯びてくるわけです。

さらに建築技術者の大匠は渡来系の書直《ふみのあたひ》県《あがた》という人物が行っており、渡来系の技術者が建築造営で重要な位置を占めていました。百済大宮を一緒に建てていますが、宮殿と寺院の並立による荘厳はこの時期によく行われています。

百済大寺と見られる吉備池廃寺《きびいけはいじ》は塔と金堂が東西に並び周りを回廊で囲む形式です。九重塔の記述もあり金堂も破格の規模で、天皇の発願した寺に相応しい規模と格式を備えています。後に移転し大官大寺（文武朝）がつくられ、和銅4年（711）に火災で失われていて、発掘調査で詳細が明らかになっています。

この他各地に寺院が建立されています。7～8世紀は勅願の寺院が主になり、建築の発展が著しい時期です。川原宮は斉明天皇の宮殿で、その跡地に建てられた川原寺《かわはらでら》は7世紀中頃の建立と考えられています。東に塔、中金堂、西金堂、瓦の文様から初唐によく用いられた複弁蓮華文《ふくべんれんげもん》の瓦が出土しており、唐との関係が指摘されています。

飛鳥の地域や畿内だけでなく、福岡の大宰府でも観世音寺がつくられています。天智天皇が斉明天皇の追善供養のためにつくりました。川原寺と同一の伽藍配置です。

この時期、本薬師寺《もとやくしじ》もつくられています。天武天皇が皇后平癒のため天武天皇9年（680）に建立を開始しました。特徴は双塔《そうとう》の伽藍配置です。それまでの伽藍では塔は1つでしたが、2つの塔がつくられました。

飛鳥の四大寺と言われるのが大官大寺《だいかんだいじ》・川原寺・本薬師寺・飛鳥寺です。飛鳥の時代から藤原京になり、大寺が国家にとっても重要になっていきます。平城京になるとさらにこの傾向が強まります。宮殿との関係でも寺院建築は朝鮮半島や大陸からきた船来物で、高度な技術や煌びやかな視覚的効果があったのです。

◇飛鳥時代の伽藍配置

このように伽藍配置は金堂と講堂、塔、回廊など同じ機能を持ったもののバリエーションとして比較できます。比較することで寺院の特性が見えてきます。

飛鳥寺は塔を中心に三方に金堂が囲む形です。四天王寺は塔が前面にあり、背面に金堂、その四周を回廊が囲みます。川原寺と観世音寺では、中心に西に金堂、東に塔が並んでいます。法隆寺と法起寺式も東西に並びますが、川原寺や観世音寺では塔の方に金堂が向いています。一方で法起寺や法隆寺は南側を向いています（図4・2）。

現存最古の木造建築である法隆寺では、金堂が東側、塔が西側にあります。これが逆になったものが法起寺式です。これに対して薬師寺には塔が2つあるのが最大の特徴です。

◇初期の調査

伽藍配置に関する初期の調査は、地上に残る礎石や土壇から建物の位置を推定する方法が取られました。古くは1904年に高橋健自が先鞭を付けています。

石田茂作は1929年頃に現存する寺院から「法隆寺式」「法起寺式」を出しています。法隆寺式は東に金堂、西に塔の構成、法起寺式は東に塔、西に金堂の逆の形です。この2つを軸に全国的な踏査や発掘調査を行いました。

さらに建築史学者の足立康が1930年に法隆寺式と法起寺式を併せて「太子様配置」とし、四天王寺式の配置を「百済様配置」と言いました。また「飛鳥式配置」で1つ目を「天王寺式」、2つ目を「法隆寺式」と見て飛鳥時代の伽藍配置として2つの方法、さらに時代の下った奈良時代において「薬師寺式」「東大寺式」「大安寺式」の3つの方法があると述べています。この考えは時代ごとに伽藍配置が変わることを示した意味で意義があります。

◇飛鳥時代の寺院と東アジア

飛鳥時代の寺院は東アジアの寺院建築史の中でも重要な位置を占めます。例えば百済の定林寺を見ると、石塔が残っておりその背面に金堂がありました。同じく弥勒寺址は塔が3つあり、2つの東西には石塔、真ん中が木塔で、それぞれに門、塔、金堂が設けられています。つまり朝鮮半島には四天王寺式と同じ伽藍配置の傾向が見られ、さらに弥勒寺のように複数塔ある形式とも関係がうかがえます。

特に飛鳥時代の寺院と東アジアの関係では双塔式の伽藍配置が特徴です。これには倭国の東アジアにおける7世紀後半の状況が関係しています。660年に唐・新羅の連合軍によって百済が滅亡し遺民が倭国に押し寄せます。当時倭国は百済と密接に関わりがありました。彼らの遺民を助け663年の白村江の戦いに赴きますが敗れてしまいます。唐・新羅の連合軍は高句麗を滅亡させ、新羅が朝鮮半島を統一します。一方、唐と新羅の関係も良好ではなく、676年には新羅と唐が戦争し唐が撤退すると、新羅による朝鮮半島統一がなされます。こうした流れの中で東アジアの寺院建築の展開が見てとれるわけです。

新羅の慶州四天王寺、あるいは慶州感恩寺、慶州望徳寺が双塔式の伽藍配置でつくられ、日本においては本薬師寺で双塔式の伽藍配置がつくられています。本来、白村江の戦いの敗戦において唐・新羅と倭国の直接的な交渉は難しいはずですが、本薬師寺の建立を見るに、双塔式の伽藍という最新の建築スタイルを導入しています。この情報伝達の早さには目を見張るものがあります。

なぜ最新の双塔式伽藍をつくろうとしたのかというと、当時の東アジアにおいて建築や都市の整備が国力を示す権威装置であったからです。一方、飛鳥寺にしても、同じ形が朝鮮半島にあるわけではなく、百済や高句麗にパーツはあるけれど日本に入ってきた時点で別の形になっています。

双塔式の伽藍配置についても必ずしも良好な関係ではない新羅の影響がうかがえます。

3　法隆寺の諸建築

◇法隆寺西院・東院の伽藍配置

法隆寺は奈良盆地から大阪に抜ける大和川沿いの斑鳩の地にあり、聖徳太子ゆかりの寺です。

伽藍配置に関しては発掘調査からわかることも多いですが、現存する法隆寺から得られる情報は多く、建築技術を知ることができます。現在の法隆寺の伽藍配置は西院伽藍と東院伽藍に分かれます。金堂・五重塔・中門・大講堂は西院伽藍で飛鳥時代の建築を中心に構成されています。一方で東院伽藍は夢殿を中心に、奈良時代の伝法堂《でんぼうどう》や鎌倉時代の東院礼堂《らいどう》などの鎌倉時代に再建されたものを中心としています。西院と東院の間部分に食堂《じきどう》や綱封蔵《こうふうぞう》などの建物も残っています。他にも中近世に再建されたもの、新たにつくられたものなど、国宝・重要文化財あわせて約40棟の建築が残っています（図4・5）。

一方で東院伽藍は南側に南門、その奥に礼堂、礼堂から東西2方に廻廊が延び、中央に八角形の平面をした夢殿が中心にあります。背面に現在、舎利殿と絵殿があり、その奥に伝法堂が並びます。東院の伽藍配置は南門から礼堂、夢殿、舎利殿、絵殿、伝法堂と中軸上に建物が並びます。このように東院と西院では大きく伽藍配置も異なります。

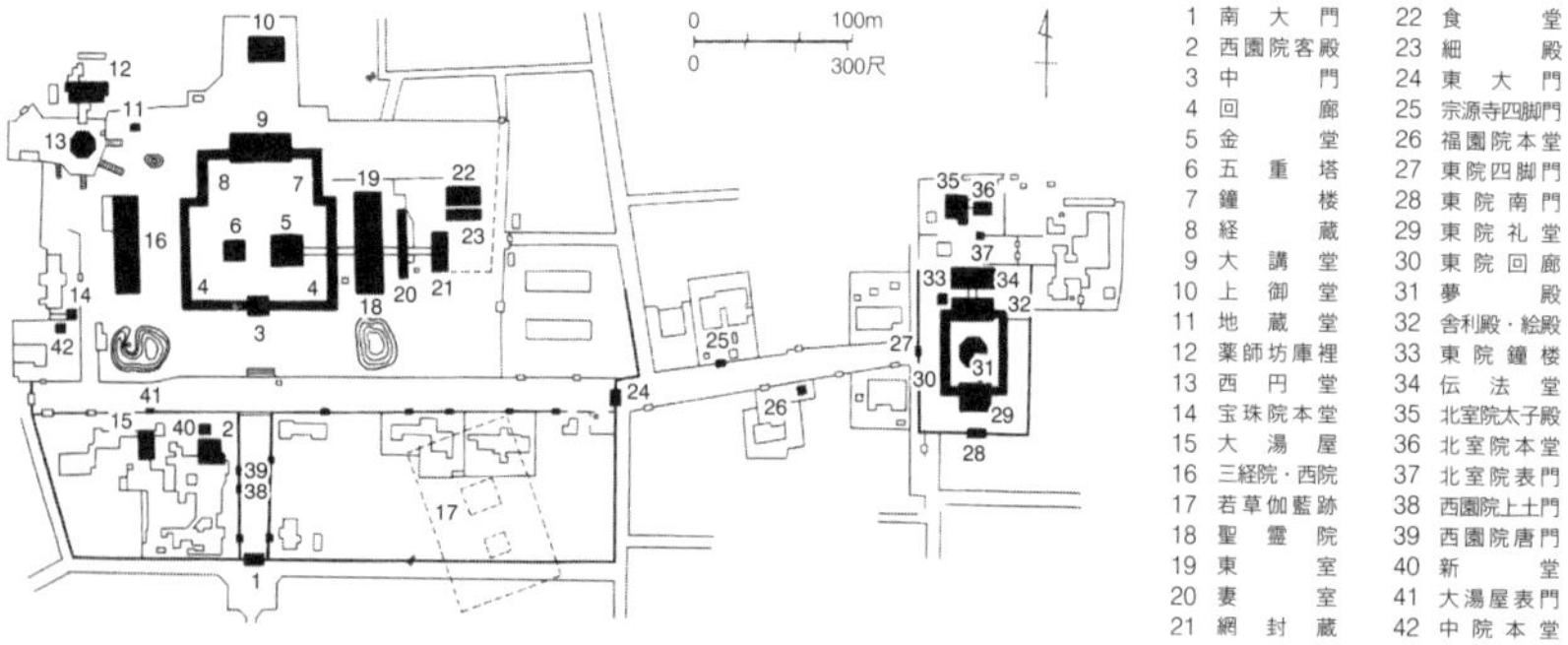

図4・5　法隆寺の西院と東院の伽藍（出典：日本建築学会編『日本建築史図集』新訂第3版、彰国社、2011年、10頁）

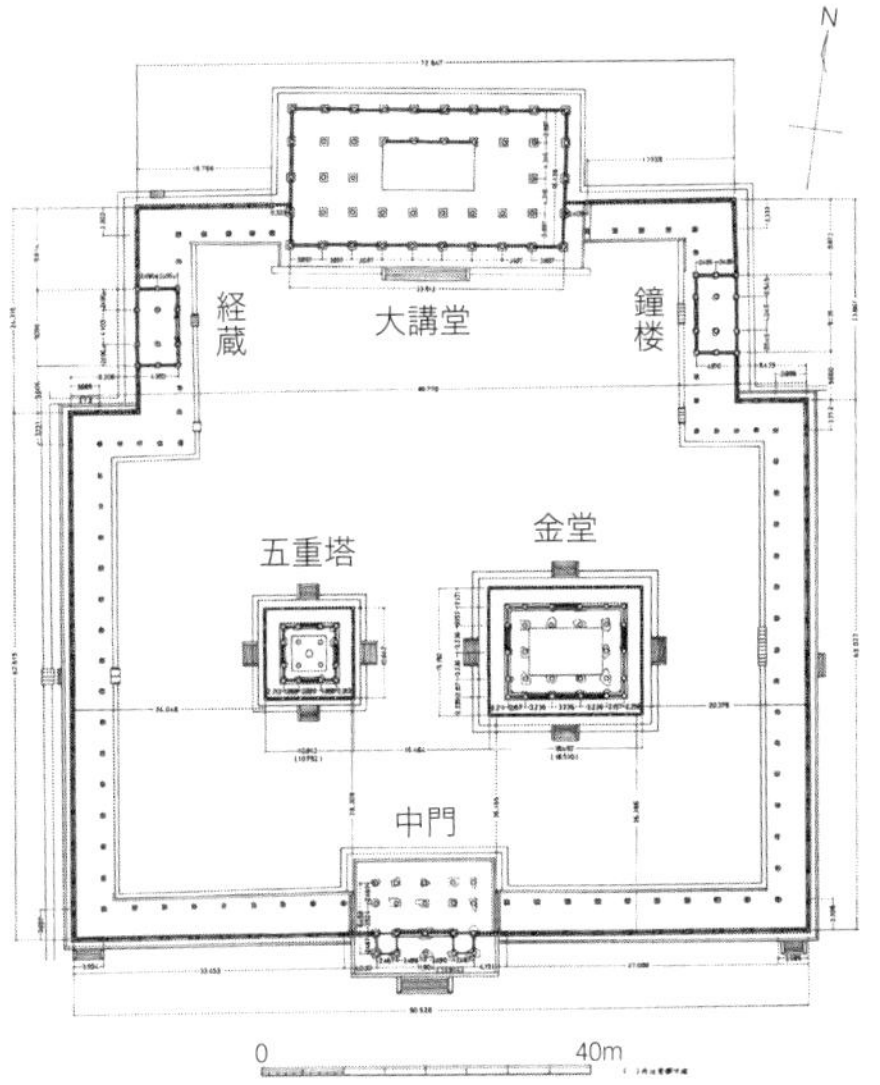

図4・6　法隆寺の西院伽藍（出典：奈良県教育委員会『国宝法隆寺廻廊他五棟修理工事報告書』1983年、第1図に加筆）

◇法隆寺西院の伽藍　配置

西院の伽藍配置を詳しく見ましょう（図4・6）。西院伽藍は廻廊で囲み中門が南側に開いています。東側に金堂、西側に五重塔が並び立つ法隆寺式の伽藍配置です。廻廊は東側と西側で長さが異なります。これは五重塔と金堂とのバランスで、金堂の桁行が大きいことから東側をやや長くしたと考えられています。金堂・五重塔・中門・廻廊が並ぶ形式で4つの建物が飛鳥様式を示す建築と考えられています。廻廊に沿って廻ると切妻2階建の経蔵・鐘楼が廻廊から上に飛び出たように建っています。

実は建てられた当初は今の伽藍配置とは違う形でした。かつて廻廊が大講堂まで延びず、経蔵・鐘楼は廻廊の外側に位置しました。中門から廻廊が廻り、その内側に金堂と塔があるのみでした。現在の大講堂も平安時代につくられたもので、かつては廻廊の外側にありました（図4・2）。

◇法隆寺金堂

法隆寺金堂は、平面を見ると身舎《もや》が桁行3間梁間2間でその四周に廂《ひさし》が巡ります（図4・7）。通常の四面廂の建物は身舎と廂で終わりですが、法隆寺金堂ではさらに外側に裳階《もこし》が一周廻っています。身舎と廂が中心で裳階は付属的なものです。葺き材も、本体の身舎・廂部分が瓦葺に対し、裳階は板葺で、立面図でも確認できます。さらに柱の形も違います。身舎や廂の柱では太い丸柱ですが、裳階の柱には細い角柱を使っています。寺院建築では丸柱が正式で、角は略式の柱です。この傾向は法隆寺だけでなく薬師寺東塔や平等院鳳凰堂などでも見られます。

柱は太い丸柱を使い、中央部では下から3分の1くらいが最も太くなる膨らみのある柱です。かつてはギリシャのパルテノン神殿との関係でエンタシスと言われていましたが、この説自体は否定されています。胴張りと呼ばれる膨らみのある柱が法隆寺の特徴の1つです。

組物にも特徴があります。雲斗《くもと》・雲肘木《くもひじき》と言われ、通常は大斗《だいと》・巻斗《まきと》・肘木《ひじき》を用いますが（図2・3、2・4）、法隆寺金堂では肘木と巻斗が組み合わさった特殊な形です（図4・7）。

法隆寺金堂は軒の出が大きく、それが伸びやかで力強い建築の良さを生み出していますが、実は上層の四隅に補強

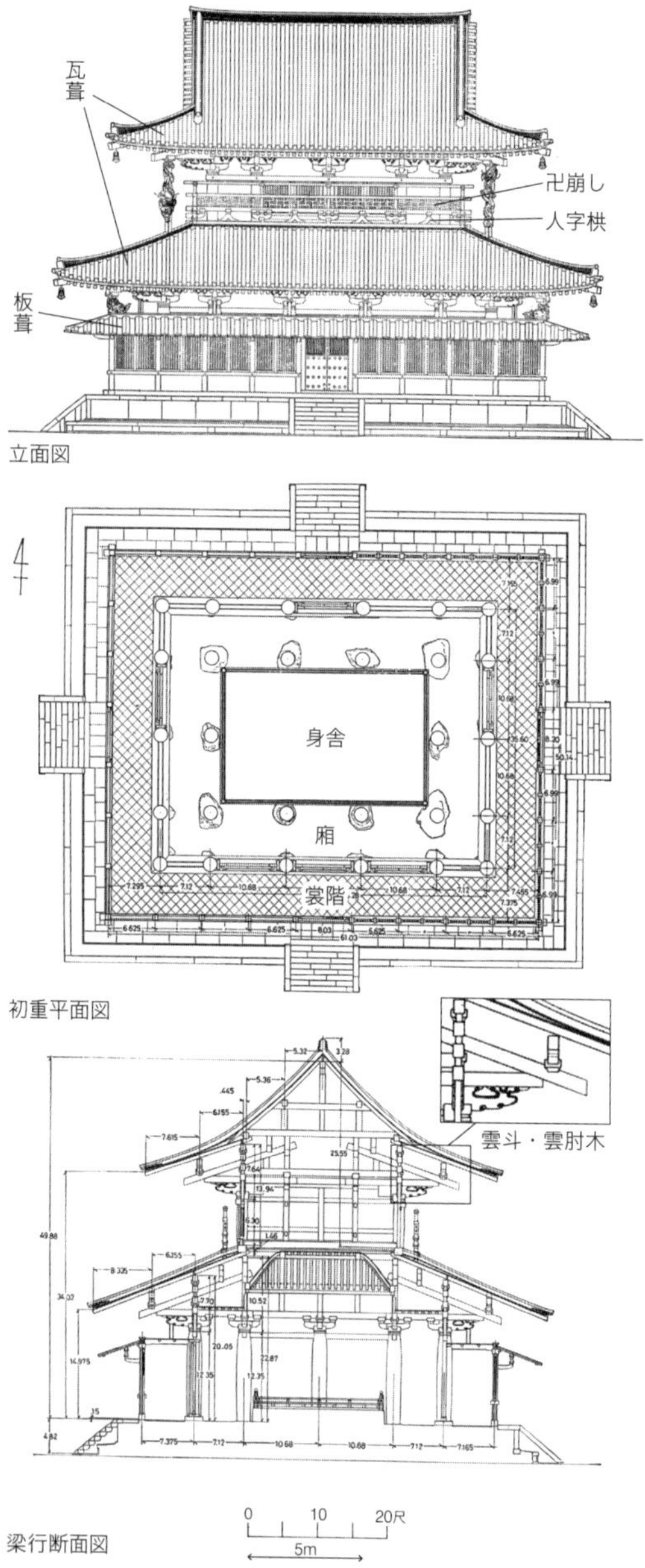

図4・7　法隆寺金堂の平面図・立面図・断面図（出典：『日本建築史基礎資料集成』仏堂1、中央公論美術出版、1981年、165・166・167頁に加筆）

柱が必要なくらい構造的な無理をしながらデザインを成立させています。

よく古代建築では古代技術や昔の大工が凄かったという話になりがちですが、実は中世や近世の修理や補強によって成り立っている場合が多いのです。今の建築基準法で満たされる安定的な構造が当時からできていたのではなく、補強柱を入れたり、中世に貫を入れたりするなど色々な改造をしていることで成り立っているのです。

例えば隅柱の補強は近世以前にはよく行われました。多くの修理では支柱は撤去されていますが、法隆寺金堂では補強の隅柱が残されています。龍の柱の彫刻がやや飛鳥時代の力強さとミスマッチにも見えますが、江戸時代の人の修理技術の賜物でもあり、歴史的な意義も大きいと言えます。

◇法隆寺金堂の細部

内部では身舎が折上天井《おりあげてんじょう》で一段高くなります。廂は平たい組入天井で、裳階は簡素な棹縁《さおぶち》天井です（図2・6）。これらの構成からも一番高い折上天井の身舎の空間が重要であることが読み取れます。組物は通常、桁行・梁間・斜めの三方向に出ますが、法隆寺金堂・五重塔・中門では隅行方向のみに出るのがやや古式な特徴です。さらに金堂の雲斗・雲肘木は輪郭の縁取りをそれぞれ筋彫りしています。

垂木は特に主要な建築では地垂木と飛檐垂木の2つを載せて軒の出を大きくすることが多いですが、法隆寺金堂は垂木を1本しか使いません。一方で大きな軒の出を持っています。奈良時代、律令的なものが入った以降の建築では基本的に二軒にするのがお約束でした。それとは違う傾向が法隆寺金堂の垂木には確認できます。

内部には壁画が描かれ、釈迦三尊を祀る金堂の内部、特に身舎部分には須弥壇《しゅみだん》が置かれ、仏の世界を体現します。

さらに仏教建築の中で東アジアとの関係を見ると高欄が重要になります。卍崩《まんじくず》しや人字栱《にんじきょう》に着目すると中国の雲崗石窟などとも関係がうかがえます。中国の石窟寺院でも人字栱が多く用いられ、唐でもよく見られる意匠です。残念ながら中国でも最古の現存木造建築は8世紀後半以降のものしか残っていません。一方で石窟寺院や壁画に描かれた資料は中国に多く、朝鮮半島でも壁画から知ることができます。法隆寺の建築は中国の北斉や隋、朝鮮半島の百済、高句麗などにあった様式が再構成されながらつくり上げられた建築だと考えられます。

◇法隆寺五重塔

五重塔も主屋の柱は丸柱、裳階の柱は角柱で、金堂と同じです。中央部に膨らみのある柱も共通の特徴で、雲斗・雲肘木・一軒も同じ構成です（図4・8）。

逓減《ていげん》は下層と上層の平面の大きさの割合で、上にいくにしたがって小さくなっていきます。法隆寺五重塔では最下層と最上層の柱間総長を比べると最上層は最下層の半分です。最下層は裳階を除いて方《ほう》3間ですが、最上層は柱間2間になっています。なぜ柱間を減らすかというと組物同士がぶつからないためです。最下層では柱間が大きいので3間でもくっ付かずにすみますが、最上層で総長が半分になるので、3間とすると、隣の組物とくっ付かざるを得ないのです。

塔全体は平面方3間の中心に心柱《しんばしら》が立っています。心柱は相輪を直接支え、この心柱を保護するために周りの建物の屋根があると言っても過言ではありません。心柱を中心に四天柱、そして塔の建物が構成されています。金堂との比較で言えば、雲斗・雲肘木の形にも違いがあります。五重塔の雲斗・雲肘木には波紋がありません。組物の絵様や組入天井の文様から金堂より建立がやや遅れたとされています。技術の発展に伴い手間は省略されていくのです。

◇法隆寺五重塔の内部

五重塔の内部を見ると、仏舎利を納めるので、塔の心礎は基壇上面から約1丈下に安置され、その中央には舎利が納められています。心柱の地上部分は周囲に須弥山《しゅみせん》を築き、仏の世界を表現しています。中心に仏舎利を納めて心柱を立てストゥーパを体現し、須弥山による仏の空間を表現しており、これが塔の存在感や世界観を示しています。

◇法隆寺中門

中門は二重門の形です。大きな特徴は桁行が4間である点です。通常の門は奇数間が多いですが、法隆寺中門は4間です。一説には、塔と金堂それぞれに通用するためと言われますが、明らかではありません。桁行4間で何が問題になるかというと門の中央に柱が置かれることです。門は

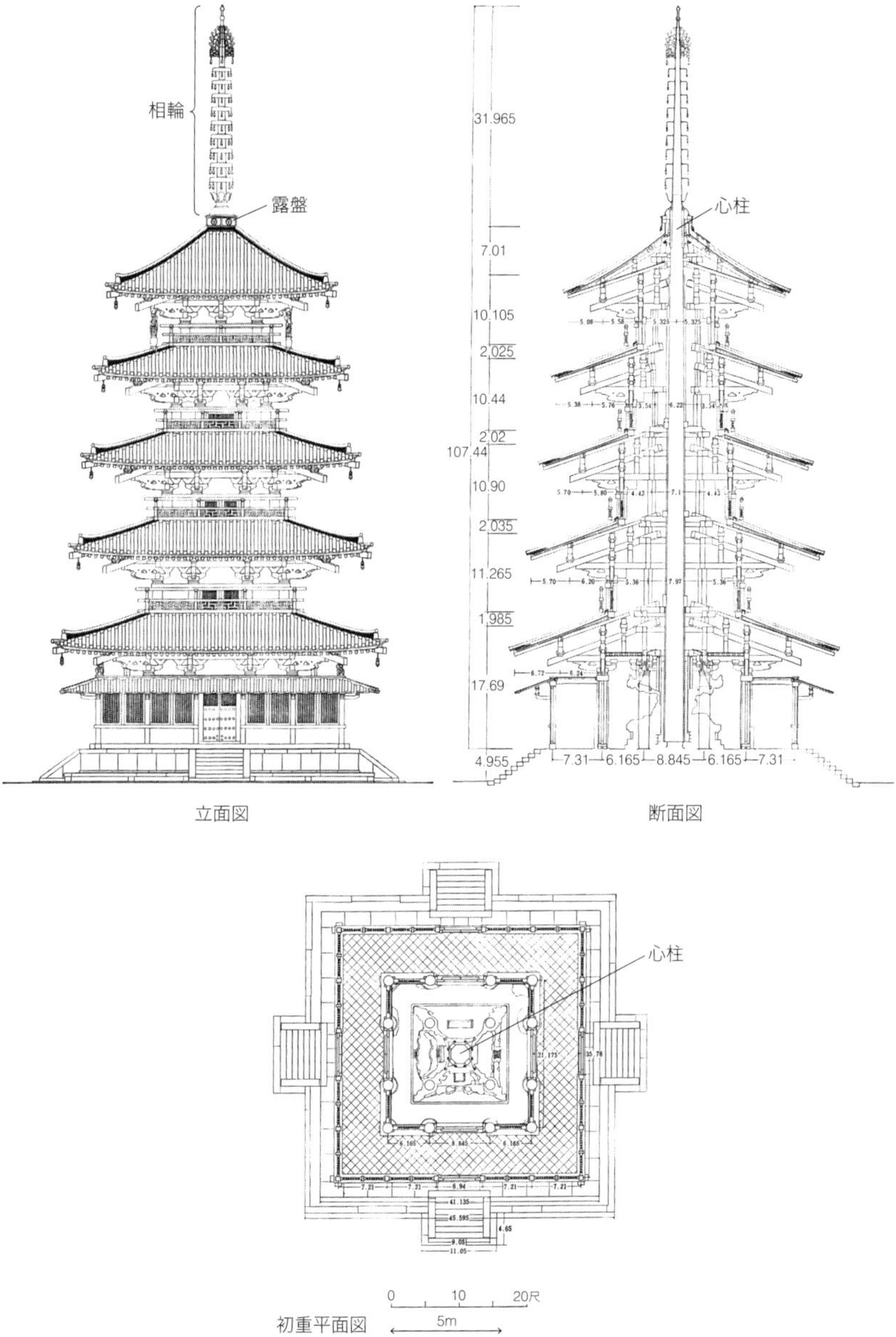

図4・8　法隆寺五重塔の平面図・立面図・断面図(出典:『日本建築史基礎資料集成』塔婆1、中央公論美術出版、1984年、111・113・114頁に加筆)

奇数間として中央を通行することが多いですが、法隆寺中門は中央2間を通行口とし両脇に仁王像を置いています。

奥行にも特徴があり、奈良時代には梁間2間のものが多いのですが、ここの中門は梁間3間です。これは廻廊と中門の接続があり、梁間3間の場合、真ん中をそのまま通ることができるようになります。法隆寺の廻廊は単廊という梁間1間ですから、廻廊を通ろうとすると真ん中の部分を通行するために梁間3間は有効な手段です。もし梁間1間の廻廊に梁間2間の門が付くと背面側にだけ通行することもできますが、中門と廻廊の棟を揃えると、廻廊から中門への通行がうまくいきません。こうした梁間3間の門は飛鳥時代によく見られる例で、比較的、奥行が深いため安定性が高くなります。

また法隆寺中門も逓減の大きい門です。構造的な利点もあり、上層の柱は下層の柱間の中間に置かれています。金堂・五重塔と同じく雲斗・雲肘木の形で、隅行方向だけに手先が出る構成です。

◇法隆寺廻廊

法隆寺廻廊は梁間1間の単廊で内側が通路になっています。廻廊の外側は金堂を囲む一画の外側になる部分です。その内側だけ通路になるのです。小屋組は虹梁（図2・6）という湾曲した木材を掛け、そこに三角形の扠首《さす》を載せています（図2・7）。組物は皿斗《さらと》付きの大斗《だいと》を用いて、その上に三斗を組んだ平三斗《ひらみつど》の形式を取っています。柱はやはり金堂・五重塔・中門と同じく中央部に膨らみのある柱を用いています。大体太くなるのは下から3分の1の位置で、最も力の掛かる部分なので合理的な形です。内外の仕切りは連子窓《れんじまど》を設け、組子を縦に組み込み、内側と外側で緩やかに繋がり奥が見える形の建具としています。

実はこの廻廊は平安時代に延伸された部分や後世に修理された部分があり、その違いが形にも表れています。当初は緩やかなカーブの虹梁に扠首であるのに対し、それ以外では虹梁が直線的で扠首の真ん中に束が立ちます。このディテールが時代の差を示しています。

法隆寺におけるディテールの違いは日本建築史の講義で

図4・9　法隆寺廻廊隅部の架構

よく出てくる話です。細部の違いから時代差や、時代ごとの構造的な期待がうかがえます。

また廻廊の折れ曲がり部分にも細部の苦心が見えます。棟木の支え方が重要なのですが隅行（斜め）に梁をかけず、柱と柱の途中から梁を渡し、その上に束をおいて棟木を支えています。通常は隅行方向に梁をかけます（図4・9）。3方向に梁をかけると入隅部《いりすみぶ》に梁の端部が集まりすぎて部材を削るので構造的にも弱くなり、組み合わせるのも難しくなります。これらを避けるために1つの柱に梁が集中しないように、斜め方向ではなく、梁の上にさらに梁をかけてそこに束を立て棟木を支えているわけです。

◇法隆寺玉虫厨子

法隆寺で忘れてはならないのが玉虫厨子《たまむしのずし》です（図4・10）。小さな厨子ですが、7〜8世紀初頭の建築的な特徴が多く秘められた貴重な資料です。細部の表現が緻密な宮殿《くうでん》で最

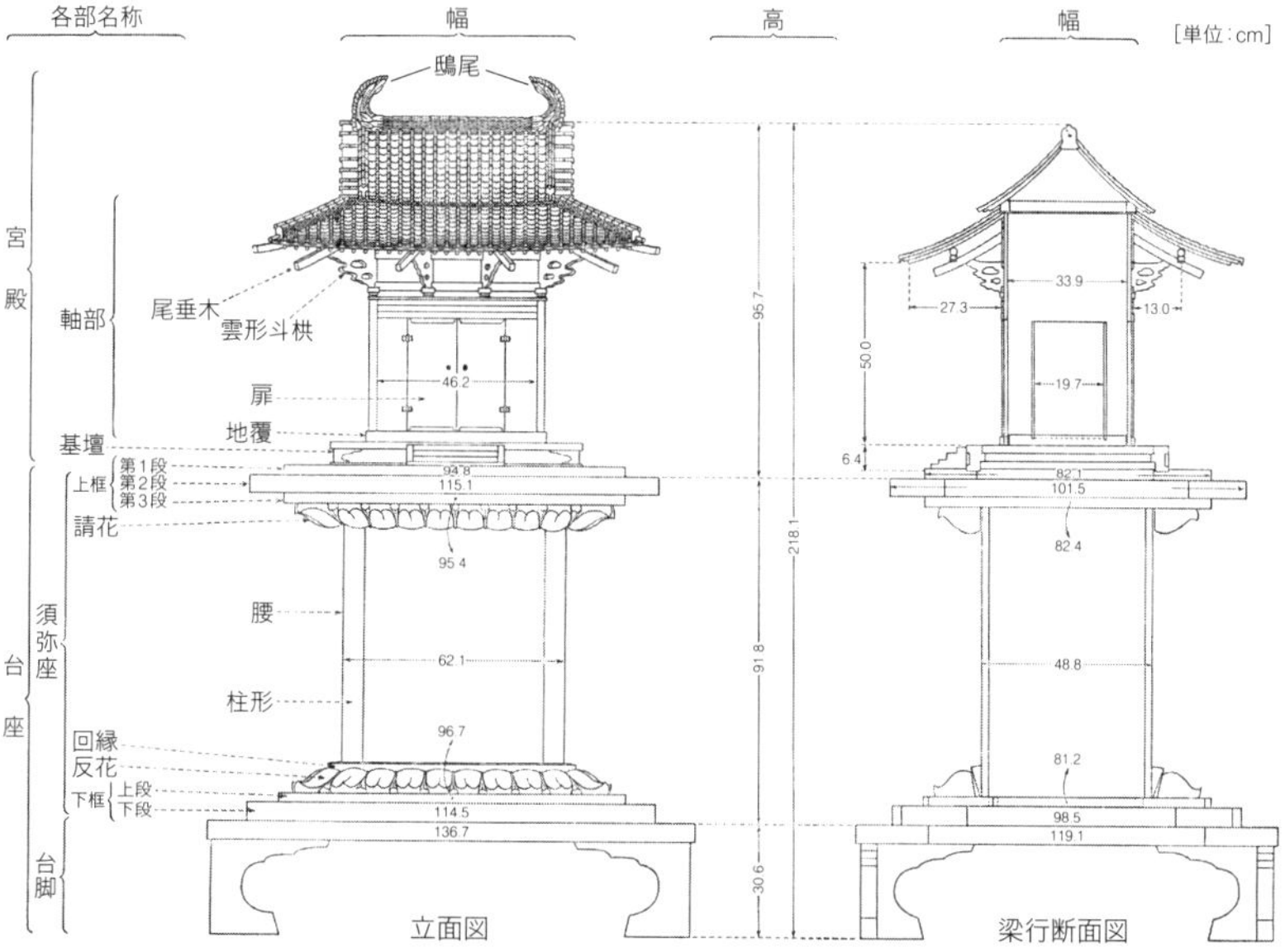

図4・10　玉虫厨子立面図・断面図（出典：『奈良六大寺大観』第五巻、法隆寺五、岩波書店、1971年、36頁に加筆）

大の特徴は錣葺《しころぶき》の屋根です。錣葺は金堂の入母屋造と比べプリミティブな形で切妻造の四周に廂が廻った形です。組物は雲斗・雲肘木で、側面の組物は真横ではなく、放射状に出ています。これは建築的に古い形を表しています。

また鴟尾《しび》は頂部の大棟両端に載っている魚の尻尾を象ったものです。鴟尾や錣葺は金堂よりも古い形式を示していると見られます。瓦の葺き方は行基葺といい、これも奈良時代より古い方法です。このように現存最古の金堂より古い玉虫厨子から得られる建築的情報は重要なのです。

◇法起寺・法輪寺三重塔

この他に斑鳩に残っている建築が法起寺《ほっきじ》・法輪寺三重塔です。方3間の三重塔で、裳階はなく、組物は雲斗・雲肘木で大斗には皿斗が付いています。法起寺は7世紀末、法輪寺は1944年（昭和19）の雷火によって消失し再建されたものです。いずれも逓減が大きく、法隆寺の初層・3層・5層と全く同じ平面で、細部も卍崩しの高欄が見られ、この地域に法隆寺に似た形式がいくつかあり、共通の建築技術が用いられたとうかがえます（図4・11）。

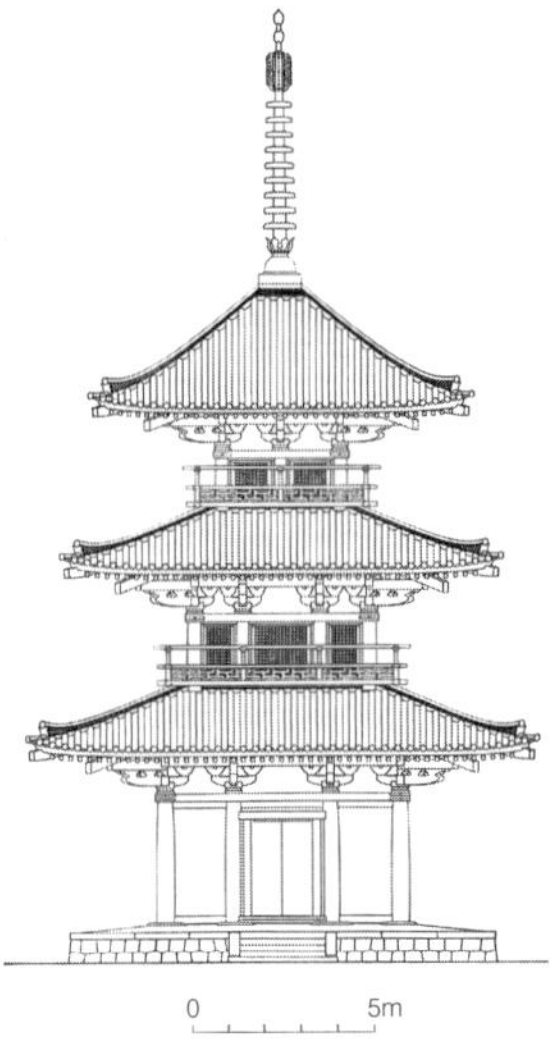

図4・11　法起寺三重塔立面図
（出典：『日本建築史基礎資料集成』塔婆1、中央公論美術出版、1984年、172頁）

4　法隆寺再建・非再建論争

◇大論争

法隆寺は色々な研究の蓄積がありますが、全容が明らかになっているわけではありません。例えば法隆寺金堂の建築年代をめぐった長きにわたる議論があります。この議論は建築史学・文献史学・美術史学、さらには考古学まで巻き込む大論争となります。そもそも法隆寺の開創は聖徳太子が推古天皇9年（601）に飛鳥から移住を決意してつくった斑鳩宮に端を発しています。605年には斑鳩宮に移り、隣接して斑鳩寺を建てました。一般的に聖徳太子が建てたと言われる法隆寺は、これを指します。また法隆寺金堂の薬師如来の裏側にある光背銘文に建設の経緯が記されており、推古天皇15年（607）に用明天皇の平癒を願い、それを推古天皇と厩戸皇子が遺志を継いでこの像と寺をつくったと記載があります。ここから仏像とともに斑鳩寺、すなわち法隆寺金堂がそのまま残ってきたとかつては考えられていました。一方で『日本書紀』には天智天皇9年（670）に焼失とあります。両者は矛盾するわけです。

そこで黒川真頼《まより》や小杉榲邨《すぎむら》らの国学者は『日本書紀』の焼失の記述を重視し、現在の法隆寺はこれ以降に再建されたものと考えました。すなわち法隆寺再建論です。一方で建築史学者の伊東忠太・関野貞らは、法隆寺は聖徳太子の時期に建ったものが残っていると主張します。法隆寺非再建論です。ここに法隆寺再建・非再建論争の幕が開きます。

そもそも伊東忠太は1894年に「法隆寺建築論」を発表し、現存建築の調査から法隆寺の建立年代を示しました。関野貞は1906年に造営尺の違いから非再建論を提示します。建築の様式が7世紀後半以降のものに比べると古式であることに加え、法隆寺諸建築・法輪寺三重塔の造営尺が大宝律令で定められる唐尺（約29・7㎝）ではなく、高麗尺（35・5㎝）を用いていると主張します。大化の改新以前の高麗尺を用いているのだから、建立は大化の改新以前、すなわち、非再建であると主張したわけです。ちなみに近世以降に用いられる曲尺《かねじゃく》は30・3㎝で、唐尺はその0・98倍の大きさです。例えば法隆寺金堂の中央間は10・8曲尺で、1尺＝0・3㎝基準の曲尺では綺麗な完数尺にはなりません。ちなみに唐尺でも10・898唐尺となりこれも綺麗な数字になりません。これを約1・2で割ってみると約9高麗尺になり、キリの良い数字になります。他もこの高麗尺を基準とすると綺麗な数字になり、全体で言えば39や30などの整数の尺が出てくることを示したわけです。

◇史料を用いた論争

また美術史家の平子鐸嶺《たくれい》も1901年に史料を用いて飛鳥時代の遺物が法隆寺には多く残っていることを中心に非再建論を述べています。『太子補闕記《ほけつき》』には推古天皇18年（610）の火災の記載があり、ここから『日本書紀』に焼失とある庚午の年を天智天皇9年（670）としたのは誤りで、同じ干支の60年前の推古天皇18年と考えました。『日本書紀』は編纂史料で、十干十二支で年が記されているから編纂時に錯誤があったと考え、そうであれば、法隆寺の建築年代は7世紀前半でもおかしくないわけです。

一方1905年に喜田貞吉は文献に基づいて反論します。『日本書紀』と『補闕記』では正当な歴史を記した『日本書紀』の信頼性の高さを主張しました。さらに非再建論者が主張する飛鳥時代の遺物が多い点も、天平19年（747）の『法隆寺伽藍縁起并資財帳』を見ると相対的には少ないと主張します。加えて関野の主張する高麗尺についても、旧礎石を採用したのであれば柱間寸法は前身建物の上に建てられるから高麗尺になるのは当たり前だと考えました。ついで建築様式についても述べています。推古朝の様式＝法隆寺式という建築様式論は循環論法に過ぎず、古式であることを持って時代の判定をすることは論証たり得ないと指摘します。古式を継承しながら再建した可能性を考えていないことにも問題があると述べました。現存する法隆寺よりもさらに古い瓦が出土していることを示し、670年の焼失は揺るがないと主張します。

◇新非再建論と論争決着

この議論は一旦鎮静化しますが、新非再建論が出てきます。建築史学者の関野・足立康が現在の西院伽藍は用明天皇のためのもので、聖徳太子の伽藍、若草伽藍は別の寺であったと主張します。当時、東院伽藍の南方に若草伽藍と呼ばれる場所がありました。これが焼失したと考えれば、現在の法隆寺西院伽藍は7世紀初頭から焼失していないと考えても問題ないというわけです。

一方で考古学者の石田茂作が発掘調査によって一石を投じます。焼失した若草伽藍を東院と西院の間で発見したのです。さらにこの若草伽藍の方位は今の伽藍とは異なりました。この方位の違いは一度、建物がなくなった後、新しく建てたことを示唆するものです。さらに出土瓦の形式も古く、やはり今の伽藍は焼失後の再建と見ざるを得ないと結論づけたわけです。

◇**未解決の問題**

一方で未解決の問題もいくつかあります。非再建論争は決着が着きましたが、伽藍を変更する時になぜ方位や位置を変更したのでしょうか。またかつての若草伽藍は塔と金堂が中軸一直線上に並ぶ四天王寺式の伽藍配置でしたが、現在の並立した伽藍配置に変更された理由も不明です。

もう1つ、7世紀後半～8世紀に当時の最先端の建築様式ではなく、古い様式の建築をつくった点にも疑問が残ります。少なくとも8世紀の奈良時代には律令的な建築や中国的な建築がつくられています。この辺りを加味すると伽藍配置は一新したのに、建築意匠や細部は古いものを継承しているわけです。

この他にも五重塔の心柱は年輪年代学（年輪のパターンから伐採された年代を明らかにする方法）の調査がなされています。木の特徴として中心から樹皮に向かって、赤みのある心材、白くなった辺材、その外に樹皮があり、年輪の様相から伐採年を推定する方法です。残っている木材の一番外側の年輪の年代が基準となります。樹皮が残っている場合は、伐採年がほぼわかりますが、辺材でも辺材の割合はある程度決まっているので伐採年に近い上限年代が明らかになります。

これは法隆寺金堂でも行われ、外陣天井板では６６７年・６６８年と判明しています。６７０年の伽藍焼失よりも早い年代で、非再建と考える人もいますが、天井板程度の物であればそれよりも少し前に切ったものが使われた可能性は十分考えられます。一方で五重塔の心柱は伐採年代が５９４年と出ています。想定されている建立年代と１０0年以上の隔たりがあります。考えられる可能性の１つは焼失前の心柱の再利用。あるいは大材に関しては、巨大建築のために長期間ストックしていた可能性。さらには法隆寺以外の別寺から移築した可能性を指摘する人までいます。

このように法隆寺は長年の色々な研究の蓄積がありますが、必ずしも全容が明らかになっていません。私自身、１９５０年の火災時に焼けた部材の調査に関わってきて、新事実もわかってきたこともあります。日本建築史は今でも発展途上で、新発見の連続なのです。

5章

混在する技術
——7世紀の寺院と飛鳥の宮殿

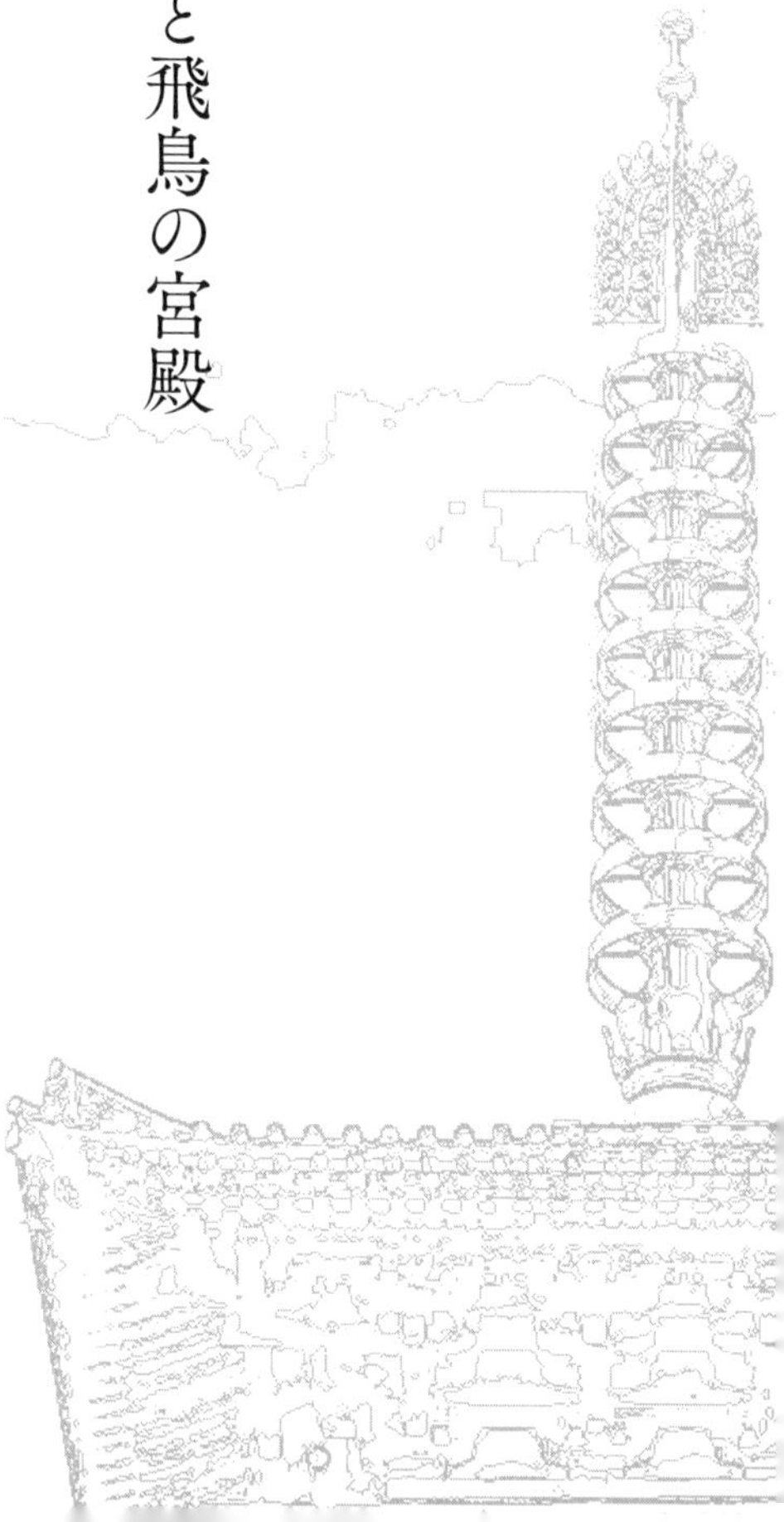

1　発掘調査と7世紀の建築

◇発掘調査からわかる古代建築の基礎構造

奈良時代には安定した律令制による社会ができ、建設でもある程度の標準設計ができました。特に寺院造営には新しい技術が早く用いられ、規格化されたものが広まったと考えられます。しかし7世紀の段階はそこまで中央政権が強くもなく、技術者がたくさんはいません。官が技術者を掌握していたわけでもないので、色々なルートから技術が入ってきていました。例えば、氏族がつくる寺、皇族がつくる寺、官がつくる寺。そのため、様々な建築のデザインや技術が混在していたのが7世紀の様相です。

一方で、既に7世紀の法隆寺を通して、日本に寺院建築がどのように導入・展開したかを話しましたが、法隆寺だけで寺院建築の全てがわかるわけではありません。それ以外の寺院建築、あるいは同じ時期に飛鳥に建てられた宮殿建築についてお話します。6世紀に大陸から寺院建築の建築技術が伝来し、様々な寺院がつくられるようになると同時に、飛鳥時代の宮殿建築にも動きがあったのです。

現実には7世紀の建築は法隆寺などの斑鳩周辺にしか現存していないので、長い間、これらがこの時代の標準的な建築と考えられてきましたが、現存しているものを当時の標準と考えることは難しいのです。例えば金閣が現存するからと言ってその時代の寺院建築がみな、金閣だったわけではないですよね。

また、奈良時代以前の建物は、法起寺や法輪寺（焼失）などが斑鳩地方という奈良のごく一部の地域に集中しています。これらは法隆寺以外の奈良時代の建築とは形がかなり異なります。

古代建築の基礎構造を復習しておくと、1章で述べたように、地面に穴を掘って直接柱を立て、埋めて組物を組んでいく「掘立柱」の形式と、石の上に柱を直接立てる礎石《そせき》

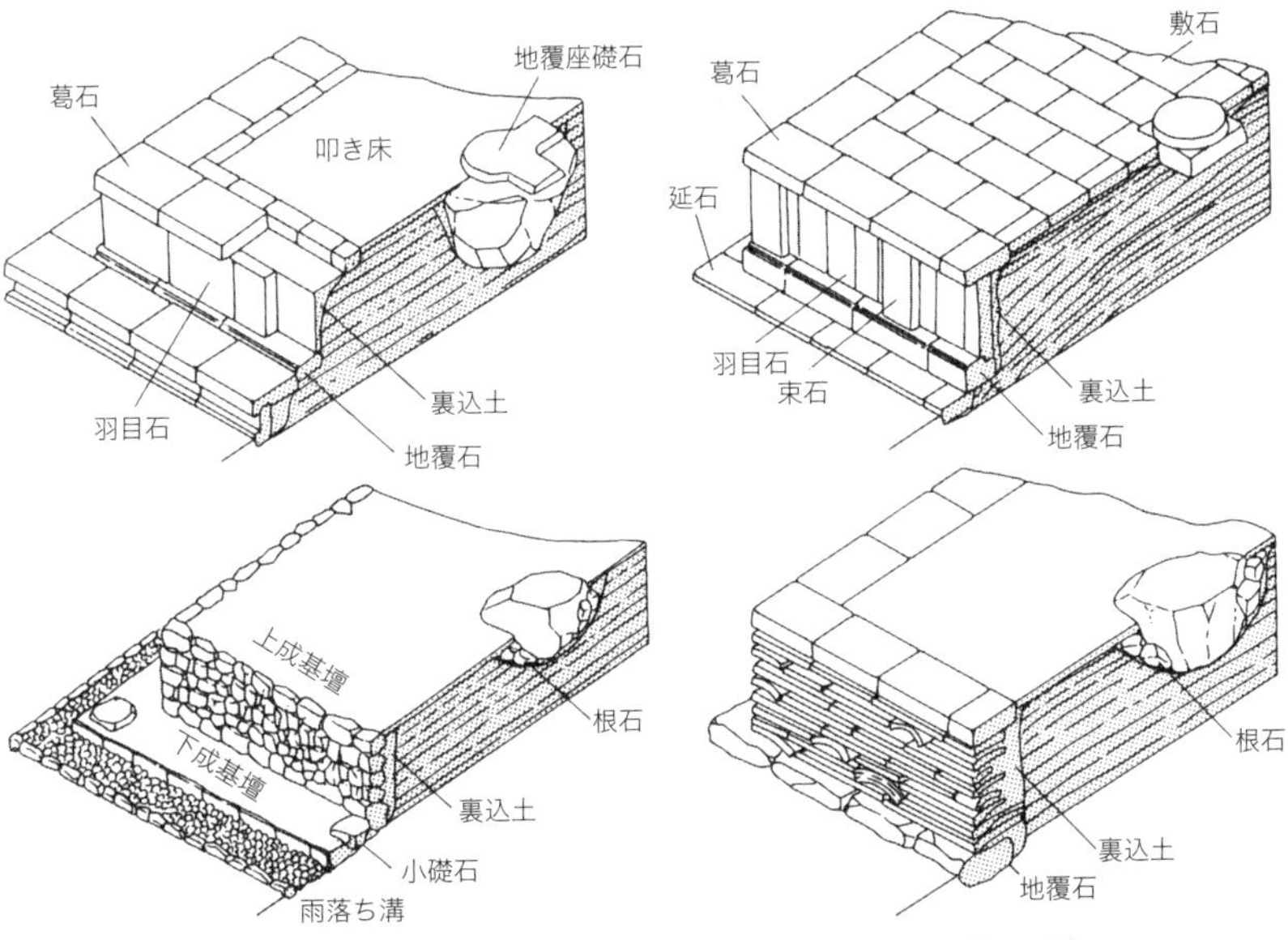

図5・1　様々な基壇外装（出典：奈良文化財研究所『古代の官衙遺跡 I』遺構編、2003年、71頁）

の形式、そして土台という横木を渡してその上に柱を立てる形式があります。

　そして主要建物は基壇という少し高い壇を設けます。基壇は土の層を突き固めた版築で築きます。版築の周囲を石や瓦などの基壇外装で囲います（図5・1）。地面の上に地覆石《じふく》を置いて外側の羽目石、葛石《かずらいし》が外装になり、上面には敷石などを置き、そこには礎石も置かれます。基壇の版築土と、基壇の外装の間には隙間ができますから、後ろに裏込めの石や土を詰めて密着させます。ものによっては若干地下を掘り込んで地盤改良をして、そこも同じように版築をします（図1・8）。そうすることで地面の下の方でも上からの圧力に耐えられるようになるのです。木造建築は瓦を葺くと屋根が重くなり沈下する危険性があるため、版築を重視していたことが知られています。

◇四天王寺がもたらした成果

　発掘調査では、こういった古代建築の技術を知ることができます。例えば「出土建築部材」は発掘調査で出た部材そのものが建築を考える重要な要素になり得ます。けれど基礎より上の部分はなかなか情報としては残っていません。それを知る1つの大きなきっかけとなったのが、四天王寺の講堂です。四天王寺は聖徳太子がつくった飛鳥寺と並ぶ古いお寺です。ここで垂木が出土しました（図5・2）。

　通常の日本建築の考え方でいうと、入母屋造や寄棟造と言われる斜め45度の屋根の形でも、中世までは法隆寺金堂

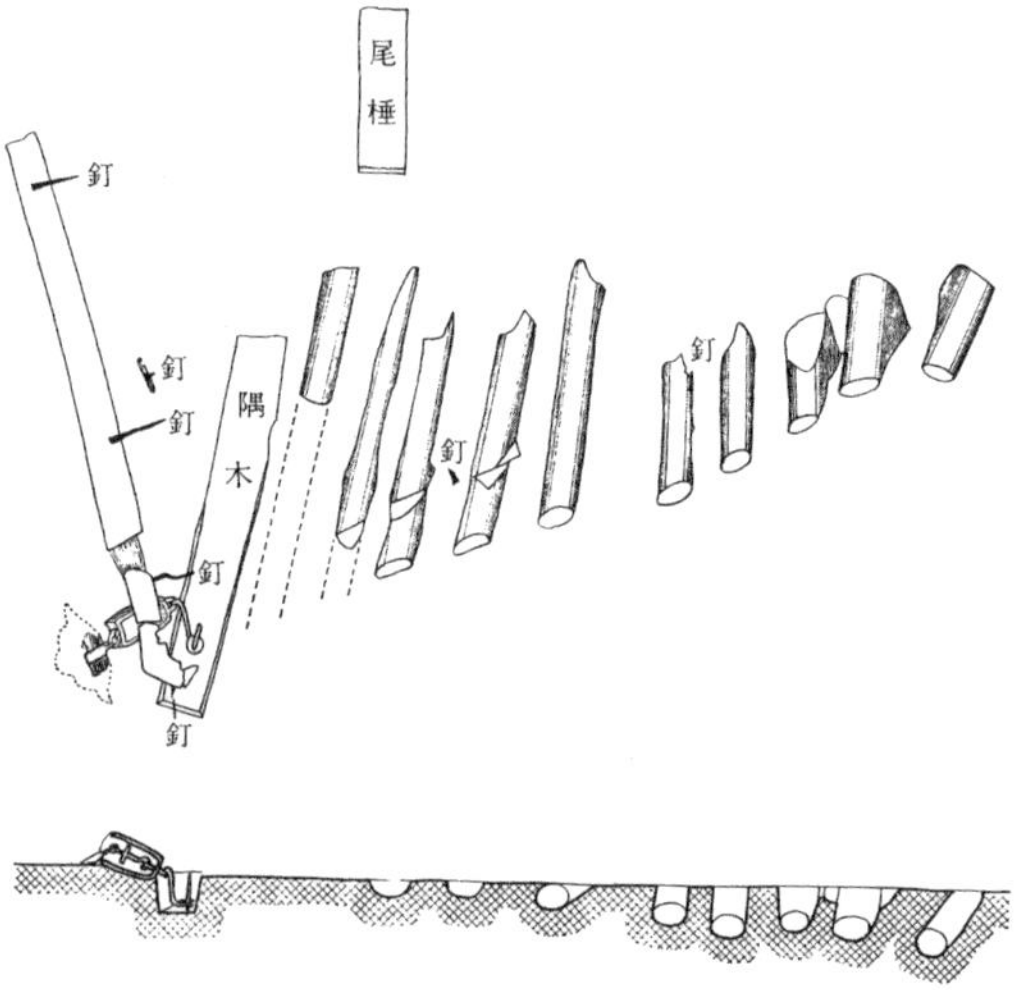

図5・2　出土した四天王寺の垂木（出典：『四天王寺』埋蔵文化財発掘調査報告6、文化財保護員会、1967年、194頁）

も含めて、垂木を全部平行に置く形でした。扇垂木（図1・16）という中心から外に向かう放射状の垂木は、中世以降の禅宗様、あるいは大仏様が入ってきた時に広まった技術だろうと昔は考えられていたんです。

　ところが四天王寺の発掘時の実測図では、放射状に垂木があります。よく見ると先端部が丸じゃなく、楕円形です。なぜ楕円形かというと、まっすぐ平行垂木《へいこうだるき》で並べると垂木の小口は全部丸で、軒先が揃いますが、扇垂木の場合は軒先が飛び出て揃わないので、スパッと切ってあげると、切った角度によって円形に近いものから横長の楕円形のものと、垂木の先端の断面形がバラバラになります。それと同じ状態が四天王寺では出てきました。

◇四天王寺の復元

　つまり、この発掘調査で扇垂木が実は古い時代からあったとわかったのです。復元後の図を見ると、伽藍配置も中軸線に中門、塔、金堂、講堂があって、中軸を重視した比較的古い伽藍配置です。つまり四天王寺は法隆寺よりもさらに古い形なのではないかと考えられるわけです。雲斗《くもと》・雲肘木《くもひじき》は法隆寺にしか見られないから古い形式だろうとか、法隆寺金堂よりも古いと言われる玉虫厨子が、錣《しころ》葺で、四天王寺金堂も錣葺だったのではないかと考えられます。そして発掘調査でわかった扇垂木の情報を使いながら復元された四天王寺の伽藍は法隆寺よりもさらに古い形を想定したのです。

◇塔の心礎の技術発展

　礎石建物の中でも、塔の建築は技術革新が大分なされています。礎石は地上に露出しているのが普通ですが、法隆寺の五重塔、四天王寺、飛鳥寺のような古い塔は地面よりも低い位置に心柱を置き、側柱は地上に露出しています。

　飛鳥寺のように発掘した時の様子を見ると、真ん中に舎利を納めており、心礎《しんそ》は地中にあります（図5・3）。それが後の時代の川原寺になると、昔の地面と同じくらいの位置に置くけれど、それでも基壇の中に納めます。さらに時代が下って、8世紀以降の奈良時代になるといま皆さんが見るように、通常の礎石と同じように、基壇の上に心礎が置かれる形になります。地面よりも上に礎石を置いて柱を立てるようにしたのはたぶん根腐れをしたからでしょう。

一方で塔がどういう風につくられているかというと、土饅頭（土を丸く盛り上げた蓋）の上に相輪塔を立てるような、仏舎利を納めるのが元々の塔の機能です。だからこそ精神的にも塔は地中に繋がっていることが大事だったのでしょう。現実的には柱が腐らない方が建築は長持ちしますので、最終的には心柱、心礎が基壇よりも高い位置にくるのが一般的になってきました。これは薬師寺や大官大寺《だいかんだいじ》他、多くの寺院で見られる形式です。

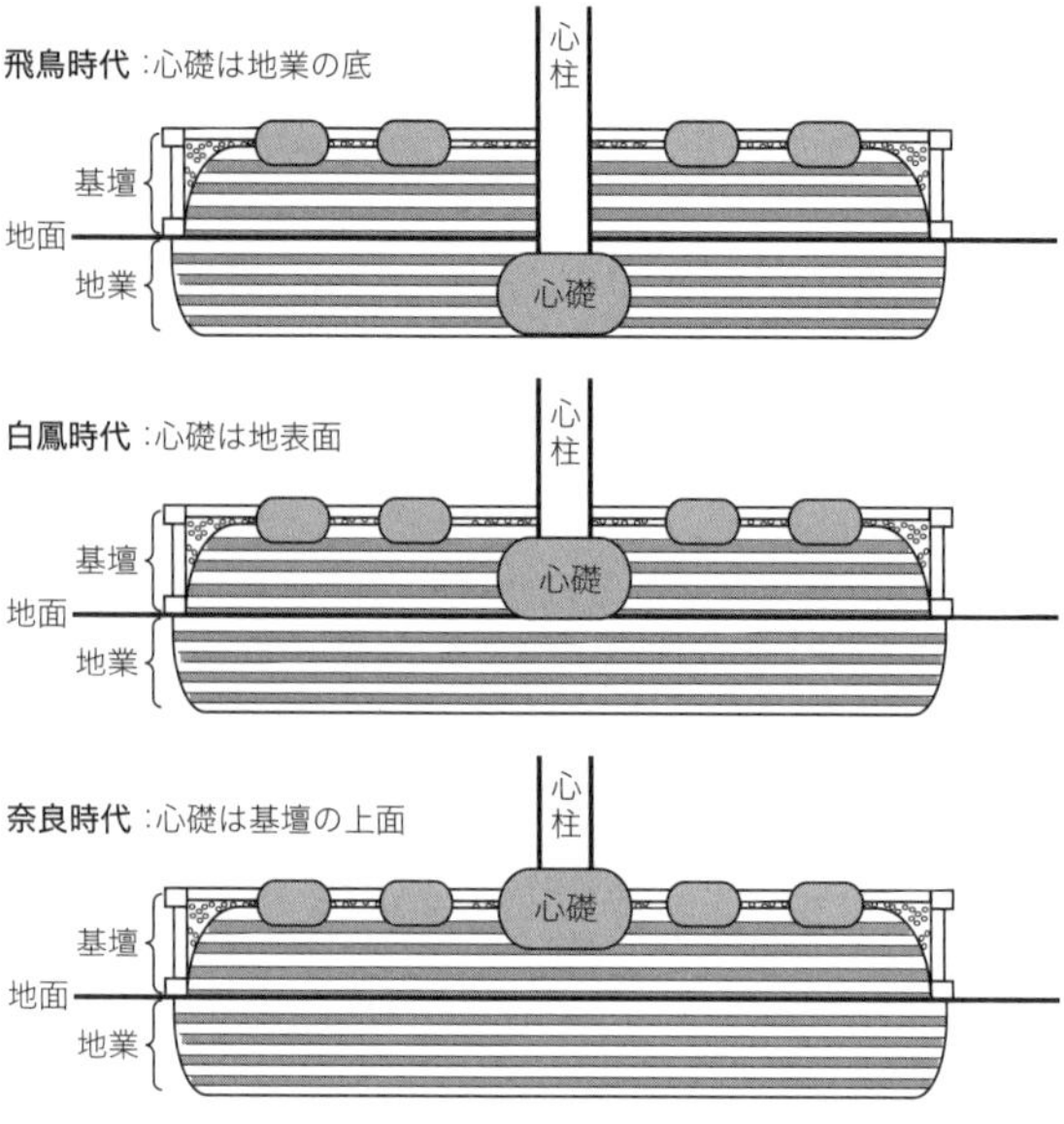

図5・3　塔の心礎の変遷概念図

◇巨大な塔の建設と東アジア

この時代には巨大な塔が色々なところでつくられています。唐や新羅が大陸で力を付け、倭国から日本に変わろうとしていた時期。塔は国力を示すシンボルでした。代表的なものが中国・洛陽の永寧寺《えいねいじ》、朝鮮半島では新羅の国の都、慶州の皇龍寺《こうりゅうじ》や扶余《ふよ》の弥勒寺です（図5・4）。

日本でも大官大寺の塔が7世紀の後半に国家の威信をかけてつくられ、皇龍寺や弥勒寺に匹敵する塔だったと考えられています。法隆寺五重塔、薬師寺東塔などと比較しても物凄く大きいものでした。現存する塔よりもさらに大きな塔をつくろうとしていたのが7世紀後半の時代です。

このように、今残っている建物はあくまで我々が見られるものであって、たくさんあったもののごく一部に過ぎないのです。薬師寺東塔も法隆寺五重塔も当時の高級建築で

図5・4　古代東アジアの主要塔の比較（出典：奈良文化財研究所『奈良文化財研究所創立50周年記念　飛鳥・藤原京展—古代律令国家の創造』朝日新聞社、2002年、55頁）

あることには間違いないですが、残っているものが当時の最高水準というわけではありません。一般的なものや特殊解が残っている可能性も考えなければいけません。

2　山田寺の発見

◇山田寺の歴史

もう1つ、7世紀の建築で大事なのが山田寺の金堂・回廊の新発見です。山田寺は悲運の寺院で、641年に整地、643年に金堂がつくられ、648年に僧侶が住み始めました。興福寺に残る仏頭は元々、山田寺にあり、飛鳥の仏像そのままの顔が残っていることで有名です。

寺院経営は順調に始まったのですが、649年にこの寺をつくろうとしていた蘇我の石川麻呂という人物が謀反の疑いをかけられます。濡れ衣なのですが、結果自害してしまいます。寺はお金を出してくれるパトロンが亡くなったことで造営が止まってしまいます。講堂や塔などは663年にようやく再着手します。塔は676年に完成して、丈六仏《じょうろくぶつ》と呼ばれる大きな仏様をつくり、開眼供養をしたのが685年。7世紀の後半にようやく金堂と講堂といった基本的な施設が整いました。この丈六仏は講堂に安置されていたと考えられています。

ちなみに丈六仏の大きさは一丈六尺の間を取って丈六と呼ぶので、1丈が10尺、1尺は約30cmなので大体4・8mです。座るとその半分なので2・4m程になります。これが大仏かどうかの1つの目安になる大きさです。

この山田寺で出土した建築の形が法隆寺や今残っている斑鳩系の建築とは大きく違いそうだということで、古代建築を発展させる大きなきっかけとなります。

山田寺は金堂と塔を囲むようにして回廊が回っているところに南門が開き、中軸線上に塔と金堂が、その北に講堂がある、いわゆる四天王寺式の伽藍の形をとっています。

7世紀後半以来、仏像と寺院自体も平安時代を通じて残っていきます。時の権力者、藤原道長が山田寺に参詣した時の記録が残っており、山田寺は奇異にして立派で綺麗なものだと書いています。当時、世を横臥し、平等院鳳凰堂に似た浄土系の華やかな建築をつくっていた彼が見ても、山田寺は立派だったと。

この山田寺も11世紀の中頃になると東面の回廊が倒壊し、伽藍の維持も困難になります。さらに平城京の興福寺が平重衡《しげひら》に焼き討ちをされた余波が、興福寺の本末関係で、末寺であった山田寺にも及びます。文治3年（1187）には、復興に困っている時に興福寺の東金堂衆《とうこんどうしゅう》という人たちが、山田寺に押し寄せて寺の仏像を持って帰ってしまい、自分たちの本尊にしてしまいました。

この時から、山田寺の仏像が興福寺東金堂に移りました。今でも東金堂の本尊であればよかったのですが、実は再建された東金堂も応永18年（1411）にまた焼けてしまいます。この時に仏像の首しか持ち出せなかったんです。そのため身体がない仏像として今も残っているのですが、実はこの仏頭は応永再建時には本尊にはならずに仏壇の下に入れて何百年か忘れられてしまいました。昭和12年（1937）に興福寺の東金堂を修理する時に須弥壇の下から出てきて日の目を見たのが今の仏頭です。取られてしまい、火災にあい、さらに隠されて見つからない不遇の山田寺ですが、山田寺の発掘調査は新知見をもたらしました。

◇山田寺金堂の発掘調査

山田寺の金堂は基壇が高まりになっています。基壇が全部残っていることはまずないのですが、幸いよく残っていて部分的に礎石も残っていました。基壇の外側に四角い石がぐるっと並び、雨落ち溝という、軒先に雨が落ちる溝と基壇との間のところにつくられる石が回っています。基壇

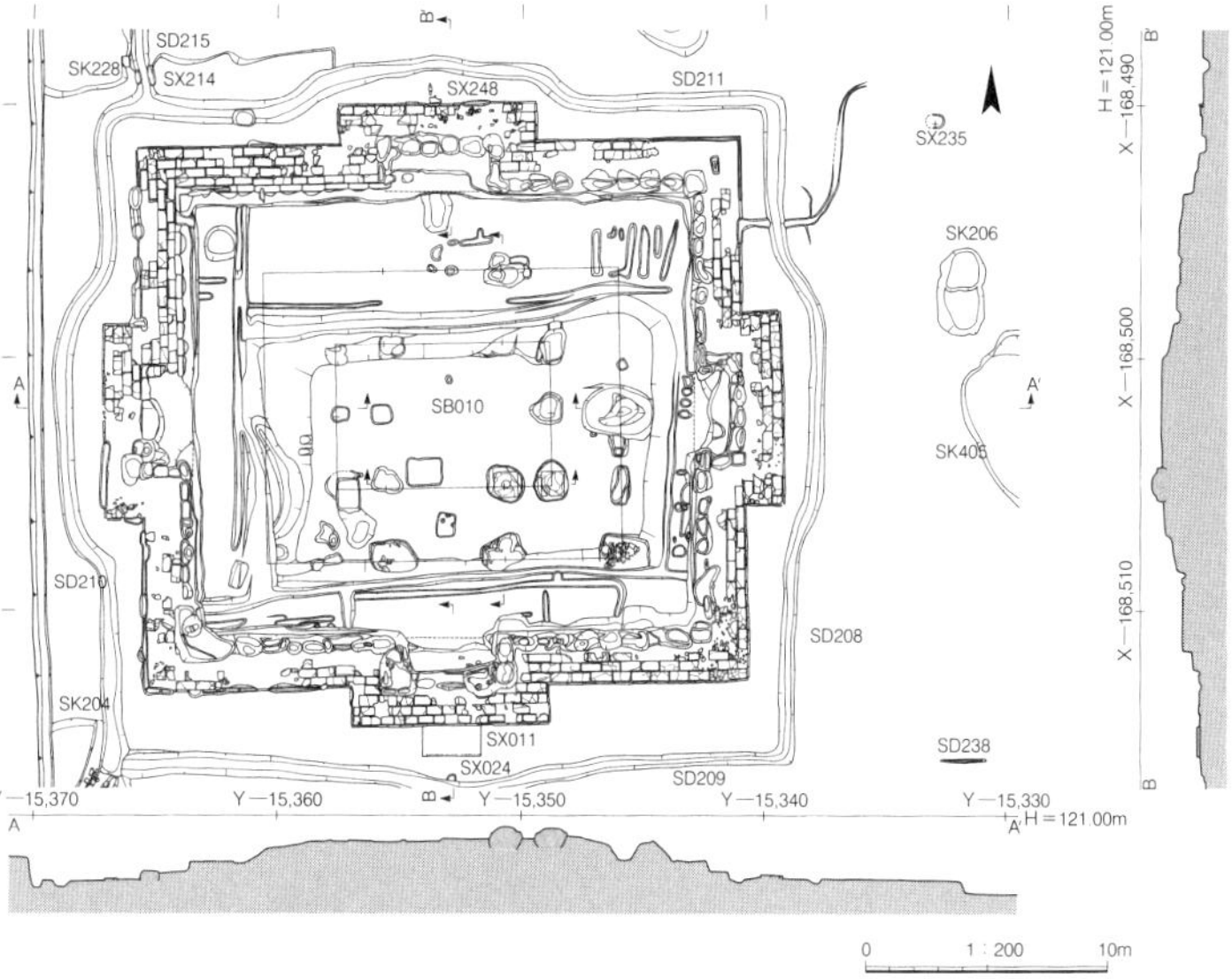

図5・5　山田寺金堂の発掘遺構（出典：奈良文化財研究所『山田寺発掘調査報告』奈良文化財研究所学報63、図版編、2002年、PI.11）

の大きさはこの石の位置からわかります（図5・5）。

基壇は高さによっては2mくらいあり、上がるには階段が必要で、実際よく見ると基壇から突出した部分があります。石は失われていますが、階段の中には石が詰まっているわけではなく、土を詰めてその上に石を貼っていきます。こういった階段の要素は、基壇の高さがどれくらいだったかを知る材料になります。階段の幅も、階段を上がった先の柱と柱の筋と一致していることが多いので、これも柱の位置を推定する1つの根拠になったりします。

◇山田寺金堂の柱配置

もう1つ特殊な点は柱配置です。通常、平面を大きくする時、本体は身舎《もや》という空間があって、そこに梁、桁をかけ、束を立てて、棟木をかけます。身舎は梁を一丁材（継ぎ目のない木材）でつくるため、無制限に大きくできません。でも建物の奥行を大きくしたい時には、前後に廂柱を立てて廂を付けます。その間に繫梁《つなぎばり》という梁をかけ、平面を大きくしていくのですが、前面に廂が付けば「片廂」、前後に付けば「二面廂」、3面に付けば「三面廂」、ぐるっと回ると「四面廂」と、格式的にも平面的にも立派なものになっていきます（図1・14）。

例えば法隆寺や他の飛鳥、奈良時代の通常の堂では身舎の四周に廂が巡って、外の柱の筋は身舎の柱の筋と揃ってきます。この柱から廂の柱まで繋梁をかけ渡す時に揃っていた方が都合が良いので、基本的にはグリッド状に柱がならぶ平面プランとなります（図5・6）。

ところが山田寺は特殊な形を取っていて、身舎の桁行は3間で、通常は同じ位置に廂の柱を揃えるところ、山田寺の場合は身舎と廂の柱が対応せず、揃わない構造であることが発掘調査でわかってきました。

さらによく見ると、身舎の両脇柱間が狭く、対して中央が広い形式を取っています。逆に廂はバランスよく柱間が割られています。これは法隆寺金堂の柱配置とは違います。

仮想で柱配置をつくると、玉虫厨子もこういった放射状の配置をしていそうだし、発掘調査によると正家廃寺《しょうけはいじ》でも同じように放射状の柱配置が見て取れます。法隆寺や奈良時代以降の建築では見られませんが、飛鳥時代の建築の発

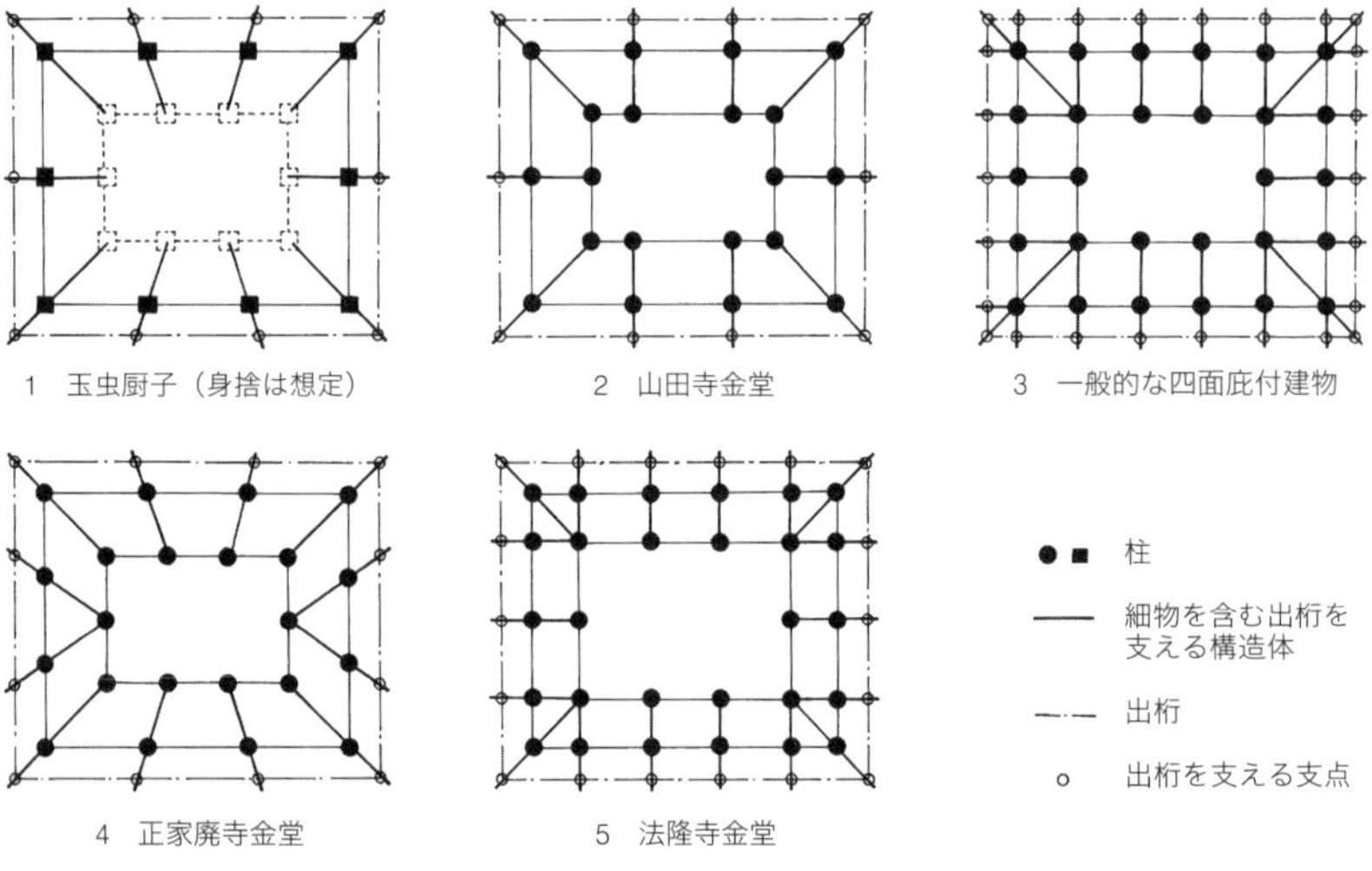

図5・6　放射状の柱配置（出典：奈良文化財研究所『山田寺発掘調査報告』奈良文化財研究所学報63、本文編、2002年、455頁）

掘遺構や玉虫厨子を見ていくと、こういうやり方があったことがわかるわけです。

◇山田寺金堂の上部構造

この特殊な柱配置は建築の上部構造とも関わっています。山田寺金堂の形を考える時に、『護国寺本諸寺縁起集』という平安時代の書物に「一間四面二階《いっけんしめんにかい》」という記述があります。「一間四面」が何を指しているかも問題ですが、平安時代の建物は基本的に梁間奥行方向は2間が一般的だったので、正面の桁行の長さでしか表現をしませんでした。四面は四面廂を示すので、外周から見える桁行は3間となります（1章参照）。

山田寺金堂の桁行3間、梁間2間の特殊な柱配置は発掘成果・文献史料と一致するので、構造的にも矛盾はありません。この放射状の組物は実際にあるのかどうか考えてみます。法隆寺の組物は、下から見上げた時、隅の柱から組物の手先は一方向にしか出ない方法を取っていて、形を変えれば放射状の組物になります。普通の組物は桁行方向、梁間方向、普通のグリッドの方向にも伸びた上で斜めに出ます。隅の3方向に出るので「隅三組物」と言いますけれども、法隆寺の組物のように隅に一方向しか出ない組物の場合、放射状に手先を出すことができるので、山田寺も同じような形ではないかと考えたわけです。

以上を考え併せると、山田寺の発掘調査では現存建築とは違う、奈良時代以降とも違う形があり、隅一組物のような法隆寺と共通する要素もあったことがわかります。発掘調査や出土遺物を比較しながら見ていくと、現存建築だけではわからない、多様な様相がわかってくるのです。

◇山田寺東回廊の新知見

もう1つ、大きな発見が山田寺の東回廊にあります。発掘調査で出てくる礎石は、あくまで柱位置がわかるだけですが、建築部材は、建築の上部構造の一部分として使われていた物そのものなので、それが持つ情報は建っている建物とほぼ同じレベルです。

1982年の山田寺第4次調査の発掘調査では、部材の下には礎石があって、礎石と礎石の間に地覆石が並び、そこに地覆と思われるものがそのまま乗っかって出てきました。つまり建物の柱の足元と足元を繋ぐ地覆という部材そのままが出てきたことになりますので、これが持っている建築情報は現存建築と同等です。

ここの場合は、幸い基壇外装の石も全部綺麗に立っていて、回廊の基壇の外側の雨落ち溝もわかります。別の場所では、発掘調査で基壇の端が出てきました。縦に筋の入った連子窓《れんじまど》という窓もほぼそのままの状態で出土しました。法隆寺しか残っていなかった7世紀の連子窓について、ほぼ同じような情報が取れたのです（図5・8）。

現存建築の柱は触っても壊れることはまずありません。しかし出土した部材は、相当、状態が良くても押せば指の痕が付きます。またよく見るとジメジメしています。要は地下水位が高くて埋まった後にずっと水漬け状態で千年近く経ち、良好に部材が保存されてきたのです。発掘やその後の処理は大変なのですが、持っている情報はとても大事です。

山田寺では瓦も貴重な状態で見つかりました。現存建築でも瓦は葺き替えられてしまうため、古代、飛鳥時代の瓦の葺き方の参考は玉虫厨子など限られてしまいます。それがここでは、そのままズッと落ちた状態で出てきたので、当時の葺いた状態がわかるのです。

葺き方といっても、大体は丸瓦と平瓦があって、平瓦を並べてその間に丸瓦を置くのですが、平瓦と平瓦の間隔をどのくらいにするか、どれくらいの長さを重ねるかは、今でも寺院によって違い、この情報はとても貴重です。

第6次調査で出てきたのが回廊、これが山田寺を有名にしました（図5・7）。さっきの連子窓と上の部材、基壇の外装も両脇の礎石も綺麗に残っていました。拡大して見ると地覆があって柱があって、地覆の上に束が立って、腰長押が入る。その上に連子窓があって連子窓の上を長押が通っているのがパタンと倒れた状態が見て取れます。発掘現場から持って帰って、奈良文化財研究所で1つ1つ、柱や横架材などの部材を実測調査しました。例えば柱の外側の面だったら風食が大きい、室内だったらあまり風食しない、そういった違いを細かく見ていきます。

◇山田寺東面回廊と法隆寺廻廊

山田寺の回廊を下部から見ると、礎石や地覆石があって、地覆石の上に地覆が置かれます。地覆の上には束があり、束を入れるためのほぞ穴も残っています。どういう仕口で納めたか、その上の連子窓があって、頭貫が上にあり、柱の上に組物がある形式だったこともわかります（図5・8）。

さらに見ていくと、回廊内側はツーツーの開放になっているのに対して、外側は連子窓や壁が復元されます。これは回廊外側には地覆石があって、内側にはこの地覆石がないんですね。地覆石の上に地覆、地覆があるということは上に壁があるということです。その違いは地覆石だけではなく、礎石を見てもわかります。外側の礎石の両端に突出があるが、内側のものは突出しません。部材や地覆石が残っていない場合でも礎石の形の違いを見るとどこに壁があったのか、壁がなくて開放だったのかを探る1つの材料になります。

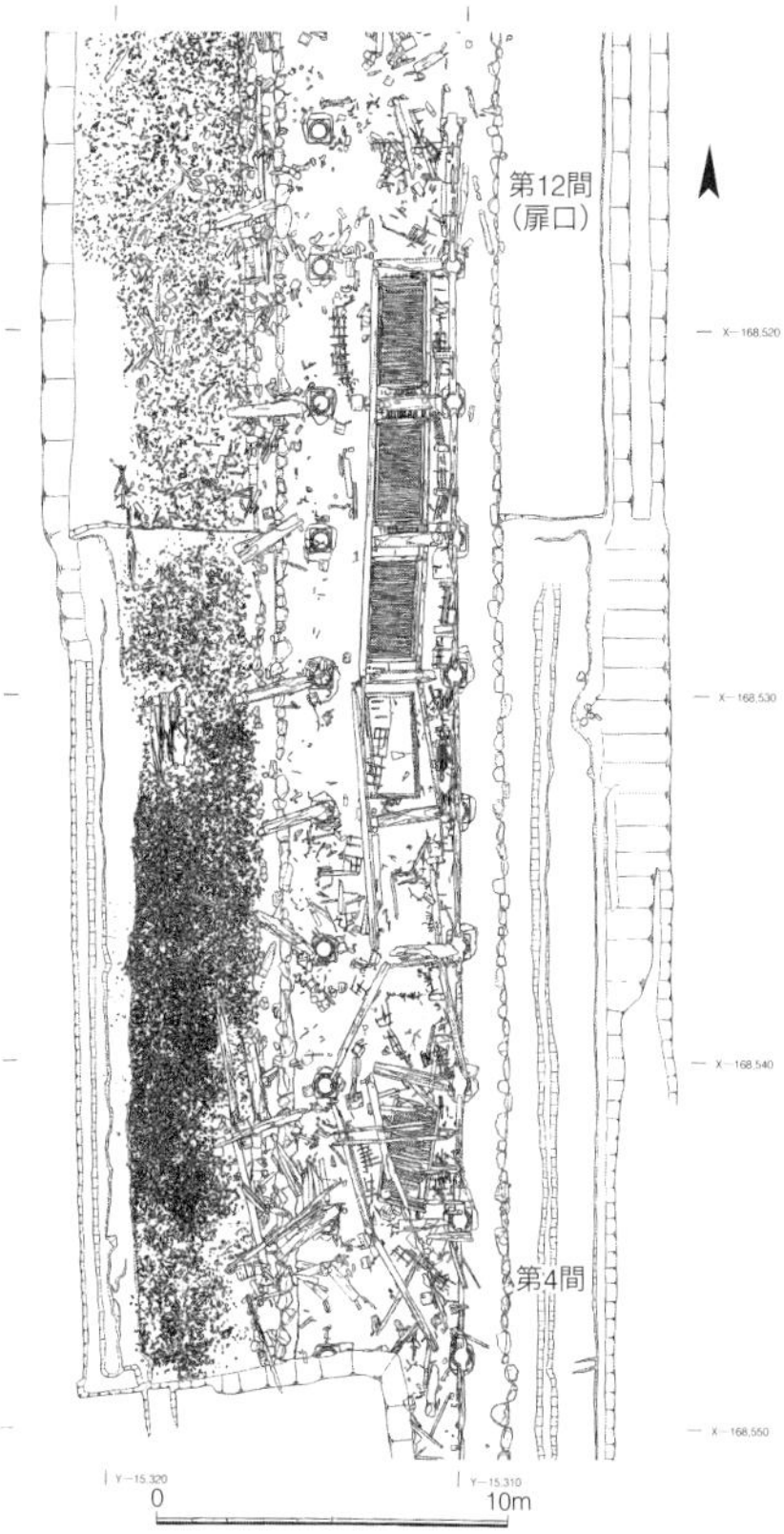

図５・７　山田寺東面回廊の部材出土状況（出典：奈良文化財研究所『山田寺発掘調査報告』奈良文化財研究所学報 63、図版編、2002 年、Pl.17）

これだけわかるとほぼ建っている建物と同じ情報があります。そこで法隆寺廻廊と何が同じで何が違うのかを見てみましょう（図5・8）。両方とも少し真ん中が太くて先に行くと細くなる胴張りを持つ柱が用いられています。組物を見ると法隆寺では大斗に皿斗が付いていますが、山田寺ではそれがありません。さらに肘木は下面の両端部に突起

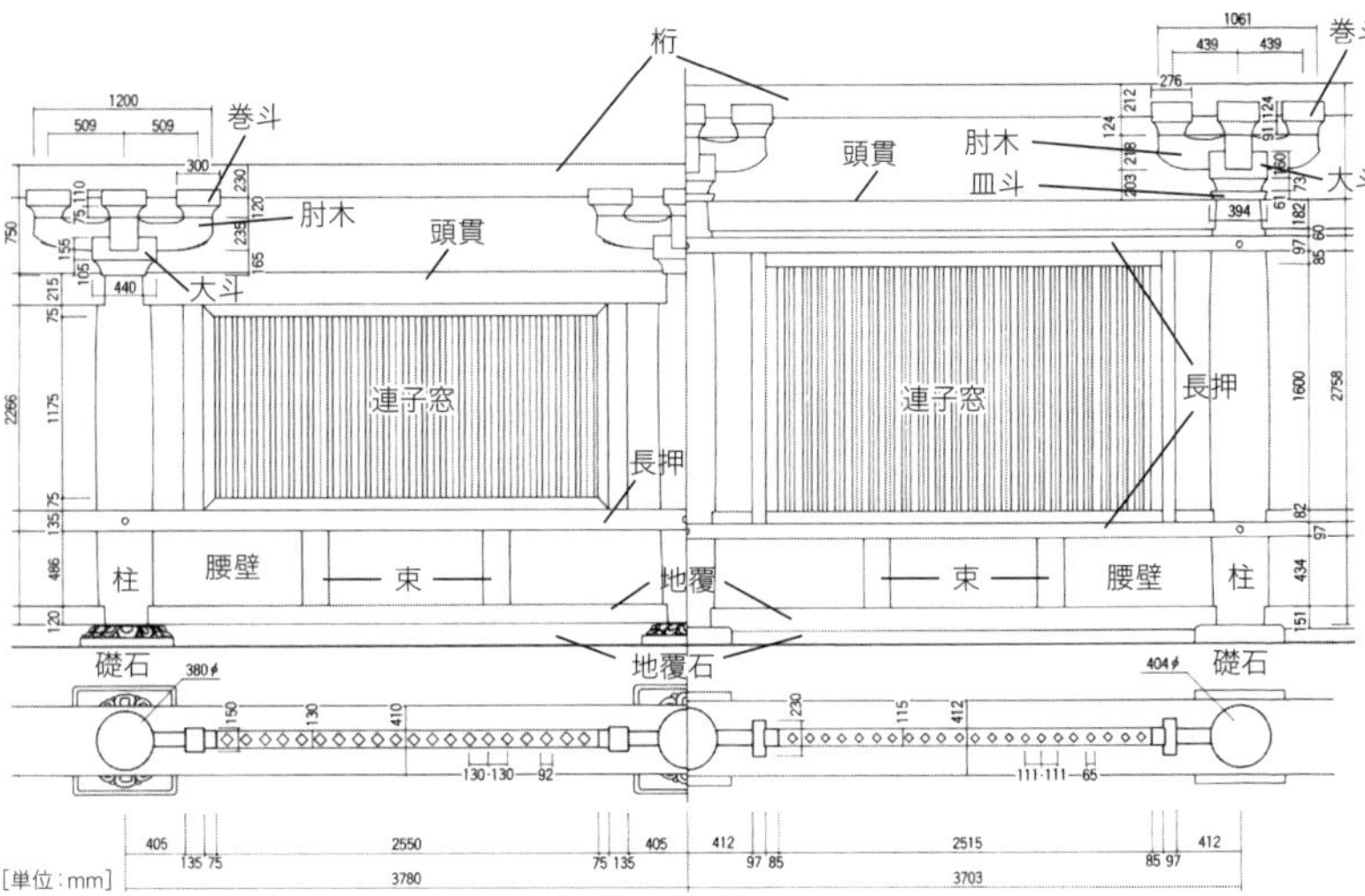

図５・８　山田寺回廊（左）と法隆寺廻廊（右）（出典：奈良文化財研究所『山田寺発掘調査報告』奈良文化財研究所学報63、図版編、2002年、466頁に加筆）

が付くことがあり、山田寺にはこれがあります。これを「舌《ぜつ》」と言いますが、奈良時代以降にはなくなっていきます。また垂木が法隆寺では角材ですが、山田寺では丸の断面で木自体も少し反っています。このような違いがわかるのも、山田寺回廊の出土部材が当時の建築情報をそのまま伝えているからです。

◇扉周りの違い

扉の付け方も違っていて、法隆寺廻廊は内法長押を使っています。山田寺は頭貫があって藁座《わらざ》という扉の軸を受けるための材を別に付けます。下は地覆石に直接穴を打ってそこを軸吊り穴としています。法隆寺の場合は長押を後から付けて扉を付けることができるのですが、山田寺の場合には地覆石の段階から扉を付ける位置を決めているのです。

なぜ、こんなところに着目するかというと、藁座という部材は大仏様や禅宗様といった中世以降に入ってくるものだろうと日本建築では考えられていたからです。ですが山田寺で藁座を用いていたので、この形式は中世より古い時代からあったのではないかと考えられるわけです。藁座は後付けできるので合理的なのですが、日本で残っている建物を見ると、藁座を使った建物は中世以降にならないと出てこないので、古代にはあったものが一旦失われて、また後でもう1回、用いられた可能性もあるわけです。

◇平三斗（大斗・舌）——長い肘木

山田寺回廊の肘木のもう1つの特徴が長い肘木です。通常の肘木は肘木の上に三斗があってその上に桁を置くのですが、それよりも一段上に長い肘木があったのではないかということをこの長い肘木の出土部材は示しています。

現存する建物を見ると禅宗様の建物には長い肘木が使われています。中国の南方で少なくとも中世以降にはこういったものが入ってきています。こういう組物は奈良時代から平安時代の日本では見られないけれども、7世紀にはあったのではないかと考えられるのです。

また白くなっている部分は、斗に隠れていた部分で、部材と部材の隙間になるので、風食が少ないのです。こういった風食の違いを現存建築の構造や痕跡を比較しながら考えていくのが部材の調査です。出土部材は長い時間、土の中に埋まっていたので特に大変です。実際の建物の形をある程度想定しながら見るとわかる痕跡もあるので、かつての様子を考えながらの調査が必要です。この長い肘木からは、現存する奈良時代の建築とは違う技術が南方系から入ってきた可能性を示しています。

◇山田寺の技術と東アジア

東アジアとの関係性でいうと、藁座は大仏様や禅宗様の特徴で、前回お話した高床倉庫でも似たような部材が出ています。古墳時代以前、あるいは7世紀にも存在したかもしれませんが、その後になくなってしまった技術が飛鳥時代にはあったようだと考えられます。同じように横に広がる肘木もやはり禅宗様の組物と関係性が似ているので、朝鮮半島から入ってきた技術とは別の南方系の技術がなんらかの形で入ってきている可能性も考えられます。7世紀の段階では色々なところから技術が入ってきた可能性があるということがこの山田寺から考えられそうです。

このように実際に細部を見ていくだけでも、山田寺と法隆寺で似た要素もたくさんあるけれども、実は違う要素もたくさんあります。この頃は奈良時代のように、官がつくったフォーマットはなく、氏寺なら氏寺、法隆寺なら法隆寺で技術が混在していた可能性があるからです。

奈良時代になると官が技術者を統括しますが、この時代に関してはいくつか複数の技術のルートや系統があったと想像できます。そして現存建築はかつてあった数多の建築のうちのごく一部であり、全体を示すわけではない。それがもう少し後の中世近世になれば、残っている建物が増えてくるし、残された図面などから現存建築のかなりの部分がカバーできるようになってくる。それでも一般庶民の建築は残っていませんから、建築の全容を理解する上では資料は限定的だと考えておかなければなりません。

3　飛鳥の宮殿建築

◇大王の宮殿

最後に飛鳥の宮殿の話をしておきます。まずは宮殿が持つ意味を考えてみると、古代の中国や韓国など東アジアでは、宮殿には皇帝や王がいて、そこは重要な場所、権力の

図5・9　紫禁城を北から望む

頂点です。その象徴として、例えば紫禁城《しきんじょう》や景福宮《けいふくきゅう》などは現代までずっと継承されます（図5・9）。

日本の場合は特殊で天皇を中心・頂点とする国家は、古代の律令制が強かった時、あるいは明治時代の明治維新以降の近代のころに限られてきます。摂関期は摂関家、院政期になれば上皇が、幕府が出てくれば武家が力を持ちます。そういう意味では、日本で宮殿を建築史の中心として語れる時期は限られるのですが、古代の宮殿建築においては天皇制のもと、あるいは大王のもとで一定の人たちが集まる重要な場所を示すことが大事でした。

継体天皇陵と推定されている今城塚古墳から大型の家形埴輪が出てきて、千木《ちぎ》や堅魚木《かつおぎ》を載せています。ここから全体の大王の宮殿はどうだと議論することはできないのですが、他と建物の形で差別化を図った高級建築があったことがわかり要素としては参考になります。

日本では飛鳥時代、天皇が一代代わるごとに宮殿を建て替える、一代一宮殿の考えがうかがえます。場所は固定化させることもありますが、同じ宮殿を使い続ける奈良時代以降の様相とは違います。

◇宮殿の集中する飛鳥地域

近畿周辺は古くから有力者が住んでいたことが知られ、有名なところでは纒向《まきむく》は卑弥呼の宮殿とも言われています。宮殿の場所も飛鳥以前は奈良盆地の南側や、大阪の南部のあたりで定まらないのですが、5・6世紀には奈良盆地南部の飛鳥周辺にあったことがわかっています（図5・10）。奈良時代には貴族の家の名前を推定できる木簡や土器など

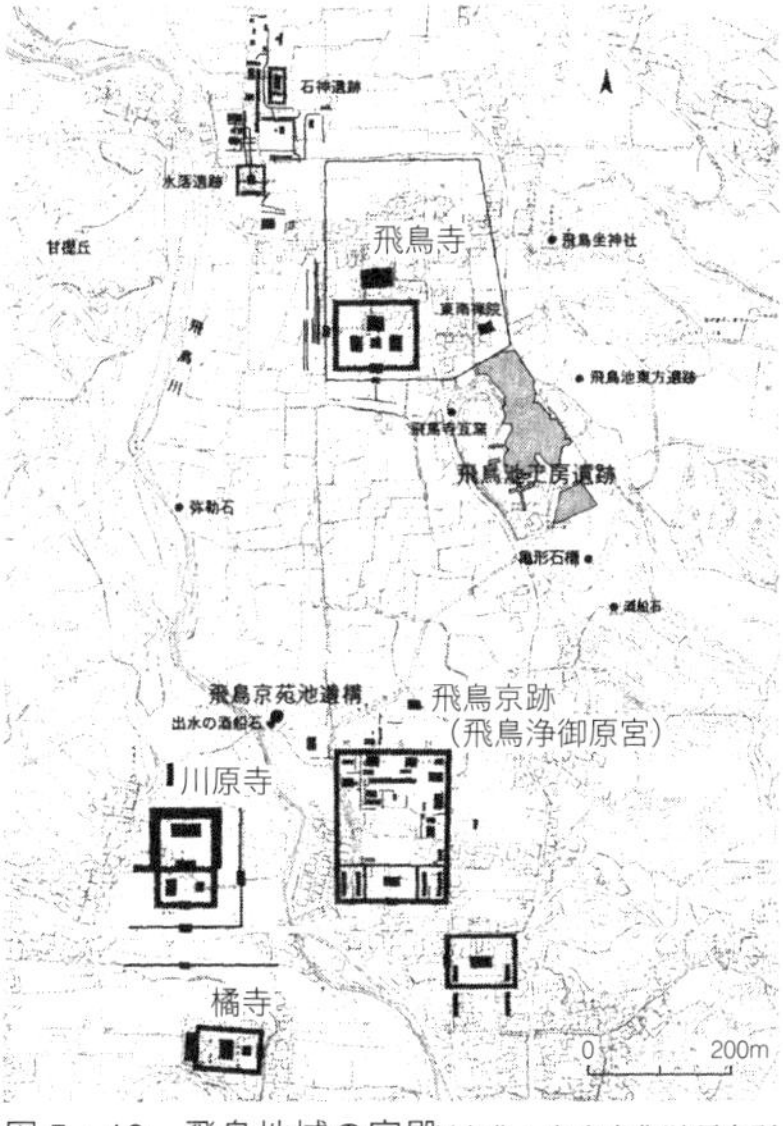

図5・10　飛鳥地域の宮殿（出典：奈良文化財研究所『古代の官衙遺跡Ⅱ』遺物・遺跡編、2004年、117頁）

が出てくることがあるのですが、この時代は宮殿の地名や周辺との関係から想定しています。文書の記載とあわせて、今の地名と合わせると場所がうかがえることがあります。ただし、宮殿の場所の推定はできても、形や構造はわかりません。

代ごとに宮が遷る話は前の大王の死の汚れを嫌うことと関係があると言われています。人が死んだところに一緒に住むことを嫌がる風習があった、あるいは、父と子で別居をする風習があった影響で別のところに宮をつくったのではないかなど諸説あります。建築構造としては、掘立柱で建物の寿命が短い、どうせ建て替えるのなら代ごとに替えましょうという背景もうかがえます。天皇制が強くなり、中央集権的になる前は豪族が集まって、大王を中心に政治を行っていました。そこでは宮殿は恒常的なものでなかったのですが、奈良時代、あるいは藤原京の頃になると都や宮殿をつくることが権力の象徴となります。

飛鳥浄御原宮《きよみはらのみや》周辺の中心的な区画には、迎賓施設と言われる石神遺跡や、川原宮《かわらのみや》がこの時代につくられ、その周辺に橘寺、川原寺、飛鳥寺といった寺院がつくられ、ごく狭い範囲に宮殿や寺院が密集していました（図4・1）。

◇飛鳥諸宮の変遷

飛鳥の宮殿は、飛鳥の正宮と呼ばれる中心的な宮とともに、小墾田宮《おりはだのみや》や嶋宮《しまのみや》もつくられて、一時的なものと常に存続しながら建て替えをしていくものを併用しながら宮殿がつくられたようです。百済大宮では西の民がつくり、飛鳥板蓋宮《いたぶきのみや》の造営では遠江《とおとうみ》から安芸まで、遠方から労働力を集めてきて宮殿をつくっています。このように各地から労働力を集めて宮殿を造営することで社会の支配体制を示す意図があったと思います。一方で飛鳥の飛鳥板蓋宮は名前の通り、当時高級な板葺が建築的にも宮殿としての価値としても大事なことを示したと考えられます。

◇宮殿と寺院のセット

実は宮殿と寺院がセットでつくられている例がいくつかあります。百済大寺は百済大宮と一緒につくられていて、伝統的な宮殿と装飾的で華やかな寺院がセットで権威を示す装置として使われていました。寺院は外来で仏教と一緒に入ってきた、礎石や瓦葺、朱塗りといった、当時の人たちにとっては視覚的に全然違う形のものであったのです。それを示しているのが川原宮です。川原宮とその南には橘寺があって、双子のように建っています。川原宮自体もその後、川原寺という寺院に変わります。斑鳩宮と斑鳩寺も法隆寺に繋がり、宮殿と寺院が相関して荘厳性と権威性がつくられていたのがわかります。東アジアの情勢の中で寺院がただの宗教施設ではなく、それ以外の意味を持っていたことが見えてくるわけです。

◇宮殿の構造

飛鳥の宮殿は、大王の宮殿という言い方をしますけれど、公的・私的な繋がりが混在していました。公と私が明確に分かれてくるのは奈良時代です。その前の段階は、公的な繋がりも私的な繋がりも一緒の中で社会支配をしていました。それが中国的な体制の律令制という社会システムを持ってくると、公的な繋がりが重要になるので公と私を分けなければなりません。これが宮殿の形にも影響します。

◇大極殿と朝堂院

宮殿の理解に重要な空間が大極殿《だいこくでん》や朝堂院で、藤原宮以降の宮殿では大極殿や朝堂院という公の空間と、内裏という私的な空間の2つで宮殿は成り立っています（図7・1）。その前の浄御原宮の段階では大殿、朝堂があって、対称形の政治空間はあったのですが、公と私はそれほど明確には分離していない状態でした。大極殿や朝堂院がつくられるようになると公が明確に分離することになります。

浄御原宮でも大極殿がつくられましたが、藤原宮《ふじわらきゅう》は大極殿をきっちりつくった早い例です。元々、私的な要素を持っていた内裏の内郭・外郭に対してエビノコ郭という一角をつくってそこに大極殿をつくりました。要は公の部分を内裏とは別につくったのです。前期難波宮《なにわのみや》では、内裏の区画とその南側に朝堂院という区画をつくっていて、内裏を分離していますが、大極殿はありません。この浄御原宮の時期は浄御原宮令という律令の元になるような法律をつくっており、社会体制としても変革を始める時期です。その時期と建築の変化がある程度一致している状況です。

さて朝堂院という空間は日本にしかありません。朝堂のように建物を南北に並べて政務をする空間は中国の宮殿でも今のところ見つかっていません。日本が中国の空間を取り入れる時に間違えたか、あるいは日本の前の段階にあったものを合わせて考えたのでしょうか。古い段階で、大殿、内裏の空間があって、門で仕切ってその下に朝庭と言われる空間構成は元々あったので、そういったものを併用させながら朝堂院をつくった可能性があります。

その後、大極殿院という区画をつくるようになり、朝堂院と大極殿を主とする公的な空間と内裏という私的な空間に中枢部は分かれていきました。

日本の場合は大極殿や朝堂院は現在はもちろんなく、平安時代には宮殿の中国的な部分はなくなって、最終的には内裏に帰着して、内裏の中で政治を行うようになります。さらに天皇制が崩れると内裏すらやめ、本来の宮殿の外に出ていって里内裏に移っていきます。宮殿の重要性が時代を追うごとに下がっていくわけですね。一方で、即位儀礼の1つで、五穀豊穣を天皇が祈るための大嘗宮《だいじょうきゅう》は長い間、朝堂院で行われて朝堂院と深い関係があります。

飛鳥の宮殿は、全容がわかるほど発掘調査が進んでいないので、今後、解釈がかわってくる可能性がありますけれども、少なくともある程度発掘が進んでいる藤原宮以降の中国的な空間が大きく入ってきた状況とはだいぶ異なっていて、内裏的要素が強く出ています。このように7世紀の宮殿は、中国的なものと、それ以前の伝統的な形が混在している様子が発掘調査や文献資料、他の要素から見えてくる点が大きな特徴です。

6章 律令国家の形成と都城

1 7世紀末〜中国的要素の導入

◇宮殿から都城へ

今回は寺院の話を脇に置き、7世紀末〜8世紀末、寺院と同じように中国から導入された「都城《とじょう》」のシステムや中国風の「宮殿」が日本にどのように取り入れられたかを取り上げます。そもそも都はどのようにできるのでしょうか。

日本の場合、都は天皇がいる場所ですので、都が遷るということは天皇が移るということです。また既にお話したように、飛鳥時代の掘立柱の建築は礎石の建築に比べて寿命が短く100〜200年はもちません。したがって都や宮殿自体でも基本的には建て替えが行われていました。宮殿の建物が中長期スパンを見越してつくられるのは、寺院建築が入ってきて礎石の建築技術が広がってきてからです。

◇白村江の戦いと敗北後の唐風化

7世紀の後半、朝鮮半島では高句麗《こうくり》と百済《くだら》、新羅《しらぎ》の3国が台頭し、中国では隋が滅亡し、朝鮮半島付近は混迷していました。当時、倭国は百済と親交が深く、仏教も百済からもたらされました。新羅が隋の後に力を付けた唐と手を組んで百済を滅亡させますが、その際、百済の人々は日本に逃げてきて中大兄皇子らに対し百済の復興を含めて朝鮮半島への出兵を依頼します。皇子が出兵したところ白村江《はくそんこう》の戦い（663年）で唐と新羅の連合軍に大敗してしまいます。以降、唐の力が東アジアで強大化していきます。

そうなると倭国が存在感を示し国として認めてもらうために「唐風化」、今でいう中国化が重要な課題となってきます。例えば、建築では視覚的に〝中国的〟な要素として礎石や瓦葺、朱塗りが用いられます。寺院建築が典型的で、それまでの日本では見たことのない華やかな建築でした。同じように宮殿の建築も礎石、瓦葺、朱塗りが取り入れられます。中国では宮殿も寺院もつくる人々はともに同じような高級技術者でした。日本も奈良時代になると宮殿も寺院も、技術者はある程度共通した技術を持っていたと考えられます。

社会的な面でも、「日本」という国名を使い始め、倭国とは異なる新しい国であるよう、唐に示し、唐に倣った社会体制として律令制度、要は法律や社会制度をつくることがこの時代の様相になります。

◇都城の整備

もう1つ、唐風化として強く求められたのが都城の整備です。東西と南北の道路（条坊道路《じょうぼう》）を軸にしたグリッド都市（条坊制）が都城の特長です。同時に巨大な寺院の造営も求められました。都城の形は律令制度というトップダウンの社会システムを表す形でもあったわけです。

この計画都市を整備するためには、「都城制」という都市の設計方法があります。日本や中国に限らず、例えば渤海《ぼっかい》など主に東アジア、朝鮮半島の国々でつくられました。最たるものが中国の洛陽や長安、現代では北京です。古代の朝鮮半島では新羅の都・慶州、あるいは百済の都であった扶余《ふよ》、日本では藤原京が最初の本格的な都城で、平城京、平安京がつくられました。

大きさを比較すると、飛鳥は非常に狭く、周囲を山に囲まれた飛鳥盆地の飛鳥川東側に限られました。平坦地は東西0・8km、南北1・6kmほどの地域です。最初にできた都城・藤原京は飛鳥地域と比べると、相当力を入れてつくられたことがわかります（図5・10）。

◇条坊

都城制の中でも大事なのが東西方向の「条」、南北方向の「坊」のグリッド道路です。現在でも京都や奈良では東西方向の通りを三条通りや五条通りなどと呼び、グリッドの規範が都市の骨格として生きています（図6・1）。碁盤の目状になるので整然とした都市プランになりますが、中国では羅城という塀を防御装置としてつくり都を囲います。一方で日本の都城では羅城は設けられなかったというのが一般的な理解になっています。発掘調査によると、門の両脇に少しは塀をつくっていて、都を囲むほどの塀はありませんでした。中国では王朝が攻められる心配が多く防御システムが求められたのに対し、日本ではそこまでの危機感

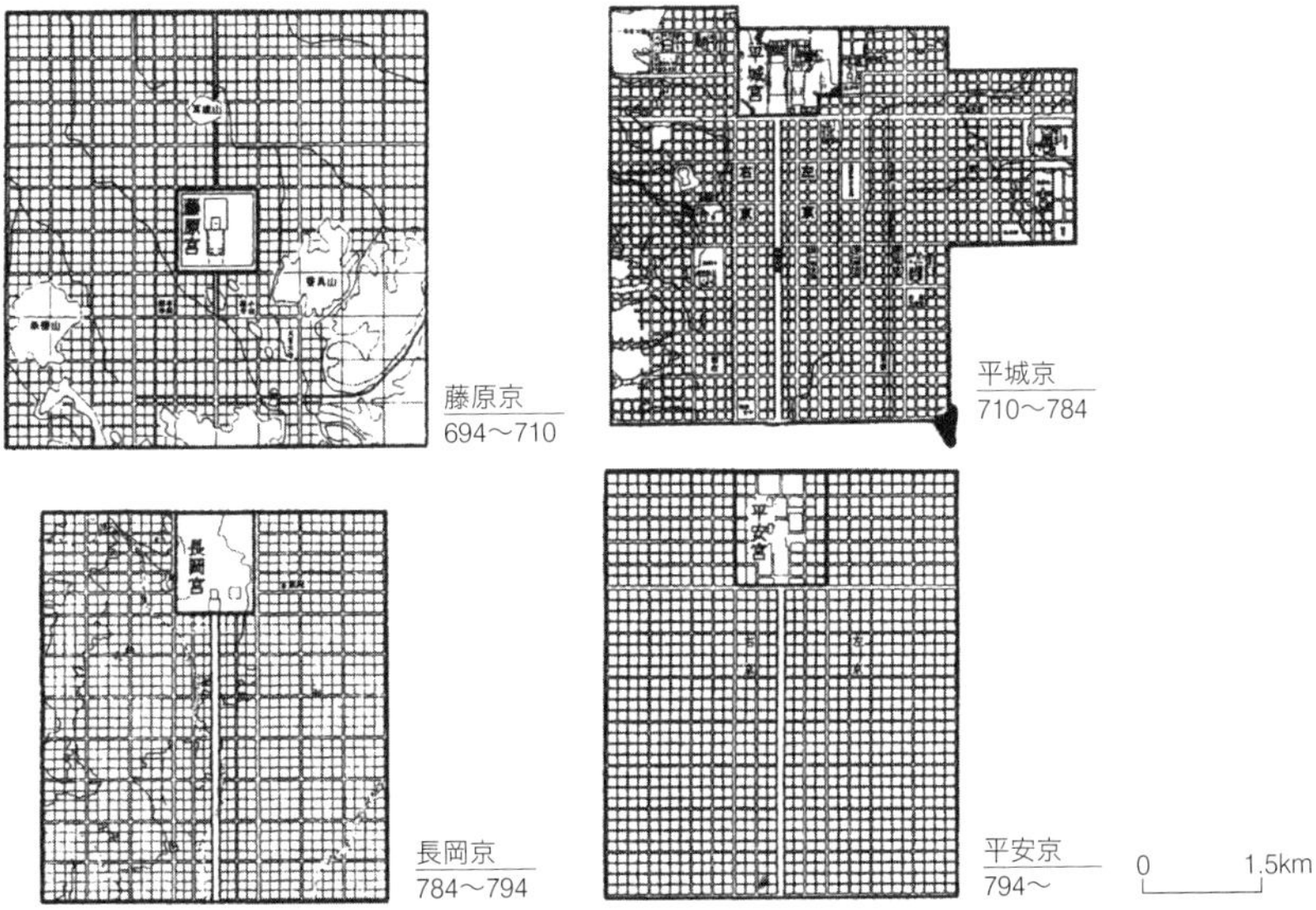

図6・1　各都城の条坊制（出典：奈良文化財研究所『図説　平城京事典』柊風舎、2010年、22頁）

はなかったからではないかとも考えられています。

　条坊のグリッド地割は都だけでなく、地方でも同じようにつくられました。区画割りをきっちりしておけば管理がしやすいのです。方形の地割が色々つくられ、同じ時期に口分田の班給、田を庶民に渡して耕させますが、農地を把握するためにも条里制が取られました。グリッド道路には古代の中央集権的なシステムが形としてよく表れています。

◇大路と坪

　条と坊で囲まれた場所には全て数字で住所があります。大路（何条何坊）で囲まれた区画を16分割（4×4）した1区画を「坪」と言います。この坪を朱雀門から近い位置から蛇のように数え、この数え方を「時香番付《じこうばんづけ》」と言い、1～16番まで付けた番号が住所です（図6・2）。大路よりも小さな、大路と大路の間の道路を「坊間《ぼうかん》大路」や「条間《じょうかん》大路」と言いますが、例えば三条大路と四条大路の間の真ん中の通りは「条間大路」と呼びます。同じように東二坊大路と東三坊大路の間の道路は「東二坊坊間大路」と言います。道路よりもさらに小さい道路を「小路《こうじ》」と呼びます。

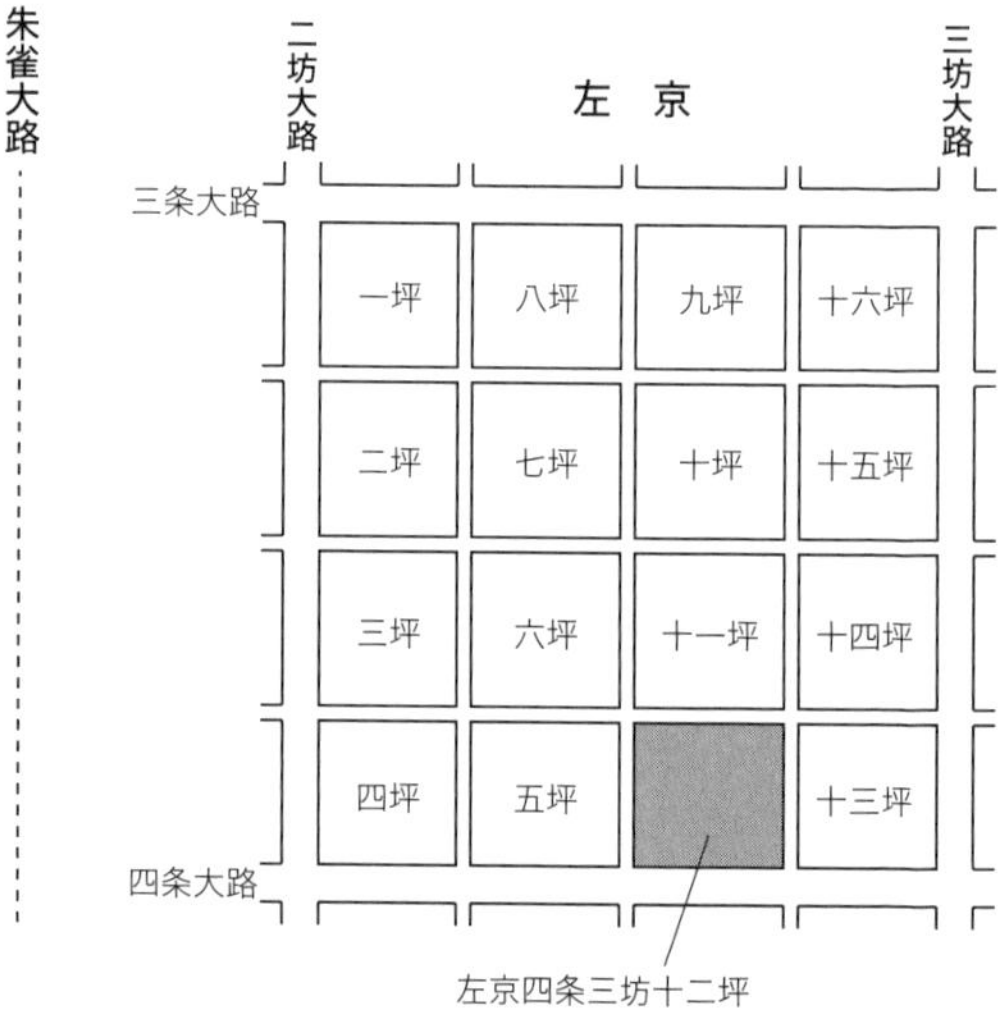

図6・2　条坊と坪の番付

2　都城の変遷

◇古代の都城の移転

　藤原京の後、都城はどう変遷したのでしょうか（図6・3）。実は約１００年の間に頻繁に動いています。藤原京（６９４年～）から平城京（７１０年～）、長岡京（７８４

年〜）、平安京（794年〜）への遷都が有名ですが、実はその他にもあります。まずは飛鳥に近いところでは、694年に藤原京をつくりました。この都は16年ほどですぐに廃棄されて北側の平城京に遷ります。ここは今の奈良市の中心エリアです。平城京も奈良時代にずっと都であったわけではなく、740年代の聖武天皇の時代に遷都を繰り返します。恭仁京《くにきょう》という京都府の南端に一旦移動した後、難波宮、滋賀の紫香楽宮《しがらきのみや》に移動して大仏をつくり始めます。ここからまた平城京に戻ってきました。784年になると政治に対する仏教の影響があまりにも強くなり、仏教的要素を排除したいなどの理由から京都の長岡京に遷り、10年ほどで天変地異や祟の話が湧いて、平安京に遷っていきます。

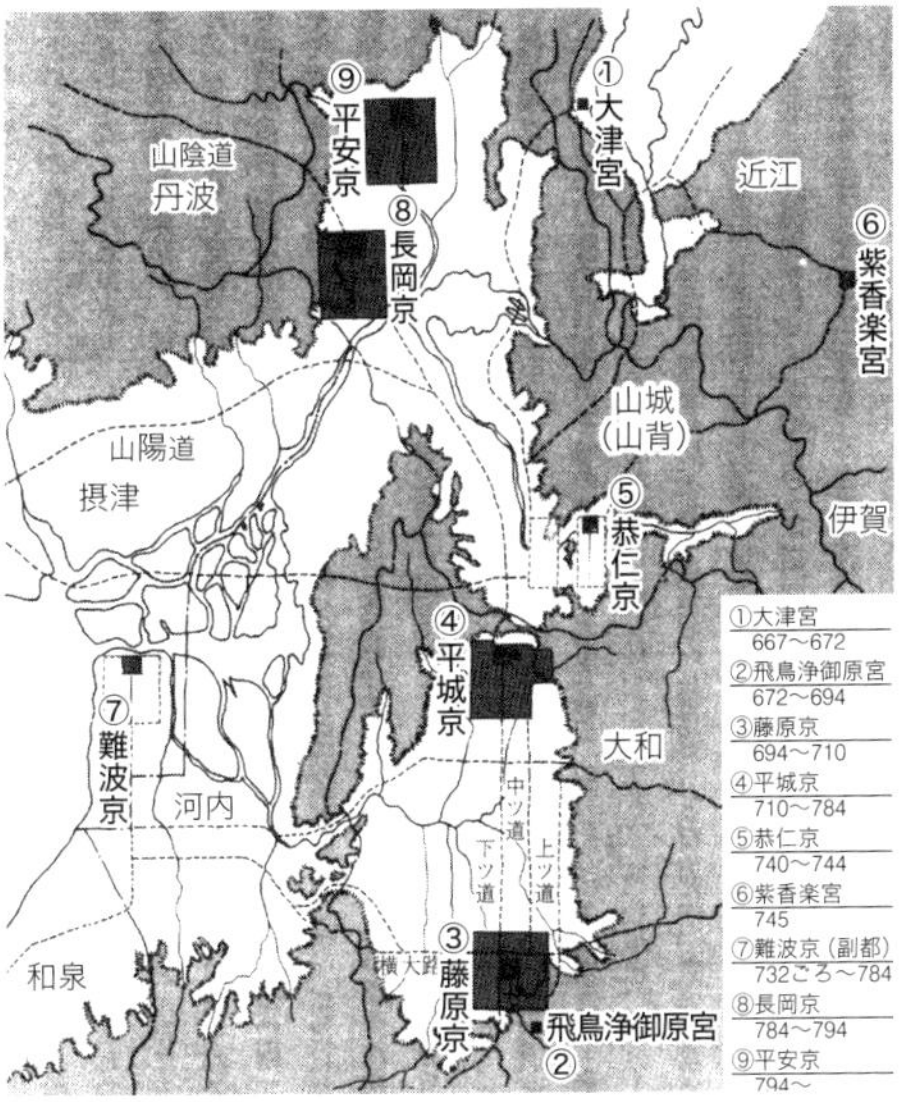

図6・3　古代の都城の変遷（出典：奈良文化財研究所『図説　平城京事典』柊風舎、2010年、37頁）

その後、平安京は千年王城と言われる都として長く使われます。ちなみに平安京はいつまで都だったのでしょうか。一度福原に遷りますが、天皇は基本的には平安京に居続けています。明治には天皇を東京に連れてくることになりますが、実は東京には「遷都」はしていません。「京都が都ではなくなってしまう」ことへの京都側の反発が強く、結果「東京奠都《てんと》」をしています。都を移すのではなく、新しく定めることを「奠都」と呼び、都は京都に残っているという主張をしたのです。今でも京都の人が天皇は東京に遊びに行っているだけだというのはその名残です。それほどに奈良や京都は都城の要素が残っている地域なのです。

◇藤原京の位置と古道——かつての藤原京説

藤原京、平城京、平安京はそれぞれどのような都だったのでしょうか。長安など中国では天子(帝)は南を向いているのが良いとされ(天子南面)、長方形の区画の北端に宮殿を置くのが典型的な配置です。平城京はこれに倣い、北端に宮殿が、そこから区画の中央を朱雀大路が通っています。

一方、最初の都城、藤原京については、ここ30年ほどの間に発見が続き、見解が変わってきています。昔は都城の典型と同様、北端に藤原宮とされていたものが、発掘調査により都城の中央にあったとわかってきました。大きさも、当初の想定の倍ほど大きいことが判明しています。

長方形の区画をした都の北端(当初藤原宮があったとされる位置)から朱雀大路を伸ばしていくと「下ツ道《しもつみち》」という古代からの重要な道路になります。北側には大坂へ行く「横ツ道」という横大路が東西方向に通っていました。藤原京は大きな道路に囲まれた都で、縦に長く、畝傍山《うねびやま》・耳成山《みみなしやま》・香久山《かぐやま》の大和三山に囲まれた比較的安定した良い場所であったのではないかと考えられていました。

都城の要素としては大きく3つあります。1つめは宮殿の周囲の条坊で、2つめは私的な内裏と公的な政務を行う大極殿、朝堂院、それを支える実務の官衙による構成です。公と私を分けた空間が都城として大切にされていました。

大きさも、平城京の半分程と考えられていました。なぜ半分かというと朱雀大路の幅が半分だったからです。さらに「養老令《ようろうりょう》」という律令の規定の中で京職の末端組織、坊ごとに管理をする人たちの人員の記録には1名で4坊を監視する人が12名いると書いてあります。それが東西2つあるので2倍すると4×12×2=96坊と考えられたのです。

◇大藤原京説

ところが、想定されてきた藤原京の形が実際には異なることがわかってきます。1984年に条坊らしき道が新たに見つかり、従来の説に疑問が生じました。従来は藤原京が三山に綺麗に囲まれ、横大路などの大きな道路があり、さらに「養老令」の坊の数字も合うため、これが正しいと考えられていたのです。三山の裏の敷地では、宮殿へ向かうのに山を迂回する必要があるため住むのは大変と考えられていましたが、ここにも条坊道路が発見されたのです。

一転、大きい藤原京を考えると、平城京も平安京も藤原京もほぼ同じ大きさになり、都の規模はどれもある程度決まっていたと考えられ始めました。さらに都城の端に都の果てを意味する「京極《きょうごく》」が出てくると藤原京の境界がわかりますから、実は宮殿はど真ん中にあることになります。これが1996年の発見の成果です。そうすると東西南北10×10坊のマスができ、中央の宮殿の4つ分の坊を引き算すると96坊、記録とも一致します。これを「大藤原京説」と言います（図6・4）。

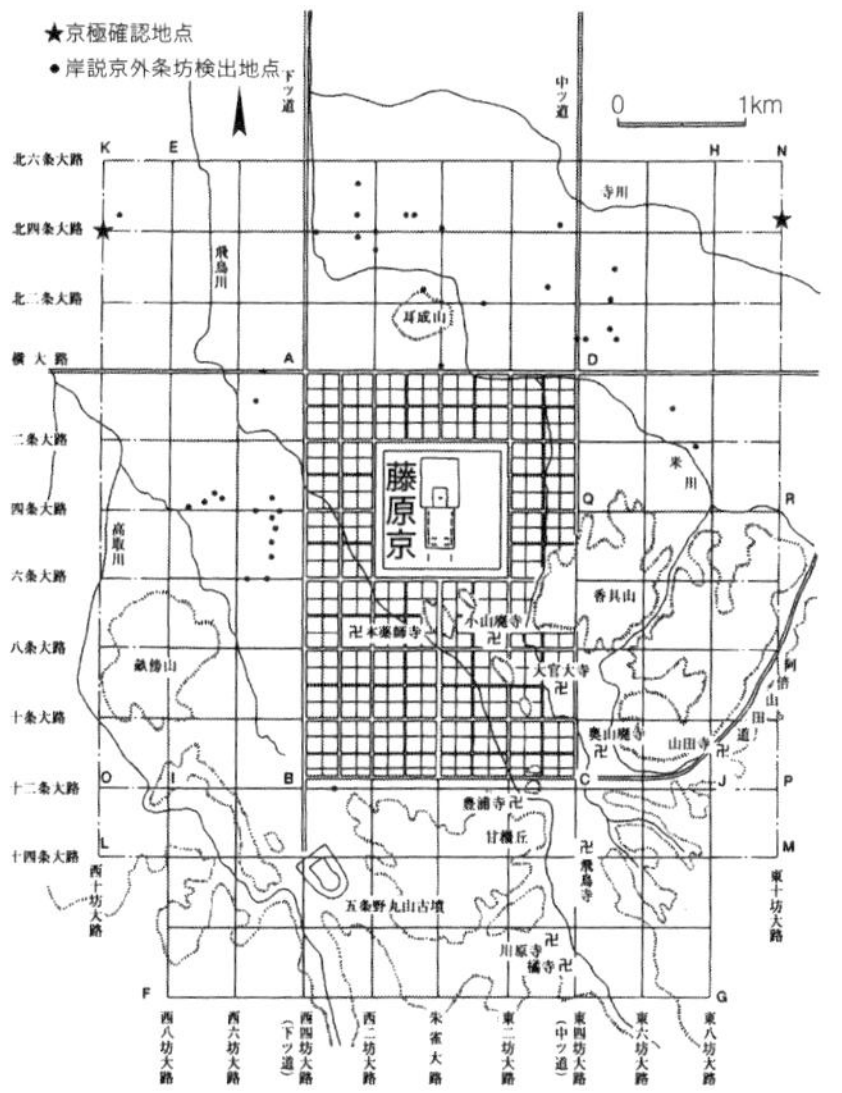

図6・4　従来説の藤原京の範囲と大藤原京（出典：小澤毅『日本古代宮都構造の研究』青木書店、2003年、214頁）

ただし、この大藤原京説もいくつか解決すべき課題があります。大和三山が都の中に入ってきています。そうすると土地利用としては都合が良くなく、実態としては区画の全部を使っていたわけではなかったとも考えられます。この辺りはまだ調査中で、理想像としてつくった都市計画と実際に使っていたエリアの違いが今後わかってくる可能性があります。

もう1つ、興味深いのは都城をつくる際はまず条坊をつくったという発見です。発掘調査によると藤原京の地面よりも下から条坊の溝が出てきたのです。そこから、宅地をつくる前に道路をつくったと推察されます。その上で「4坪分使って良い」と言われたら道路を取っ払い、埋めて敷地として使ったようです。実際、藤原宮内も先に道路を通しています。宮殿の位置も先に決めたわけではなく、グリッドの道路を最初につくることが都市計画にあったようです。同様に680年の本薬師寺にも先行して条坊があり、677年の大官大寺は条坊に合致しているので早い時期からグリッド都市が計画されていたことがわかりました。

◇藤原京と『周礼』考工記に描かれた理想の都の形

平城京や平安京、当時最先端の唐の長安では宮殿を真ん中に置く形を取っていませんが、中国の古い書物『周礼《しゅらい》』考工記《こうこうき》に理想の都の形を描いた図があり、そこでは内部に3本の道を通して、中心に宮城を置いています（図6・5）。

7世紀後半の日本は大陸や朝鮮半島との関係があまり密接ではなく、669年に遣唐使を送っていますが、その次は702年とだいぶ間が空きます。そう考えると古い書物を大陸の情報源とし、都の理想像をつくり上げたのが藤原京の形ではないかとも考えられます。ただ、その頃になると長安はさらに都として進化していましたから、中国から見れば藤原京はある意味時代遅れな都だったとも言えます。

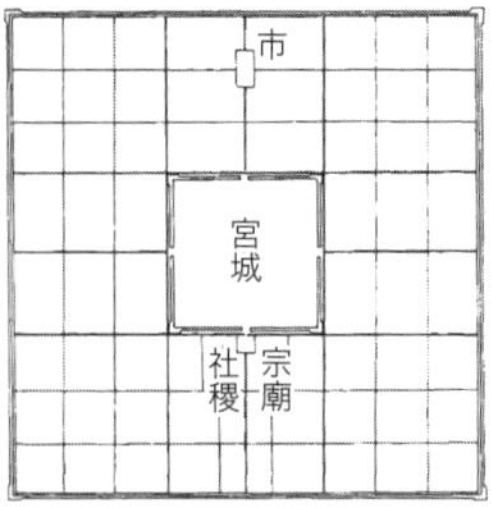

図6・5　『周礼』考工記に描かれた理想の都（出典：奈良文化財研究所『図説平城京事典』柊風舎、2010年、21頁）

◇藤原京から平城京へ

藤原京はわずか16年で終わり、710年に平城京へ遷都します。遷都の理由は諸説ありますが、1つには「北闕型《ほっけつがた》」と呼ばれる、先進的な長安型の都にすべきと考えたためと言われています（図6・6）。702年の遣唐使は北端に宮殿を置き、そこから朱雀大路を通す最先端のスタイルや長安の大明宮《だいめいきゅう》の麟徳殿《りんとくでん》や含元殿《がんげんでん》などの情報を持って帰ってきたのでしょう。

もう1つの理由は排水です。飛鳥や藤原の辺りは南側の

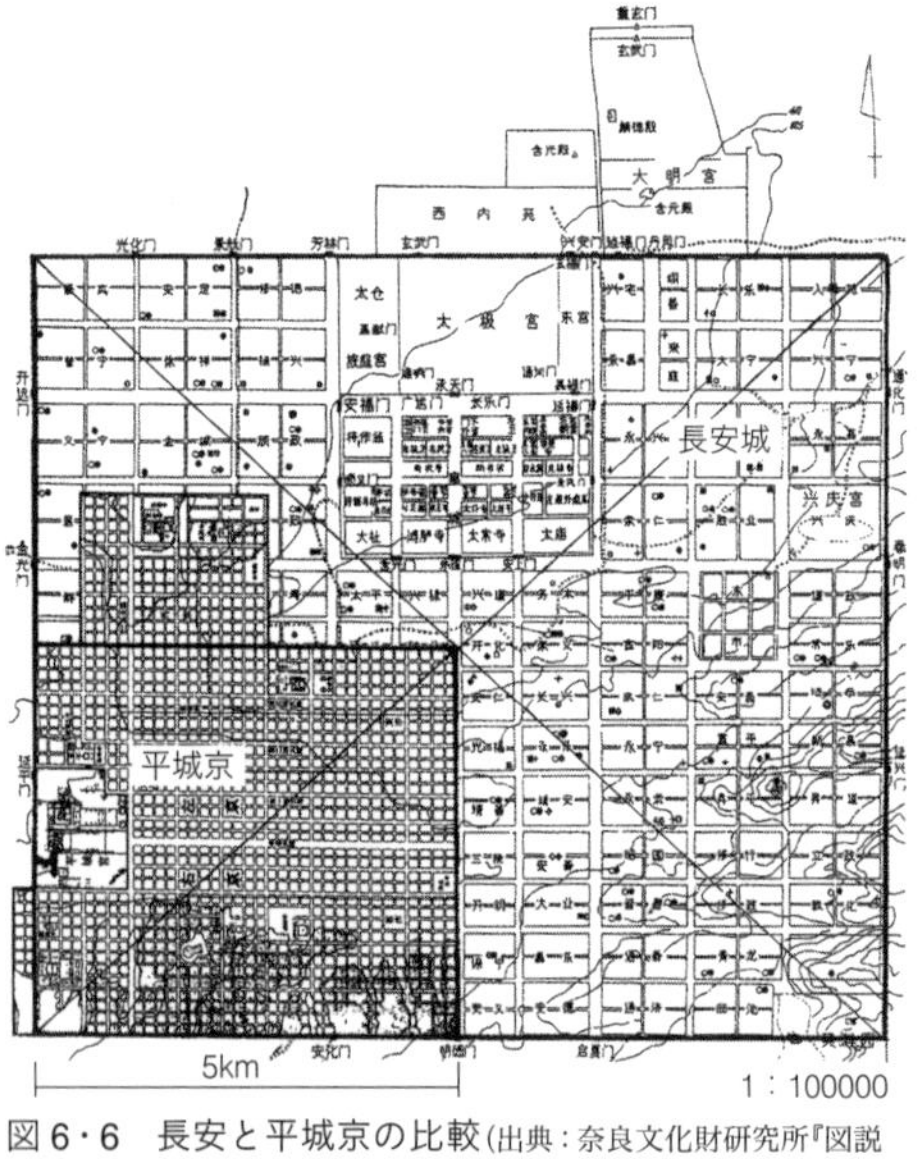

図6・6　長安と平城京の比較（出典：奈良文化財研究所『図説平城京事典』柊風舎、2010年、26頁に加筆）

方が高い地形で、北側が低いため、南の汚水が北に向かって流れると宮殿に流れ込んでしまうのです。遷都後の平城京では排水を考えて最も高い北側に宮殿を置いています。

さらに、礎石や瓦葺の殿舎をつくるために材料をたくさん運ぶのですが、その方法として、運河を掘った水運が使われました。宮殿の中にもつくられたのですが、一度運河を掘ったところを埋め立てても地盤は固くならず、地盤沈下も起こりやすくなります。発掘調査では、大極殿院の回廊の一部分、運河部分だけが沈下しており、不具合が実際に確認できるのです。ただし藤原京から遷都した原因に決定打がなく、現在も考古学・建築史学・文献史学など諸分野の専門家が合同で発掘調査や文献調査など他の事例を検討しながら遷都の理由を探しています。いずれにしても藤原京は最初の都城ですから、不具合が出ていたようです。

◇平城京

平城京に遷るとどうなるのでしょう。平城京遷都を主導したのが元明《げんめい》天皇です。元明天皇は慶雲4年（708）に文武天皇が崩御して後、遷都を主導していくのですが、そのカウンターパートが藤原不比等《ふひと》です。藤原不比等は中臣氏、いわゆる藤原氏の祖で、藤原氏はその後も摂関政治や貴族の中枢を担っていきます。平城京遷都では、藤原氏の氏寺を春日山の麓に移して興福寺《こうふくじ》をつくりました。ちなみに春日大社《かすがたいしゃ》も藤原氏と関係の強い神社です。興福寺と春日大社、この2つが藤原氏の寺社で、これらは平城京の東に位置します。平城京の造営ではかなり力を入れて主導したと見られ、大きさは東西が4.3㎞、南北が4.8㎞、東に張り出し部分がありそこに興福寺や元興寺《がんごうじ》など大きな寺院が建てられています。興福寺は遷都当初から東の張り出し部にあるので張り出し部が当初計画とわかります。「外京《げきょう》」とも言われたりもしますが、立派な京内なのです。

さて右京と左京、北を上にした地図で見ると左右が逆ですが、京ではあくまで天皇の視点から見て右京・左京と呼びます。そのため南側から見ると左右が逆になります。また東大寺は聖武天皇がつくるので8世紀中頃ですが、条坊よりも外側につくられています。京外の立地に寺院のつくられた時代背景が若干違うことが表れています。

◇寺院の移転

平城京への遷都では、いくつかの大きな寺院が藤原京から移転しています。平安京には寺院は移しませんでしたが、平城京の頃は寺院が都城の中にあり立派に見えることが大事な要素だったこともあり、移転しています。大寺院で巨大な塔のあった大官大寺《だいかんだいじ》は大安寺の名前で移り、飛鳥寺（法興寺）は元興寺《がんごうじ》として移されました。ただしあくまで元興寺は平城京にもつくるけれど飛鳥の地にも飛鳥寺も飛鳥大仏も残しています。もう１つ、薬師寺も藤原にあった本薬師寺を移してきており、この本薬師寺も建物は藤原に残ったと言われています。なお川原寺は飛鳥の川原宮跡につくられましたが、川原寺は斉明天皇に所縁のある地につくられた有力な寺院であるため、平城京には移ってきませんでした。このように宮殿と寺院が遷都とともに建てられ、その他にも後の時代に西大寺などの寺院が加えられ、東西の市が交易の場として定められました。

◇現在の奈良と平城京

平城京では平城宮が北端にあり、朱雀大路が延びます。南端には羅城門《らじょうもん》がありますが、都城全体を塀が囲っていた様子はありません。門の南側に「幻の十条」があったという説を唱える人もいますが、道路の溝としては少し怪しく、十条大路があったとは確定していません。

さて大きな敷地を占める施設を見ていくと、平城宮は東西約１km、南北約１kmの正方形で、その東側には都城と同じように約２５０ｍ×約７５０ｍの張り出し部があります。大寺院としては薬師寺、興福寺、東大寺があり、特に東大寺の伽藍は他の寺院と比べても相当大きいです。もう１つ、鑑真が中国から渡ってきて開いた唐招提寺には金堂・講堂が奈良時代の建築として残っています。ただし、敷地は薬師寺や興福寺などと比べても小さく、薬師寺の半分くらいです。そういう意味では奈良時代の中では第一級の寺院ではありません。当時の寺院に配った費用を見ても元興寺や興福寺、大安寺、薬師寺と比べて唐招提寺はワンランク少ないです。唐招提寺金堂は素晴らしい建築ですが、奈良時代当時の最高級の建築ではなかったわけです。

◇平城京と長安

平城京は長安の都を参考にしたと考えられています。１つが藤原京のような「回字型《かいじがた》」ではなく「北闕型《ほっけつがた》」、一番北端に宮殿を置いて朱雀大路を延ばす形を取っていること。あるいは北方の張り出しに「苑池」を持っています。苑池は庭で舟遊びをするような場所です。長安の苑池は斉明天皇5年（６５９）当時にはなく、大宝2年（７０２）頃に新しくできた施設です。平城宮の北側に苑池にあたる「松林苑」がつくられています。範囲や形はわかっていないのですが、これらの要素が長安に似ています。また規模を見ていくと、平城京を90度回転させて長安と比較するとちょうど半分の大きさになります（図6・6）。

ただしこれには疑問もあります。まず、なぜ回転させるのかがわかりません。もう1つは大きさをきっちり半分にするにしても、そもそもどうやって長安の正確なサイズが伝えられたのかがわからないのです。今ならメートル法がありますが、1尺の長さは地域や時代によって違いました。ものさしも不正確。問題は山積みです。それとなぜ張り出し部が加えられたのかもよくわかっていません。さらに都城の全体の設計図はあったのか、誰が持っていたのか。この辺りもまだ検討の余地があるところです。

建物については、遣唐使が向かった７０２年頃には大明宮含元殿《だいめいきゅうがんげんでん》や麟徳殿《りんとくでん》が、唐の謁見の場で、唐が対外的に人と接する場所としてあり、日本でもそれらをモデルに宮殿の中心施設がつくられた可能性が考えられています。

◇平城京の条坊道路の規模

平城京の区画はどのように設計されたのでしょう。道路は規格によって色々な寸法が決まっています。「尺」が律令で規定されますが、建築で用いられる「尺」は約29・６㎝です。それに対して土木で用いられる「尺」を「大尺」と言い、１・２小尺、すなわち約35・５㎝を土木尺として使っていました。つまり土木用と建築用で尺が分かれていたのです。朱雀大路は２１０大尺幅（約75ｍ）で、藤原京の２倍の幅です。長さも宮殿の真ん中にあったものが北端に移ったので長くなります。幅広い朱雀大路が一直線に真っ直ぐ宮殿まで延びることで律令的な空間をつくりあげました。

もう1つ大事なのが二条大路です。二条大路は宮殿の南面を東西に通る道路です。この道路は105大尺（約38m）で他の道路と比べると格段に幅が広いのです。宮殿を中心に南面の東西、中心を通る南北の道の大きさを重視して設計したのが平城京の条坊道路と言えます。

◇平城宮朱雀門前の特殊な空間

現在、朱雀大路の先に朱雀門が復元され、その前には幅広い道路が通っています。南から見ると立派な門と塀がありその奥に宮殿の立派な建物を想起させます。人を威圧するような景観です。よく見ると脇の塀は正面側から見えるところしかつくられていません。全部復元するとお金が掛かるからですが、同じことが遷都の当初も起こっています。朱雀門の両脇の一部だけつくったハリボテ式で、その内側に別の塀をつくりました。朱雀大路から朱雀門、さらに宮殿を見る視点を意識した設計施工です。

これは門の形にも表れています。平城宮の朱雀門は二重門で復元されていますが、他の11の門は単層門と考えられています。朱雀大路に面している朱雀門だけが特別な平城宮の顔として表現されたと考えられます。

朱雀門の前はただの道路ではなく特殊な空間であったと最近わかっています。普通、道路の脇の溝は道路を横断しません。二条大路北側溝の排水のために、朱雀大路の溝を延ばして、わざわざ二条大路を横断させて二条大路北側溝に繋げています。（図6・7）。朱雀大路が東西の二条大路に優先する軸線であることが表されているのです。さらに、朱雀大路の側溝では朱雀大路側のみの護岸がしっかりつくられていることが発掘調査でわかっています。護岸をして

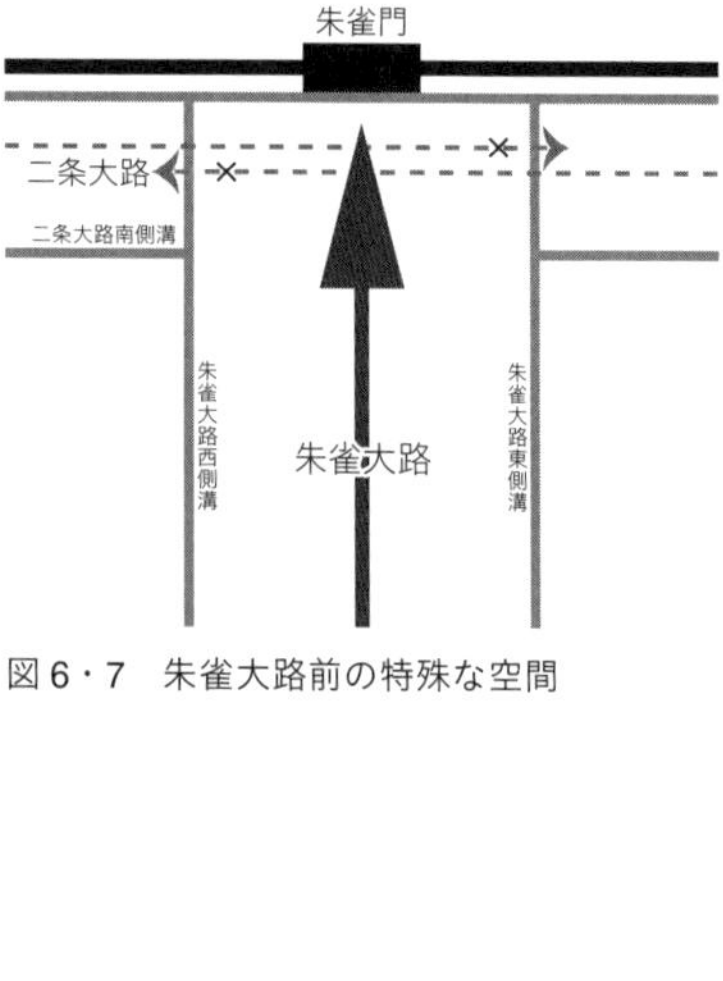

図6・7　朱雀大路前の特殊な空間

朱雀大路の路面を守っています。また、溝の幅が3〜4mあるので橋をかけないといけませんが、ここに橋がなかった可能性も考えられています。そうすると東西方向には移動できません。南北方向からズドンと朱雀大路が通って見えるけれど、朱雀門の前は儀式をする場であったので東西方向に往来する機能がなかった可能性もあるのです。こういった特殊な空間を朱雀門の前につくり、宮殿と宮殿の前のスペースを強調していました。

◇平城京から平安京へ

平安京になると、宮殿は変わらず長方形の都城の北端に置かれますが、張り出しがなくなります。遷都をした桓武《かんむ》天皇は、元々、長岡京に遷都を求めましたが、この遷都は祟りや人が亡くなるなどで、造営が中止されました。遷都の目的の1つは、平城京内にたくさんあった寺院の勢力を排除すること。それゆえ東寺と西寺を除いて基本的には寺院を置かず、影響力を政治から排除しようと考えました。

もう1つが、桓武天皇は天智系で、天智天皇と天武天皇が7世紀後半の兄弟ですが、壬申《じんしん》の乱で天智天皇の息子、大友皇子を倒して天武天皇となり、奈良時代も引き継がれます。それが8世紀後半の桓武天皇の即位になり天智系に戻ってくる。その時に元々、ライバル関係にあった天武系の勢力を排除する目的で遷都したとも考えられています。

さらにもう1つが水運です。奈良・平城の地は水運の便が良くなく、大坂や瀬戸内に出るのに山を超えなければなりませんでした。京都では川を使えるので水運が便利です。

遷都の背景にはこういった色々な要素があり1つには定められません。大きさとしては東西4・5km、南北5・3kmで、東西4・3km、南北4・8kmの平城京より若干大きくなりますが、張り出しがないので規模的にはあまり変わっていません。やはり朱雀大路の東側を左京、西側を右京、宮殿から南を見た時の位置で呼んでいます。ただ右京側は低湿地で開発には適しませんでした。当時の平安京の中心は今の京都の中心よりもだいぶ西側にありましたが、その後東側の方が発達します。西寺は衰退しましたが東寺は残っています。現在も東寺の北東部に新幹線の京都駅があるように、東部に開発が集中してきたのです。

3　宅地班給

◇トップダウンの都市計画

都城はトップダウン式の都市計画です。住所はまず大きく右京か左京か、どこの条坊に位置するか、何京何条何坊何坪で表されます。これを貴族や住人たちに分ける方法も非常にシステマチックでした。

藤原京では身分によって宅地の大きさが決められたことがわかっています。右大臣であれば4町、一番小さい下戸であれば4分の1町と右大臣から下戸まで約16倍の差がありました。ちなみに藤原京の1町は道路の芯々で45丈（約135m四方）なので最も小さい下戸でも約4500m^2と大きい敷地をもらっていました。

平城京の宅地班給《たくちはんきゅう》に関する法令は残っていません。ただし、高級貴族を除いて奈良時代の官人は生活に貧するものも多かったので宅地を質に入れていて、その当時の文書が残っており、身分と大きさから大体どれくらい配されたかがわかります。基本的には一番大きい人で1町四方、そこから2分の1町、4分の1町、8分の1町、16分の1町、32分の1町に分けられていたようです。

発掘調査をすると宅地と宅地の境目に塀や道路など区画を設けた痕跡があります。宮殿に近いところが一等地になるのですが、宮殿の近くの敷地は宅地の規模が大きく、京の外れの方に行くと小さくなっていきます。身分の高い人が宮殿の近くの大きな邸宅に住み、身分の低い人が離れた場所で小さな宅地に住んでいることが見えてきます。

なぜこのような宅地班給が必要になるのでしょうか。都城をつくると、貴族だけではなく僧や民衆が集まって集住し、都市が形成されます。この都市の形成と共に、都市生活が必要になってきて、生じてくるのが宅地班給の制度なのです。飛鳥の時代にも宮殿はあり、貴族も宅地を構えていましたが、その頃は周辺の本拠地から通ってくるのが基本でした。それゆえ都城ほど集住して宅地を分ける必要性はなかったのです。同じく都城制で都市を築いた中国や韓国でも同じような制度があると思われますが、今のところ宅地班給は確認されていません。もしかすると宅地班給は日本独自でなされたことなのかもしれません。

◇坪の設計方法の変化

平城京と平安京の敷地の設計方法を比べてみます（図6・8）。平城京では道路の芯を中心に等分した上でマス目から道路の分だけ削ったものを敷地にしました（芯々《しんしん》設計）。全体の道路の芯を中心に４５０×４５０尺で分けた内の道路幅を削った部分が１つの敷地です。すると広い道路に面した人は削られる部分が大きく敷地が狭くなります。小さい道路しかない人は破線の部分から少ししか削られないので敷地が大きくなります。このように広い道路に面している人の方に不公平が出る設計方法でした。

平安京になると、坪の大きさが必ず同じになるようにしました。先に坪の大きさを４００尺四方に決め、それに道路を足すことで同じになります（内法《うちのり》設計）。

平城京のやり方はトップダウン式でまず道路を引き、残りを敷地とします。逆に平安京はボトムアップ式で、個々の敷地を足し算していって地割や道路をつくります。この２つの方法は似ているようで全く考え方が異なります。

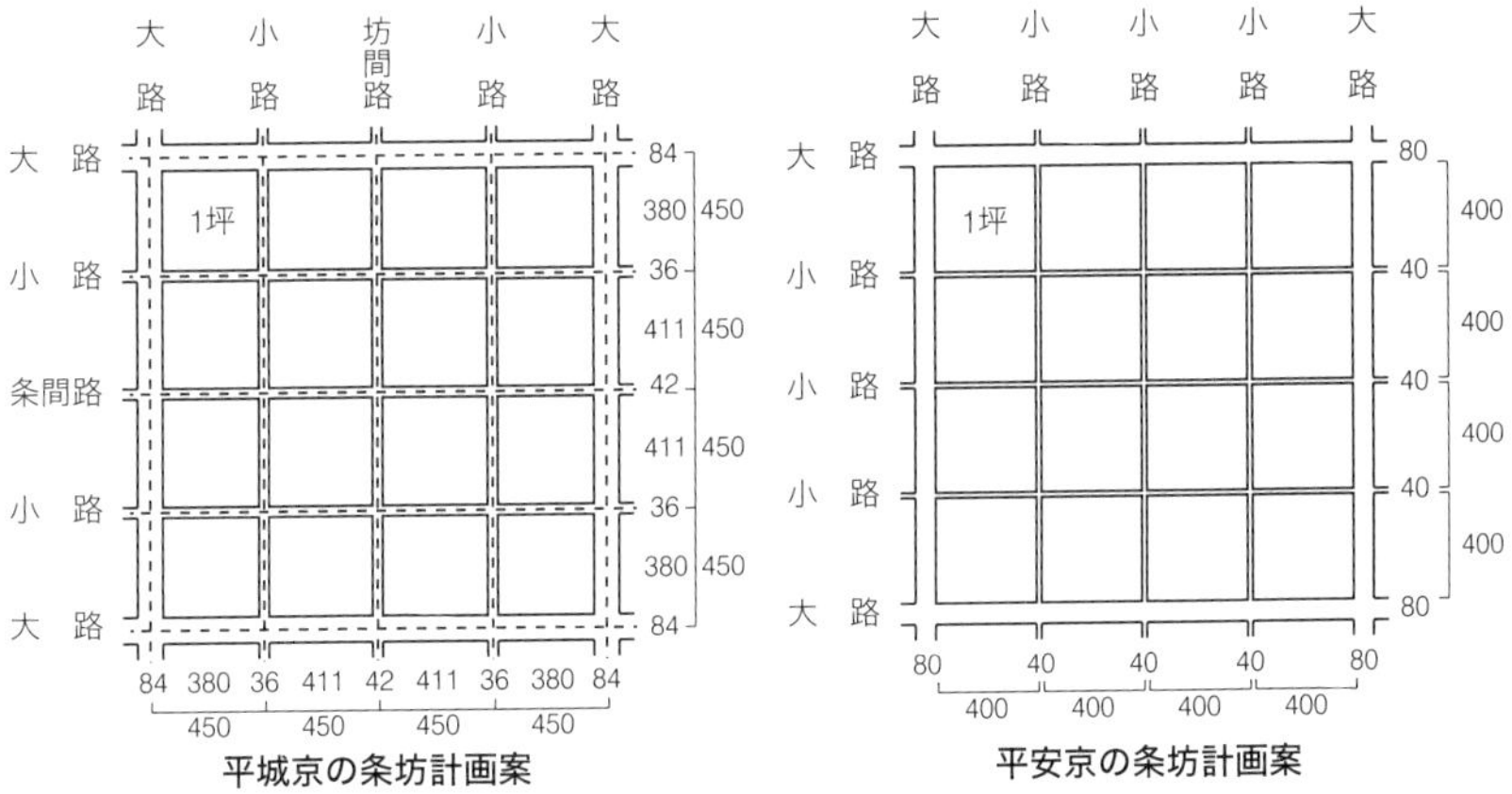

図6・8　平城京と平安京の条坊設計の違い（単位：尺）

◇平安京の四行八門制と門

平安京は組織の捉え方も若干違います。4町を合わせて「1保」、それが4つ集まると「1坊」。「坊」の大きさは同じですが、町と坊の間の単位として「保」が設けられました。さらに1町を「四行八門《しぎょうはちもん》」と東西を4つ、南北を8つに分割し全部で32に細分化します。その1つが「一戸主」の大きさです（図6・9）。

当時は身分によって建築の形にも制限がありました。例えば大路に面した所に門を開けられるのは、身分の高い豪族・貴族のみでした。先程の朱雀門もそうですが、道路がただ通るだけの場所でなく格式を示す装置で、この家の住人はこれくらいの身分の人だと門を見ればわかったのです。一般的な生活の面では、大路に近ければ「小径」を開設するなど、実態に合わせた交通の便が図られました。

4　古代の地方行政

◇地方に派遣された国司の役割

都城が整えられたのが7～8世紀ですが、社会体制がし

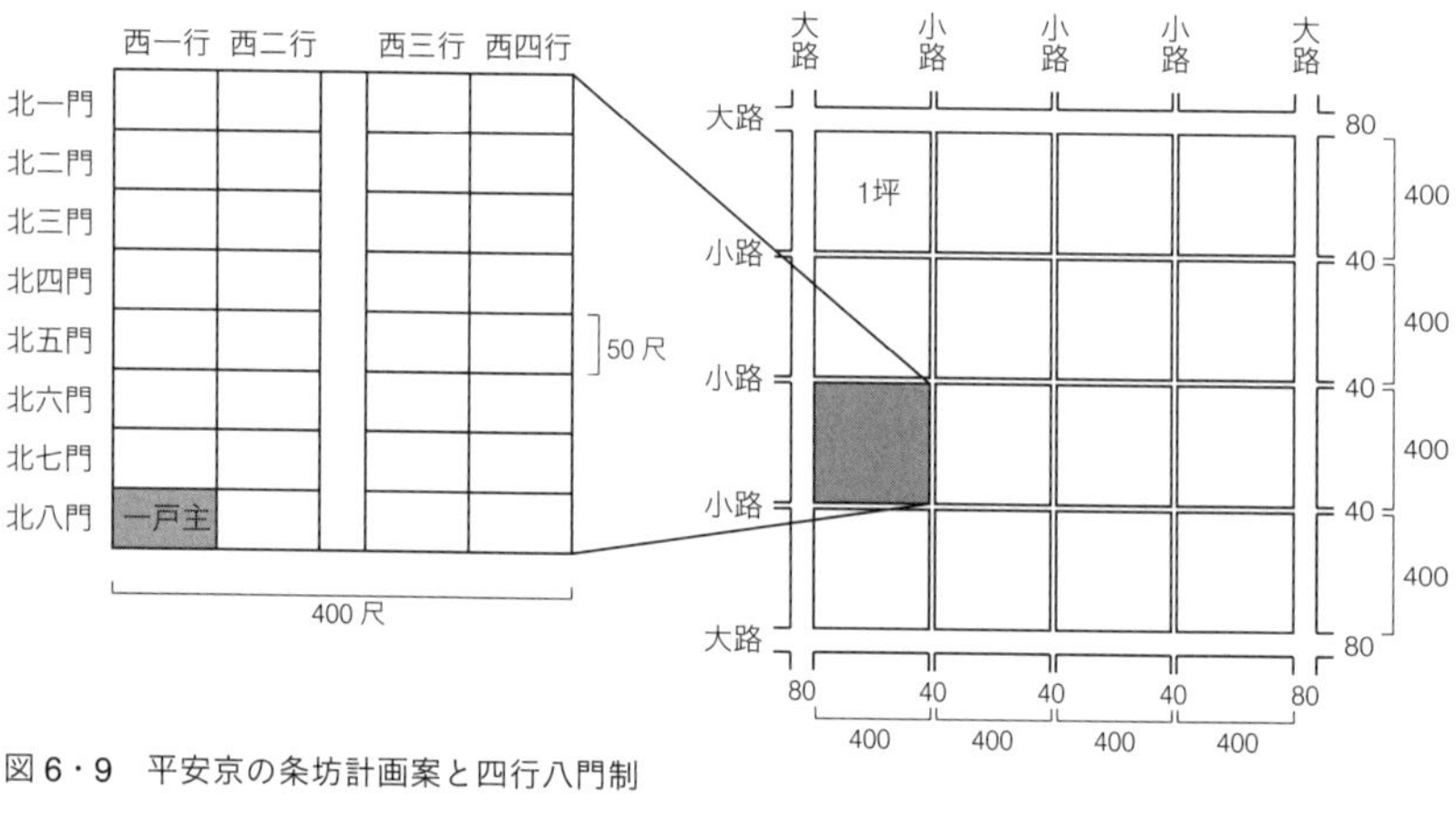

図6・9　平安京の条坊計画案と四行八門制

つかりしてきたこの時期、地方にも中央と似た都市や建物がつくられました。古代の行政の単位は中央政府の下に「国」その下に「郡」が置かれます。現在の国・都道府県・市町村のような行政区分と考えてください。各国のトップである官人の「国司」は中央から貴族が派遣されていました。奈良時代の最初は社会制度・インフラを含めて新しい社会システムをつくる、あるいは中国的に整備するため、在地の人ではなく、中央政府の都の様子を知った官人を地方に派遣していたのです。また奈良時代に入ると地方の反乱は少なくなりますが、蝦夷《えみし》や隼人《はやと》など辺境に住む人は定期的に反乱を起こしていました。制圧するだけではなく、地方の建築を整備することで、これらの人々に対する統治も求められます。また各地の八百万の神をお祀りすることで円滑に国を運営することも国司の役目でした。

国の下にある郡で実際に統治をしていたのは在地の豪族です。古墳時代あるいはその後に出てきた豪族が中央律令的なシステムに組み込まれていきました。彼らが租庸調の令の「正税」と言われる税金を納める実務を把握していました。郡の下には「郷」や「里」と言われる組織があり、ここから郡に税が集められました。郡には正税、すなわち米などはストックされますが、特産品などはそこから中央に送られます。木簡からは、志摩国より平城宮にアワビを送ったことなどが書かれ、流通の様子がわかります。

ただし、在地の豪族がすんなり社会システムに組み込まれたわけではなく、建築や都市が統治のツールとして利用されます。明治政府が地方の警察署や官庁舎を洋風建築で各地に建てたように、この時代にも平城京と同じグリッド都市や中国的な建築群や空間が地方につくられ、これらが中央集権を示す装置として用いられました。

◇地方の拠点、大宰府

代表的な地方都市の1つが大宰府です。大宰府は現在の福岡にあり、筑前国を治めるだけでなく、九州全体を統括する特に重要な場所でした。中世以降も大陸との交易関係で重要な拠点になります。この大宰府ではグリッドの都市が築かれて、政庁がその一番北端中央にあり、そこから南に大きな道が通されました（図6・10）。対外関係の要衝地

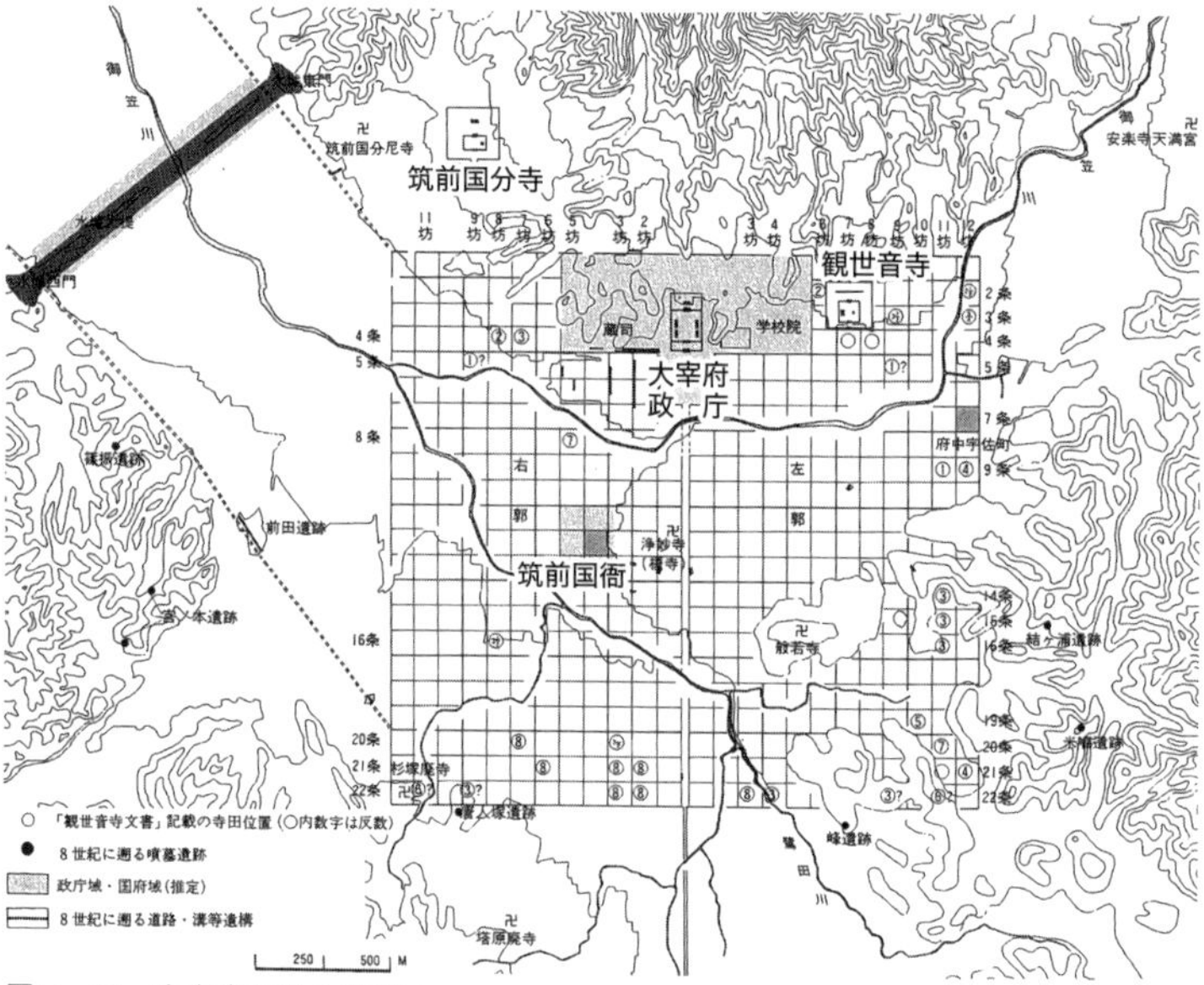

図6・10　太宰府周辺の様相（出典：高橋康夫他編『図集　日本都市史』東京大学出版会、1993年、60頁）

であったので、大宰府周辺には「水城《みずき》」や「大野城《おおのじょう》」と呼ばれる防御施設を設けて、対大陸の場としての機能も有していました。ここでは中央の条坊と同じように東西南北の道路が通り、北端に太宰府の政庁を置きます。その他にも観世音寺《かんぜおんじ》など大きな寺院があり、この一画が太宰府の中心になります。太宰府の区画からやや離れた所に国分寺が建てられます。地方の様相を考える重要なモデルケースです。

◇国府の地割——栃木・下野国

他に国庁の辺りを見ていくと下野国《しもつけのくに》（現在の栃木県）には国庁があって朱雀大路が延びてその脇に実務の役所や国司が住む国司館があります（図6・11）。なんとなく朱雀大路を中心にモヤモヤと施設が広がっているけれど、都城や太宰府のようにきっちりとしたグリッド道路はなさそうです。むしろ国庁と複合的に色々な施設がまとまってあったくらいの形です。国庁の中には正殿があり、その前に前殿、両脇に脇殿が並び、これらに囲まれて広場があります。宮殿の中枢部で天皇に向かって儀礼をする空間構成と同様です。律令の記述によると、正月に国司や郡司が集まり並んで庁に向かって礼拝をしていたようで、中央の都城や宮殿と部分的に似たような空間がつくられ、地方統治の施設として活動していたのです。

　このように変動する7世紀後半から8世紀の東アジアにおいて、日本では中国的な宮殿や都城の建設が急ピッチで行われました。中国的な宮殿とともに都市も条坊制によるグリッド道路で整備することで、大きな変革期を迎えたのです。これらの都城の空間構成は、都市や建築の形が社会システムとリンクしており、良くも悪くもトップダウン式が反映されたものでした。そして、これらの形式が地方に変容しながら広がり、律令国家を形成したのです。

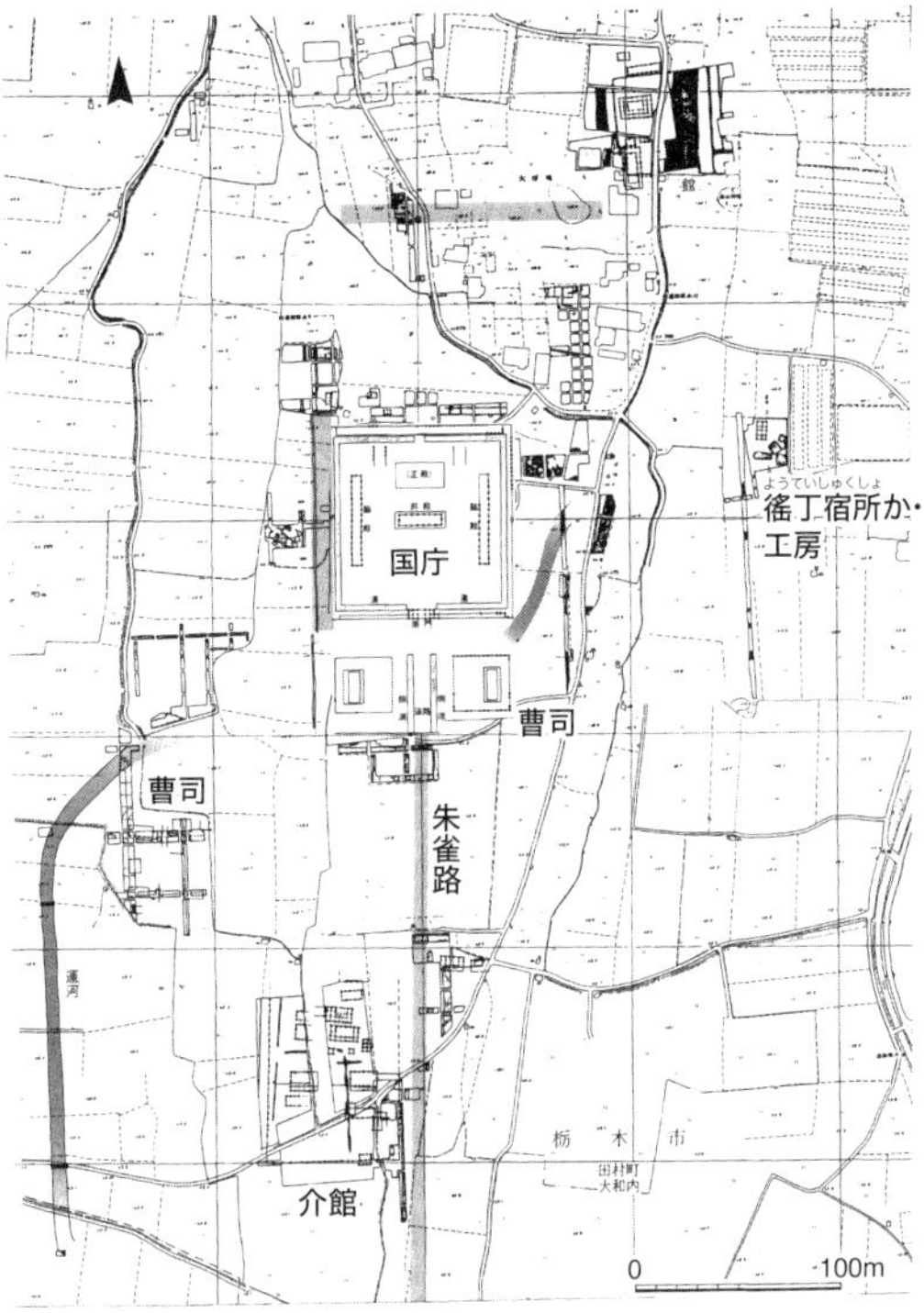

図6・11　下野国府周辺の様相(出典：奈良文化財研究所『古代の官衙遺跡Ⅱ』遺物・遺跡編、2004年、129頁)

7章

古代宮殿の私的空間と公的空間
——大極殿・内裏・朝堂院

Ⅰ　宮殿の構成要素

◇宮殿と儀式

今回は飛鳥の宮殿、藤原宮《ふじわらきゅう》、平城宮《へいじょうきゅう》、難波宮《なにわのみや》、平安宮《へいあんきゅう》など奈良～平安時代までの宮殿を見ていきます。公的な空間である大極殿《だいごくでん》、政務の空間である朝堂院《ちょうどういん》、私的な性格を持つ内裏《だいり》の3つに着目して、古代宮殿の構成を見ると、それぞれに形が異なります。

そもそも、宮殿建築を考える上では、そこで執り行われた儀式が重要になります。古代の儀式では『延喜式《えんぎしき》』によると大儀・中儀・小儀の3つの儀式のランクがありました。大儀は元日朝賀《がんじつちょうが》や即位の儀など非常に重要な儀式、中儀は元日の宴や蕃客に対する接遇、小儀は各月の報告や授位などです。

また古代、本来天皇は内裏にいますが、外におでましになる出御《しゅつぎょ》が重要な要素になります。ちなみに宮殿の外に行くことを行幸《ぎょうこう》・御幸《みゆき》と言います。中でも大極殿院《だいごくでんいん》は最高級の空間で、平城宮でも多くが非瓦葺、礎石ではない建築でしたが、この一画だけは礎石で瓦葺の中国的につくられています。ここで行われる元日朝賀が大切で、庭に百官人《ひゃっかんじん》が整列します。百官人も限られた貴族で、その他大勢は大極殿院の区画にすら入ることができません。宮殿における儀式のための空間の重要性をよく示す例です。

◇古代宮殿の基本構成

古代宮殿の建築を詳しく見てみると、飛鳥の宮殿では公と私が未分化で、私的な繋がりの中で政治が行われ、私的な領域である内裏は天皇の居所であるとともに政治の中心でした。建築的にも更新頻度が高い宮殿は長い期間存続できる礎石建物ではなく、耐久性の低い掘立柱でした。

これに対して、そこへ律令制という社会システムが導入されて国を運営するようになると、公的な領域が重視され、公の施設として大極殿・朝堂院、それに対して天皇の私的な要素の強い内裏の2つに分かれます。この内裏・大極殿・朝堂院の3つの施設の在り方が古代の宮殿では大切になってきます（図7・1）。

内裏は元々、天皇の居所で、大極殿や朝堂院ができる前はここが政治の中心の施設でした。現代には置き換えにくいですが、皇居が内裏だとすると、首相官邸や国会議事堂が大極殿や朝堂院でしょうか。これらは皇居とは別の場所にあります。実は平安以降になると再び内裏が政治や儀式の中心の場に変わっていくのですが、少なくとも7〜8世紀は大極殿や朝堂院の公的な位置づけが強くなります。

先述のとおり大極院殿は特に公的な意味が強く、国家儀礼の場として使われました。朝堂院は朝儀、朝参、朝政の空間で実務の場です。朝堂の数は場所によって違いますが、朝堂に囲まれた朝庭という大きな広場を持つ空間です。こういった空間は中国にはなく、日本独自の形だと考えられています。元々、合議制で行われていた古い時代の系譜と新しい時代の系譜がマッチしたような場所で、律令制の前の小墾田宮の段階でも既に朝堂が置かれていて、庭を囲ん

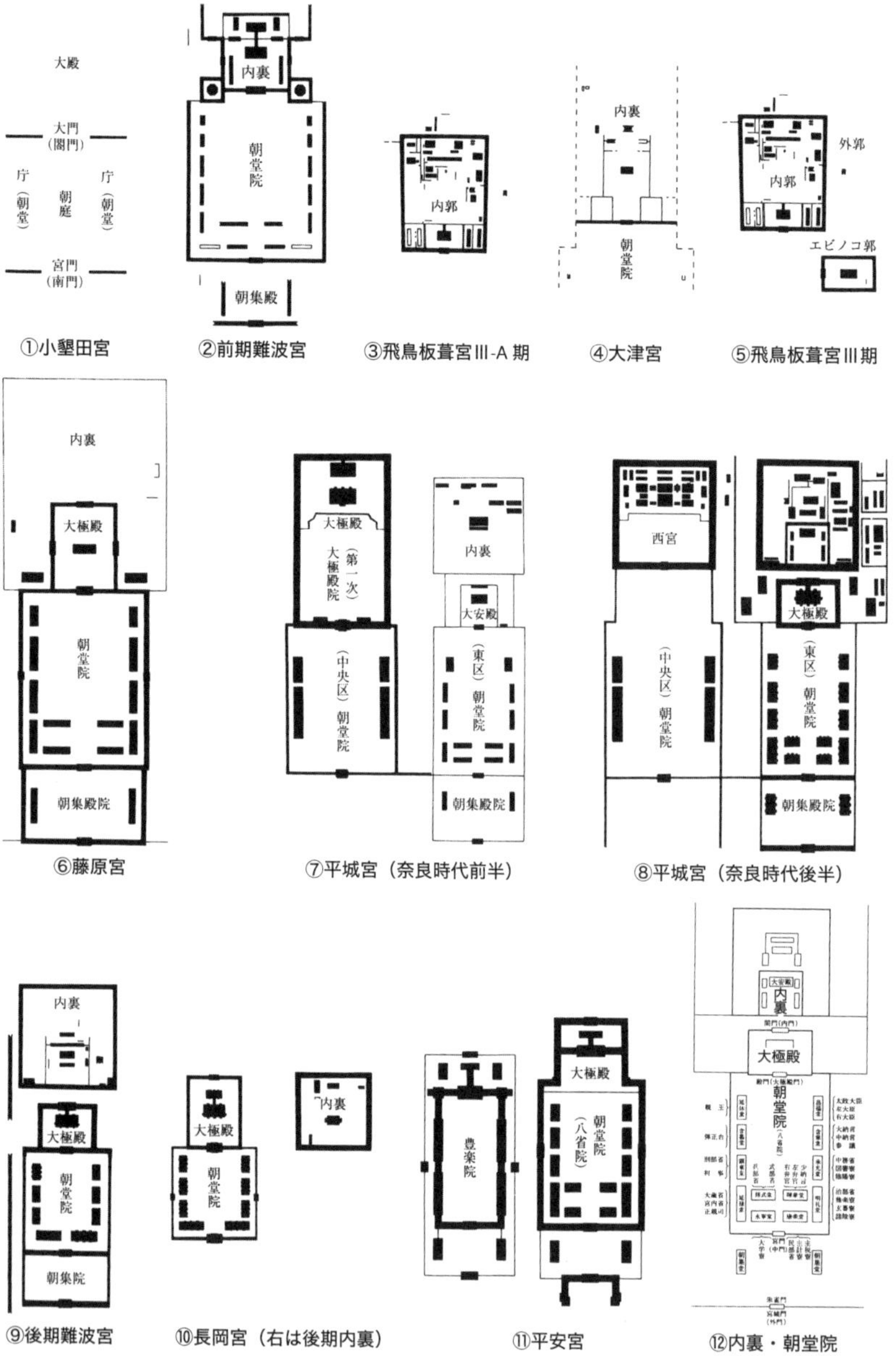

図7・1　古代宮殿の内裏・大極殿院・朝堂院(出典:奈良文化財研究所『古代の官衙遺跡Ⅱ』遺物・遺跡編、奈良文化財研究所、2004年、121頁)

で長い堂を置く空間がつくられていました。

◇諸宮殿の構造

それぞれの宮殿全体と大極殿、内裏の関係を見ます（図7・1）。小墾田宮《おはりだのみや》では、公的な空間である大殿、大門、南門があり、その前に朝堂が2つと朝庭があったと見られます。さらに内裏は大極殿と別離し、次第に私的居所化します。

7世紀中頃の前期難波宮では朝堂院と内裏はありますが大極殿はありません。浄御原宮《きよみはらのみや》になるとエビノコ郭という大極殿の区画が内裏から独立した空間として初めて出てきます（図7・1の⑤）。これにより内裏と大極殿という2つの空間ができ上がります。ただし、この時に朝堂院があったかは未だ明らかではありません。

内裏・大極殿・朝堂院が整ってくるのが藤原宮の時期です。藤原宮では非常に大きな内裏空間の南端に大極殿の一画があります。その南には広い朝堂院がつくられ、これにより内裏・大極殿・朝堂院の3つの区画が成立します。

平城宮に遷ると、さらに内裏と大極殿がきっちり分かれます（図7・2）。平城宮の中軸上に大極殿院が大きな空間

図7・2　平城宮（奈良時代後半）の構成（出典：奈良文化財研究所編『図説平城京事典』柊風舎、2010年、52頁）

を占め、国家儀礼を行うための空間がつくられました。大極殿院は百官人が整列し、天皇が出御する非常に威圧的な空間です。200分の1の復元整備模型を見ると、大極殿は一段高い段の上に建ち、下に官人が立っています。正月や即位の際には大極殿の前に旗を立てます。大極殿院や朝堂院が瓦で葺かれるのに対して、内裏の諸建築は檜皮で葺かれ、掘立柱で建てられます。内裏の建築の系統が中国系の建築が入ってくる前からあったことが表れています。

その南に中央区朝堂院、その東に東区朝堂院と2つの朝堂院がつくられました。なぜ2つあるかというと朝堂院は実務をする役割以外に、外交の施設として接待や饗宴をする役割があったからです。饗宴の場所としてもう1つ朝堂院が必要になったわけです。この系統は還都後の奈良時代後半の平城宮になっても踏襲され、大極殿院は小さくなって東に移り、元の大極殿の位置には「西宮」ができました。この時には淳仁《じゅんにん》天皇と孝謙太上《こうこえんだじょう》天皇がおり、孝謙太上天皇は重祚《ちょうそ》して称徳天皇になりますが、2人がそれぞれ居所を持ち、それぞれが内裏的性格を持った時期なので、やや特殊な形になっています。

また後期難波宮には一時都が置かれますが、基本的には複都、メインの平城宮に対してもう1つ置かれた宮殿でした。ここでも朝堂院・大極殿・内裏のセットが整備されています。長岡宮でも同じ系統が継承され、平安宮になると内裏が大極殿院や朝堂院から独立し、今度は大極殿と朝堂院がくっ付いて、実務を行う「八省院《はっしょういん》」と、饗宴を行う「豊楽院《ぶらくいん》」の2つの朝堂院の空間に分かれます。このような大極殿・朝堂院・内裏の3つのセットがどう動いたかが古代の宮殿を理解する上で大切な要素になります。

◇内裏の空間構成

内裏には内郭と外郭の考え方があります。内裏は元々、公的空間と私的空間が密接でした。その後私的な要素が強くなりますが、その中でも公私が混在していました。平城宮でも大極殿院や朝堂院など公的建物は礎石であったのに対し、内裏の建築的特徴は発掘遺構から掘立柱の構造だったことが判っています。土器などの出土遺物から生活・饗宴などが行われたと想定されますが、一方で大極殿院のように遺物が少ない場合、その場が儀礼空間だったこともうかがえます。

建築の構造を見ると、内裏は掘立柱・檜皮葺・素木造《しらきづくり》・床張で、中国的空間の瓦葺・礎石建・朱塗り・土間の大極殿院や朝堂院の空間とは対照的です。

さらに区画の規模に継承の様子が見られ、飛鳥宮・平城宮・長岡宮で内裏は方１００尺の規模を踏襲しています。内裏が別の場所に移ってもほぼ同じ大きさなのです。

平城宮の内裏では方１００尺の規模の踏襲だけではなく10尺方眼で設計されています。大きな敷地に対して計画的な設計がなされていたことがわかります。内裏の中心建物である正殿の前に前殿が置かれ、東西方向に棟のある建物が2棟並ぶ構成です。

発掘調査により平城宮の内裏は6回の時期変遷があったことがわかっています。ほぼ同じ大きさで方１００尺の空間が内裏の区画として踏襲されています。平城宮の他の地域を見ると塀などを取り壊して改作していますが、内裏は方１００尺に固執しています。さらに公的な空間部分が南側の中央部につくられています。広い庭を持ち公的な儀式などを行ったと考えられています。

◇大極殿院の構成

飛鳥浄御原宮では朝堂院を伴わず、エビノコ郭の一画に大極殿が独立して成立します。その後藤原宮では一定の広さを持つ大極殿院の一画がつくられます。平城宮になると非常に大きな大極殿院の区画がつくられ、周囲を築地複廊《ついじふくろう》で囲み、大極殿の後ろには後殿が並びます。この平城宮の大極殿は藤原宮から移築され、その後、恭仁宮に移築されたと考えられています。

◇朝堂院の空間と朝堂

朝堂院は宮殿によって数や形が違い、平安宮は『大内裏図《だいだいりず》考証《こうしょう》』でそれぞれの臣下の着座の場が示されています（図7・3）。残念ながら平安宮に関しては発掘調査があまり進んでおらず全容は文献資料が中心です。朝堂院でも平安宮では饗宴のための豊楽院、政務のための八省院の2つに朝堂院が分かれ、政務のための八省院には公的な大極殿が建ちます。豊楽院は別に朝堂院は饗宴のための空間で、それ

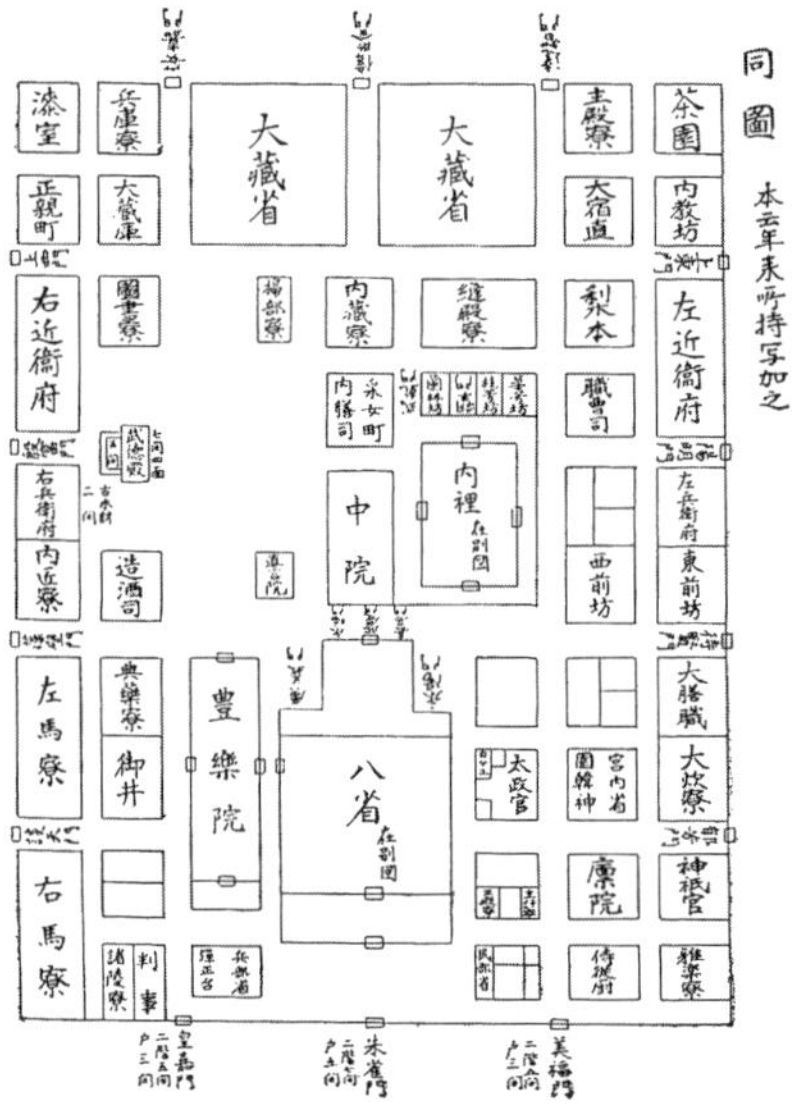

図7・3　『大内裏図考証』に描かれた平安宮（出典：『大内裏図考證　第二之下』）

ぞれ役割が分かれています。

朝堂院の変遷を見ていくと、前期難波宮はまだ発掘がよく判っていない部分がありますが、14か16堂で堂が多い構成です。さらに発掘調査では掘立柱・瓦ではなく植物性の材料を使ったことが判っています。藤原宮に関しては12堂です。平城宮の前期では中央区の饗宴を行う空間が4堂、東区は12堂。この構成は平安宮の段階では豊楽院が4堂に対して八省院が12堂で継承されています。奈良時代の後半では中央区4堂、東区12堂の構成は踏襲されています。ただしこの間の後期難波宮と長岡宮では朝堂の数が8堂です。この辺りは今後の研究が待たれます。少なくとも平安宮と平城宮では2つの朝堂院があり、それぞれ朝堂の差があり政務空間と饗宴空間に分かれていることが重要な要素です。

◇宮殿における饗宴と朝堂院

古代には様々な儀式や饗宴が行われていました。例えば元日節会・七日節会・踏歌《ほうめい》節会・上巳《じょうし》節会・端午節会・七夕節会・重陽《ちょうよう》節会・豊明節会、五節会。特に正月には儀式が多く、正月三節会として元日朝賀・七日節会・踏歌節会の3つが重要です。七日節会は白馬（庭上）に引き出して展覧します。その後群臣に対して宴を催します。踏歌節会は正月の15日前後に庭で行います。変わったものとしては3月3日に行われる上巳節会で曲水《ごくすい》の宴。遣り水《やりみず》の上に盃を流し、自分の前に流れる間に詩を詠みます。貴族の重要な遊興の1つです。端午節会では騎射をし、宴会を行います。七夕では7月7日に星を祭る行事を行います。これに加え奈良時代には相撲も行っていたと言われています。

同じく9月9日重陽節会は観菊の節会です。豊明節会は11月の新嘗祭《にいなめさい》の翌日に行う儀式で、五穀豊穣《ごこくほうじょう》を願って天皇が新穀を食べ、その後諸臣が五節の舞を行います。新嘗祭の中で天皇が代替わりをして初めて行うものを大嘗祭《だいじょうさい》と言い、令和の即位でも話題になりました。この他にも外国使節や化外民《けがいのたみ》に対する饗応も行われます。もちろん対等の立場で接遇するわけではなく、天皇に対して物を持参して挨拶にきた者に対して、主従の関係性を再確認するための儀式が重要であったわけです。この饗宴に多く用いられたものが朝堂院でした。この他にも天皇が臣下の邸宅に行った時に行幸時における饗宴があったとわかっています。

2　平城宮の構造

◇奈良時代の前半と後半の平城宮

古代の宮殿の様相が比較的明らかになっているのは平城宮です。平城宮は恭仁宮への遷都の前後、奈良時代の前半と後半で大きく形を変えています。奈良時代の前半では、第一次大極殿院の大きな一画、その南の中央区朝堂院の区画があります。中央区朝堂院の東側には東区朝堂院があり大極殿院の東側に内裏があります。奈良時代後半になると、内裏、中央区朝堂院、東区朝堂院の位置は大きくは変わりませんが、第一次大極殿院のあった位置に西宮と呼ばれる内裏が置かれます。大極殿は東区朝堂院の北側に第二次大極殿院がつくられています。広大な中央区朝堂院には庭と4棟の建物、北側に大極殿院の区画が大きく広がっており南面に東西の楼閣と中央に南門が並んでいます。

東区を見ると、奈良時代後半の様相で、第二次大極殿院と南側に12堂が並ぶ東区朝堂院、その南側に朝集堂院が並びます。北側に展開するのは内裏の空間です。大極殿院と朝堂院は瓦葺、内裏は檜皮葺です。

◇平城宮東朝集堂から唐招提寺講堂へ

古代の宮殿はそのままの形で残っているものは1棟もありませんが、実は平城宮の建物が1つ残っています。平城宮の東朝集堂が唐招提寺の講堂として移築されたのです。現状は四面廂の入母屋造ですが、移築の際には大きな改造があったと見られ、平城宮の東朝集堂では屋根も柱配置も違っていたと考えられています（図8・12）。修理の記録に基づきかつての形を見ると、身舎の前後に廂がつく二面廂だったとわかっています。屋根の形は切妻造で、架構も二重虹梁蟇股《にじゅうこうりょうかえるまた》で天井も張らない形式でした。東朝集堂は宮殿の中枢ですが、控えの場が礎石・瓦葺であり、当時の宮殿建築を考える上で手掛かりとなります。

平城宮東朝集堂には壁がほとんどありません。両側妻壁と背面側隅1間だけに壁で、他は吹放《ふきはな》しの構造です。組物は簡素な大斗肘木の形式で、屋根は切妻造。当初の平城宮東朝集堂では虹梁が身舎と廂の柱を繋いでいます。身舎の梁間柱間には虹梁が二重にかかりその上に蟇股を置いていました。この形が宮殿の1つのスタイルと考えられます。

◇平城宮の儀式

発掘調査では建物の痕跡だけではなく儀式に関する痕跡が判ることがあります。平城宮の儀式が発掘調査と文献資料で明らかになっています。元日朝賀の様子に関しては『文安御即位調度図《ぶんあんごそくいちょうどず》』に7本の幢旗《どうき》を立てたことが記録されています。真ん中の主柱と両脇にそれを支える脇柱の構成で、奈良時代後半の平城宮西宮でも7つの柱穴が並んで発掘されました。それぞれの柱穴には3本の柱があり、絵図と同じように3つの柱を立てる大きな柱穴を掘ってこれを埋めた痕跡が見つかりました。柱の間隔は約6m（20尺）でこの記録も『延喜式』や『続日本紀《しょくにほんぎ》』の記載と一致しました。発掘調査と文献資料が完全に一致した例です。

◇西宮における元日朝賀

奈良時代の正史『続日本紀』によると天平宝字9年（765）正月に称徳天皇が西宮で朝賀を行っています。そして神護景雲《じんごけいうん》3年（769）正月には法王道鏡《どうきょう》が大臣以下を率い拝賀させたことがわかっています。今回見つかった幢旗の遺構は2時期分で文献の記録とも一致します。どちらかが称徳天皇、どちらかが道鏡の幢旗の跡だったのかもしれません。

本来大極殿院で行うはずの元日朝賀をなぜ西宮で行ったのでしょうか。奈良時代前半、大極殿院は国家の中枢で律令的な空間そのものでした。一方で西宮での実施、すなわち、大極殿院以外の場である点も重要です。奈良時代後半になると大極殿でやっていた儀式が内裏に移っていきます。大極殿院の権威が低くなり、大極殿院から内裏へ比重が移ったと考えることができます。つまり律令的空間の大極殿院が重要だった奈良時代前半に対して760年代には内裏の比重が大きくなったと見られるわけです。

さらに天皇以外の道鏡が天皇と類似の行為を行ったことも異例です。道鏡は天皇になろうとしたとも言われていますが、道鏡が権威継承のために大極殿で行われていた儀式を西宮で行ったとも見られるわけです。舞台装置として宮殿空間が機能していたことの表れです。

◇平城宮東院庭園

平城宮には公的な施設だけでなく庭園もつくられていきます（図7・4）。平城宮南東隅には東院庭園がつくられ、現在、復元整備されています。宮殿と苑池の関係で言えば、庭と建物群の構成は注目すべき点です。整備された様子、発掘調査の様子を見ると、洲浜《すはま》・築山《つきやま》石・中島・景石・植栽が見られ、平安時代以降の庭園の原形とも考えられます。さらに曲水の宴に関連する遣り水が見つかっており、ここ

図7・4　復元された平城宮東院庭園

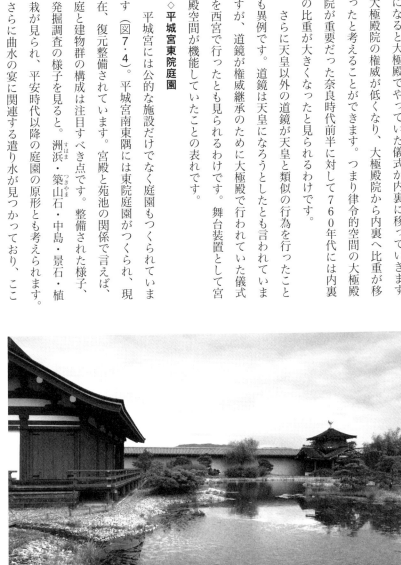

では人が座り、水が流れているところに盃を流したとみられます。上流階層に共通文化として曲水の宴や庭を楽しむ文化があり、半遊興的な空間も重要な宮殿の構成要素でした。このようにただ庭があるだけではなく、庭を使った儀式と一連であり、これは平安時代以降の寝殿造や日本庭園の萌芽がうかがえます。

3 平安宮の構造

◇律令制の衰えと国風文化の台頭

平安宮は平城宮ほど発掘調査が進められていませんので情報は限定的です。一方、文献や絵画資料がたくさん残っています。

平安時代に入ると律令制度自体も日本の実態にそぐわなくなり変化していきます。平安京への遷都を桓武天皇が断行し、以降徐々に律令制が変容・崩壊していきます。文化の面でも唐を模倣することから転換し、王朝文化を代表とする国風文化が台頭します。日本独自の文化が形成される中で建築も国風化の流れが見えます。

奈良時代には軍事と造営が大きな柱でした。これに関しても延暦25年（805）の徳政論争によって大きな変化が生まれます。当時、参議の高官藤原緒嗣《おつぐ》と菅野真道の2人が桓武天皇の政治の問題について話し合ったことに端を発した論争です。若い藤原緒嗣が、天下の人々が苦しんでいるのは蝦夷平定のための軍事と平安京の造営のためであり、これらを止めるべきだと大胆な発言をしました。これを受けて桓武天皇は蝦夷平定の軍事的行動、平安京の建設の中止を宣言し、軍事と造営から手を引きます。

平安宮は大極殿・朝堂院・内裏の構成を引き継いでいますが、儀式が変容していくことで多くが内裏で行われ、その重要性が増していきます。もちろん大極殿院や豊楽院、八省院などが礎石、瓦葺、朱塗りであったのに対し、内裏は伝統的な形式の檜皮葺、掘立柱、素木、高床の対象的な構造であるのは平城宮と同じです。このような構成が整っていたのは遷都時であり、時代が下ると都城や平安宮は凋落してきます。例えば羅城門は妖怪や盗賊の住処になるほど荒廃していたと言われています。あるいは藤原道長によって礎石を持ち去られてしまうほど都城の正門たる面目を失っていた状態でした。平安時代中期には藤原道長の3兄弟が平安宮で肝試しをしたように、荒廃が進んでいたようです。また、平安時代の末期に成立した『今昔物語集』には豊楽院や武徳殿の付近で鬼や狐が出る話が描かれています。

◇内裏の役割・構成の変化

平安宮の大内裏の構成について見ていきます。宮城は各面3つずつ計12の主要な門が開き、これに加え東と西に門がありました（図7・3）。大きさは東西8町・南北10町の規模でその中に内裏や2つの朝堂院（八省院・豊楽院）、八省院には大極殿がありました。その他に諸官司（曹司《ぞうし》）があり実務的な役所もありました。

大内裏（宮城）を考える上で唐風と国風が重要な要素です。中軸線南面中央に朱雀門があり、両脇に大垣が連なっていて、大内裏を囲みます。朱雀門に入ると中には応天門、八省院、その東には豊楽院があり公的な中心地です。八省院・豊楽院は礎石・瓦葺・丹塗りの唐風な形です。対して内裏は掘立柱・檜皮葺・素木の伝統的な空間構成です。公的な所と私的な所で建築の形や構造で違いを見せています。

◇裏松固禅と大内裏図考証

平安宮大内裏は残っていませんから、研究成果によるところが大きく、その過程で裏松固禅《うらまつこぜん》を紹介しておく必要があります。彼は江戸時代の有職故実家《ゆうそくこじつか》で過去の古例にもとづいた儀式・風俗・風習などを研究する人でした。彼らが平安宮大内裏を考証し、説明・図化したのが『大内裏図考証《だいだいりずこうしょう》』です。天明8年（1788）の内裏焼失後に復古を目指した再建を行っていますが、この時の参考資料としても活躍したようです。この寛政再建の内裏の形は、さらに現在の京都御所が幕末の安政期につくられた際も継承されます。とはいえこの内裏の復古は儀式の再興が主たる目的で、現代の復元とはやや異なる性格であったようです。また考証学や裏松の作業自体が建築を復元することを目的とせず、諸資料を集めることや平面図を起こしかつての様子を知ることに重きが置かれたため、現代の建築史の研究とはやや異なります。とはいえ重要な研究です。

問題点もあります。『大内裏図考証』は様々な時代の史料を網羅的に集めた重要な史料群です。平安時代でも内裏は何度も焼失していますが、その都度、焼失前と同じ形で再建されたわけではありません。違う時代の資料を同じ地図や図面に描き込んだために異なる時代のものが混在する図ができ上がってしまいました。部分に関しては各時代にあったものをつくり上げた成果と言えますが、結果的にはどの時代にも実在したことのない大内裏の図となったのが『大内裏図考証』です。

◇年中行事絵巻

『大内裏図考証』でも参考にされた平安時代末期につくられた『年中行事絵巻』にはかつての平安宮の様子が描かれています（図7・5）。原本は保元2年～治承3年（1157～79）に成立したものです。朝廷や公家の年中行事を描いた資料で部分的に平安宮の様相を描いています。描いた時期は平安宮のあった時代ですから描かれたものはある程度信頼できると考えられています。原本は残りませんが、後水尾上皇の命で住吉如慶《すみよしじょけい》らの模本が残っています。大極殿から複廊の回廊が延びそれぞれ瓦葺・礎石ですが、清涼殿は茶色で描かれた檜皮葺です。また大極殿は土間、清涼殿は床板張りです。建築情報が多く描かれており、かつての宮殿の様相を知るための重要な資料になってきます。

◇京都御所

現在の京都御所は平安宮の当初の大内裏の位置ではありません。南北朝時代の里内裏の1つ、東洞院土御門殿《ひがしのとういんつちみかどどの》の跡に寛政2年（1790）に古制で復古しています。実はこの京都御所も焼けてしまっ

図7・5　『年中行事絵巻』に描かれた平安宮大極殿院（出典：国立国会図書館デジタルコレクション（江戸後期写本藤原光長絵））

ています。そのため現在の京都御所は安政2年（1855）に再建されたものです（図7・6）。ただしこの御所は寛政内裏の形を基本的に踏襲し大まかにその時代のものをうかがい知ることができます。瓦葺・朱塗りの門が並び立ち、中心部に入ると紫宸殿《ししんでん》などは檜皮葺の屋根です。

紫宸殿には個性があり、1つ目は非常に高い床が張られた建物であること。高い床は内裏系統の高床の表れです。2つ目は桁行9間、梁間3間に四面廂が付く特殊な平面配置です。古代建築の身舎は梁間2間が基本のためこの梁間3間は特殊で、梁間3間の平面は古代の内裏正殿の系統でよく見られる方法です。また通常の四面廂はぐるっと四周に廻しますが、ここでは隅に廂がありません。身舎各面から1間分外に出て隅切の四面廂です。これは各面にそれぞれ廂を足す古式です。

平安宮では安元3年（1177）以降、大極殿の再建はなく、紫宸殿が内裏あるいは御所において最重要な建物として、大礼もここで行われました。まさに大極殿から内裏に比重が移った中心がこの紫宸殿です。

図7・6　京都御所紫宸殿

◇平安宮内裏の構成

平安宮内裏の全体構成は東西57丈、南北72丈で築地塀で四周を囲んでいます。建礼門他六門、その内側に12門開く形で諸建物は廊で繋がれます（図7・7）。

内裏は私的な要素が強かったものの次第に公的な要素を再び持つようになります。中心的な建物は紫宸殿・宣陽殿《せんようでん》・校書殿《きょうしょでん》とそれらに囲まれた庭です。南庭には左近の桜と右近の橘の2本の木が植えられています。私的空間は仁寿殿《じじゅうでん》以北になり、さらにその北側には皇后のための区画がつくられています。

このように平安宮内裏は次第に公的な性格を帯びていきますが、内裏の罹災時は里内裏に移り、時代が下ると内裏が使える状態でも里内裏に移っていきます。

内裏が宮城から外に移るということは既に宮城が政治的象徴ではなくなりつつあったことを示します。特に顕著なのが11世紀後半～12世紀初頭の白河法皇が院政期につくった内裏です。白河法皇は子の堀河天皇、孫の鳥羽天皇、ひ孫の崇徳天皇の3代に渡って43年もの間院政期で権勢を振

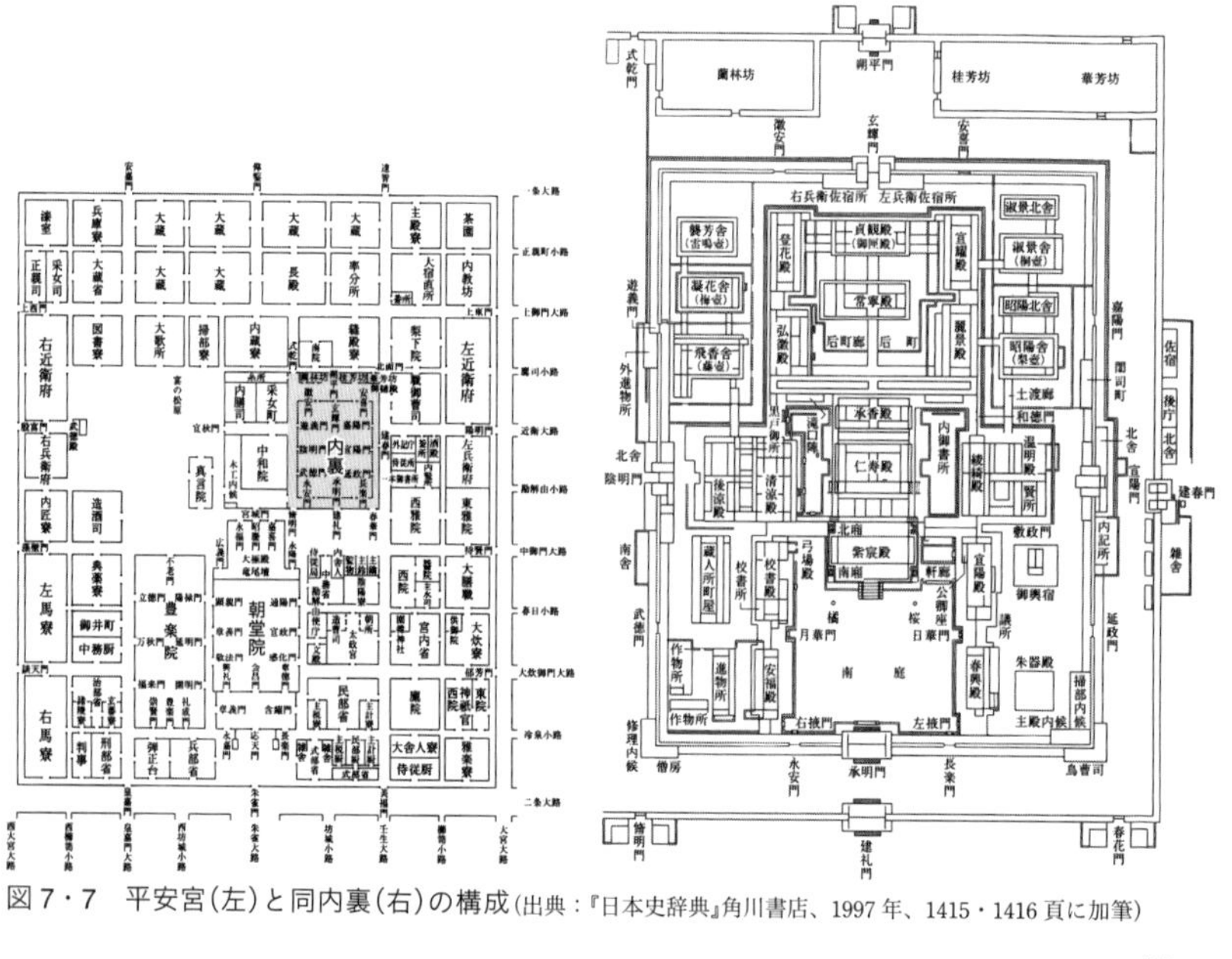

図7・7　平安宮（左）と同内裏（右）の構成（出典：『日本史辞典』角川書店、1997年、1415・1416頁に加筆）

るいました。これにより摂関政治が衰退し、建築的にも里内裏が上皇の立場を強める舞台装置となります。

この頃はまだ平安宮に内裏があったにも関わらず内裏の様式に則った御所として土御門烏丸内裏《つちみかどからすまだいり》を造営しました。上皇も御所の近隣で政治的な権力を奮ったのです。視覚的にも建築という形で都市の中で権力の重心が平安宮から宮外に移ったことを内外に示すものでした。同時に摂関期の里内裏や院政期の内裏は平安宮内裏に倣っており、内裏の伝統系譜が重要であったことも示しています。

こうした社会の変化の中で唐に倣った大極殿の必要性はますます低くなっていきます。宮殿の中枢である大極殿でさえ貞観8年（866）〜天喜6年（1058）の焼失までは再建され続けますが、安元3年（1177）の焼亡後には建て直されることはなく大極殿の命脈は途絶えました。律令制が整ってきて、天皇制の象徴として重要だった平城宮大極殿から約400年経ち安元3年（1177）に社会的な役割を終えたと言えます。

◇平安宮内裏の清涼殿

清涼殿《せいりょうでん》では部屋が発生している点が重要です（図7・8）。桁行7間梁間2間の身舎に四面廂を廻しさらに東北面に廂を付けています。身舎の部分には夜御殿《よるのおとど》と呼ばれる壁に囲まれた寝室があります。昼御殿《ひるのおまし》は日中の政務空間です。西面廂には御湯殿《おゆどの》・御手水《おちょうず》の他に台盤所《だいばんどころ》・朝餉間《あさがれいのま》などの水回りや食事の私的な空間が並立しています。これに対し東面廂は臣下の空間で外側には庭が広がってそこに坐します。『年中行事絵巻』では東側の廂に臣下（殿上人）が座り、その下の殿上《でんじょう》に登れない者は地下《じげ》に座っている様子がわかります。

清涼殿にはいくつかの特徴があります。建築的には檜皮葺・素木・舟肘木《ふなひじき》を使います。また場所によって床の段差があり、床の高さや場所の差によって身分差や権威の差を示しています。平城宮の大極殿院と同じように建築・空間が重要な舞台装置の役割を持っていました。

◇平安神宮

平安宮大内裏は残っていませんが、京都の岡崎にある平

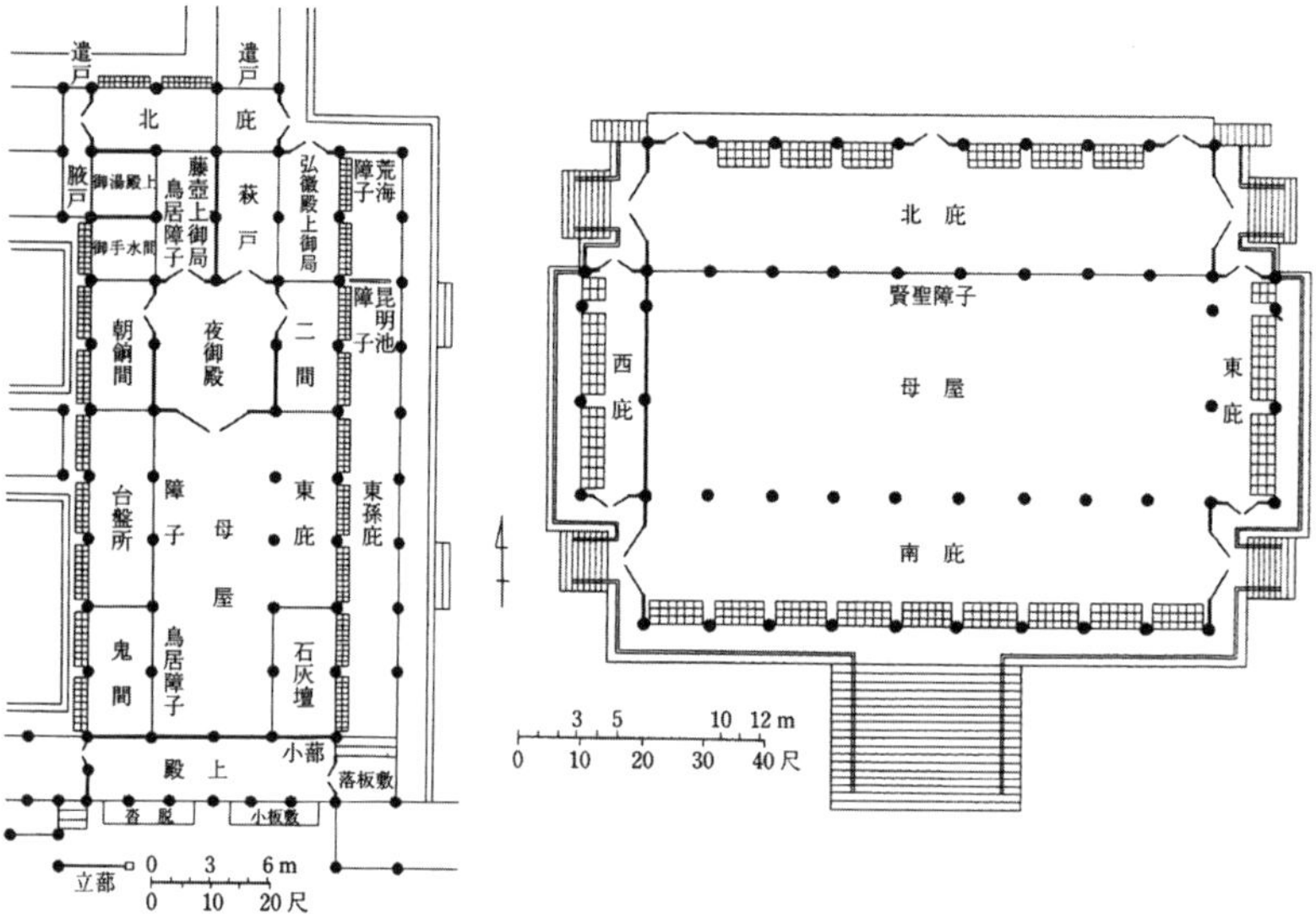

図7・8　京都御所紫宸殿（右）と清涼殿（左）平面図（出典：日本建築学会編『日本建築史図集』新訂第3版、彰国社、2011年、25頁）

安神宮はそれを模した建築です。平安神宮自体は明治28年（1895）に、794年の遷都から1100年の遷都1100年記念の展覧会事業としてつくられ、平安京に遷都した桓武天皇を祀る神社の計画が発端です。元々は平安宮の復元が目指されたようですが、敷地の大きさや場所により八省院の部分のみ、規模を8分の5に縮小しています。完全な復元とは異なりますがかつての平安宮八省院の形を知る上で参考になります。設計は日本建築史の祖伊東忠太と木子清敬《きごきよよし》らが中心になり『年中行事絵巻』などを参考につくられました。大極殿は単層ですが緑色の屋根の瓦を焼くのに苦労したそうです。

◇平安京神泉苑

平安京の神泉苑は天皇のためにつくられた宮外庭園で、大内裏の南に隣接しています。平城京では宮殿の中にあった苑池を平安京では宮殿の外に設けました。遷都とほぼ同時に造営を開始した重要な庭園です。中心に正殿、東西に楼閣、そこから南に廊を延ばす形です。その先には釣台、南側には池、その中央には中島、さらに遣り水や滝をつくっています。滝を眺めるための建物も設置しており、これらの構成は寝殿造の萌芽的構成とも見えます。

基本的には天皇と群臣が園遊する場として使われました。代表的なものとしては船遊び・釣魚・捕鳥・観射・観馬・詩賦《しふ》、その他にも相撲の節会や菊花宴も行われたようです。宮殿の儀礼だけでなく、天長元年（824）には空海による雨請い（請雨経法《しょううきょうほう》）もなされています。密教系でも行われる東寺の長者が祈雨する修法《すほう》です。

このように平安宮やその周辺に関しては具体的な建築の形が残っておらず、発掘調査も必ずしも進んでいませんが、文献資料や絵画資料から当時の様子を知ることができます。

4　地方官衙の政庁域

◇地方官衙と政庁

中央の宮殿や都城が発展する一方で、当時の地方はどういうものだったのでしょう。律令制では地方の支配も重要です。国分寺のように、全国に中央と同じような建築がつくられました。寺院だけでなく官衙《かんが》（役所）もたくさんつくられ、発掘調査を中心に様々なことがわかっています。奈良時代や平安時代早期の地方の様相を見ていきます。

中央では律令制度によって官僚制度が成り立ちます。中央では建築や都市の形としてはグリッドで道路が通る都市と、大極殿や内裏などを中心とする宮殿、加えて大寺が構成され、律令制度を体現するような空間がつくられました。地方の各国には中央から貴族が派遣されています。主に今の県庁に当たる国府に国司が派遣され施政にあたりました。また聖武天皇の命により国分寺が全国各地につくられ、多くの国々で瓦葺の建築がつくられていきます。

国よりも小さな郡の長《おさ》の郡司《ぐんじ》には在地の豪族が選ばれています。彼らは地方の役所である郡家《ぐうけ》や彼ら自身の氏寺として、または郡の寺として郡寺をつくりました。

中央との関係がよく見られるのが地方官衙の政庁域と呼ばれる政治の中心地です。国庁は発掘調査で明らかになっていますが、正殿と脇殿、その間の建物がない庭が基本構成です。各国で似た形のものが見られますが、全く同じ形は存在しません。地域によって独自の形をしているもの、

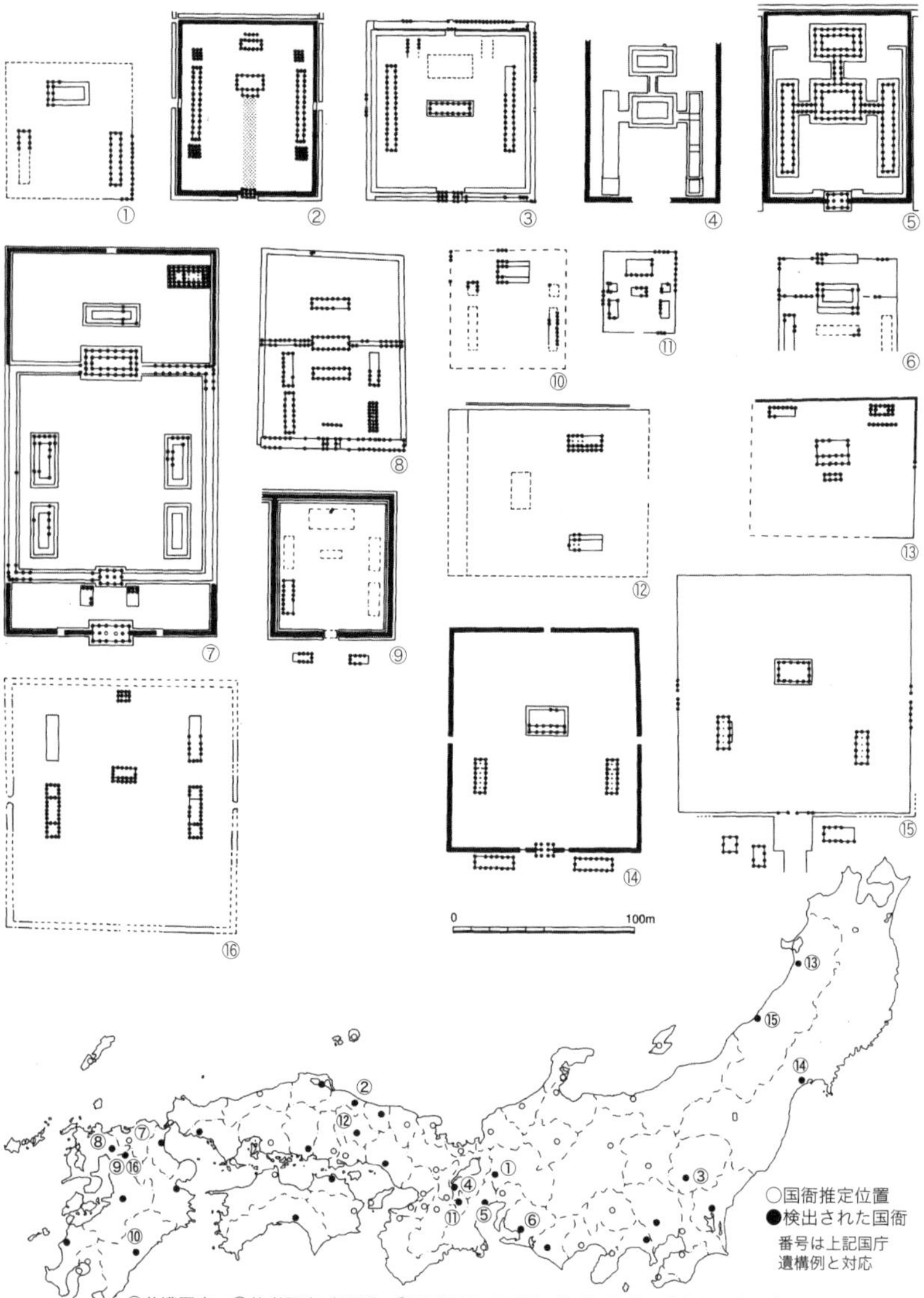

①美濃国庁　②伯耆国庁（Ⅲ期）③下野国庁（Ⅱ期）④近江国庁　⑤伊勢国庁　⑥三河国庁（Ⅰ期）
⑦大宰府政庁（Ⅱ期）⑧肥前国庁（ⅡB期）⑨筑後枝光国庁　⑩日向国庁　⑪伊賀国庁（奈良後半）
⑫美作国庁（Ⅰ期）⑬秋田城政庁（出羽国庁）（Ⅱ期）⑭多賀城政庁（陸奥国庁）（Ⅰ期）
⑮城輪柵政庁（出羽国庁）⑯筑後朝妻国庁

図7・9　国庁の空間構成（出典：奈良文化財研究所『古代の官衙遺跡Ⅱ』遺物・遺跡編、奈良文化財研究所、2004 年、133 頁）

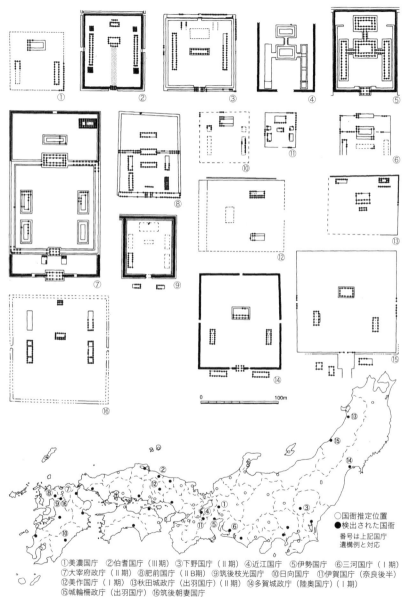

また歪んだ形をしているものもあります。画一的な設計図がなかったことをうかがわせます（図7・9）。

◇大宰府

古代九州の中心である大宰府の政庁を見ていくと、宮殿の大極殿や朝堂院に相当する場所があります。細長い堂を並べて、中央に「正殿」を置き、これを回廊で囲みます。全く同じ形ではありませんが宮殿のミニチュア版をつくり、礎石や瓦葺、朱塗りなど奈良の中心部と同じ構成を持ったものがつくられたのです。この当時、中央の建築情報は簡単には伝達しませんが、中央から官人は移動しています。中央の建築を模したものを地方につくることは地方統治にも効果的で、建築技術を伝達することにも繋がりました。

一方で建築技術で言えば、大陸からの影響も見逃せません。礎石は必ずしも柱の形に合わせてつくるわけではなく、自然石あるいはある程度、上面を平らにするだけで、きっちり切り出さない例が多く見られます。それは大極殿院などの宮殿中心部でもそうですし、寺院の礎石でも自然石が多いのですが、大宰府の礎石では柱座のつくり出しを2段とかなり手の混んだ細工をしています。この細かい加工で、デザイン性に凝った礎石は大陸との関係がうかがえます。なぜ大陸に近いかというと日本の場合、木と石を組み合わせる場合、石の形を木に合わせるのではなく、木を石に合わせます。礎石と柱の場合、凹凸のある礎石に合わせて柱の底面をきっちり加工する方法をとり、あまり石工の技術が発達していません。奈良時代の正倉院正倉の礎石の上面はフラットではありませんが、その礎石の凹凸を写し取り、その形状に合わせて柱の底面を削って嵌るように加工します。これと比べると、大宰府の礎石の細工からは、むしろ石に高い技術を用いていることがわかります。

これは大陸と近いことも影響しているのでしょう。朝鮮半島や中国では石工の技術が高く、石で石柱をつくったり、礎石をきっちり加工したりして、そこに柱を載せる方法をとることがあり、大陸的なやり方なのです。

もう1つ解明されていないことは、こういう立派な建築を地方でつくる際、どのように技術者を調達したのかです。同じ機能の建物でも、当時は標準設計があるわけではなく、同一のものはつくれません。全国に建てられた国分寺もそれぞれ平面は異なります（図9・1）。つまり、なんとなく似ているものがつくられるので、実際のできはバラバラです。こうした状況でどのようにつくったのか、技術者がどうやって動いてきたのか、あるいは瓦を焼く、礎石を加工する、塗装するなどの技術がどこからきたのか、中央と地方で技術がどう伝播したのかは十分にはわかっていません。

◇地方官衙政庁と儀式

この政庁域の構成は中央の内裏・大極殿・朝堂院との関係性をうかがえます。国庁においても元日に群臣を集めて元日朝賀を行います。大極殿院で天皇のいる大極殿に対して臣下が拝礼をするのと同じように、国庁正殿に向かって臣下が礼拝します。この場合、地方官衙の政庁域の正殿が不在ではあるものの天皇の象徴として役割を果たしていました。

さらに末端組織の郡庁があり、政治組織の中でも末端の官衙施設です。郡家は現場に最も近いところで徴税が重要な仕事です。当時の税は米が主体ですので、ストックする場所が重要になります。そのため郡家には高床倉庫がたくさんつくられ、重要視されていたことが文献や発掘調査でわかっています。郡庁は末端の官衙施設ですが前庭を持つ空間構成で長舎（脇殿）を持ちます。正殿がないこともあり国庁や中央の政治組織と異なる傾向です。郡は在地豪族との関係が深く、この辺りについては考古学を中心に、日本史、建築史らの諸分野から現在研究が進められています。

8章 律令制の展開と寺院建築

1 平城京内の寺院

◇寺院の移転と寺籍

8世紀に奈良時代に入ると寺院建築にも変化が生じ、システマティックに建築がつくられました。現在まで残っている建物も多くあります。飛鳥時代にも飛鳥周辺に寺院がありましたし、さらに藤原京という都も既にあり、多くの寺院がつくられていました。そのため平城京ではそれらの寺院がいくつか移転、あるいは新しくつくられました。

寺院のうち、奈良時代の前半期につくられたものは前回お話ししたように条坊と呼ばれるグリッド道路の通る都市の中に組み込まれました（図8・1）。対して東大寺や新薬師寺は奈良時代中期以降、条坊制による都市が活性化した後にできたので、寺院のための土地はなく、条坊の外側につくられました。条坊と寺院の位置の関係性からつくられた時期や当時の様相がうかがえます。

寺院には伽藍縁起や資財帳など、由緒を記した文書があります。例えば大官大寺《だいかんだいじ》は平城京に移って大安寺として広い敷地を構えています（図8・1）。日本最古の本格的寺院と言われる飛鳥寺（法興寺）は元興寺《がんごうじ》になります。飛鳥寺は今も飛鳥の地に残っているように、飛鳥にも寺院を残したうえで平城京にも新たに元興寺がつくられました。

このように、寺院の平城京への移転には元の寺院を破棄して移転する方法と、飛鳥寺のように元の寺院は残したまま、「寺籍」という寺院の籍を移す方法の2つがあります。

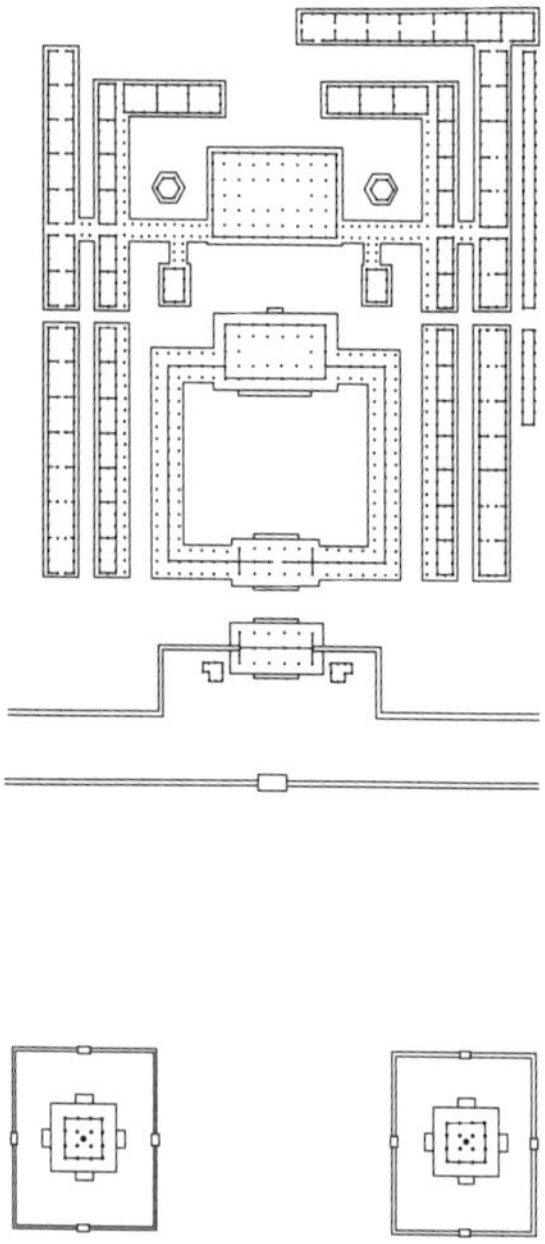
食堂の位置は講堂の東方と北方の
2説あるため、表示せず

図8・1　大安寺の伽藍配置
（太田博太郎「南都六宗寺院の建築構成」『法隆寺と斑鳩の古寺』日本古寺美術全集2、集英社、1979年、95頁をもとにトレース）

そこで重要な例が本薬師寺から薬師寺への移転です。藤原京で双塔式伽藍として、朝鮮半島の新羅などの最先端の伽藍配置でつくった本薬師寺ですが、藤原京から平城京の六条に移ります。この平城京の薬師寺では、今でも天平時代の建築として東塔が残っています。

◇南都七大寺

一方で飛鳥・藤原の時代に4つの大きな寺院の内の1つの川原寺は飛鳥に残りました。なぜなら川原寺は斉明天皇の宮であった川原宮にゆかりのある寺で、場所性が重要だったからです。一方で大安寺、元興寺、薬師寺の3つが飛鳥・藤原から寺地を移した寺です。これらの大きな寺院は官大寺として、国家が経済的な援助を行っています。構成は一定していませんが、東大寺をはじめ、興福寺、元興寺、大安寺、薬師寺などの平城京の寺院にくわえて、法隆寺と川原寺、または平城京周辺の西大寺や新薬師寺《しんやくしじ》が南都六大寺や南都七大寺といって南都の大事な寺院とされています。

2　奈良時代の仏教

◇遷都と寺院

寺院の話をしてきましたが、仏教の話もしておきます。唐でも同じですが、仏教は律令制のもとで管理されていました。律令の僧尼令の中で、僧尼は基本的に国が管理する対象で、「僧綱《そうごう》」と言われる任官された僧官が寺院組織を支えています。要は僧尼の官僚化で、官の組織に寺院も組込まれていました。そのため官の許可による得度が重要でした。それとは別に「私度僧《しどそう》」と呼ばれる官の許可なしに得度する僧もいました。こういった公的・私的に得度した僧尼がミックスしていたのが奈良時代の状態です。いまでは政教分離で宗教と政治は完全にわかれていますが、前近代を通じて、長い期間、仏教は政治と深い関係があり、寺院は社会の中で、政治的・官僚的な組織でもありました。

実際に平城京の遷都時には都城や宮殿と同時に寺院の造営も国が力を入れており、これらの造営には、木工寮《もくりょう》・造宮省《ぞうぐうしょう》・造寺司《ぞうじし》などの官の組織が対応しました。都城では建物を瓦葺や朱塗りで荘厳にすることが大事で、寺院の造営も国として注力したのです。ただし、遷都ごとに寺院も移っていたのかというと実はそうでもありません。聖武天皇が恭仁京、難波京、紫香楽宮《しがらきのみや》、平城京と遷都を繰り返しましたが、寺院を移転せずにずっと平城京にあります。例えば東大寺や興福寺は今でも奈良にあります。

◇遣唐使と東大寺大仏

この時期には遣唐使や留学僧などの唐に渡った人たちは大陸の文化を直接学び、文物、知識、作法などを持ってくる大切な情報源でした。奈良時代の前半には遣唐使であった玄昉《げんぼう》や吉備真備《きびのまきび》が帰ってきて政治的中枢に入っていきます。同じくその時期に藤原氏の中で既存の勢力を持つ人たちが天然痘で死んでしまい、権政に陰りが見えてきます。藤原氏からすると玄昉や吉備真備が疎ましい存在で、藤原広嗣《ひろつぐ》が反乱を起こします。奈良時代は内乱がない時代と思われがちですが、実は藤原氏も摂関期ほど盤石だったわけではなく、他の氏族もまだ力を持っていたのです。こうした政情不安に飢饉なども加わり、混乱の中で遷都が行われ

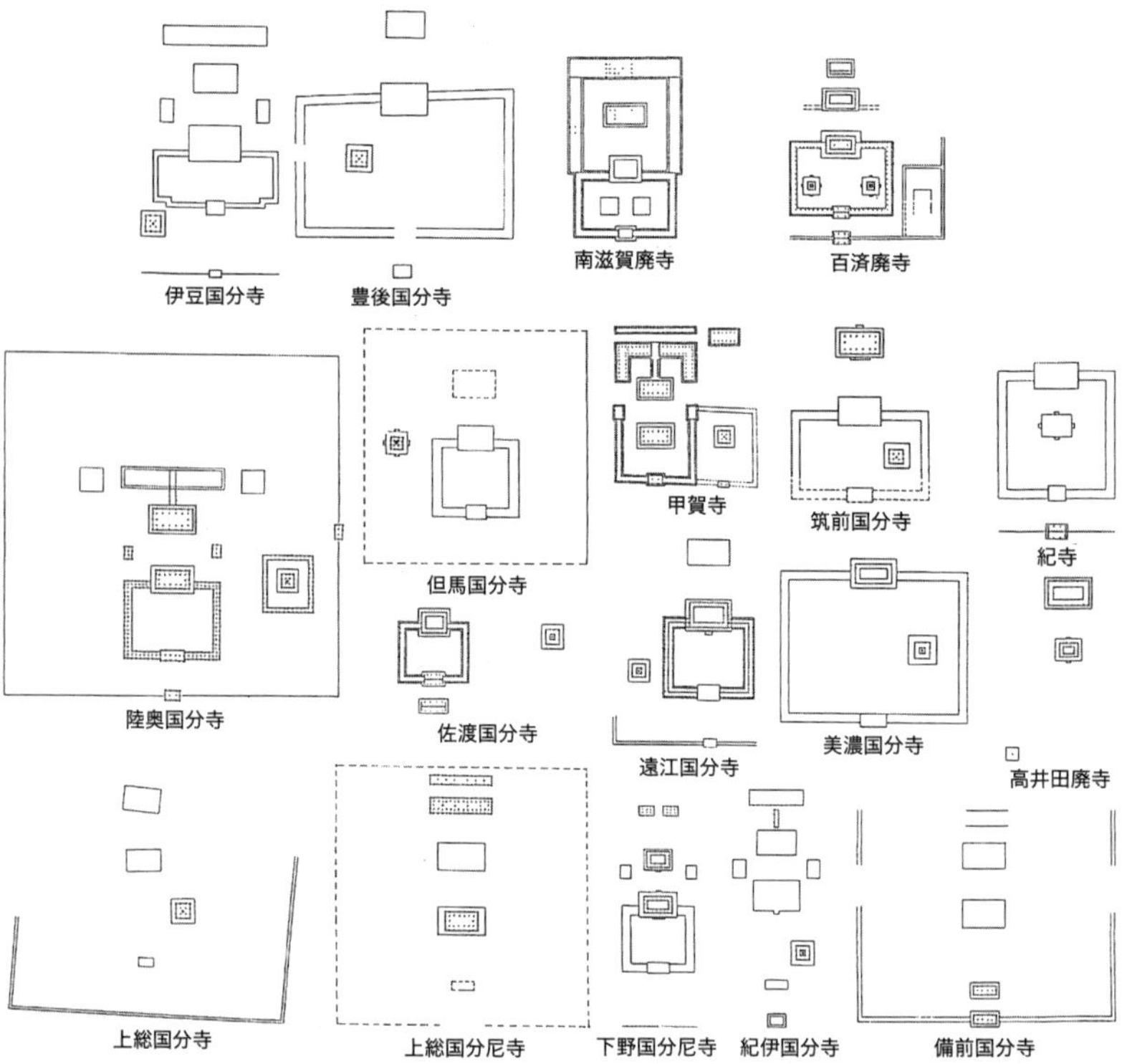

図8・2　地方寺院の伽藍配置（出典：太田博太郎「南都六宗寺院の建築構成」『法隆寺と斑鳩の古寺』日本古寺美術全集2、集英社、1979年、95頁をもとにトレース）

ました。そして紫香楽宮にいた頃に聖武天皇が始めたのが大仏の鋳造で、平城京に還都した際に現在の東大寺の場所を決めてつくられました。

◇国家が推進した国分寺の七重塔の建造

同じ頃、国分寺の造営が寺院建築において重要です。聖武天皇は国家を運営するうえで仏教を重視したので、仏教政策として中央の寺院だけでなく諸国に国分寺をつくり、地方に仏教を浸透させることが仏教の発展に繋がると考えていました。中央の都城と同じく地方に立派な瓦葺朱塗りの寺院をつくることは国家の統制の意味でも重要でした。古墳時代以降、各氏族や地方豪族が氏寺をつくっていましたが、国分寺はその規模で比べると破格の大きさでした。この国分寺には地方では格段に大きな金堂や七重塔をつくることを命じています。特に七重塔は国の華「国華」だからちゃんとつくりなさいと命じており、国分寺の中でも重視しています。国分寺制度のモデルは中国の武則天（則天武后）がつくった大雲寺です。これは僧寺だけですが、日本では僧寺と尼寺を併設する独自性を出しています。

全国各地に同じものをつくるのですが、標準設計があったかはわかっていません。塔・金堂・講堂の規模など、同じ機能の建築なら標準設計があって尺寸や平面も同じで良さそうですが、発掘遺構から確認できる国分寺諸施設の平面はバラバラです（図8・2）。また国分寺の造営には高い技術が必要でしょうが、中央から技術者が行ったのか、地方の技術者だけでできるのか、人や物の動き、在地技術者と中央の情報伝播などは今も研究の課題になっています。

3　平城京の寺院造営

◇総国分寺・国分尼寺、東大寺の造営

国分寺の造営と併せて総国分寺として東大寺の造営が行われます（図8・3）。最初は紫香楽宮で大仏をつくり始めますが、平城に還都した時に東大寺をつくり、東大寺と法華寺を総国分寺と総国分尼寺と定めます。この事業には、それまでも橋や溜池など造営関係で人を集めてつくることに長けていた行基が参画します。余談ですが大仏殿は巨大すぎて、50～100年の間に補強柱や天井の改修が必要で、実忠《じっちゅう》という僧が、妙案を出しています。実忠は大仏の後に付いている光背《こうはい》が天井と当たって入らないという問題を天井を切り上げて解決していますし、構造的不安に対しても適切に補強柱を追加しています。実忠以外にも行基と同様、建築の造営や補修に活躍した僧が様々な文献に書かれています。専門化が進んだ現代とは異なり、中世以前の僧には行基や実忠のように建物のことを理解し、造営に従事した僧も少なくなかったようです。

さて古代には大仏などの造仏や建築の造営は総合産業で、例えば銅や金は奈良の近くでは取れないので、銅であれば周防国《すおうのくに》の長登《ながのぼり》銅山の生産、黄金であれば陸奥国《むつのくに》からの献上がありました。それらを利用しつつ、大仏や巨大建築はつくられるのですが、これらは全国からの労働力の徴発、

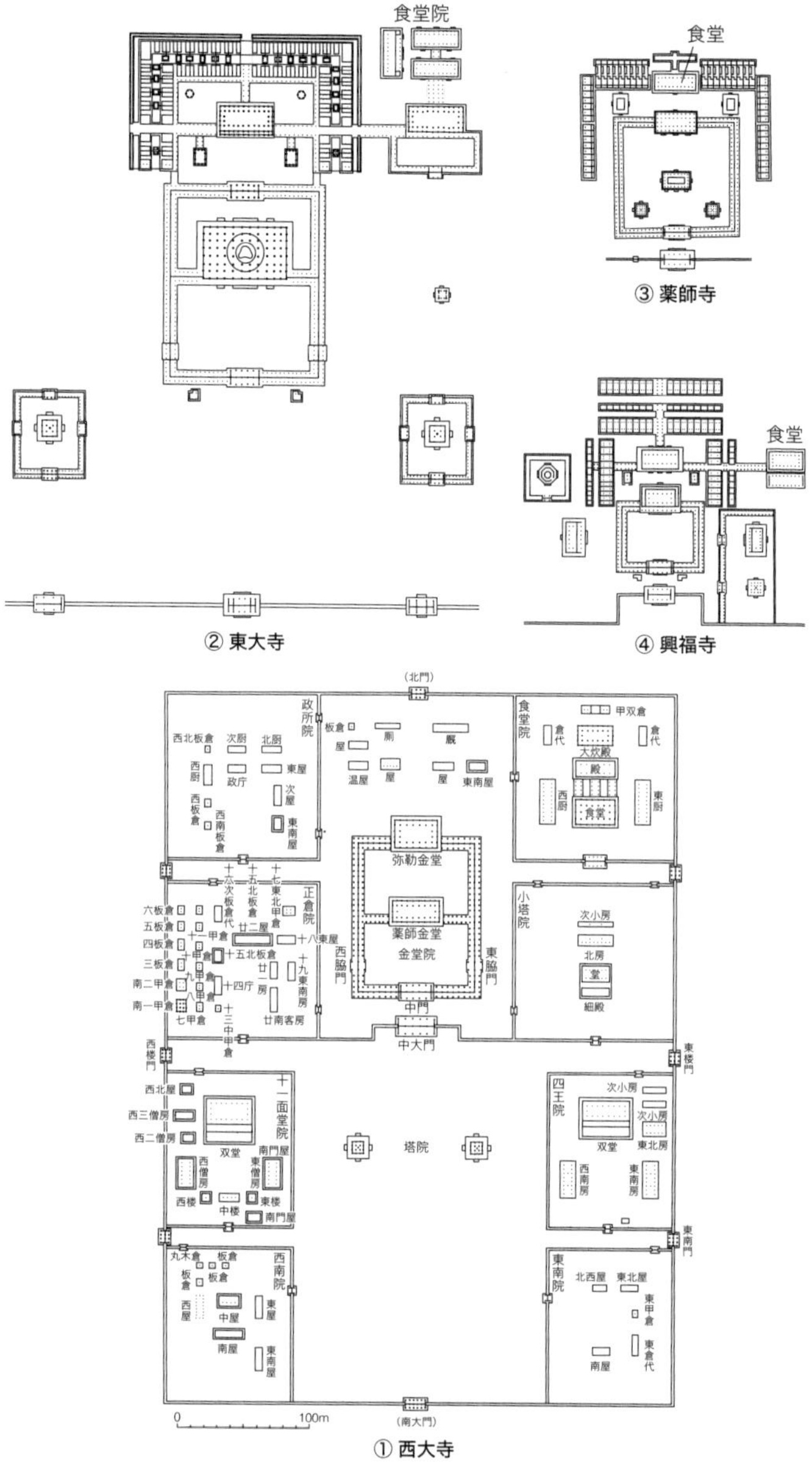

図８・３　西大寺・東大寺・薬師寺・興福寺の伽藍配置（出典：太田博太郎「南都六宗寺院の建築構成」『法隆寺と斑鳩の古寺』日本古寺美術全集 2、集英社、1979 年、94 ～ 96 頁及び宮本長二郎「奈良時代における大安寺・西大寺の造営」『西大寺と奈良の古寺』日本古寺美術全集 6、集英社、1983 年、95 頁をもとにトレース）

物流を可能にする安定した社会体制が背景にあって初めてできるものです。東大寺の造営はその良い例でしょう。

◇東大寺の大仏開眼

752年、ようやく大仏開眼します。ただし、大仏殿は未完で、完成は6年後の758年です。国家事業であったので、聖武太上天皇や光明皇后、娘の孝謙天皇が列席して開眼供養をしましたが、聖武天皇は大仏殿の完成前に崩御しています。また、大仏殿の造営は国家の安泰を図るものでしたが、膨大な労力とコストがかかり、疲弊や反乱、飢饉が起きてしまい、聖武天皇の思いとは裏腹に、大仏事業自体は必ずしも国家の安定に繋がりませんでした。

◇戒壇院と鑑真

仏教において僧が戒律を守っている証明「戒」を与える「戒壇院《かいだんいん》」という場所が重要です。それまでは「自誓受戒《じせいじゅかい》」と呼ばれる方法で、自分で誓って戒を守っていたのですが、これではどうしても戒律が緩くなります。そのため奈良時代後半には唐から鑑真《がんじん》を連れてきて日本に戒壇を設置したのです。授戒をすることで正式な僧になることができ、そのための天下の三戒壇として東大寺、観世音寺、下野薬師寺《しもつけやくしじ》に戒壇院がつくられました。日本では聖武太上天皇が最初に授戒しました。こうして、奈良時代後半の仏教は展開していきます。

◇新薬師寺、唐招提寺、西大寺

もう1つ、奈良時代中期には新薬師寺が興福寺の南東の山裾の辺り、東大寺の南方につくられています。「薬師」とあるように、当時聖武天皇の回復を願って光明皇后が七仏の薬師を祀って堂をつくったのがこの寺です。

奈良時代後半の大きな寺院では、唐招提寺があります、唐招提寺といえば鑑真です。京内は宅地班給を終えていたのですが、新田部《にったべ》親王の旧邸宅を敷地として、京内に寺院がつくられました。唐招提寺金堂は8世紀後半の建物と考えられ、最近の修理の際の年輪年代学（年輪から木を切った年代を判別する方法）の成果から781年以降、奈良時代末期の建築と考えられています。金堂の後ろには講堂があり、平城宮にあった建物を移築、再利用したものです（図8・12）。これ以外に平城宮の建物は1棟も残っていませんが、この講堂は唯一残った貴重な例です。

さらに奈良時代後半には聖武天皇・光明皇后の娘の孝謙天皇により、西大寺がつくられています。その背景には孝謙天皇・藤原仲麻呂・道鏡らが密接に絡んでいます。奈良時代中期には孝謙天皇と光明皇后の甥にあたる藤原仲麻呂の2人がタッグを組んでいましたが、孝謙天皇から淳仁天皇にかわると、仲麻呂の横行が始まります。さらに孝謙天皇も途中から道鏡という僧を寵愛するようになり、藤原仲麻呂は光明皇后の死後、後ろ盾がなくなり、疎まれていきます。ついには孝謙天皇と対立した藤原仲麻呂が反乱を起こしますが、すぐに鎮圧されて孝謙天皇は二度目の即位(重祚)で称徳天皇となります。奈良時代には何度も反乱が起こっており、仲麻呂の乱の他にも長屋王《ながやおう》の変などもありました。称徳天皇と道鏡の2人による政治を行う中で、父がつくった東大寺に対して、平城京の西側に国家の安泰を願い西大寺をつくりました。

4　奈良時代の伽藍配置

◇仏堂の機能と規模——講堂・僧房・食堂

古代寺院の伽藍配置を概観しておきましょう(図4・2)。伽藍配置では、金堂と塔の関係が重要です。四天王寺のように塔と金堂を一直線に並べる形や、薬師寺の双塔式のように伽藍と金堂の前に2つの塔を並べる形もありますが、いずれにしても、金堂と塔のどちらも伽藍の中枢にあり大事であるというのが元々の思想です。

ところが、次第に法会(仏法を解くためや供養のための儀式)に金堂の前面の空閑地を使うことが増えてきます。そうすると空閑地にある塔が邪魔なわけです。興福寺のように(図8・3)中金堂を含む一画を回廊で囲って、儀式のための大空間を確保し、塔を回廊の外に出してしまうのが奈良時代に見られる伽藍配置の大きな変化です。古い形式を引き継いだ薬師寺の伽藍は2つの塔と金堂、講堂、その後ろに食堂《じきどう》、その周りには講堂の周りを囲むように僧房が広がります。この講堂の背面側3面に僧房が広がる三面僧房は奈良時代の伽藍配置の特徴の1つです。このように薬師寺で金堂と講堂、東西の塔、経蔵、鐘楼、食堂とそれを囲む僧房と中軸線を中心に展開するのに対して、興福寺の伽藍は、中金堂の一角から東金堂、五重塔が外に出てきます。また食堂は講堂から離れた東方の場所にあり、講堂を囲むように3面に僧房が広がります。

金堂は本尊《ほんぞん》を祀るための場所で、三十三間堂のように仏像がずらっとあれば大きな建物が必要ですが、1つの本尊仏、あるいは脇侍《きょうじ》も含めたいくつかの像を祀るだけならそれほどの規模は必要ありません。一方で、ある程度大きな寺院で僧の人数が増えると、集まって講説や斎食ができる巨大な場所として、広い講堂や食堂が必要になります。その結果、本来伽藍で一番大事な金堂よりも講堂や食堂の方が機能的な要求で大きな空間になるのです。

また生活の場である「僧房」と食事の場としての「食堂」が近接することも重要な要素です。薬師寺ではまだ食堂が明確に分離して区画分けはされていませんが、後に明確に「院」と呼ばれる一画をつくるようになります。「院」はエリアを示し、正倉がある一画なので「正倉院」、同じように食堂のエリアである「食堂院」がつくられました。

このように塔と金堂が明らかに重要であった伽藍配置から、僧房や食堂など、僧侶のための施設の重要度が増し、伽藍配置が変わってきたのが奈良時代後半です。仏像や塔を大事にしていた頃から、機能性が大事になってきて、平安時代になるとその傾向が一層強まります。塔が金堂院の一画から外に出ることにそれが表れているわけです。

◇造営組織と技術者の階層

奈良時代の寺院は官の力でつくられたと話しましたが、都城の造営では新しい都市をつくるために宮殿、役所、寺院などの建物を同時期に大量につくります。これに対応すべく、官として技術者を集めて、統制・組織化します。飛鳥寺の時には渡来系の技術者が活躍しましたが、奈良時代も彼らは重要な役割を果たしており、これを組み込んだ上で律令組織としました。元々、将作監《しょうさくかん》と言われる倭漢氏《やまとのあやうじ》など渡来系氏族が担っていましたが、建築関係の木工寮や土工司などが律令制度の下で設置されていくことで、組織的な造営体制がつくられました。個々の現場に応じて、臨時に造寺司が設けられており、その最大の組織として造東大寺司が置かれました。ある現場の造営が終わるたびに、それぞれの組織同士での技術者の異動や現場ごとに臨時の造営組織をつくって組織改変を繰り返していました。

　その技術者構成はピラミッド型の体制をしていました（図8・4）。技術がある者を官が集めてきて、専属の技術者として「司工《しこう》（ピラミッドの上部）」、それとは別に賃金を貰いながら雇用されて働く「雇工《ここう》（官が直接雇用）」がいました。官の系統の技術者とは別に「様工《ようこう》」と呼ばれる官とは独立した技術者が一部いました。この「工」がいわゆる技術者です。また、古代には木を運ぶのも人力や馬・牛の力ですから単純労働力も重要で、「雇夫《こふ》」や「仕丁《しちょう》」などの人々がこれを支えていました。このような大量の技術者と労働力の体制でつくられていたのが奈良時代の建築です。

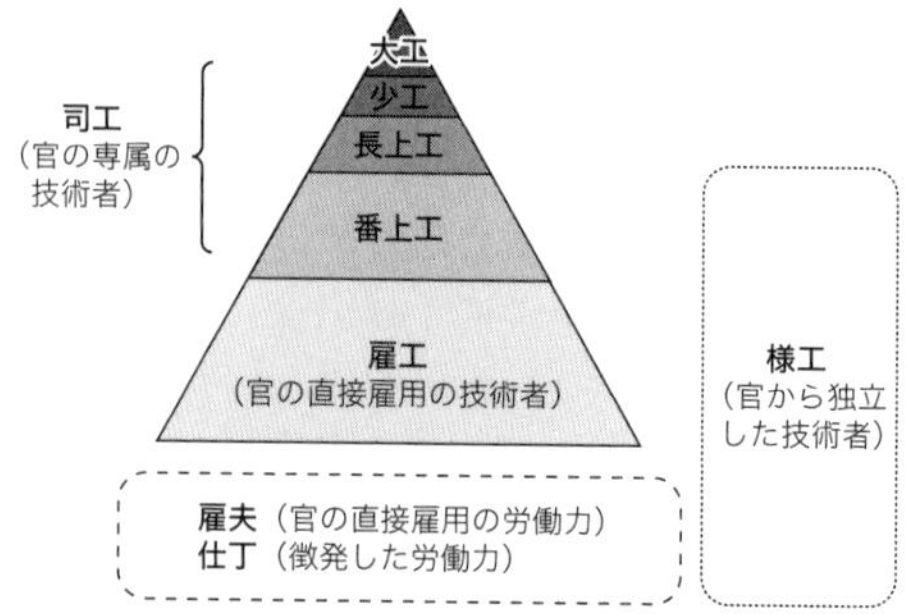

図8・4　奈良時代の造営体制

　飛鳥時代は法隆寺と山田寺で形が大きく違い、多様性がありましたが、奈良時代のように、システマティックになると官の建築として形が似てきます。それゆえ、ある意味お役所的な建築ができ上がっていきました。

◇奈良時代を前半と後半で分けて考える意味

　奈良時代の建築を前半・後半と分けて話すのにはその間に技術的進歩があるからです。例えば薬師寺東塔と唐招提寺金堂の三手先は同じ三手先でも形が違います（図8・5）。断面図を見ると、薬師寺東塔の組物には、通肘木がなく、1つの組物で完結しています。つまり隣の組物とは繋がっていないため面として強い構造にはなっていません。一方で唐招提寺金堂では壁側がフラットで、二手先部分から支輪が上がり、「通肘木」という肘木が隣の組物と繋がって2つの組物が接合されています。この通肘木の有無が大きな

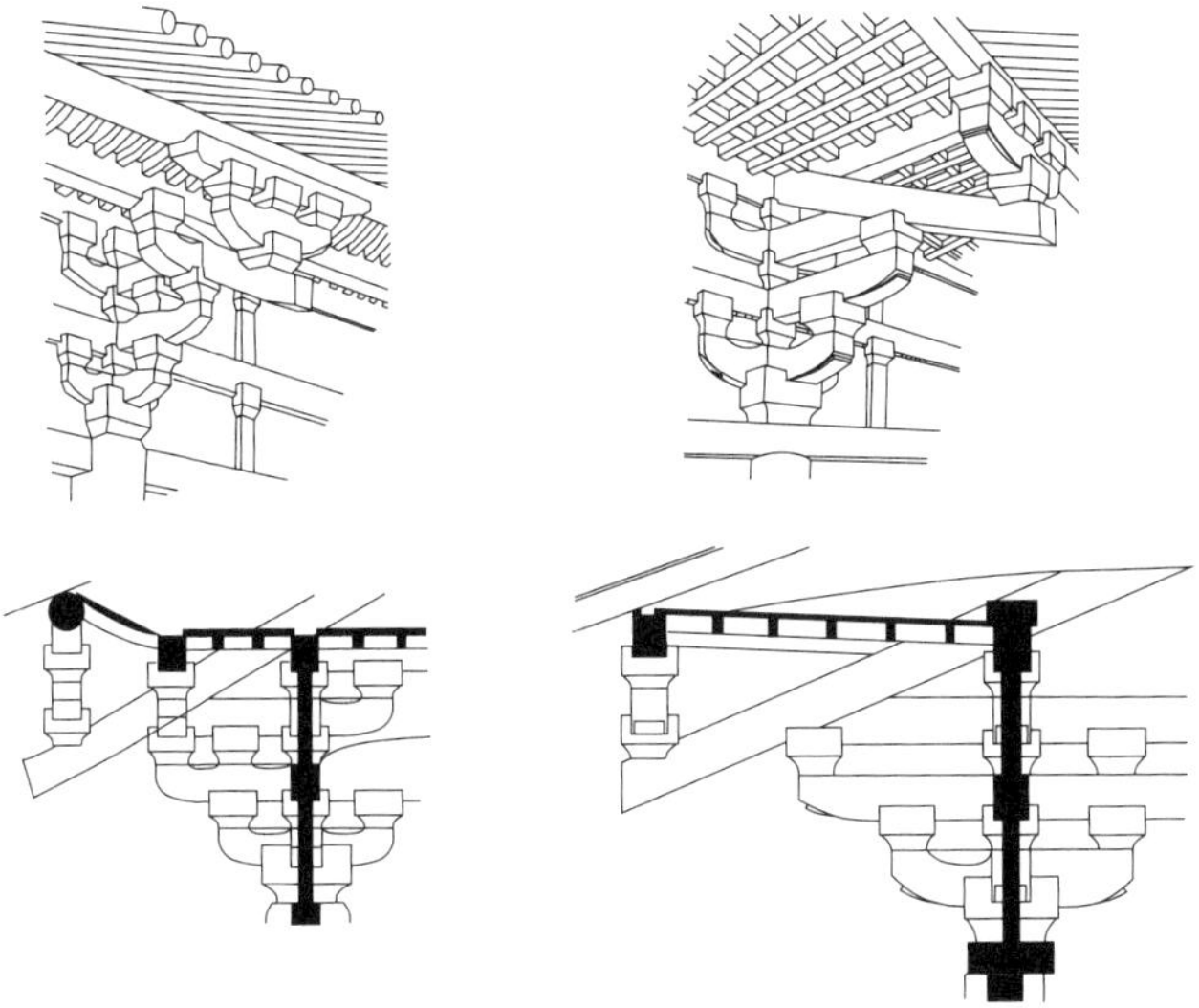

唐招提寺金堂の三手先　　薬師寺東塔の三手先

図8・5　三手先の発展

違いで、唐招提寺金堂では構造的な強化がなされています。唐招提寺金堂の三手先も発展段階で実際には平等院鳳凰堂で一応、完成するのですが、奈良時代の前半と後半で構造的に進化していることが見て取れるのです。

◇建築形式と格式

律令体制ではその社会体制が建築の形にも現れており、それがよく出ているのが屋根の形で、唐招提寺では金堂を寄棟造、講堂を入母屋造と屋根の形を変えることで格式差を示し、さらに金堂は三手先、講堂は大斗肘木（創建時）で組物でも差を付けています（図8・11、8・12）。

屋根の形に関していうと、建築をつくるには梁間方向を大きくすることが大変です。木造建築には梁間、桁行があって長方形平面となりますが、奥行を深くするために庇を付ける方法がありました。その庇が身舎の1面、2面、3面、4面につくかで平面を拡大していきます（図1・14）。これが屋根の形にも影響し、例えば二面庇では庇がつく「切妻造」、四面庇では中心部分に庇が回る形になるので「入母屋造」「寄棟造」になります。金堂や塔、講堂など中心的な建物に関して、特に主要な寺院金堂は「四面廂」の形で、屋根の形状は「寄棟造」「入母屋造」が多くなります。

　ちなみに、唐招提寺金堂は奈良時代の第一級の金堂ではなく、当時の寺格や規模から見ると、第二級寺院です。第一級の金堂では唐招提寺金堂の規模のものに、さらに裳階を付けて二重に見せる操作をしています。２０１８年に再興した興福寺中金堂と比べると裳階がない分、ややランクが低いことがわかります。

5　各寺院の構成

◇興福寺

　奈良時代の各寺院建築について個別に見てみましょう。興福寺は７１０年の遷都と同時という早い時期につくられています（図8・3）。伽藍には中金堂があり、金堂院に回廊がぐるっと回り、その後ろに講堂・三面僧房があり、その東方に食堂があります。少し離れたところに東金堂と五重塔、反対側に西金堂が建てられました。伽藍の北西にある北円堂は不比等を祀るために７２１年に建てられました。整った伽藍の形となっていますが、最初から3つの金堂を計画していたかというとそうではないのです。例えば東金堂は聖武天皇が神亀3年（７２６）に、西金堂は光明皇后が７３４年に、五重塔は７３０年に発願したものです。中心の中金堂院以外は必ずしも全体像の計画が当初からあったわけではないのです。薬師寺と同じような双塔式伽藍とするには五重塔と対称の位置に塔をもう1つ建てたいのですが、ここには北円堂と南北で対称になるように南円堂が平安時代につくられており、双塔の五重塔が建てられることはありませんでした。このように伽藍の造営は徐々に計画を変えながらつくられていきました。

◇元興寺

元興寺《がんごうじ》は興福寺に比べてさらに大きな寺院で、養老2年に飛鳥寺（法興寺）から移ってきました。実はここの衰退は早く平安時代の長元8年（１０３５）の「堂舎損色検録帳《どうしゃそんしょくけんろくちょう》」という史料によると多くの堂舎は既に衰退していたようです。平城京から平安京に遷ると人も物も基本的に移っていきます。東大寺や興福寺は荘園経営などで力を持っていたので成り立ちますが、そうでない寺院は維持が難しく衰退が早かったのです。元興寺は現在も残っていますが、平安時代の中~末期に仏の世界はここで終わるという末法思想が広まり、智光曼荼羅《ちこう》という曼荼羅信仰が流行ったことも一因です。その影響で元興寺の智光曼荼羅を祀っていた「極楽坊」の一角だけが比較的、良く残ります。また金堂も南都六大寺金堂の中では最長の1451年まで残っていました。奈良時代の建築が約700年間、残っていたことになります。また五重塔も明治維新直前、安政年間まで存続しており、江戸時代の実測図が残っています。そのため元興寺としては智光曼荼羅を祀った極楽院（極楽坊）、観音堂（五重塔を中心とするエリア）、小塔院（五重小塔）の3つがあります。また極楽坊に残る禅室は僧房を改造したもので、行基葺という古い瓦の葺き方が残っています。

◇**大安寺**

大官大寺は飛鳥、藤原京の時代に大寺として重要で、これが平城京に移って大安寺となります。これも遷都直後に移転したわけではなく716年になって移転を決めています。実際には移転の準備段階がこの時期で、道慈《どうじ》が唐から帰朝して造営に参画してから伽藍造営が本格化したと言われています。完成したのは743年と時間が掛かっています。このように造営は中長期、あるいは技術者がいなくて頓挫することも多々あるのです。また道慈のように僧はある程度建築の細部に詳しかったようで、東大寺の良弁が石山寺に赴いた時に軒先の形、茅負《かやおい》という部材について「良くない」と指図した記述が残っています。かなり建築細部まで指示ができたことがうかがえます。

◇**薬師寺**

現存する建物で言えば薬師寺を忘れるわけにはいきません（図8・3）。薬師寺は平城京六条にあり、藤原京右京八条三坊に天武天皇が皇后（持統天皇）の平癒を願って680年頃に建立したのが始まりです。先に天武天皇が亡くなり、その伽藍整備を持統天皇が引き継ぎ688年頃に薬師寺で無遮大会《かぎりなきおがみ》を開催していることから、この頃にはある程度、完成していたと思われます。僧を住まわせるのが698年で、この頃には伽藍も体制もそれなりに整ってきました。

平城遷都が710年で、養老2年（718）には薬師寺を移す記述が『薬師寺縁起』にあり、霊亀2年（716）の年紀のある木簡が出土しており、718年以前より伽藍整備が進んでいました。そして今残っている薬師寺東塔は天平2年（730）の供養と『扶桑略記《ふそうりゃくき》』にあるのでこの頃が東塔の完成時期でしょう。なお藤原京の本薬師寺にも建物を残してきたようなので、平城京と藤原京の2つに薬師寺があったのが当時の様相で、それが移建・非移建の百年にわたる論争のきっかけになります。

この段階で「院」の形成があり、薬師寺で金堂がある伽藍の中枢は南西の一角だけです。この一角に金堂や塔、講堂、食堂、僧房があり、それ以外にも倉庫や薬草を扱う所、あるいは行政を扱う所など各機能に応じたエリアを別につくり、寺院の経営や生活を支えていました。僧侶を世話する人や行政関係の書類などに対応をする組織がどんどん大きくなると寺院の宗教空間以外が相当な割合に増えてくるわけです。

◇東大寺

東大寺ではまず金堂（大仏殿）がとても大きく、ここでは講堂や食堂よりも大規模です（図8・3）。江戸時代に建てられた今の大仏殿（桁行7間、梁間6間）は当初の大仏殿から両脇を削って小さくなっています。奈良時代の大仏殿は桁行11間、梁間6間と非常に巨大な建築でした。東西塔も建てられますが、やはり金堂の一角から分かれた一角をつくり、さらに塔を回廊で囲い、塔院という区画をつくります。双塔でも塔が単独で建っていた薬師寺とは違う形で、塔も院を形成するに至っていました。高さは文献史料の記載がまちまちであることから諸説あり、33丈（約100m）とも言われますが、最近の研究では23丈（70m）くらいと考えられています。だいたい20階建のビルくらいの高さです。塔以外の配置は金堂の後ろの講堂を囲むように三面僧房があり、食堂はこれとは別の区画にありました。この食堂も奈良時代の間に位置や構成を変えていきます。

◇西大寺

東大寺に対して西大寺の古い建物は残っていませんが、

財産目録である『西大寺資財流記帳』を見ると、建物の大きさまで書いてあります。西大寺全体自体の発掘は進んでいませんが「金堂院」の他にも「食堂院」「政所院」「正倉院」「小塔院」などそれぞれの性格に合わせた区画をつくっていました。奈良時代初頭には唐からの情報がまだ断片的で最先端の情報ではなかったと見られますが、後半の西大寺の頃になると情報がかなり入ってきます。日本の塔婆は正方形の平面の五重塔や七重塔が一般的でしたが、西大寺では「八角七重塔」を計画したと『日本霊異記《にほんりょういき》』には記されています。藤原永手《ながて》は八角七重塔から方形五重塔に変更したので地獄に落ちたとされ、実際に計画の途中変更で五重塔に変えたことは発掘調査でもわかっています。塔を八角形にすることがチャレンジングだったのです。

またメインの仏堂の前にもう1つ建物を建てる「双堂」や屋根飾などのディテールに関しても『西大寺資財流記帳』には書いてあり、特に屋根の上に「竜舌《りゅうぜつ》」という装飾を載せるなど華やかなものを用いていたことがわかっています。西大寺では他の平城京の寺院とは違った建築文化が花開いていたようです。

6　奈良時代前半の現存建築の特徴

◇現存する優美な姿——薬師寺東塔

奈良時代の現存建築で真っ先に取り上げるべきは薬師寺東塔で、三重の屋根の各層に「裳階《もこし》」があって大小六重の屋根がかかる形式です（図8・6）。天平2年（730）頃の建立と考えられています。教科書では白鳳様式や飛鳥様式として習うと思いますが、建てられた時期は天平文化の天平です。薬師寺東塔の建築様式やデザインは、天平の最新のものではなく白鳳時代、7世紀末頃のデザインです。これを巡っては100年近い論争があり近年ほぼ決着したのですが、この東塔も当初の形のまま残ってきたわけではなく、後世の改造がいくつか入っています。本来心柱は地面まで付いていないといけませんが、心礎のうえに巨石を置いて心柱を少し上げています。また最上層の屋根だけ勾配がきついのですが、ここも後世に改造したもので、元々、緩い屋根であったのですが、雨仕舞を良くするために、後で勾配をきつくしたのです。それに伴って全体の屋根が高くなるので心柱なども切り継ぎしながら上に持ちあげる必要がありました。

また東塔の壁は中央間以外のところで全部壁になっています。古代の建物では扉の脇には連子窓《れんじまど》を付けることが多いので、奈良時代の姿で復元された西塔では連子窓を付けています。東塔は後世の改造がありましたが、当初は西塔のような形であったと考えられています。

◇薬師寺東塔の特徴

特徴を見ていくと、平面は内側に大きな礎石が並び外周に裳階の礎石があります。裳階は角柱、内部は丸柱と丸と角の使い分けをしていて、塔の中心に近い方を正式な丸柱

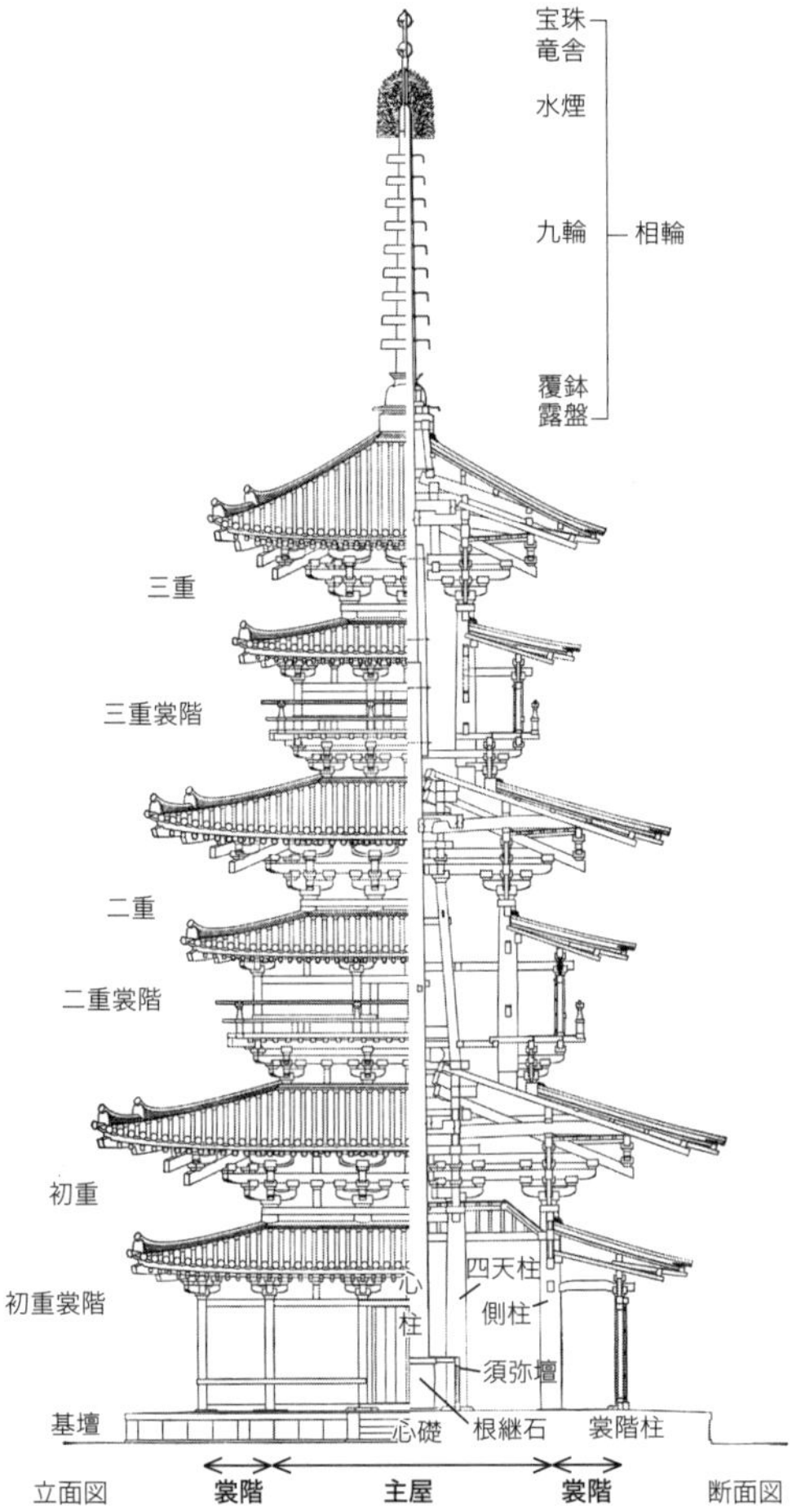

図 8・6　薬師寺東塔の建築構造（出典：『日本建築史基礎資料集成 11』塔婆 I、中央公論美術出版、1984 年、178・179 頁をもとに作成し、加筆）

としています。この使い分けは垂木にも見られ、中心に近いものは丸、外は角の「地円飛角」の方法を取っています。

もう1つが組物の形式で、塔本体の「三手先」は壁から一手、二手、三手出す最も格式高い形式で、裳階は手先の出ない平三斗です。もう1つ細かい例として、木材の材種選択です。日本の古代建築では「ヒノキ」をよく使いますが、ヒノキは圧縮すると潰れやすい木です。特に塔の隅の組物には相当荷重が掛かるので、ここだけ硬い「ケヤキ」を使っています。適材適所に応じた材種の選択をこの頃からしているのです。また巻斗《まきと》の側面を見ると年輪が見えます。この状態から巻斗を90度回転させると木目に沿って割れやすくなってしまうため、割れにくいように年輪を外側に向けて木口を外に見せる「木口斗《こぐちます》」という木の使い方をしています。建物の形だけでなく材種や木の使い方まで含めて考えられているのが薬師寺東塔です。

◇東大寺法華堂

東大寺も平重衡の焼討でほとんど焼けてしまいましたが、いくつかの建物が残っています。その1つが東大寺法華堂で、建立が東大寺よりも古く、金鐘寺《こんしゅじ》という東大寺の前身の仏堂を利用したと考えられます（図8・7）。四面廂の「正堂《しょうどう》」の正面側に「礼堂《らいどう》」と呼ばれる礼拝をする建物が併設されたのが今の形です。現在の礼堂は鎌倉時代の建物ですが、礼拝の場は平安時代には正堂に付属していたと考えられています。また古代建築の組物で手先の出るものは三手先がほとんどですがここでは「出組」という形式で、柱から一手だけ組物を出して桁を持ち出しています。奈良時代の建築では法華堂でしか見られない特殊な形式です。

2つの建物を接合しており、左側が「正堂」で、それに「礼堂」が付いていて、建物同士の間は屋根を組み合わせているので、雨が集まって雨漏りしやすく、雨樋を設けるのがよくある形式です。現在の法華堂は大きな屋根がかかって一体になっていますが、正堂と礼堂の間に残る樋から、2棟を接続したことが、この東大寺法華堂ではわかり、この礼堂の付加は密教本堂への展開のうえでも重要です。

◇法隆寺食堂・細殿

法隆寺でも奈良時代に似たような2棟を並べた建築をつ

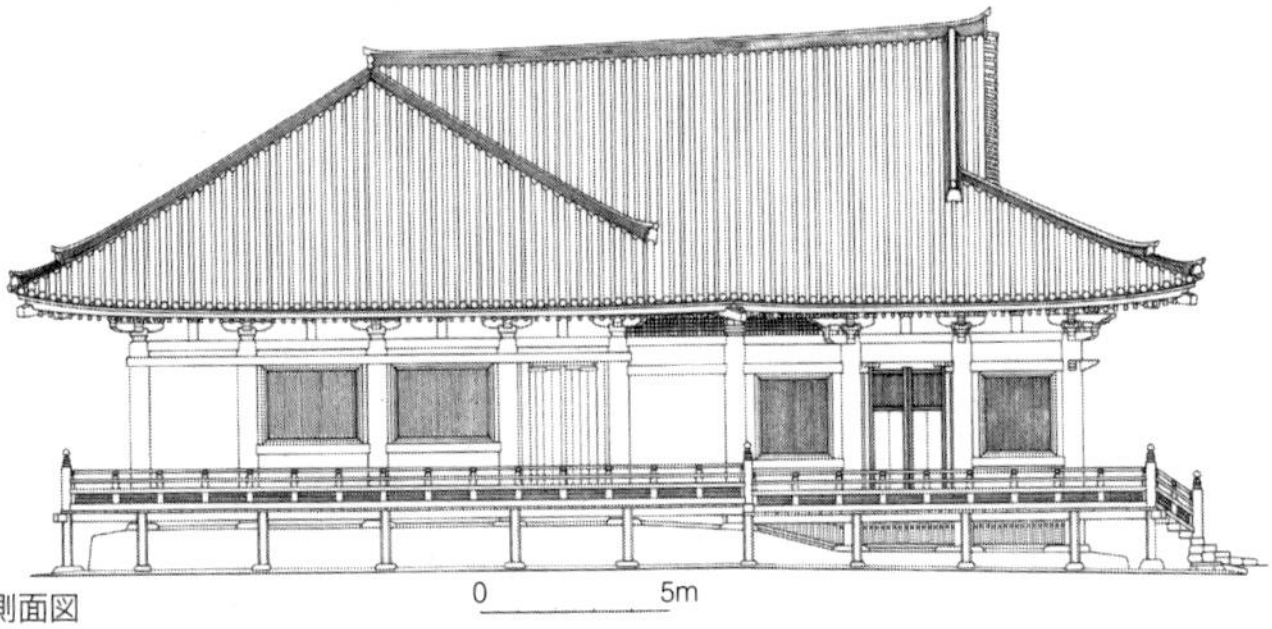

側面図

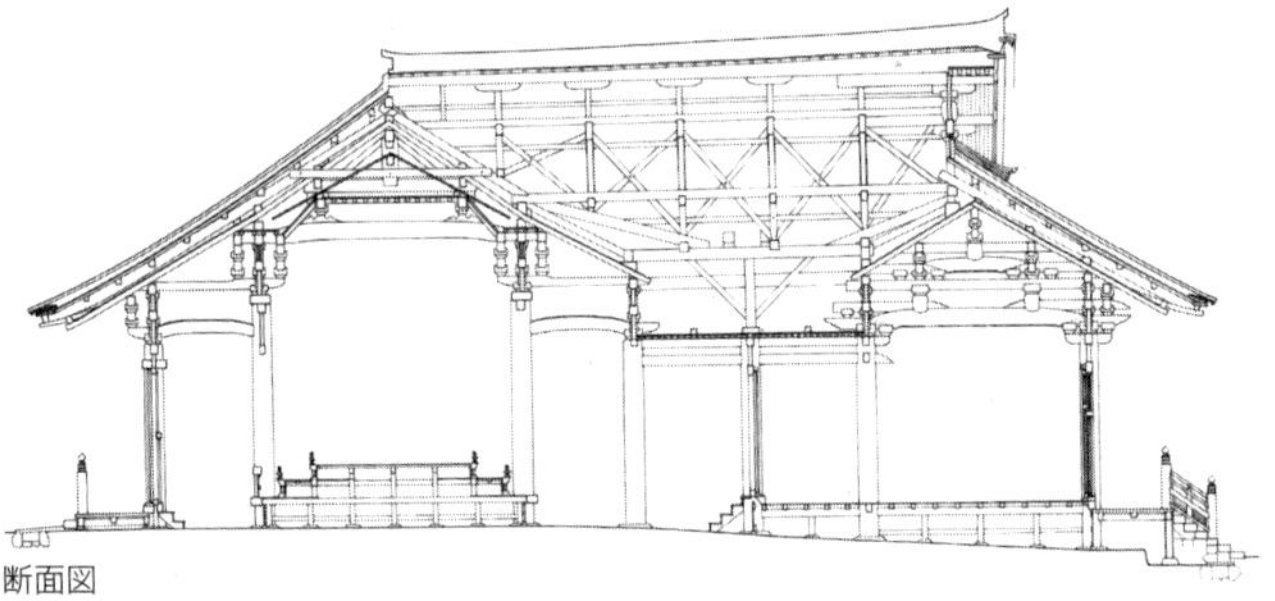

断面図

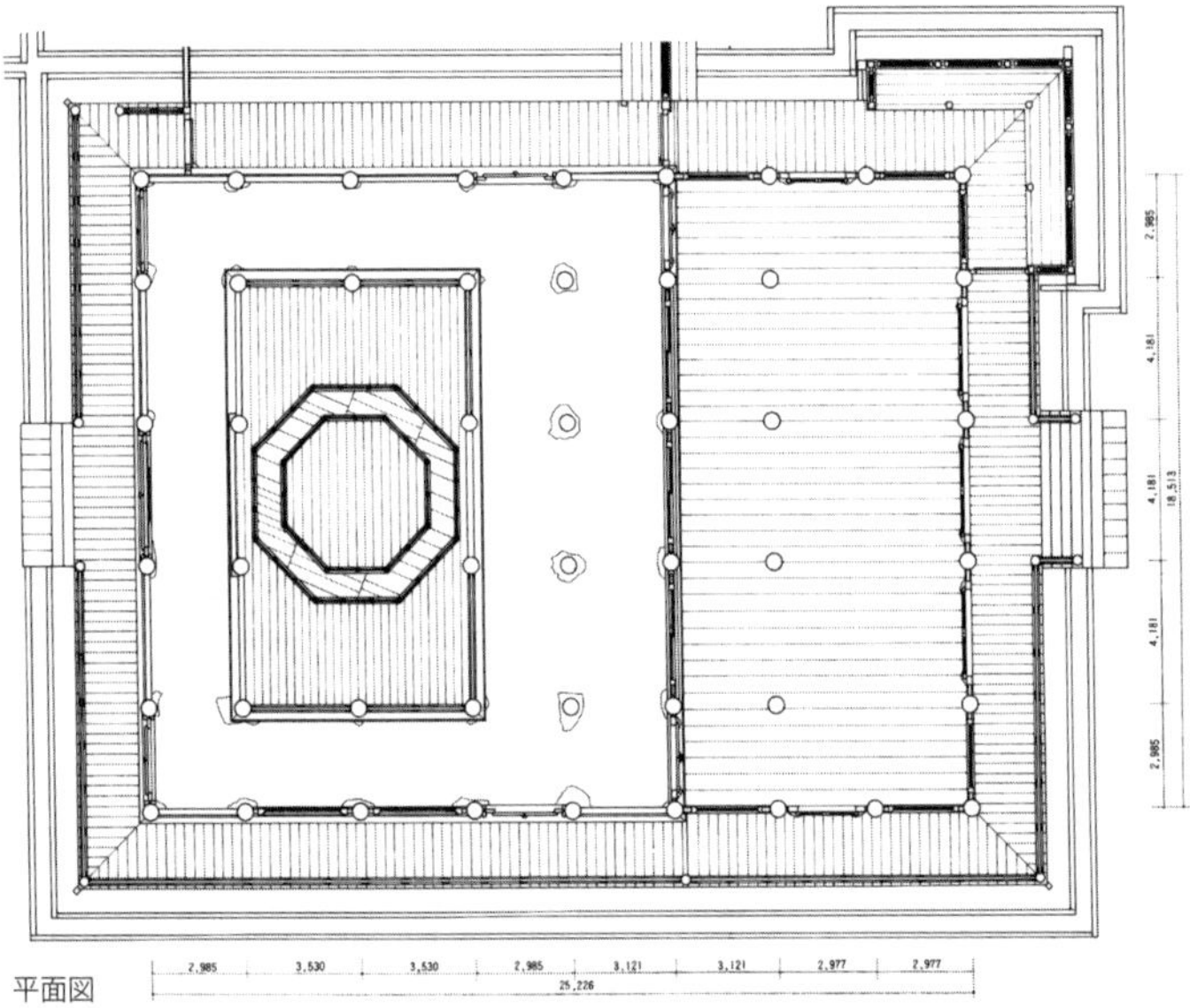

平面図

図 8・7　東大寺法華堂の平面図・断面図・側面図（出典：奈良県教育委員会『国宝東大寺法華堂修理工事報告書』1972 年、第 1 図・第 5 図）

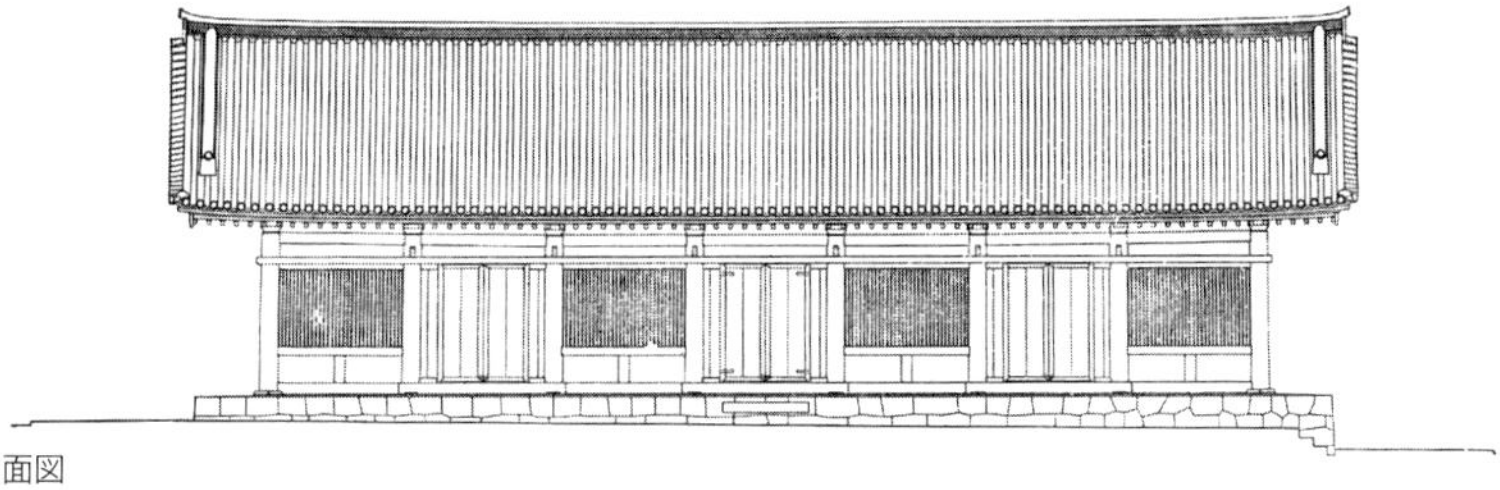

側面図

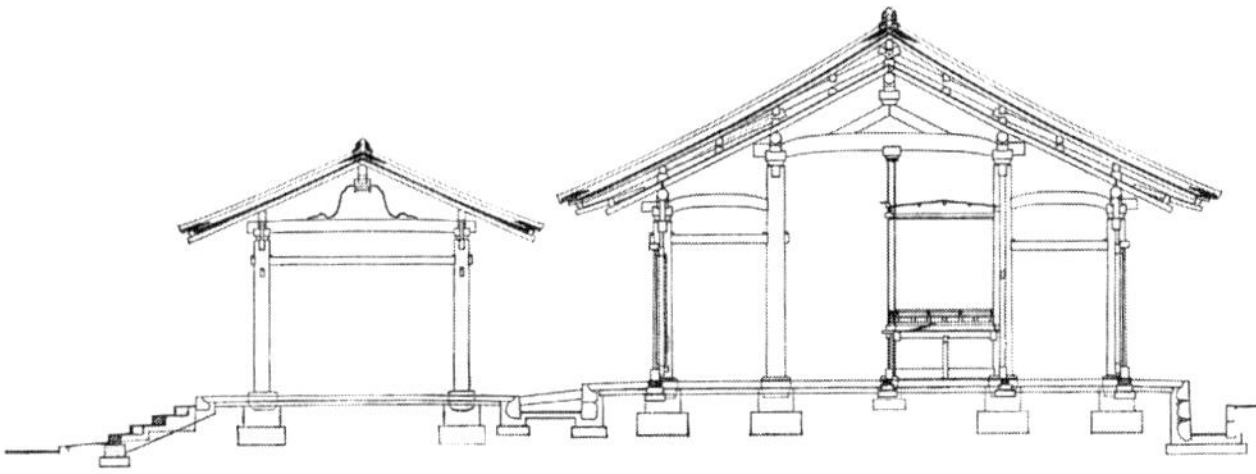

梁間断面図

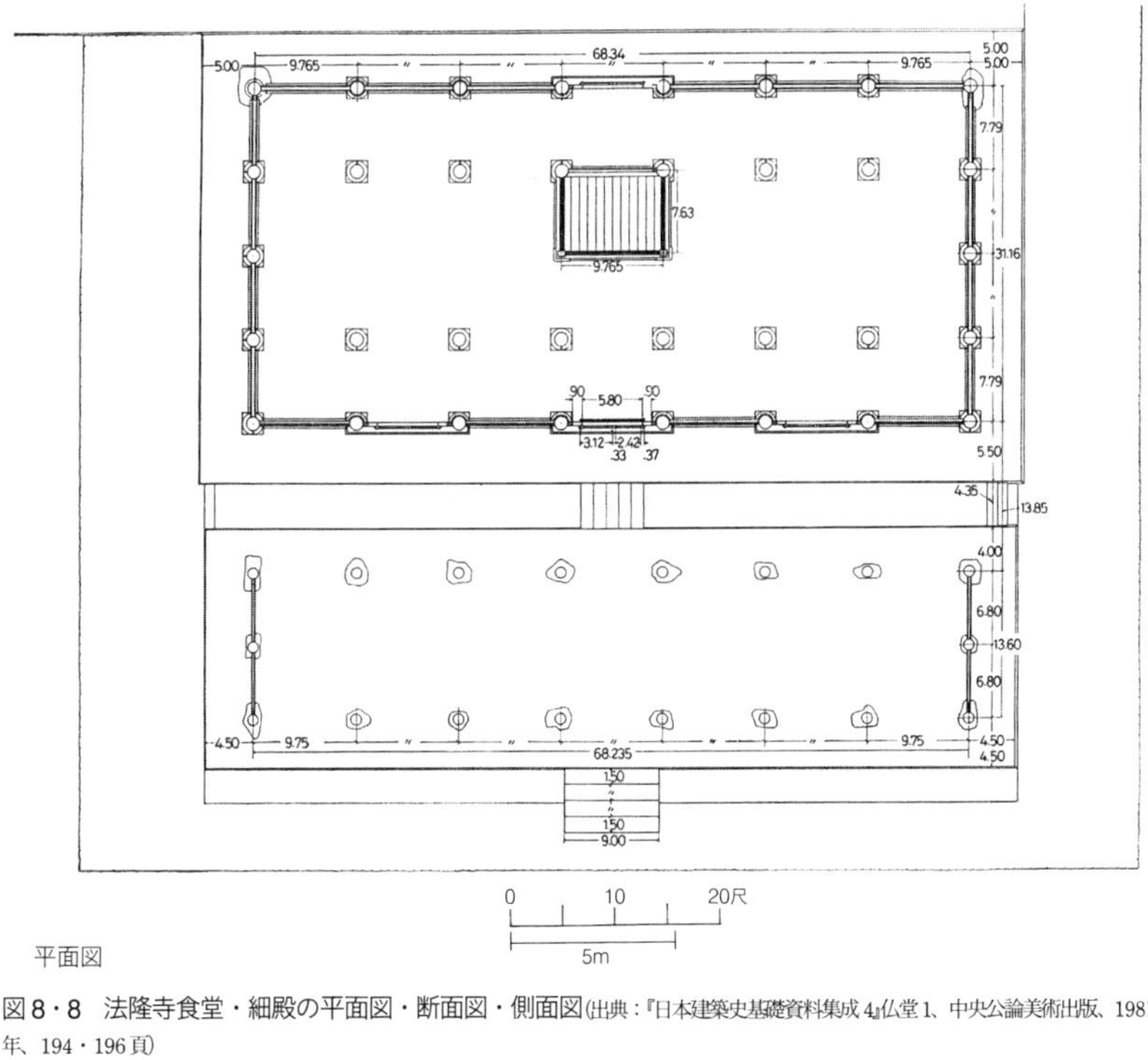

平面図

図8・8　法隆寺食堂・細殿の平面図・断面図・側面図（出典：『日本建築史基礎資料集成 4』仏堂1、中央公論美術出版、1981年、194・196頁）

くっています。その例が法隆寺食堂・細殿です（図8・8）。両方とも切妻造で、現在の建物は鎌倉時代の「細殿」ですが、小さな建物を併設しており、併設の方法は奈良時代後半の西大寺にもあったようです。法隆寺食堂の組物は「大斗肘木」という大斗のうえに肘木を置く簡素な形式で、食堂が塔や金堂と比べると格が低いことと関係しています。

◇法隆寺夢殿

特殊なものとして法隆寺の夢殿があり、これは聖徳太子の供養のためのものです（図8・9）。「八角円堂」と呼ばれる八角形平面の建物で屋根は中央の1点から各点に対して降棟が下りてくる「宝形造」の形式で、頂部には宝珠《ほうじゅ》を乗せています。例えば興福寺北円堂や南円堂など「円堂」は基本的に宝形造にして一番上に宝珠を祀るのが一般的です。円堂は仏ではなく人を祀るための建築であったのが当時の特徴です。当初は左側のように屋根と垂木が近接する形でしたが、鎌倉時代に意匠的にも雨仕舞的にも組物の手先を出し、勾配をきつくして下から見える垂木と本当の屋根を支える垂木が分離して、間に「野屋根《のやね》」という空間をつく

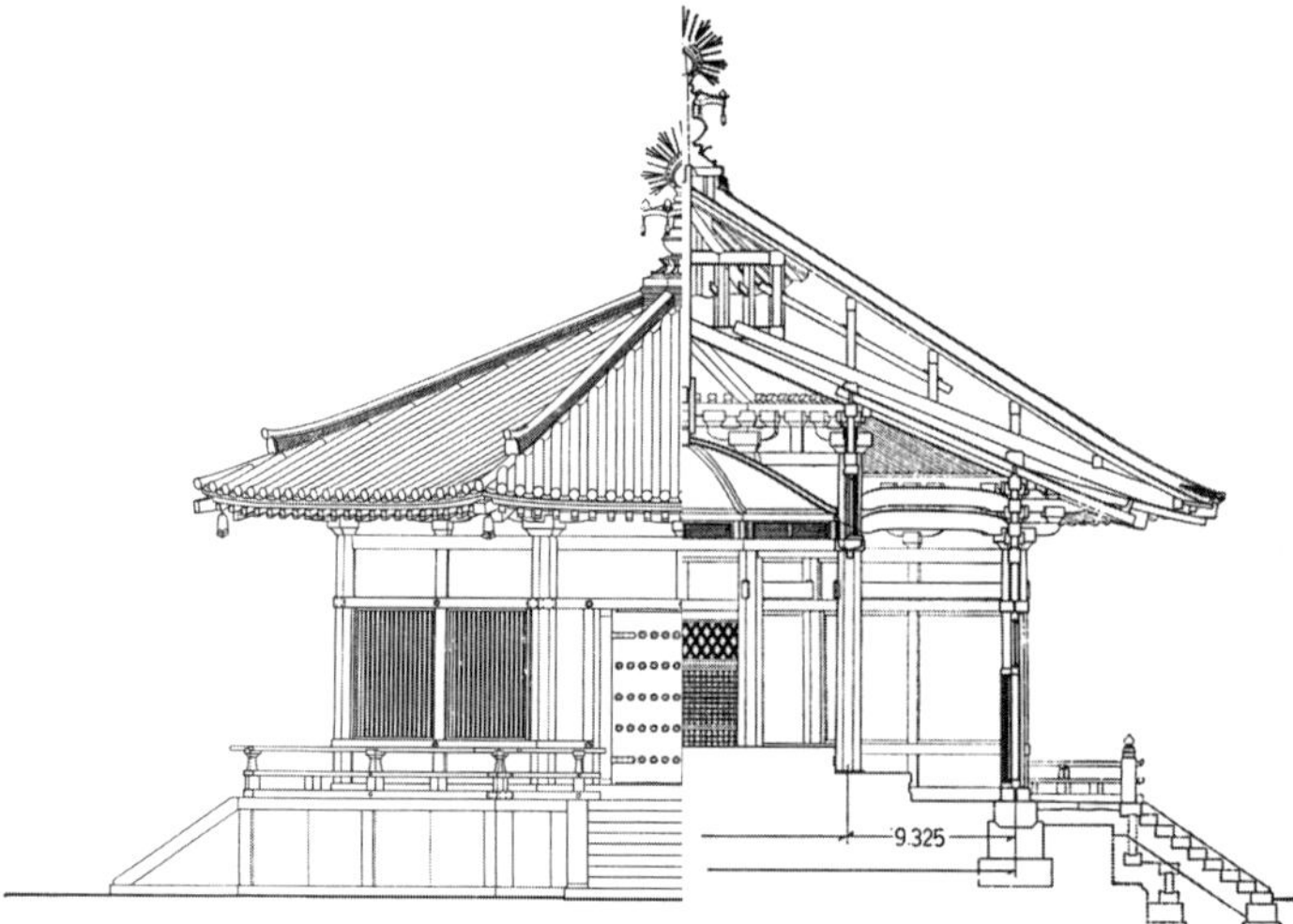

図8・9　法隆寺夢殿の復原立面図と現状断面図（出典：『日本建築史基礎資料集成 4』仏堂 1、中央公論美術出版、1981 年、182・188 頁をもとに作成）

っています。これにより軒の出も大きくなっています。古代建築は構造的に不安定な建築が多かったので、夢殿に限らず鎌倉時代には構造補強、雨仕舞の強化によって、現在まで残っているものが結構見られます。

◇2つの五重小塔

薬師寺東塔が異色の塔であると話しましたが、奈良時代の塔はどのような形なのでしょうか。奈良時代大寺の五重塔や七重塔は1つも残っていません。つまり当時の最高級の寺院の巨大な塔は残っていないのです。そのため奈良時代の五重塔の様子はわからないのですが、海龍王寺《かいりゅうおうじ》と元興寺《がんごうじ》の五重小塔が2つ残っています（図8・10）。両方とも屋外に建つ塔の10分の1の大きさと考えられていて、細部までつくり込まれています。例えば組物の形式も詳細で、かつての技術を知る大きな手掛かりになります。海龍王寺はハリボテで組物なども外側だけをつくっています。一方、元興寺は壁の内側までしっかりつくっていて、まさに建物をそのまま縮小したかのようです。この元興寺五重小塔は国分寺の七重塔をつくるための模型という研究者もいますが、五重塔から七重塔には単に二重足せば良いのかというとそうではありません。塔は上にいくほど柱が狭くなるので単純にいきません。とはいえ、そう考えさせるほど、元興寺五重小塔は精巧につくられています。

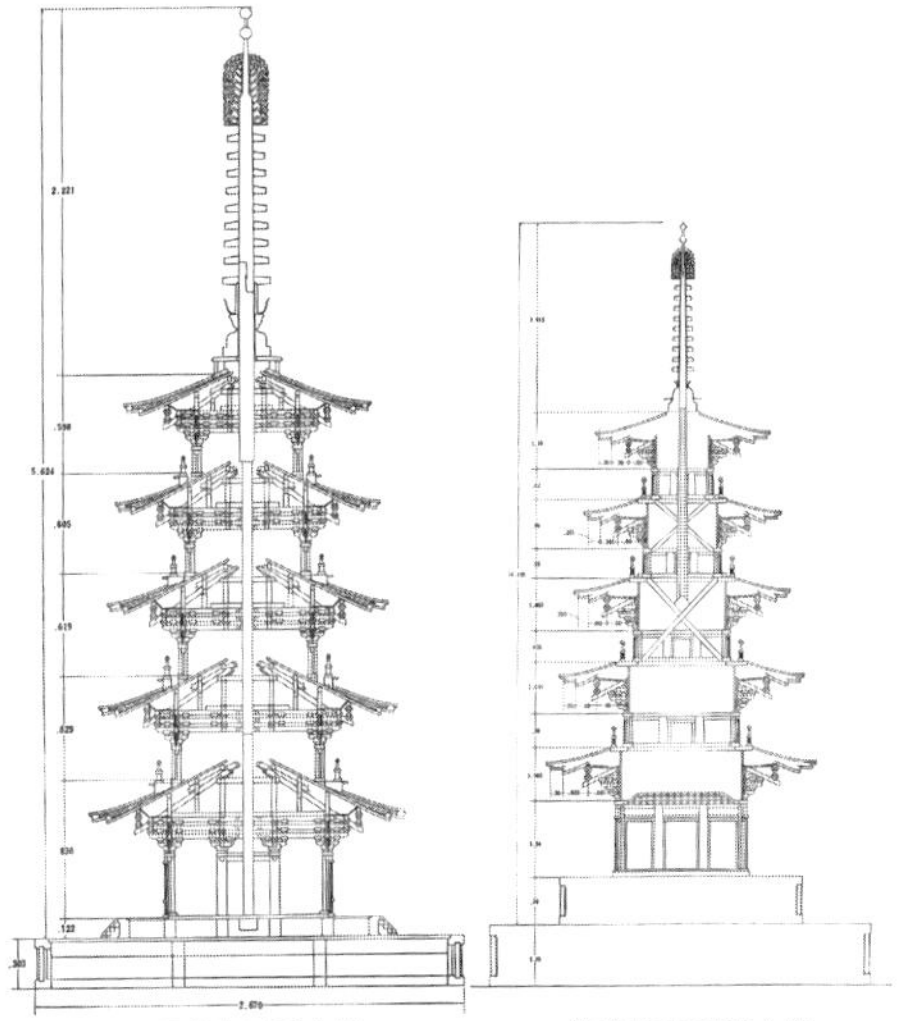

図8・10　2つの五重小塔（左：元興寺、右：海龍王寺）
(出典:『日本建築史基礎資料集成 11』塔婆Ⅰ、中央公論美術出版、1984年、122・125頁)

7　還都以降の現存建築

◇東大寺転害門

奈良時代後半の平城京への還都以降の建築では東大寺の「転害門《てがいもん》」が残っています。転害門は東大寺の西側の門にあたり、桁行3間、梁間2間の「八脚門《はっきゃくもん》」の形式の門です。「八脚」は白壁のある棟通りの4本の柱を「体」と見た時に手前に4本、奥にも4本、全部で8本の脚となる柱があるので八脚になります。ただしこれも鎌倉時代に改造されており、組物の形式も一手出した形式に改造されています。この他にも東大寺には校倉（正倉院正倉・本坊経庫・手向山《たむけやま》神社宝庫など）の焼き討ち以前の建築が残っています。

◇唐招提寺の建築

唐招提寺金堂は正面が1間吹放しで、屋根の下にあっても扉の内側ではない空間があります。なぜこの形かというと元々の伽藍では正面1間の両脇には回廊が付いていたのです。その時には回廊の延長であったので、正面1間は吹放しになっているのです。現在、唐招提寺に残っている奈良時代の建築は金堂と講堂と2つの倉ですが、当初は僧房があってその後ろには食堂がありました。

◇唐招提寺金堂

金堂は桁行5間、梁間2間の身舎に四面廂の付いた平面をしています（図8・11）。元の屋根勾配よりきつくなっていたり、トラスを入れたり、江戸時代や近代の修理でかなり改造されています。金堂は寺院の中でも一番重要な建物なので手先の多い三手先の組物を使い、内部は仏像を祀る身舎空間を折上天井として、一段高くしています。この中心部の身舎は折上天井ですが、周囲の廂の部分は内部より格下の組入天井で、空間の差を表しています。また唐招提寺金堂では大棟の上に「鴟尾《しび》」がのります。鴟尾のうちの1つは平成の大修理まで創建のものがそのまま残っていて、平城宮第一次大極殿や朱雀門の復元、興福寺中金堂（図9・2）の再建の鴟尾では、全てこれを参考につくられています。そのくらいそのまま残っている鴟尾が少ないのです。それこそ近代に入って伊東忠太が平安宮を模して平安神宮を建てましたが、その時もここを見にきて鴟尾のスケ

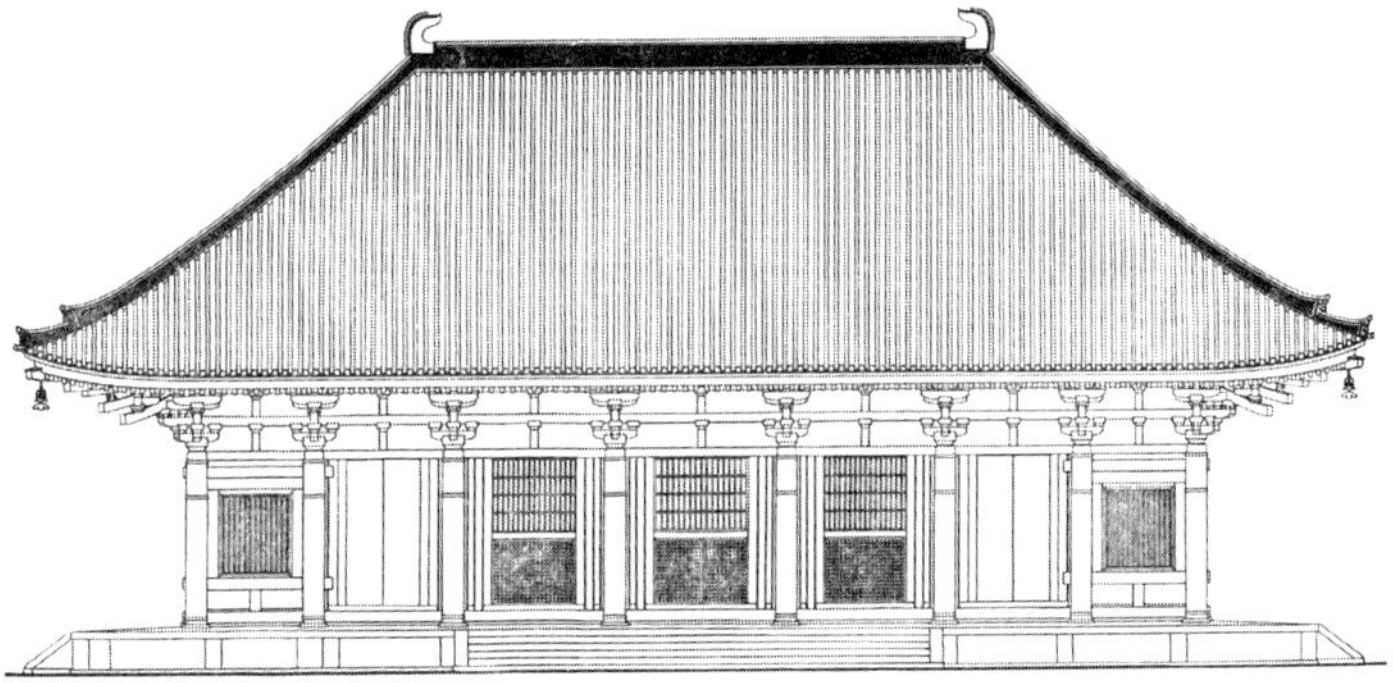

立面図

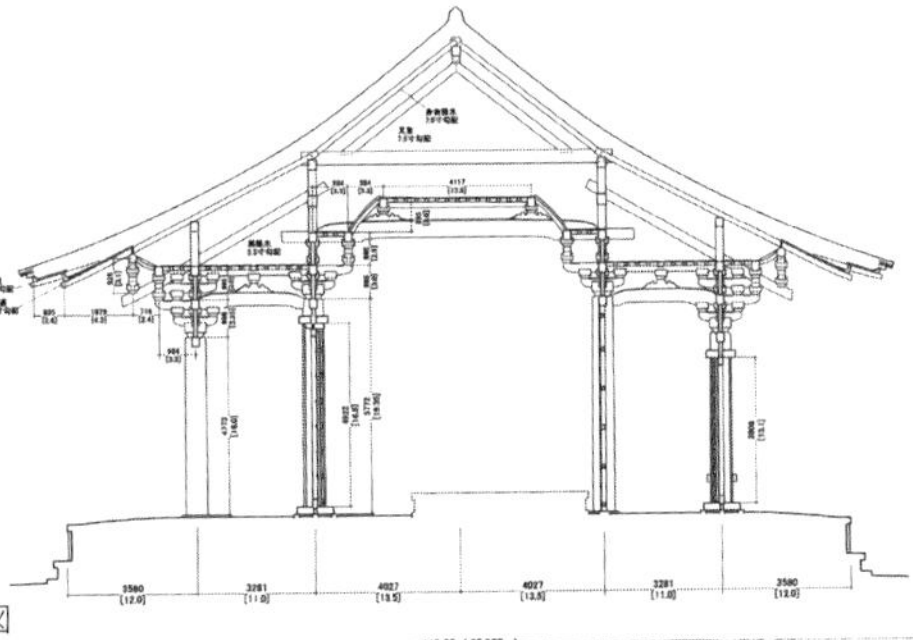

復原梁間断面図

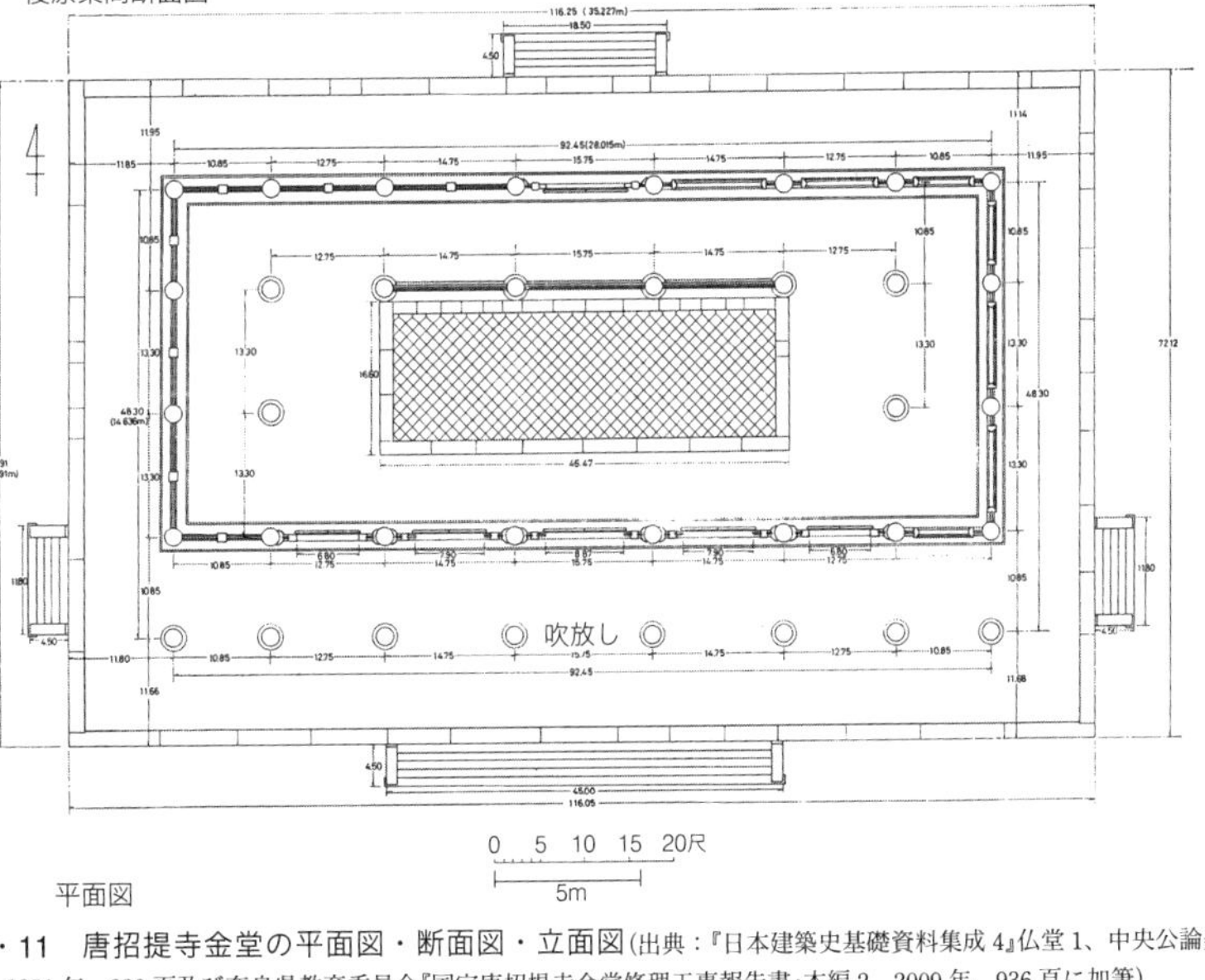

平面図

図8・11　唐招提寺金堂の平面図・断面図・立面図（出典：『日本建築史基礎資料集成 4』仏堂 1、中央公論美術出版、1981 年、230 頁及び奈良県教育委員会『国宝唐招提寺金堂修理工事報告書』本編 2、2009 年、936 頁に加筆）

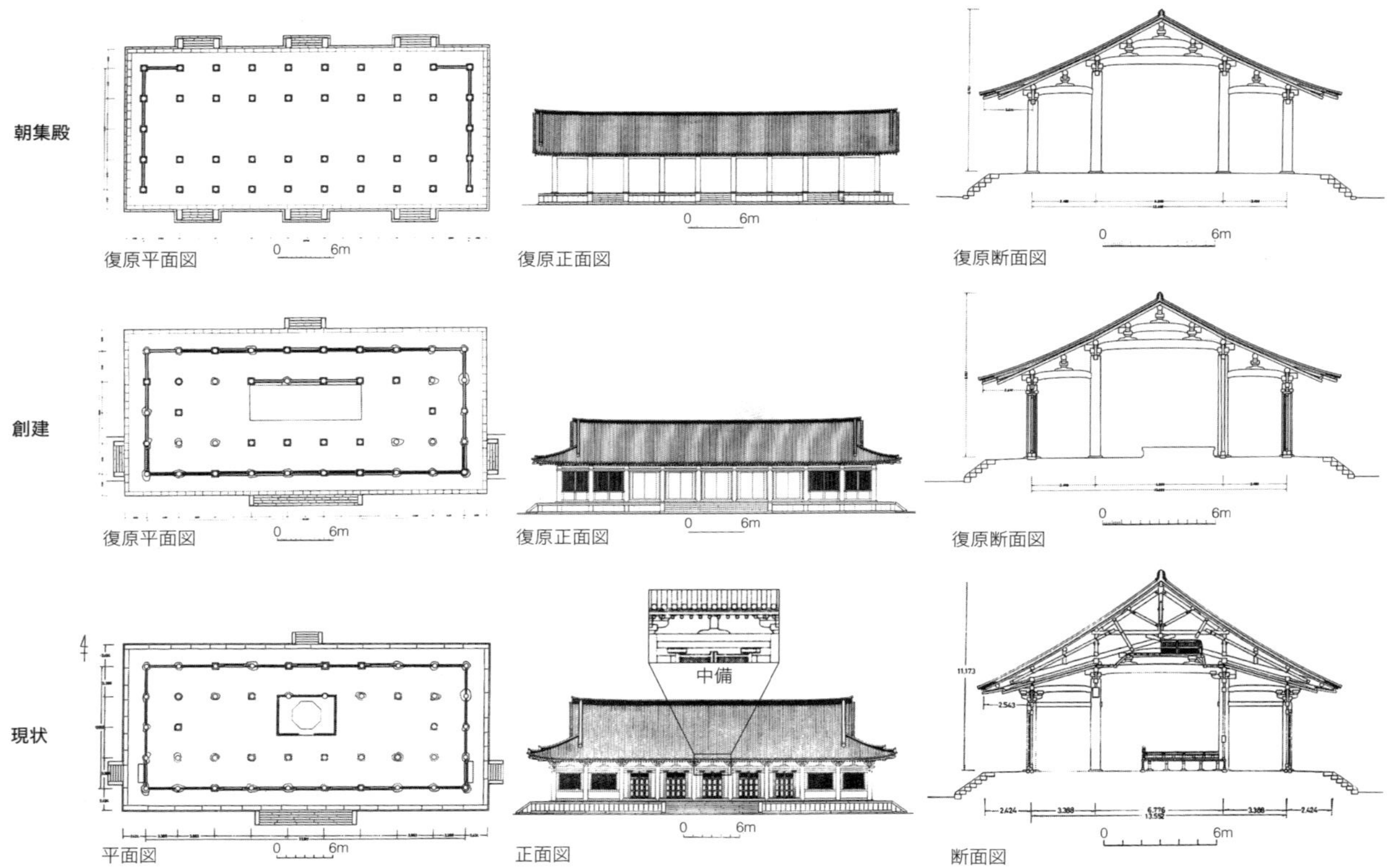

図8・12　唐招提寺講堂の変遷(出典:海野聡「遺構からみた郡庁の建築的特徴と空間的特質」『第20回 古代官衙・集落研究会報告書 郡庁域の空間構成』奈良文化財研究所、2017年、29頁に加筆)

ッチをしています。

◇唐招提寺講堂

もっと面白いのが後ろの唐招提寺講堂で、この講堂はたくさんの情報を持っています（図8・12）。唐招提寺金堂が桁行7間梁間4間ですが、講堂は桁行9間梁間4間で講堂の方が大きいです。この講堂は元々、平城宮の東朝集堂を移築してきました。金堂と比べると特徴的な点がいくつかあって、第一に唐招提寺金堂の屋根が寄棟造であるのに対し、講堂は入母屋造で屋根の形が違います。組物を見ると、現在の講堂の組物は出三斗に変わっていますが、当初は大斗肘木でした。金堂の三手先に対し、講堂は手先が出ない大斗肘木や手先の小さい出三斗なのです。このように屋根の形や組物にも金堂と講堂で格の違いが表現されています。

中備《なかぞなえ》も特徴的です。通常の蟇股《かえるまた》は肘木より少し大きいくらいで斗がのりますが、唐招提寺講堂の「蟇股」は何か形が変で、蟇股と斗の間に束が入っています。これは鎌倉時代の組物の変更にともなうもので、元々の大斗肘木では長い肘木が大斗のうえに載っていたところに、後で肘木や斗を足しているため、組物が高くなっているのですが、そうすると中備も高くしないと困るので、元々の間斗束に蟇股を足したのです。その痕跡がここに出ているわけです。

さらに講堂の解体修理では色々なことがわかっていて、元々の平城宮東朝集堂では切妻造だったものが、唐招提寺に移ってきた時に四面廂・入母屋造の仏堂らしい形に生まれ変わりました。さらに鎌倉の改造で組物の形式や急勾配の屋根に変わっているのです（図8・12）。

◇新薬師寺本堂

もう1つ例を挙げると、新薬師寺本堂も奈良時代後半の仏堂として重要です（図8・13）。ここでは桁行7間梁間5間の平面が特徴的で、梁間5間のうち、身舎が梁間3間（普通ならば2間）で奥行が深いのです。なぜ梁間3間かという謎を解くには、新薬師寺の伽藍配置を考える必要があります。新薬師寺では金堂が別の場所にあって、本堂は元々、食堂だったと言われています。食堂は平面規模を大きくする必要があり、新薬師寺本堂の梁間3間の特殊な形をしていると考えられています。もう1つ特徴的な点が大

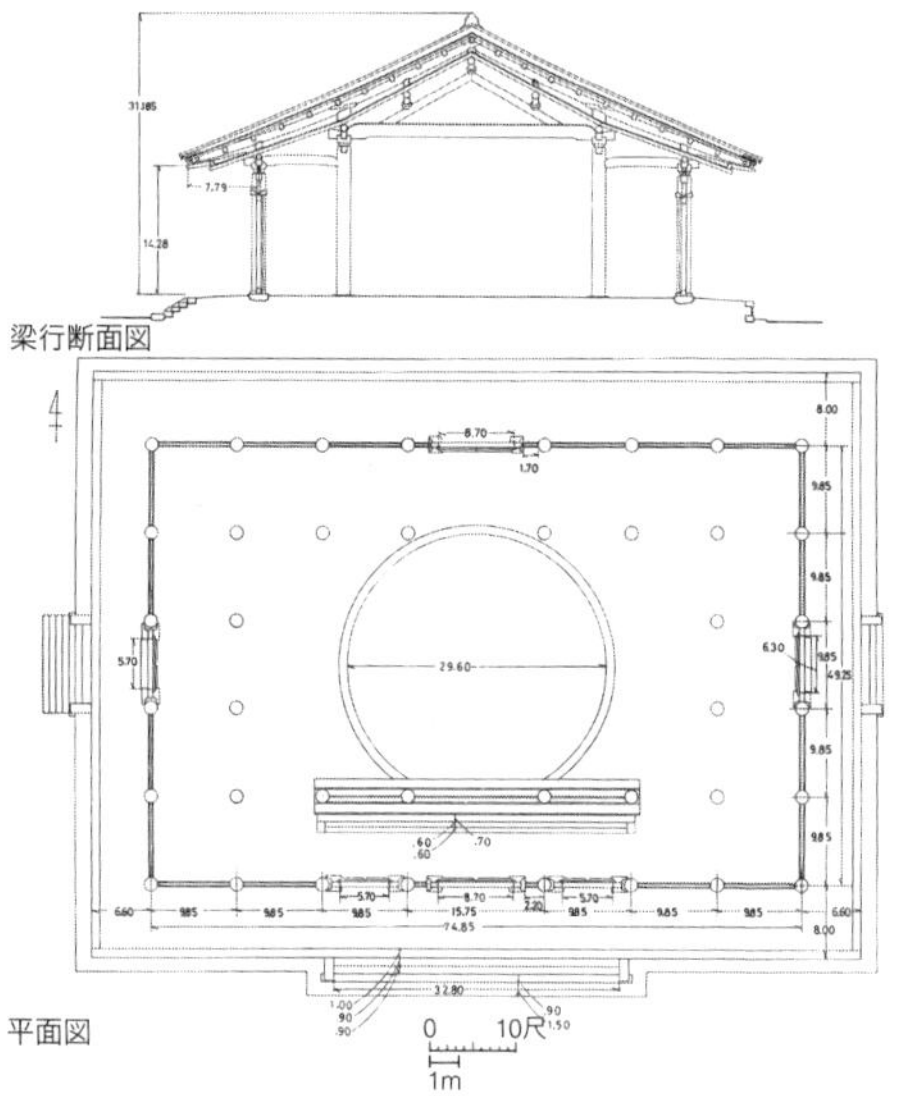

図8・13　新薬師寺本堂の平面図・断面図（出典：『日本建築史基礎資料集成』仏堂1、中央公論美術出版、1981年、210・211頁）

きな扠首《さす》で、扠首組では通常、扠首の途中で母屋桁《もやげた》を受けることはなく、棟木を置いたら柱筋の上のところまで母屋桁は置きません。そのため梁間の大きい建築では扠首を使わないのですが、新薬師寺本堂では使っていて、ここも特徴的です。ちなみに創建唐招提寺金堂の復原でも扠首を用いているのですが、扠首の間には母屋桁はありません（図8・11）。

◇校倉造

最後に建築の形式として「校倉造《あぜくらづくり》」を挙げておきます。校倉造は累木式（横木を積んでいく形式）で空間をつくる方法です（図2・11）。寺院建築とともに入ってきたとされますが、倉では神社の板倉の形式もあります。板倉は柱と柱の間に板を落とし込む形式で、これと比べると校倉造の形式は寺院に多く、板倉とは別系統と見られます。ちなみに巨大な正倉院正倉も1つの倉ではなく、南北の2つの校倉と中央は板倉の3つの倉がセットになった形式です。それぞれの倉が別年代という説もありましたが、年輪年代学法で材の伐採年代がほぼ同じで、当初から一体で建てられたとされています。

さて奈良時代の寺院の中心部は今回でおしまいです。次回は寺院のサポート施設や周辺施設、そして加工するための道具の話をしていきたいと思います。

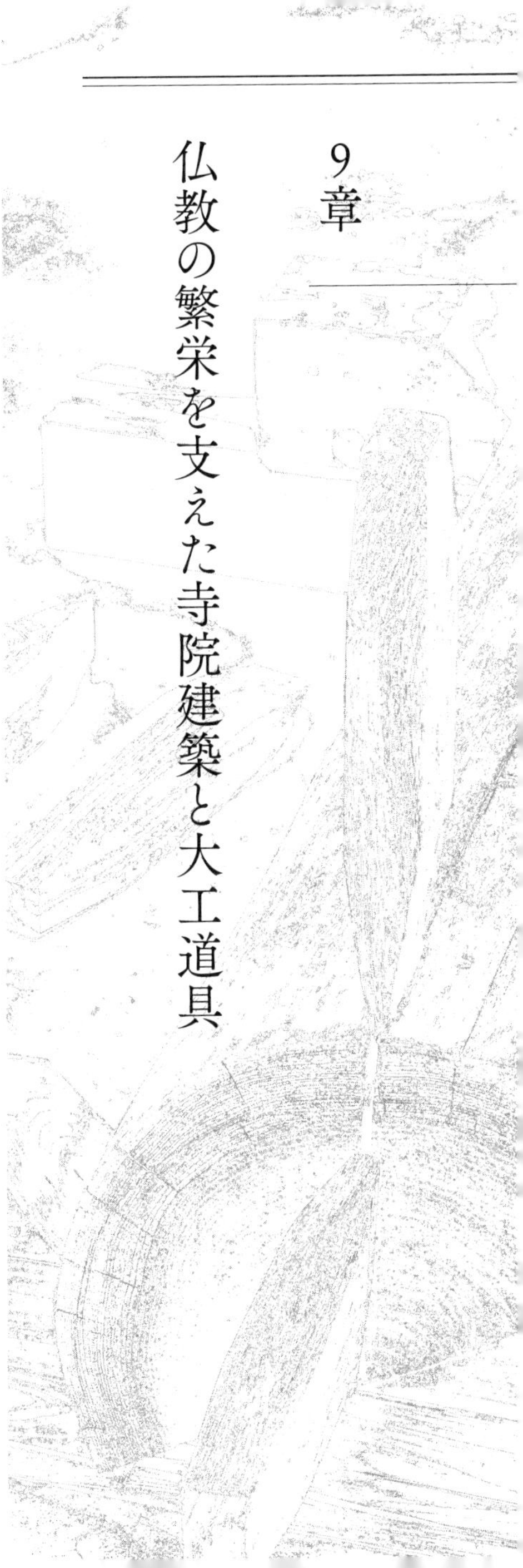

9章 仏教の繁栄を支えた寺院建築と大工道具

1 飛鳥時代から奈良時代へ

◇規模と技術の変化

これまで金堂や講堂などの寺院の中心的な建築を話してきたのですが、僧侶の生活のための僧房や食事のための食堂、寺院経営を支える施設も寺院にはあります。それらの木造建築をつくる加工道具についても最後に触れます。

まず、飛鳥時代と奈良時代の寺院建築の一番の違いは建物規模です。例えば、飛鳥寺東金堂、山田寺金堂、残っている法隆寺の金堂は飛鳥時代を代表する3つの金堂です。律令体制が確立して、藤原京や平城京のような都城がつくられるより前の時代の寺院です。対して、藤原京の大官大寺あるいは本薬師寺、あるいは平城京に移ってきた興福寺、薬師寺の建築は飛鳥の建築に比べると巨大化しています。

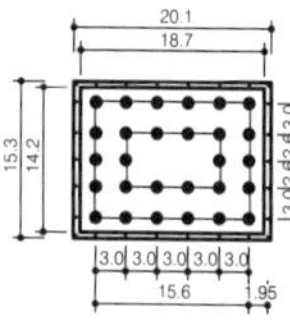

飛鳥寺（東金堂）

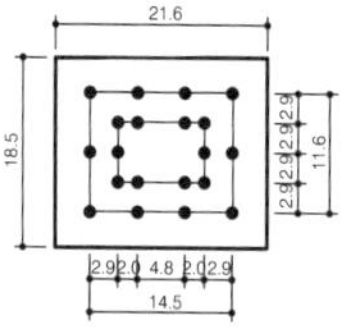

山田寺

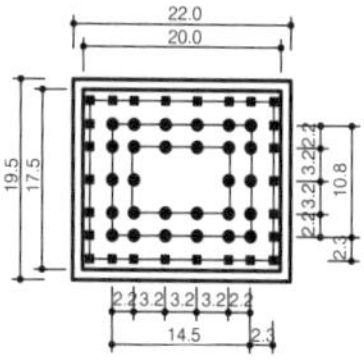

法隆寺

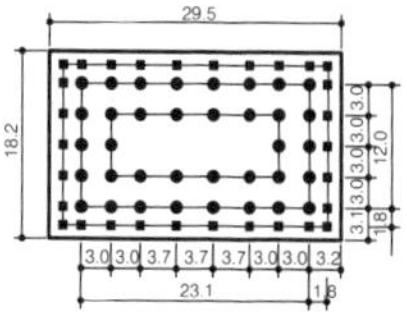

本薬師寺

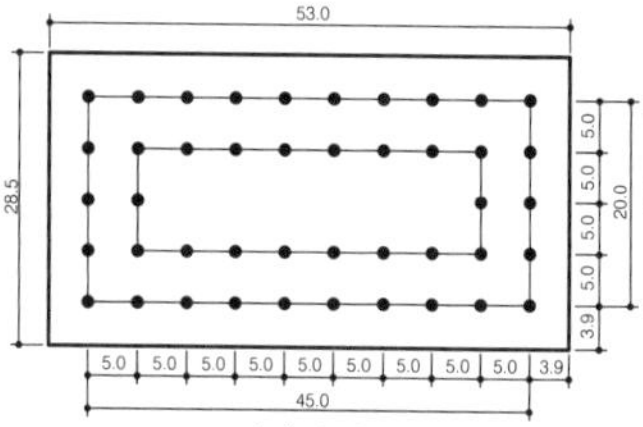

大官大寺

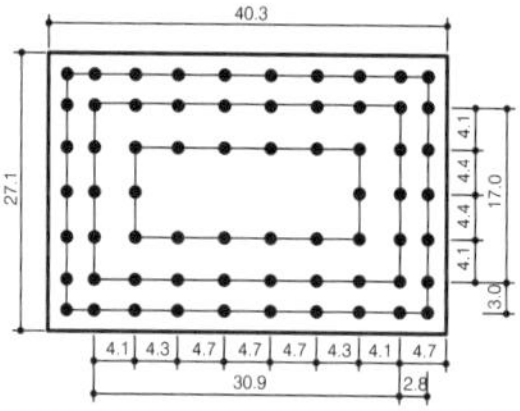

興福寺

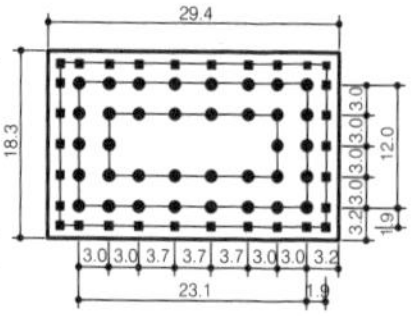

薬師寺

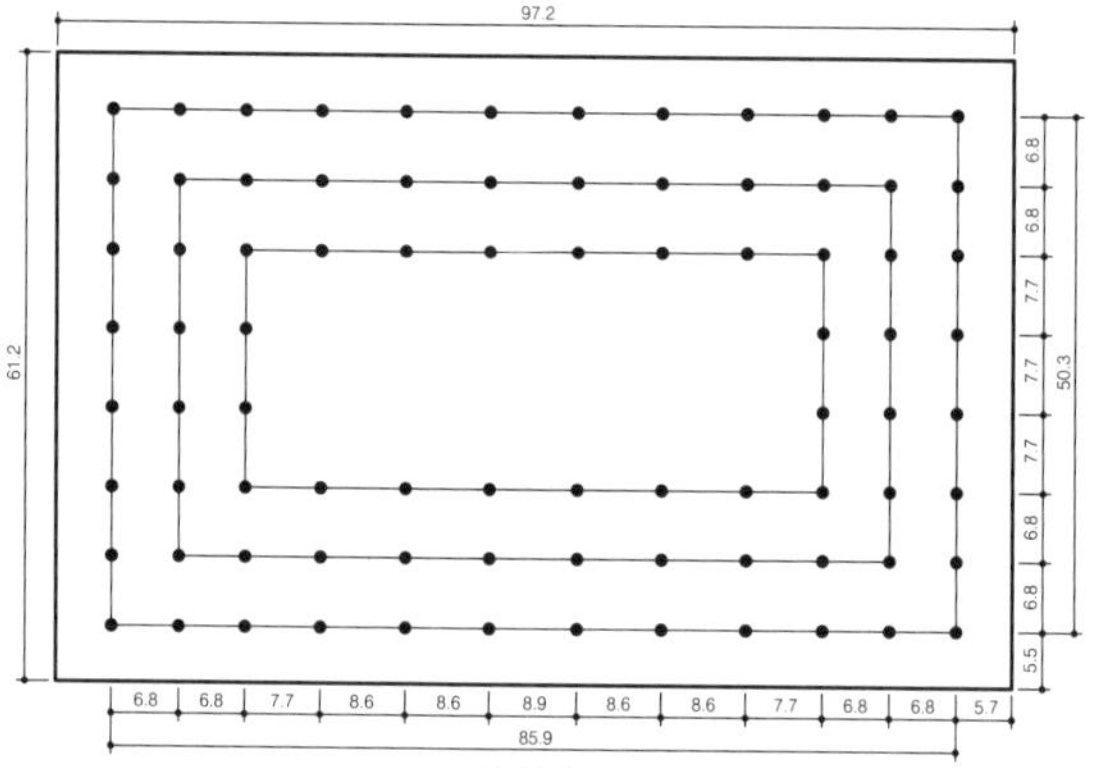

東大寺

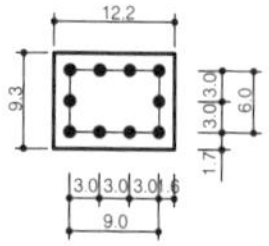

海竜王寺 (西金堂)

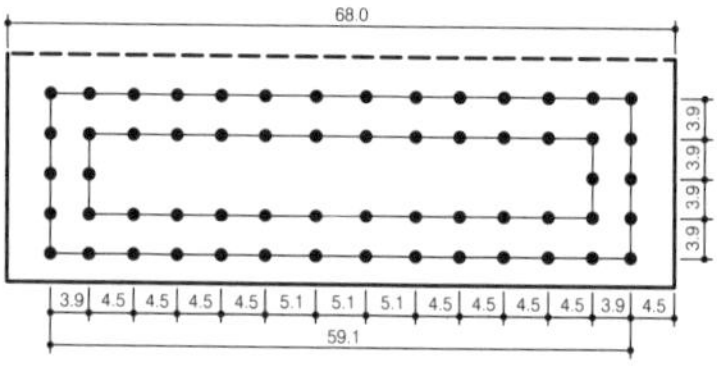

新薬師寺

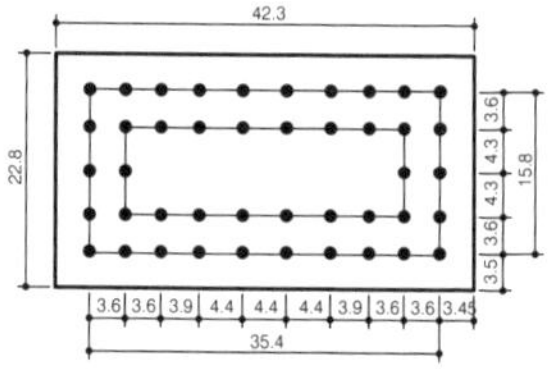

西大寺薬師金堂

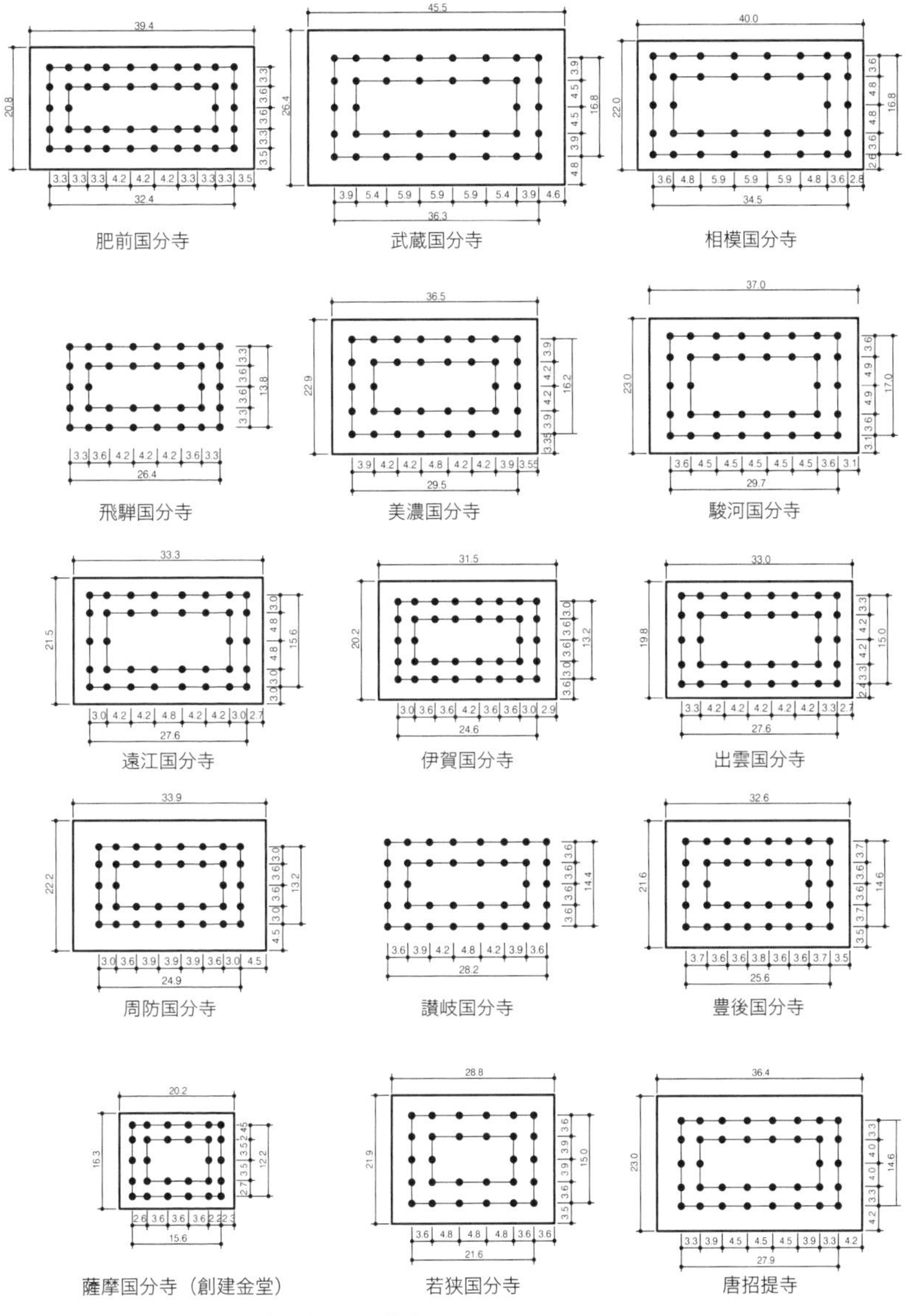

図9・1　奈良時代の主要寺院金堂の平面模式図

1つには飛鳥時代の建築技術と、その後に唐から入ってきた建築技術の違いもあるのですが、金堂の建物規模や形式は律令という社会システムを表していました（図9・1）。

大寺の建築の中で、いわゆる南都（奈良）の大寺、平城京の大寺を見ると屋根の形に特徴があります。ただし奈良時代の建築では、唐招提寺金堂や海龍王寺《かいりゅうおうじ》五重小塔は残っているのですが、東大寺や興福寺などの第一級寺院の金堂・塔は残っていません。第二級といっては失礼ですがワンランク落ちたクラスのものしか残っていないのが現状です。

◇大寺の金堂の屋根

奈良時代の寺院は平安時代以降も力を持っていたので色々な僧侶の活動や見学の記録が残っています。例えば、東大寺に関して『七大寺巡礼私記』という平安時代に貴族（大江親通）が南都を訪れた時の書き付けがあり、ここに大仏殿について「有（裳）層仍二蓋」と書かれています。蓋《ふた》という字は屋根のことで、二蓋は屋根2つという意味です。さらに別の記録からも東大寺大仏殿は二重だったとわかります。他にも奈良時代の主要な寺院金堂は二重屋根だったらしいことが様々な文献から見えてきます。

薬師寺では『薬師寺縁起』の中に金堂は二重の二閣という書き方をされています。西大寺に関しては『西大寺資財流記帳』という財産目録には2つ金堂があって、弥勒金堂の所に「二重」とあるので二重らしいとわかります。元興寺は金堂や堂舎等の建物を修理する時の記録に桁行7間、二重の瓦葺の金堂とあります。一方で大安寺は財産目録である『大安寺伽藍縁起并流記資財帳《かがんえんぎならびにるきしざいちょう》』に金堂の規模が書かれますが、屋根が二重かどうかは記されず、わかりません。

◇国分寺金堂と平城京の大寺金堂

中央の大寺金堂の状況を踏まえて、古代の律令制のもとで寺院金堂を比べてみると国分寺の金堂の形が問題になってきます。国分寺金堂は8世紀の中頃にはできていたと発掘調査や文献からわかるのですが、地方にも国分寺よりもさらに古い時代の白鳳寺院がつくられていました。建物規模でこれらと国分寺金堂を比べると、国分寺金堂は破格に大きいのです（図9・1）。白鳳寺院では山田寺や飛鳥寺の金堂のサイズが多いですが、それと比べてみても国分寺金堂は大きく、平面を見るとどうも大体桁行7間、梁間4間で、その規模は唐招提寺金堂と似ています。さらに建物の下の基壇の大きさと柱配置を見ると、柱配置は身舎の周囲に廂が廻る四面廂、軒の出が大きいことから組物も三手先の組物、出土瓦から瓦葺であったのではないかということが見えてきます。こういった構成を見ていくと国分寺金堂はそれぞれバラバラの規模で個別につくられているのですが、唐招提寺金堂の平面や規模とよく似ています。

さて平城の京内の第一級の寺院、例えば東大寺大仏殿や興福寺中金堂と唐招提寺を比べたら、前者は圧倒的に大きいですよね。ただ平面が大きいだけでなく柱配置が身舎と廂のさらに外側にもう一周の柱列があります。これを裳階《もこし》と言いますが、京内の第一級寺院金堂ではこれが付き、東大寺以外の主要な金堂では桁行7間、梁間4間に裳階が回る平面です（図9・1）。平城宮第一次大極殿の規模が桁行9間なのでそれに配慮して、裳階を除いた建物本体は、これより少し小さい桁行7間としています。

例外が大官大寺や東大寺、新薬師寺でこれらは全て天皇や皇族が発願（計画）したものです。これを見てみると国分寺の金堂は7間4間の裳階がない平面であるのに対して京内の第一級寺院金堂はこの平面にさらに裳階を足して、二重に見せている形に見えてきます。つまり奈良時代の京内の最上級の金堂は二重に見せる「7×4間・四面廂＋裳階」の形であるのに対して唐招提寺や国分寺の金堂など、地方で第一級寺院あるいは京内の第二級寺院になると裳階がない「7×4間・四面廂」の平面であったと考えられます（図9・1）。要は奈良時代の金堂は寺院のランクによって屋根が二重か一重か、規模などが決まっていたのです。

興福寺中金堂は、発掘調査で非常に良く残っていたことがわかった例で、階段も残っています。基壇を見ると、柱配置が身舎と廂の部分があり、その外側をぐるっと裳階が回っています。平面図を見ると中心部分に身舎、その四周に廂、最外周には裳階があります（図9・1、9・2）。14世紀に興福寺を描いた『春日社寺曼荼羅』では中軸線上に手前から二重の南大門、単層の中門、奥に中金堂、その後ろに講堂があって、三面僧房が講堂の裏に描かれています。

図9・2　興福寺中金堂（再興、上）と唐招提寺金堂（下）

中金堂を見ると二重で寄棟造の屋根で描かれています。大事なのは7間4間の主屋に対して、その外側に裳階を回した形をとっていて、屋根を二重にすることで京内の第二級寺院よりも格式の高い金堂としていることです。

2　奈良時代の僧房

◇興福寺の僧房

僧房や食堂院などの僧侶の生活の場を見ていくと色々なことがわかってきます。とはいえこれらは中世以降、僧侶が子院などに移っていったこともあり、改造や破却されてしまうことも多く、あまり残っていません。また時代が下って、寺院が勢力を失ってくると、奈良時代の大寺院も多くの僧侶を抱えるのが難しくなってきます。

現存建築では元興寺に僧房を改造した本堂・禅室が残っています。鎌倉時代のものですが、元興寺僧房の部材を再利用してつくったのがこの極楽坊本堂・禅室です（図9・3）。解体修理した部材を元に復原していくと桁行方向の柱間ごとに区切った空間が連続して並んでいたのが見えてきます。房というのは1つの柱間の単位のことを言い、房ごとに僧侶が生活していました。同じように古代の僧房が法隆寺に2つ残っています。1つは東室（奈良時代）、1つは妻室（平安時代）で、2棟が並んでいます。これらの僧房は金堂や五重塔のある金堂院の一角の東方にあります。この南北に長い妻室《つまむろ》と東室《ひがしむろ》が相対して並んでいて、それぞれ房に分かれているのです（図9・4）。

興福寺の僧房も、発掘で柱配置のわかる礎石がでてきて、

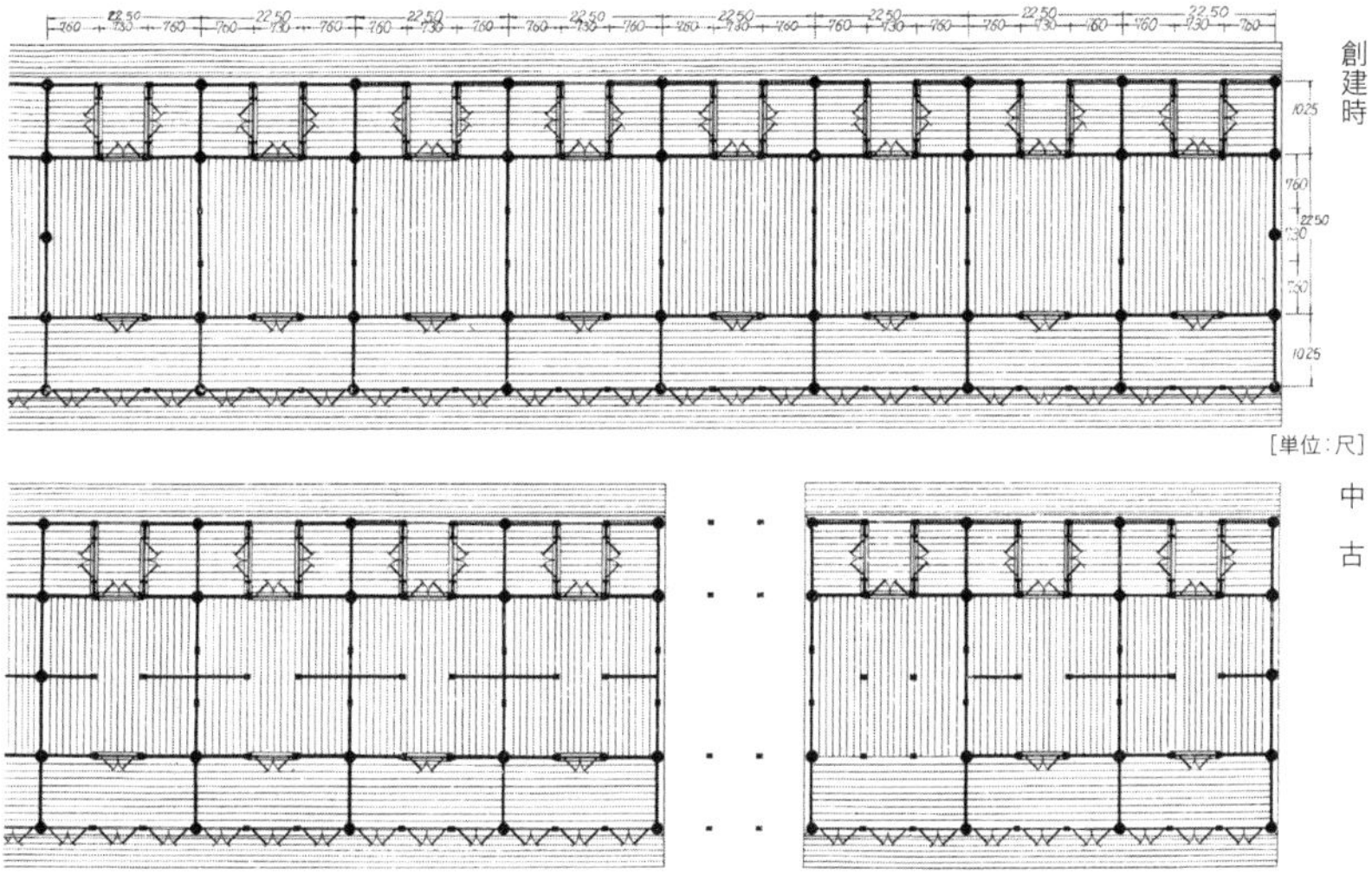

図9・3　元興寺僧房の復原図（出典：鈴木嘉吉『古代寺院僧房の研究』中央公論美術出版、2016年、104頁）

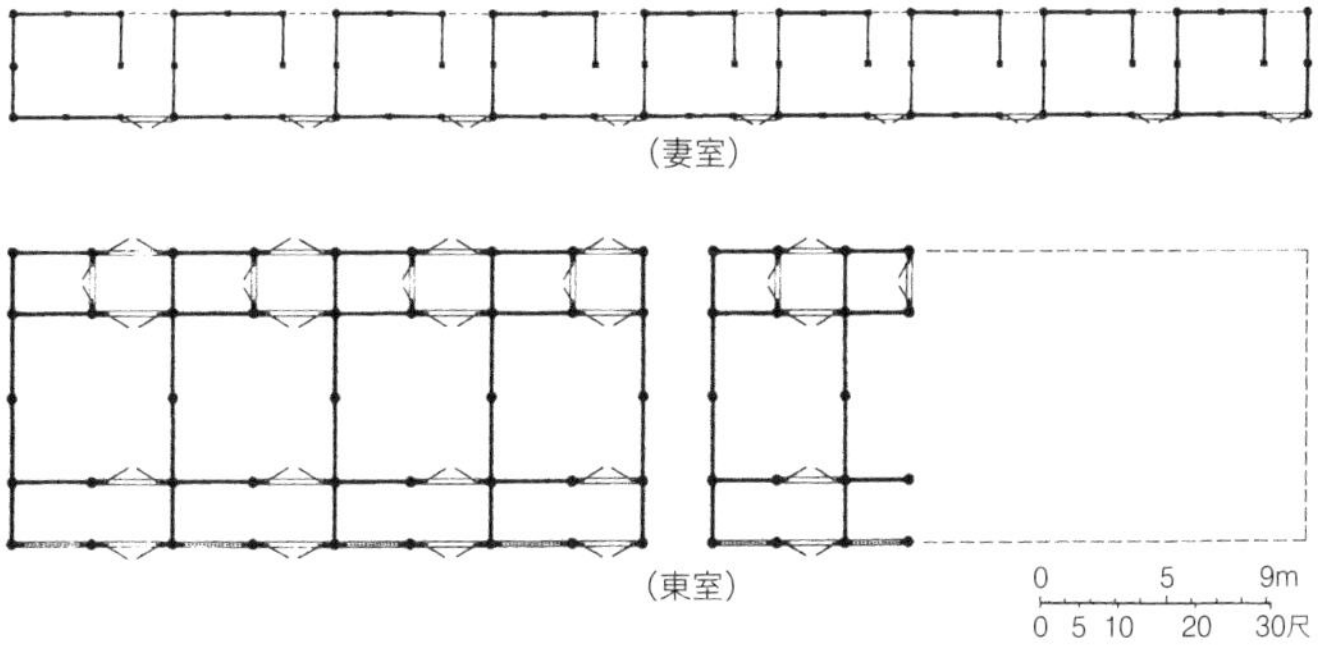

図9・4　法隆寺妻室・東室の復原平面図（出典：日本建築学会編『日本建築史図集』新訂第3版、彰国社、2011年、15頁）

細長い房が並ぶとわかってきました（図9・5）。もう1つ妻室と東室と同様に小子房《しょうしぼう》という細長い建物と僧房本体の2棟が並ぶ想定が見えてきました。この形は『春日社寺曼荼羅』にも細長い小子房と梁間の大きい大房が2つ並んで描かれ、発掘調査と一致するので、信用できそうです。大房《たいぼう》と小子房《しょうしぼう》の2つの構成ですが、大房は梁間4間、桁行10間で桁行方向の長い構成です。梁間を拡大するのは構造的に大変なので、桁行方向に長い形をとっています。小子房は梁間2間、桁行10間で、『春日社寺曼荼羅』では大房からかなり離れて描いていますが、発掘調査すると両者の間は約2・5mしかなく、両者が近接する位置にあったとわかりました。奈良時代建築の軒の出は短いもので1・2〜1・5m、長いもので3m強で、ここでは大房と小子房の両方から軒が出てきたらほぼ近接する位置で、両者が一体的に使われたと考えられます。僧侶にも偉い僧侶とお付きの僧侶がいて、両者の部屋の違いを表している可能性も考えられます。僧侶が食堂《じきどう》に集まって食事することも大事な修行なので、食堂の位置も重要です。講堂の周りに三面僧房が回ってくると話しましたが、伽藍内の僧の移動を考えると、伽藍配置における食堂と僧房の関係も重要です。

◇伽藍配置における僧房と食堂

食事をつくるにも調理する厨《くりや》、ご飯を炊くための大炊殿《おおいどの》、食料を置いておく倉庫など色々と複合的な施設が必要です。食堂は毎日の生活に密接に関わる大事なものなので、バックヤード的な性格であっても伽藍の近く、中軸などにあったりします。例えば薬師寺では南大門、金堂、講堂、その後ろの中軸線上に食堂があります。すると調理や食料のストックのスペースは食堂の近くにはなかなかつくれません。一方、興福寺では食堂をあえて中軸から外し、伽藍北東側につくって、周辺に複合的な大炊殿、厨、倉庫などの必要

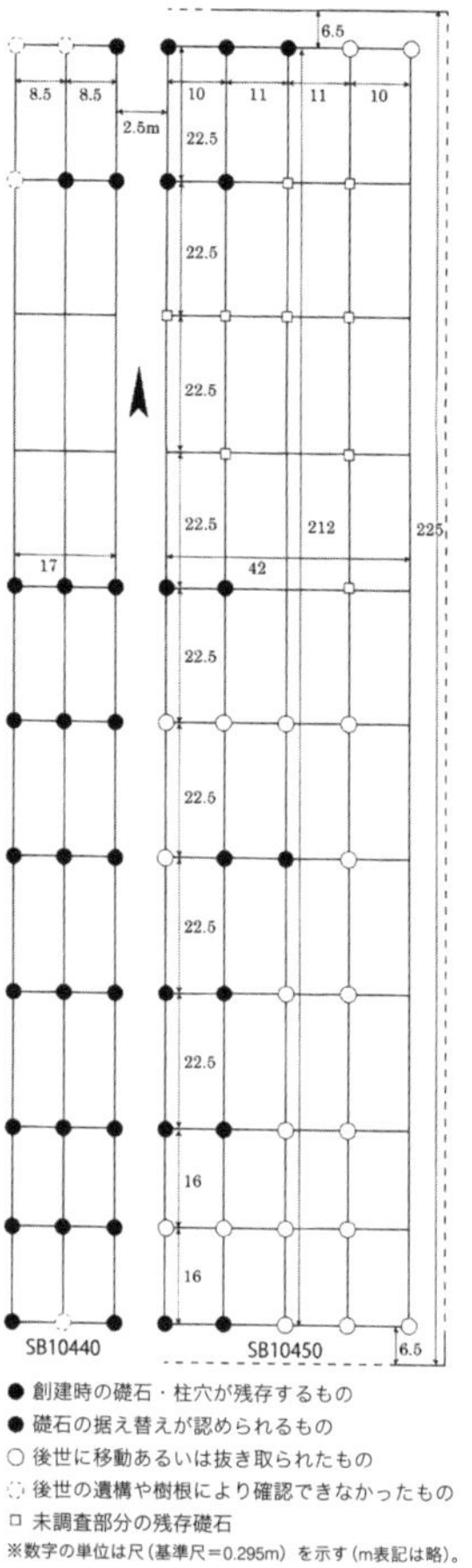

図9・5　興福寺西室の大房と小子房(上：模式図　下：春日社寺曼陀羅図　部分、興福寺蔵)(出典：奈良文化財研究所『興福寺第1期境内整備事業にともなう発掘調査概報Ⅶ』興福寺、2016年、31・32頁)

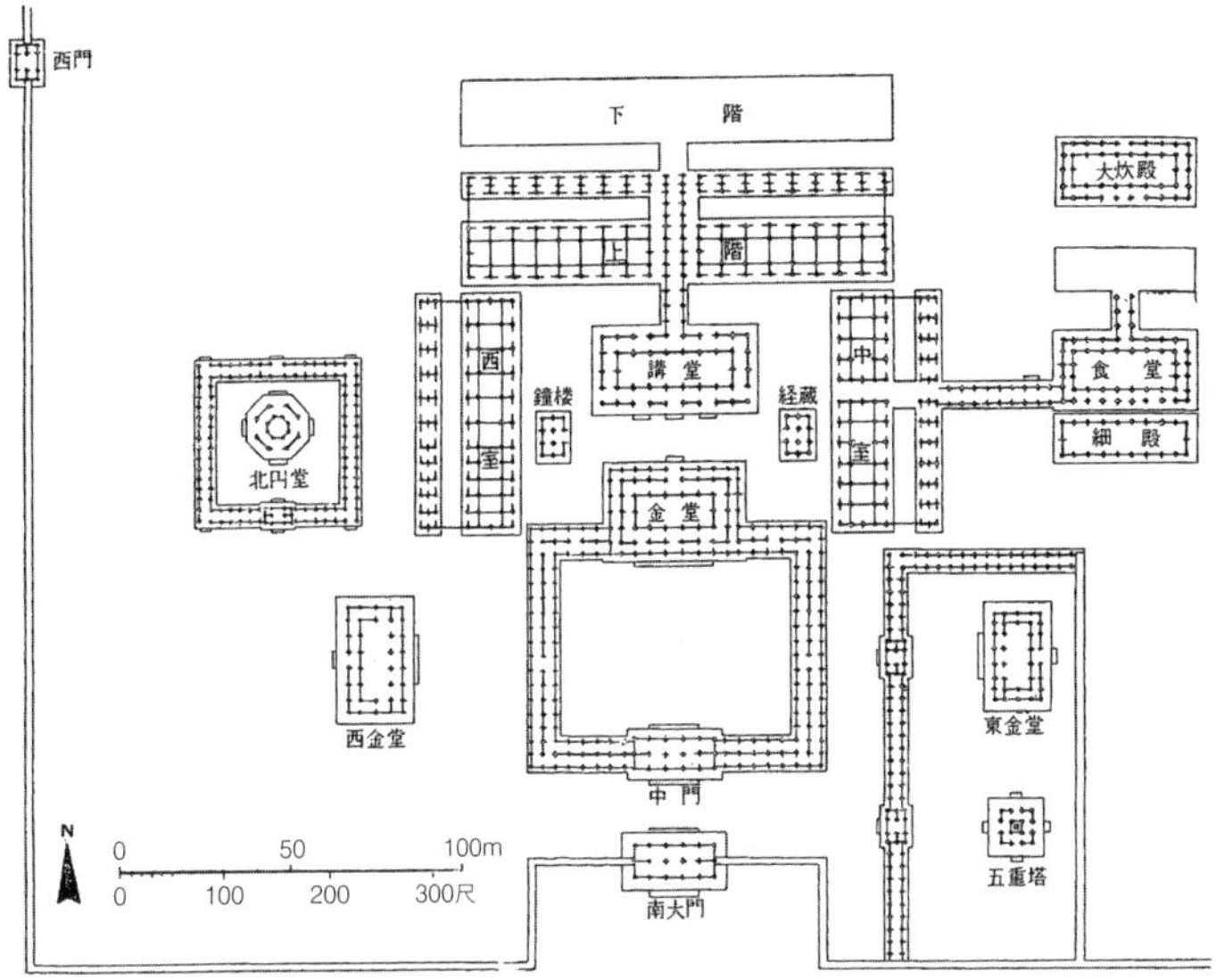

図９・６　興福寺の食堂周辺（出典：『興福寺食堂発掘調査報告』奈良国立文化財研究所学報第７冊、1959年、29頁）

な建物を全部1ケ所に集めて食堂「院」を形成します（図9・6）。院とは施設を一角に集めた区画です。さらに東大寺になると食堂関連の施設が巨大化し、大炊殿などの複合的な施設をその背面側に建てます。このようなバックヤードに近い所や修行の場は俗人が立ち入れなかったり、また僧侶にとっても、普段の生活に近い部分は、それ自体が普通のことなので記録に残されにくかったりします。なかなか状況がわからなかったのですが、２００６年の発掘調査で西大寺食堂院の構成がわかってきました（図9・7）。

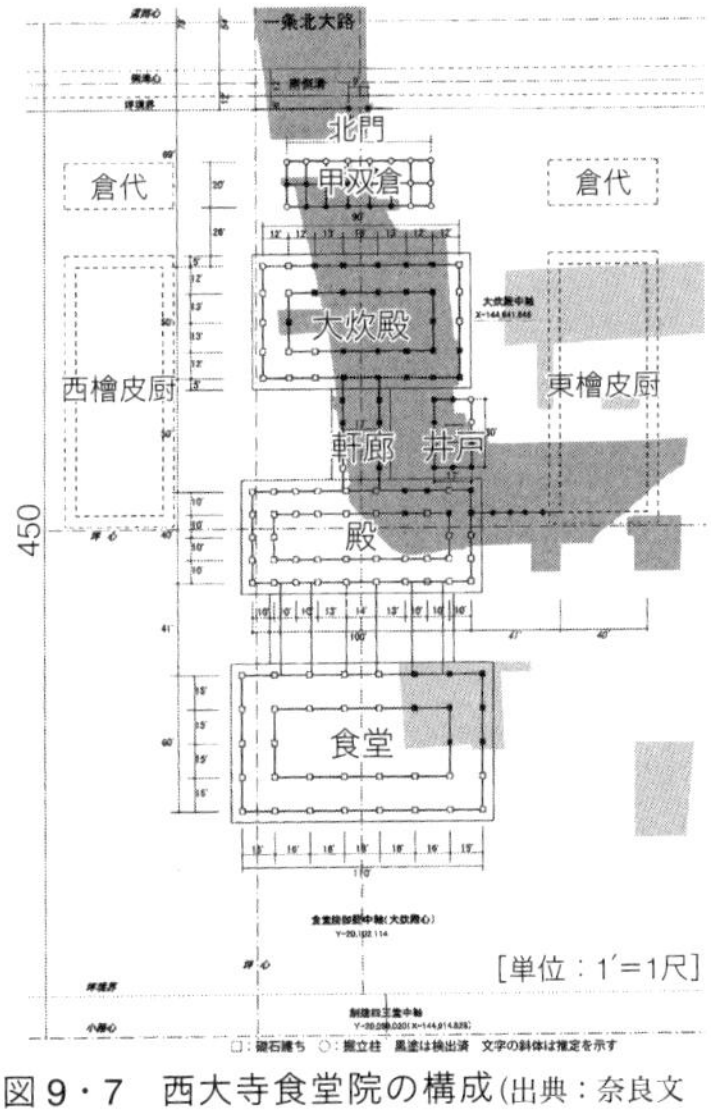

図９・７　西大寺食堂院の構成（出典：奈良文化財研究所編『西大寺食堂院・右京北辺発掘調査報告』2007年、8頁）

奈良時代後半になると西大寺では東大寺や興福寺の系統のように食堂院を金堂北東側につくるようになります。平安京の東寺や西寺では、再び金堂背面に食堂をつくるのですが、東大寺の食堂院にあった回廊は残して、食堂前に大きい空間をつくりました。中軸線上に食堂院を持ってきつつ、食堂の周辺に関連施設をつくって拡大する進歩的な形になります（図8・3）。一方で平安時代以降、食堂院はほとんど出てこなくなります。律令体制のもとで国家鎮護のための寺院が平安初期までに、平地に多く建てられますが、密教が入ってきて以降、山岳に移っていきます。健康や栄達などの直接的な現世利益を重視する密教への帰依は増えるのですが、密教寺院は比叡山延暦寺、高野山金剛峯寺など山岳に伽藍を構えました。そのため平地のように整形の伽藍がつくられずに食堂が展開しないので、東寺や西寺のような食堂が最終形になります。

◇奈良時代の食堂院

実は確実に奈良時代の食堂と言えるものは残っていません。発掘調査などで、僧侶が多く集まる食堂は身舎の梁間3間（通常は2間）となることがわかっています。唯一新薬師寺本堂は金堂の北東の位置にあること、身舎の梁間が3間という食堂の特徴を持っていることから食堂の可能性が指摘されていますが、確証はありません。

法隆寺にも、食堂と名の付く建物が現存しますが、資財帳という財産目録には食堂はなく、現食堂は「政屋《まんどころや》」と記された建物であったようです。つまり現存する食堂は、奈良時代の人が食堂として使っていたわけではないようです。

順に見ていくと、薬師寺では『薬師寺縁起』に建物の名前が記され、講堂の北、北面僧房に挟まれたところに食堂があり、食堂の後ろに十字廊という、詳細のよくわからない施設があって、この2つが食堂に関わる建物と考えられています（図8・3）。ただ、本来食堂院に必要なはずの大炊殿や厨が記されず、金堂院のある中枢部とは別の区画に調理施設を設けています。逆に大安寺では、食堂の前に細殿、食堂の背面に大炊殿を設けており、食事の場所と調理の場所が密接な関係にありました。興福寺では食堂があって細殿が併設され、背面側に大炊殿があり、2棟の間にもう1棟あって、ここが盛殿と呼ばれる配膳の場所と考えられます（図9・6）。食堂周辺になんらか空間が必要で実用のスペースが近接していた方が良さそうだとわかります。

東大寺の食堂がある講堂の東方は崖の上で現在も僧侶の住む一角で発掘調査はされていません。ただ正倉院の「講堂院図」という麻布に描かれた伽藍では、講堂の右側の部分が食堂院と見られます。食堂の前に回廊があり、食堂の後ろにさらに廊が延びて2つ建物がありそうで、大炊殿の他にも厨や盛殿などの施設があったようです。

西大寺は『西大寺資財流記帳』の中に食堂の他、檜皮殿や大炊殿や倉、厨があったことがわかっています。発掘調査で、基壇を持つ建物があり、その後ろに大炊殿と見られる基壇を持つ建物があり、背面側に倉があると確認されました（図9・7）。この発掘により資財帳の記録も正確であったとわかってきました。食堂院の東部では甕《かめ》を並べて埋めていた様子がでてきて、多分食料など貯蔵していたようです。要は西大寺食堂院では食事関係のものを一括で行える施設がこの辺りに展開していたことがわかったのです。

ちなみにこの資財帳には建物の規模や葺き材が書かれているのですが、大炊殿だけ瓦葺です。大炊殿は火を使うので防火に対する配慮から葺き材を変えたと考えられます。

さて奈良時代の食堂は東大寺や大安寺のように食堂の前面を囲ってその空間を使おうとすることがありました。興福寺で金堂前の回廊で囲われた庭での儀式について話しましたが、同じように食堂でも建物の拡大、あるいは食堂前面に空間をつくってそこを利用したようです。特に共食、共に食べることは重要で、食べることも修行ですし、寺院で物事を決めたり、僧侶が結束したりする時に食堂に集まることもあります。なお食堂には仏像が祀られることもありますが、聖僧像や高僧を祀ることが多いことから僧侶の結集という要素が垣間見えます。

このように食事をする食堂と調理のスペースは全く別々だったのが、伽藍の北東に食堂がうつると一体化して厨《くりや》や竈屋《かまどや》などの施設を吸収した食堂院の一角が形成されたと考えられます。東大寺や西大寺などの奈良時代中期以降の寺院は食堂院の辺りが大きくなってきます。

このように僧の生活の場である僧房と食堂の位置は相互に関係しています。講堂の背側面の3面に僧房を囲うと場所がないので、食堂はともかく、関連施設を講堂の北には置けないのです。食堂を僧房と近接しつつ真ん中に置く形式なら、薬師寺のように3面の僧房を建てられなくはないがどうしても食堂関連の敷地は限定されたエリアになるので、給食施設は食堂近辺とは別につくる、そういった傾向が見えてくるわけです。つまり講堂の北にあった食堂が伽藍の北東部に移った背景には、食堂関連施設あるいは食堂院が大きくなってきて、場所が確保できなかったこと、これを伽藍の中で中軸線上から外すことで敷地を確保して解決したことがうかがえます。このように僧侶が生活している場所や食堂を紐解いていくと、塔や金堂などの構造・意匠の展開とは別の建築の歴史が見えてくるわけです。

3　薬師寺の移建論争

◇2つの薬師寺

現在の薬師寺東塔は藤原京で建てられたものを移築したのか、平城京で新たに建てたのかという論争がありました。藤原から移した場合だと7世紀末建立の塔となり、最古級の塔になるわけです。この１００年にわたる論争は21世紀の解体修理でほぼ決着がつきました。

薬師寺は６８０年に天武天皇が皇后（のちの持統天皇）の回復を願って藤原京に建立したのが最初になります。ただ天武天皇は６８６年に崩御し、伽藍の造営は持統天皇が引継いで６９８年頃にはほぼ完成していたと考えられます。その後７１０年に藤原京から平城京へ遷都し、７１８年に薬師寺も平城京の右京六条二坊に移すと書いてあります。そのため藤原京の薬師寺を本薬師寺《もとやくしじ》と言います。

ここで建物も移築したのか、新しく建てて寺籍を移したのかという問題がでてくるわけです。東塔は『扶桑略記《ふそうりゃっき》』に７３０年に供養とあることから、移築ではないと考えられます。薬師寺が平城京と藤原京の2つにあったことは事実として、その上でなぜ移建・非移建が問題になったのでしょう。

◇薬師寺の「移」す

薬師寺の一番上に乗る相輪の管に銘文があり、太上天皇や先皇・後帝などと書いてあります。この銘文の内容は建立にかかわる内容で、それぞれが誰を指し示すかによって、建立年代を知ることができるのですが、平城京の建立とはうまく整合しません。醍醐寺本の『薬師寺縁起』には4つの塔があるとも記されています。かつては本薬師寺の裳階の礎石が発掘調査あるいは地上観察では確認できなかったのですが、平城薬師寺の塔には裳階が付いているので、移築した時に足したのではないかと言われました。

◇薬師寺・本薬師寺の塔の平面

前提として両薬師寺の塔の平面が課題になります（図9・8）。少なくとも平城京の薬師寺では東塔に同じく西塔にも裳階が付いていたことが発掘調査からわかっています。また塔は釈迦の骨である舎利を祀る施設で、舎利穴が西塔の心礎にあります。一方で東塔には真ん中に心柱が立ち、それを支える心礎がありますが、解体修理した時に発掘調査で確認したところ舎利穴がなく、西塔にだけにありまし

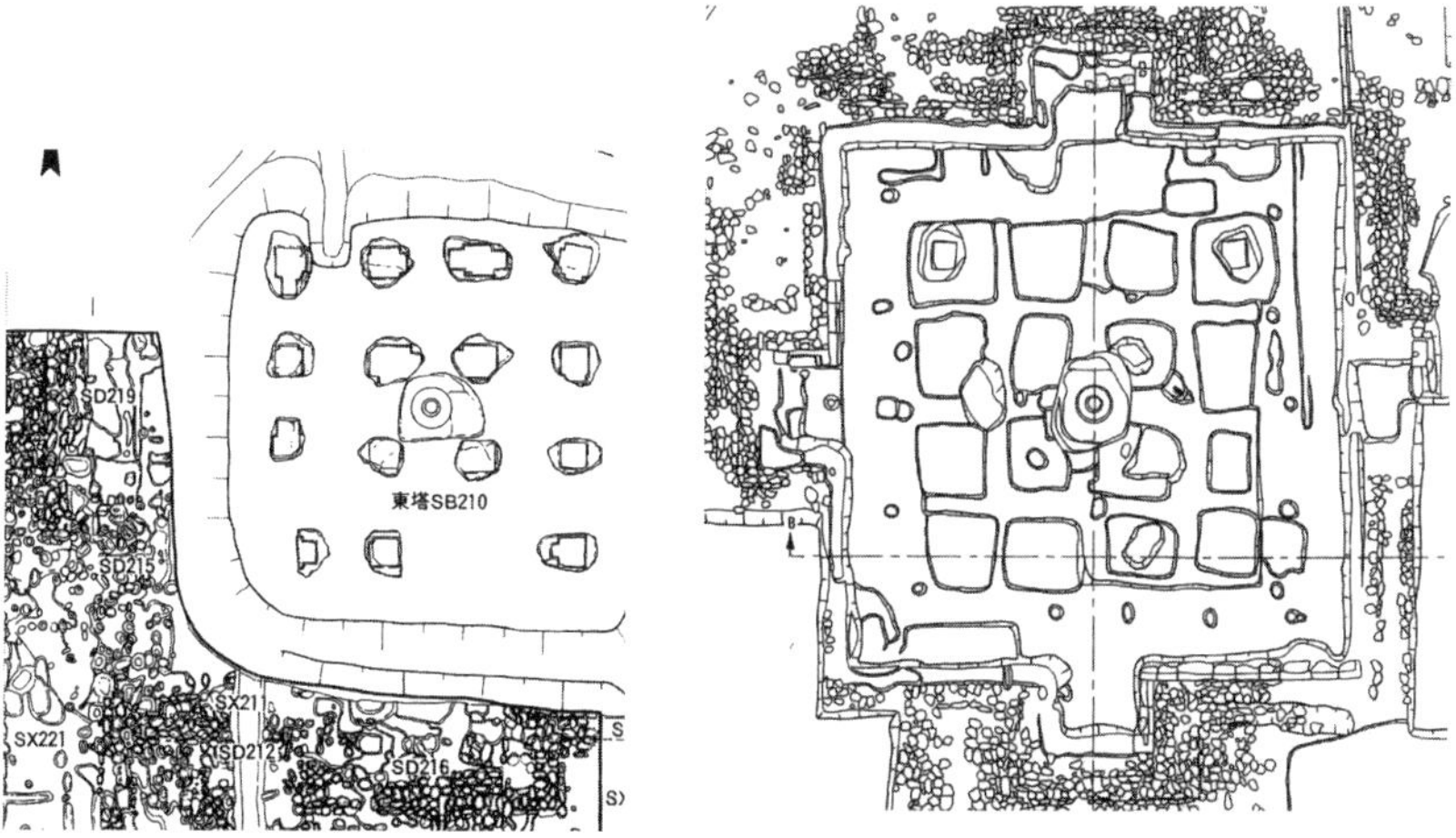

図9・8　薬師寺（右）・本薬師寺（左）の各塔の平面（出典：右：奈良文化財研究所『薬師寺発掘調査報告』奈良国立文化財研究所学報第四十五冊、図版、1987年、PLAN18／左：奈良文化財研究所『飛鳥・藤原宮発掘調査概報』二五、1995年、67頁）

た。この舎利穴の有無を除くと、平面は両方そっくりです。

本薬師寺両塔の発掘調査では裳階は確認できないのですが、礎石が出土しており、裳階があったと見られます。さらに柱配置は寸法まで平城薬師寺とほぼ同じです。さらに薬師寺西塔と本薬師寺東塔の心礎の礎石には同じような舎利穴があります。規模・細部ともに薬師寺と本薬師寺の塔には共通点が多そうです。これらの類似もあり東塔の移建説が唱えられました。

◇移建・非移建論争の開始

建築史家は建立年代より古いと主張し、文献史家はそれを否定することが多いですが、薬師寺では関野貞が移建説を唱えました。関野は建築史の様式的な判断、デザインから年代を編年していく手法により、薬師寺東塔の形は奈良時代の塔の形の建築群から比べると古式であると論じました。一方で銘文の内容は移建の文武天皇の頃と考えました。移建時に五重塔から三重の塔に変更して裳階を加えたと考えました。現在の修理では五重から三重へ変更されたら痕跡でわかるのですが、この頃はこう考えたわけです。銘文の問題もあり、移建時に本薬師寺にあった相輪をそのまま平城薬師寺に持ってきたと推定します。これに対して法隆寺論争の時にも出てきた喜田貞吉は『扶桑略記』の７３０年が建立年代と主張します。銘文に関しても先皇を天武、後帝を持統、文武、元明に当てると整合性が取れ、相輪は本薬師寺のものでなく今の薬師寺のものに違いないと説明して、さらに先程挙げた醍醐寺本の『薬師寺縁起』の中に宝塔は4基あって、元の寺にも塔が2つあるというのは本薬師寺に2つ、平城の薬師寺に2つの塔の計4つのことであると、この記述とも一致するとしました。もし本薬師寺から移建したら藤原京の塔がなくなり、移建後にわざわざ再建は考えにくいと考えたわけです。

◇移建・非移建論争の展開

そこで建築史家の足立康は『中右記』に法成寺《ほうじょうじ》の塔2基を薬師寺から移したとあると発見します。ただ平城京の薬師寺から2基を移したとすると、当時（１９３０年頃）にも薬師寺東塔は現存しているので、矛盾します。そのため平城の薬師寺から法成寺に2基の塔は移せないので、本薬師寺から移したのではないかと考えたわけです。すなわち平安時代には本薬師寺に2基の塔が残っており、薬師寺東塔は平城で新設したと主張します。ここで文献史の側から「移」の字は実は「摸」で、デザインを模したのであると指摘され、別の史料に「摸す」と書かれていたため、法成寺は薬師寺の塔を模造したと考えられるようになりました。

◇移建・非移建論争の建築的検討

昭和初期になると礎石の位置を参考にしながら建築を考えることが進みます。その先駆者が大岡實で、本薬師寺の礎石を実測して平城の薬師寺ときっちり比較します。その上で飛鳥や奈良時代の塔婆のプロポーションを見ると中央間を脇間よりも大きくするのに対して、薬師寺東塔・本薬師寺のプロポーションは等間で、これでは裳階がないとデザインのバランスの悪さが際立ってしまうため、本薬師寺でも裳階があったと考えました。移築を支持しましたが、平城京で新しく建てたとしてもデザインは法隆寺と同じく、古いものを踏襲したと考えたわけです。

また昭和の修理を通して、別の説も出てきます。まず例えば斗や肘木などの部材には2種類ありそうという主張が出てきます。ここから本薬師寺の部材を持ってきつつ、一部の部材は奈良時代に取り替えたため、2種類の違いが出てくると考えたわけです。さらに屋根に関しても本薬師寺と同じ瓦を使っているとわかってきました。ここから移建に違いないと考えたわけです。ところが伊藤延男と宮本長二郎が薬師寺東塔の部材と同時代の東大寺法華堂の部材のバラツキを調査して、奈良時代の部材の寸法や施工にはバラつきがあり、そのむらが2種類どころかかなりあることがわかってきました。非移建説です。

それを受けて1970年に伊藤延男と太田博太郎が建築史の側から見ても東塔は確実に移建だと言える証拠はなさそうと結論付けます。薬師寺と本薬師寺の平面との類似から古式の様式として、平城京に新建したと考えました。

それでもまだ別の考えが宮上茂隆から出されました。宮上も上記の薬師寺東塔の調査に参加したのですが、本体と裳階で部材の感じが違うのではないか、本薬師寺西塔の部材を持ってきて、塔本体を薬師寺西塔、裳階だけを東塔に用いたのではないかと主張しました。1つの塔を2つに分けたというやや無理のある説ですが、興味深い考え方です。

また考古学の側からも説が出ています。軒瓦のデザインが1つ参考になるのですが、本薬師寺と平城の師寺の出土瓦は同笵《どうはん》です。軒瓦はスタンプのように木型をつくってそれをぽんぽんと押したものを焼くので、木型が一緒だと同じ笵になります。平城京の薬師寺と本薬師寺の瓦当面で、軒瓦の文様部分がシャープなものから摩擦したものまで含まれているので、両寺で同じ瓦を使っているようだとわかりました。瓦から見ていくと本薬師寺の瓦の多くが平城京に運ばれたと考えられると山崎信二は言っています。

◇**年輪年代学と建築史**

さて20世紀の段階では移建・非移建の論争は課題として残っていたわけですが、2010年からの解体修理で新たにわかったのが年輪年代学の成果です。塔の中心にある心柱は少なくとも創建以来解体されていません。年輪年代学の調査により、この心柱が719年以降に切られたとわかり、最終盤に施工する初重の天井の支輪板《しりんいた》の年代が729年と出てきて、730年に供養という記述と近接してくる年代が出てきました。心柱の年代から少なくとも薬師寺が平城京に移ったよりも後に計画して東塔を建てている、つまり非移建と考えられるわけです。移建や非移建論争に関してはこれでほぼ終止符が打たれたのが現況です。

4　木材と大工道具

◇**木材と木取り**

最後に木材と大工道具についてお話しします。大工道具は普段あまり馴染みがないと思いますが、基本的な構成は古代から大きく変わっていません。まず木材はどのように木取りをするかが問題になります。知っての通り、木には芯があってそこを中心に年輪が回るのですが、芯を持つ材料と持たない材料で大きく分けられます（図9・9）。前者は芯持材《しんもちざい》、芯を持たないものを芯去材《しんさりざい》と言います。芯材が真ん中の赤身を帯びた部分であるのに対し、樹皮に近い部分は色味が異なって白い部分を辺材と言い、辺材は少し構造的に弱いのであまり建材としては使いません。その上で

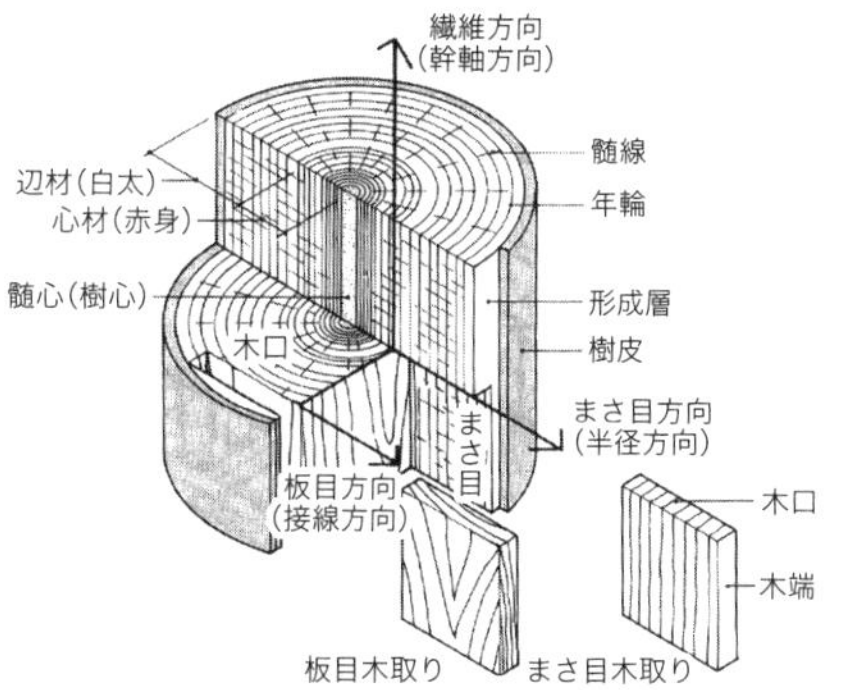

図9・9　木材と木取り(出典：内田祥哉『建築構法』第四版、市ヶ谷出版、2001年、108頁)

木をどこで取るかで木目が変わってきます。木の目に関しては繊維が縦にザーと見えてくるものを柾目《まさめ》と言い、まだら状、鱗状に見えるものを板目と言います。

板目と柾目が建築の材の取り方の違いに表れてくるのですが、数寄屋系で好まれるのは柾目で、普通に板を取ったらいずれかの面が板目でその他の面が柾目になるのが普通ですが、4面とも柾目になる材が取れることがあります。これを四方柾と言いますが、極限られた所からしか木取りができず、希少な部位で珍重されます。

◇大工道具の基本構成

近世以前の大工道具は、あまり全部セットで残っているものはありません。最低限必要な道具として72点ぐらいあると言われていました。本格的な建物をつくるには179点が必要です。現存するもので多く残っているのは桃山天満宮に奉納されたもので竹中大工道具館（神戸）に納められています(図9・10)。もう1つが春日大社の仕事をしていた春日座の工匠の1人が使っていた大工道具一式がその子孫に受け継がれ

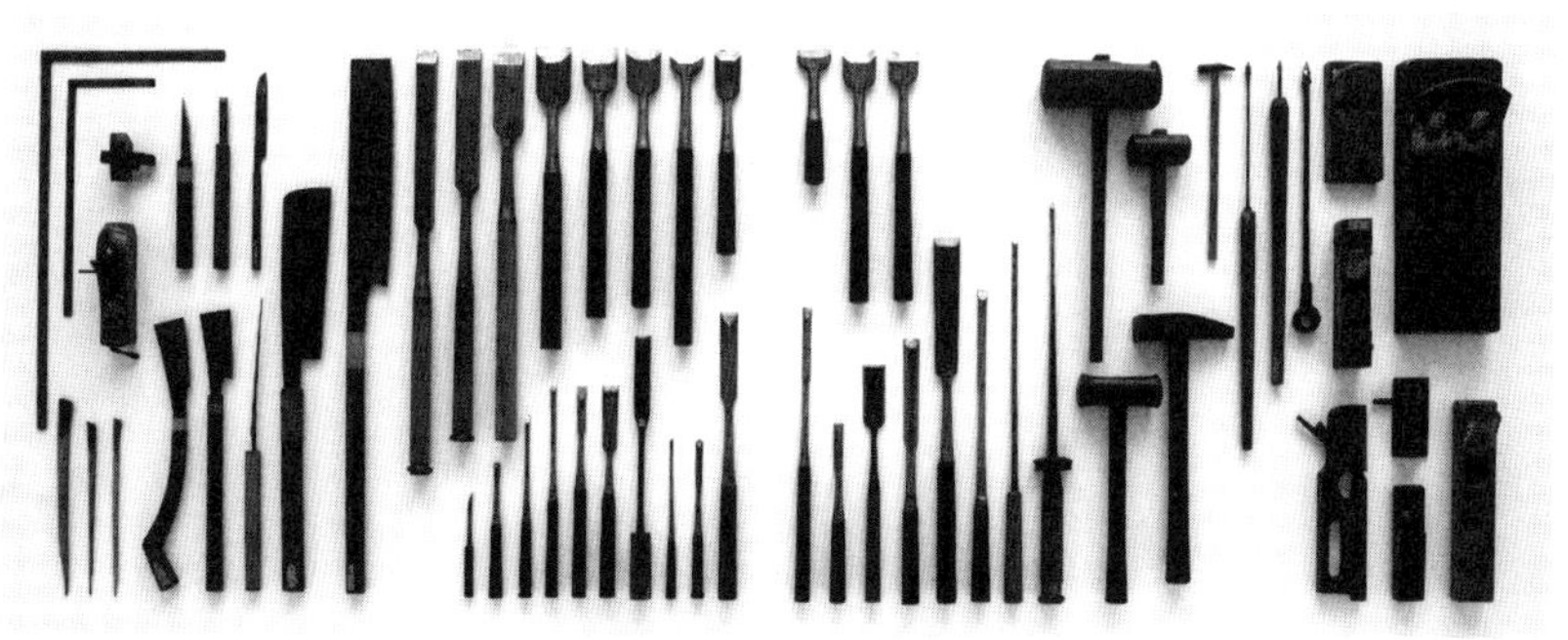

図9・10　桃山天満宮の道具(所蔵：御香宮、提供：竹中大工道具館)

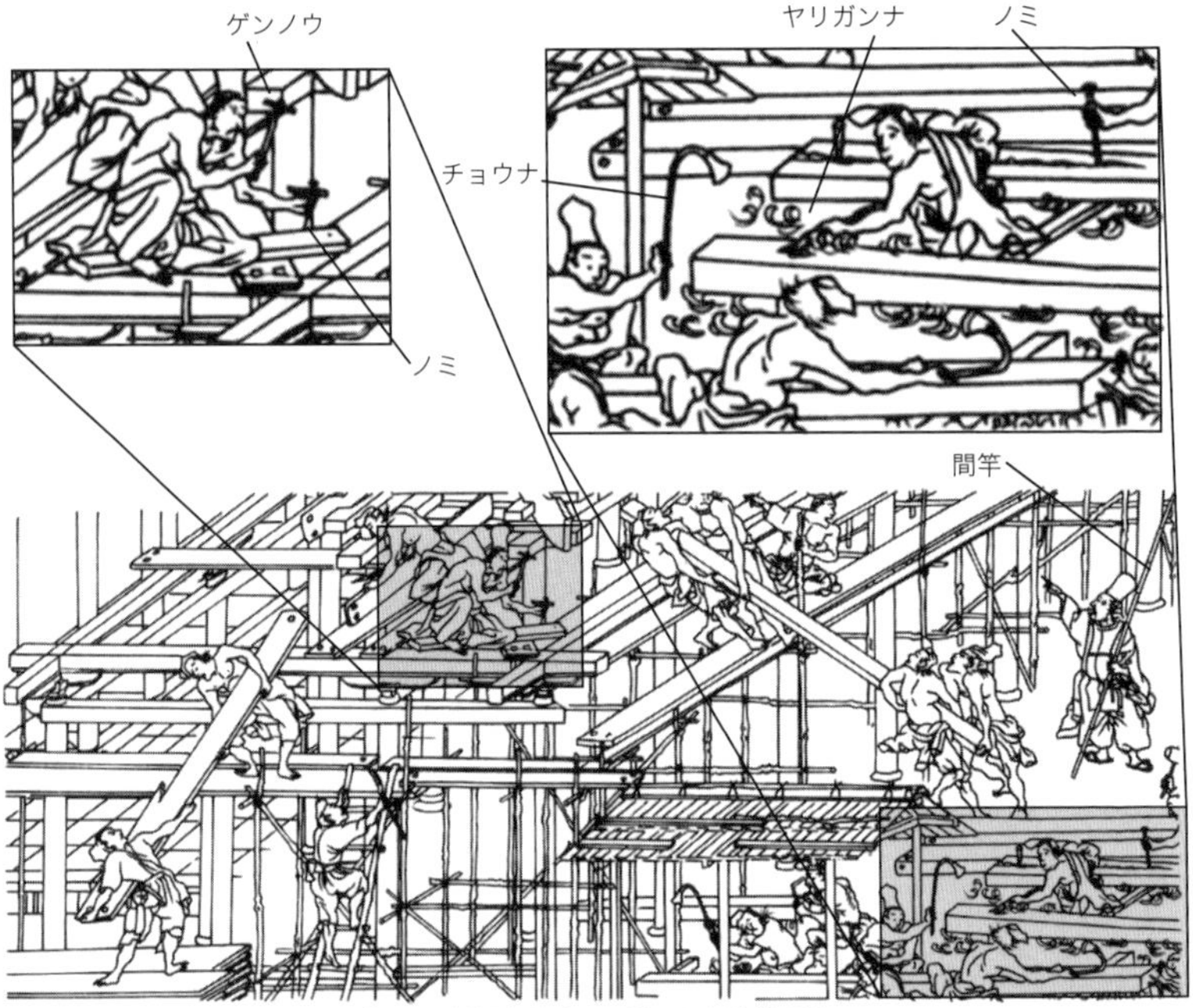

『松崎天神縁起絵巻』に描かれた造営現場

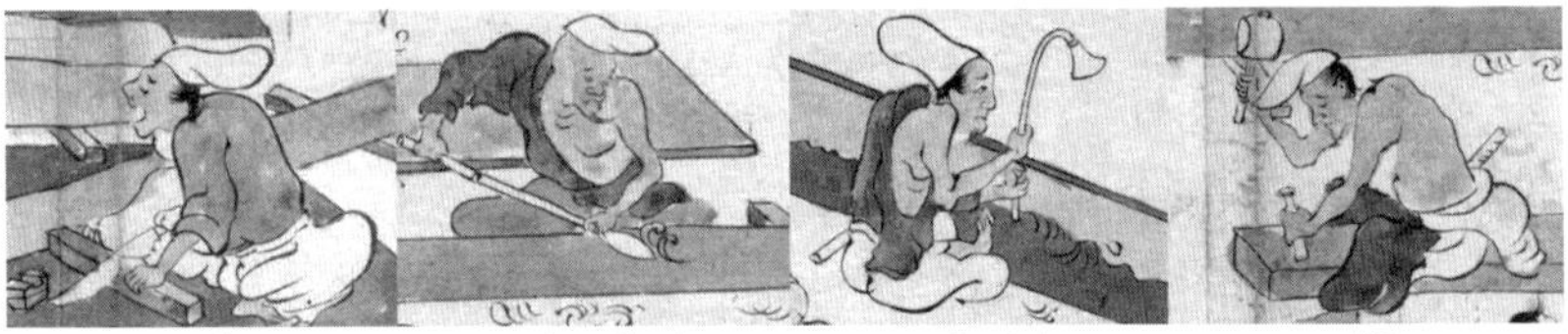

『春日権現験記絵』に描かれた大工道具

図9・11　絵画資料に描かれた造営現場と大工道具（：上：奈良文化財研究所『古代の官衙遺跡Ⅱ』遺物・遺跡編、奈良文化財研究所、2004年、94頁に加筆／下：国会図書館デジタルコレクション）

ており、比較的数が多く残っています。木を少しずつ薄く斫るチョウナだとか、ノコ、ノミ、カンナ、キリなどがあります。基本的な構成はこのオノ・チョウナ・ノコ・ノミ・カンナの5つで、古代でもこれらの道具が使われていました（図9・11）。

これらの大工道具はなかなか残っていませんが、古墳の副葬品の中に生活用具が入っていることがあり、その中に奉納された大工道具などがあります。また法隆寺にも伝世している大工道具や出土した大工道具があります。そういったものから基本の構成としてチョウナ・ノミ・オノ・ノコ・ヤリガンナは割と古い時代からあっただろうとわかっているのです。

大きな加工、つまり木を切り倒す時に使うのがオノで、ヨキとも呼びます。樹皮などが付いているものの荒加工にヨキを使います。杣《そま》（山林）で使うだけでなく、造営現場でも使われました。

次がノコ、いわゆるノコギリですが、古代には薄い板をつくるノコギリはなくて、木を横に切る道具である横挽きのノコでした。中世以降になると板製材できる縦挽きのノコが出てきます。これについては後で述べましょう。

もう1つがチョウナで、柄が湾曲していて、材を斫《はつ》りながら削っていき、仕上げていく道具です。チョウナはオノと同じように荒加工もするのですが、表面を1枚1枚めくっていくように加工していきます。柄のカーブに沿って、刃がすっと木材に当たっていきます。このカーブは職人さんによって好みの角度が違うらしく、柄を針金で留めてきつちり曲げており、柄の部分をつくることから道具の手入れは始まっていて、重要な作業になります。加工痕は少しうろこっぽい形で、板材でも平滑にピカピカに光るのではなく、ややごつごつした形になるのがチョウナの特徴で、城郭や民家でも加工痕が見られます。日本以外にも東南アジアでもこういう加工の痕跡が出てきます。

また木と木を組み合わせるためにはノミで仕口をつくっていました。ノミは使ったことがある方もいるでしょうが穴を穿つための道具で、上から金づちや木づちで叩いて彫り込んでいきます。ノミの幅によって仕口の幅が変わってくるので、刃の痕跡として仕口に少し縦線が入っていて、その幅がノミの幅になります。古建築の部材を見ると、使われたノミの幅がわかることもあるのです。

また現在の大工さんはダイガンナの仕上げで鰹節のように薄い削りくずを出すことが名人芸と言われますが、ダイガンナの登場は中世以降とみられ、これにより加工精度が向上したと考えられます。ダイガンナは刃を固定して薄くしゃくり取って削りくずを出す道具で、中国、韓国の他、世界各地にあります。日本のダイガンナは基本的に引いて使いますが、他の国では押して使う例もあります。要はしゃくり取れれば別に良いので、道具を使う方向はかまわないのです。このダイガンナは刃の幅が広く、一気に面を平滑にできます。このダイガンナが登場すると加工精度が非常にあがってきます。建具の精度があがり、書院系の精密な水平、垂直を取り、引き戸を多く用いた建物の成立を陰で支えたとも言われます。日本は異常なぐらいこの施工精度が進歩していき、マメガンナと呼ばれる小さいカンナまであります。引き戸のための敷居や鴨居の溝底を平滑にするためだけのカンナを開発して加工精度をあげています。

それ以前はヤリガンナという道具を用いていました。ヤリガンナは槍のように柄の長い道具で、刃の両側を使うことができ、小刀で鉛筆を削るのと同じように薄くめくり取っていきます。ヤリガンナでは細い幅の単位で順番に平滑にしていき、面を仕上げていくので、手間がかかります。

その他、水平のラインや穴を開ける位置を示す墨を付けるためのスミツボやラインを引くためのケビキ、さらに叩くためのゲンノウやキリなどの道具も必要になりますが（図9・11）、主に加工する道具はこの5つです。

古い時代の大工道具の使い方はあまりわかっていません。理由の1つは、道具を使っている人たちが必ずしも文字を書ける層ではなく、また絵にしても職人の作業をわざわざ描くことをあまりしないからです。ただ『松崎天神絵巻』には造営現場が描かれており、ゲンノウを持つ人、チョウナを振るう人、ノミを2本使って材料を割ろうとしている人などが見られます。材料の表面を仕上げるのにダイガンナではなく、ヤリガンナを使っています（図9・11）。

◇板材のつくり方と道具

さて元々、ノコギリは横挽きと縦挽きの2つがありました。横挽きは繊維と垂直に横に切るので横挽き、それに対して繊維と平行に切るのを縦挽きと言います。繊維を切断する方向で切る横挽きのノコは古くからあったのですが、縦方向で切る縦挽きのノコは遅れて登場します。古代には板は木材を楔やノミを打ちこんで、木目に沿って割ってつくっていました（打割製材）が、室町時代以降になると2人で大きなノコを持って長手方向に向かって薄い板を切りだす大鋸《おが》が入ってきました。この2人挽きの大鋸で板がつくれるようになり、江戸時代になると1人で挽ける縦挽きのノコで薄い板を製材するようになります。

特に古代には薄い板をつくるのは難しく、打割製材では繊維に沿って割るため板の厚みがないと板自体全部割れてしまいます。一方で縦挽きのノコでは繊維を切断するため、薄い板をつくれます。板製材とノコに深い関係があるわけです。現代人が考えている以上に材料は貴重です。現在、労働力は高価ですが、前近代には労働力は安価で、それ以上に材料が高価でした。中でも板材は丸木から取ろうと思っても、きれいに割れるわけでなく、さらに板のために大きな材を必要とするので、高価になります。この道具の変化は建築の形にも変化を与えています。例えば飛鳥の宮殿の板蓋宮は板葺が美称で、貴重であったことがわかります。

実際に割板の製材の実験をすると大変ですが、その時の実験の様子をお話ししましょう。径約40 cmの丸太を割って4枚の板をとろうと試みたのですが、まずは半分に割るために楔を打って木目に沿って割ろうとしても、割れが外れてしまいます。このずれを補正しながら割っていかなければならないのです。檜は比較的木の性格が良いのでまっすぐ木目が通っているのですが、松は節が多かったりして木目がすっと通っていないので非常に割りにくい木です。ちなみに実際に検証しているわけではないですが、葺き材に使った時、打割製材《うちわりせいざい》の方が機械製材の板よりも長持ちすると言い、打割製材の方が木目に沿って繊維を殺さずに割っているので長持ちすると言われています。確かに繊維を切断するより繊維なりに割ると、製材後にも違いが大きく出てくるかもしれません。

そして割板ののちに、チョウナで斫って平滑にしていきます。この時、材木が動いてしまうので当て木に楔を打ち込んで固定します。チョウナの後には、ヤリガンナで仕上げますが、刃の細い幅でしか平滑になってきません。痕跡として笹の葉のように細長いものが連続で出てきます。サイズによって使い分けをしています。これによって板をつくり上げるのですが、2枚の板はきちんと作材できましたが、端の2枚は十分な厚さをとることができず、打割製材の難しさを実感しました。

◇古代建築の部材の大きさ

ヤリガンナで最後の化粧仕上げされた部材があります。縦に入る筋がヤリガンナの痕跡です。サイズ的には10㎝強の丸材です。かなり太いですが、柱ではありません。これは2018年にできた興福寺中金堂の垂木で（図9・12）、普通の柱と同じぐらいの大きさがあります。南西や七六番など番付が書いてあります。この柱のような部材が垂木であると考えたら、古代の建築や建築部材が非常に大きいと想像がつくでしょう。皆さんが見る日本建築は江戸時代以降のものが多いと思いますが、古代建築は部材自体がものすごく大きく、その部材の剛性を活かして通常よりも大きな柱間を持つ大建築をつくり上げました。例えば古代建築の大寺金堂は柱間が4〜4・5ｍなどざらにありますが、江戸時代になると1・8〜2ｍ程度まで小さくなります。そしてこの太い垂木を何百本もつくるわけです。そう考えると、古代建築では材料を効率的に取ることは大事だし、加工する時にもシステマティックな体制で、工匠と建設工程全体のマネジメントが必要になってきます。これが律令建築の大きな特徴です。

図9・12　興福寺中金堂の垂木

10章 支配層の住まい1 ——貴族住宅・寝殿造・武家住宅

1　貴族住宅

◇都城と貴族住宅

奈良時代の貴族住宅を見つつ、平安時代の寝殿造、鎌倉時代の武家住宅に繋がる特徴を見ていきましょう。奈良時代の貴族住宅は現存しませんので話の中心は発掘遺構です。都城では宅地班給という官位に応じた宅地の分配が行われたという前提も重要です（6章参照）。

手がかりとして、７２８年の法令が参考になります。五位以上の貴族邸宅を塗装し、大陸風の赤白の建物をつくることが定められています。神亀元年（７２４）にも、貴族や庶民の家に瓦葺、柱を丹（赤色）に塗ることを奨励しています（『続日本紀』）。もし法令通りであれば、宮殿や寺院と同じように、平城京の貴族邸宅も紅白や瓦葺の中国風だったと考えられます。

しかし、実のところは貴族邸宅でも檜皮葺や板葺、朱塗りではなかったようです。そうでなかったからこそ、法令で指示したのです。瓦葺や朱塗りは宮殿でも大極殿院や朝堂院など中枢部に限られた特殊なもので、内裏が素木《しらき》・掘立柱でしたから、貴族邸宅も伝統的な形式と考えられます。

住宅においては床も重要で、庶民の住居は竪穴建物が依然として多かったことが山上憶良の『貧窮問答歌《ひんきゅうもんどうか》』を見ればわかります。高床の系統については3章で述べたように、家屋文鏡に描かれた建物からわかります。様々なタイプの建築が描かれていて、古墳時代でも高床系統の住居は上層の住宅で、貴族住宅として奈良時代以降にも影響したと考えられます。

◇長屋王邸

貴族邸宅は発掘調査から様々なことがわかっています。その代表が長屋王《ながやおう》邸です。長屋王は天武天皇の皇子で、高市皇子を父に持つ皇族の中でも有力な人物でした。藤原不比等の娘を妻としており、奈良時代の前半において高い地位を占めていた人物です。

ただ皇族の有力者は、奈良時代に権勢を誇った藤原四兄弟にとって愉快ではありません。政変に巻き込まれ、長屋王の変が神亀6年（729）に勃発します。陰謀でしたが、長屋王が密かに左道（怪しい術）を学んで国家を転覆しようとしていると密告され、服毒自殺に追い込まれます。

この長屋王の邸宅は左京三条二坊一・二・七・八坪というところで、平城宮から南東の隣地で敷地も4町分と大規模です。宮殿から近い一等地で、敷地の規模からも皇族や高位の敷地であることがわかります。

長屋王邸の重要な遺物は木簡です。当時紙は貴重で、木に墨で書きつけられました。特に荷札の木簡がよく発見されます。通常は発掘調査をしてもそれが誰の家かわかりませんが、長屋王邸では木簡に「長屋親王宮」とあり、その主人が明らかになりました。（図10・1）また楼閣山水図と言われる絵が描かれたものも見つかっていて、中央部には二重の建物が寄棟造で描かれています。この形は日本の現存する古代建築にはありませんが、現存しない建築の形が

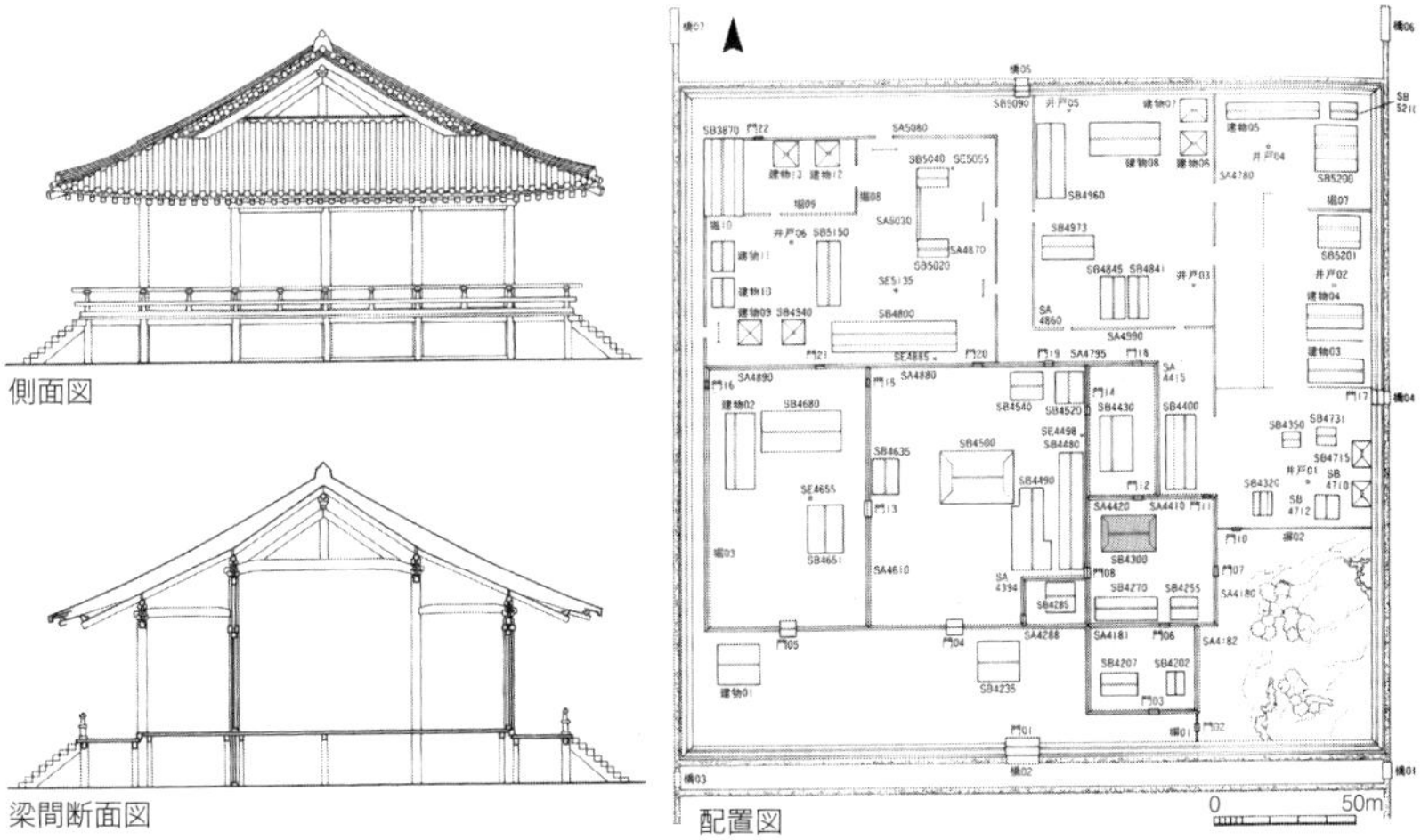

図10・1　長屋王邸の建物配置と正殿復元図（出典：『平城京左京二条二坊・三条二坊発掘調査報告—長屋王邸・藤原麻呂邸の調査—本文編』奈良国立文化財研究所、1995年、538・540頁）

実在したことをうかがわせる重要な史料です。

長屋王邸の時期は奈良時代の前半期で、4町分の敷地を一括で使う広大な邸宅が置かれていました。奈良時代後半には間に道路が通っていて、敷地分割がされています。同じ場所でも、常に同じ建物が同じように存続し続けたわけではなく、奈良時代の80年あまりの間に何度も開発が行われています。

◇長屋王邸からわかる貴族邸宅

長屋王邸から奈良時代の高級貴族の邸宅の特徴がわかります。南側の内郭の一画と、北側の外郭という区画の2つから成り立っています。さらに内郭は東西方向で3つに分かれています。木簡の大部分が外郭の東側から出土していて、この付近に家政を預かるバックヤード的な場所があったとうかがえます。出土遺物や木簡などから、どういったものを食べ、どこから何が送られたかもわかりました。

区画内郭を見ると、3区画それぞれに大型の建物が発見されています。特に中央の区画には桁行7間、梁間3間の母屋の南北に廂が付いた平面で、正殿と考えられます。東側には脇殿らしい建物があり、正殿と脇殿の構成が見られます。敷地の南東隅には苑池と見られるものがあって、この部分でのみ瓦が出土しています。この中心建物は瓦葺で、持仏堂《じぶつどう》もしくは儀礼の場であったことが想定されます。貴族邸宅でも、中心的な正殿を持つ一画、バックヤード、苑池などが複合的な区画に合わさっていたようです。

瓦が出土すれば、瓦葺の証拠になりますが、瓦以外の葺き材はわかりません。特に植物性の材料は地中にあると分解されてしまうことが多いので、瓦が出土しない時はこうした材料で葺かれたと考えられます。

内郭中枢の部分は、中心に入母屋造の正殿があり、高床で入母屋造、瓦葺と考えられています。梁間3間で、内裏の梁間3間の系統にも繋がるもので、長屋王邸の特殊性を示しているのかもしれません。正殿の脇には脇殿が建ち庭の空間をつくり出しています。南東の隅の苑池には遣り水が流れ、儀式・饗宴の空間であったことが考えられます。

◇現存する貴族住宅──法隆寺伝法堂

現存する奈良時代の貴族住宅はありませんが、転用されて残っているものはあります。法隆寺東院にある伝法堂《でんぽうどう》で、橘夫人宅が奉納したものです。

法隆寺へ施入されたことは天平宝字5年（761）『法隆寺東院資財帳』の記述からわかります。資財帳には建物はもちろん、仏像や田まで記録があり、資財帳から様々な寺院の実状がわかります。ただし橘夫人宅の建物がどのような形だったのかは書いてありません。

これが明らかになったのが大正2年（1913）で、伝法堂の解体修理による痕跡調査などで住宅が転用されたことがわかりました。今の建物は桁行7間ですが、桁行5間の建物で規模も変わっていました。元は5間のうち3間分が壁に囲まれた閉鎖的な空間、残りの2間分が吹放しの開放的の構造でした。平側の2面に縁、吹放しの先にはさらに簀子縁《すのこえん》が張り出し、床張です。全体の構成も梁間4間で檜皮葺、垂木一軒だったとわかっています（図10・2）。

この橘夫人宅は身舎・廂の二面廂の構成で、切妻造の屋根になります。現在の伝法堂も切妻造で、二軒の瓦葺ですが、元は一軒の檜皮葺でした。平面も邸宅と仏堂で異なる

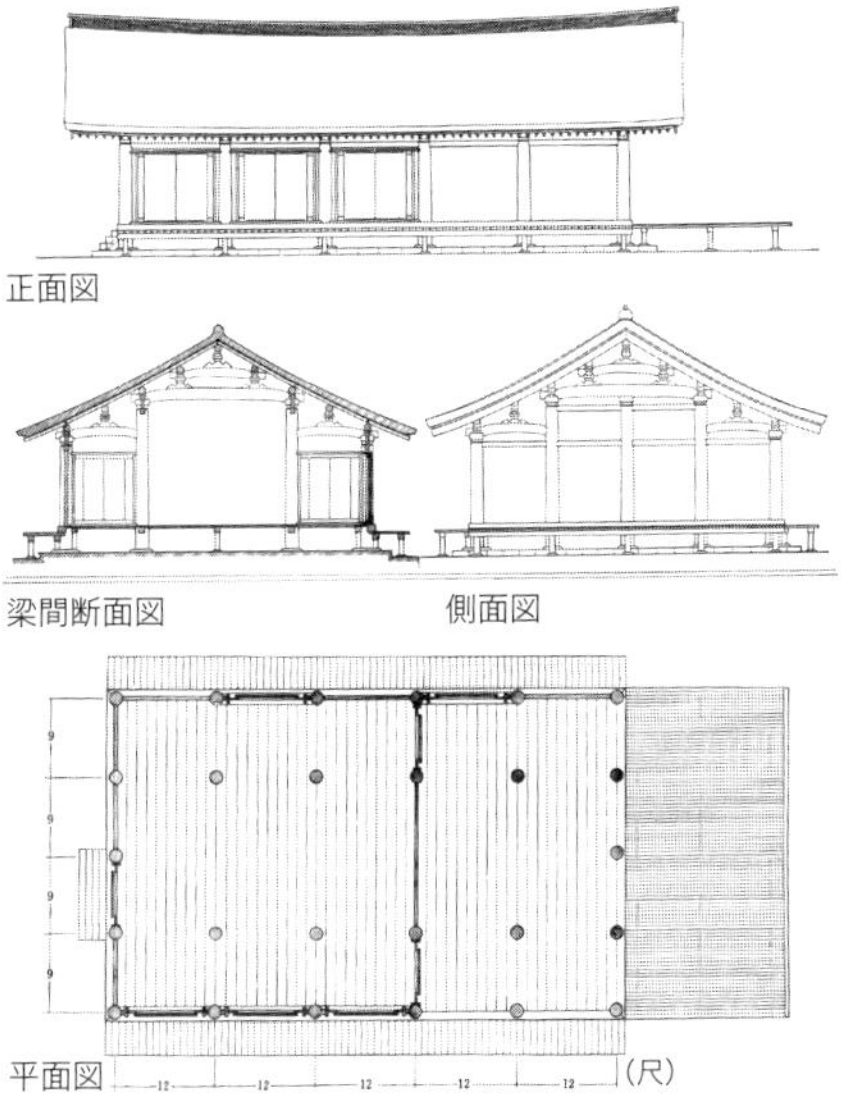

図10・2　法隆寺伝法堂前身建物（橘夫人邸）復原図（出典：浅野清『奈良時代建築の研究』中央公論美術出版、1969年、427頁）

形であったことが、寺院建築と貴族住宅の違いを示します。

一方でそれ以外は仏教建築と共通する細部が用いられています。唐招提寺講堂の前身建物、平城宮東朝集堂の例を鑑みると、宮殿建築や高級貴族住宅と寺院建築の技術系統に近いものがうかがえます。

◇藤原豊成板殿

藤原豊成板殿《とよなりいたどの》があります。藤原豊成は大宝4年（704）生まれの貴族で、祖父が藤原不比等、父が藤原武智麻呂、弟が奈良時代に権勢を誇った藤原仲麻呂という家系で、まさに藤原氏の権勢の中枢にいた人物です。藤原四兄弟の長兄です。

この藤原豊成の邸宅は、紫香楽《しがらき》から平城京に還都をしてきた際に売却されていて、その時の文書が残っているのです。この藤原豊成板殿が石山寺に移されて食堂となります。この時に部材を移送しますが、文書には部材の数や名前を記すため、ここから当時の形が復元可能です。例えば柱の数が14本で寸法が書かれ、垂木・宇太知《うだつ》のような部材から、平面や建築の上部構造がわかります（図10・3）。

部材の名前や数からかつての形を考えたパズルの結果を見ていきましょう。桁行5間梁間3間の板敷で、四周に縁が巡り、その両平側にはさらに吹放しの部分が取り付いていました。正面中央間と背面1間に扉が設けられ、平面配置と建具の構成がわかります。さらに背面の左右には連子窓《れんじまど》がありその他は壁です。小屋組の構造も側面の妻部分では束立て、内部では扠首で棟木を支えていました。

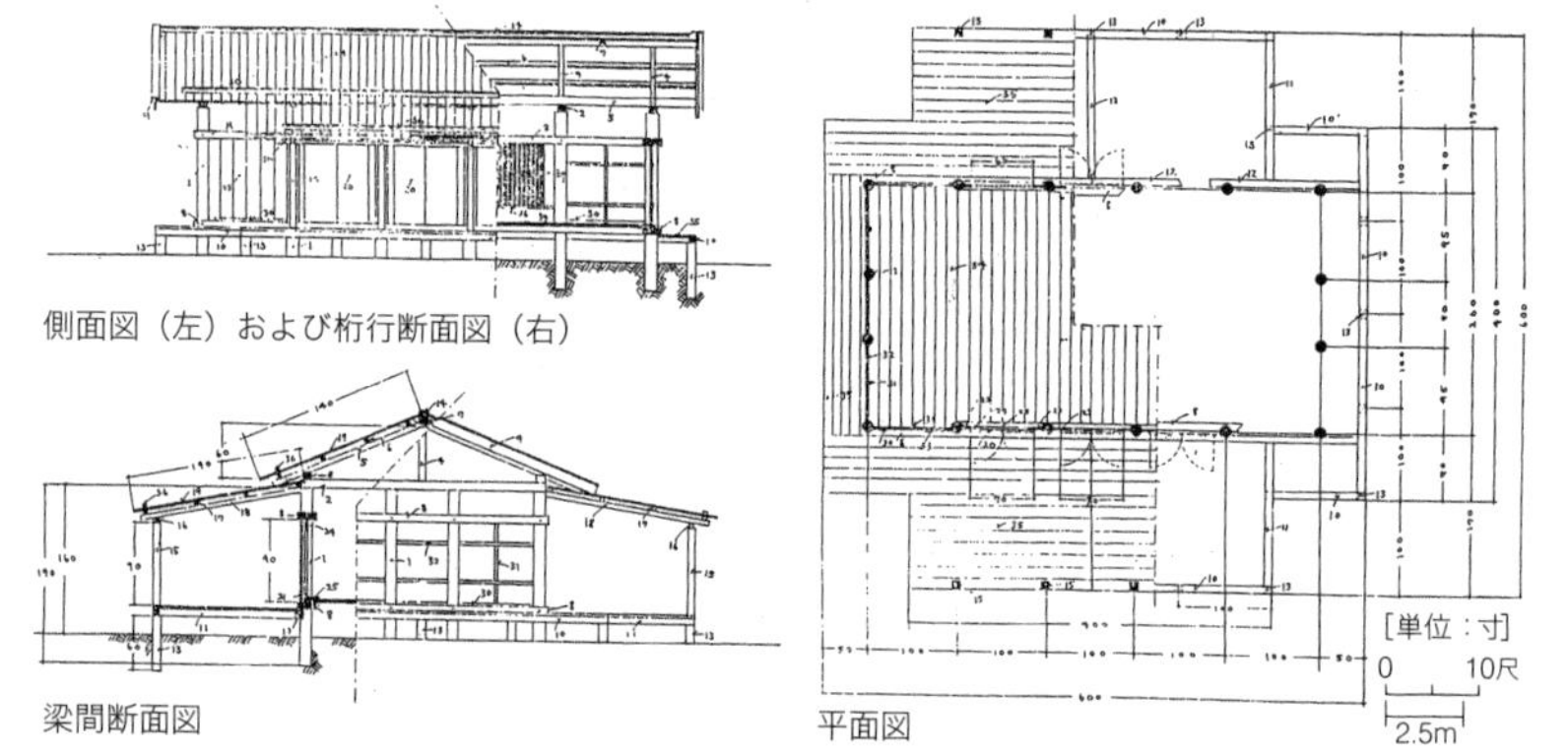

図10・3　藤原豊成殿板殿復原図（出典：関野克「在信楽藤原豊成板殿復原考」『建築学会論文集』3、1936年、84頁）

それにしても、当時の工匠から工匠、売った人から買った人、送り手から受取手へ書かれた文書などを紐解くと、過去の様子が生々しくわかってきます。これは奈良時代に限らず、中世あるいは近世でも同じです。部材をどれだけ買ったのか、工匠がどのくらい発注したのかがわかれば詳細な建物の様子が復元できます。文字資料に書かれたものから立体的に考えることが建築ならではの強みです。

◇奈良時代の貴族住宅の特徴

以上の3例を通して、奈良時代の貴族住宅の特徴を見ていきましょう。まず宮殿中枢部や寺院中枢部では礎石・瓦葺・朱塗り・土間という中国的な要素が中心ですが、3例はいずれも掘立柱、檜皮葺、朱塗りとしない素木、そして床を張っていて、対比的な構成です。特に板敷はこの3例いずれにも共通し、日本の床上で生活する伝統的なスタイル、生活に密着したスタイルを継承していたと見られます。また仏教建築の細部意匠が橘夫人の邸宅に見られるように、貴族住宅にも新しい形式が取り込まれていました。

2　寝殿造の萌芽と展開

◇寝殿造のイメージ

東三条殿《とうさんじょうでん》は平安時代の最も有名で大規模な貴族邸宅の1つですが、必ずしも寝殿造の典型ではありません。時代も

10世紀から11世紀の摂関期で、平安時代初頭のものではありません。このイメージに囚われず、むしろ壊しながら寝殿造に迫っていきたいと思います（図10・4）。

東三条殿に代表される寝殿造のイメージは、正殿である寝殿を中心に対屋《たいのや》などと廊（渡殿《わたどの》）で繋がれ、南側に苑池・中島などがあるものです。寝殿造には、優雅な貴族文化の成熟というイメージを持つ方は多いでしょう。これらは文献資料に基づく江戸時代以来の研究成果の賜物ですが、これが寝殿造そのものというわけではなく、時間をかけて形を変えてきたのです。

◇平安時代初期の様相

平安京に遷都以降、軍事や造営は民の大きな負担になるため都の造営は縮小していきます。また平城京や藤原京の頃は、唐が力を付けつつ朝鮮半島の情勢が不安定で、遣唐使を送り、日本を位置付けることが重要でしたが、寛平6年

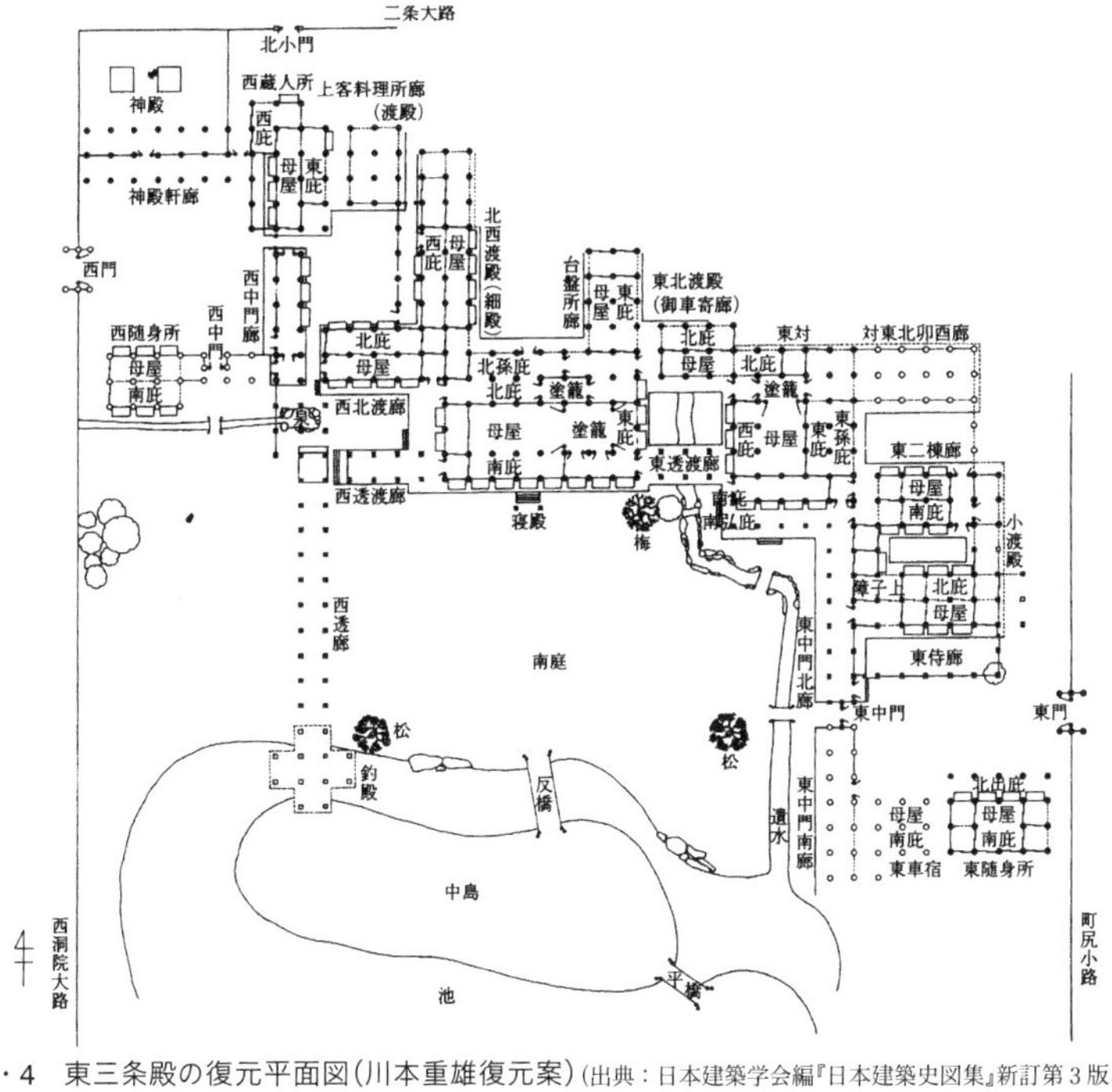

図10・4　東三条殿の復元平面図（川本重雄復元案）（出典：日本建築学会編『日本建築史図集』新訂第3版、彰国社、2011年、27頁）

（894）には遣唐使は送られなくなります。
天皇を中心とする社会システムから摂政・関白による摂関政治、上皇、法皇の院政期となります。宮殿や都城は律令や天皇と密接に絡み、社会体制を体現、誇示するためのものでしたがそれも変わり始めます。

平安京は土地が南北方向に8つ、東西方向に4つに分かれた四行八門制で、一坊を南北八門、東西四行に割って32の敷地に分割していました。

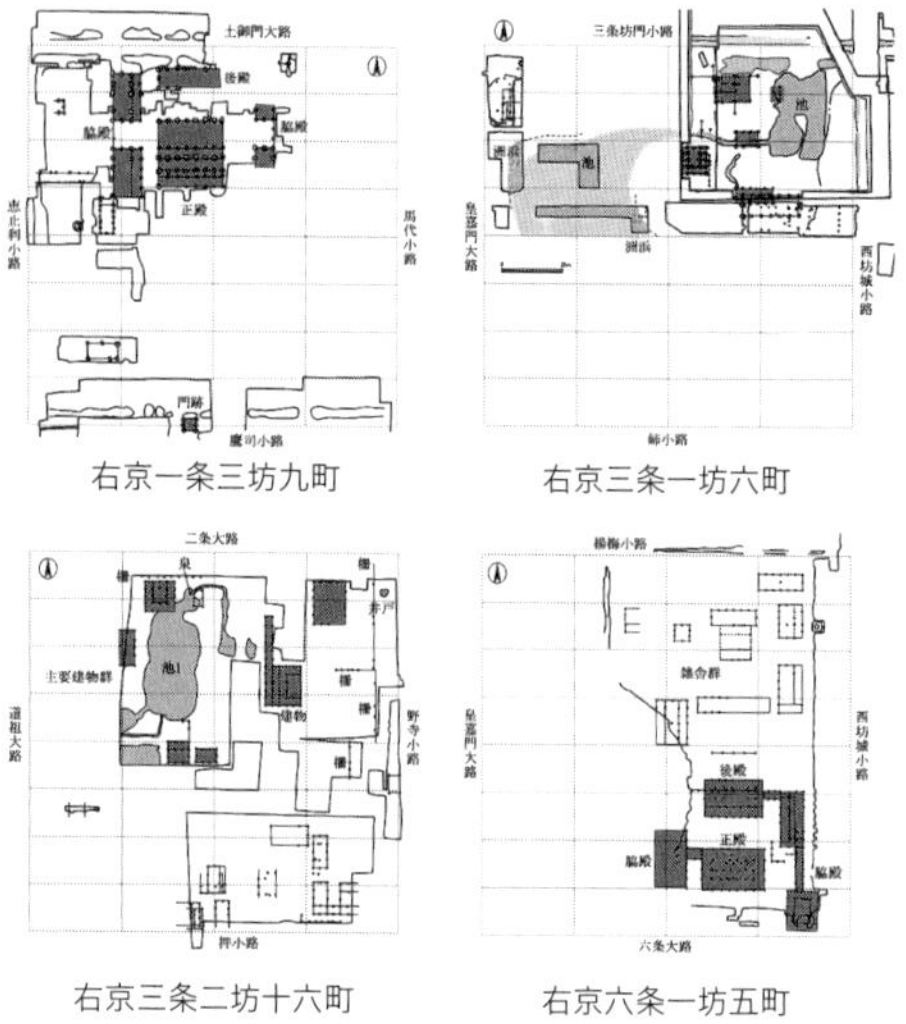

図10・5　平安京の貴族邸宅の平面（出典：公益財団法人京都市埋蔵文化財研究所「寝殿造成立前夜の貴族邸宅―右京の邸宅遺跡から―」『リーフレット京都』No.298、2013年）

発掘調査によると9世紀初頭の右京一条三坊九町の邸宅は1町の規模で、中心には正殿、その両脇に脇殿と見られる建物が並んでいて、コの字型の柱配置です（図10・5）。建物群の南側には、正門と見られる四脚門があり、瓦の出土が少ないことから、檜皮葺を中心とし大棟だけを瓦で葺いた、甍棟《いらかむね》という方法と考えられます。この邸宅では東三条殿のような南半の庭園は確認できません。

次に右京三条一坊六町は所有者がわかっていて（図10・5）、出土した墨書《ぼくしょ》土器（土器に墨書で名前が書いたもの）によると、9世紀初頭の藤原良相《よしみ》（813～867）の邸宅であることがわかりました。特徴は2つの大きな池と溝です。さらに洲浜《すはま》があると見られ、周辺には数棟の小規模の建物があったとわかっています。ただし数棟の建物は小規模で、中心の正殿や脇殿の建物はこの区画にはありません。あるいは南半の区画にあったのかもしれません。

右京三条二坊十六町は墨書土器から9世紀末の斎宮邸と考えられ、北半部に主要な建物3つと3つの池があります

(図10・5)。斎宮邸は古代から南北朝にかけて伊勢神宮に奉仕した斎王《さいおう》の御所です。斎王は伊勢神宮に巫女として奉仕する、未婚の内親王や親王の宣言を受けた天皇の皇女または女王などを指します。斎王に選ばれると、直ちに潔斎《けっさい》に入り汚れをはらいます。その後境外の野宮《ののみや》という清浄な地に留まって、群行で伊勢に向かいます。

伊勢での斎王の生活の地は、伊勢神宮から20kmほど離れたところの斎宮《さいくう》で、祭殿を遥拝しながら潔斎の日々を送ります。ここは中央との関係が深く、大々的な発掘が行われていて、国指定史跡です。この右京三条二坊十六町では、いくつかの建物は池の周りにありますが、正殿・脇殿のような中心的な大きな建物は見られません。伊勢に向かう前に斎王が潔斎をするための場所で、必ずしも貴族邸宅のような長期的な滞在場所とは異なったのかもしれません。

右京六条一坊五町は広さは4分の3町ほど、敷地はほぼ中心に設けられた柵を境に南北に分かれて南半と北半で異なります(図10・5、10・6)。9世紀中頃の邸宅で、南半部分には主要な殿舎、北半部分にはやや付属的な雑舎《ぞうしゃ》が並びます。構成は奈良時代の長屋王邸の特徴とも似た部分がうかがえます。さらに南半の部分には、中心となる正殿、その後ろに後殿があり、脇殿との間は廊で連結されています。寝殿造の萌芽も見られますが、池は見られません。発掘調査区外に池があった可能性もありますが、1町という敷地で考えた時には南半に池を置かれないわけです。

図10・6　平安京右京六条一坊五町の復元模型
(出典：日本建築学会編『日本建築史図集』新訂第3版、彰国社、2011年、27頁、写真提供：公益財団法人京都市埋蔵文化財研究所)

復元模型をみると、南側の正殿を中心とする床を張った立派な建物群に対して、北側には小規模な土間の建物が複数存在しています。南側と比べると、構造や規模が明らかに劣り、井戸が存在していて1棟は厨《くりや》、その他の建物は倉や雑舎が想定されます。さらに空地部分は菜園の存在も確認されました。こうしたバックヤードの部分は文献資料に示されることはほとんどありません。発掘調査によって明らかになり、寝殿造に新たな視点を与えたとも言えます。

このように9世紀の貴族住宅には、東三条殿のような寝殿造はありません。例えば建物が独立して建つものや廊で繋がるもの、そして池を中心とするものもありますが、必ずしも池が敷地の大半を占めてはいません。特に庭園の遺構は、平城京の貴族邸宅ではほとんど検出されませんが、平安京でも同様で、9世紀前半くらいまで庭園のある貴族住宅は限られます。庭園は9世紀中頃以降増加していきます。京都が湧水の多い地形であることが関係しています。

平安京に住む貴族たちが文化を成熟させ、建物を庭園と一体化させて、寝殿造のスタイルをつくり上げていくのは10世紀後半になります。その頃の平安京は、10世紀以降衰退していく右京ではなく、藤原家を頂点とする摂関政治の中心舞台、左京となります。摂関家を頂点とした貴族社会が成熟する時期になって、寝殿造も成熟の時期を迎えるようです。このように平安時代初期の寝殿造は、一般的にイメージされる貴族文化、華やかな国風文化と共に成熟した庭や寝殿、対屋によって構成された大規模な寝殿造とは異なっていたわけです。

◇平安京神泉苑

寝殿造との関係で、平安京神泉苑を見ましょう（図10・7）。大内裏の南東に置かれた神泉苑ですが、南北に長い敷地の構成で、ほぼ中央に池と中島が置かれています。ここは天皇のための宮殿外の苑池ですが、奈良時代には平城宮内につくられていたものが、平安京に移り大内裏に隣接する宮殿外につくられました。正殿の他に東西の楼閣、釣台が設けられ、中島・池・遣り水がつくられています。

9世紀の貴族邸宅がほぼ庭園を持たなかったのに対して、平安期の神泉苑はこれらを備えた事例です。特に建物と庭

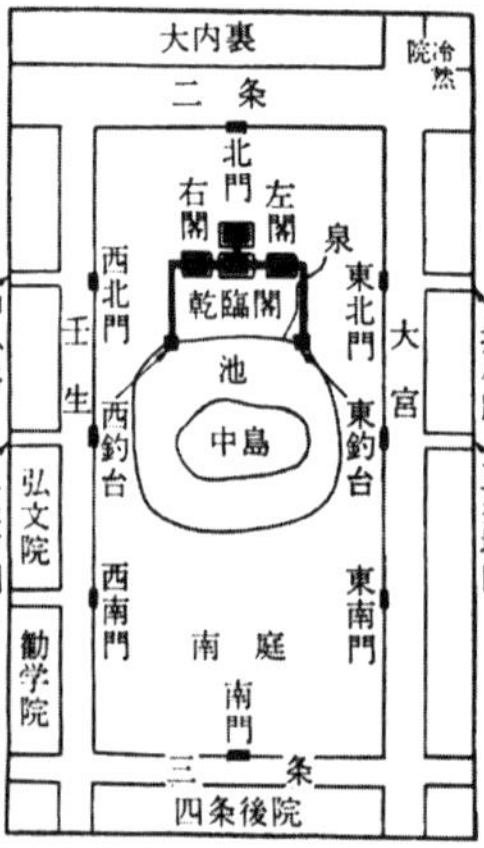

図10・7　平安京神泉苑復元図
(出典:『建築学大系』4-1 日本建築史、彰国社、1957年、40頁)

が一体化した空間構成は、寝殿造の特徴と共通します。群臣との宴遊や遊びの場という機能があるので、この平安京神泉苑はその後の貴族文化の醸成の重要な例となります。

◇小規模な寝殿造——藤原定家邸

やや時代が下り、鎌倉時代の歌人・貴族であった藤原定家の邸宅は小規模な寝殿造です。定家の最後の住宅で、嘉禄《かろく》2年～寛喜《かんかい》2年（1226～1230）頃の住宅です。当初は4分の1町でしたが、周囲を買得し最終的には14戸主分の広さを持っていました。藤原定家は歌人として有名ですが、実は最終官位は正二位権中納言という高位にいます。そのような高い地位でも、敷地は1町の規模ではなく14戸主と、必ずしも巨大でないところが注目すべきところです。

鎌倉時代には武家の力が強く、摂関期や院政期のような状況とは異なり、貴族邸宅も比較的小規模になっていたとも考えられます。一方、小規模でも必要な要素は残っています。中心にある寝殿、そこに入るための中門廊、来客のための車宿《くるまやどり》などです。寝殿造の最低限の構成を藤原定家の家から知ることができるわけです。もう1つ、南門は西の小路ではなく、小路から引き込んで開く点も特徴的です。

◇東三条殿

平安時代と国風化の流れの中で寝殿造を捉えると、東三条殿（図10・4）は藤原長者《ちょうじゃ》の邸宅で、摂関期には里内裏として使われたこともありました。11世紀中頃、藤原頼通《よりみち》造営のものが120年存続したと考えられています。ここでは南北2町を占地し、敷地の規模でも異例です。

東三条殿は敷地の北半と南半で異なる様相です。北半の部分は中心建物である寝殿を中心に、周辺には対屋が並んで廊で繋がれています。寝殿の南方には南庭と呼ばれる白砂の広場が広がります。寝殿や両脇の対屋、建物同士を繋ぐ透渡殿《すきわたどの》などで連結されたものによって囲まれ、庭が成立します。儀式の場でもあり、ここから寝殿に出入りします。東の対屋がありますが、対称の位置には西の対屋は見られず、そこから南に池に向かって伸びる廊があります。東側では中門廊が伸びて外に出て東西非対称になっています。対して南半には苑池・築山・中島の庭が広がります。自然景観による庭園で池に船を浮かべたり花見・月見をしたりします。庭に突き出た釣殿《つりどの》などは、遊興の場としても用いられたようです。『中右記』には「法の如き一町家」と書かれ、これが寝殿造の理想形と考えられています。

個々の建物の特徴を見ると、寝殿は掘立柱・檜皮葺・高床といった構造が見られます。寺院、宮殿の中枢には礎石・瓦葺・土間・朱塗の特徴がありますが、寝殿はそれ以前からある住宅のスタイルです。東三条殿の寝殿は桁行6間、梁間2間の身舎に四周に廂を巡らせた構造で、そこから北に孫廂《まごびさし》を、西には吹放しの広廂《ひろびさし》を設けています。

対屋を見ると、東の対は南北棟になっています。東の対は身舎・廂・孫廂・広廂からなる平面で、寝殿と同様の構成です。また、寝殿の中と東の対共に身舎の一部分を壁で仕切って塗籠《ぬりごめ》にしています。東の対からは中門廊が南側に伸び、脇には2棟の廊・侍廊《さぶらいろう》・車宿・随身所《ずいしんしょ》といった控えの場が設けられています。一方、西側は東西対称ではなく、釣殿が設けられています。

奈良時代の宮殿の内裏・大極殿・朝堂院では左右対象が重んじられ、囲まれた庭が重要な要素でしたが、寝殿造では庭や正殿となる寝殿が重要で、完全な左右対称の形ではなく、やや崩れた形が特徴になります。さらに南半の庭が付加されることで、これらと調和、融合した新たな住宅スタイルが生み出されました。

東門から入り、随身所や車宿、侍廊でお付きの人たちは待ち、中門廊を通り南庭、そこから寝殿に上がる接客のルートとなるので、ルート自体が東西で重みが違います。もう1つ南庭に関して言えば、大極殿あるいは内裏で見たような庭と正殿の関係性は継承されています。律令制を重視し、左右対称とした古代の宮殿に対し、平安時代に国風化が進み、文化が成熟してきた背景とも合致します。

◇寝殿の内部と室礼

寝殿造では塗籠のように間仕切りを設けることがありますが、多くの儀式を行うので、場面に応じて機能を変える必要がありました。壁代《かべしろ》・簾《すだれ》・屏風・衝立《ついたて》・几帳《きちょう》などの屏障具《へいしょうぐ》のように空間を仕切るもの、加えて台・棚・箱などを総称して調度《ちょうど》と呼びます。これらを整えることを室礼《しつらい》と言って、儀式ごとに変更して用いられました。建具で部屋に仕切る後世の方法とは異なる特徴です。

『類聚雑要抄《るいじゅうざつようしょう》』には、永久3年（1115）に関白藤原忠実が東三条殿に移った時の様子が記され、立体的な描写と平面描写で室礼について知ることができます。

この立体図を見ると塗籠を設け、部屋の中央に妻戸や簾を掛けて寝所としています。さらに南廂に主人の座を設け、全ての空間は建具ではなく屏障具によって仕切られます。年中行事に合わせて様々な場所に座具を置いて室礼を整え、必要な空間がつくり出されています（図10・8）。

◇蔀戸

寝殿造でよく用いられるのが蔀戸《しとみど》です。一枚蔀と半蔀《はじとみ》があり、一枚蔀は間口の部分を1枚の蔀でつくった大きなもので、半蔀は1枚で蔀をつくるのではなく、上の部分と下の部分に分けた形です（図10・9）。1枚にすると重く、突き上げるのが大変です。半蔀にすると軽量化され扱いやすくなります。我々が見ることのできる比較的新しい時代の蔀戸は半蔀で、上半分くらいの高さのものを突き上げる形

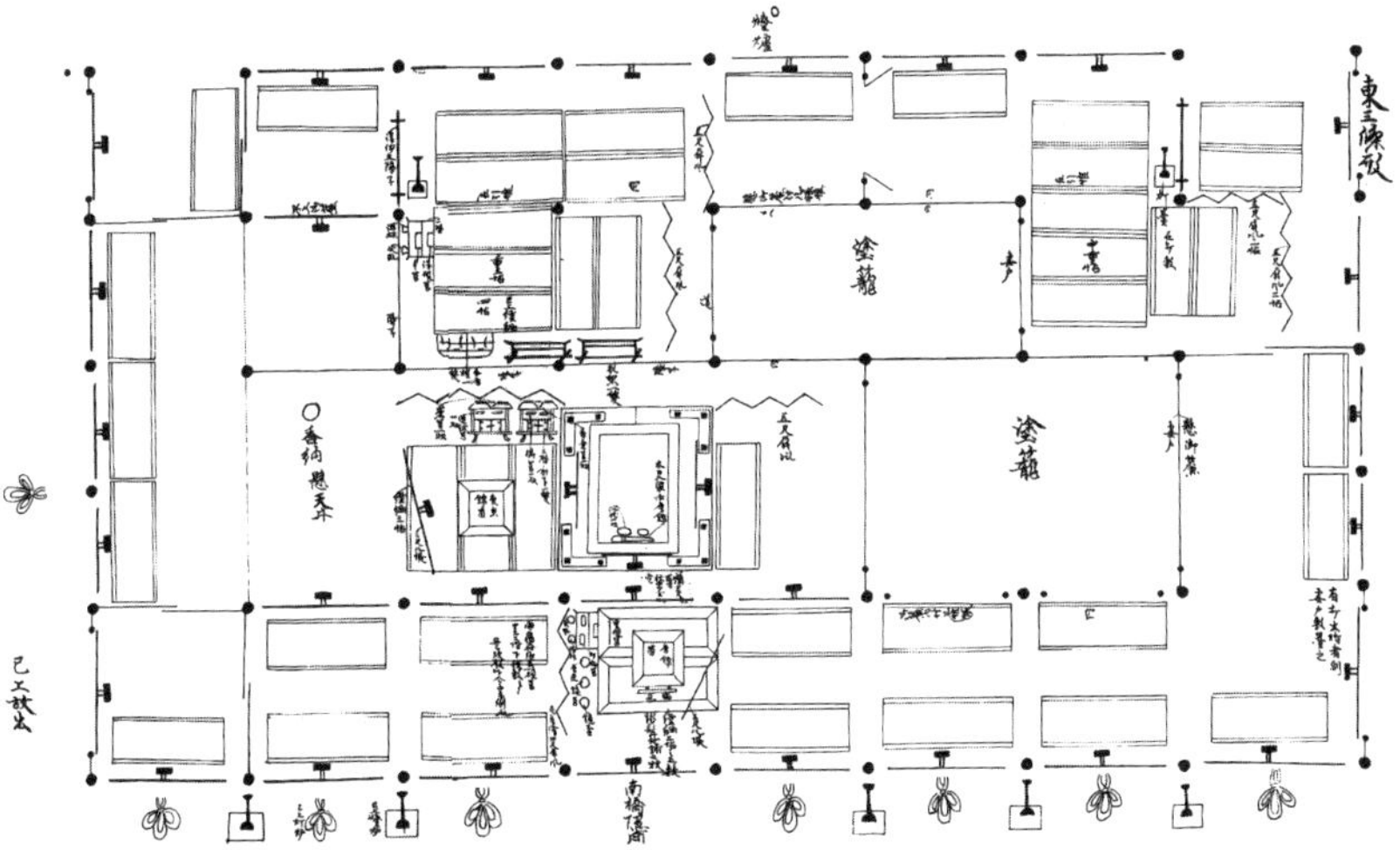

図10・8　『類聚雑要抄』に描かれた室礼（出典：国立国会図書館デジタルコレクション）

です。蔀戸は元々、建物の内側にあげる形式が古いと考えられ、京都御所の紫宸殿ではこうした古い形式を見ることができます。ただしこの内側にあげる形式では隅の部分で問題が生じます。平側、妻側、隅の部分の2方向から内側に蔀戸をあげようとすると、隅の部分では蔀戸が重なってしまい、上げられません。そのため復古してつくられた京都御所紫宸殿では、正面側だけ内に上げる蔀で側面は扉としていて、蔀戸が隅の部分で2方向から重ならない配置になっています。対して、蔀戸を外側に上げれば問題はないので、後世には外側に上げる形式とすることで解決します。

図10・9　半部

◇扉と引き戸の違い

扉と引き戸の違いも見ておきましょう。引き戸は加工の精度が重要です。扉は軸擦り穴で支え、蔀戸も回転軸によって成り立っているので、いずれにしても軸擦りで建具が構成されています。扉にしても蔀戸にしても、上下左右の軸擦り穴の位置を合わせることが精度の上で重要ですが、扉板はキッチリ合っていなくてもある程度、開閉は可能なので、比較的加工精度に余裕があります。

一方で引き戸となると、上下の鴨居・敷居に溝を掘って、そこに戸を嵌めるので、鴨居と敷居の距離が正確に一定でないと、この建具は動きません。さらに溝と建具の幅も均一にする必要があります。そのため引き戸は扉に比べると高い精度が要求されるのです。引き戸は平安時代の文献や文学作品に見られます。源氏物語では、「遣戸といふ物さして　いささかあけたれば　飛騨の工匠も　怨めしき　隔てかな」とあり、遣戸《やりど》は舞良戸《まいらど》を指していると思われます。

同様の記述が『枕草子』や『落窪物語』にもあるので、

この時期には引き戸の遣戸、すなわち舞良戸が存在したと考えられています。日本では引き戸が一般的に用いられますが、中国や韓国では扉がほとんどです。これは日本の建築が中世末期、近世以降、非常に加工精度が高くなっていくこととも関係があると考えられます。

◇描かれた寝殿造の各部

寝殿造の各部を見てみましょう。『年中行事絵巻』の中には宮殿の中枢だけではなく、貴族邸宅も描かれています。具体的な建物名はわかりませんが、寝殿の中でも塗籠・身舎・南廂が重要な施設として見られます。『年中行事絵巻』に描かれた闘鶏のシーンでは、庭で闘鶏を行い、寝殿に座が設けられ、ここから見る人たちがいて、同時に庭にも仮設の建物が建てられた様子がうかがえます（図10・10）。

さらに右側には中門廊や中門の一画があり、外には侍う人々、門の外には牛車が置かれています。道に面した棟門の両脇には築地塀が描かれ、道路と邸宅の境界がうかがえます。ここに描かれた貴族の邸宅は、法住寺殿や東三条殿のような超一級のものには及びませんが、標準的な寝殿造を理解するには有用な資料になります。

一方、この牛車や侍う（控える）人たちは中門廊より内側に入れず、明確な空間の差が寝殿造には存在します。中門廊の内外で、内側が正式な儀式の場であるのに対して、外側は待ち人のスペースです。内部でも南庭の部分と床の上にいる人では同じ空間に接しても、床の高さの差で空間・身分の差が表されています。寝殿造は空間ごとに、様々な性格を持ち、身分社会がそこに表されているのです。

寝殿造には固まったイメージを持ちがちですが、平安時代の初期から徐々に変わっていった

図10・10　『年中行事絵巻』に描かれた闘鶏のシーン（トレース図）（出典：日本建築学会編『日本建築史図集』新訂第1版、彰国社、1980年、35頁）

こと、さらに有名な東三条殿は当時最高級の邸宅で、全ての貴族があのようなものに住んでいたわけではないのです。寝殿造には固定形はありませんが、要素として寝殿、南庭、中門廊というようなそれぞれの空間の接続と分断がコアにあり、そこに付加的にいろいろなものが加わっているわけです。そして庭園と一体となった空間構成も1つの特徴です。

3　鎌倉時代の住宅

◇武家の都市鎌倉

平安時代は貴族中心だったのに対して、鎌倉時代は武家が台頭します。それは住宅にどのような違いや共通点を生み出したのでしょうか。

京や畿内を離れてつくられた都市である鎌倉の構成にはいくつか特徴があります。東西北の三方を山に囲まれ、南を海に囲まれていることが地形的な大きな特徴です。都市として見ると、京で大内裏に相当する位置に鶴岡八幡宮が置かれ、そこから若宮大路が海岸まで通されました。構成は平安京と似ていますが、先程述べた通り三方を山に囲まれ、さらに南側に海があるので、軍事用機能を持った都市として再編成されています。有力な御家人は鶴岡八《つるがおかはち》幡宮《まんぐう》に近い北方に住む傾向はありますが、それぞれが入り組んだ状態でおり、近世の城下町のような身分制による居住区分の違い、寺町・町人地・武家地のような明確な区分はありませんでした。

武家政権ができても、独自の武士の住宅形式が新たにつくられたわけではなく、基本的には貴族邸宅、寝殿造の系譜を受け継ぐものでした。「源平盛衰記」の中に、「京様を学びて尋常に屋をたつるものかな」とあるように、京を模範にして鎌倉の都市や住宅は形成されていきました。

◇武士の邸宅

平安時代末期から鎌倉時代の地方武士の住宅を見ておきましょう。地方に関する情報は、奈良・平安時代も少ないですが、鎌倉時代末期に成立した『法然上人絵伝』に法然の父、漆間時国《うるまときくに》の館が描かれています（図10・11）。法然は鎌倉時代の僧で、浄土宗を開いたことで知られ、その父は

図10・11　『法然上人絵伝』に描かれた漆間時国の館(出典：国立国会図書館デジタルコレクション)

平安時代末期から鎌倉時代初期の武士でした。『法然上人絵伝』の成立時期は漆間時国の生きた時期より少し下り、後世の絵師の手による時代差もありますが、当時の地方武士の住宅の様子をよく伝えると考えられます。

中心の建物から伸びる中門廊、そして厩《うまや》で構成されています。さらに門が設けられ、両脇には網代塀《あじろべい》によって囲まれています。この構成は先ほど藤原定家の寝殿造とも似ています。一方で、厩という施設が置かれているのは、地方武士にとって重要だった馬との関係を示しています。屋根を見ても、茅葺や板葺といった構成で檜皮葺の平安京の寝殿造とは様相が異なります。細部を見ると、周囲には長押《なげし》が回り平安時代らしい特徴を示しており、さらに建具には蔀戸が設けられ、寝殿造との関係性が見られます。寝殿に当たる中心の建物は5間3間で、茅葺屋根の四周に板葺の廂を付ける形式で、廂の屋根の葺き材を変えています。柱は面取りの角柱で、長押を打っていて、建具を付けています。内部には畳が敷かれ、母親が法然を生む場面が描かれています。この漆間時国の館から、法然上人の生まれた平安時代末期の地方武士の住宅の様子がうかがえます。

鎌倉時代の僧侶で時宗を開いた、一遍上人《いっぺんしょうにん》（1239～89）の一生を描いた『一遍聖絵』があり、死の約10年後に描かれました。一遍は全国を行脚しており、ここにも筑前国の武士の館が描かれています。この館では、堀を巡らせ内側に板塀、正面中央には櫓を設けています。この辺りは防御性の高い敷地構成がうかがえます。内部には武芸をする空閑地が設けられ、ここは貴族住宅の儀式のための南庭とは異なる別の機能で、武士の邸宅の特徴です。中心建物には面取角柱と長押を用いて、一部一列に畳を敷いています。面取角柱は寝殿造の丸柱とは異なる形です。むしろ、この辺りは室町時代の武家住宅との関連性も見えてきます。手前には、2面に廂を持った切妻造の建物があり、面取角柱・長押、蔀戸や板戸が用いられています。

もう1つは信濃国の武士、大井太郎の館です（図10・12）。大きく3つの建物があり、1つは切妻造に板葺、妻側に中門廊を持つ建物になります。ここでは面取角柱、敷詰めと見られる畳敷が見られます。また、入母屋造の建物は茅葺で、軒先に竹の柱の支柱を用いています。さらに奥には切妻造、板葺の建物が見えます。

『蒙古襲来絵詞』は蒙古襲来に対抗した肥前の武士、竹崎季長《すえなが》の活躍を描いたものです。描かれた住宅は秋田城介安達泰盛の館で、竹崎がここを訪

図10・12　『一遍聖絵』に描かれた大井太郎の館（出典：国立国会図書館デジタルコレクション）

れ、陳状する場面があります（図10・13）。右端には上土塀《あげつちべい》が置かれ、平唐門《ひらからもん》が開きます。門を入ると侍廊、主殿が置かれています。主殿は軒先の様子から板葺が見られ、蔀戸がつられています。柱は面取角柱で武家の住宅の描写と共通します。畳は全面に敷くのではなく、ぐるりと回して敷く追廻敷《おいまわしじき》です。座る位置にも身分差が見て取れます。安達が畳の上、竹崎が畳のないところに座り、陳状する側とされる側が描き分けられています。安達の背後には絵を描いた引違戸が用いられ、この構成が鎌倉の武家住宅であったとうかがえます。

次に『男衾三郎絵詞《おぶすまさぶろうえことば》』に描かれた武家住宅を見てみましょう。この絵巻は鎌倉初期の武蔵国の武士の兄弟を描いたものです。弟邸では板塀と平唐門で遮蔽し、中に入ると前庭で武芸をしています。中門廊の前庭での武芸は先ほどのものと共通しています。屋根に関しては基本的に板葺で、平安京あるいは寝殿造で見られる檜皮葺とは異なる材料を用いています。主屋・中門廊の構成で、丸柱・長押の構成や蔀戸・部分的な畳敷きなどの要素が見えます。一方、兄邸は弟邸より豪華なつくりで、檜皮葺で彩色があり、釣殿・池を備えた庭園が広がっています。

このように鎌倉時代の武士の住宅は多様で、漆間時国《うるまときくに》邸とは異なる構成が見えてきます。武家住宅は寝殿造と全く関係がない形で成立したわけではなく、影響を受けながら変容していったと見られます。鎌倉時代の武家住宅は現存しませんが、寝殿造と比較すると武士の生活に合わせた新たな展開がうかがえるわけです。

図10・13　『蒙古襲来絵詞』に描かれた安達泰盛の館（出典：国立国会図書館デジタルコレクション）

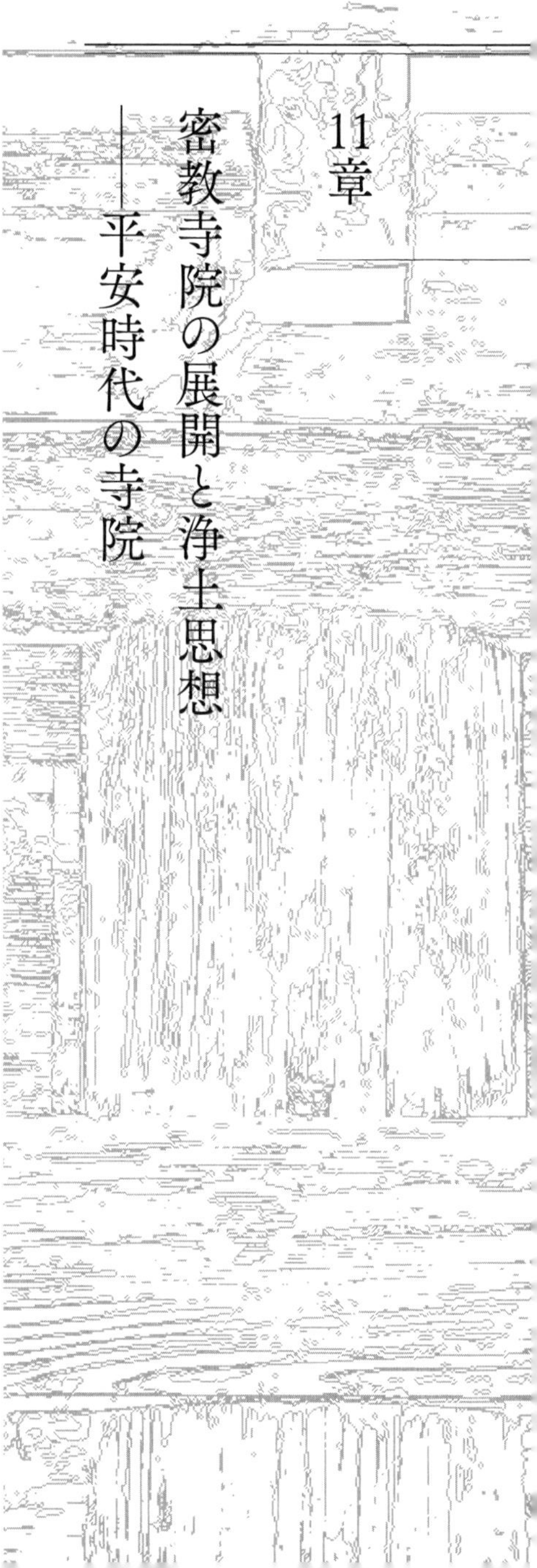

11章 密教寺院の展開と浄土思想
――平安時代の寺院

Ⅰ　平安時代の社会背景と建築

◇遣唐使の停止

今回は平安時代の寺院を取り上げていきます。７００年代後半の平城京から長岡京、平安京に移る8世紀末を経て、鎌倉時代直前の１１００年代後半まで４００年に渡る長い時期を扱います。日本史では中世の始まりは昔のように１１９２年ではないと習っていると思いますが、建築の場合では社会的な変遷による古代と中世の区分ではなく、技術的な側面から12世紀末から13世紀初頭に大きな技術革新があるため、これを画期と考えます。

ちなみに４００年分と言いましたが、奈良時代と平安時代で残っている建物の数はあまり変わらないんです。奈良時代以前は法隆寺を初め飛鳥斑鳩寺から１００年間で大体

30件弱。平安時代は約4倍の期間がありますが、同じぐらいしか残っていません。理由は色々ありますが、京都は中世近世にも応仁の乱、明治維新など戦乱の地になり、寺社の破壊も激しかったため残りが良くないのです。

奈良時代は貴族や豪族が重要な地位を占めながらも、天皇中心の社会体制が基本でした。8世紀後半には桓武天皇が遷都に尽力して天皇中心の社会体制を再構築しようとしますが、天皇と婚姻関係を結んだ藤原氏が摂政関白の立場で力を付けていき、摂関政治が始まります。その後、摂関政治から白河法皇など、天皇を退いた後の上皇や法皇が院政をしく体制に変わり、その中で武家も台頭してきます。このような政治の変化が建築にも表れます。

まず894年に遣唐使が停止されます。遣唐使は大陸から先端技術や情報を輸入してくる大事な役割でしたが、日本における唐の重要性が低下し、公的な派遣はなくなりました。その一方で、文化的には仮名文字・和歌・寝殿造を中心とした、いわゆる国風文化が花開きます。

奈良時代の建築は都城という平地にグリッドの道路を通し、寺院はその区画を敷地にして大伽藍をつくりました。一方、平安京では公的な寺院は東寺と西寺に限定しており、平城京からの寺院の移転を認めません。藤原京から平城京へは色々な寺院が移ってきましたが、様相が違います。つまり塔や金堂や講堂、三面僧房や食堂を持つ巨大な都の平地式の伽藍の時代は東寺・西寺で一旦終わります。

かわりに成立するのが密教建築と浄土思想にもとづく建築です。密教では修行を重んじ、奈良時代以前からあった山岳信仰と密接に絡んで山中に寺院をつくります。それと共に、塔や金堂や講堂などの奈良時代の主要な寺院建築とは違う独特の建築を持ち込みます。これには色々な解釈がありますが、新しい仏教として従来との違いを示すためとも考えられます。さらに、密教修法や祈祷の場はご利益のある有難い場所ですが、そこで何をしているかは秘密とされます。現在でも3月に東大寺でお水取りをしますが、松明の火を持って走り回り火の粉の近くでご利益を得ようとしたり、儀式を行う堂の周りの局《つぼね》という場所から中を覗ったりして、ご利益に与ろうとします。俗人が仏堂の近くに参列するために、梁間方向に建築が拡大していきました。機能的欲求から建物の形が変わっていったのです。

元々、奈良時代の仏教の役割は鎮護国家、国を守ることでしたが、そこから変質して、自己の現世のご利益に対する要望も強くなってきました。それらの願望と密接に関係する密教がパトロンを集めるようになってくるのです。

もう1つが浄土思想です。この世は仏の教えによって良い世界であるが、それがだんだんと破滅に向かっていき、1052年には「末法」を迎えるという考えで「末法思想《まっぽうしそう》」と言います。すると現世も大事ですが、極楽浄土の世界を望む、あるいは生きているうちに浄土を体現したいという願望が出てきます。このような欲求とともに展開するのが平安中期以降の仏教です。

◇密教と最澄・空海

日本の天台宗・真言宗の祖である最澄・空海は日本史で習ったと思います。奈良時代末期または平安時代初頭に、彼らが中心に現世利益《げんせりやく》のある密教を説きました。貴族や皇族らは自分に直接還元があるならとパトロンとして真言や天台の寺院をつくります。ただ平安京では宗教的な要素が排除され、密教は俗世から離れた所での修行を求めたため、山林寺院がつくられます。すると、同じ高さの塔でも平地にある場合は目立つため、建築的に重視されますが、山中ではあまり目立たず、重視されなくなってきます。7世紀後半の東アジアでは競って高い塔を建てていたものが、既に興福寺の頃には塔は金堂院の外側に出され、主要素ではなくなっていましたが、密教寺院ではさらにその傾向が強まるのです。平地寺院で重視された金堂や塔の伽藍配置も敷地の制約がある山岳寺院ではそれほど意味を持たず、概念が変わります。

最澄と空海は2人とも唐に渡り、最先端の仏教を持ち込んでいます。最澄は中国の天台山で学び天台宗を開き、主な寺院として比叡山の延暦寺、またはその山の下にある園城寺《おんじょうじ》があります。彼らの密教を台密と言います。天台の「台」と密教の「密」です。最澄は延暦24年（805）に帰国し国の僧侶として天台教学、密教や浄土教などをもたらしました。空海は逆に真言宗を開き、高野山の金剛峯寺や京都の神護寺、あるいは東寺を布教の場とします。特に京内の東寺が布教上、大きな役割を果たしています。比叡山といえば信長と戦ったことや、強訴と言って神輿をかかげて朝廷に政治的な要求や対立をしかけるイメージがありますが、真言宗は元々、官寺だった東寺で道場を開くほどですから、朝廷と密接な関係を築いていきます。東寺の密教を台密に対して東密と言います。空海は曼荼羅《まんだら》や密教法具、経典などを唐から直接持ち帰っており、これは大きな成果でした。空海が大同元年（806）に帰国すると、天台と真言、2つの密教が展開していきます。共に修法《すほう》と言われる宗教儀式をするのですが、その空間に貴族・皇族などの偉い人も入り、ご利益を一番に与りたいと考え始めます。彼らは寺院の重要なパトロンですから、修法の場に隣接して礼堂《らいどう》と呼ばれる参列の空間ができ、これが発展していきます。この礼堂の発展が密教本堂の展開で重要で、中世末期から近世になると、仏の空間よりもパトロンの空間を立派にする、要は資金を出す方の空間がより良くなるという逆転現象まで建築内部で起こってくるのです。

◇密教と新しい建築

最澄や空海がどのようなものを持って帰ったか。密教修法は新しい修法で、天台宗と真言宗でも若干必要な建物は違います。天台宗は「〇〇三昧」と言われる四種三昧《ししゅざんまい》の修行が多く、特に法華三昧と常行《じょうぎょう》三昧堂が重要な建物です。また多宝塔も密教建築特有の建物です。多宝塔も天台と真言で若干形が違います。真言宗では灌頂《かんじょう》堂や五大堂が、天台では法華堂や常行堂が特徴なので、堂宇の名前が宗派を見分ける材料になります。その他、密教法具や曼荼羅は建築の荘厳をする時に使われます。金剛界《こんごうかい》と胎蔵界《たいぞうかい》曼荼羅では小さい仏がたくさん並んでいます。こうした曼荼羅を壁の2面に掛け、その間で修法をしました。あるいは、五重塔の内部にも曼荼羅がつくられ、内部を仏の空間として演出しています。東寺の灌頂堂で両界曼荼羅を掛けて修法をするのですが、ろうそくが揺らめき、曼荼羅から仏がふわふわと浮いてくるような感覚になると言います。そういう堂内空間をつくり上げたのが密教本堂の特徴です。

◇多宝塔

都城に建てられた塔は基本的に同じ平面が積み上った塔なのですが、多宝塔は上下で違う形を取ります。「宝塔の図（図11・1）」のように土饅頭の上に屋根がかかった形があり、この外側に一周裳階《もこし》が付いたものが多宝塔です。現存するものでは根来寺大塔《ねごろじだいとう》があり、平面を見ると塔身の円形の外側に裳階が一周方形で回っていて、多宝塔の祖型がうかがえます（図11・2）。なお大塔は通常の多宝塔の方3間より大きい方5間のものを指します。

真言宗の石山寺のような多宝塔が普通の形で、上層の部分に土饅頭状の円形が出てきます。一方、天台系の場合、上層も正方形の平面であったと考えられています。

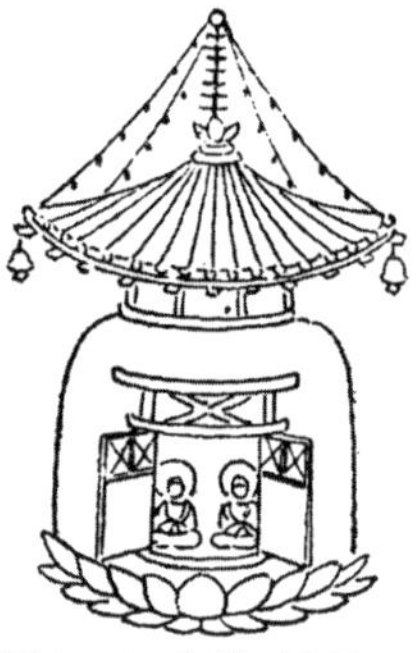

図11・1　宝塔の図（トレース図）（出典：東京大学所蔵）

◇比叡山延暦寺

延暦寺は延暦7年に最澄が比叡山に薬師堂、文殊堂と経蔵の3つの建物を建てたのが始まりです。その後、中心となる根本中堂《こんぽんちゅうどう》をつくるのですが、信長の焼き討ちもあり、平安時代に遡れる建物は1棟も残っていません。ただ、古い形を踏襲して再建しているので、比較的古式を残していると考えられます。

比叡山全体の伽藍配置の計画もありますが、山中ですので、あくまで平場に建てられるものを建てています。比叡

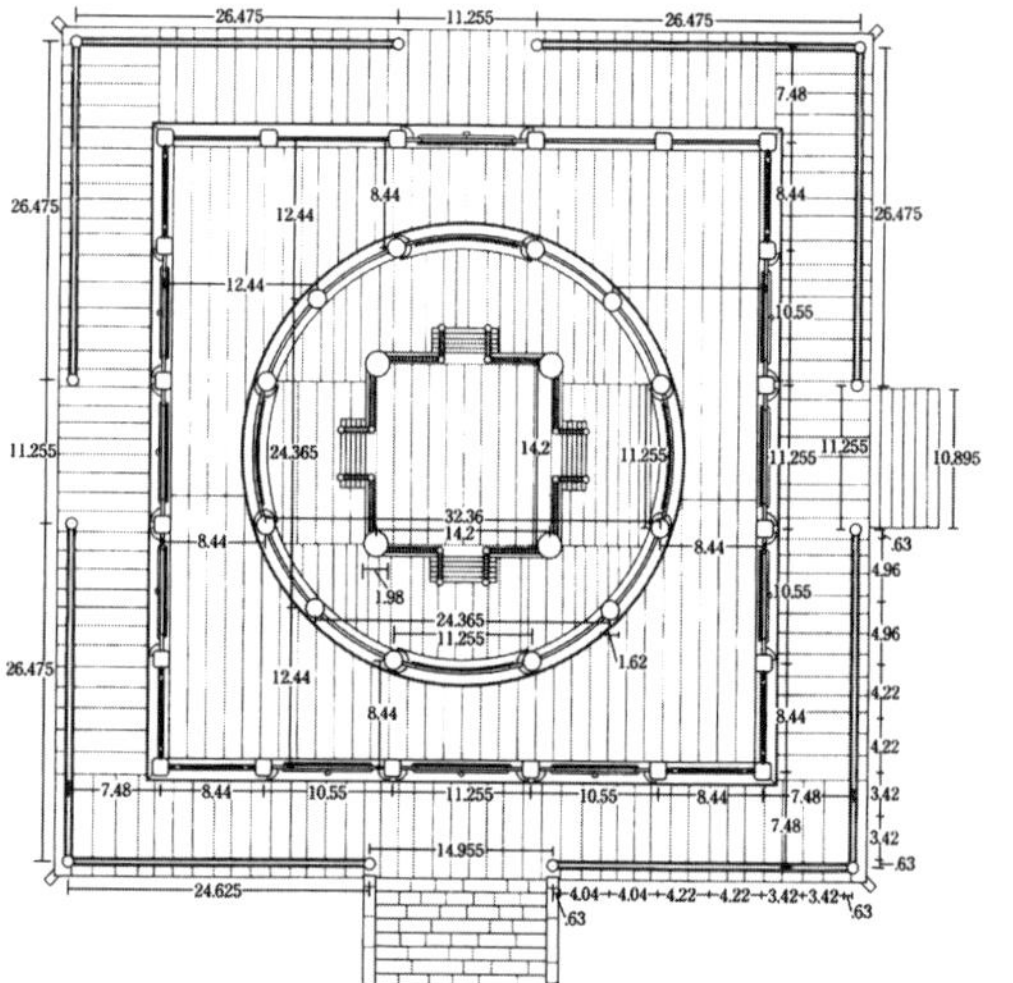

図11・2　根来寺大塔の平面図（出典：『日本建築史基礎資料集成 12』塔婆2、中央公論美術出版、1999年、202頁）

山は特に険しく東塔と西塔と横川《よかわ》の3つの区画によって構成されています。その三塔の下に平場のあるエリアの16の谷があり、小さい堂宇を建てて谷の組織を形成しました。それらの三塔十六谷二別所で、自然地形を利用して比叡山の伽藍は構成されています。

現在の東塔、あるいは延暦寺の中心である根本中堂は、江戸時代初期に家光が再建しました。建築の形としては文永5年（1268）頃の根本中堂がほぼ現在と同じ形であることが、『門葉記《もんようき》』の図面と比較するとわかり、天元元年（978）に再興した頃も今の形に近いとされます。四面廂の構成をした中心部の正堂があり、その前面に上礼堂と下礼堂の2つがあります（図11・3）。内陣は石敷の土間で、靴のまま入れますが、礼堂は板敷です。近世以降の寺院に行くと大抵、入堂時には靴を脱ぐことが多いと思いますが、奈良時代の形式は基本的に土間で、金堂内は仏の空間でした。そのため土間を残す形式は古いと考えられます。

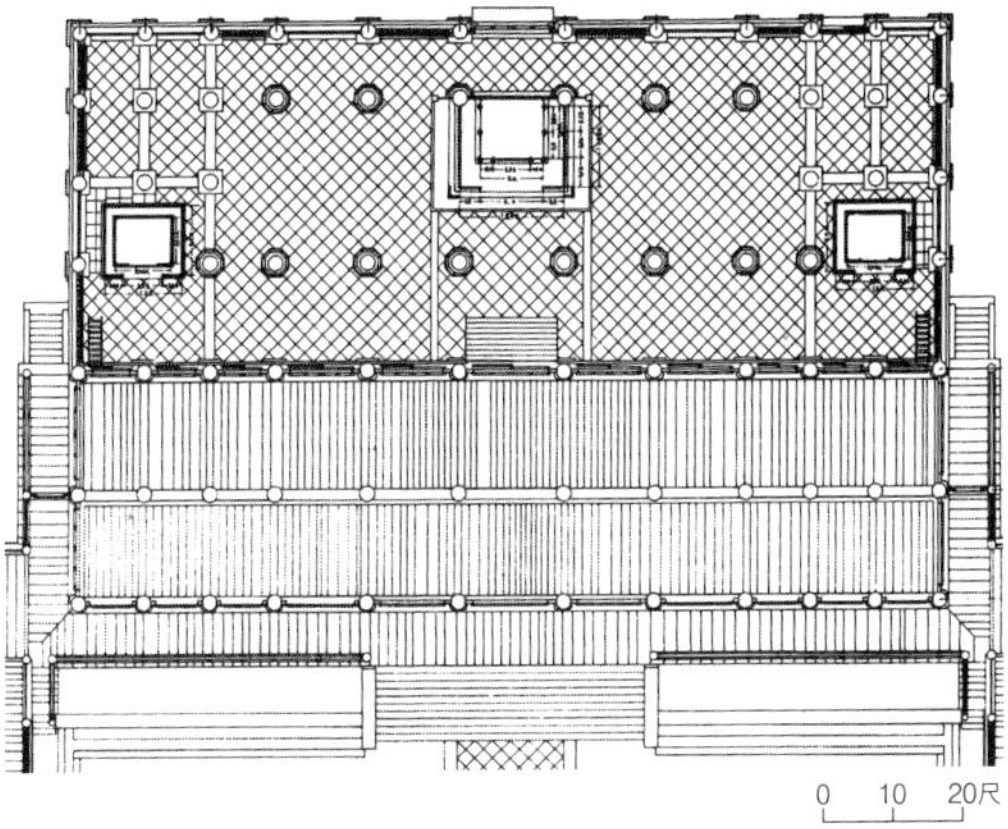

図11・3　延暦寺根本中堂の平面図（出典：滋賀県教育委員会『國寶延暦寺根本中堂及重要文化財根本中堂廻廊修理工事報告書』1995年、2図）

もう1つが、西塔の常行堂《じょうぎょうどう》・法華堂《ほっけどう》で、文禄4年（1595）の建物で、常行三昧・法華三昧のための修行の重要な場です。中心に正方形が、その外にさらに四面廂が回り、さらにもう一周四面廂が回る形で入れ子状に広がります。こういった同心円状の空間構成は比叡山あるいは天台宗系の特徴です。同じ大きさの堂が2つ並び、間を渡り廊下で繋ぐこの形式を「にない堂」形式と呼びます（図11・4）。

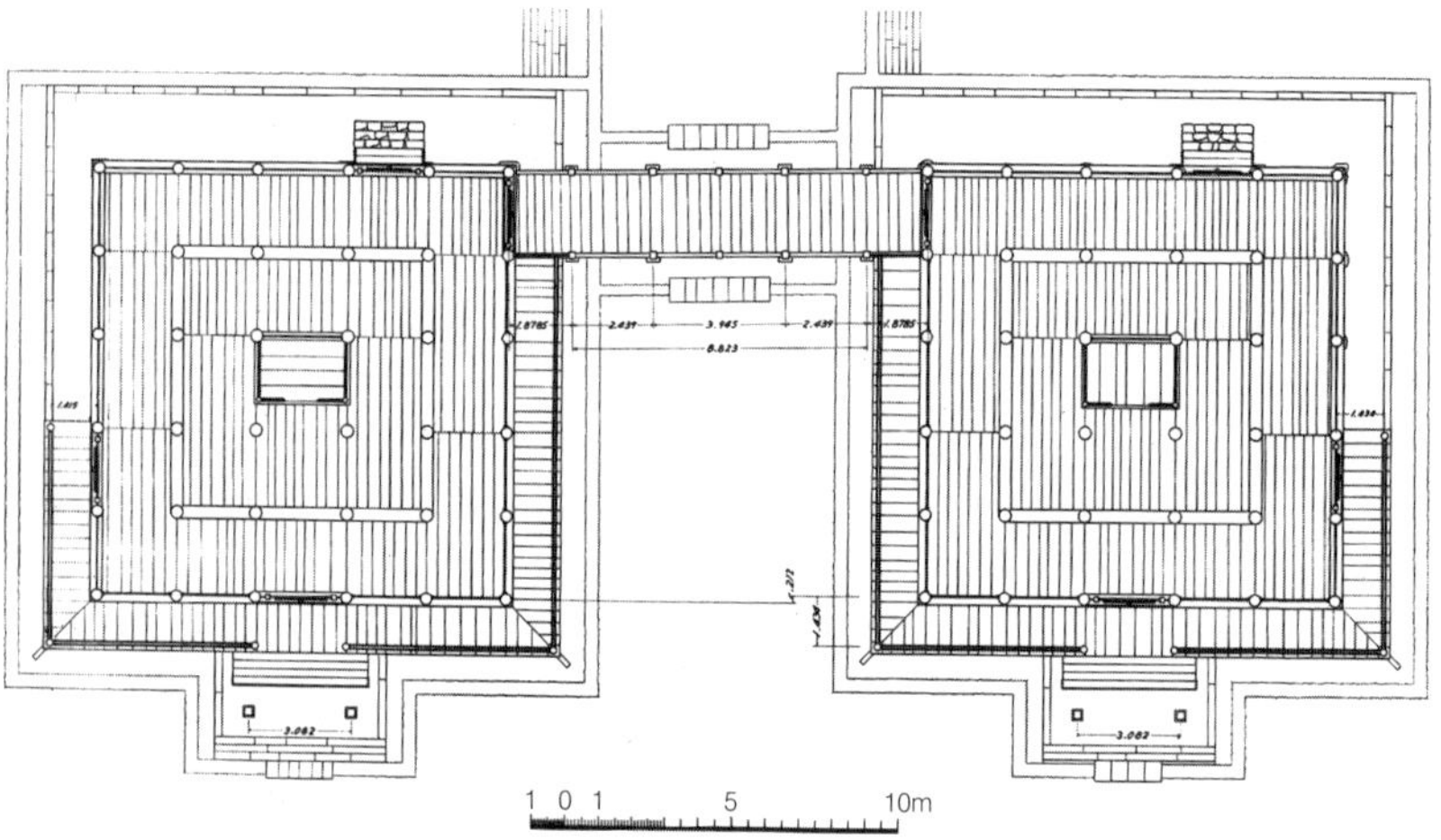

図 11・4　延暦寺常行堂・法華堂の平面図（出典：滋賀県教育委員会事務局文化財保護課『重要文化財延暦寺常行堂及び法華堂修理工事報告書』1968 年、1 図）

◇真言宗の寺々

一方で真言宗は高野山も重要ですが、宮中真言院や東寺での灌頂など、朝廷と密接な関係にあった点が天台宗との大きな違いです。空海は東寺のような都での布教の拠点と、神護寺・金剛峯寺など山岳山林で俗世から離れて修行をする場の2つをうまく使い分けていました。

高野山の金剛峯寺は弘仁7年（816）に空海が朝廷より賜って開いたものです。空海が在世中は一気に大きな伽藍をつくることはできず、草庵や宝塔を建設中という程度でした。次第に講堂や多宝塔、真言堂と呼ばれる中心的な建物ができていきます。高野山内の平坦地に建てるのですが、奈良時代のような金堂を設けないのが特徴です。

また真言宗は宮中、朝廷との関係が深いので、『年中行事絵巻』と言われる平安時代の年中行事を描いた絵巻の中にも内裏の中に真言院の道場が描かれています。この真言院では身舎の外側に四面廂が回っていて、身舎の壁には曼荼羅が両側に掛かっています（図11・5）。これは両界曼荼羅《りょうかいまんだら》で、手前の廂側に僧侶が並んでいます。重要な儀礼として、

図11・5 『年中行事絵巻』の真言院道場（出典：国立国会図書館デジタルコレクション（江戸後期写本藤原光長絵））

正月に行われる御斎会《ごさいえ》や御七日御修法《ごしちにちみしほ》と言われる国家鎮護のための修法がこれらの場所で行われました。東寺は都城にある寺院なので、金堂、講堂があり背面側に食堂がある、従来の伽藍配置と共通点の多い伽藍です。一方で嵯峨天皇によって東寺に真言密教の根本道場がつくられています。現在残る建物の多くは安土桃山から寛永ぐらいに再建されたものです。伽藍の建物の中でも特に講堂が空海の空間思想を反映していると言われています。平面形式としては奈良時代寺院からつづく構成ですが、祀られている仏像が金剛界の大日や五憤怒《ごふんぬ》の明王や四天王像など、真言系の仏像が勢揃いしています。東寺講堂では、まるで曼荼羅のように仏像を用いて仏の世界を立体的に表し、見た人が仏の中を通り抜けるイメージの空間を実現したのです。

東寺の五重塔は寛永21年、17世紀の初頭に建てられた建物で、現在残る国宝・重要文化財の五重塔では現存最大の約55mの高さです。金堂は、正面1間が吹放しで、内部に日光・月光《がっこう》・薬師・阿弥陀三尊などの仏像を祀り、廂の所に俗人が入ります。１６０６年再建の建物ですが、柱配置や床を張らない形式は古式を残しています。

では古絵図で東寺の灌頂堂がどのような使い方をされていたかを見てみましょう。両界曼荼羅は金剛界と胎蔵界の2つの曼荼羅を壁の中心の両脇に掛けます。正堂《しょうどう》は身舎に廂が回る形式で、身舎の両脇に金剛界と胎蔵界の曼荼羅を掛けて中心に天蓋を掛けます。そして正堂の周囲の壁には金剛薩埵《さった》や真言祖師などを掛けています（図11・6）。こうした儀式のセッティングの方法を後世に引継ぐために、配置を絵に描くことが多いのですが、正堂に対して正面側1間分の細長い所が礼堂で、参列者の入る空間です。正堂と礼堂の間を作合《つくりあい》と言います。通常、仏の空間である内陣に入れる寺院は少ないと思いますが、奥に仏像が見える所は多くあります。かつては正堂の正面側の扉を全部閉めて、正堂と礼堂の境界性の強い分節としており、この東寺灌頂堂がこの形式です。礼堂の正面側は蔀戸《しとみど》で、逆に正堂側には柱間装置はありません。つまり礼堂は外との関係性が近いのに対し、正堂と礼堂の間は扉を設けた境界性が強調されており、初期の密教寺院建築の特徴です。

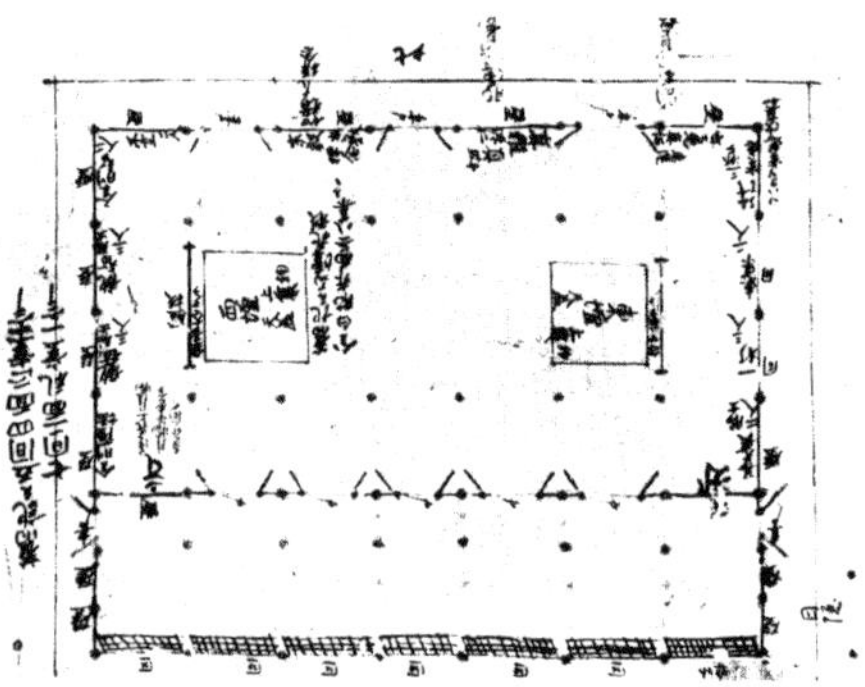

図11・6 『東宝記』に描かれた東寺灌頂院古図（出典：伊藤延男ほか『文化財講座 日本の建築 二 古代Ⅱ・中世Ⅰ』第一法規出版、1976年、33頁）

2　野屋根の発生

◇野屋根とは

平安時代の仏堂の多くは奈良時代の建築の様式やつくり方を継承しています。正暦元年（990）の法隆寺大講堂のような身舎・廂構造は継承されています（図11・7）。最大の変化は野屋根の発生です。現存最古の野屋根は法隆寺大講堂ですが、発掘からより古くからあったと考えられています。野屋根の発生以前は中国や韓国など大陸の木造建築と構造的またはデザイン的な共通点が多く、奈良時代の

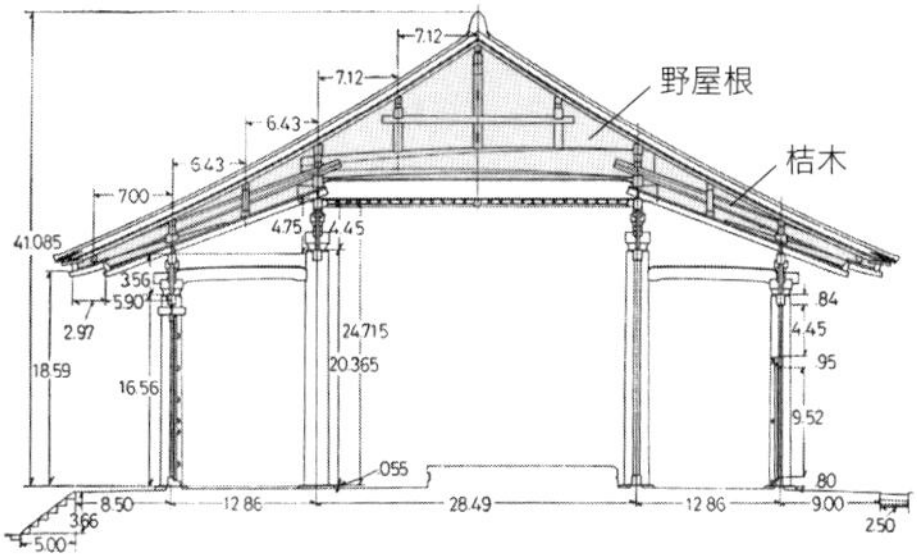

梁間断面図

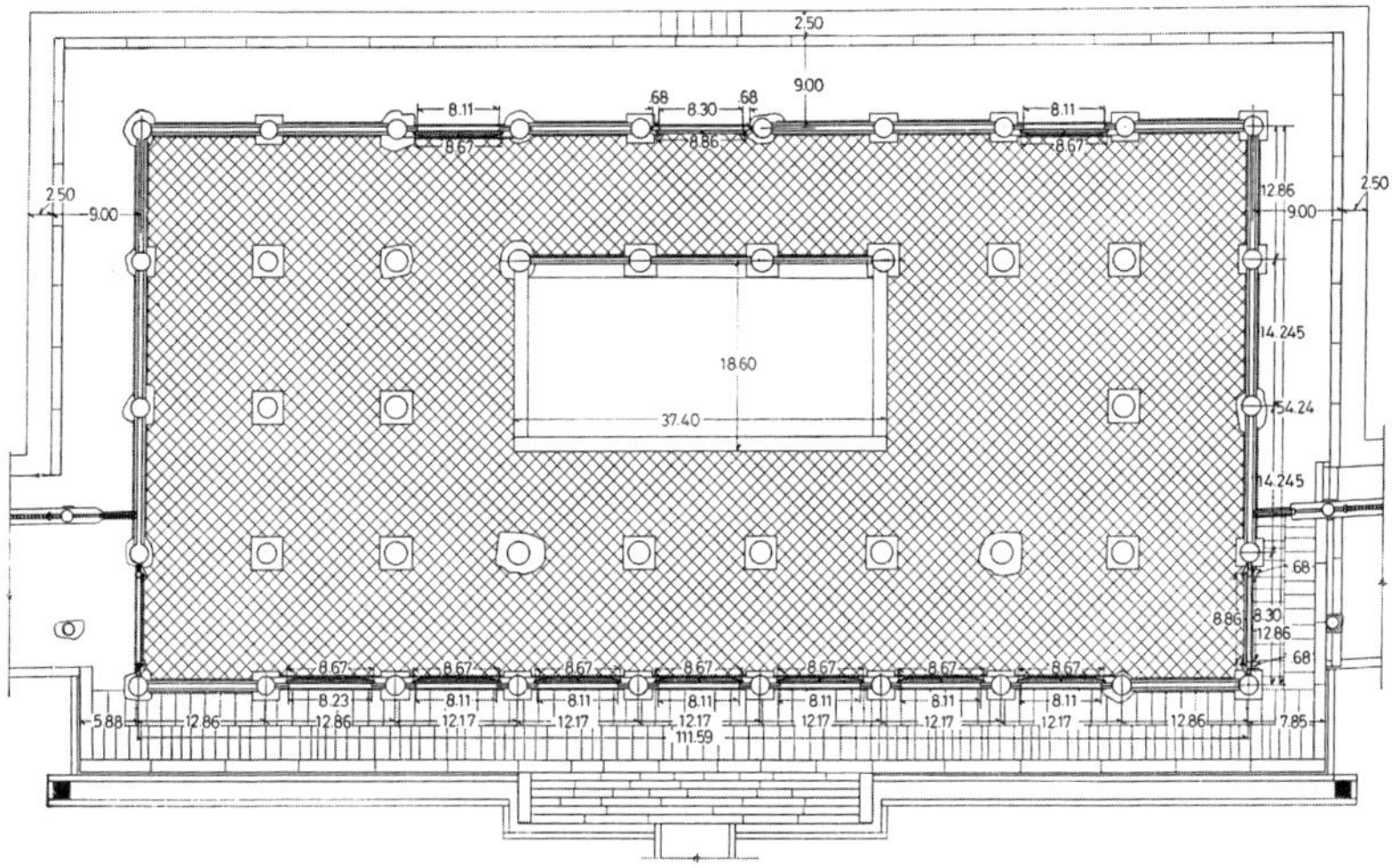

平面図

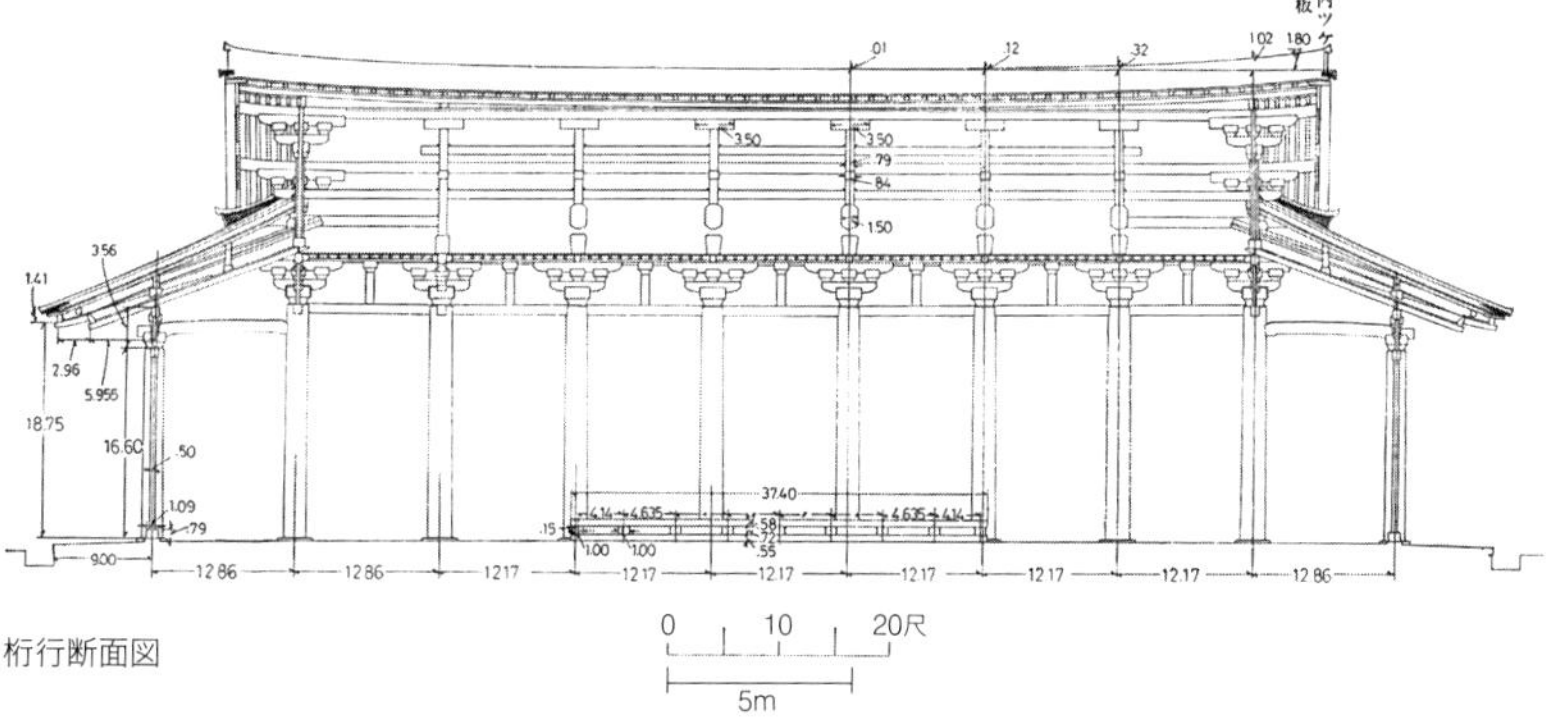

桁行断面図

図 11・7　法隆寺大講堂の平面図・断面図(出典:『日本建築史基礎資料集成 4』仏堂 1、中央公論美術出版、1981 年、174・175 頁に加筆)

海龍王寺《かいりゅうおうじ》西金堂は建物内部から見える屋根の部分と実際の屋根は一致しています。野屋根がつくられると、建物内部から見える垂木が直接、屋根を支えるわけではなく、本当に屋根を支えている垂木はさらに上にあります（図11・7）。そのため内部から見える垂木はいわば天井です。対して実際の屋根はもっと上にありその間の空間を野屋根と言います。この効果により、野屋根以前は柱の位置と屋根の構造がダイレクトにリンクし、柱の位置によって空間や屋根の形状が厳密に決まっていたのが柱位置を比較的自由に動かせるようになるのです。これにより奥行の深い仏堂や複雑な屋根の形がつくれるようになり、日本的な建築の特徴が出てきます。

◇**野屋根の発展**

実際に保安2年（1121）の醍醐寺《だいごじ》薬師堂は四面廂のグリッドの柱配置です。同じく醍醐寺金堂（延長4年＝926、移築）は身舎に四面廂が回って正面に礼堂がつきますが、正堂の正面側には柱がありません。野屋根を使うと屋根構造が柱配置から自由になり、正面側の空間を大きく取り、見渡せるようにしたのです。

中世以降になると、建物内部から見える化粧垂木と本当に屋根を支える野垂木の間の野屋根の空間に桔木《はねぎ》という斜めの部材を入れるようになります（図11・7）。桔木はてこの原理を使って、桔木の尻を上から屋根荷重で押さえ、逆の端部の軒先を跳ね上げます。この桔木により軒先をかなり出ても、構造的に安定したものをつくれるようになりました。また化粧垂木と実際の屋根は大きく変わってくる、あるいは天井が構造から分離していきます。これは密教本堂の礼堂の天井の切り替わりにも関係してきます。

◇**孫廂による奥行の拡大**

奥行を深くして、前面に礼拝のスペースをつくる例は奈良時代にもありました。堂を2つ並べる双堂《そうどう》（ならびどう）形式と言いますが、法隆寺の食堂・細殿に見られます。あるいは東大寺法華堂のように正堂の手前に礼堂を別に付ける例もあります。ただ、2つの堂を並べるので、きれいな1つの大きな屋根に収まる建築ではありません（図8・7、8・8）。

実際に仏堂を拡大して礼堂をつくりたい時、1つの方法は元々ある身舎・廂に対して、さらにもう1つ孫廂という廂を付ける方法です。すると孫廂の空間を礼堂として、身舎・廂の空間を正堂にできます。室生寺《むろうじ》は興福寺の僧侶によって開創されたもので、奈良時代末期から平安初頭に建てられた南都仏教系の寺院でしたが、後に真言宗の寺院になります。平安時代前期に建てられたとされる金堂は、元々は梁間1間の身舎に廂が巡った形でした。正面の孫廂（今の礼堂）は寛文12年（1672）のものですが、鎌倉時代には既に礼堂が足されているようで、この孫廂の礼堂は段差のある所につくっています（図11・8）。室生寺も奈良南方の宇陀の山中にあり、他の山林寺院と同じように平地伽藍の形式ではありません。この段差につくる形式を「懸造《かけづくり》」と言い、清水寺本堂や三仏寺投入堂など山地あるいは崖地に建てる技法です。奥の身舎と廂が回ってくる部分が正堂で、手前側が孫廂です。正堂と礼堂の境に柱があり、そこから孫廂として礼堂に大梁をかけ渡します。

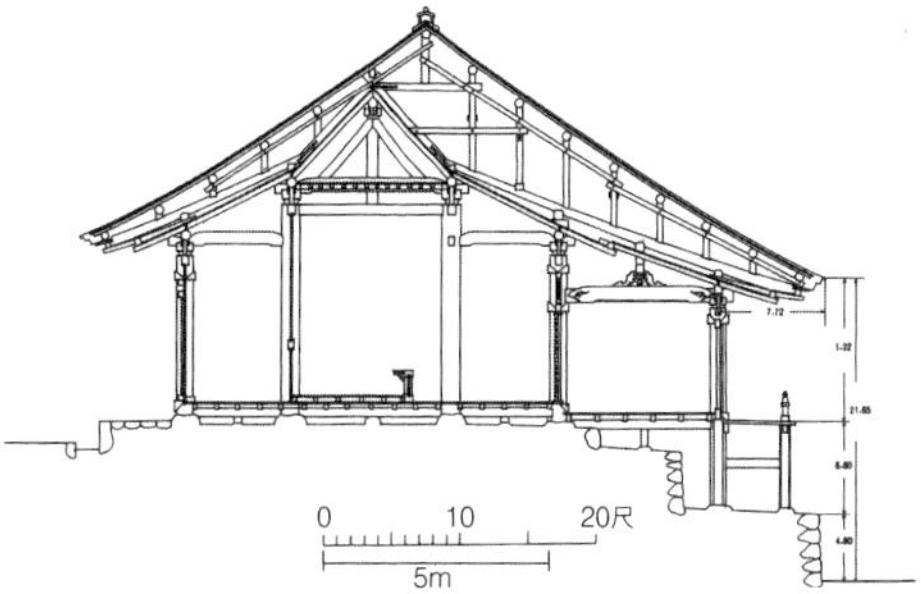

図11・8　室生寺金堂の断面図（出典：『日本建築史基礎資料集成5』仏堂2、中央公論美術出版、2006年、144頁）

同じような例で天永3年（1112）建立の鶴林寺《かくりんじ》太子堂は中心に方1間の四面に廂がめぐる三間堂の形式で、正面に礼堂を付けます。三間堂と礼堂の主従は建物を見るとわかります。正堂側は丸柱、正面側は角の柱です（図11・9）。丸が正式で角は略式というのは奈良時代と同じです。これも同時期につくられたわけではなく、中心の部分は古いものが残っていますが、後世に改造されています。

この孫廂の形式で礼堂をつくれますが、礼堂の梁間をさらに大きくしようとすると、構造的に不安定になります。また孫廂を延ばすと軒先が下がり、正面が低くなります。懸造の場合は段差があるので、問題になりませんが、そうでなければ、建物の屋根全体を上げるか、低い正面で我慢するかですので、孫廂の形式は拡大にも限界があります。

◇本堂形式の成立

中世には金堂ではなく、いわゆる本堂という形式があって、密教本堂では正堂と礼堂を最初からくっ付けて建てる形式が出てきます。奈良の南部にある當麻寺《たいまでら》では金堂や講堂や東西塔が残っていて、金堂・講堂の西に本堂があります。

この本堂は曼荼羅堂とも言い、當麻曼荼羅を祀る大きな厨子が真ん中にあるのが特徴です。大きな改造が何回かあり、建物の修理の際の解体時の柱や梁などの部材の痕跡からかつての形が判明しています。元々、四面廂の建物が最初にあって、それを改造して正面に孫廂を延ばした形式として、その後、正堂と礼堂をくっ付けて周囲に廂を回す形式に変えたようです（図11・10）。この當麻寺本堂は密教本堂の中世の段階でよく使われる形式として展開していきます。

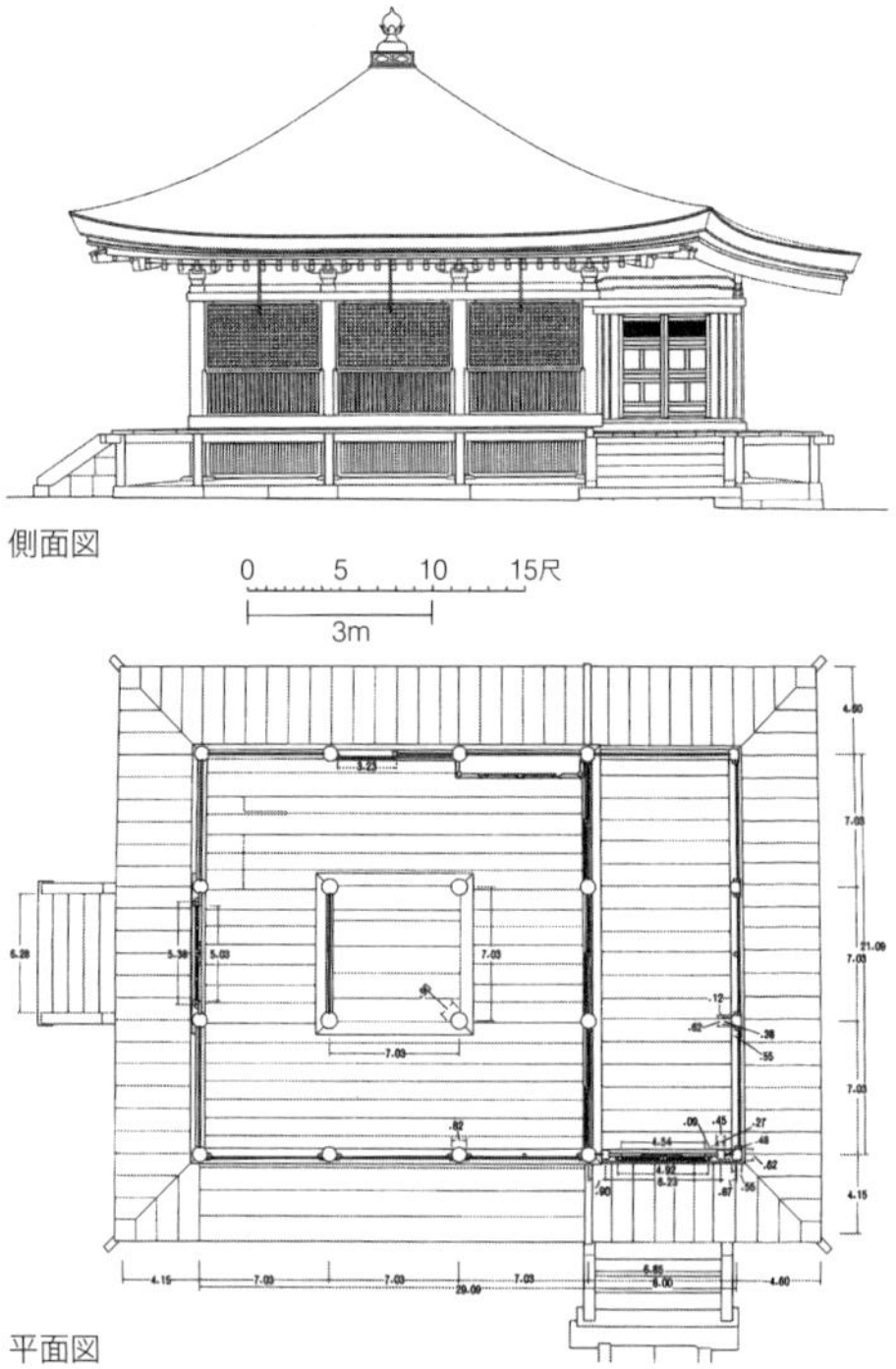

図11・9　鶴林寺太子堂の平面図・側面図（出典：『日本建築史基礎資料集成5』仏堂2、中央公論美術出版、2006年、182・183頁）

これは正堂と礼堂が離れている金剛峯寺とは異なる形式です。高野山の金剛峯寺金堂では１１５０年に再建されたものが１５２１年まで存続していました。１１８４年に金堂に参詣した際の指図から様子がわかります。身舎に廂が回る形です。礼堂が正面側に梁間２間で付くのですが、正堂と礼堂の間は本来四面廂なら正面に柱が必要のはずが撤去されています。野屋根を用いると柱配置を自由にできることの表れです。建具を見ると内外陣の境に菱格子《ひしごうし》があります。板扉では閉めると中の様子が見えませんが、菱格子は雰囲気や煙など

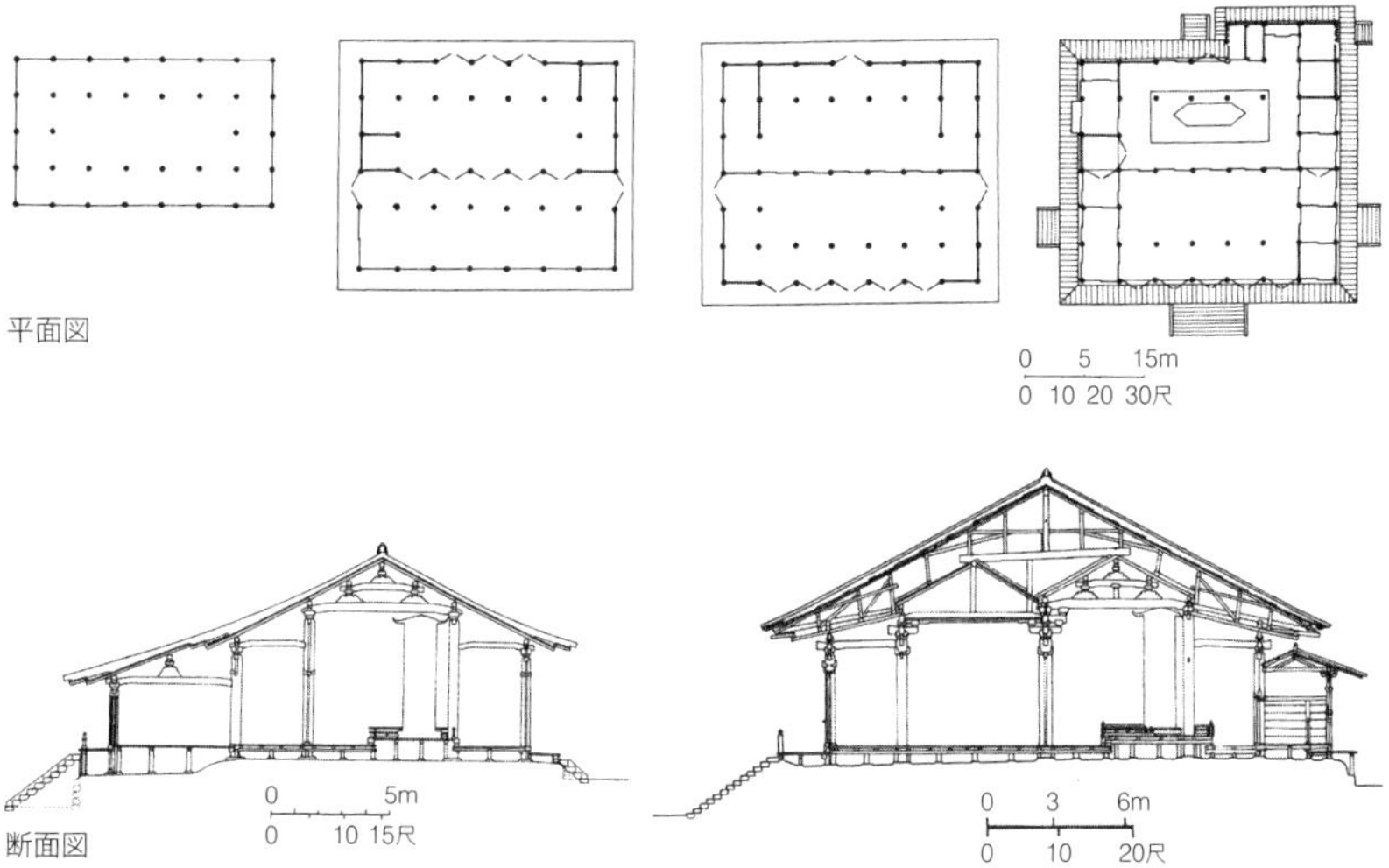

図 11・10　當麻寺曼荼羅堂の変遷（出典：日本建築学会編『日本建築史図集』新訂第3版、彰国社、2011年、41頁）

の様子を少し覗えます。完全に扉で閉めるよりも内外陣の境が緩やかになっているのです。

3　末法思想と浄土建築　阿弥陀仏と浄土信仰——

◇東アジアと浄土思想

平安時代の宗教と建築においてもう1つ重要なのが先ほど述べた末法思想と浄土建築です。末法思想は釈迦の教えが失われていき、正法の世界から像法《ぞうぼう》の世界を経て末法になっていくという考え方ですが、日本では永承7年（1052）が末法元年と流布していました。恵信僧都源信《えしんそうずげんしん》が『往生要集』で地獄と極楽の世界、そして極楽往生の道を示し、念仏による行を説きます。浄土は西方極楽浄土《さいほうごくらくじょうど》の阿弥陀仏をさすことから、阿弥陀信仰が高まります。すると浄土信仰による仏堂は阿弥陀堂が中心になってきます。美術史の人は平等院鳳凰堂を阿弥陀堂と呼びますが、阿弥陀仏を祀っていることが大事なのです。阿弥陀堂にも2つの形式があり、1つが平等院のように庭園を持つ浄土を模した寺院、もう1つが一間四面で正面3間の阿弥陀堂です。

◇**浄土世界**

東アジアには浄土の世界について、ある程度の共通理解やイメージがあります。中国敦煌の壁画に浄土変相図などの浄土の世界が描かれ、宝池があり、仏がたくさん並んで、後ろに楼閣や仏殿、横に翼廊が延びています。ただし、中国・韓国には浄土変相図を再現したような建物は見られません。なぜ日本の平等院鳳凰堂などで再現されたのかには諸説ありますが、浄土信仰が強いだけでなく、当時の寝殿造で庭と建物を一体的につくる文化があったことも影響したと考えられています。苑池《えんち》を持ちながら浄土庭園をつくり、そこに阿弥陀堂を建てるわけです。

◇**九品九生と阿弥陀仏**

浄土信仰で重要なのが往生の方法です。浄土教では九品九生《くほんくじょう》、上品上生《じょうぼんじょうしょう》から下品下生《げほんげしょう》まで9段階、まず上品中品下品があって、それぞれが3段階の上生中生下生の3段階。3×3で9段階の往生の方法があります。それぞれの形式に合わせて阿弥陀仏を祀ると阿弥陀仏は9体必要になります。この9体の阿弥陀仏を並べた阿弥陀堂を九体阿弥陀堂《くたいあみだどう》と言い、横に長い仏堂に柱間1間ごとに仏を祀るので、仏の数によって建物の形が決まりました。

九品九生の往生については、平等院鳳凰堂の扉の内側の大和絵に描かれています。一番下の方法になると、仏はこないで、蓮だけがきて自分で勝手に行きなさいといった形式です。下品上生という下から三番目ぐらいの方法では、阿弥陀仏が雲に乗ってきて糸を出し、往生する人を迎えてくれます。かなり親孝行をして善行を尽くしても真ん中の往生にしかならない、ハードルの高い往生です。パトロンの貴族は権力も経済力も使って現世に浄土世界をつくり上げ、文化を成熟させたのです。

◇**九体阿弥陀堂**

唯一の九体阿弥陀堂が京都と奈良の境にある浄瑠璃寺《じょうるりじ》に残っています。桁行方向の断面図には真ん中に大きな阿弥陀仏がいて、それぞれの柱間が梁間4間、身舎の部分は桁行9間分で、柱間ごとに仏像が入っています（図11・11）。外側に庇が回るので全体としては桁行11間です。この九体阿弥陀堂の形式は平安京東の白河の地にたくさん建てられ

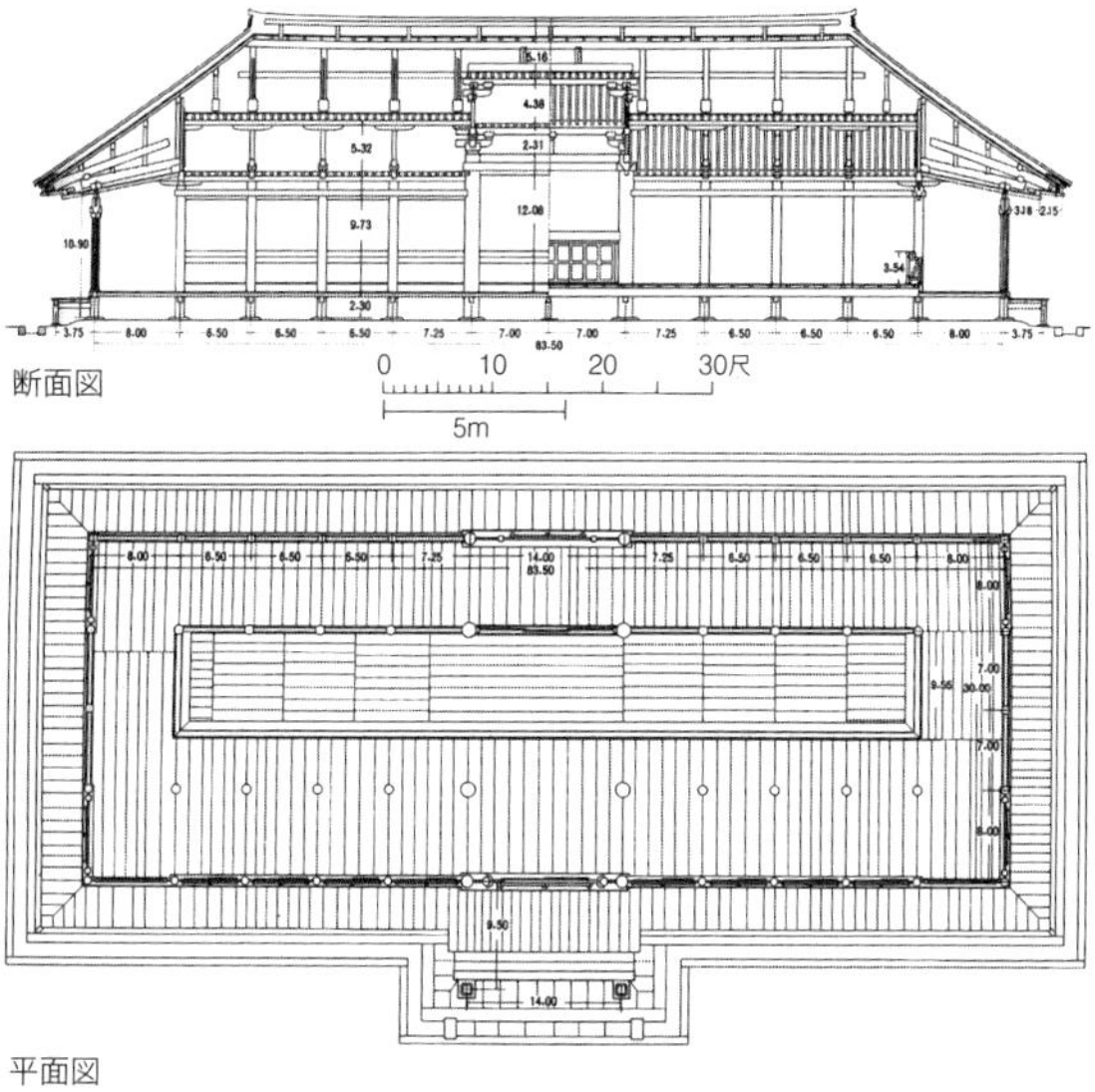

図 11・11　浄瑠璃寺九体阿弥陀堂平面図・断面図（出典：『日本建築史基礎資料集成 5』仏堂 2、中央公論美術出版、2006 年、137・138 頁）

ています。ここから、阿弥陀仏の数がどんどん増えて千体まで膨らんだのが三十三間堂になるわけです。

◇摂関家の栄達

この時代に権勢を振るったのが藤原道長で、摂関政治の頂点を極めた人物です。彼は道長邸の隣に法成寺（無量寿院）をつくり、そこに死期が近いころ、九体阿弥陀堂を建てたことが知られています。これが九体阿弥陀堂の初例とされますが、以降、この形式が流行り、平安時代に30例ほど建てられたようです。法成寺《ほうじょうじ》伽藍の復元図を見ると、苑池があり、中心の堂があり、その南西側に置かれた縦長の建物が九体阿弥陀堂です（図11・12）。阿弥陀は西方浄土にいるとされますので、西から東に向かって阿弥陀仏を置きます。法成寺は万寿4年（１０２７）に道長が没すると天喜6年（１０５８）には焼けてしまい、栄華を極めた当時の様子はわかりません。道長は最期の時を迎えるべく、法成寺の造営や阿弥陀堂での臨終儀式を備え、往生したのです。

もう1つが先程の平地伽藍と関わる話です。興福寺がそうでしたが、必ずしも最初から「伽藍配置＝グランドデザイン」をもとにその通りにつくるのではなく、一番大事な金堂以外はあくまで段階的に進んでいきました。法成寺でも、金堂の他、浄土系の九体阿弥陀堂、真言の五大堂、天台の法華堂が混在していて、雑信仰の状態で、純粋な宗派の寺院の伽藍とは様相が異なっていました。

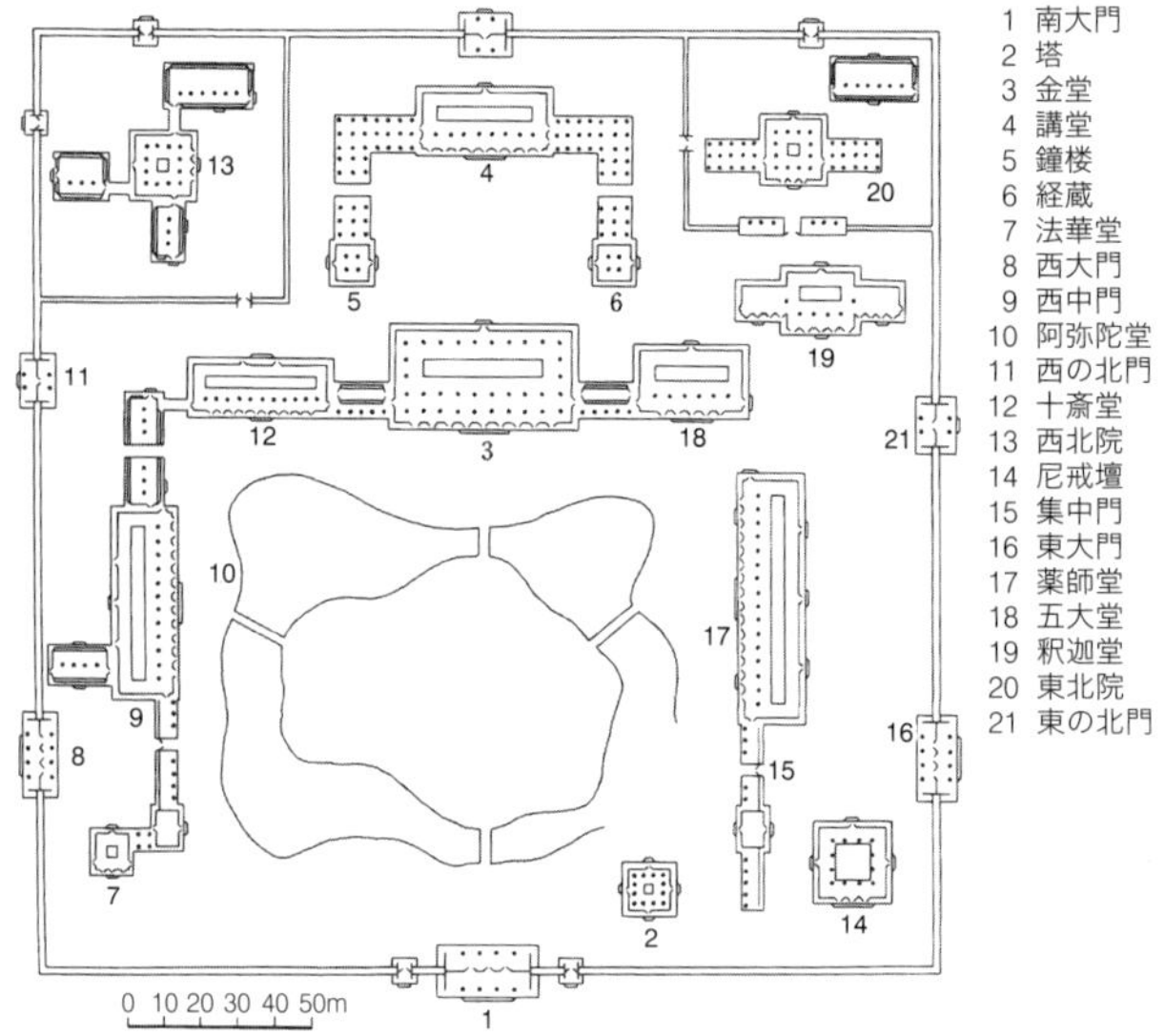

図11・12　法成寺の伽藍配置（清水擴復元図）（出典：日本建築学会編『日本建築史図集』新訂第3版、彰国社、2011年、37頁）

◇平等院鳳凰堂

平等院鳳凰堂は道長の息子の頼通《よりみち》が建てたものです。海外では第一級の建築である宮殿建築が比較的残っていますが、日本には宮殿も少なく、その他の第一級の建築もほとんど残っていません。わずかに薬師寺東塔や日光東照宮などが当時の力を尽くして建てられたものと言えますが、この意味では平等院鳳凰堂は道長ほどではないにせよ当時の最高権力に近い人物の手による建築として貴重です。

心字池《しんじいけ》があり、その対岸には真ん中に中堂が置かれ、そこから両翼廊が延びています。阿弥陀仏を祀っているので中堂は西から東を向いています。元々、鳳凰堂中心だったわけではなく、大日如来を祀る本堂が別にあり、鳳凰堂はその敷地の一部に建てられました。中堂は身舎桁行3間梁間2間であまり大きくなく、その外側に裳階を回す形です。身舎柱は丸柱に三手先で格式の高いものを使っていますが、裳階は角柱に平三斗の略式で、格式の違いが建築細部に表れています（図11・13）。内部には雲中供養菩薩がいたり、板扉に九品来迎図が描かれたり、浄土の世界がつくり上げ

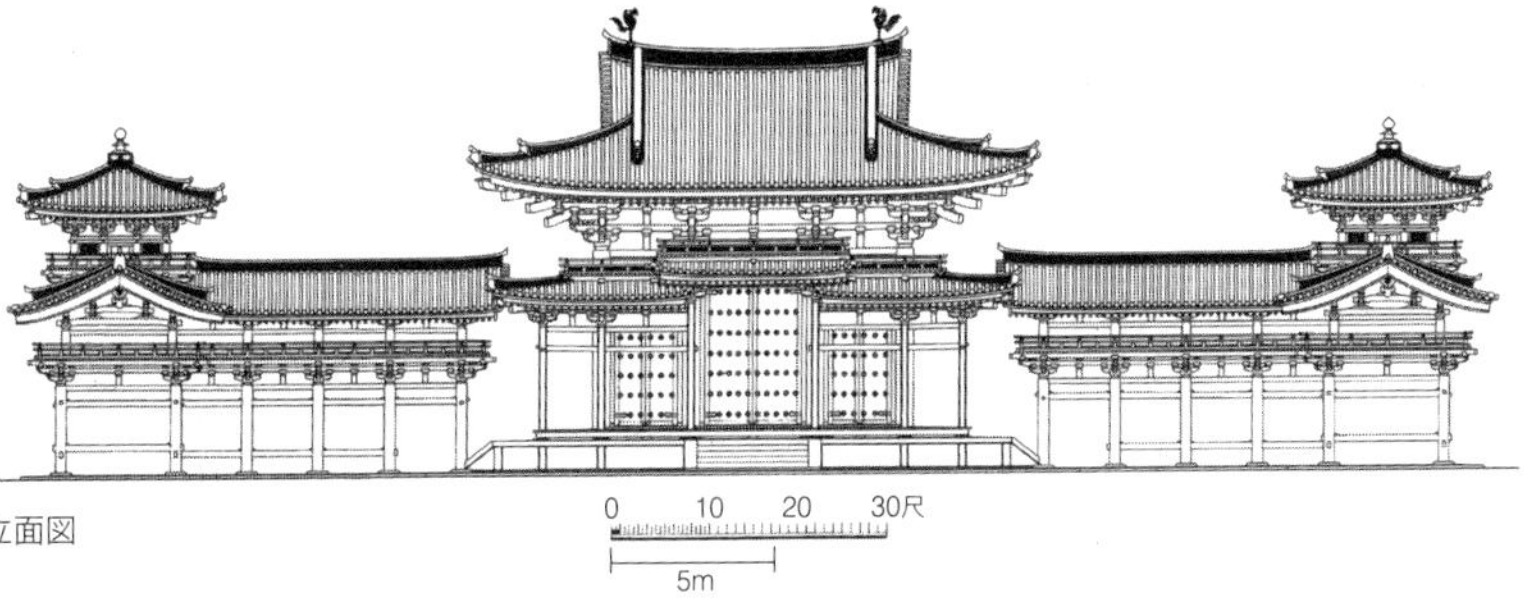

立面図

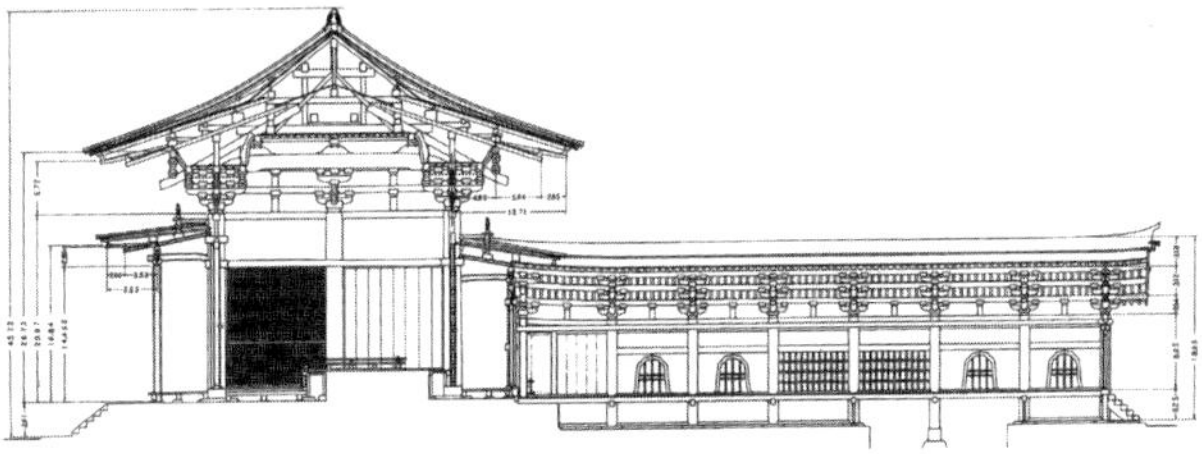

断面図

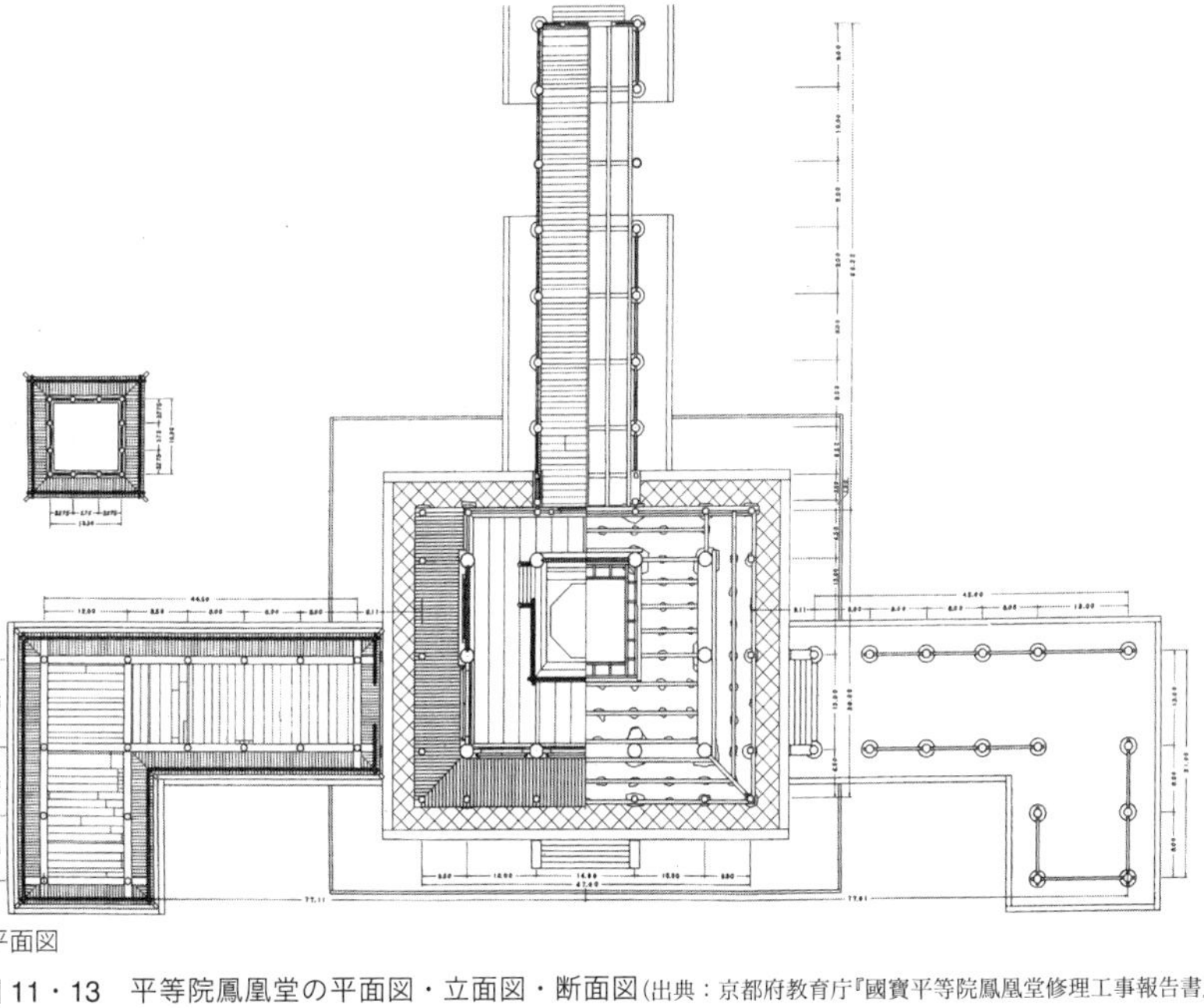

平面図

図 11・13　平等院鳳凰堂の平面図・立面図・断面図（出典：京都府教育庁『國寶平等院鳳凰堂修理工事報告書』附圖 2、1957 年、2・3・7 図）

られています。板扉の正面側に上品の往生の仕方が、左側に下品、右側に中品、背面に下品と中品の残りの部分が描かれています。天井にも彩色がなされ、さらに阿弥陀仏の上に天蓋を吊るして、そこが堂内の中心だとわかります。日本建築は一般的に装飾が少ないですが、浄土系の建築は螺鈿《らでん》・七宝・黄金などを使った豪華絢爛なつくりで、浄土世界をつくり上げたようです。

両脇の翼廊や隅の楼閣は見せかけの建築で、上層には登れず下層しか通れません。中堂では塗装した垂木先に金具を付けて装飾をしています。垂木木口は奈良時代には金物や瓦を付けたのですが、時代が下ると、塗装のみで装飾しないものも出てきます。一方で鳳凰堂中堂のように全ての垂木先に金具が付くとかがやいて、かなり細かい彫刻が出てくるので印象がだいぶ変わります。さらに中堂の一番上の大棟両端には鳳凰が乗っています（図11・13）。

ちなみに鳳凰堂の名は平安時代の人が名付けたのではなく、江戸時代初期頃に鳳凰堂と呼ばれていたようです。福沢諭吉の1万円札にはこの鳳凰が描かれていましたが、渋沢栄一の新1万円札では鳳凰もいなくなり、残念です。この鳳凰の実物は平等院の鳳翔館で見られます。建築の彫刻は遠くから見るものなので、近くで見ると割と適当なつくりであることも多く、薬師寺東塔の水煙の天女も、良いものですが、近くで見るとそこまで精巧ではありません。一方でこの鳳凰は近くで見ても、それだけで美術品として見られるぐらい精巧につくられています。

◇阿弥陀堂の全盛期

浄土教の建築でもう1つ大事なのが天皇や皇族の動向です。11世紀後半から12世紀前半にかけて浄土系の寺院では天皇・法皇・皇族が発願者、パトロンになって建てた寺を勅願寺・御願寺と呼びますが、6つの寺院があります。寺名に「勝」の字がつくので六勝寺《りくしょうじ》と言います。

一番有名なのが現存しませんが、法勝寺《ほっしょうじ》という白河天皇が1077年に建てた寺院です。苑池、中堂、翼廊があり、池の中央の中島にある八角七重塔が特徴です。一般的な日本の塔は正方形平面ですが、ここでは八角形です。発掘調査によって、中島の位置で八角形基壇の痕跡が出てきました。また伽藍の南西隅には桁行11間の九体阿弥陀堂があります。他にも五大堂や法華堂など、色々な系統の雑信仰が入り、浄土系寺院の典型として構成されています。

◇平泉の浄土寺院

浄土系の寺院は地方にも展開します。京都と奈良の境では浄瑠璃寺があるぐらいですが、東北平泉の地で栄えます。当時、朝廷は京都にあり、それと共に武家が台頭して源平の争いが起こるのですが、それとは別に東北にも奥州藤原氏が力を付け、彼らが1つの文化を築き上げていました。奥州藤原氏3代の内の初代の清衡は中尊寺を建て、世界遺産にもなっている中尊寺金色堂《ちゅうそんじこんじきどう》のような豪華絢爛な建築をつくります。2代基衡が毛越寺《もうつうじ》、秀衡が無量光院と浄土教の寺院をつくり上げます（図11・14）。

彼らからすると平泉を京に匹敵する文化的中心地にしたい思いがありました。そのため無量光院では平等院鳳凰堂に似た形の堂を建てて両脇に翼廊を延ばし中島をつくっています。ここからも当時の上流階層の間で流行していた形式であることがわかるわけです。もちろん阿弥陀仏は西に祀るので、日の入りに礼拝すると阿弥陀仏の背後から光がさす構図となり、池の向こう側に往生の世界が表現されます。

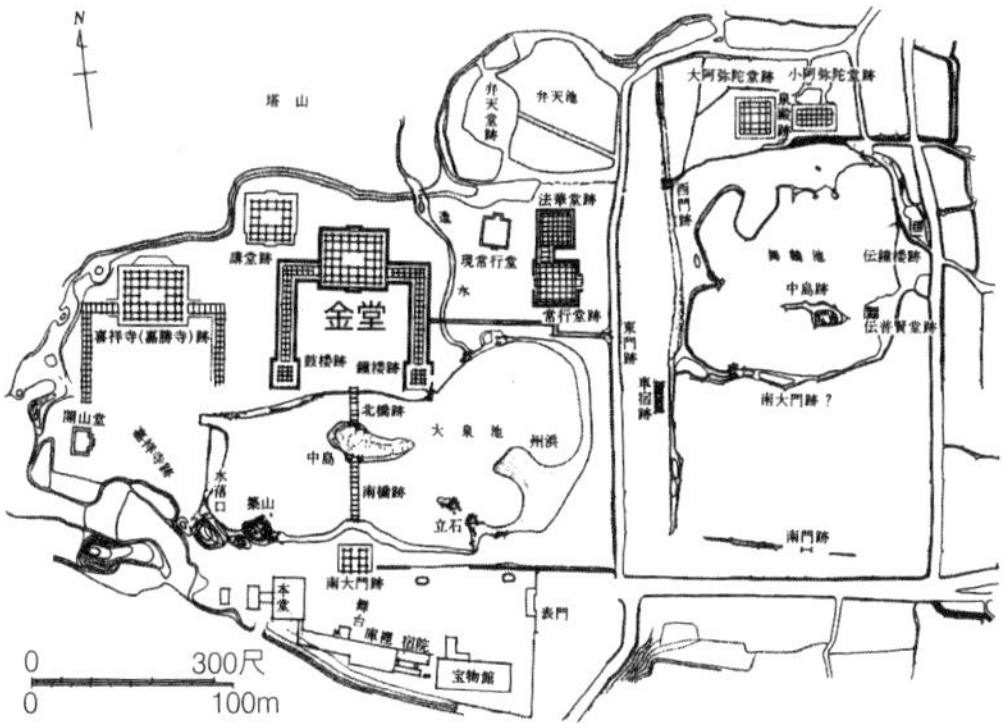

図11・14　毛越寺の伽藍配置（出典：藤島亥治郎『平泉建築文化研究』吉川弘文館、1995年、117頁）

さて奈良時代に全国でつくられた国分寺は同じ形式ではつくれずバラバラの技術で、京内の第二級寺院ぐらいの建築でした。対して平泉はやや特殊であるとはいえ地方においてもかなり高い建築技術が展開していたことがうかがえます。このように、平安時代には地方に高度な建築技術が広まります。さらに中世になると中央集権的な力がなくなって寺社が力を持つこともあり、各地で地方色が出てきます。その萌芽が平泉からうかがえます。

◇一間四面阿弥陀堂形式

もう1つの流行した阿弥陀堂の形式が一間四面《いっけんしめん》阿弥陀堂形式です。一間四面堂は中心部分の方1間に四面廂が回った形式で、計3間になります。この形は常行堂《じょうぎょうどう》・法華堂の天台宗の念仏をする場の形式との関係があり、元々、常行堂は阿弥陀の五尊を祀っていたので、阿弥陀系の信仰の阿弥陀堂でも方三間の形が繋がってくるわけです。

元々は五尊を祀っていたのですが、次第に三尊、独尊と祀る仏の数が減っていき、簡略化されていきます。正方形の平面では屋根が宝形造で中心に宝珠を置く形式が多くなります。その最たる例が天治元年（１１２４）に建てられた中尊寺金色堂です（図11・15）。小規模ですが一間四面堂です。螺鈿・蒔絵・黄金で豪華絢爛な堂内です。平等院も彩色が沢山あり、螺鈿も一部分残っています。平成の修理でも内部に関しては現存の螺鈿をそのまま保護するだけで復原はしていないのですが、ＣＧを見ることはできます。

中尊寺金色堂は一間四面堂の形ですが、ごてごてしていません。鶴林寺太子堂は正面に礼堂が付くので、形式が違いますが、他の白水《しらみず》阿弥陀堂（願成寺阿弥陀堂）や高蔵寺阿弥陀堂、富貴寺大堂などは基本的に宝形造です。葺き材は栩葺《とちぶき》・茅葺・瓦葺・檜皮葺など色々あります。こうした一間四面の阿弥陀堂形式が平安時代後期末期にいくつか建てられました（図11・15）。また入母屋造・植物性材料の葺き材の堂宇も増加してきます。さらに奈良時代とは異なり、床を張り、四周に長押を回すようになります。これらの形式は建築においても国風化が進んでいたことを示しています。

さて歴史的建造物は1棟残っているからといって、それが当時の普遍的なものとは言えませんが、塗装しないなどいくつか共通点があります。また一間四面堂の阿弥陀堂形式も平面的な発展があり、中尊寺金色堂のような小さな一間四面堂からの展開が考えられています。

仏の空間を中心にする堂に参列者のいる場所が加わるのが平安時代以降の日本建築で起こる変化です。この流れで阿弥陀堂も見ることができ、図11・15の右側の列の展開では正面側に廂を加えて礼堂をつくり、その間に間仕切りを入れます。正面側に孫廂を付加することで仏堂をつくり上げていきます。鶴林寺太子堂は古式な宝形造に孫廂を付けた形式ですが、12世紀中頃の隣の鶴林寺常行堂では孫廂と正堂の間の建具を取っ払って平面が展開しています。

もう1つの拡大の方法は、単純に柱間を大きくして、全体を大きくする方法です。この柱間拡大の形式が白水阿弥陀堂（願成寺阿弥陀堂）です。中心も脇間も規模を拡大し、全体を大きくしています。この白水阿弥陀堂では、中心と廂の柱間寸法は等間です。この中央間は祀る仏様の大きさと関係があり、1丈6尺（4・8ｍ）以上が大仏で、これを超える大きな仏像を入れるには中央間を大きく、建物の高さも高くしなければいけません。阿弥陀仏は大体の場合は座っていますから、立った時の1丈6尺の半分の8尺（2・4ｍ）くらいの大きさになります。この高さの仏像を入れるには、幅も高さも両方大きくないといけません。柱間が小さく天井だけ高いと狭い空間に感じるので、横の広

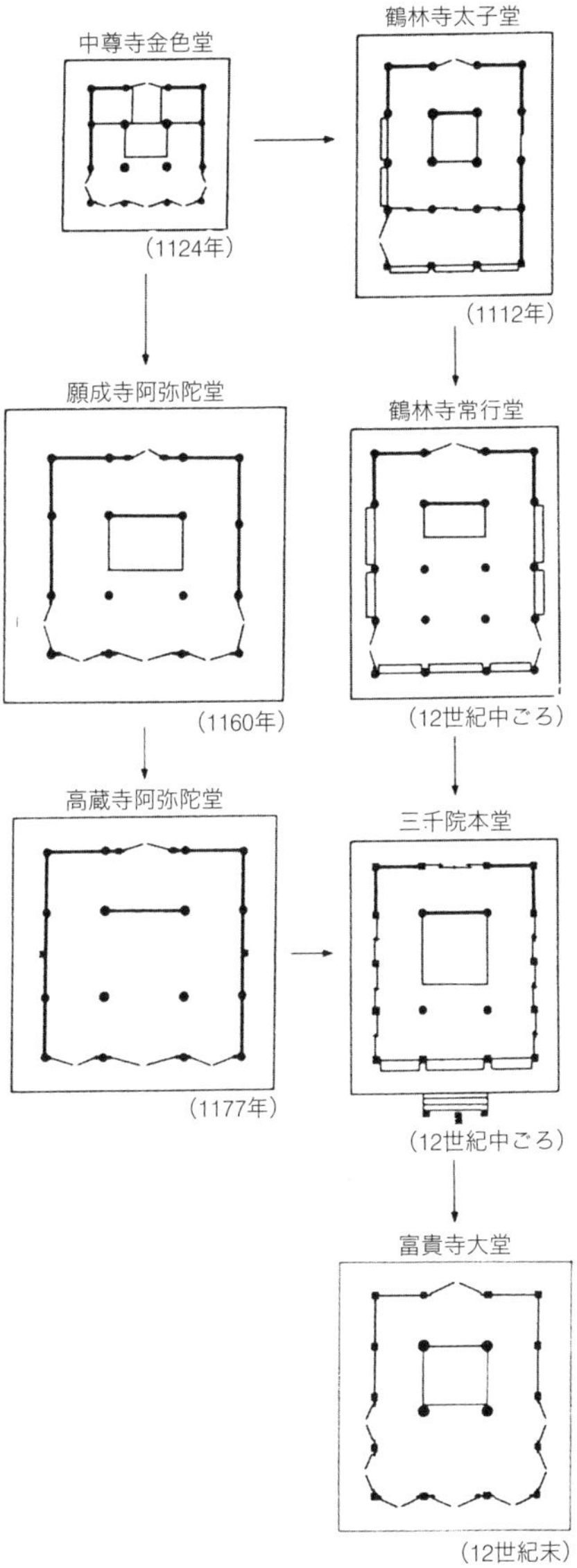

図 11・15　一間四面阿弥陀堂の変遷（出典：工藤圭章『平安建築』日本の美術 197、至文堂、1982 年、第 78 図）

さも縦の広さもつくるわけです。ただし仏の入らない脇間は小さくても良いので、仏像を祀る中央間を拡大していきます。これが高蔵寺阿弥陀堂のような形です。

さて鶴林寺常行堂も高蔵寺阿弥陀堂も両方とも仏堂の拡大には成功していますが、鶴林寺常行堂では中央間の拡大、高蔵寺では奥行の拡大という欲求もあります。

礼拝者が堂の背面側にいることはあまりなく、正面側にいるので、正面側を少しでも広くしようとしたのです。鶴林寺常行堂の形式では正面側で礼堂と正堂が一体化していますが、正面側の柱が邪魔になります。そこで柱を取ってしまいます。これは三千院本堂の形式で、あるいは高蔵寺阿弥陀堂の平面を縦に伸ばしたようにも見えます。これにより、仏像の後ろの来迎柱と来迎壁の位置が建物の少し奥の位置になり、正面側に比較的広い空間を取ることができるようになりました。ただし、仏像を祀る須弥壇の位置よりも手前に柱があってはあまり効果的ではありません。

そのため、この正面の柱の位置も須弥壇の位置まで後ろに移動したのが富貴寺大堂の形式です。すると来迎柱や須弥壇の手前に立つ柱と建物の外周の側柱《がわばしら》の柱筋がズレてきて、側面の柱と比べると来迎柱の柱筋は側柱と揃いますが、須弥壇の前面の柱筋は側面と揃わなくなります。内部柱の位置が側柱の柱筋から解放されて柱が自由に動かせるようになってきたのです。野屋根をつくって柱の位置を比較的自由に動かせるようになったことが影響しています。

今回は平安時代の密教建築と浄土系の建築を中心に話しましたが、奈良時代との大きな違いの1つとして、仏の空間だけでなく人の空間が足され、奥行が大きくなった点があります。柱の位置が屋根の形や架構に規制されていたものが、野屋根の出現により、柱位置が自由に動かせるようになり、また大屋根を架けて全体を覆ったりできるようになりました。このように仏堂の奥行を増やすことで1つの屋根の下に仏と人の空間をセットでつくりあげます。一方で小さな仏堂も構造から解放されることで柱位置が自由になり、前面の広い空間が展開します。これが、中世の日本建築の特徴的な展開に繋がっていきます。

12章 神社建築の黎明 ――伊勢神宮・出雲大社・住吉大社

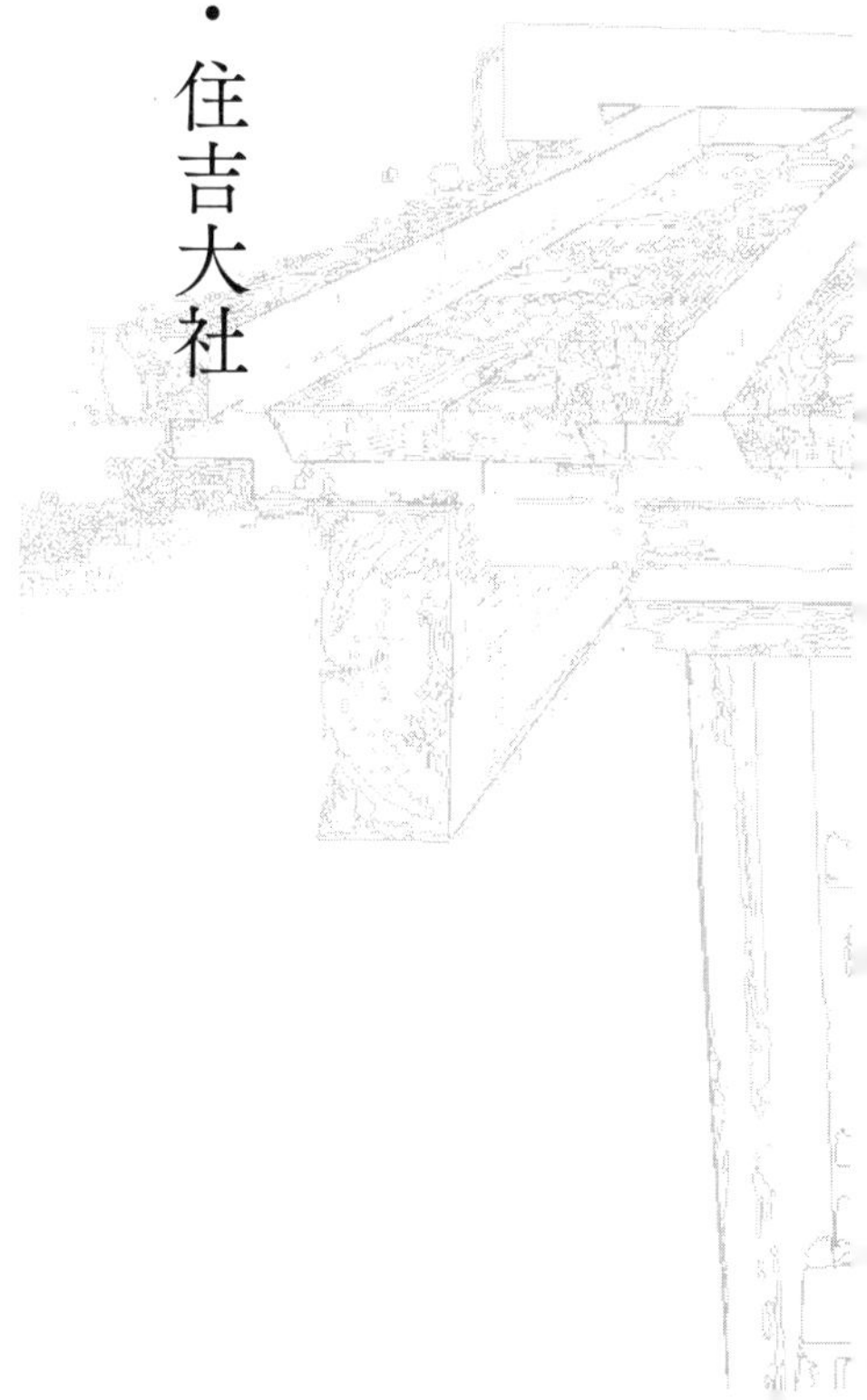

1　神社と信仰

◇神社の始まり

これまで寺院建築を見てきましたが、神社建築も建築史の中で大きな位置を占めます。寺社の他に住宅や城郭などもありますが、古い現存建築となると寺院の次は神社が挙がってきます。講義でまず寺院の話をしたのはなぜかというと、寺院と比べ神社の現存建築は比較的新しく、古いものが残っていないのです。また仏教と神道が異なる宗教で、これが建築にも影響していることも背景にあります。

寺院建築に関して仏教の導入から奈良時代を経て平安時代の密教寺院あるいは浄土建築や阿弥陀堂の話をしてきました。最古の7世紀後半の法隆寺が残るのに対して、神社最古の宇治上神社本殿は11世紀後半で約４００年の違いがあります。

　現在の神社には本殿があり、その中に神を祀るスタイルが多いですが、本来どういう施設だったのでしょう。原始宗教という意味での信仰心を考える必要があります。寺院では釈迦を信仰して仏像を祀り、それを宗教施設の中に安置するための建築として金堂をつくるのに対して、神道では元々、大きな山・泉が湧く場所・大木・大岩など自然物を崇拝の対象にしました。農耕中心の社会で、稲作と関係して自然に対する信仰も強まったと考えられています。ビニールハウス栽培であれば天候管理ができますが、前近代の農耕では日照や雨など自然の影響を大きく受けます。すると自然を畏怖、あるいは感謝するようになります。これは日本に限らず世界各地で同様の信仰は見られます。

　日本でも寺院が入ってくる以前からそういう信仰があったようです。そこには今の神社のように神を祀る神殿がないものもあります。山や木自体が神なので建築が必要ないのです。その古い形式を残したものはいくつかあって、奈良の大神《おおみわ》神社が知られています。三輪山を御神体とし、その拝所として建築がつくられています。山自体が宗教的に大事なのです。同じように長野県の諏訪大社や埼玉県の金鑚《かなさな》神社は山や木が御神体です。これらの場所では建築が神を示すのではなく、それを遥拝する、拝む場所が建築としてつくられています。

　これとは別の系統として「屋代《やしろ》」があります。今でも稲荷社など小さなものに対してはお社と言いますが、読んで字のごとく屋の代、建物の代わりになるものです。人が入れない小規模のものも多く、家屋に似た工作物を置き、これを依《よ》り代《しろ》、すなわち神が宿るところとするものです。そういう意味では神社に関わる建築物としては、自然の信仰としての「遥拝所」と神が宿る場所としての「屋代」、この2つの系統がありそうだということになります。

　ただし、現在の神社の系統は原始宗教がそのまま転換したものではないとされます。7世紀後半、律令制を整える頃に仏教と同じく宗教の統制として国が神社を整理・統括したのが画期と考えられています。原始的には自然崇拝に神道的な一要素があるけれども、現存の神社の体制は律令制の成立過程とともに整理されてきたという理解です。

一方で木などを御神体とした原始信仰に近いものも残っています。愛知県の熱田神宮自体には本殿がありますが、境内には瑞垣《みずがき》に囲まれた中に楠が1本立つ場所があり、この楠を信仰する建物が前に建てられます。ここでは聖なる場所としての本殿がありません。同じく沖縄の斎場御嶽《せーふぁーうたき》に行くと自然の場所の一部に祭壇をつくって、離島を拝むという原始的な宗教の形態が存続していると想像されます。

◇寺院建築と神社建築の関係

日本では、柱への強い信仰があります。太い木が立っていることへの信仰が強く、それが諏訪大社の御柱《おんばしら》や伊勢神宮の心御柱《しんのみはしら》などの形に見ることができます。今でも1本の柱を立てておく、あるいは御神木として木を大事にする信仰は各地にあります。ちなみにこれはあくまで信仰の対象としての柱で、建築としての柱もありますが、信仰の柱は建築の一部から独立していることもあります。

一方で神が宿る御神体が大切です。独立した柱もそうですが、鏡や玉、剣などは神の宿りやすいものとして知られ、それはオープンに見えるものではなく、本殿の中に秘して見せない形式であることがほとんどです。そしてそれを覆う建物も信仰の対象となります。

さて神社の形式としては伊勢神宮を代表する神明造《しんめいづくり》、出雲大社など島根県に展開する大社造《たいしゃづくり》、そして住吉大社の住吉造、この3つが古い形式と言われています。仏教建築で使われる入母屋造や寄棟造のような屋根ではなく、いずれも切妻造でシンプルな形が特徴です。

元来、神社建築は政治との関わりも大きく、天皇家の祖、皇祖神《こうそしん》が天照大神《あまてらすおおみかみ》や宮中祭祀、そして大嘗祭《だいじょうさい》が現代まで続いているように、神と天皇は密接な関係にありました。そもそも天皇家の役割の1つには天皇の稲作、皇后の養蚕があります。そのために神に仕えて天候や収穫の安定を祈ることは重要な役目です。後で取り上げるように、大嘗宮《だいじょうきゅう》などは古い信仰の形を知る材料になります。

一方で神社建築に関しては、遥拝所はあるけれど建物本体としては明確な意味を持たないものもありました。これが6世紀に入ってきた仏教が新しい宗教として華やかな建物をどんどん建てていくと、様相が変わってきます。仏教導入の際に中臣氏と蘇我氏が既存の神に対する不敬として、対立しましたが、次第に仏教建築が視覚的に目立つ存在になっていったわけです。すると7世紀後半には神社は寺院を意識するようになり、信仰の対象として華やかな建築をつくる仏教建築に対して、神社は逆の発想をします。神社では復古的で寺院とは対比的に古い伝統を意図的に示す形をとって神社建築をつくり上げます。

このように神社建築の成立に関しては寺院に比べ、記録も残るものが少ないため諸説ありますが、仏教建築との関係で考えることは1つの理解の方法だと思います。

◇式年造替

もう1つの神社の特徴としては「式年造替《しきねんぞうたい》」が重要なシステムです。仏教建築は一度建てれば壊れるまで維持していくことが多いですが、神社建築は定期的なサイクルで建て替えをするのです。この方法が今でもよく残るのが伊勢神宮です。20年に一度式年遷宮《せんぐう》という建て替えをして、定期的に神の場所を綺麗にすることが大事にされています。しかも同じ形で継承していきます。つまり新しい建築であっても形式はすごく古いのです。機能的に発展させれば良いようなものですが、古式を遵守することも重要なのです。

◇祭殿の成立と建築表現

祭殿や神社建築の建築形式には4つの特徴があります。伊東忠太の主張ですが1つは、屋根が切妻造であることです。切妻造以外の神社建築もたくさんありますが、切妻造の形が多数であることに着目したわけです。2点目は屋根に瓦を葺かないことです。これは大きな要素で瓦葺が仏教建築とともに異国から入ってきたもので元々、日本にはなかったという考え方のもと、神社では瓦葺ではなく檜皮、板、茅など植物性の材料を中心に使います。余談ですが、古代より伊勢神宮では仏教建築を揶揄する忌み言葉として「瓦葺」を使っています。それほど建築の細部や要素は我々が考えている以上に意味のある選択要素だったのです。3つ目として下地壁に土壁を使わず板壁を使うことをあげています。寺院建築では壁を塗ってそこに壁画を描きますが、神社では基本的に板壁を使うことが多くあります。4

つ目は装飾が少ないことで、古い神社では組物や彩色が比較的少ないという特徴があります。

この定義には実態にそぐわない部分もあり、建築史家の稲垣栄三は3つ定義しています。1つは屋根を寄棟造にしないこと。神社には切妻造はもちろん、入母屋造もあるが寄棟造はないと述べました。たしかに唐招提寺金堂のように中国の最高級の屋根の形は寄棟造と考えられていましたから、この形式は敢えて選択していないとも考えられます。もう1つが床を高く張ること。中近世以降の寺院では靴を脱いで仏堂に入るものが多くあります。奈良時代の寺院は土間に土足で入る形式でしたが、神社では床を高く張り、高床の上に祀ります。3つ目は同じように瓦や土壁を用いないことです。これらの要素もあくまで寺院建築との対比から見出されたものです。

古い形式、特に7世紀以前の神社の現存建築の情報は残っていないので、銅鐸に描かれた線画や家屋文鏡、家形埴輪などの造形物から古い神殿の形を考えます。いくつか神社と関係のありそうなものとして、高床倉庫に妻入の形式、あるいは棟持柱の形式があると言われています。農耕民にとって倉庫は富の象徴であり、物をストックしていくことは繁栄の象徴にもなる大事な施設でした。

◇神社建築の細部

神社の細部を上から見ていくと、第一の特徴は横に置かれた「堅魚木《かつおぎ》」で、丸材が多いですが角材の場合もあります（図12・1）。また屋根から上部に突出した「千木《ちぎ》」も屋根を象徴する装飾です。側面の壁の位置よりも外側に大棟を直接支える「棟持柱《むなもちばしら》」を独立して立てることがあります。この棟持柱を立てて棟木の端部を支えます。千木や堅魚木など屋根の意匠的な装飾や棟持柱が神社の象徴的な部材です。装飾が過多でない時代においてそれらは意匠的に目立つわけです。古墳から出土した家形埴輪で、中心施設には大棟上に堅魚木を置き、破風を大きくして千木を付けています。家屋文鏡でも屋根の両端に飛び出したものがあり、屋根の装飾を重視していたことがわかります。これらは祭殿や中心的な建物を通常の住居とは差別化する装置として用いられたと考えられます。文献にも出雲大社で天皇の家と同じような神殿をつくってくれなど記されているので、支配者層の高級住宅と神社建築の祖型の関係性が深そうです。

2　伊勢神宮の歴史と古式の継承

◇式年遷宮の始まり

伊勢神宮では20年に一度建て替えをする式年遷宮で有名です。式年遷宮の制度が確立したと考えられているのは６７２年壬申の乱の後で、伊勢神宮が伊勢の地方神から天皇の皇祖神になり、律令制の形成期にあって伊勢神宮を祀る組織が国家的につくられていきます。伊勢神宮の近くに屋敷を構えて仕える斎宮司《さいぐうし》などが律令体制の中に組み込まれていきます。その後、20年ごとに式年遷宮をしていて、第62回目が２０１３年に行われました。ただ20年ごとに61回だと１２４０年、最初が６７２年だとすると１００年ほど計算が合いません。なぜかというと戦国時代に式年遷宮は１２０年ほど途切れ、その間伊勢神宮は放置されたからです。すると中断後に式年遷宮をする時に以前のやり方がわからなくなってしまいました。したがって戦国時代の後、式年遷宮を再開した時には、かつての形を当時の人たちが考証しており、それが今の伊勢神宮に繋がっています。つ

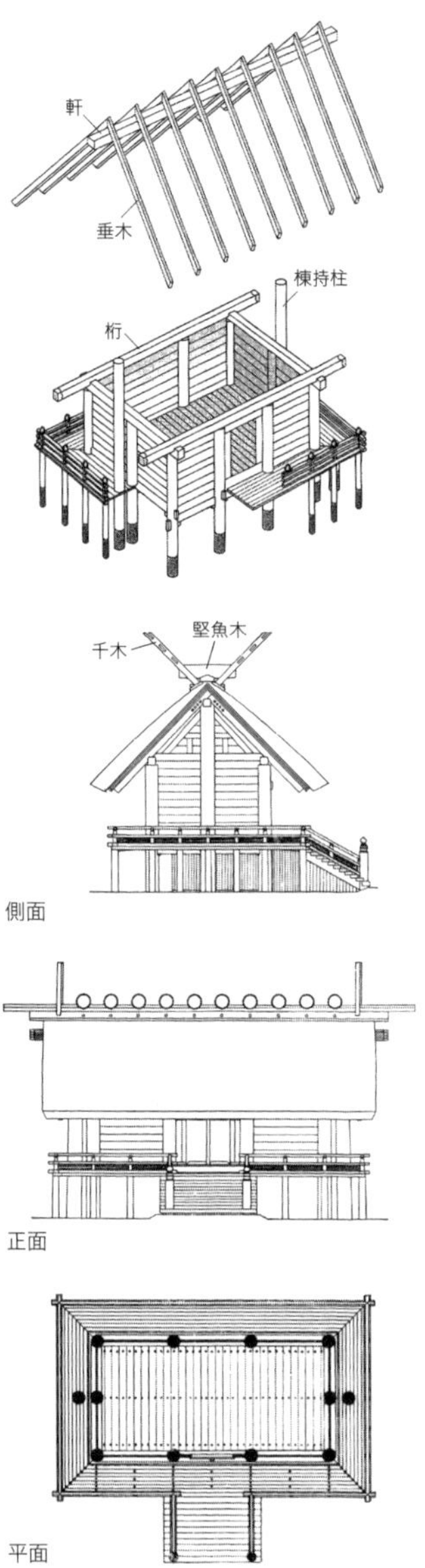

図 12・1　伊勢神宮内宮正殿（出典：稲垣栄三『古代の神社建築』日本の美術 81、至文堂、1973 年、63 頁及び光井渉『日本の伝統木造建築 その空間と構法』市ヶ谷出版社、2016 年、9 頁に加筆）

まり古代の伊勢神宮の形は別にあるという話も出てきます。ちなみに２０１３年の式年遷宮の時も、その前の式年遷宮と全く同じにしたわけではありません。例えば掘立柱は地中に埋めると水に濡れて腐りますので、腐朽防止のために柱の根本に銅のキャップをすることで防いでいます。銅の酸化還元で柱の腐食が進みにくくなり、それなりに効果を期待できるのですが、今度はキャップと柱の間に水が入って溜まってしまいます。今回は底に穴をあけて水が下に抜けるように改良したといいます。金具や装飾の要素も入っていますが、古代にこれらの装飾が必ずしもあったわけではなく、復古の考証の段階で加えられている物も混じって現代まで継承されていると考えられています。このように全体の形は大きく変わっていませんが、細部は遷宮の度に技術革新をしているようです。大きく形は変えないにせよこういった変化がこれまでも繰り返されている可能性があるので、継承といっても色々と考えることがあります。

伊勢神宮は内宮《ないくう》の皇大神宮《こうたいじんぐう》と外宮《げくう》の豊受《とようけ》大神宮を祀る2つの宮から成っています。さらに内宮・外宮のそれぞれで、2ケ所の敷地を用意して、2つの殿舎を建てられるようにしていて、次の遷宮では隣の敷地に同じものをまた建てる方法をとります（図12・1、12・2）。普通の式年造替では同じ敷地で壊して、また建てますが、伊勢神宮には古い殿舎の敷地と新しい殿舎の敷地との2ケ所があり、以前の敷地には小さい屋代がぽつんと置かれます。伊勢神宮では隣の敷地に同じものを建てるスペースを用意してきて、どちらの敷地にも床下には心御柱《しんのみはしら》が納められています。神が移った後に古殿を壊しますが、屋代の中に心御柱があるとされます。この神聖なエリアは瑞垣《みずがき》で区切っており、そこには四重の垣を廻して、中心には正殿、その背後に左右に宝殿が並んでいます。正殿・宝殿ともに独立棟持柱があり、大棟には千木・堅魚木があります。基本的には神がここに常駐しているので、その近くには酒を出し、直会《なおらい》をする施設も設けられています。この遷宮の直後の伊勢神宮の殿舎では柱と桁の間、棟木と棟持柱の間に少し隙間が見られます。これは寸法ギチギチでつくるのではなく、20年間に少しずつ落ち込んできっちり噛み合う経年での変化を見越し

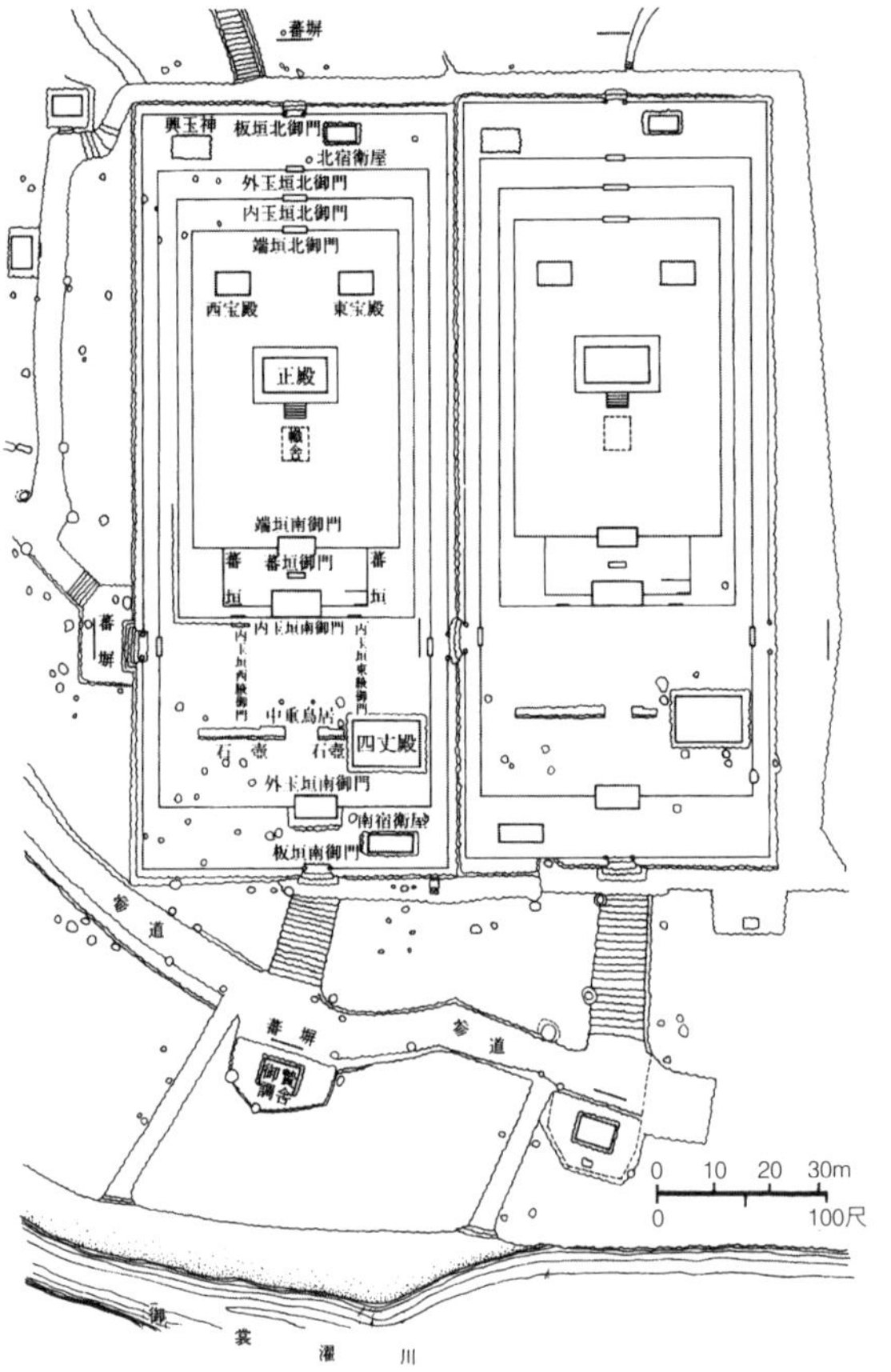

図12・2　伊勢神宮内宮の配置（出典：日本建築学会編『日本建築史図集』新訂第3版、彰国社、2011年）

たもので、遊びの部分を残したものです。こういったところにも式年遷宮の古い要素が見えます。

◇伊勢神宮正殿の建築

伊勢神宮の正殿《しょうでん》のつくり方は神明造《しんめいづくり》の中でも特有で「唯一神明造」と言われます。特徴の1つは茅葺・切妻造で、棟木と直交する平入の形です（図12・1、12・2）。

もう1つが地面に直接柱を立てる掘立柱の形式です。礎石建物の方が長寿命ですが、伊勢神宮では古式な掘立柱を使います。屋根に関しては茅葺で植物性の材料を使い、壁の位置より外側に棟持柱で棟木を直接支えているのです。そして千木についても破風が伸びてクロスする古い形式です。さらに堅魚木が大棟に乗り、壁も横板を並べる形式で、横板壁が使われ床下には心御柱が入っています。

さらに寺院建築の場合、切妻造であれ、入母屋造、寄棟造いずれも屋根には軒反りがありますが、伊勢神宮は屋根を含め、例えば垂木も折れ曲がって屋弛《やだる》みをつくることはせずに直線的な構成です。さらに分解してみると直線的な垂木1本としていて、桁も真っ直ぐな材料で通しています。部材からして直線的な要素が強いのです。屋根をつくる時には綺麗に曲線を出すのは難しいのですね。今でも大工さんは軒反りを気にします。軒反りが上手くできれば大工さんは満足するし、軒反りが上手くない大工は下手くそと言われます。伊勢神宮の場合はそういった要素がなく直線的な要素が強いのです。そして高床も正殿の大きな特徴です。正殿の後ろの2つの宝殿にも千木と堅魚木が並んでいますが、正殿には四周に縁が廻り、この床は宝殿と比べてひと際高いのです。ただし現在の正殿の形式は伊勢神宮の古い形式からは変わっていると考えられています。

◇伊勢神宮外宮御饌殿

最も古い形式を示すと考えられる建物に御饌殿《みけでん》があります（図12・3）。神が常駐しているため毎日の御饌を神に出します。これは伊勢神宮であれば神に対したものですが仏教寺院でも亡くなった（入寂《にゅうじゃく》と言います）高僧の廟所などで、入寂後も在世中と同様に供養することがあります。そのために飯を用意する場所が必要になります。この御饌殿は板倉の形式で、校倉と同じように板を組み、積み上げていきます。似たような板を積層した倉は登呂遺跡の出土建築部材からも確認でき、板倉形式は古いと考えられます。伊勢神宮の研究をした福山敏男は正殿以外の建物では、板倉形式が古い形式であったと考えています。

◇伊勢神宮の板倉形式

伊勢神宮には他にも板倉形式がいくつか残っています。稲を納めている御倉《みくら》では掘立柱の独立棟持柱があります。ここで

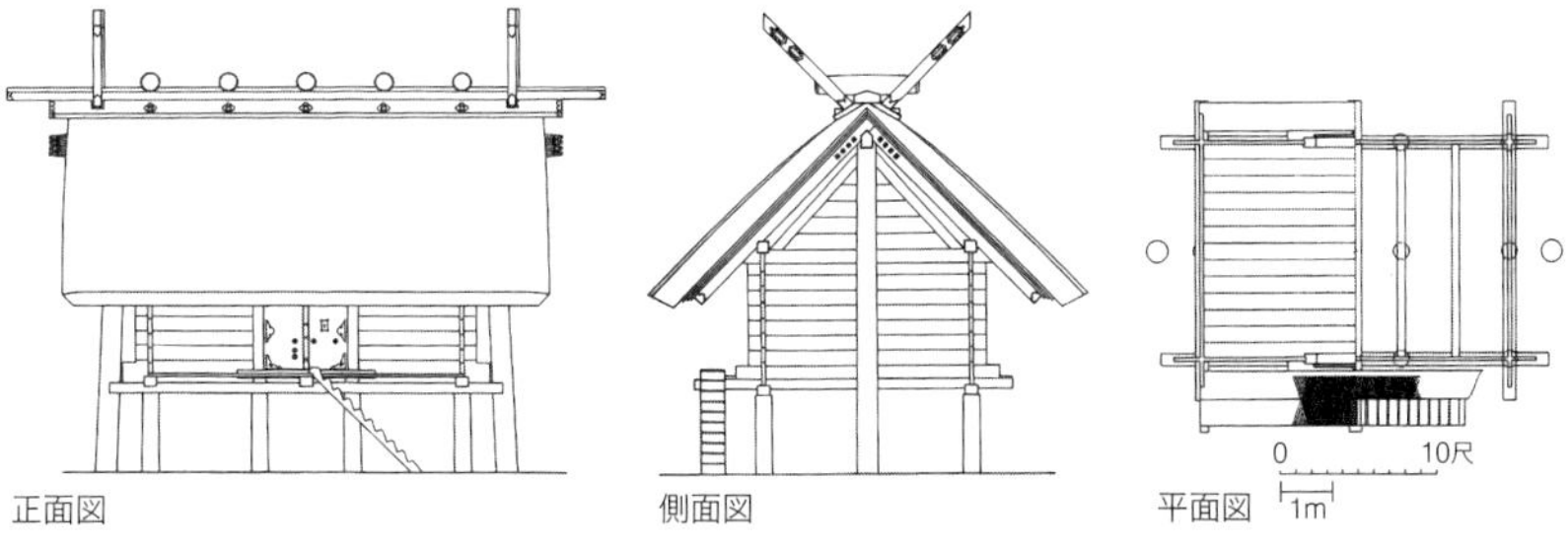

図12・3　伊勢神宮外宮御饌殿（出典：『日本建築史基礎資料集成1』社殿1、中央公論美術出版、1998年、147頁）

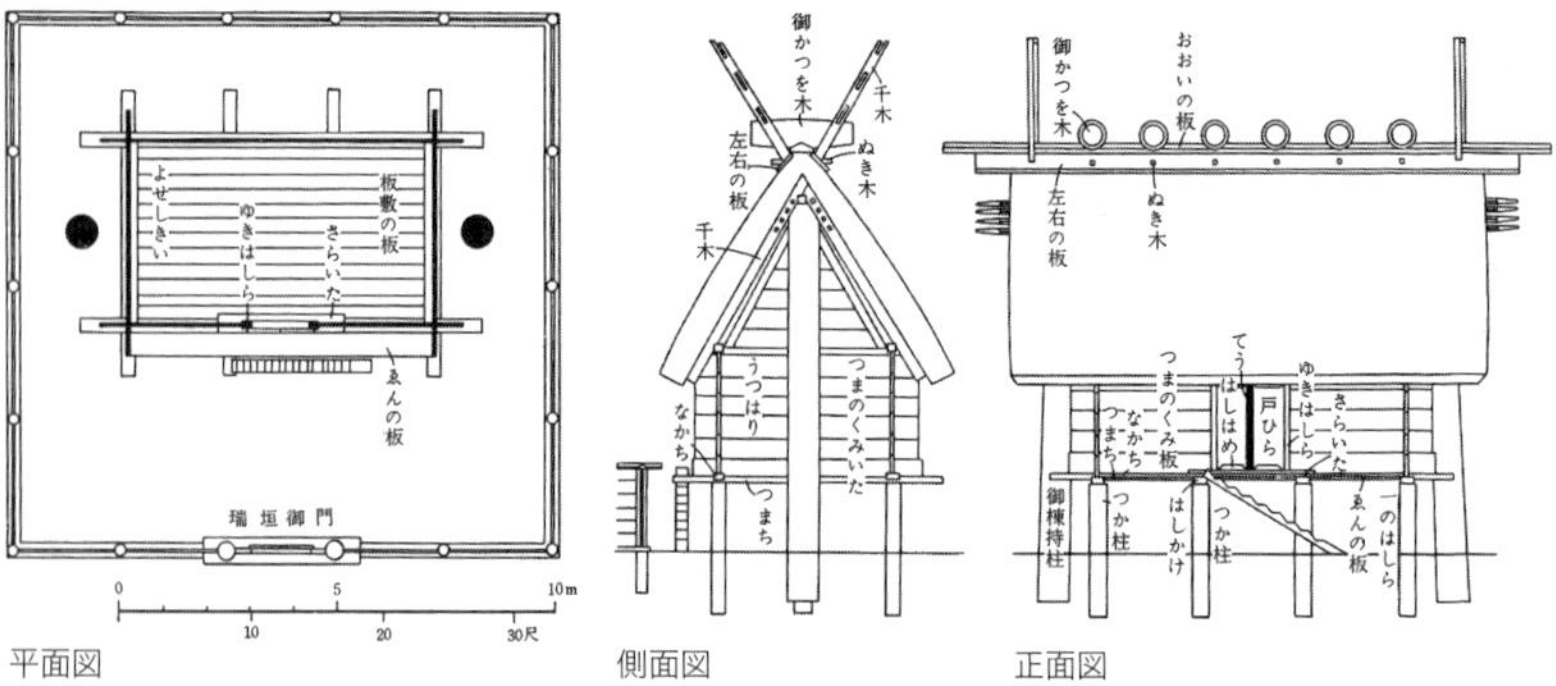

図12・4　伊勢神宮内宮別宮荒祭宮正殿（福山敏男復元）の板倉形式（出典：稲垣栄三『古代の神社建築』日本の美術81、至文堂、1973年、50・51頁）

は柱に横板を落とし込み高床倉庫の形を取ってますが、屋根には千木や堅魚木を置き、他の伊勢神宮と似たような構成になっています。

具体的に伊勢神宮の板倉形式はどういう形なのでしょうか（図12・4）。福山敏男の復元によると、横板を積層させて並べる形で、階段も今では大棟と直交方向ですが、かつては中央間に長い材を出してそこに階段を差し掛ける形であったと考えられます。そして棟持柱で大棟を支える柱で、それ以外の柱は板倉の床を支えるための柱でした。つまり内側の柱は板倉本体を支えるもの、棟持柱は棟木を支えるためのものと役割が分かれていて、2つのフレームがあり、それぞれ別の構造だったと福山敏男は考えたわけです。時代が下ると、倉には棟持柱は使いません。なぜかというと柱の上にかける梁に束を立てれば棟木は支えられるので普通の切妻造ならば必要ありません。つまり切妻造の一般的な屋根のかけ方とは異なり、独立棟持柱は別構造で棟木を支えるためのものだと考えたわけです。

◇最古の神明造

古い伊勢神宮の形は確定できません。20年に一度建て替えてしまうため現在の伊勢神宮も21世紀の建築です。最古の現存する神明造は寛永13年（1636）の長野県の仁科《にしな》神明宮《しんめいぐう》本殿です。江戸時代のものですが元々、伊勢神宮の神宮領であった仁科に建てられたものです。独立した棟持

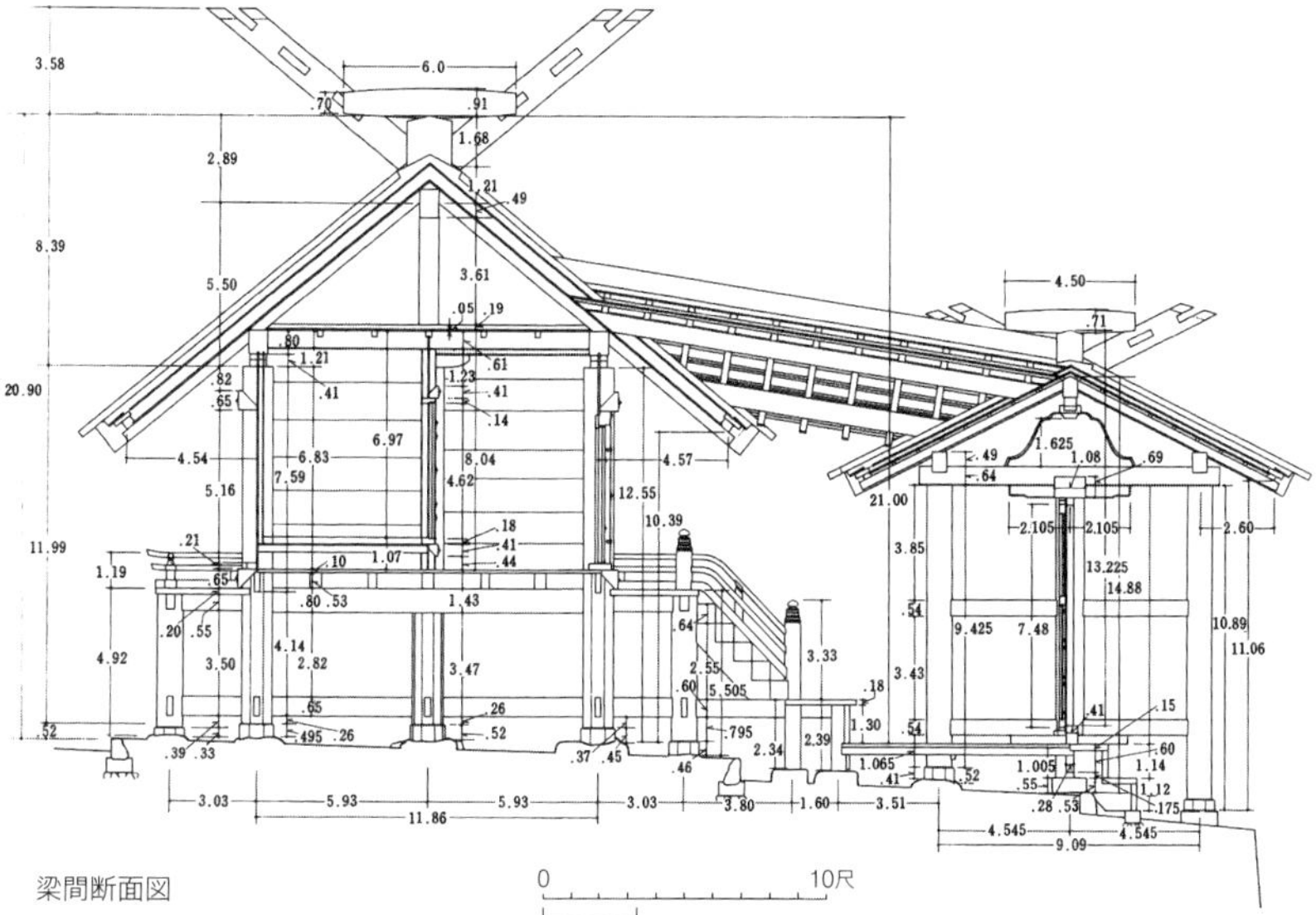

梁間断面図

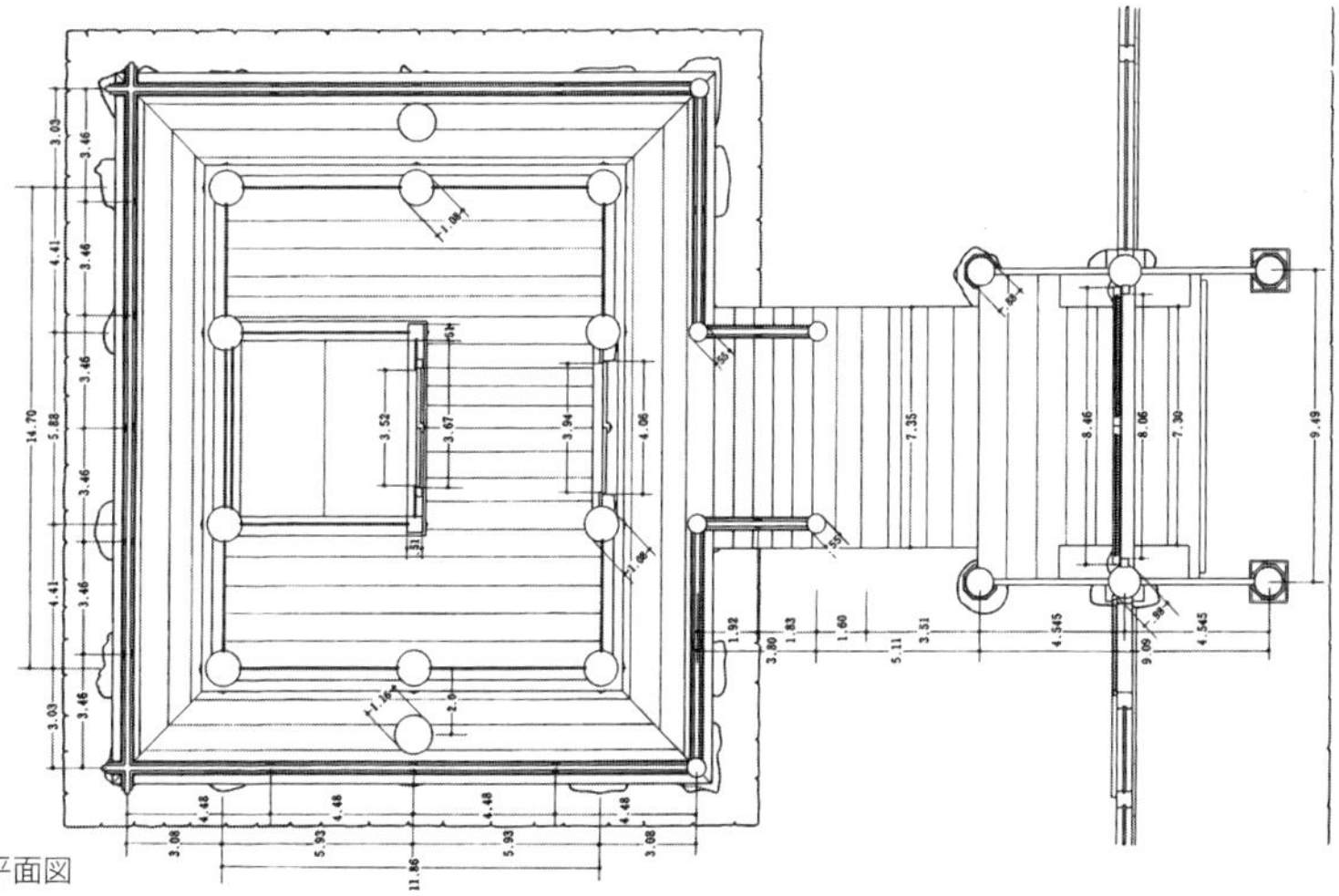

平面図

図 12・5　仁科神明宮本殿の平面図・断面図(出典：『日本建築史基礎資料集成 1』社殿 1、中央公論美術出版、1998 年、155・158 頁)

柱があり、屋根の上に千木と堅魚木が並ぶ形です(図12・5)。

ここでは式年造替はしていないのです。他の神社でも例えば春日大社や住吉大社はある時期から建替はしておらず、費用や手間の掛かる式年造替による建替ではなく、屋根の修理を造替と読み換えているのです。仁科神明宮も同じように部分的な修理を経ながら今に継承されています。

これを伊勢神宮と比べると屋根が圧倒的に緩いのです。これは葺き材の違いで、伊勢神宮は茅葺で、茅葺は雨を流すために傾斜が急でないといけないのに対して、仁科神明宮本殿は檜皮葺なので屋根勾配が緩くても納まるのです。このように葺き材によって屋根勾配が変わってきます。2つ目が舟肘木《ふなひじき》や妻の斗などの組物を使う点です。組物は仏教と一緒に入ってきたと考えられており、古式な神社には使われなかったと見られます。さらに縁の高欄や門の蟇股などにも仏教建築の要素が見えます。平安時代以降、神社と寺院を分けることは特に大変です。神社建築で千木や堅魚木があるものは明らかですが、神仏が習合してくると同じ組織の中で社会が構成されるようになり、建築もミックスされてしまい、神宮寺のようなものも出てきます。

3 出雲大社の歴史と形式

◇本殿と大社造の建築

天皇が住んでいる所のように太く深い柱で千木が空高くまで届く立派な宮をつくってくれと言われ、つくられたのが出雲大社と言われています。これは色々なことを表していて出雲大社が立派なものであっただけでなく、大社が天皇の住まいに例えられる立派な建物の象徴として書かれているのです。千木が装飾的要素であるとともに「我が宮を天皇の御舎の如く修理めたまわば」という記述で宮殿を志向したわけです。出雲大社では柱の長さや板の大きさ、高さ、木を結ぶ縄の長さなど細部に至るまで配慮がなされてつくり上げられています。神が住むとなると屋代を一時的につくったり、祭りの時に一時的につくったり、収穫の時期に屋代を持ってきて置くのとは別で、出雲大社では常に神がそこにいる宮が重要なのです。

出雲大社は古代以来続いていますが、ここの祭祀は大事で、

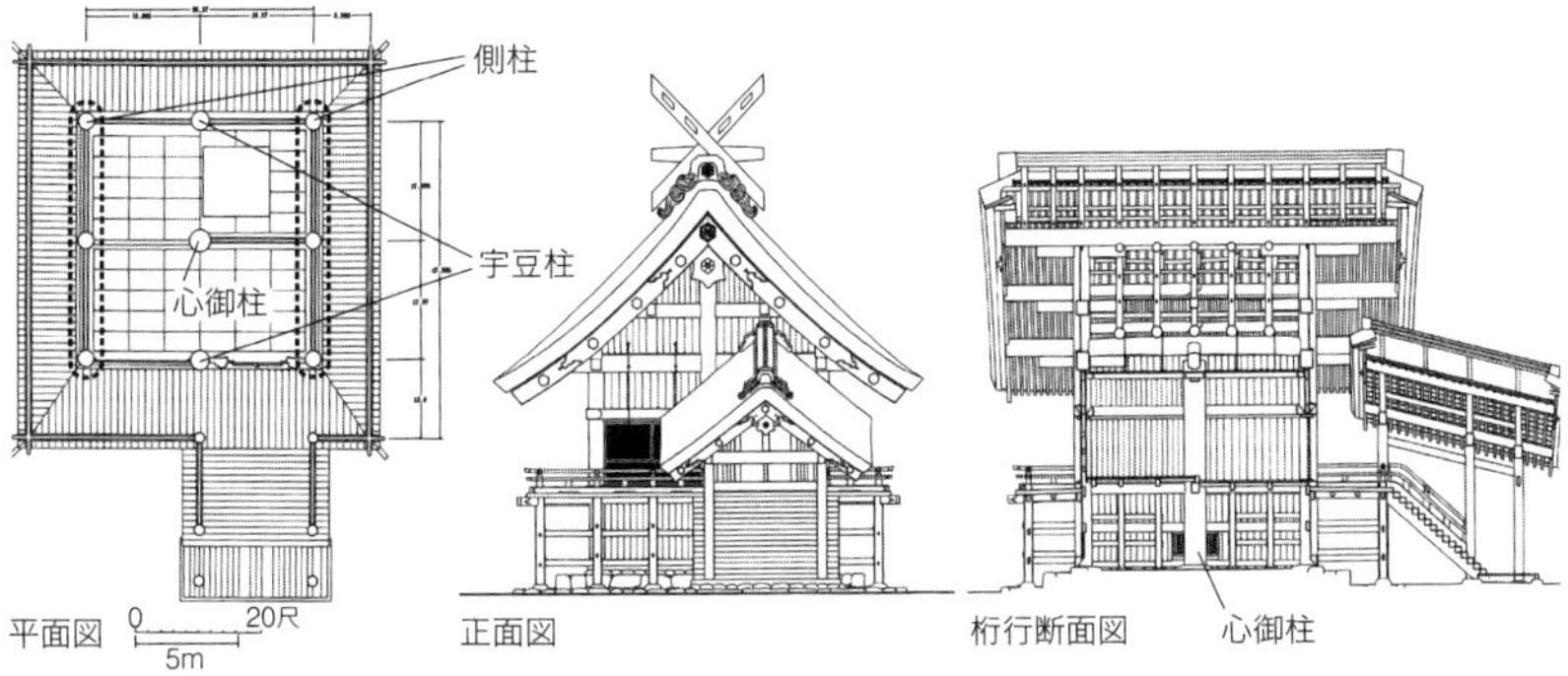

図12・6　出雲大社本殿の平面図・正面図・断面図（出典：『日本建築史基礎資料集成1』社殿1、中央公論美術出版、1998年、148・149・150頁に加筆）

南北朝までは一子相伝で代々宮司を務めましたが、南北朝時代以降北島家と千家《せんげ》家の2つに分かれました。元々、天皇家と関係の深い家で現在は千家家が務めています。

現在の出雲大社本殿は近世のものです。桁行2間梁間2間で大棟には千木と堅魚木が置かれています。伊勢神宮とは違い千木が破風を延ばしたものではなく、大棟の上にぽんと置かれているだけの状態です。これを「置千木《おきちぎ》」と言います。また伊勢神宮が平入なのに対し、出雲大社は妻の方向から入る妻入です。家屋文鏡や銅鏡の絵と近似します。一般的な宗教施設は入口が建物の中央にありますが、出雲大社では中央にありません。これには理由があります。平面図を見ると梁間2間になっていて、出雲大社の中心に御心柱があるので入口が脇にずれていて、そこに階段と屋根が掛かるのです（図12・6）。これは大社造の大きな特徴です。階段を上がって内部に入ると最初に壁に当たり、中心の心御柱を時計回りにぐるっと回るようにして一番奥の部屋にたどり着く動線になっています。この柱を回るという点に中央の心御柱が大事な柱であることが表れています。実際に心御柱は宗教的な象徴の柱で、断面図で見るとこの柱は屋根構造を主としてえる柱ではなく、構造的にはなくても成立するのです。梁間2間の建物であれば梁をかけて桁と棟木を渡せば中央の柱はなくても構造的に成立するにもかかわらず、置かれていて、さらにこの心御柱が最も太くなっています。つまり構造ではなく精神的にとても重要な柱なのです。

現在の出雲大社本殿の高さは8丈（約24ｍ）あります。礎石の上端から千木の頂点までちょうど8丈の高さです。屋根の上には千木や堅男木があり、桁行2間梁間2間の妻側の壁で、棟持柱が壁の芯から少しだけ外に出ています（図12・6）。柱の太さは全部で3種類あり、中央の心御柱が最も太く、棟持柱の宇豆柱《うづばしら》が次いで太く、構造的に主に桁を支える側柱が最も細くなっています。この柱の太さには宗教的な意味と構造的な意味の違いが表れているのです。

◇中世の出雲大社

出雲大社の古い形式は絵図に描かれています。鎌倉時代頃の図を見ると高床でその上に社殿が載った桁行2間梁間2間の切妻造の建物で右側に扉があり正面に階段が付けられていたようです。現在の本殿では縁は縁束で支えていますが、絵図ではどうやら縁の下には柱がなく、本殿の身舎柱から縁を持ち出していたと考えられています。もしこれが持ち出しの縁だとすると、身舎柱に横材を挿して縁を支えていた可能性があります。また屋根の形状についても、現在の出雲大社本殿は寺院建築と同じように屋弛みを設けて曲線に反った形なのに対して、絵図では直線的に書かれています。どこまで正確な描写かわかりませんが、伊勢神宮の状況と併せて考えると直線的な屋根が古式であったのではないかと考えられます。千木も破風からそのまま突出した形で描かれており、この辺りは現在の置千木の形とは違います。これらの描写から古い形式を鎌倉頃までは留めていたと考えられるわけです。

出雲大社は今でも24ｍと大きな建物ですが９７０年の口遊《くちずさみ》の表現として、「雲太《うんた》、和二《わに》、京三《きょうさん》」という言い方があって、雲太の「雲」は出雲国の雲で、日本で一番大きな建物の出雲大社、和二は大和国の東大寺大仏殿で二番目の大きさ、京三は平安京の大極殿で三番目の大きさというわけです。たしかに上古32丈（96ｍ）、あるいは中世では16丈（48ｍ）という記述があって、現在は8丈（24ｍ）は半分の半分になってきています。かつては96ｍの大きさで創建東大寺大仏殿よりも高く、出雲大社が一番大きいと歌われたわけです。

ただ現在の出雲大社本殿も相当大きいのですが、その4倍の大きさは想定し難く、真偽は怪しいとも言われていました。千家家に伝わっている『金輪御造営指図《かなわのおんぞうえいさしず》』を見ると部材の大きさが書いてあります（図12・7）。1尺約30cmで考えると梁の長さが6丈（約18m）、桁の長さが8丈（約24m）で、梁は厚さ3・7尺（約110cm）幅4・5尺（135cm）の巨大な材を使ったとされます。桁に関しても成が3尺（約90cm）で幅4・3尺（約130cm）と相当な巨材を使っています。階段の長さは1町（約100m）近いとも言われ、相当大きな建物を想起させます。柱は3本の柱を束ねた表現で描かれています。精神的に大事な岩根御柱《いわねのみはしら》（心御柱）が真ん中にあり、その外側の宇豆柱は四隅の柱に比べて少し壁から出た棟持柱の形です。社伝によると鎌倉の1248年に規模を縮小し、96丈の高さを48丈に小さくしたと言います。出雲大社では規模を小さくしたものを「仮殿」と言い、慶長14年（1609）まではこの形式で、寛永7年（1630）には規模を拡大して現在の形になっていると言われています。慶長14年の尼子《あまご》氏の頃の様子を描いた絵図によると、出雲大社境内には三重塔が建っています。ここでも神仏習合で寺院と神社が密接な関係にあったことがわかります。

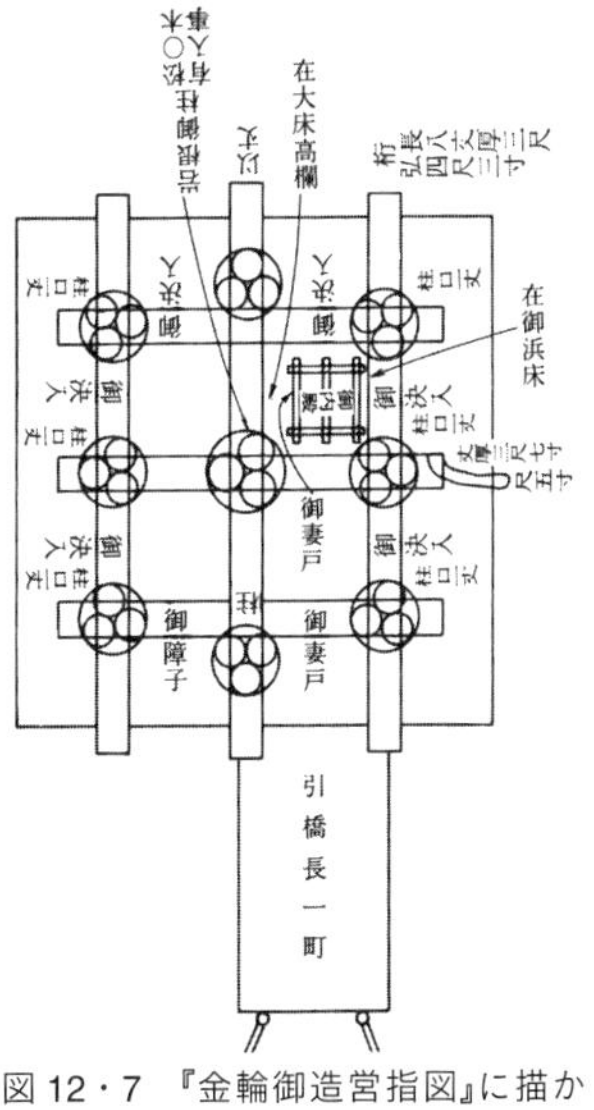

図12・7　『金輪御造営指図』に描かれた出雲大社（出典：稲垣栄三『古代の神社建築』日本の美術81、至文堂、1973年、43頁）

◇古代中世の出雲大社本殿と巨大建築の証拠

これらの大きさをまともに考えていくと福山敏男による復元図のようになります（図12・8）。ここでは柱と柱を繋ぐ材に貫を使わない形式で復元しています。一方、すごく長い柱を使うと横から押すと倒れてしまうので、構造的な不安定さの問題がありますが、実際に倒れた記録が残っているのでその辺りとも一致します。

一方で巨大すぎて伝承にある3本束ねた柱が本当にあったのか真偽のほどが議論されてきましたが、3本並んだ状態で中世の柱が発掘されたのです。これは『金輪御造営指図』に描かれている柱と一致します。巨大な柱を1材で取るのは大変なので、複数本を合わせて太い柱にすることは合理的で、出土状況からもそれが実証されたわけです。

◇様々な中世の出雲大社の姿

この発掘の成果から『金輪御造営指図』は信頼できるということで5人の建築史家が中世の出雲大社本殿の復元をしました。すると全員バラバラの案が出てきました（図12・9）。参考になる情報もほとんどなく、類する建物がないため、考え方はたくさんあり得ます。高さに関してもどこからどこまでで16丈なのかはわかりません。礎石から千木までなのか、大棟までなのか、寸法の取り方によっても差があります。階段も急なものから緩いものまで様々で、塗装に関しても全くないものから絵図に合わせて朱塗りにしたものまで色々な案が出てきました。

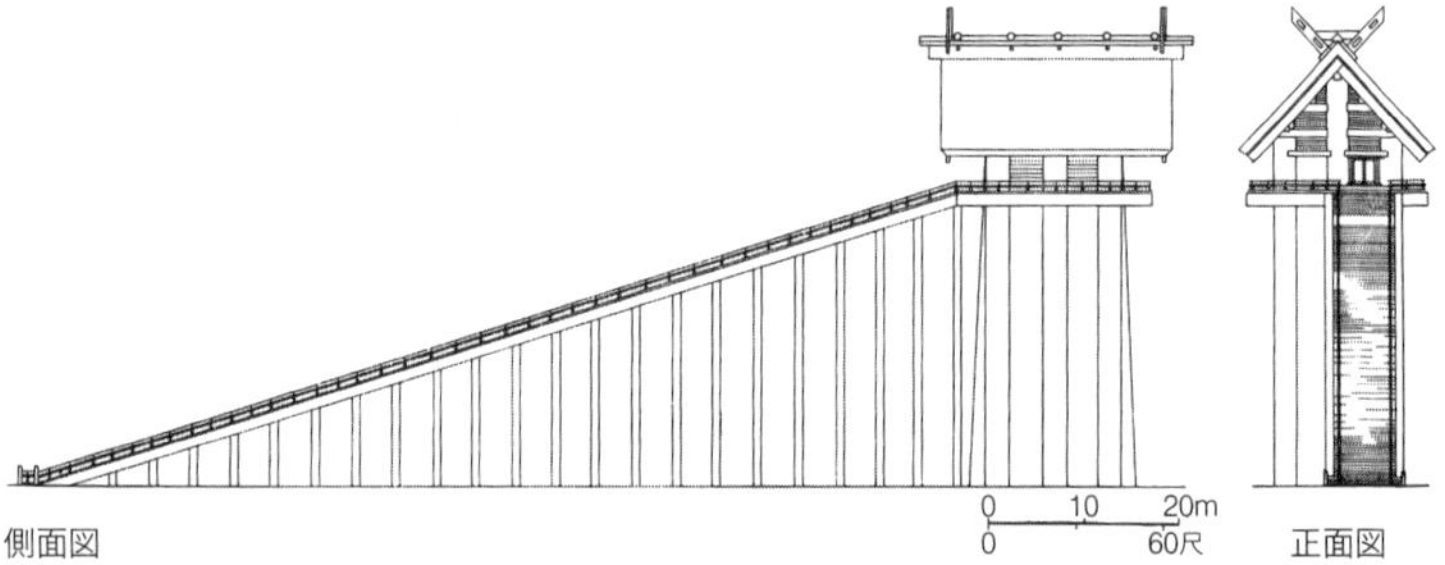

図12・8　古代の出雲大社本殿の復元案（出典：稲垣栄三『古代の神社建築』日本の美術81、至文堂、1973年、44頁）

図12・9　中世の出雲大社本殿の復元案模型（所蔵：古代出雲歴史博物館）

◇大社造の建築

現存する大社造の最古はいつでしょうか。出雲大社にしても伊勢神宮にしても多くの神社では式年造替により古い建物は残りません。現存最古の大社造は松江にある神魂《かもす》神社《じんじゃ》本殿です（図12・10）。ここでも置千木で破風が直接突出する形にはなっていません。一方で棟持柱は壁にくっ付き、出雲大社よりも外側に出ていて、独立棟持柱の要素が見え、古い形式が残っています。桁行2間梁間2間で右側に階段が付く形式も一緒です。断面を見ると面白く、出雲大社の真ん中の心御柱は構造的になくても良いと言いましたが、神魂神社本殿の場合、心御柱が途中で止まって野梁も支えていません。ここに心御柱の神聖性が表れています。

現状では前に拝所があります。神社では本殿は重要ですが、時代が下ると礼拝のスペースが本殿の前に付いてきます。

4　住吉大社と大嘗宮

◇伊勢神宮・出雲大社との違い

もう1つの古い神社の形式が住吉造で、住吉大社では本

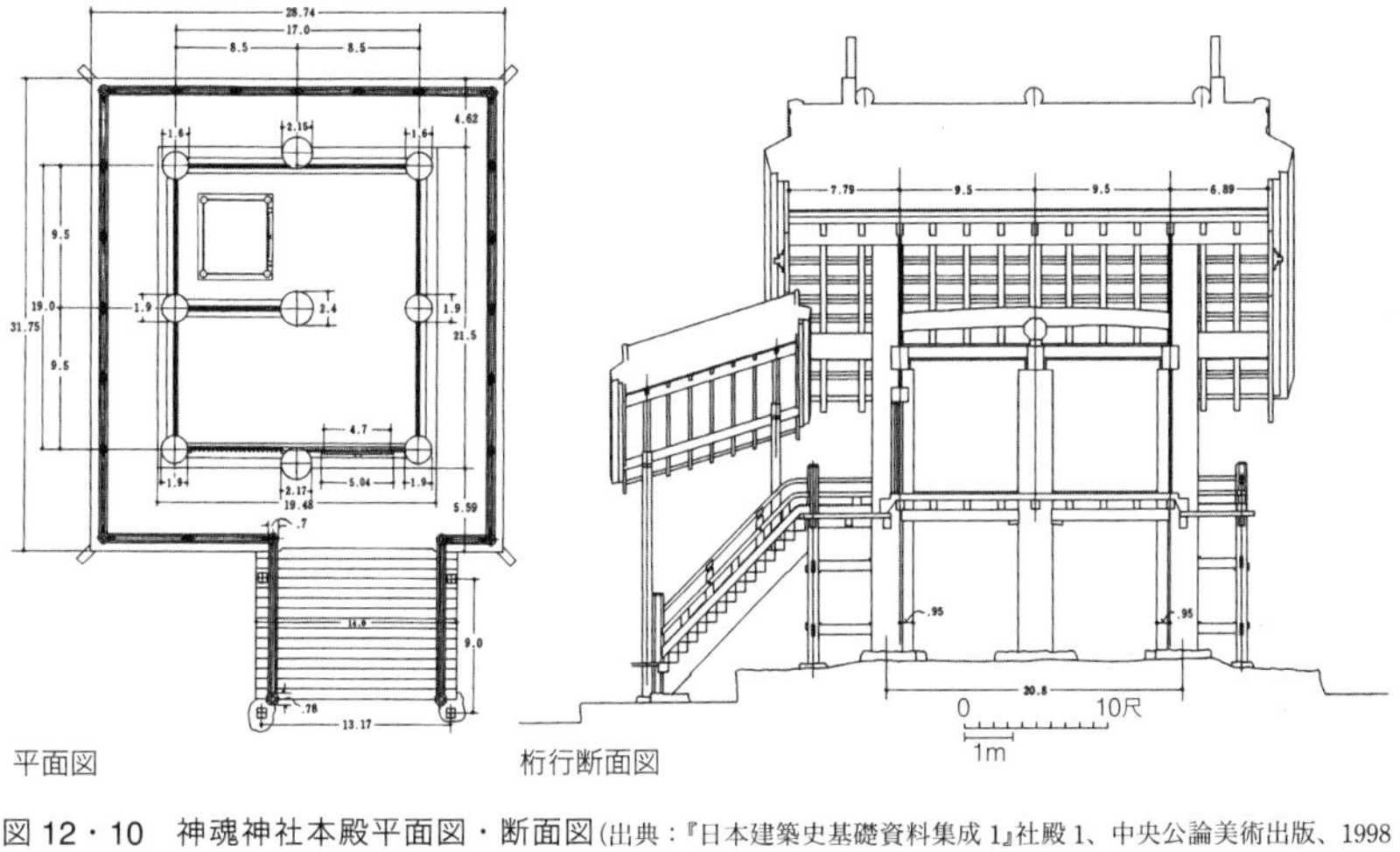

図12・10　神魂神社本殿平面図・断面図（出典：『日本建築史基礎資料集成 1』社殿 1、中央公論美術出版、1998年、151・153頁）

殿が4棟並んでいて、直線的に3棟並び脇にもう1棟並びます。各本殿の前には拝殿・鳥居があります（図12・11）。この住吉大社には伊勢神宮や出雲大社とは違う要素があります。それは内部が2部屋に分かれていること。伊勢神宮も出雲大社も基本的には内部は一室空間です。一方で住吉大社本殿は前室と後室の二室に分かれた構成になっています。平安時代初期には20年ごとの式年造替を確立し、室町時代中期まではそれを遵守してきました。現在の本殿は文化7年（1810）の建築なのでまだ200年くらいしか経っていない建物ですが、形式としてとても重要です。この形式の特徴は切妻造の妻入です。出雲大社本殿も妻入ですが、梁間2間の右側に階段が寄っていたのに対して、住吉大社本殿では、背面側は梁間2間でも正面は中央に扉をつくっています。伊勢神宮や出雲大社には縁がありましたが住吉大社の場合、外に張り出す縁がない点も特徴です。日本に残る建築では床を張っていたら縁が付く場合が多いですが住吉大社にはないのです。もう1つ、伊勢と同じように住吉大社は直線的な屋根の形で、仏教的な曲線ではない構成です。ただし千木は破風から延ばすのではなく置千木にして、大棟上には堅魚木を置いています。

現在の住吉大社本殿も必ずしも全て古い形を残しているわけではありません。『住吉大社神代記』や『住吉松葉大記』などの記録をもとに福山敏男が復元したものは掘立柱で、破風が延びて千木になった形を想定しています。

◇住吉大社と大嘗宮の類似

住吉大社本殿は天皇の代替わりの際に建てられる大嘗宮の建築と形が似ていることが知られています。五穀豊穣のための収穫祭として新嘗祭《にいなめさい》を11月23日（元々は二の卯の日）に行いますが、天皇の即位後、最初の新嘗祭を大嘗祭と言います。大嘗祭はその年の収穫した新穀をもって神に祈る儀式で、それぞれ担当する国として悠紀《ゆうき》国と主基《すき》国を定めますが、令和の大嘗祭では栃木と京都になりました。

この大嘗宮《だいじょうきゅう》も住吉大社と同じく立面的に直線的で、平面的にも二室の構成が似ています。ただし古代の大嘗宮はもちろん残っていません。大嘗宮は基本的に仮設で、祭祀のためだけに一時的につくるものです。一時性のあるもの

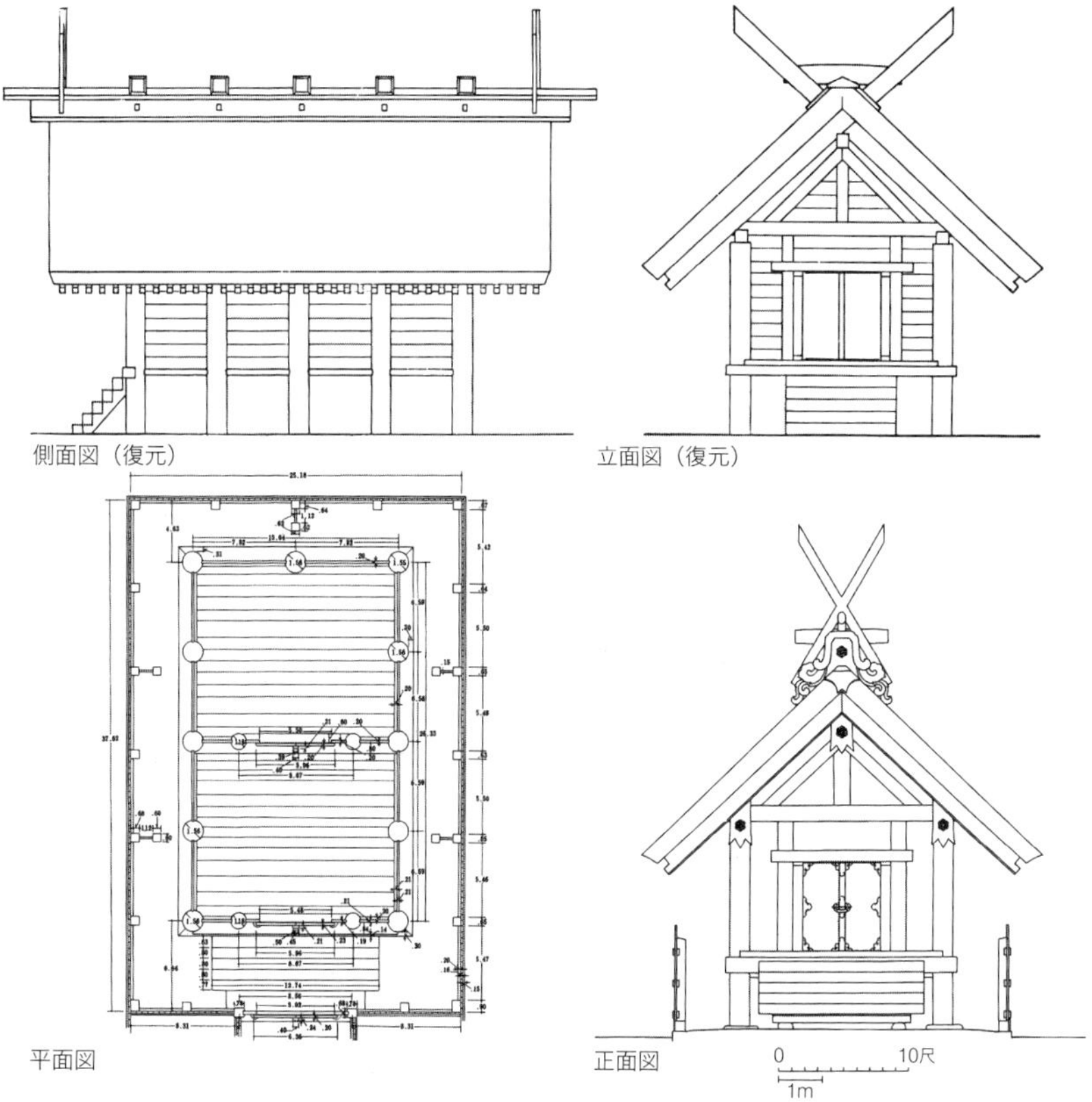

図 12・11　現在の住吉大社本殿平面図・立面図と古代の住吉大社本殿の復元立面図（福山敏男復元）
（出典：『日本建築史基礎資料集成 1』社殿 1、中央公論美術出版、1998 年、162・164 頁及び稲垣栄三『古代の神社建築』日本の美術 81、至文堂、1973 年、70 頁）

としてつくることに元々の精神的な意味があるわけです。

平安時代の儀式書『貞観《じょうがん》儀式』には悠基院・主基院の様子がいくつか書かれており、そこからかつての大嘗宮の形が復元されています（図 12・12、12・13）。平面的には左右（東西）対称で折り返した形になっていて、主基院、悠基院の2つの部分をつくっており、最背面に「廻立殿《かいりゅうでん》」があります。主基院、悠基院の中心建物が正殿で「堂」と「室」の二室がセットになっています。このセットになった空間の関係性は住吉の関係性と類似しています。新しく収穫したものを神様に祀って、ここに籠もるための重要な場所です。これ以外にも食事を調理する「膳屋《かしわや》」や沐浴をする「廻立殿」などの施設が集まってできているのが大嘗宮です。これらにはいわゆる木の皮が付いた黒木を使っていたり、檜皮のようにきっちりとしたものではなく、荒々しい青草葺を使っていたりして、さらに壁や建具も原始的なものとしています。これらの原始的なものを使って、本来の収穫祭の意味合いが色濃く継承されています。

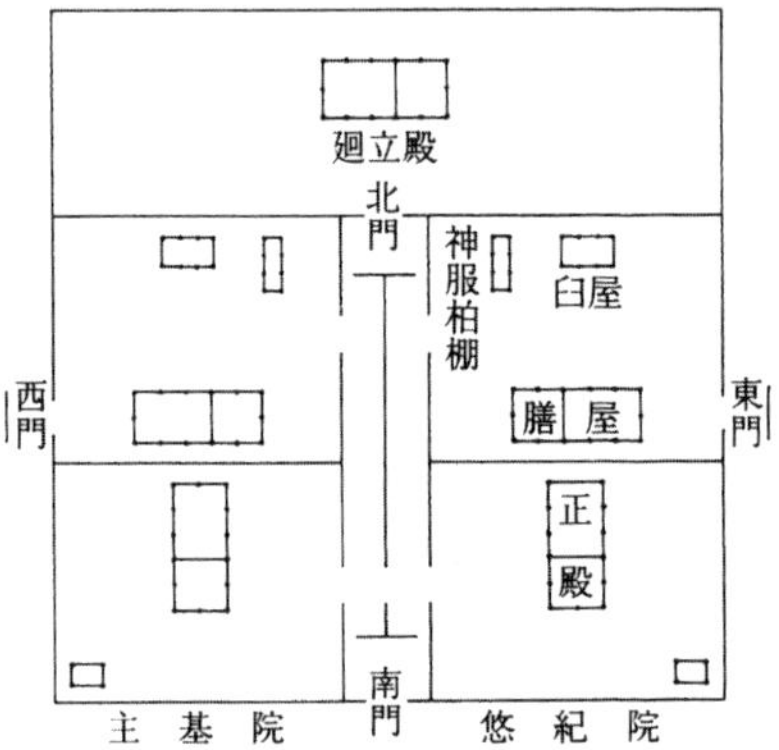

図 12・12　大嘗宮の配置推定図（出典：日本建築学会編『日本建築史図集』新訂第３版、彰国社、2011 年、9 頁）

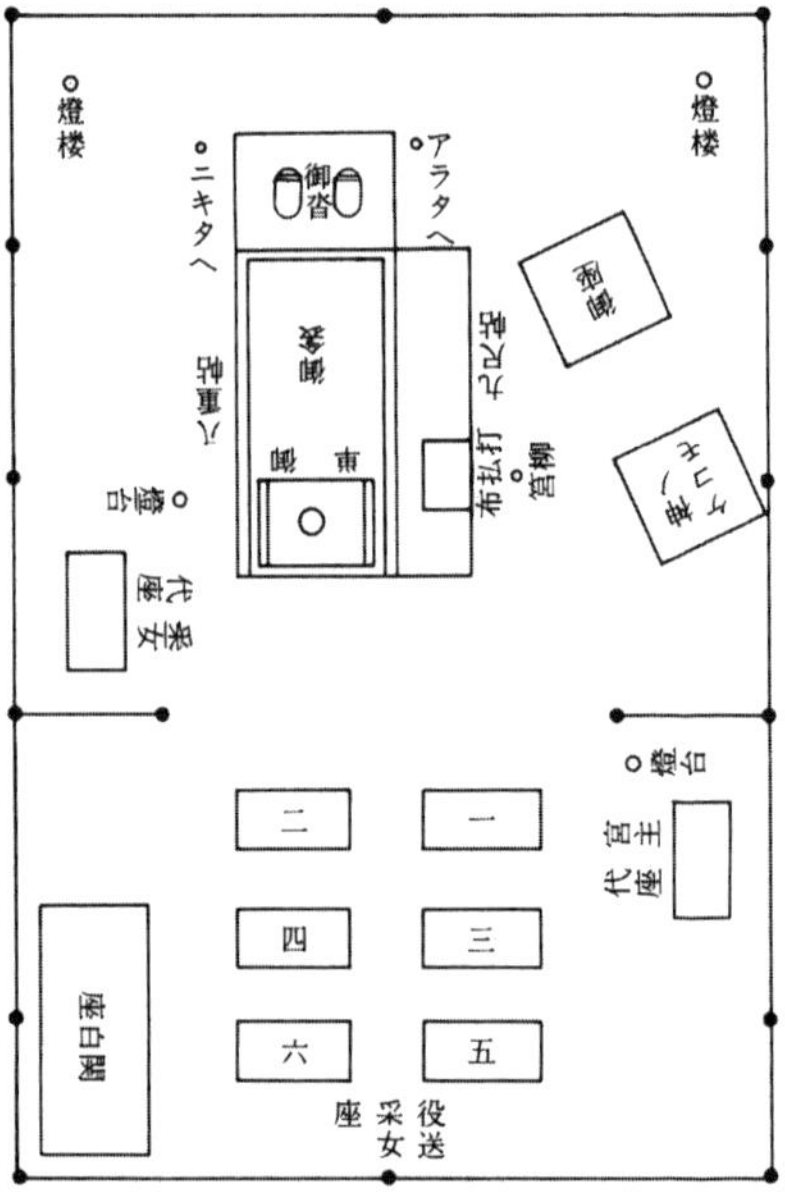

図 12・13　大嘗宮正殿の平面図（『大嘗宮便蒙』）（出典：『文化財講座　日本の建築 1』第一法規出版、1977 年、109 頁）

5　平城宮の大嘗宮遺構

◇遺構からわかること

平安時代の大嘗宮は文献からしかわかりませんが平城宮での発掘調査では大嘗宮が発見されています。平城宮では東西１km南北１kmで東西２５０ｍ、南北７５０ｍの東の張り出し部分があります（図７・２）。奈良時代後半には天皇の居所である内裏のほか、中軸線上には西宮という称徳天皇がいた内裏もありました。内裏の南方には中枢施設である第二次大極殿があります。第二次大極殿と西宮の南方には朝堂院が中央区と東区の2つあり、この朝堂院で大嘗宮の遺構が見つかっています。中軸線で東西対称に広がっていて、大嘗宮の周囲にぐるっと溝が廻って、中軸線上にも溝のラインがあり、南東の区画に南北に細長い建物があります。模式図で見るとわかりやすいですが、正殿が南北二室に分かれています。奈良時代と平安時代で細部の違いはありますが、大嘗宮の全体の構成・中央部の溝・正殿の二室に分かれる構成は『貞観儀式』に出てくる大嘗宮の姿と酷似しており、大嘗宮の遺構と考えられています。

発掘調査により、文献でしかわかっていなかった詳細が明らかになってきました。現在、発見されている最古の大嘗宮の遺構はこの平城宮のもので、それより前の時代、藤原宮では発見されていません。ちなみに、平城宮の大嘗宮でも、毎回位置をずらしていて、前回と同じ場所には建てていません。前の場所からずらして次の天皇が次の場所に建て、さらにまたずらして建てています。前の天皇に配慮した可能性など、色々な可能性が考えられていますが、同じ場所とはしなかった理由はよくわかっていません。ただ大嘗宮の性格を考える1つの重要な視座でしょう。また記録していたのか何年も前の場所をちゃんとわかったうえで、ずらしている点も興味深いです。

◇大嘗宮と儀式

大嘗祭では元々、天皇が親供《しんく》して直会《なおらい》する場所が重要になります。まずは身を清めるため廻立殿に入り沐浴をします。そこで斎服《さいふく》を着て悠紀正殿《ゆきせいでん》に渡ります。内部は外陣内陣の構成で、南の堂には陪膳《ばいぜん》の采女《うねめ》がいます。室に行くと畳や八重畳《やえだたみ》、坂枕が置かれていて神様がいる場所が室の中に設けられます。斜めに2枚の半畳の畳が置かれて、それぞれ神の座と天子の座を設けています。そのうえで室で神饌《しんせん》という天皇自身の手で、神の食事として米や酒を供える行為をし、信仰心を伝えます。天皇は神官の代表として神との接遇を行うわけです。その後、天皇も飯と酒を食します。その後、廻立殿に戻り、また主基院でも同じようなことを繰り返します。

住吉大社の儀式もこれと似た構成であることが知られています。鋪設《ふせつ》は坂枕1つ、繧繝縁《うんげんべり》の畳1枚、八重畳1枚で神饌の時には神官が内陣まで入ります。神社で本殿内部にまで入ることは異例なことです。通常は本殿の扉の前や本殿内部でも内陣扉の前までで、神のいる空間に直接入ることはありません。屋代が小さい場合だけでなく、神の空間の前で礼拝をする拝殿もそうですが、神と人が同じ空間にいること自体が通例ではないにも関わらず、大嘗宮では同じ殿内で床を共にするのです。元来、天皇と神は同床で一体化する考え方があり、神と人を同格化する作業を信仰の一環として行っているのでしょう。この住吉大社や大嘗宮の祀り方は伊勢神宮よりも古く、古い神社における儀式を考えるうえで重要です。残念ながら奈良時代の大嘗祭の詳細はわかりません。平安時代の記録などに断片的な情報は出てきますが、令和の大嘗祭の様子も公開されることはないでしょうし、類推するしかありません。

寺院建築では元々、人が入れない仏の空間に礼拝のスペースが加わってきて、両者が近接していきます。一方、神道では今でも本殿に入ることは忌避され、寺院で仏像のある内陣に入る行為よりもかなりハードルは高いのです。

◇古式な神社の形式

まとめると、神社が成立した背景は諸説ありますが自然信仰として、元々、崇拝していた山や木などの信仰の対象に対する拝所という要素があったようです。一方で屋代と言われる祭りの際に拠り所にする建物もありました。これらの原始的な宗教と直接、連動するとは言い難いですが、7世紀後半になると律令制の形成とともに神社が統括・整理されていきました。いくつかの神社については仏教建築と対抗して建築の形で、復古的な建築をつくるようになります。伊勢神宮、出雲大社、住吉大社は比較的古い要素のある神社ですが、いずれも特徴としては身舎のみの切妻造です。これらは入母屋造や寄棟造のような複雑な屋根ではなく、さらに切妻造でも廂の付かないシンプルな形です。現在の出雲大社本殿には近世的な要素が入ってきて、屋根が曲線を描いていますが、住吉大社も伊勢神宮も仏教寺院のような屋根の曲線ではなく直線的で、さらに瓦や組物などの寺院建築の要素は意図的に使っていません。こういった神社建築の古い特徴は比較的、新しいものではなくなってしまいます。ただし神社には古式の残し方として式年造替のシステムがあるので、古式は継承されます。神社としても、元々、寺院建築に対峙する建築の形が用いられたこともあり、古式な形は重要でした。こうした結果、これらの3つの神社本殿では比較的古式を残している可能性が高いわけです。

神社の儀礼については大嘗宮の例え話をしましたが、例えば密教修法の両界曼荼羅などの仏教儀式の荘厳と比べると圧倒的に情報が少ないわけです。文献資料の残り具合に違いがあるので仕方ないのですが、神道でも相当量の儀礼が行われ、空間利用もなされていたと考えられます。この辺りは現状でもあまり研究が進んでおらず、今後、研究の進展が期待される分野です。

次回、寺院と神社が融合する神仏習合を取り上げますが、神官を僧が兼ねる、あるいはその逆のことが平安末期から中世になると増えてきます。神社に付属する寺院、いわゆる神宮寺も展開します。有力な寺院では神社を取り込むことも起こってくるわけです。そうすると仏堂の中で神道儀礼を行うことも増えてきて、神社建築の古いものがないこともあり、こうした事情が神社建築の研究をやや難しくしています。

さて今回、話した神社はいわば特殊な神社です。これらの形の神社を街中で見かけることはほとんどないでしょう。島根県にでも住んでいなかったら大社造を見ることはないですし、神明造や住吉造もほぼ見ることはないと思います。次回は街中によく見られる神社本殿の建築形式について話していきたいと思います。

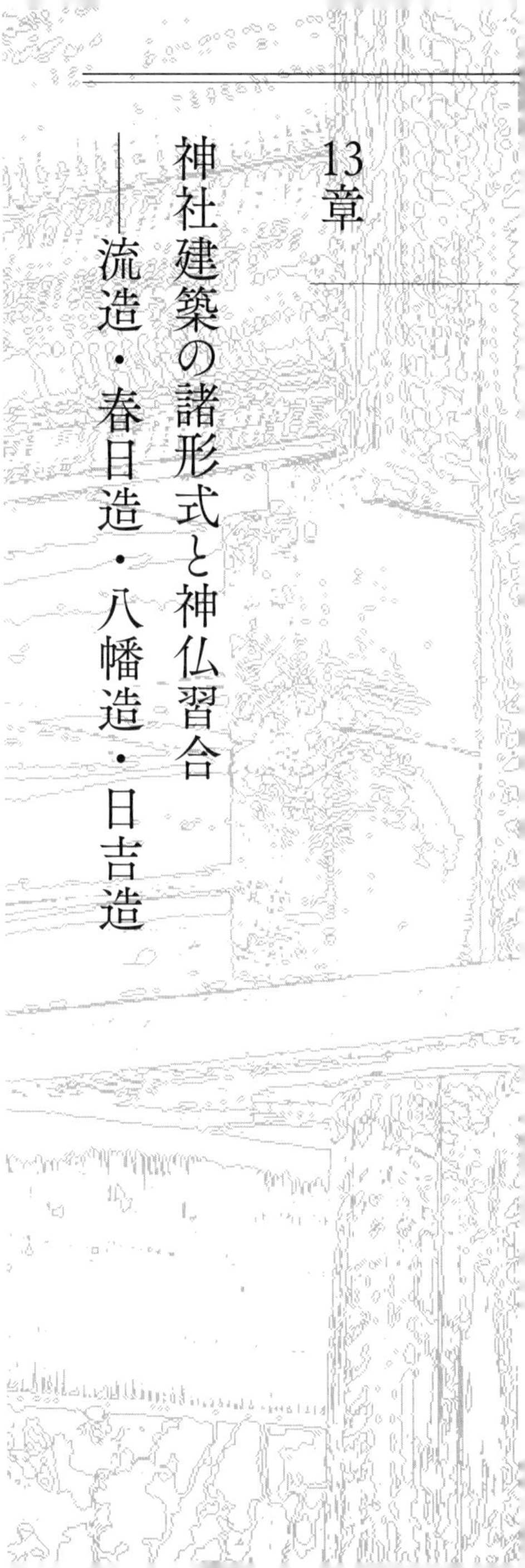

13章

神社建築の諸形式と神仏習合
——流造・春日造・八幡造・日吉造

1　流造と春日造

◇2つの違い

伊勢神宮や出雲大社など特殊なタイプの神社建築を見ましたが、普段見かける神社はあのような形ではないでしょう。今回はより一般的な神社建築に注目します。また平安時代に入ると仏教と神道、寺院と神社の建築は近い関係になってきます。こうした背景も含めてお話しします。

伊勢神宮の神明造、出雲大社の大社造、住吉大社の住吉造など、身舎のみの切妻造で廂の付かない古い3つの社殿の形式を紹介しましたが、身舎に廂が付いて展開してくるのが「流造《ながれづくり》」と「春日造」です。１９７０年代に、重要文化財や国宝に指定されている神社建築の形式を分析したところ、神社建築の大半は流造、春日造に分類されました。

この流造と春日造の建築とはどういうものでしょうか。

そもそも流造や春日造と言われてパッとイメージできる人は少ないでしょう。神明造、大社造、住吉造は身舎のみの構造で廂が付きません。一方、シンプルな切妻造梁間2間をベースに考えると、廂が平側に付いたものは流造、妻側に付いたものは春日造と理解するとわかりやすいです。仏堂と同じく、身舎がコアにありそこに順次、廂が付き、建物が大きくなっていきます。典型的な流造では身舎の屋根から手前に廂がぐっと延びていきます（図13・1）。対して春日造は身舎の正面の妻側に廂が付きます（図13・2）。

◇神社の仮設的性格の由来

もう1つの特徴は、柱が地面の上に直接立たない点です。従来のように地面に柱を埋めて固定する掘立柱ではなく、「土台」という横木を渡した木の上に柱を建てます。その由来を考えるには、前回お話しした「屋代《やしろ》」という言葉を振り返ってみます。そこには農業と信仰の関係があります。前回話した大嘗宮は天皇の代替わりに伴う公的な儀式の場ですが、通常の農耕に関する儀礼だからといって神社のよ

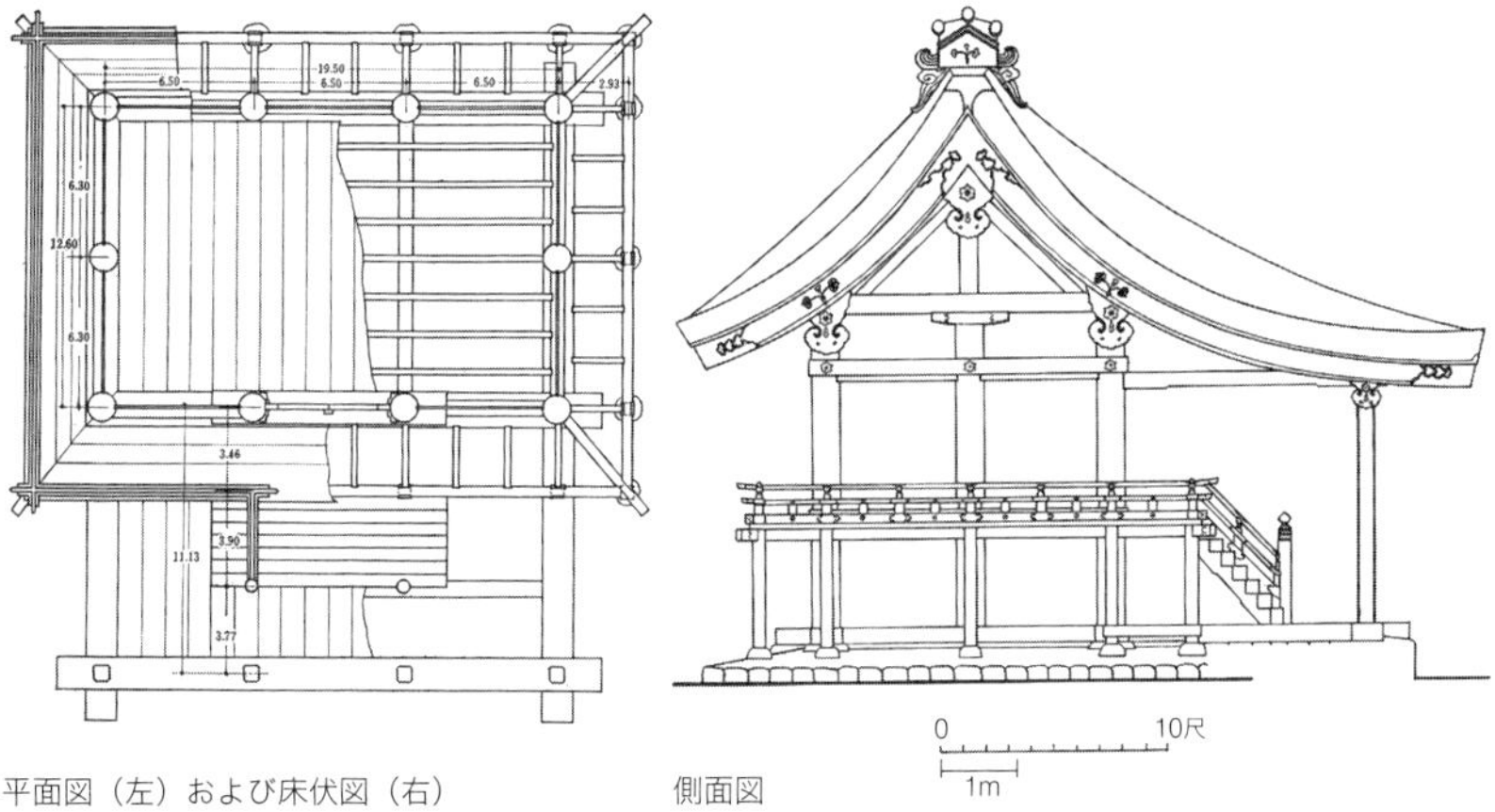

平面図（左）および床伏図（右）　　側面図

図13・1　加茂別雷神社（上賀茂神社）本殿（流造）の平面図・立面図（出典：『日本建築史基礎資料集成 2』社殿 2、中央公論美術出版、1972年、74・75頁）

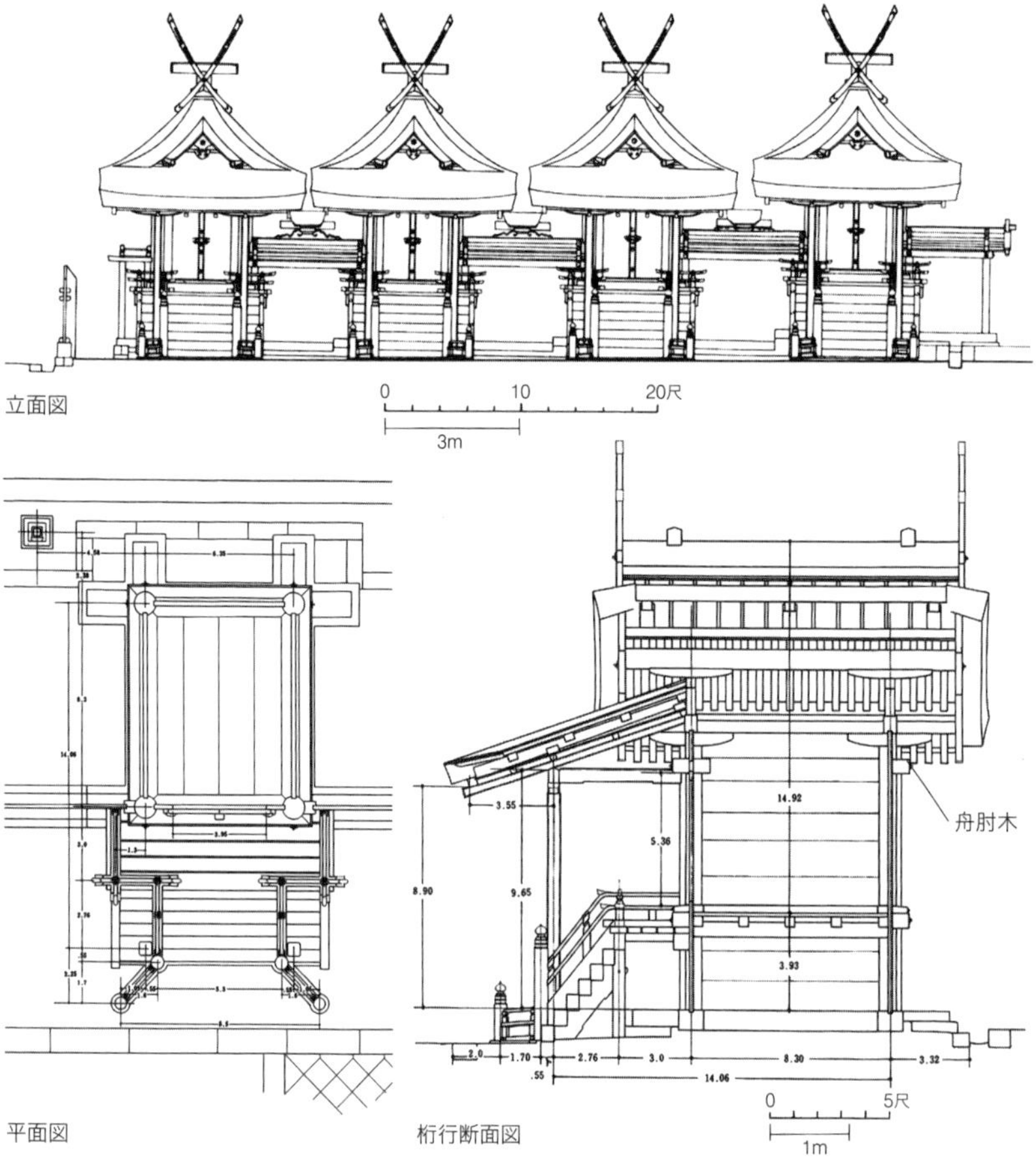

図 13・2　春日大社本殿(春日造)の平面図・立面図・断面図(出典:『日本建築史基礎資料集成 1』社殿 1、中央公論美術出版、1998 年、167・169・172 頁に加筆)

うなものが常時、田んぼの真ん中にあると邪魔ですよね。しかし春の田植え、秋の収穫あるいは雨がほしい時期に神に祈ることもあったでしょう。そこで一時的に置くことができる小さくてポータブルな社殿が求められ、生まれたのが屋代と見られます。神が移動する典型は神輿です。稲垣栄三によると土台を延ばせば神輿の形状になり、神社の仮設性はこれと関係があるという考えもあります。原始的な祭殿と神社の関係性は実証が難しいのですが、なぜ神社建築に土台が多いのか、その考え方の1つとして興味深いものです。

◇本殿形式の諸類型

さて、1976年に全国の主な神社本殿の類型を451棟調べたところ、流造が252棟、春日造が90棟、合わせて342棟、ほぼ8割の建物が流造と春日造に分類されており、流造や春日造は全国的に展開している形式なのです。

神社建築は式年遷宮や造替で再建を繰り返すため、古い社殿がそのままの姿では残りませんが、都合の良い解釈もできて、造替時に形を継承してきたのだから、新しい建物でも、元の古い形を考える手がかりでもあるわけです。もちろん「ある程度」の継承であって、100%一致しているわけではないことは伊勢神宮や出雲大社で話した通りです。

◇流造

流造の場合、呼び方として「○間社流造」と言います。仏堂では例えば3間四面、あるいは桁行7間は七間堂の仏堂等と言います。一方で神社では桁行の長さを表して「○間社流造」と呼びます。流造では切妻の身舎正面に廂が付く形式なので、あとは桁行さえわかれば大体の建築の形は想像できるわけです。例えば五間社流造であれば、桁行5間で梁間2間の正面に廂が付いた形となんとなくわかるわけです。流造で長いものには11間社があります。

◇三間社流造

流造は三間社が1つの典型的な規模になっています。代表格が京都にある上賀茂神社や下鴨神社で、文久3年（1863）、150年前の流造の建築です。加茂別雷神社《かもわけいかづち》（上賀茂神社）の社殿（図13・1）は桁行3間、梁間2間の身舎に廂が付きます。身舎と廂を比べると身舎柱は丸柱なのに対し、廂柱は角柱を使っています。寺院で身舎と裳階《もこし》の柱を比べた時に主たる身舎は丸柱、従たる裳階は角柱を使う話をしましたが、神社でも同じ傾向です。神社本殿の空間は身舎と廂があり、身舎は扉以外はぐるっと壁で囲み、神の場所とします。側面に入口があることは基本的にありません。正面には階段や縁が付き、後の時代になると正面以外にも扉をつくることがありますが、古い形式では扉は正面中央にしかつくりません。

また仏教では本尊、例えば盧舎那仏《るしゃなぶつ》の他に観音や薬師など、他の仏像も祀ることもありますが、神社では基本的に1つの社殿に神は1柱だけです。同一社殿に色々な神を入れることは本来、神社ではしません。流造では一間社や三間社が多いのですが、特に三間社が比較的多いのは、賀茂社本殿が三間流造で全国的に賀茂社と呼ばれる同系の神社が多くつくられた影響があると考えられます。三間社流造では千木《ちぎ》、堅魚木《かつおぎ》を用いない形式が多いのも、これらを用いない賀茂社の影響もあると考えられています。

◇一間社流造

もう少し小さい一間社の場合どうなるかというと、社殿が小さくなると省略もいくつか出てきます。本来は縁を廻して階段を上り神に供えますが、小規模になると人が上る空間すら省略されます。「見世棚《みせだな》」というお供えが置かれる場所をつくってしまって縁や階段をつくらない形式です（図13・3）。一間社流造の存在は小さい建築から神社が発展した可能性をうかがわせ、三間社流造とは別に考える必要があるわけです。また礎石や掘立柱の常設で設備も厳重な建築に比べると、神の捉え方と建物の構造の違いがうかがえます。

図13・3　見世棚造の一間社

◇最古の神社建築、宇治上神社本殿

最古の流造は、神社建築としても最古の宇治上《うじがみ》神社です。平等院の東側の宇治川から少し上がったところにあります。11世紀後半に建てられ、中には小社が3棟建っていて外側を覆屋《おおいや》で覆っています。3棟は同時期に建てられたのではなく、向かって右、中央、左の順に古いと言われています。

覆屋の中の社殿は、中央の1棟は独立して建っています（図13・4）。一方で左右の社殿は覆屋と壁を共有しています。断面を見ると社殿があり、覆屋が上からカポッと被さっているわけです。宇治上神社本殿は覆屋のおかげで残ってきたわけですが、一方で覆屋の付加で当初の形から改造されてしまっているので、古式を完全に残しているかどうか詳細はわかりません。一長一短ある例ですね。

2　春日造の建築

◇春日大社

春日造は名前のとおり元は春日大社からきています。春日大社は平城京の東の春日山にあり、創建については神護景雲2年（768）に藤原永手により社殿を造営したなどいくつか説があり、いずれにしても藤原氏と関係の強い神社です。4つの神を祀っているので本殿の社殿は4つ、1社殿につき1つの神を祀っています（図13・2、13・5）。古い春日大社を描いた「春日宮曼荼羅《まんだら》」の絵を見ても当時

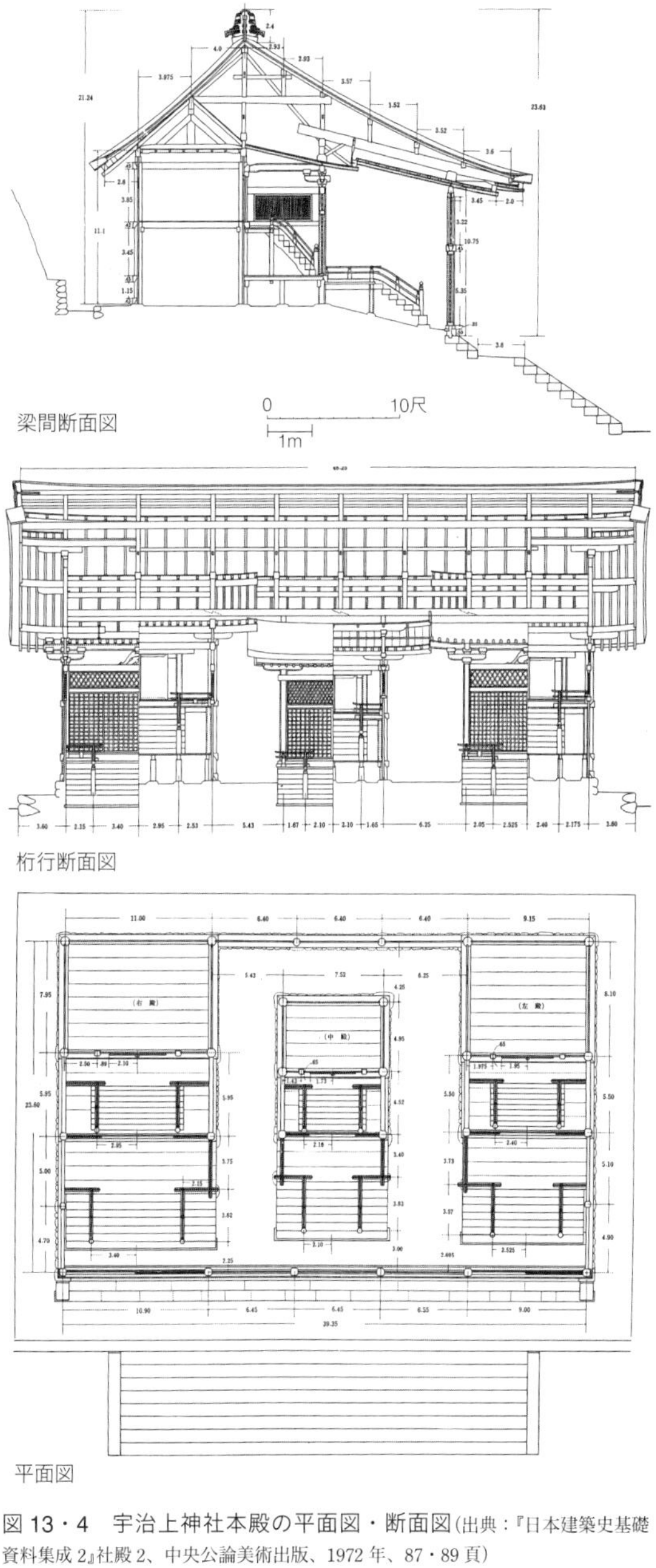

図13・4　宇治上神社本殿の平面図・断面図（出典：『日本建築史基礎資料集成2』社殿2、中央公論美術出版、1972年、87・89頁）

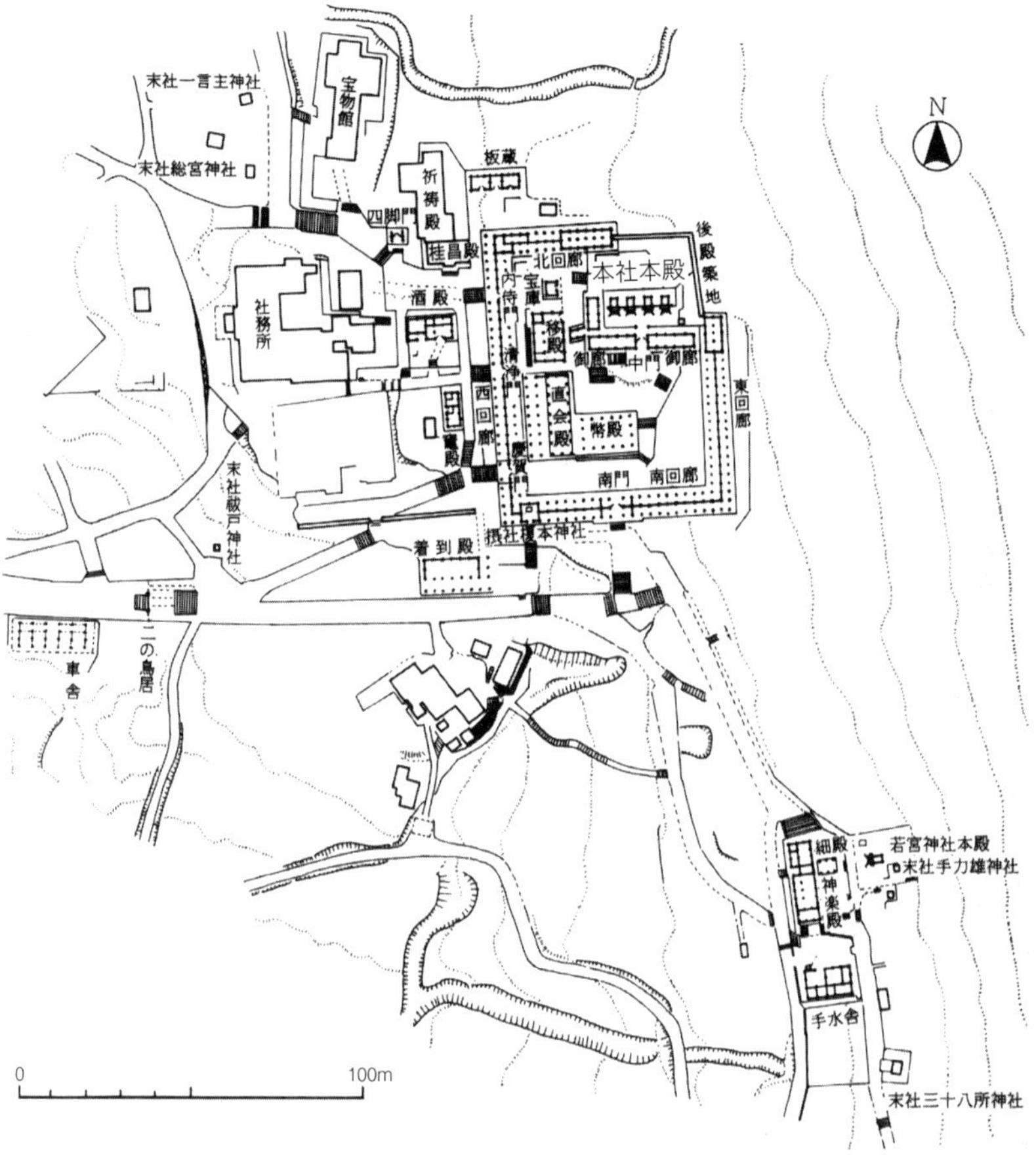

図13・5　春日大社の境内図（出典：奈良県史編集委員会編『奈良県史8』建築、名著出版、1998年、791頁）

から切妻造の妻入の正面側に廂が付いた形、すなわち春日造の社殿が4つ並ぶ様子が描かれています（図13・6）。

春日大社の現在の社殿は文久3年（1863）、幕末の建物です。4棟の春日造の社殿のうち右端だけ違うものの、ほぼ同じ大きさで妻入正面廂付きの社殿が連続して並んでいます。流造との大きな違いは、平入の流造は十一間社流造のように桁行が大きくなることがあるのに対し、妻入の春日造は基本的に梁間1間である点です。妻入なので正面を長くしようと思っても、せいぜい2間と限界があるわけです。大概が1間なので流造と

図 13・6 「春日宮曼荼羅」に描かれた春日大社(所蔵：南市町自治会)

は異なり「○間社春日造」という言い方はしません。

垂木を見ると密に並べる繁垂木《しげだるき》の方法と少し抜いて並べる疎垂木《まばらだるき》の方法があり、春日大社は垂木を疎らに置いています。つまり垂木を意匠的に見せるのではなく、簡素なプリミティブな形を示していると考えられます。組物を見るとやはり簡素な形の舟肘木《ふなひじき》を使っています（図13・2）。組物は寺院建築と関係が強いので春日大社では寺院建築の要素があまり入っていない点でも古式と言えます。さらに階段横の黒漆塗の板に剣巴紋《けんどもえもん》という白いマークがあり、これも平安時代的な要素です。

春日造は春日大社の本殿を代表とします。造替によって由緒ある春日大社の社殿が別の神社に移され、そこで本殿とされることがあります。例えば1568年の松尾神社本殿は中世の春日大社の建物が残った唯一の例です。それ以外のものは移された先でも造替したり壊れたりして残りません。

春日造の場合も土台が大きく関わっており、土台の上に柱を立てる形で運べる形状です。賀茂社と同じように正面のみに板扉を設けて他には壁を廻します。賀茂社の場合側面まで縁が廻っていましたが、春日社の場合は基本的に簀子縁《すのこえん》を正面側だけに付けます。正面側には廂と階段が付き、正面性の強い意匠が特徴です。こういった意匠は平安時代の段階である程度定まっていて、それを順次継承してきたと考えられます。神社建築には仏教建築の影響で組物や彫刻などが華やかになっていった事例も多いですが、現在の春日大社本殿に関しては幕末の再建時でも比較的古式を継承しています。

◇最古の春日造——円成寺春日堂・白山堂

最古の春日造は鎌倉時代初期のものが残っています。鎮守社として残っているのが円成寺《えんじょうじ》の春日堂と白山堂《はくさんどう》です（図13・7）。形は春日造なので妻入の正面廂ですが、春日大社本殿とはいくつか違いがあります。1つが正面の垂木で、さきほど春日大社本殿は疎垂木と言いましたが、春日堂と白山堂は繁垂木という垂木を密にした配置になっています。また、春日大社は正面の組物が舟肘木でゴテゴテしておらず、桁を置くだけで複雑な組物を使っていないので

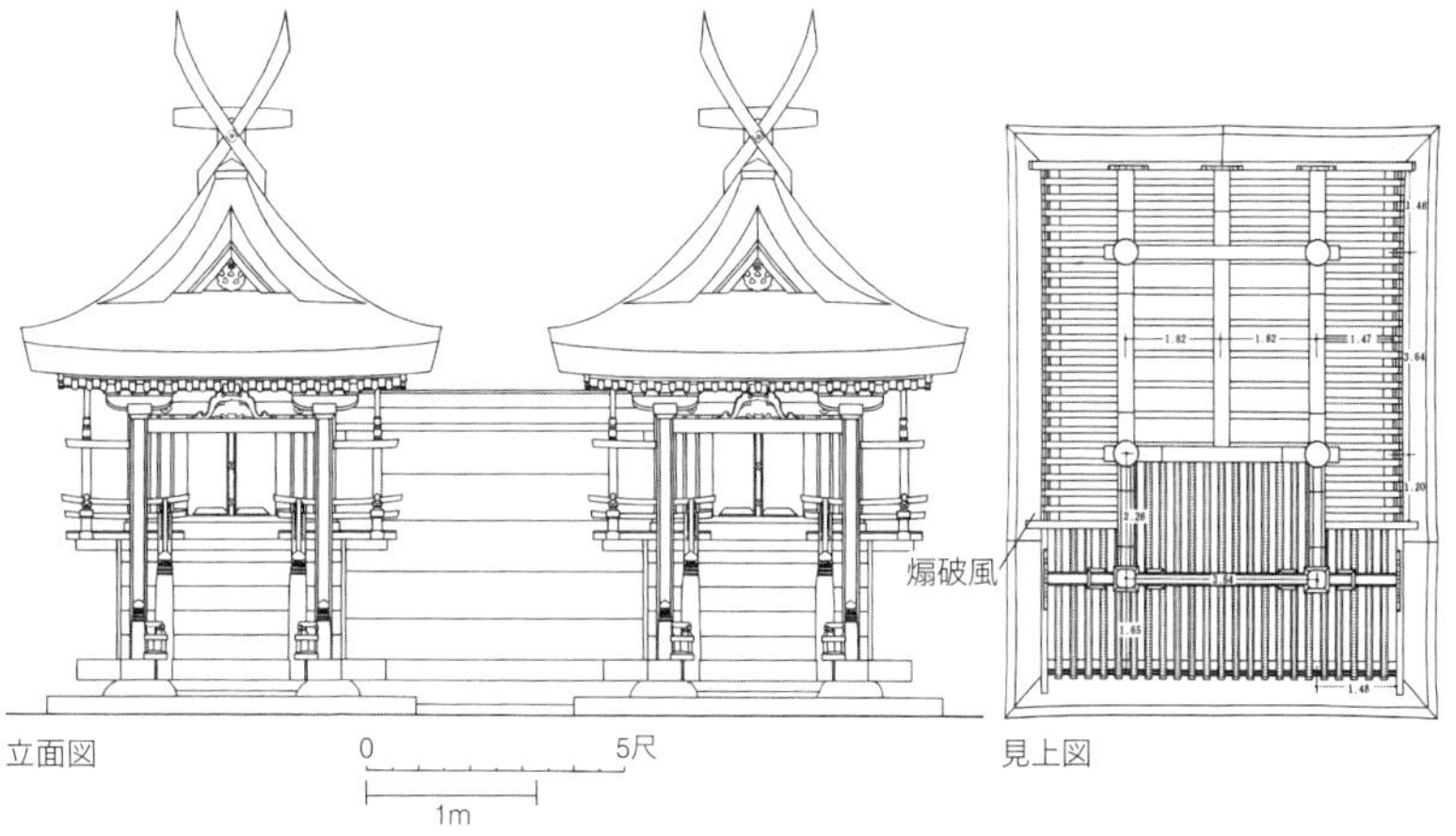

図 13・7　円成寺春日堂・白山堂の立面図・春日堂天井見上図（出典：『日本建築史基礎資料集成 1』社殿 1、中央公論美術出版、1998 年、74・75 頁に加筆）

すが、円成寺の2つの春日造では組物を用いて真ん中の中備《なかぞなえ》に蟇股《かえるまた》を用いています。寺院建築ではよく見られるやり方で、大きな違いの1つです。一方、共通する点もあって、正面にしか縁がない特徴は同じです。身舎の3面もしくは4面にぐるっと縁を廻す形式とは違うこの形式が少なくとも鎌倉時代の頃にはあったわけです。春日大社の正面にしかない縁が古式を伝えている点ともある程度一致してきます。

◇2つの春日造

春日造の形は流造に比べて建築的な弱点があります。流造は身舎と廂の屋根が一体的につくられているので雨水を屋根外に流すことは容易です。それに対して春日造では切妻と廂部分の取り合いが課題です、春日大社本殿や円成寺の春日造の天井裏を見上げるとわかりますが、身舎の部分は切妻屋根で、垂木をそのまま平行に並べていて、端部の位置に煽破風《あおりはふ》板を付けます。こういう配置を取るのが古い形ですが、垂木が直交するものを無理やり納めているのでうまく納まらないわけです。古い形式を見ると、垂木が身舎の壁まで入っていて、屋根と正面側の廂の部分は別の形式になっています。この形式を縋《すがる》形式と言います。垂木の一番外側に破風板が付き、それを縋破風《すがるはふ》と言います。切妻造の身舎部分の屋根の正面側に廂が付く形式です。疎垂木の春日大社本殿が古式だと言いましたが、これに関しては疎垂木でも繁垂木でも起こってくる問題です。

一方で、身舎と廂が分離した縋形式とは別に、入母屋造のように身舎と正面の廂を付ければ、納まりが良くなります。つまり、正面側に斜めに隅木を入れれば、少し屋根に段が出てきますが垂木はうまく納まります。これは入母屋造や寄棟造と同じく隅木を使うので「隅木入春日造《すみぎいりかすがづくり》」「王子造」とも言います。屋根裏を見ると隅木が入って正面の垂木が隅木にも掛かっています。側面は身舎を支えるものとして考えると、側面の屋根と正面の屋根が完全に切れた形になります。正面は正面で屋根をつくり、側面は側面で屋根をつくれるので納まりとして身舎と廂が一体化します。

これにより春日造は発展し、鎌倉時代の元応3年（１３２１）宇陀水分《うだみくまり》神社では正面だけではなく両側面まで縁が廻っています。鎌倉時代以降に用いられる木鼻（図14・9④）という柱の外側に突出させる方法も使うようになり、組物も出組と装飾的で、シンプルな形からだんだん仏教寺院的要素が取り込まれ複雑な形をつくるようになります。

◇土台の建築

そもそも土台のある建築はいつからあるのでしょうか。部分的には法隆寺金堂の裳階《もこし》、一番外側の部分は実は土台の上に柱が立っており、土台の構法が7世紀後半にはあったとわかります（図4・7）。土台を主構造とする現存建築は宇治上神社本殿まで時代が下るのですが、それ以前に土台建物があったことが発掘調査からわかりました。掘立柱は穴を掘って柱を立てるので地表面が削平されても下の部分が残ります。礎石の場合も礎石や礎石を据える穴を掘れば下の部分が残ります。しかし土台は地面の上に置いているだけなので地表面が削られれば痕跡が何も残らず、その存在は発掘調査ではわからないと考えられてきました。ですが、秋田県の胡桃館《くるみだて》遺跡で９１５年の噴火によって火山灰で埋まった土台建物が見つかり、横木を渡したその上に

図 13・8　胡桃館遺跡の土台建物（出典：『秋田県文化財調査報告書第 19 集　胡桃館埋没建物遺跡第 2 次発掘調査概報』秋田県教育委員会、1969 年、44 頁）

建物が組まれていました（図13・8）。土台建物が宇治上神社本殿よりも前の時代に存在したことが証明されたわけです。これらの成果から法隆寺金堂もそうですが、古い時代から土台建物はあったと考えられるようになりました。

◇春日大社若宮御祭

次に神が移動する話に移ります。神が祭の度に移動し、その行き先で御旅所《おたびしょ》をつくる場合があります。元々いる神社からどこかに出ていき、そこで一時的に滞在するのですが、その古例として春日大社若宮のおん祭があり、春日大社にある若宮本殿から御旅所に神が移動する儀式で、この時にしか御旅所の建物は建てません。２０１７年頃の写真を見ると、面皮《めんかわ》付の木を柱や桁に使い、組物も舟肘木でさえなく横木を渡しただけの（図13・9）プリミティブな形です。さらに屋根も草葺、それも切り揃えたような草ではなく草を集めてきて載せるような形です。非常に仮設性が高いのですが、柱は土台ではなく掘立柱です。その辺りがさきほどの土台の話と齟齬があるのですが、伊勢神宮が古いことは江戸時代には知られていたので、ある時期に伊勢神

図 13・9　春日大社若宮おん祭の黒木・草葺の御旅所

宮の掘立柱の形式が古いと考えて、改変が加えられた可能性があります。古い資料が残っていないのでわかりませんが、仮設的な建物を年に一度つくる慣例は神社建築の原初の性格を考える上で参考になります。

◇春日造の分布

春日造の縋形式と隅木形式の分布には地域性があることが知られています。隅木を使わないプリミティブで建築的に納まりの悪い形式は、実は奈良北部や大阪、和歌山、京都の南部に集中しています（図13・10）。この地域では逆に隅木入春日造はなく、縋形式の春日造が限定的につくられました。要は春日大社に近いところは純粋に古式な形を継承している可能性があり、対して隅木入春日造は全国的に広がっているわけです。

隅木入春日造は奈良と三重の間の熊野本宮《くまのほんぐう》が代表で、こ

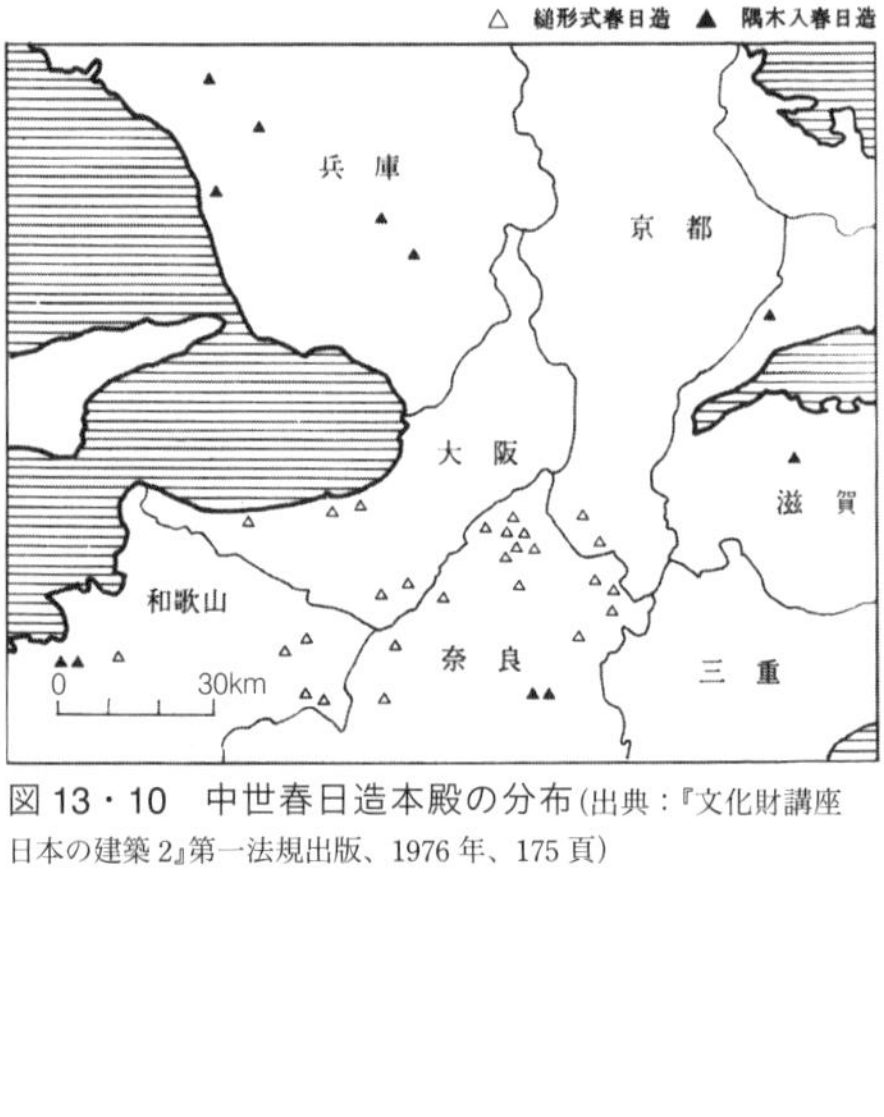

図 13・10　中世春日造本殿の分布（出典：『文化財講座 日本の建築 2』第一法規出版、1976 年、175 頁）

の形式は熊野信仰に合わせて全国各地につくられました。特に隅木入春日造がよく見られる山梨県や岡山県は熊野神社系の信仰の影響が見られます。

以上のように、春日造は2つの形式に強い分離があり春日大社周辺とそれ以外という分布が見られます。ただし、神社の系統と神社建築の形式が一致するかというとそうではなく、熊野信仰であるからといって熊野本宮の形がそのまま取り入れられたかどうかはわかりません。

実際に隅木入春日造の方が合理的なのに、縋形式は春日大社に近い限定的なところでつくられ続け、そのエリアでなぜ隅木入春日造がつくられなかったのか、理由はわかっていません。そのエリアの工匠がつくるために、その形式しかつくらないとか、前近代には神社や寺院がエリアをコントロールする力を持ち、その影響があったからなど、色々な理由が考えられますが、未解明の課題です。

◇諸形式の本殿の分布

流造と春日造の分布状況を見ると、一間社流造は関東以北にはありません。三間社流造は指定文化財の中では最も多い形式ですが、この統計にはトリックがあります。文化財として評価をする時、小さい建物は評価がしにくいのです。例えば村落にぽつんとある一間社を指定するにはハードルが高いのです。ですから文化財に一間社が少なく三間社が多いという結果は、指定文化財を中心にカウントしている影響がありそうです。

また、一間社流造は保存が難しく、建て替えなしに残すためには宇治上神社本殿のように覆いをしないと長持ちしません。規模が小さくて軒が深いわけでもないので風雨に曝されやすく木材の腐朽も大きいのです。そのため覆屋という方法がよく取られます。関東以北は雪が多くなるなど、地域的な環境によって残りやすいものと残りにくいものもありますし、流造の残り方にも地域性がありそうです。

3　その他の古代神社形式

◇八幡造

一般的な神社の形式は流造と春日造が主流ですが、この2つだけではありません。また本殿以外の建築もあります。

まず本殿の古い形式として八幡造《はちまんづくり》があります。宇佐神宮、あるいは石清水《いわしみず》八幡宮で用いられている形式です。中世の石清水八幡宮を描いた絵を見ると、2棟の切妻造の建物がくっ付く形で並んで描かれていますが、これが八幡造です(図13・11)。両棟の間の空間を「相の間《あいのま》」と呼びますが、八幡造の特徴です。石清水八幡宮は貞観元年（859）の頃からこの形式を継承していると言われています。

仏教建築で法隆寺の食堂・細殿、あるいは東大寺法華堂の正堂・礼堂のように2つの建築をくっ付ける双堂《そうどう(ならびどう)》形式があります。2つの堂宇を付けて梁間方向を大きくする

図13・11　『一遍聖絵』に描かれた石清水八幡宮(出典：国立国会図書館デジタルコレクション)

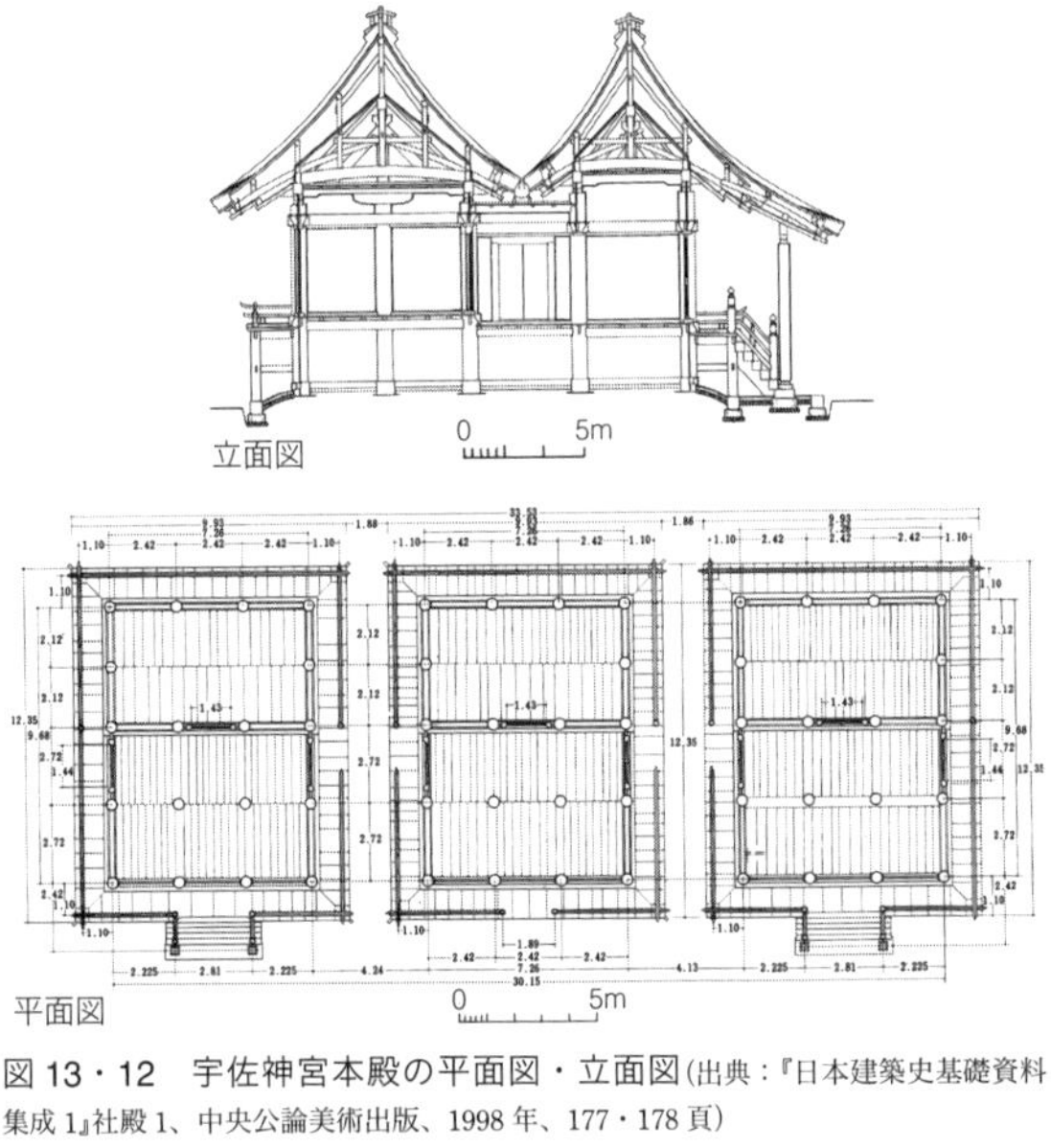

図13・12　宇佐神宮本殿の平面図・立面図(出典：『日本建築史基礎資料集成1』社殿1、中央公論美術出版、1998年、177・178頁)

わけです。さらに発展して野屋根がつくられ大きな屋根がかけられる形式になります。神社に関しても梁間方向の拡大があり、仏教建築との関係性が指摘されています。一方で八幡造の場合はくっ付いていてもいずれも神の空間で、基本的にはともに俗人が立ち入る空間ではありません。

宇佐神宮本殿は造替により、その建築年代は１８５５〜１８６１年の建物です（図13・12）。３棟の建物が桁行方向に連続で建ち、間に空間ができています。側面で見ると梁間２間の建物と梁間１間の建物が並び、八幡造の特徴である相の間ができています。法華堂も正堂と礼堂の間に雨水を受ける樋を設けましたが（図8・7）、八幡造でも全く同じです。屋根をM字にすると谷部は傷むので側面側に排水する設備をつくらないと成り立ちません。八幡造と双堂の関連も指摘されるところですが、明確な関連性の解明は今後の課題です。

◇日吉造

八幡造は２棟の切妻造の建物を並べて建てる形式ですが、もう１つ古代神社の形式で特徴的で珍しいのが日吉造《ひえづくり》です。

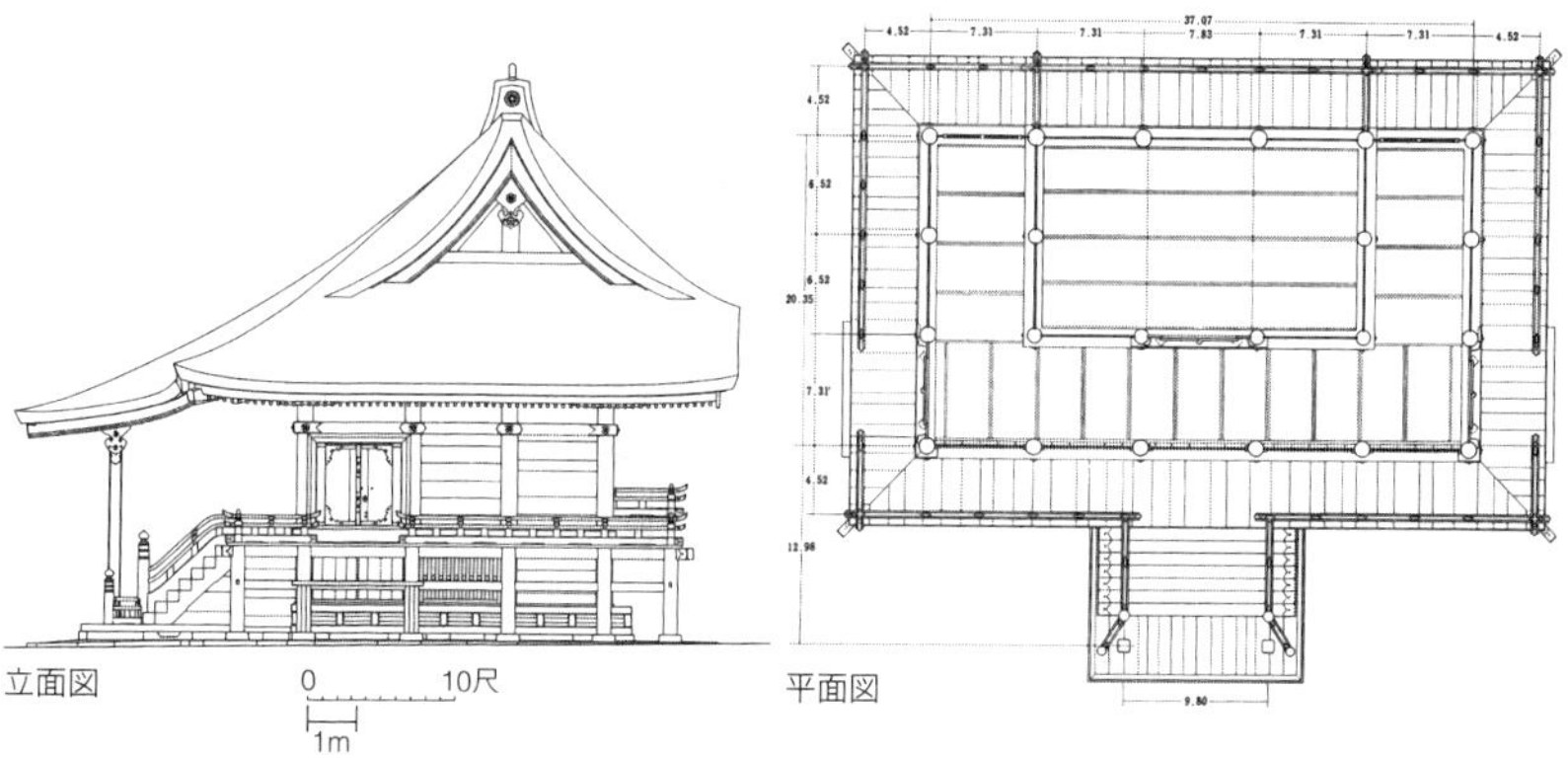

図13・13　日吉大社東本宮本殿の平面図・立面図（出典：『日本建築史基礎資料集成 1』社殿 1、中央公論美術出版、1998年、181・183頁）

日吉大社は比叡山延暦寺の東側、琵琶湖に下りたところにある神社で仁和3年（887）に創建されました。流造とは違って桁行3間梁間2間の中心部分の正面と側面の3面に廂が廻って、桁行5間梁間3間の入母屋造です。現存の社殿は文禄4年（1595）、織田信長や豊臣秀吉の頃、織田の「織」と豊臣の「豊」を取って織豊期《しょくほうき》と言いますが、その頃に建てられています。背面に廂が付いていないので普通の入母屋造とは少し形が違います。側面図を見ても背面がプツンと切れ、背面側に回ると廂部分の屋根がバサッと切られて落ちています（図13・13）。

4　神社境内の諸建築

◇神社の境内と周囲

実際に神社の境内にはどんな建築があるのでしょう。仏堂・塔は仏や舎利を祀る明確な目的のある建物ですが、神社では山が御神体である場合、建築は本来必要ありません。そこで最低限必要なものとして聖なる空間、あるいは祭場であることを示す囲いが重要な要素として考えられます。

あるいはここから先が聖域であると示す鳥居などのシンボルが建築要素として必要だったと考えられます。ただ境界の概念でいうと神社の場合は寺院の伽藍ほど厳密ではなく、神社境内全体をきっちり囲うことはなく、遮蔽施設がないこともあります。入口はあるけれどぐるっと塀で囲うようなものがなかったりするのが神社境内の特徴です。

もう1つ、神様にお供えをすることが重要なので御饌《みけ》に関する贄殿《にえどの》や酒殿、竈殿《へついどの》、盛殿《もりどの》など、食べ物のお供えや準備するための建物が重要であった可能性があります。

またその時に使う祭器、儀式で使う供物である幣帛《へいはく》を収めておく倉も重要になります。さらに社務に関するものや籠って祈る(参籠《さんろう》)ための建物も必要になってきます。

一方、古い神社では人がお参りするための拝殿や幣殿《へいでん》、神へ舞をささげる舞殿《まいどの》は設けられないことがあります。仏堂で俗人の礼拝の場が後から足されたように、礼拝の施設が加わるのは後の時代と考えられます。平安時代になると寺院建築で門や廊、仏殿をつくり景観が整えられるのと同じように、神社建築でも楼門《ろうもん》や廻廊がつくられます。ただし神社の場合は正面の何間かのみ廻廊をつくってそこでブチッと切れ、廻廊が後ろまで廻らないこともあります。正面からは廻廊が廻っているように見えるけれど、実際は両側がツーツーに開いています。

◇石清水八幡宮の境内

古い境内を知る上で参考になるのが石清水八幡宮です（図13・11）。鎌倉時代の絵画から創建時の形式が想定されており、本殿の前に楼門、その脇に廻廊が廻っています。その間に幣殿や舞殿などのスペースが11世紀前半頃には加えられています。ちなみに楼門は仁和2年（886）に既に建立され早い時期からあったことが知られています。

奈良時代の寺院伽藍の一番南の門は南大門で、大寺では屋根が二重にかかる二重門です。高欄が廻り、2階建だけれど屋根は上の一重しかないものを楼門と言い、資財帳を見ると早いものでは西大寺の伽藍にはあったようです。ただ、寺院の場合は二重門が多く、神社との違いです。楼門や廻廊の形式は宮殿の形式を意識しているという考えもあり、神道系と宮殿、皇室との関連性もうかがえます。

◇春日大社の境内

春日大社の構成を見てみると（図13・5）、4棟の本殿があり、これを囲うように廻廊が廻って諸施設が入っています。春日大社は藤原氏の氏神なので儀式を行う人が大勢やってきます。「貞観儀式」などに平安時代初期の春日祭儀が伝えられています。

現在の春日大社の境内を見ると、本殿の一画から降りたところに江戸時代初期の幣殿や直会殿《なおらいでん》があります。また廻廊の外の中心的な場所として着到殿《ちゃくとうでん》がありますが、ここは廻廊の外側に控える場として建てられました。大臣以下の祭使は外に待機し、垣の内側、廻廊の内側が祭儀の重要な場所であったわけです。

神道系の儀式はかつての様子をうかがい知る資料が少なく、見ることも難しいですが、春日大社は2014年に式年造替をしています。国宝の本殿は建替えたのではなく、屋根の葺替をもって式年造替としています。その最初に「木作始《こづくりはじめ》」と言い、工匠が工事を始める儀式があります。大工さんが幣殿に並べた材木に墨打ちし、チョウナを入れたり、檜皮を置いたりするのです。幣殿は切妻造の桁行5間梁間2間のシンプルなもので、さらに壁は吹放しで、仮設を思わせます。ちなみに儀式には工匠役だけではなく、奉行役等もいるのですが、私はその役で直会殿の脇にいました。かつての造替でもこれに似た色々な儀式が行われていたと考えられます。

5　神仏習合

◇寺院と鎮守

　平安時代以降、神社は寺院と近接していきます。それを「神仏習合」と言います。現代の神社や寺院は基本的に分かれていますが、近世以前には神社と寺院はセットであったものが多く見られました。例えば先述の円成寺春日堂のように寺院であるにも関わらず鎮守社《ちんじゅしゃ》を持っているところに、神仏習合の様子が表れています。これが近代以降、神道と仏教を分けるいわゆる「神仏分離令」があり、それが高じて廃仏毀釈《はいぶつきしゃく》といった、神道は良いけれど仏教はダメという過激な方向に繋がってしまいました。

　さかのぼると8世紀末〜9世紀には神宮寺がつくられています。鎮守の関係もあり大寺と神社も接近します。例えば東大寺は手向山《たむけやま》八幡宮が山の麓にあり、手向山八幡宮と東大寺が緊密な関係にありますし、延暦寺と日吉大社も緊密な関係です。金剛峯寺と丹生《にう》神社、東寺と伏見稲荷大社なども同様の関係です。

　この頃はあくまで神と仏は別物という考えでした。それが平安中期以降、本地垂迹説《ほんじすいじゃくせつ》が出てきます。そもそも神道系の考え方は多神教、いわゆる八百万神を信仰します。日本は宗教的に寛容と言われる背景には、他の神の存在を認めるこの多神教の世界があるわけです。本地垂迹説では日本の神々は仏菩薩の化身として現れた権現であると理解されました。要は仏の化身として神が存在し、神も仏も一緒であるという発想です。例えば八幡神であれば阿弥陀如来、天照大神《あまてらすおおみかみ》は大日如来という具合です。さらに密教の修行と修験はともに山の中で修行するため、仏教と神道が近接した関係になってきます。

◇春日大社の神仏習合

「春日宮曼荼羅」には仏と神が一緒であることが如実に示されています。春日山周辺を描いた曼荼羅で（図13・6）、春日大社本殿の4殿に対応する4つの仏がおり、若宮にも対応する仏が描かれています。第一殿が不空羂索観音《ふくうけんさくかんのん》、第二殿が薬師如来、第三殿が地蔵菩薩、第四殿が十一面観音、若宮社が文殊菩薩です。全ての神に対応する仏がいました。

こうなってくると仏教寺院はパトロンを得て力を持つパターンが増えるため、仏教的な要素がどんどん神社に入っていきます。よほど有力な神社でなければ、仏教の影響を強く受け始めるわけです。元来の神社建築の形式は組物をあまり使わずシンプルな形が多いと言いましたが、神社建築の形も仏教的な要素とミックスされていきます。さらに僧官が神職のポストを兼ねることが出てきます。実際、春日大社の神職は興福寺の僧侶が務める状態が前近代まで長く続いていました。実質的な支配関係も生じて、春日大社は興福寺の影響を相当受けて変化していったそうです。

◇神社の中の寺院建築

仏舎利を祀る仏塔は本来、必要ないのですが神社に行くと時々塔があります。春日大社にも塔があり、平安時代後期に建てられました。春日大社の参道が山から延びて下りたところで、興福寺との境界の近くにあります。一の鳥居から参道を登る途中に仏塔が東西に並んで建っていたわけです。「春日宮曼荼羅」を見ると、春日大社の社殿の屋根が檜皮葺と見られる茶色で描かれているのに対して、仏塔の屋根は青色で瓦葺とみられ、仏教的要素が強い建築です。

「春日宮曼荼羅」を見ると、参道の入り口の鳥居の左手に2つの塔が並んでいます（図13・6）。それぞれ屋根は五重と六重です。西の塔（手前）は3間で東の塔（奥）は5間あります。一番下の層に裳階が付き、本来の五重塔の一番下に1層加えているのが東塔です。普通東西塔は同じ形にしますが、この春日東西塔の違いには建設の経緯が背景にあり、西塔は関白であった藤原忠実の発願した「殿下御塔」と言われます。その後、保延6年（1140）に鳥羽上皇が発願した「院御塔」が東塔で、その時に関白の建てた塔と同じ建物をつくるのでは関白と上皇が同等になってしまうので、裳階を付けることで上皇の威光を表したと考えられています。この2つの塔の礎石・基壇は奈良国立博物館の敷地内に残っていて、発掘調査で実際に東塔は方5間の裳階が付いた建築だとわかっています。

◇人の空間の付加

神仏習合して仏教的な要素が神社に入ってくると、礼拝のスペースも付加されます。仏教寺院では礼堂の話をしたように、宗教空間と俗人の空間がどんどん近接して最終的には一体的な堂の中に入ってきます。神社においても、人の空間が神の空間に加わってくるわけです。

それが如実に示されているのが八坂神社本殿です。桁行5間の檜皮葺社殿に礼堂が付いた形です（図13・14）。元々身舎桁行5間、梁間2間に四面廂が付いた桁行7間、梁間4間の空間が神の空間として四面廂の平面がつくられました。その正面に礼拝のスペースが正面7間、側面2間で付き、これを取り囲むようにさらに3面に廂が付きました。こういう空間の発展があり人の空間が加わったのが八坂神社本殿です。断面図を見ると身舎に四面廂が廻って、正面に礼拝のスペースが付いています。その正背面側に廂が付くことで奥行方向が拡大されます。さらに正面側に人が建物の外から礼拝する向拝《こうはい》のスペースが加わります。

ただ神様の空間に人の空間が加わったとは言え、神道の古い儀礼の内容がわからないので、平面的な発展と、実際の建築の使われ方の関係は不明な点が多いのが実態です。

八坂神社はやや特殊な形式ですが、多く見られる流造や春日造、そして八幡造のように2棟並ぶものが出てきて、三面廂の日吉造が出てくると一応古代の神社建築の形式は出揃います。古代の中でも時代が下るとこのような人の空間が付加されて1つの大屋根の中に礼拝のスペースが設けられます。さらに廂も付くことで、複合的な社殿のきっかけのようなものも出てきます。そういった平面や空間の発展の仕方は仏教建築で起こる発展と似た様相があります。

次回以降は中世に入り南都の焼き討ちがあり、東大寺が焼けてしまい、それを再建するためにどうするか、建築の技術的大きな発展がある時代に話を移していきましょう。

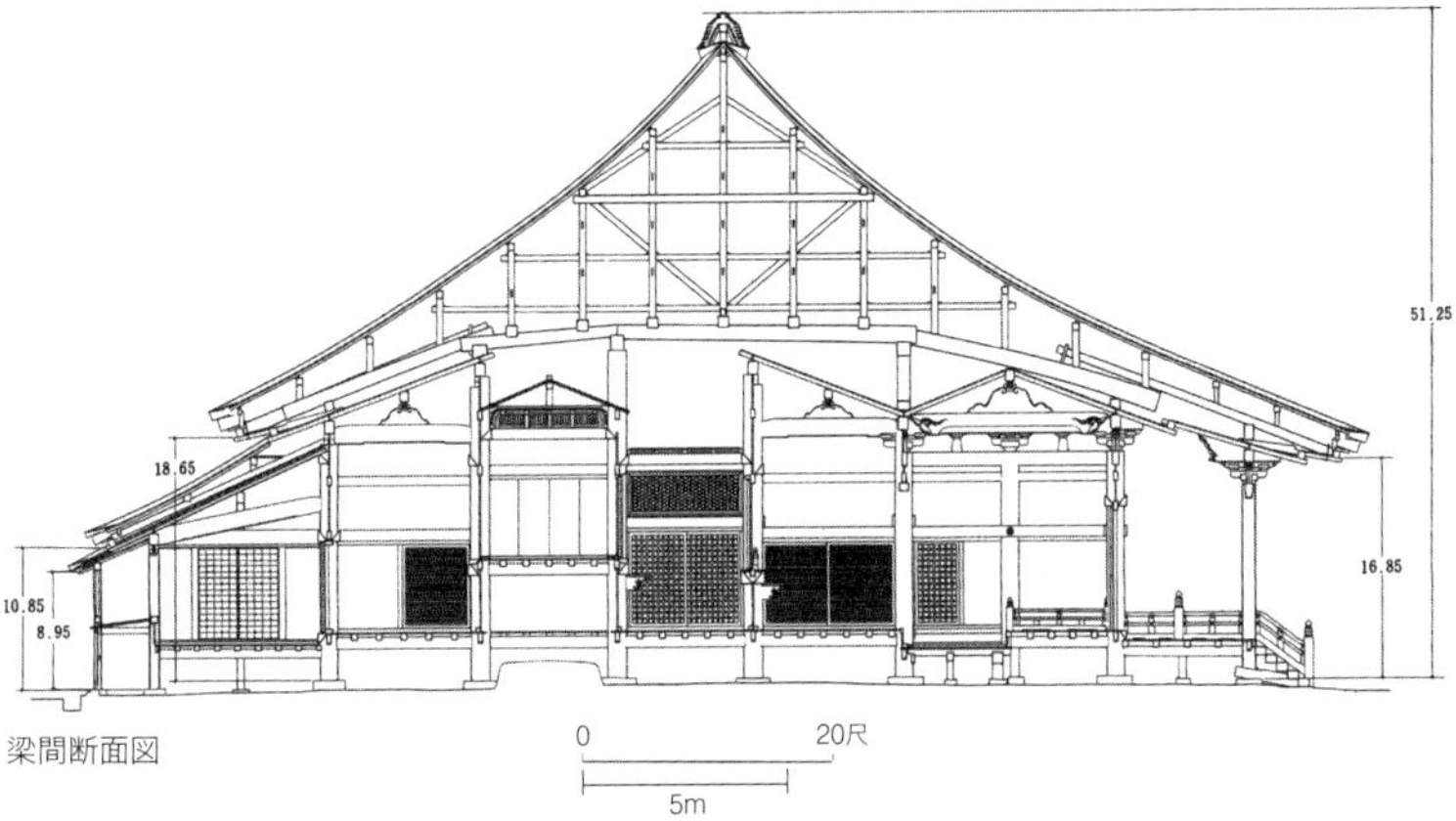

梁間断面図

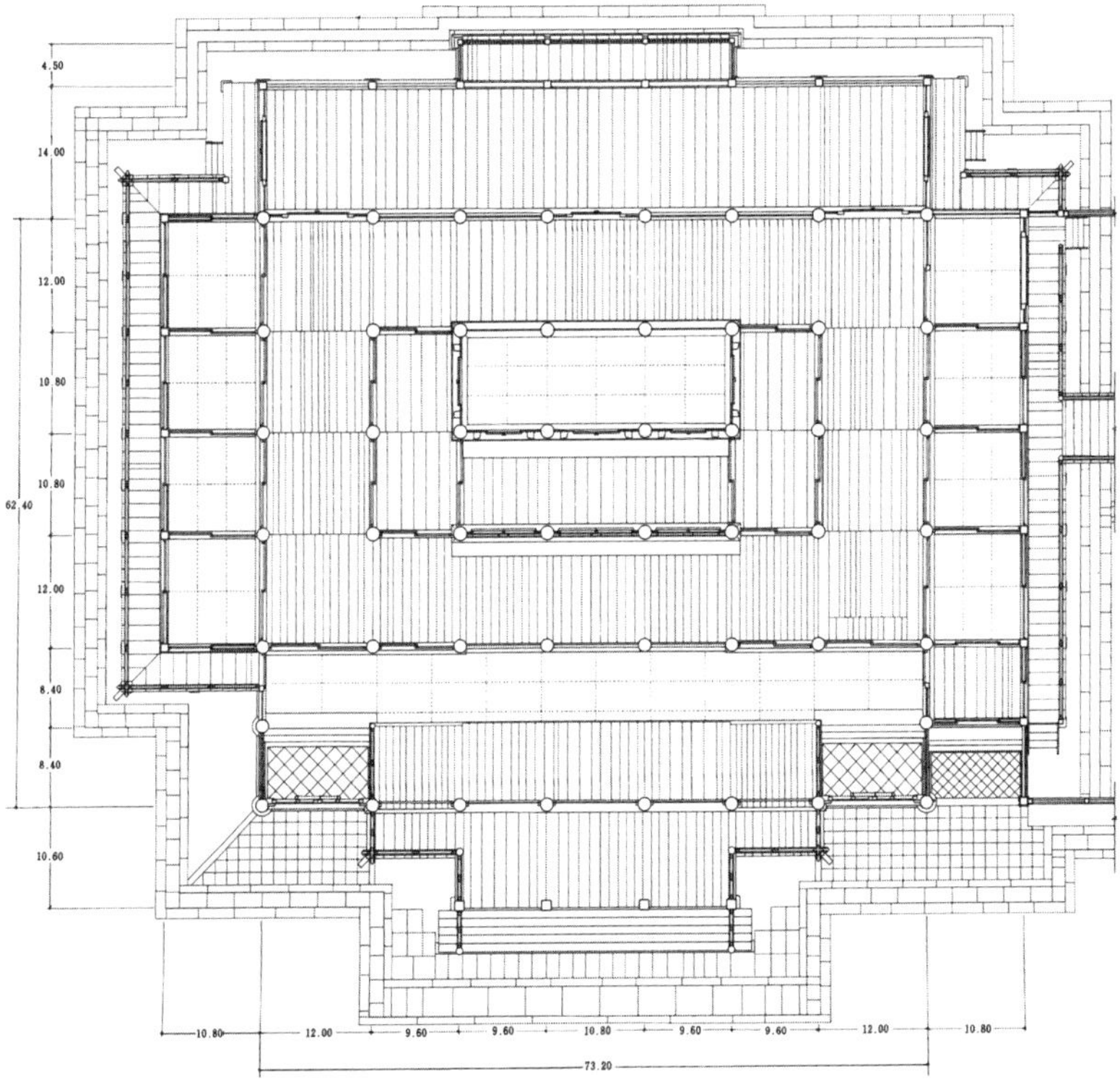

平面図

図 13・14 八坂神社本殿の平面図・断面図(出典:『日本建築史基礎資料集成 1』社殿 1、中央公論美術出版、1998 年、202・205 頁)

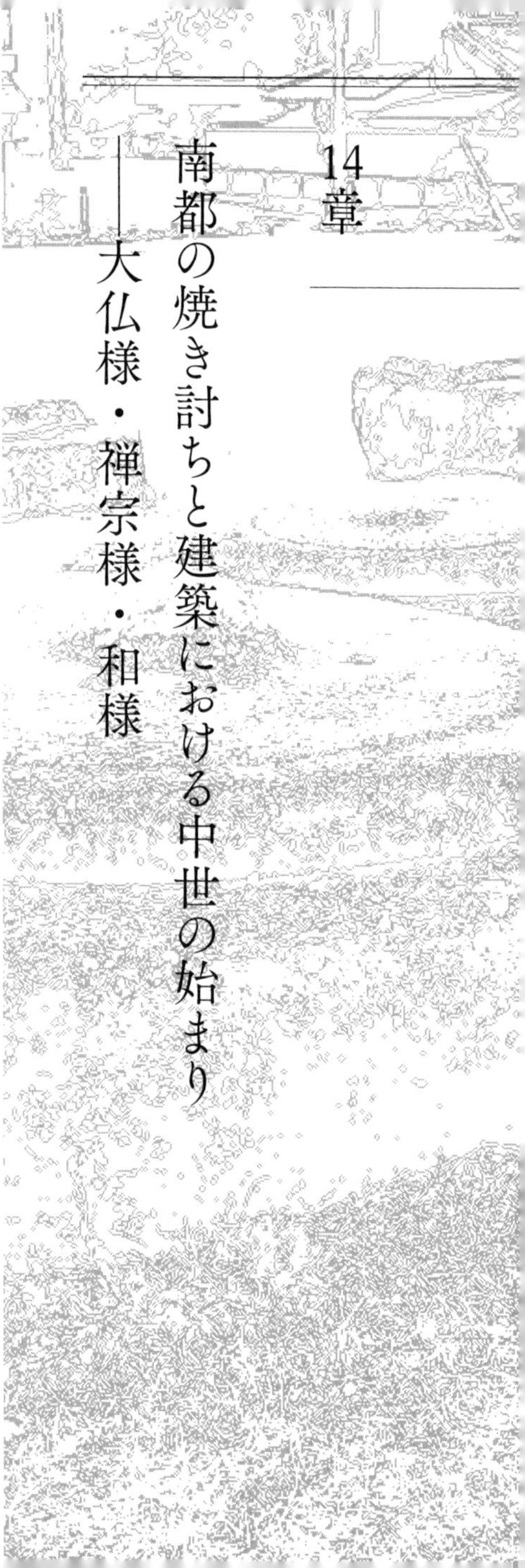

14章 南都の焼き討ちと建築における中世の始まり

——大仏様・禅宗様・和様

1 南都の焼き討ちと復興

◇中世の建築様式の展開

古代と中世の境はかつて日本史で言えば鎌倉幕府の成立があり、政治的に大きな変換点があります。平安時代に貴族系、摂関家が摂政関白の立場で政治を動かす時代を経て、上皇や法皇などが院政を敷く時代になります。その時点で古代からの政治の根幹が変わっているのですが、鎌倉時代に入ると武家の勢力が強まり、以降江戸時代まで武家の政権が大きな力を持ったわけです。建築も鎌倉時代に大きな技術的転換があり、これ以降、中世が始まります。

ただし、日本史の中世の始まりにも分野ごとに諸説あります。かつては１１９２年の鎌倉幕府の成立でしたが、１１８５年の守護・地頭の設置、さらには院政が始まった時期や平氏の台頭も中世と捉えられることもあります。

一方で、建築史では建物がどう変革したかが重要なので、政治的な変遷とは別に考えます。今回の話に出てくる東大寺の再建の時期は大きな画期になります。奈良時代の大仏殿は巨大すぎて支え棒を入れるなど、構造的に完全な建築ではなく、そのままでは再建できないものでした。再建には構造的な転換が必要で、そのために大仏様《だいぶつよう》という新しい技術が用いられています。

また仏教も新しい鎌倉仏教の流れとともに、新しいスタイルとして禅宗様《ぜんしゅうよう》が展開します。これらが中国から直接入ってきたかどうかは議論がありますが、いずれも中国の影響を受けながら大きな変化が起こったのが12世紀末、そして13～14世紀の出き事です。

◇寺社の台頭

仏教と政治の話をすると、寺社は各地に荘園を持つようになって財政的にも潤うと政治的な力を強めていきます。あるいは延暦寺や興福寺、東大寺などの有力寺院では武家が武力を持つのと同じように寺自体も僧兵などの武装集団をつくります。延暦寺の僧である山法師《やまほうし》は、気に食わないことがあれば、山から下りてきては、神威として神輿をどんと置いて帰ってしまう強訴《ごうそ》を繰り返し行っており、当時の権力者でも思い通りにならないほどの力を持っていたのです。院政期に絶大な権力を持っていた白河法皇は、思い通りにならないものとして、「賀茂川の水害」「サイコロの目」とともに「延暦寺の僧侶」を挙げているくらいです。

一方、武家は自分の力で社会を切り開いていた集団で、平清盛が源平の争いで力を付けると大和国（奈良）の実権を握ります。ただし興福寺や東大寺など有力な寺社が既に権益を持っていました。清盛からすると知行国《ちぎょうこく》として自分に権利はあるけれど、権益を持つ寺社が疎ましく、両者は対立します。特に興福寺は藤原氏の氏寺ですので摂関家と近く、東大寺は元々天皇発願の寺ですから後白河法皇や関白の藤原基房と深い縁があったわけです。大和国以外でも延暦寺や園城寺《おんじょうじ》などの有力な寺院はやはり平氏と対立していました。これらの寺院と諸国の源氏が一体となって平氏との対立は深まりました。

その衝突の中で治承4年（1180）に平重衡《しげひら》が南都を焼き討ちしてしまいます。東大寺や興福寺など奈良時代に建てられた大伽藍のほとんどが焼き尽くされる人災でした。

この焼き討ちからの復興が建築史における中世の始まりです。その後、源頼朝が平家を追討して守護・地頭を設置し鎌倉幕府を開き、武家の安定政権に代わっていきます。

ちなみに平重衡の焼き討ちは実は最初は焼き討ちをする予定はなく、風が流れて焼けたという説があります。平重衡は頼朝が評価していたとも言われるように、できた若者で、意図的に神仏を焼こうとしたわけではないとも言われます。結果としては焼けてしまっているのですが。

◇3つの様式

中世以降の建築を概観するとこの時期に3つの様式が揃います。1つは奈良時代にある伝統的な建築様式を踏襲した「和様」。2つ目が東大寺の大仏殿の再建で用いられた「大仏様」。3つ目が禅宗寺院で主に使われた「禅宗様」。

なお、3つの様式はある程度混合され、折衷的な意匠や構造が出てきます。特に禅宗様の要素は華やかで、和様の建築にも部分的に取り込まれていきます。密教寺院だから和様以外使わない、あるいは禅宗寺院では禅宗様以外使わないのではなく、各々の要素がミックスされていくのです。

この3つの分け方は近世以降の工匠の技術書にも影響し、例えば和様は「日本様」、大仏様は「天竺様《てんじくよう》」あるいは「大仏作《だいぶつづくり》」、禅宗様は「唐様《からよう》」などと記されました。こうした様式は工匠の意識としてパターン化していて、造る側の理屈や解釈があったようです。

◇鎌倉時代から続く仏教界、5つの系統

この頃、鎌倉時代の仏教界は大きく5つに分けられます。

1つ目は、奈良時代から続く東大寺や興福寺。彼らは復興して依然、有力な力を持ち続けます。そして空海・最澄による天台宗や真言宗などの密教もずっと続きます。特に天台宗では、比叡山のお膝元の滋賀県（近江国）で有力な本山がかなり残っていて、真言宗では大阪南部から和歌山北部・奈良南部にかけて大寺院が残っています。また空海と縁の深い瀬戸内や四国にも、密教寺院がよく残っています。

高校までの日本史では密教の歴史はあまり触れられません

が、建築として注目すると継続しつつ、変化が起こっています。3つ目が臨済宗や曹洞宗などの禅宗です。臨済宗は栄西《えいさい》、曹洞宗は道元が有名で、自助努力などが武士の生きざまとマッチして、武士による保護や武家政権を後ろ盾に寺院建築も発展します。4つ目は浄土宗・浄土真宗で、いわゆる南無阿弥陀仏という念仏や、時宗の踊り念仏など念仏を唱えることで浄土に行けるというものです。浄土宗は法然、浄土真宗（一向宗）は親鸞《しんらん》、時宗は一遍《いっぺん》によって広められました。

以上のうち特に密教は僧侶の執り行う儀式によって功徳や利益があるとされ、禅宗も自制による厳しい修行が求められます。これに対して、浄土宗は念仏を唱えさえすれば良いため、民衆に受けいれられます。しかし、民衆の支持を集めても、パトロンである民衆に経済力がないため、寺院を構えるには時間がかかり、実際に浄土宗の建築が発達するのは近世に入ってから、早くとも中世末期頃からです。

5つ目は日蓮の法華宗です。いわゆる南無妙法蓮華経を唱えることを重視します。こちらもやはり建築の展開は若干遅れ、中世は禅宗系、東大寺や興福寺の復興、密教系寺院の発達が建築の主役になってきます。

2　東大寺の復興と大仏様

◇東大寺と大仏様

現存する大仏様の建築がほとんどありません。治承4年（1180）に平重衡が焼き討ちしたことで東大寺や興福寺が灰燼に帰しました。後に後白河法皇が復興を始め周防国《すおうのくに》（山口県）を知行国《ちぎょうこく》とし、財源や材木などの供出拠点と宣言します。

ただこの時期には源頼朝が守護や地頭を各地に置いており、法皇が知行国といっても、現地の地頭らは権利を侵害されていると反発します。頼朝が彼らに対して東大寺の復興への協力を指示したことで、復興は進展しました。

なぜ頼朝が東大寺復興を援助したかというと、協力することで畿内での影響力を示そうとしたと考えられます。頼朝は子供の頃に伊豆に流され、畿内の中央政権付近にはいませんでした。頼朝は中央政権では田舎武士に過ぎず、中央で影響力がなかったわけです。そこで大きな建築事業は社会に影響力を誇示する機会になるわけで、東大寺の復興に協力したのです。天皇家や皇族、朝廷が既に力を失っていたことも相まって、頼朝の存在感は増していきます。

一方、技術的には大仏殿は奈良時代に建った時も、数十年で添え柱を加えるほど構造的に無理のある建物でした。そこで再建時に、俊乗房重源《しゅんじょうぼうちょうげん》が出てきて、勧進職《かんじんしき》に就き造営をけん引します。俊乗房重源は身元がよくわからない僧で『本朝高僧伝』の記録には京都の紀氏出身で若い頃、真言宗醍醐寺で学んだとあります。中国に3回行ったとも自称しており、彼とセットで鋳物師の陳和卿《ちんなけい》という南宋系の工人が東大寺再建に関わったと知られています。１１６7年に宋に渡り栄西と帰国し復興の中心的な役割を果たしたとありますが、近年では入宋の真偽も疑問を唱える人がいるくらい経歴不明の人です。重源は備前国の常行堂や丈六《じょうろく》の阿弥陀如来、東大寺大湯屋《おおゆや》や道路、各地の寺院など、造営関係で活躍した僧として知られています。

◇俊乗房重源と大勧進職

東大寺の勧進職とは何なのでしょう。東大寺で初めて設けられた役職で、建物の造営や復興、仏像をつくる際に寄付集めをする役目です。実質的な伽藍整備の最高責任者には禅律僧が代々歴任します。初代が重源で周囲にいた同朋衆《どうぼうしゅう》と呼ばれる浄土系の信仰者を集めて組織していきます。造営に信仰者は重要なサポーターですので彼らと共に活動し多くの場所で寄付を集めます。また別所という東大寺大仏再建のために各地に設けた拠点寺院を7ヶ所つくり、その1つとして播磨国の浄土寺浄土堂が現存します。

この東大寺の組織が鎌倉復興後も続いたかというと実はうまくいきませんでした。整備が進んでいると、寺内の組織がたくさんあり、僧からの反発や対立が出てきて、伽藍の造営は政治的な困難が伴います。勧進職は鎌倉後期以降、形骸化し戒壇院長老が併任していきます。一方で永禄10年（１５６７）には鎌倉再建の大仏殿も焼けてしまい、その後は大勧進職自体が途絶えて伽藍全体を計画する人がいなくなってしまいます。江戸時代に今の大仏殿の造営で活躍した公慶の頃に復活し、それから龍松院が継承してきます。

　重源は養和元年（1181）に朝廷から勧進上人を補任されて活動します。この時の大仏殿の供養は建久6年（1195）頃、その後、今も残る南大門、法華堂礼堂、開山《かいさん》堂《どう》をつくり、東大寺の再建活動を締めくくる総供養を建仁3年（1203）に行いその3年後に亡くなります（図14・1、図14・2、図8・7）。初代の重源が東大寺の中枢部を手掛け、それを引き継いだのが2代目の栄西です。栄西は禅宗との関係でよく出てきますが、実は東大寺の造営でも活躍していて、鐘楼（現存、図14・3）や戒壇院を再建しています。その後、3代目の行勇《ぎょうゆう》に引き継がれました。伽藍は3代目くらいである程度再興が進みますが、特に大仏殿や南大門などは鎌倉時代当時でも巨大な建築で、既存の建築技術ではどうにもならず、大仏様の技術が重要になるわけです。

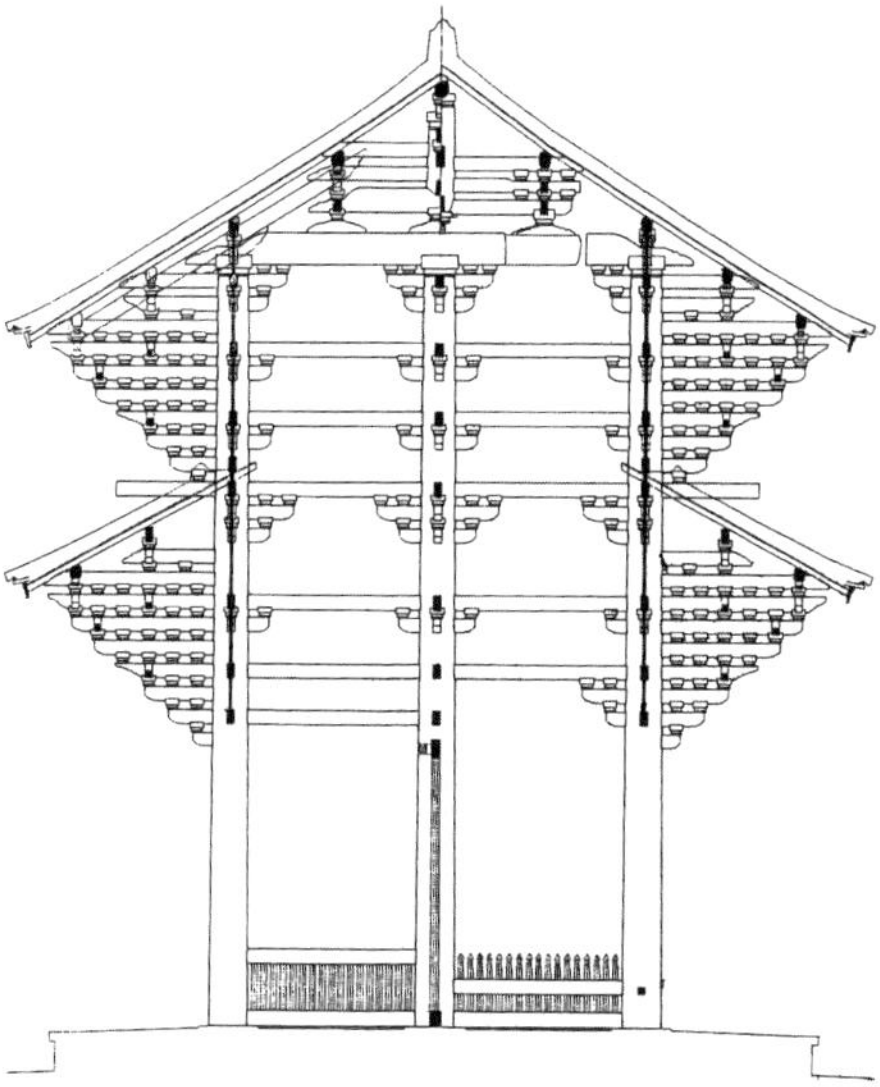
図14・1　東大寺南大門の断面図（出典：奈良県所蔵建造物図面）

◇東大寺大仏殿の再建と重源

　では東大寺大仏殿はどういう再建がなされたのでしょう。重源の仕事について書かれた資料はあまりなく、最もよく記した物の1つに『南無阿弥陀仏作善集《なむあみだぶつさぜんしゅう》』があります。重源の自筆と考えられているのですが、この作善集自体も記録として保存されていたのではなく、建仁3年の備中国から東大寺への散用状という別の書類の裏紙に書いてあったものです。裏紙に書いた紙背文書《しはいもんじょ》と言って、昔は紙が貴重なため正式な文書の裏を再利用したのです。記録には東大

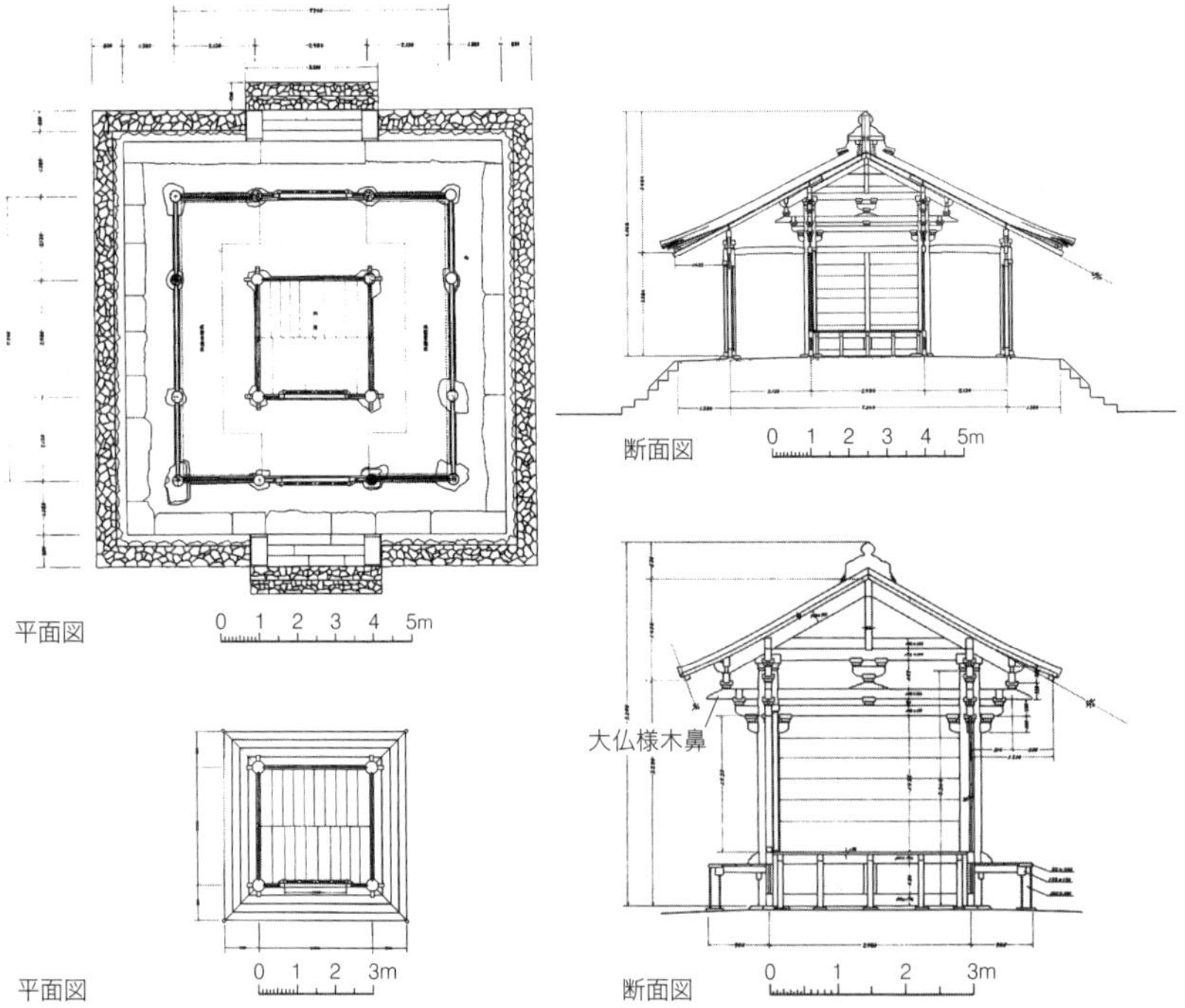

図 14・2　東大寺開山堂の平面図・断面図・復原断面図(出典：奈良県教育委員会『国宝東大寺開山堂修理工事報告書』1971 年、第 1・4・15 図に加筆)

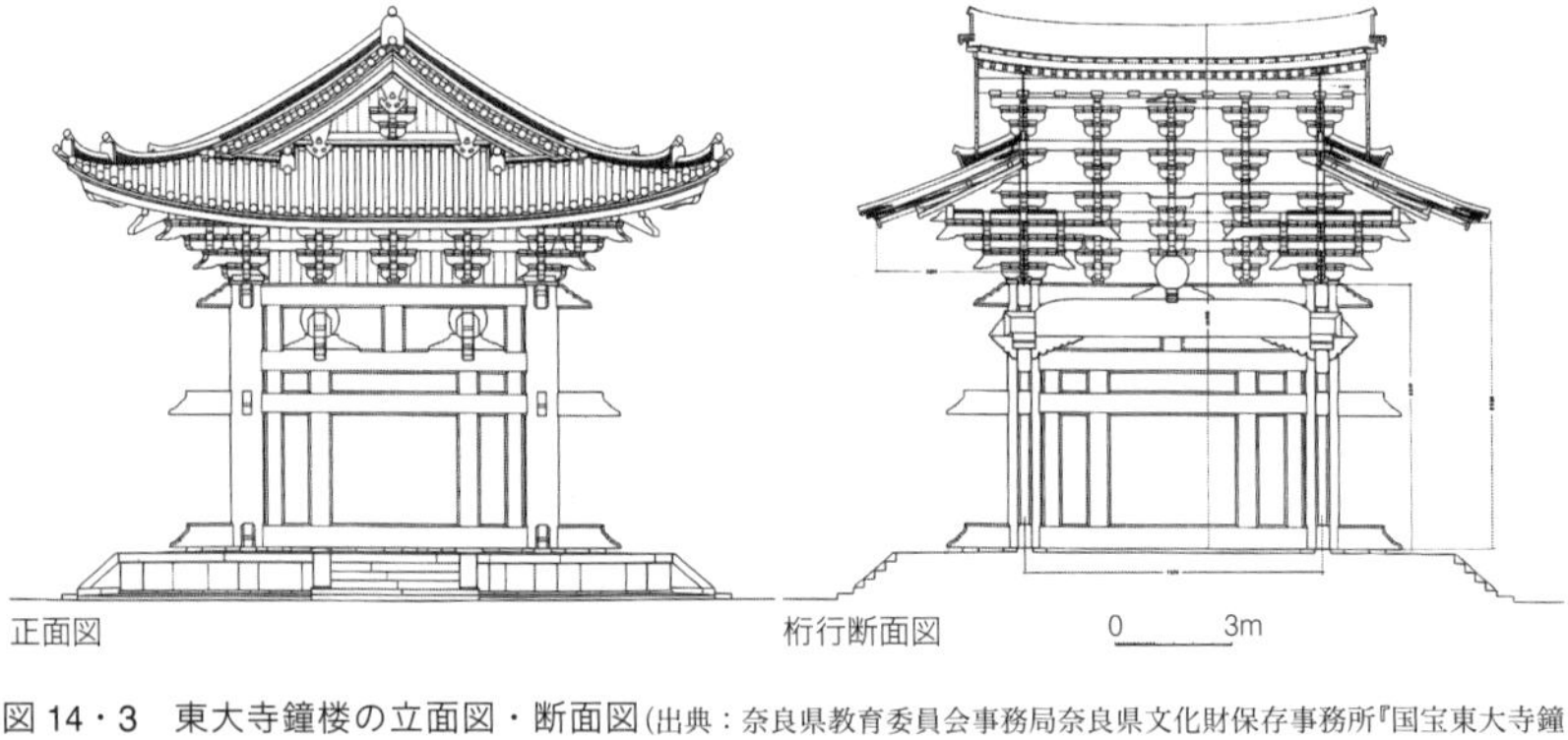

図 14・3　東大寺鐘楼の立面図・断面図(出典：奈良県教育委員会事務局奈良県文化財保存事務所『国宝東大寺鐘楼修理工事報告書』1967 年、5・7 図)

寺や各地別所の伽藍、仏像をどれだけつくったか、あるいは中国の阿育王寺《あいくおうじ》に材木を日本から送ったとか、山林修行をしたとか、阿弥陀仏号を授与したなどの業績が書いてあります。重源が自分で書いているのでどこまで本当かはわかりません。成功者は往々にして業績を誇張することがあるので、客観的な担保はできないわけです。ちなみに初代の大仏殿に支え棒を入れた僧の実忠《じっちゅう》も詳細はわかっていません。「東大寺権別当実忠二十九ヶ条」という史料くらいしかないのです。

東大寺の鎌倉再建については『東大寺造立供養記』や九条兼実の『玉葉《ぎょくよう》』と呼ばれる日記にも記述があります。これらによると建久元年7月27日に大仏殿の身舎の柱が2本立ちました。長さが9丈1尺なので大体27m。径が5尺、1・5mの柱です。立柱時には仮設の建物を建て、上に滑車のような轆轤《ろくろ》を立て、声を出して太鼓を叩いて柱を立てました。身舎の柱の次に廂の柱を立て、10月19日には上棟したとあります。時期的には合っているので『南無阿弥陀仏作善集』も大きく間違ってはいないと思います。

ちなみに3ヶ月で上棟していますが、いまの技術ではまず古建築をこのスピードで建てることはできません。当時、軸組の組み上げは物凄いスピードでやっていたようです。いま大仏殿クラスのものを全解体修理して組み上げ直すと、恐らくばらすのに5年、組み上げるのに5年の計10年は掛かるでしょうし、柱を立てるところから上棟までも数年は掛かるでしょう。労働力や技術者の数が違うのかわかりませんが、過去の記録通りなら上棟まですごいスピードでやっています。ちなみに上棟は建物の完成ではありません。仏堂として大仏殿が使えるようになるのが建久6年（1195）ですから、上棟からさらに約5年掛かっています。木部が終わっても瓦を葺いたり彩色したり、色々な作業があるわけです。

◇東大寺大仏殿

九条兼実の『玉葉』に大仏殿に92本の柱が必要だと書いてあります。奈良時代の桁行7間、梁間3間の身舎に廂・裳階の構成では柱が92本も要りませんから、鎌倉の再建時は8本の柱を足したと考えられます。通常、古代建築では梁を飛ばせば身舎の内部柱は要らないのですが、この柱間が78尺（24ｍ弱）と大きいので構造的にしんどいのです。そこで鎌倉時代には柱を加えたのだろうということが『玉葉』からわかります。実際に『大仏殿古絵図』や『東大寺諸伽藍略録』には柱の数が92本とあり、九条兼実の書いた『玉葉』の記述とある程度一致します（図14・4）。

ちなみに奈良時代の大仏殿は正面85ｍ・側面50ｍ・棟高さ45ｍ程度と考えられています。今の大仏殿は桁行の両脇2間分短くなっているので奈良・鎌倉時代のものよりも小さくなっています。この時の大仏殿を描いたものは残っていないのでわかりませんが、大仏様の大仏殿が推定されています。復元案では寄棟造の屋根に裳階が付き、組物を柱の横から挿した挿肘木《さしひじき》の形式です（図14・5）。東大寺の南大門でも見られる技法で構造的に強いものです。

時代が下った資料で弘安7年（1284）の『東大寺大仏殿図』が醍醐寺に残っていて、柱の位置が92本で割り付けられ、ある程度成り立つだろうと考えられています。大仏殿の中は両界曼荼羅を掛けて密教の仏

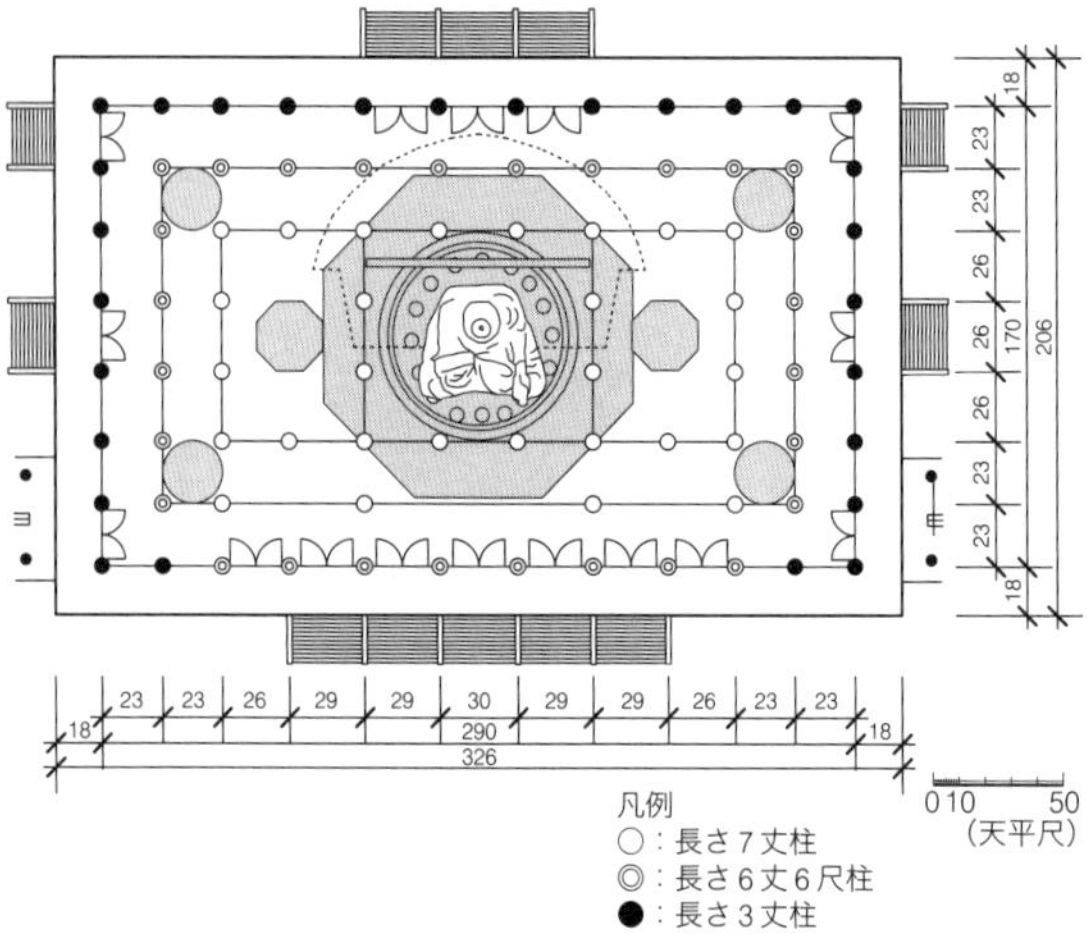

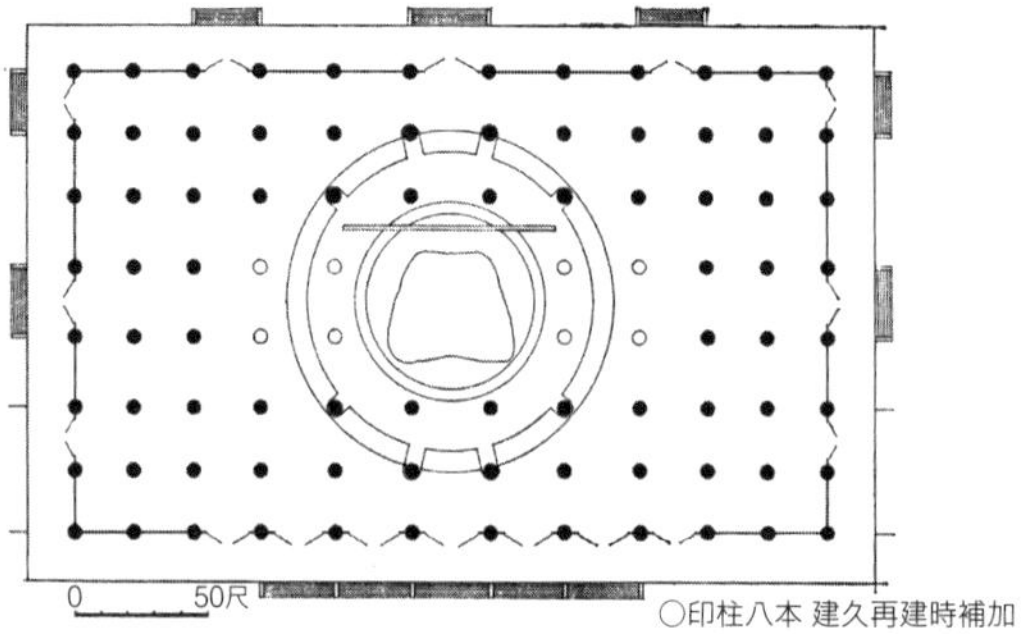

図14・4　東大寺大仏殿の平面図（上：奈良時代、下：鎌倉時代）（下出典：大岡實『南都七大寺の研究』中央公論美術出版、1966年、333頁）

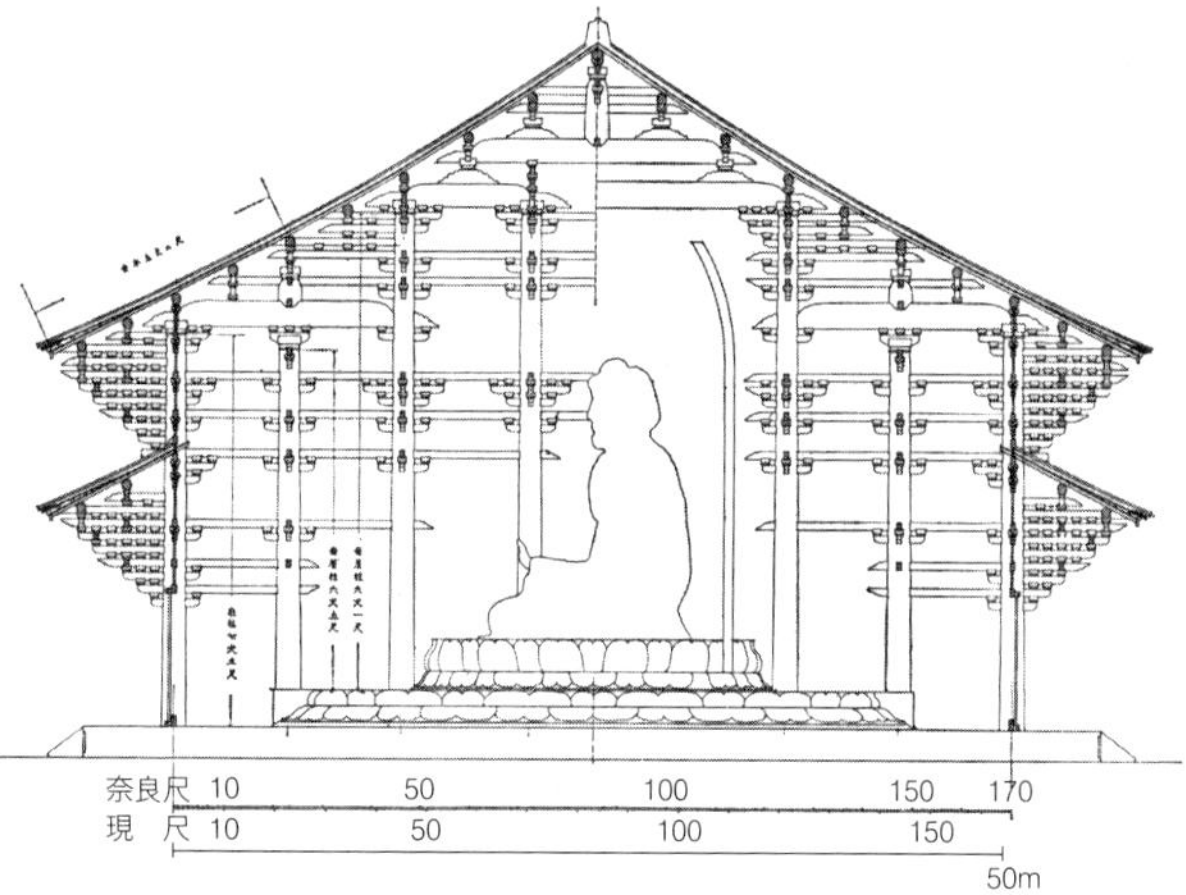

図14・5　東大寺大仏殿の復原図（大岡實案）（出典：大岡實『南都七大寺の研究』中央公論美術出版、1966年、338頁）

堂的な使い方をしていることもわかります。

◇浄土寺浄土堂

中世の東大寺大仏殿は残っていませんが、現存する大仏様の古いものが兵庫県にある浄土寺浄土堂です（図14・6）。重源は勧進活動の拠点として播磨・伊賀・周防などに東大寺の別所をつくっています。別所では東大寺とは切り離され信仰のための独立したコミュニティを形成し自給自足の活動が行われていました。その別所の1つ、周防国（山口県）の別所の月輪寺薬師堂は和様で建てられたと考えられていますが、播磨の別所である浄土寺浄土堂は大仏様です。普通の仏堂の柱間は10尺くらいですが、柱間が1間20尺もあります。通常の倍の柱間を飛ばしているのですが、柱と柱の間を貫通する貫の技術で構造強化をしています。もう1つの特徴が天井を張らない化粧屋根裏で、垂木がそのまま天井の意匠になっています。さらに貫高を低く抑えて、使用する木材の量や重量を軽くしています。3つ目が材料の断面の規格化です。肘木や貫など同じ木材をたくさん使う時に断面を一緒にすれば角材を簡単にたくさんつくるこ

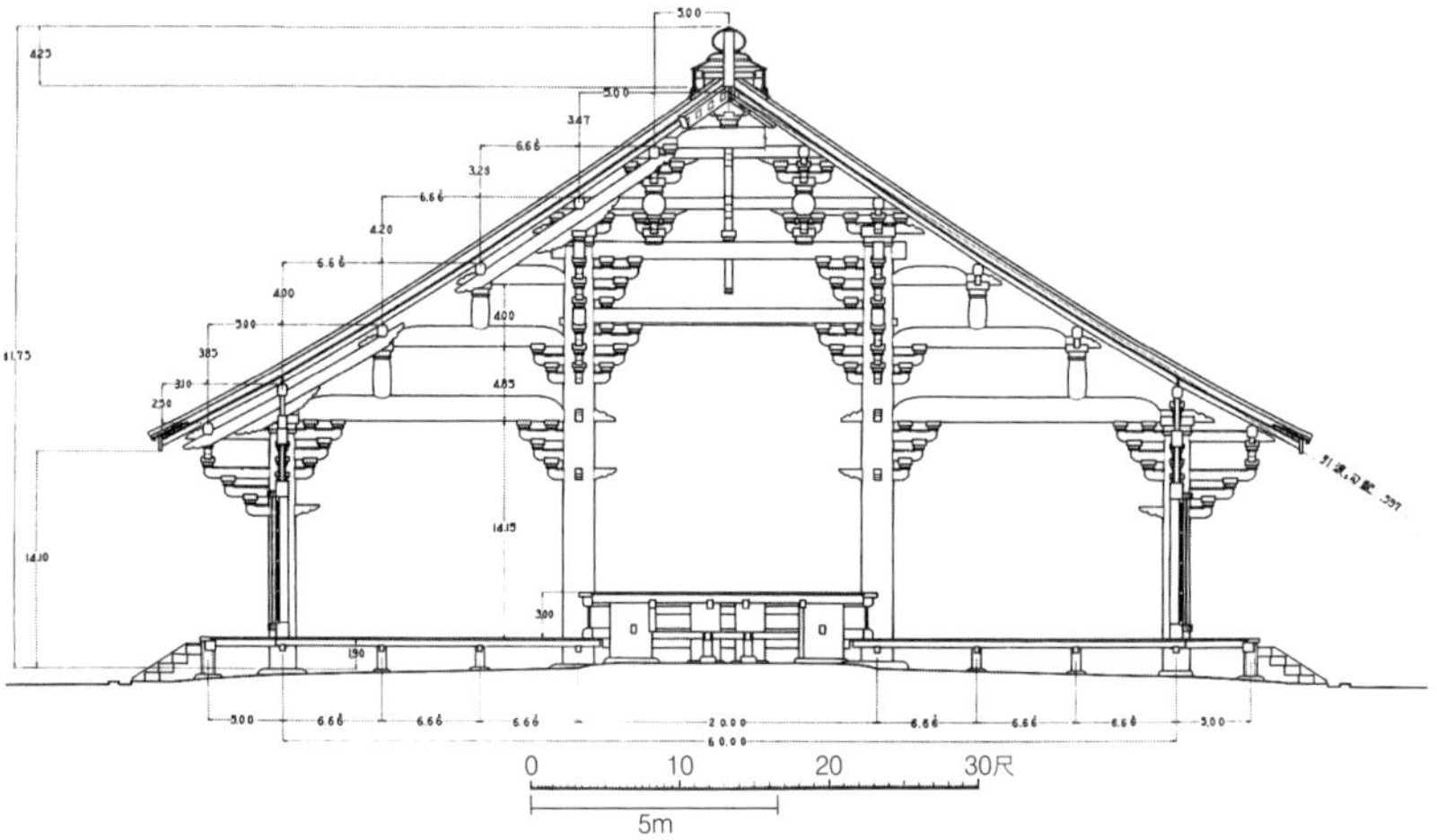

図 14・6　浄土寺浄土堂断面図（出典：国宝浄土寺浄土堂修理委員会『国宝浄土寺浄土堂修理工事報告書　図版編』国宝浄土寺浄土堂修理委員会、1959 年、図 371）

とができ、手間が省けます。軒先も、垂木も簡素化して、水平に真っ直ぐな形が特徴的です。

最後が仏像と一体化した空間です。奈良時代の金堂や密教系の仏堂でも仏像は置かれるのですが基本的に内陣もしくは正堂と礼堂・礼拝スペースには若干距離があります。浄土寺では阿弥陀仏が中央に東向きに立ち、周りに空間が広がっています。仏像と一体的な空間をつくるわけです。丈六阿弥陀仏立像を納めるには天井を張ると低くて困りますが、浄土寺浄土堂では化粧屋根裏ですので、仏像の祀られる中心に向かって天井が上がっていく形をしています。

細部も、桟唐戸《さんからど》の扉は和様系の扉とは違います。また組物は柱の上に載っていますが、柱の途中で横から貫通する挿肘木を用います。それまでの組物は柱の上に斗と肘木を乗せていけば平三斗《ひらみつど》ができ、柱を貫通させて組む必要はありませんでした。挿肘木の場合は柱に穴を開けて横から差し込む、材と材をそれぞれ欠き込んで合わせるので、その先の手先の横材も組み合わせないといけません。施工上、精密さが求められ組む順番が難しくなるのが大仏様です。

また柱筋だけではなく、柱間の真ん中でも丸桁を支えるため、中備部分に、それまでの寺院建築にはなかった遊離尾垂木《ゆうりおだるき》を載せています。古代以来の日本建築が積み上げの方式だとすれば浄土寺浄土堂の大仏様は挿す形式、あるいは貫通する形式と言えます。

◇**東大寺南大門**

東大寺の南大門は色々な特徴があります。奈良・平安時代の重層建築は1層目の屋根までつくって2層目を上にカポッと載せる形でしたが、大仏様の場合は1層目と2層目の柱を一直線で延ばす、立登《たてのぼ》せの形です（図14・1）。柱を下から上まで1本とすると組物を支えるために横から柱に肘木を挿す挿肘木がたくさん使われます。また水平方向に通肘木《とおしひじき》を通すのも大仏様の特徴です。柱と柱を繋ぐ時に古い時代の建築では頭貫があり、柱に長押が打たれます。長押は日本独特のもので中世以降も使われるのですが、大仏様では長押のかわりに横に貫通する「貫」で柱と柱を強固に繋げるのです。

軒で言えば、特に奈良・平安時代の格式の高い方法では垂木を二重にします。垂木の上にもう1本垂木を付ける地垂木と飛檐《ひえん》垂木という方法で垂木を二重にしますが、大仏様はこの垂木が1つです。さらに垂木先端には板（鼻隠板《はなかくしいた》）を打って建物隅の垂木は扇状に開きます。垂木を下から見ると平行垂木では平行に垂木が並びますが、南大門では隅で垂木が扇状に広がります。これを「隅扇垂木《すみおうぎだるき》」と呼び、大仏様の特徴です。

さらに細部の組物も特徴があります。例えば皿斗《さらと》は古い時代にはあるのですが、その後使われなくなり、東大寺南大門や大仏様で再び出てきます。梁の断面の形も長方形断面だったのが、少し横に張った特徴的な断面の梁になり、下面に錫杖彫《しゃくじょうぼり》をする装飾的な要素も加わります。建具の扉も、それまでは長押に軸擦穴を穿ち、立て込むものが多いのですが、浄土寺浄土堂では上下に扉の軸を入れる穴の開いた「藁座《わらざ》」を付けて扉を吊ります。壊れたら長押を全部替えなければいけないので、別材の藁座にしたことで、取替の面でも合理的です。

◇東大寺開山堂

他の大仏様の建築では東大寺開山堂があります（図14・2）。元々方1間の堂を正治2年（1200）に建て、建長2年（1250）に改造したのが今の方3間の開山堂です。部分的にいくつか大仏様の要素が残っていて例えば柱頭よりも下の部分に肘木が通り、2本は柱間を貫通させて肘木を入れています。外周の頭貫の大仏様木鼻《きばな》（図14・9④）の形式も、平安時代以前は柱の外側に木鼻を出さないのですが、大仏様では貫通して隅で組んでいます。意匠面では内陣中備で斗の上に肘木をのせ斗を2つだけ置く「双斗《そうと》」を用いるのも特徴です。双斗は奈良の一部の寺院で使われることがあり、東大寺の大仏様系の技術が流れたとも考えられます。普通の肘木の場合は三斗が基本なので双斗は特殊な形です。ちなみに法隆寺金堂の雲斗・雲肘木の壁付部分は三斗ではなく、双斗で、これも技術伝播を考えるうえで、興味深い研究課題です。

◇栄西の建築、東大寺鐘楼

ここまでは重源が直接に携わったと見られますが、栄西になると東大寺の建築も様相が変わってきます。東大寺鐘楼では、隅の柱の上に組物が置かれるのは普通ですがその間にも組物を置いています（図14・3）。また貫の他に梁には横張りのある大梁を使ったり、通肘木をそのまま使ったりしています。

これら以外では部分的に大仏様の要素が見られる建築が東大寺には多く、大湯屋《おおゆや》は室町時代に大改造されたものの建立年代が近く、部分的には双斗が使われています。東大寺法華堂は正堂が奈良時代の建築で、鎌倉時代の礼堂の細部を見ると大仏様の木鼻があり、円束《えんづか》などの要素が見えます。同じく鐘楼の脇にある念仏堂も頭貫木鼻に大仏様の意匠があり、桟唐戸や藁座を使っていて、大仏様の要素が部分的に見られます。

◇大仏様に似る中国の建築

大仏様の由来には色々な議論があります。中国の福建省に大仏様に似た建築があると言われていますが、現存する華林寺《かりんじ》大殿と日本の大仏様の建築と比べるとそこまで整っていませんし、どこを参照したのかも実証できません。そもそも大仏様は12世紀末～13世紀にある程度広がったものの、14世紀以降の現存建築はあまりなく、比較・参照できる事例がとても少ないのです。

3 鎌倉時代と禅宗様

◇鎌倉と禅宗

次に鎌倉時代の禅宗について話します。12世紀末に源氏が鎌倉幕府を開き、今も残る鶴岡八幡宮を祀っています。ただし基本的には平安時代末期の状況を継承していて、南都寺院や天台や真言の密教系の寺院も存続しつつ、そこに新しくいわゆる鎌倉新仏教が展開していきます。そのため元々あった密教寺院の建築は鎌倉時代にも存続し、これらも建築文化をつくり上げています。例えば鎌倉の永福寺は建久3年（1192）に供養をしていますが、これは両脇に廊が延びた阿弥陀堂で、平安時代の阿弥陀堂の系譜です。

◇禅宗様の伽藍と建築

この状況に禅宗系の要素が入ってきますが、禅宗寺院は幕府や武士による庇護もあり展開していきます。東大寺や興福寺の平地伽藍とも、山林の密教系の伽藍とも異なる、別の要素を含む寺院をつくり始めるのが13世紀前半の様相です。栄西が東大寺にいて、禅宗寺院として京都に建仁寺をつくるのが最初の関わりです。教義や儀式も変わり、僧の生活や建築も変わっていきます。生活スタイルも一新され、中国で学んでいた人たちが中心的な役割を果たします。実際、中国で禅を学んだ円爾《えんじ》が寛元元年（1243）に帰ってきて東福寺伽藍を整備していきます。東福寺は嘉禎2年（1236）に発願され、五間の仏堂に裳階を付けた、それまでの建築とは違う仏殿がつくられています。そこに二階楼門や法堂・僧堂・衆寮など禅宗寺院特有の建築の形式がいくつか増え、伽藍をつくっていきます。ただ東福寺建立には大仏様系の技術も使われたと考えられています。残念ながら元応元年（1319）に創建伽藍は焼失しました。室町時代の応永年間に再建されたものが数多くあるのですが、二重門の三門が現存しています。大仏様と禅宗様の両方の要素が用いられており、2階に上がれる形式は禅宗様の特徴です（図14・7）。また禅堂・東司《とうす》・浴室は禅宗

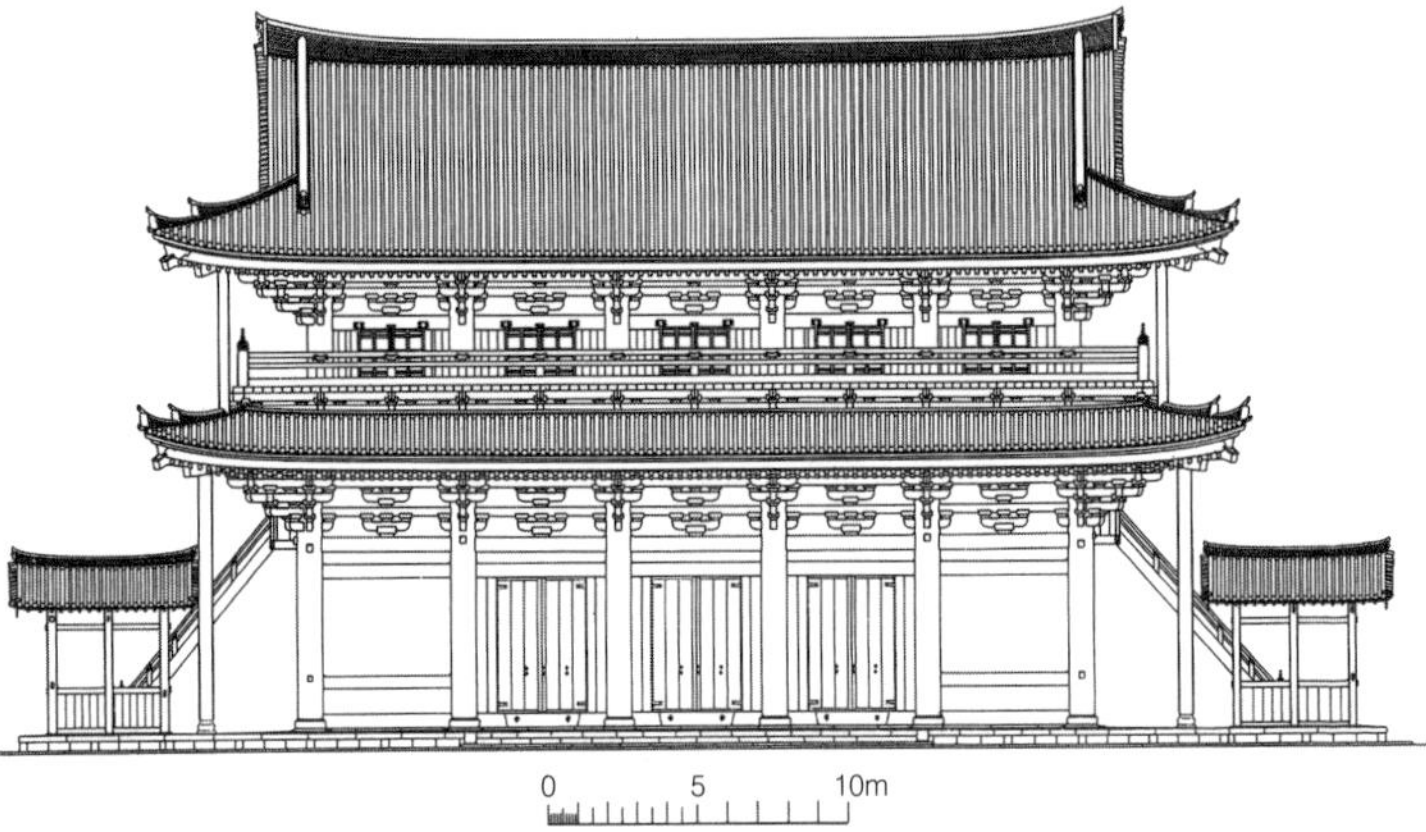

立面図

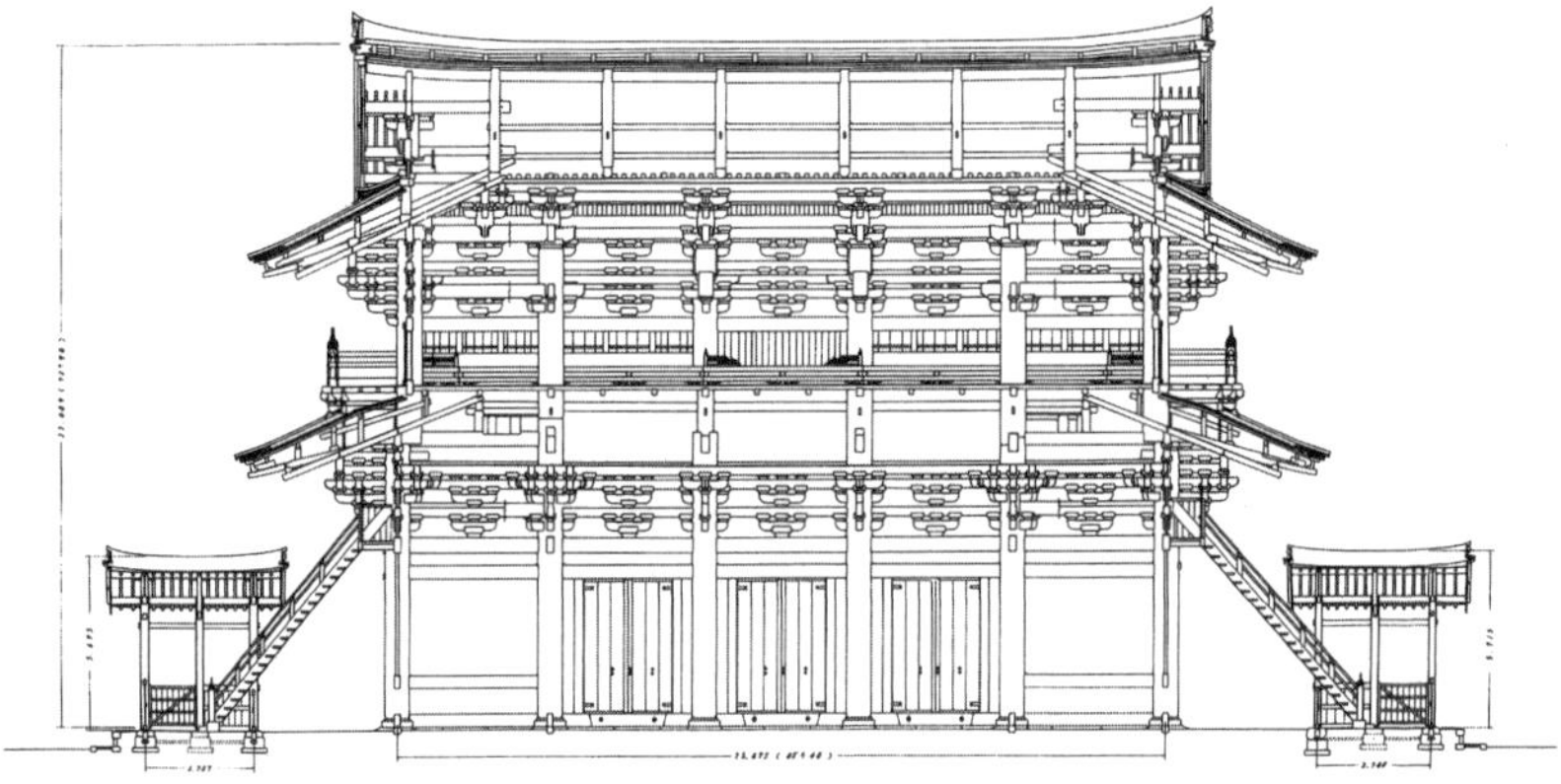

桁行断面図

図 14・7　東福寺三門の立面図・断面図（出典：京都府教育庁『国宝東福寺三門修理工事報告書』附図、1978 年、141・143 頁）

寺院の伽藍全体を考える上で重要な建築です。

◇禅宗寺院の五山制度

禅宗寺院は「五山」制度と密接に関わっています。五山とは禅宗寺院のランキングシステムです。禅宗は教義的にも既存と大きく異なり、自助救済の考え方から武士に浸透します。この五山の順位は京都と鎌倉どちらが重要かも関わっており、鎌倉時代と室町時代で変わりますし、室町幕府・後醍醐天皇・尊氏・義満らの影響でもコロコロ変わります。義満の時には鎌倉と京都を分け、五山で順位が付き、五山よりもさらに格上の寺格に南禅寺が置かれています。室町以降は鎌倉よりも京都を優先し、ランキングもそれを反映します。中でも南禅寺（亀山天皇創立）、天竜寺（尊氏発願）、相国寺（義満発願）などのランクは時の権力によって変わります。また奈良時代全国に国分寺をつくったのと同じように室町時代には建武5年（1338）の頃から各国に禅宗寺院として安国寺を建設し室町幕府の権力が全国に示されました。特に夢窓疎石《むそうそせき》が多く関わり、僧侶と禅宗寺院の強い関係性が見られます。

◇禅宗寺院の伽藍配置

禅宗寺院の伽藍では仏殿・法堂《はっとう》・僧堂・庫裡・山門・東司・浴室の7つの施設が大切な要素として扱われ、七堂伽藍と言います。奈良時代寺院の金堂・塔・講堂・経蔵・鐘楼・食堂・僧房とも異なります。

全体の様相として、建長寺の様子が鎌倉時代末期に描かれています（図14・8）。建長寺は蘭渓道隆《らんけいどうりゅう》が開いた寺院で、寛元4年（1246）に中国から来日し翌年京都の泉涌寺《せんにゅうじ》に入って、その後建長元年（1249）に鎌倉で建長寺をつくります。詳しく見ると例えば一角だけを囲い、それ以外は色々な建物が集中的に置かれています。拡大すると、ビャクシンの木が植えられ、東司や西浄などトイレや浴室も大事な施設として置かれています（図14・12）。

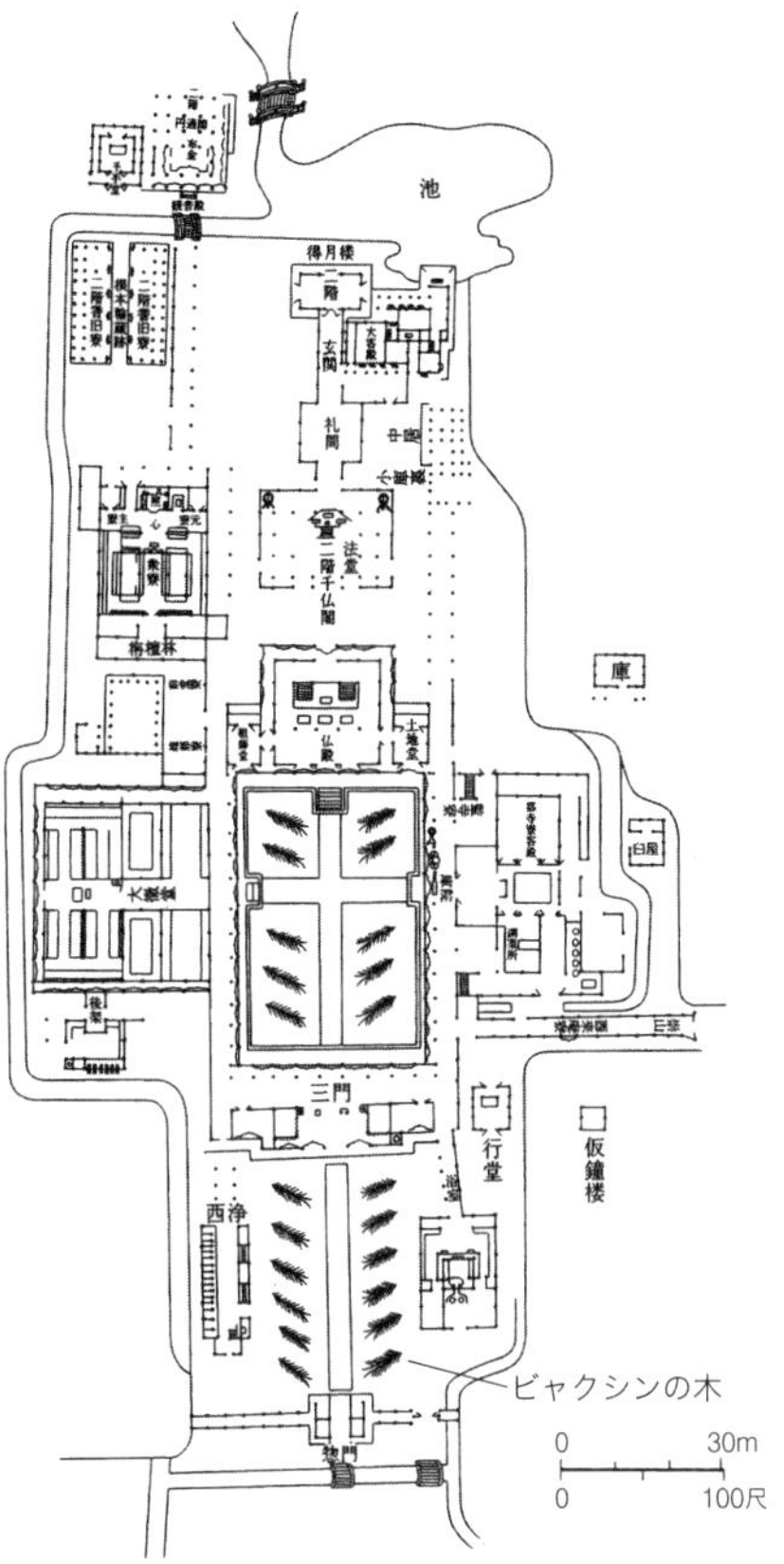

図14・8　建長寺指図（出典：日本建築学会編『日本建築史図集』新訂第3版、彰国社、2011年、44頁に加筆）

これまでは南大門や中門が古代寺院の中軸にありましたが同じように三門が中心に置かれています。三門は山の門、三の門と書いたりしますが、三解脱門《さんげだつもん》の略で、そこを通って聖域に入る境界です。

仏殿も身舎・廂の構造ではなく中心部の外側に裳階が廻ります。特に五山の仏殿では「方五間裳階付」というように裳階が特徴です。なお禅宗様建築の裳階はその内外に壁などを設けず、構造が切れていません。

奈良時代は土間でしたが、平安時代中期~後期になって礼堂が付くと僧やパトロンが座るところに床が張られ、内陣の部分にも床を張るようになり、やがて仏堂全部に床が張られます。禅宗様禅宗寺院に関しては塼敷《せんじき》（瓦製の煉瓦）を斜め方向に敷く四半敷《しはんじき》という方法で空間をつくるのでまた土間に戻ります。その他僧堂は座禅・食事・睡眠を行う僧房と似た空間で僧侶の生活の中心になります。庫院では僧食や仏供などサポートする施設です。仏殿の背面側には法堂が置かれていて、これは講堂と似た施設で2階には千仏を安置する施設があります。さらに伽藍の背面側には経典や語録を納める場所、あるいは住居も置かれます。方丈《ほうじょう》は高僧が住む場所です。背面には池など遊興的で風光明媚なものもつくられるようになります。庭園は浄土系寺院以外では寺院の中心部につくることは少なく、禅宗寺院になると背面側に集まってきます。蔀戸《しとみど》や池に張り出した廊、床張の住居は寝殿造とも似ており、伽藍の全てが中国風につくられたわけではなさそうです。

4　禅宗様の建築的特徴

◇初期の禅宗様

13世紀に大仏様は展開しますが、この時期の禅宗様の建築はほとんど現存せず、初期の禅宗様の建物で残っているのは和歌山県の善福院釈迦堂や山口県の功山寺《こうざんじ》仏殿です（図14・9）。ここから禅宗様の特徴を見ていきましょう。

柱の上に組物を載せるだけではなく真ん中にも載せる「詰組《つめぐみ》」が特徴です。柱の上でない所に組物を置こうとすると頭貫の上に載せるしかないのですが、頭貫は幅が広くありません。組物を置くために柱の上に幅広の横材（台輪《だいわ》）

① 詰組

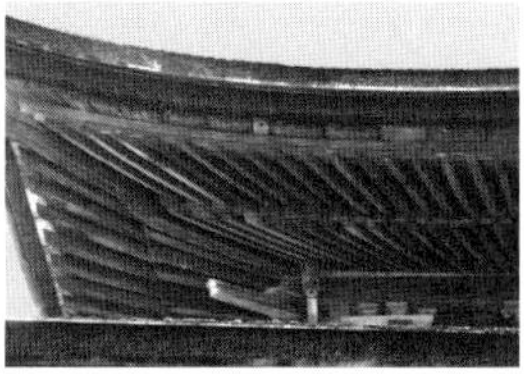

② 扇垂木

③ 桟唐戸

④ 頭貫木鼻と台輪

⑤ 弓欄間と柱頭の粽

⑥ 花頭窓

⑦ 礎盤

⑧ 遊離尾垂木

⑨ 海老紅梁

③⑦は洞春寺観音堂、⑤は正福寺地蔵堂、それ以外は功山寺仏殿

図 14・9　禅宗様の細部

が載ります。意匠的には「桟唐戸」が特徴的です。枠木を組んで間に薄い板を挟んでつくった扉で、それを「藁座」に吊るのが禅宗様の扉の特徴です。もう1つの特徴は柱の下、礎石の上に碁石の形をした「礎盤《そばん》」です。さらに平安時代の建築の多くの柱は均一な太さですが、柱頭の部分を少しすぼめる「粽《ちまき》」を用います。

　構造面では、貫を用いて構造を強化します。柱上の組物では奥にも柱があるので、ある程度組物、特に尾垂木を引っ張り込めますが、間の中備では尾垂木が途中で止まってしまいます。これを「遊離尾垂木」と言います。また正面側と中心に本来必要な柱を省略し、大きな梁「大虹梁」を飛ばして、その上に「大瓶束《たいへいづか》」を載せることもあります。本来この下に柱を置きたいのですが、空間的な広がりを確保するため、柱を撤去して大梁をかけ、その上に大瓶束を置くわけです。天井は裳階など化粧屋根裏とすることも多いのですが、中心部には「鏡天井」を張ることが多く、後の時代になると龍の絵を描いたりします。また正面の左右にある玉ねぎ型の窓を「花頭窓《かとうまど》」と言い、禅宗様でよく使われます。垂木も隅だけでなく全体を扇垂木とします。

鎌倉にある円覚寺《えんがくじ》舎利殿（15世紀初頭）は禅宗様建築の代表で（図14・10）、正面側に2本の大虹梁をかけ大瓶束を立て、大瓶束同士に頭貫を通して台輪を載せています。大瓶束がほぼ柱の役割を果たしています。本来柱がある部分に、大梁をかけ大瓶束を載せる形です。木鼻にも特徴があり「禅宗様木鼻」や貫を使います。禅宗様の架構は中心部には鏡天井を張りますが、内部空間から見えるので、構造であるとともに力強い意匠で、この点も密教本堂系の野屋根をつくる建築形態とは毛色が違います。

◇五山の仏殿

ただし禅宗様の五山の第一級の鎌倉建築は1棟も残っていません。当時の最高級の建築を知ることができないのですが、1枚の指図が残っています。元亀4年（1573）

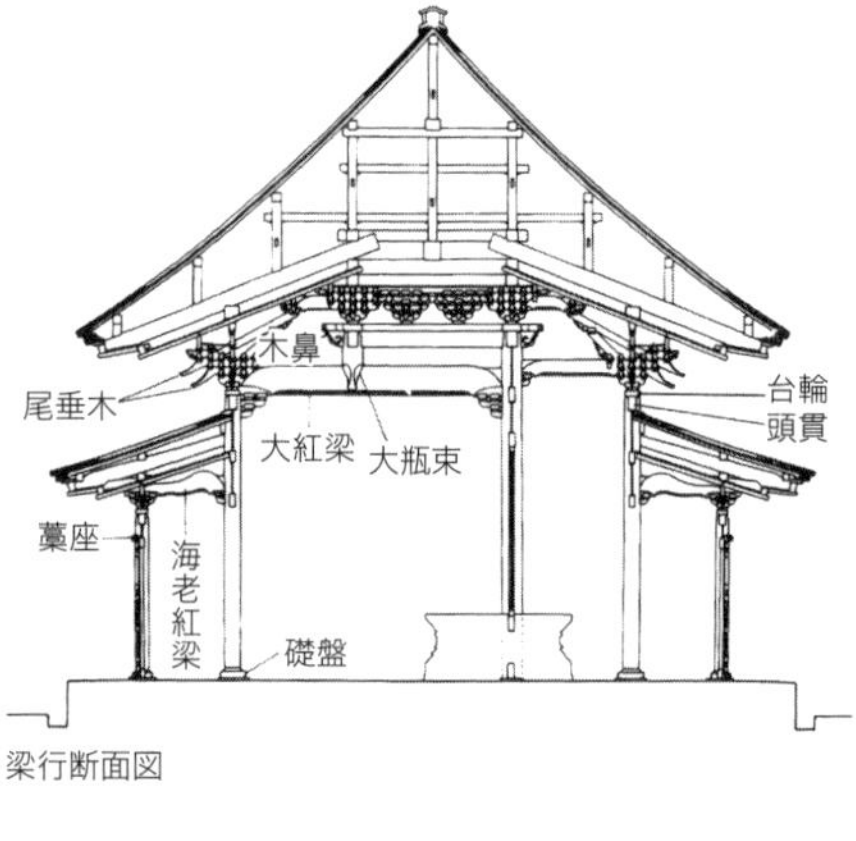

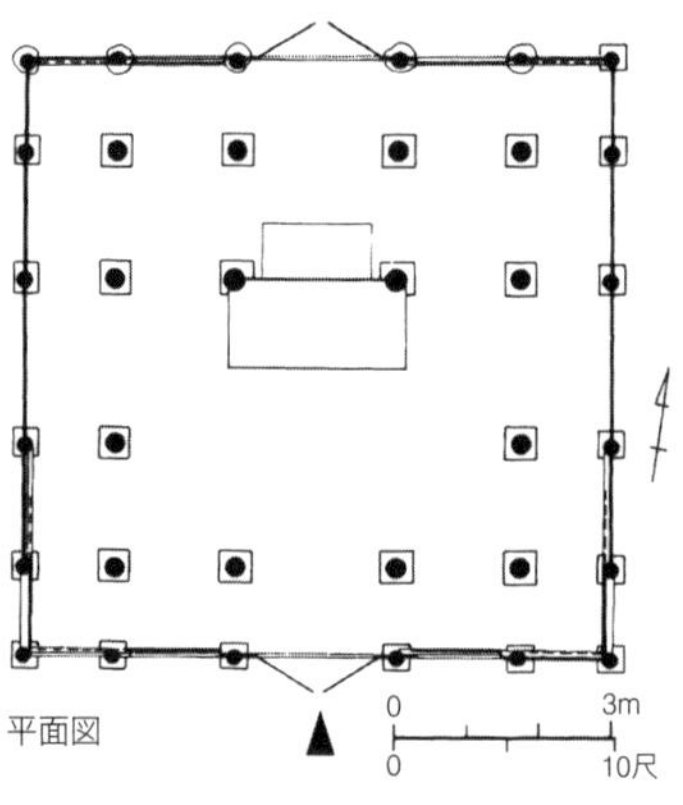

図14・10　円覚寺舎利殿の平面図・断面図（出典：日本建築学会編『日本建築史図集』新訂第3版、彰国社、2011年、45頁）

の円覚寺仏殿を描いたものです（図14・11）。永禄6年（1563）に焼失したものを再建する時のものです。5間の幅に裳階が付いた形で大規模な仏殿の構造を想定できます。細部を見ると柱の上に台輪を載せ詰組にしています。身舎も庇も同じ長さで柱の上に組物と台輪を載せ、中備には遊離尾垂木を使っています。柱頭の頭貫にも禅宗様木鼻を用いています。また正面側でも柱を抜いて大梁と大瓶束で大空間としています。この辺りに禅宗五山仏殿の構造的な面と意匠的な面の細部が見えてきます。

◇禅宗様の細部

禅宗様の特徴をまとめると、1つが軒下を埋め尽くす「詰組」もう1つが軒の部分で「扇垂木」、3つ目が「桟唐戸」や「藁座」など建具の意匠や支持方法です。4つ目が詰組するための下に置く横材である「台輪」と特徴的な形の「木鼻（拳鼻《こぶしばな》）」。この他にも意匠的なもので小壁の「弓欄間《ゆみらんま》」があります。真っ直ぐや横の連子はくねくねとしたS字を連続させたものです。そして前述のとおり柱頭をすぼめる「粽《ちまき》」、柱の下の「礎盤《そばん》」と呼ばれる碁石状のもの、さらに

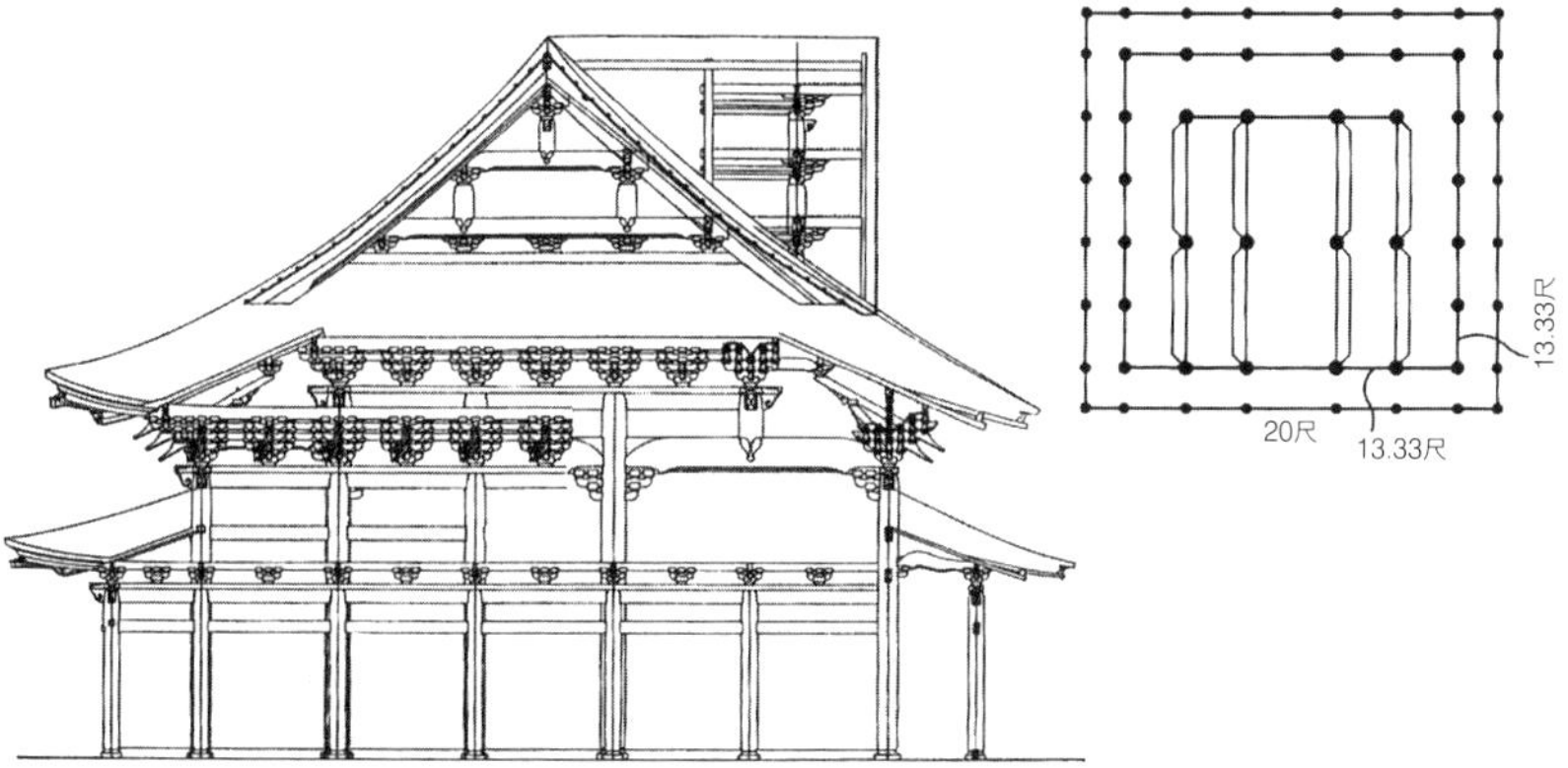

図14・11　円覚寺仏殿の指図（出典：新建築学大系編集委員会『新建築学大系2』日本建築史、彰国社、1999年、234頁）

「花頭窓」があります。これらが揃ったパッケージは中国にはなく、全ての細部がセットで直接入ってきたというより、ある程度変容しながら、既存の密教や律令的な寺院とは違うことを示すサインとして使われているとも考えられます。

構造的な話では、後ろに引き込むものがないので途中で止まる「遊離尾垂木」は化粧屋根裏で構造が見え、デザインと構造を両立させています。また普通の梁では平行に渡りますが、身舎と裳階の柱で本体との間で段差ができると普通の梁ではなくエビ状に沿った梁を用います。これを「海老虹梁」と言います。このように奈良時代の和様系と比べ、華やかで従来とは違うデザインが禅宗様です。

◇禅宗寺院の諸施設

禅宗様は仏堂だけでなく周りの諸施設が特徴的です。三門は装飾的で2階に仏像を祀ります。上層に仏を祀るものは奈良時代の現存建築にはありません。柱の途中に挿肘木があったり、頭貫の上に直接組物を載せたり、禅宗様系のカチッとしたものではなく、イレギュラーなものが東福寺三門にあります。トイレである東司や浴室も伽藍の中を清浄に保つために重要な施設です(図14・12)。

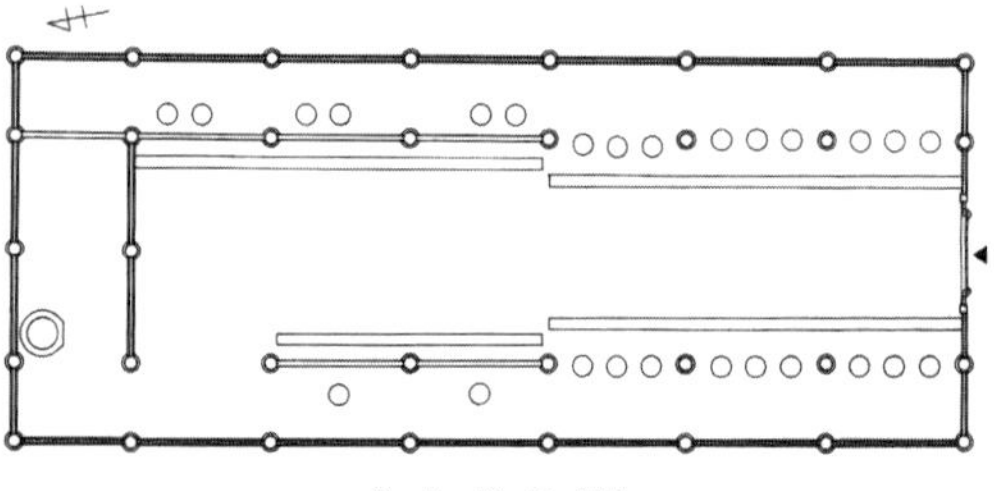

図14・12　東福寺東司の平面図(出典：日本建築学会編『日本建築史図集』新訂第3版、彰国社、2011年、46頁)

禅宗寺院とともに庭園も発展します。岐阜と愛知の境にある永保寺は、夢窓疎石が開山し、元々自然地形があるところに寺院を築き、裳階付の仏殿の前の池に橋を渡しています。庭園と寺院が一体的で、平地式伽藍や密教の山林寺院とは違う毛色です。平等院もそうでしたが、禅宗寺院でも庭園と建築の関係が重視されています。

永保寺では開山堂《かいさんどう》が残っており、開山堂の祠堂《しどう》の前にも昭堂という礼拝の場をつくり、前と後ろを繋ぐ形式を取っています。中に入ると大梁・大瓶束を渡し、内部空間には柱を設けず空間を広くしています。外側の組物も内側まで引き込めないので遊離尾垂木で柱のないところ、尾垂木の尻が止まっています。

◇禅宗様仏堂の構造と平面の展開

柱を抜いて大瓶束を用いる方法は後の時代にも展開します。大梁・大瓶束を使えば木造の大きな架構の無柱空間をつくることができます。例えば時代の下った不動院金堂では、正面や後面の柱を抜いています（図14・13）。特に通常、梁間方向に大きな梁をかけて柱を抜くのですが、背面側で桁行方向に梁を渡して柱を抜いています。桁行方向に大きな虹梁を飛ばし、本来柱があるところの上に大瓶束を立てているわけです。中国では「減柱」や「移柱」と言ったりして、柱の位置が屋根を支える構造体と少し離れて自由に動かすのが中世後半の様相です。

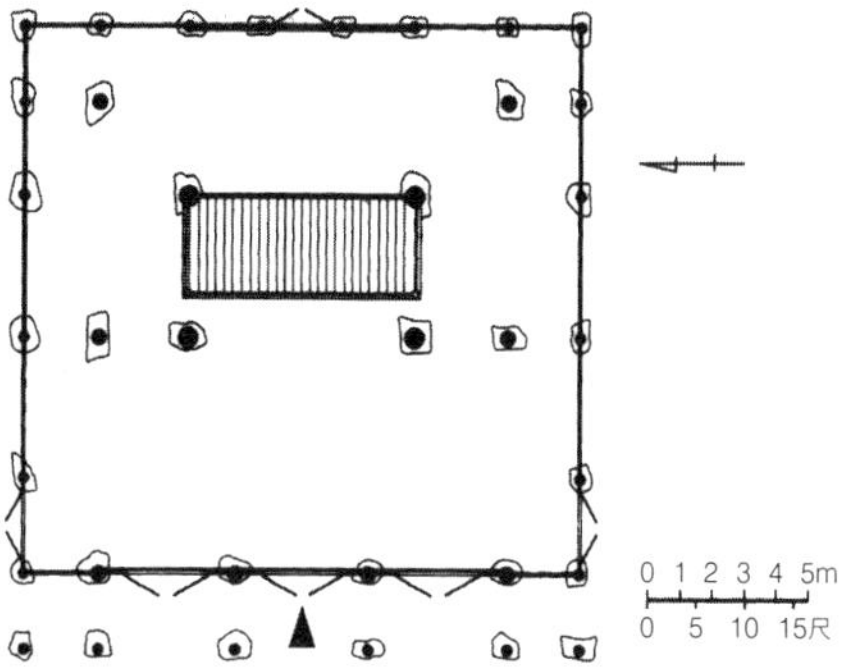

図 14・13　不動院金堂の平面図（出典：日本建築学会編『日本建築史図集』新訂第 3 版、彰国社、2011 年、45 頁）

◇禅宗様の伝達の系譜

このような建築がどう伝わってきたのかは全くわかっていません。1つ参考になるのが『五山十刹図《ござんじっさつず》』で、宝治元年（1247）もしくはその直後に中国の著名な寺院を写した物だと考えられています。なんとなくの平面図と部分的な組物が描いてあるのですが、この情報から屋根を復元して全体の構造を考えるのは難しいわけです。そのため中国から禅宗寺院建築の精細な図面・仕様書や模型が伝わったのではなく、部分的あるいは不正確によくわからずに写し取って日本に伝わった可能性があります。情報に落とす段階で誤読した可能性も考えなければいけません。

◇空白の13世紀

13世紀の禅宗様のカチッとした現存建築はありません。ただ12世紀末〜13世紀初頭の大仏様建築があり、この時期には禅宗寺院も建てられています。密教本堂ですが鑁阿《ばんな》寺本堂は正安元年（１２９９）と応永の頃に大改造をしたものが現存しており、台輪・詰組や大虹梁・大瓶束、遊離尾垂木が用いられています（図14・14）。禅宗寺院で建築的な展開があり、それが密教寺院の建築に波及したならば、13世紀の段階で既に禅宗様の要素が禅宗寺院以外にも波及していた可能性が考えられます。突然、密教寺院で禅宗様の細部が発生して禅宗寺院に波及したと考えるよりは、禅宗寺院でできていたものが密教寺院の建築に影響を与えていると考える方が自然です。つまり13世紀の建物は現存しないけれど、禅宗様はあったと考えられます。

なお、小さい建物はいくつか残っています。厨子《ずし》では例えば室町時代前期の宝城坊《ほうじょうぼう》本堂厨子、あるいは弘安寺厨子、法用寺本堂厨子を見ると、13世紀末～14世紀初頭の段階でもカチッとした禅宗様の詰組や台輪を使っています。中国との関係や大仏様との関係を見ながら、どの部分が類似しどの部分が新しいのか、改めて整理することが今の日本建築史・東アジア建築史における課題です。

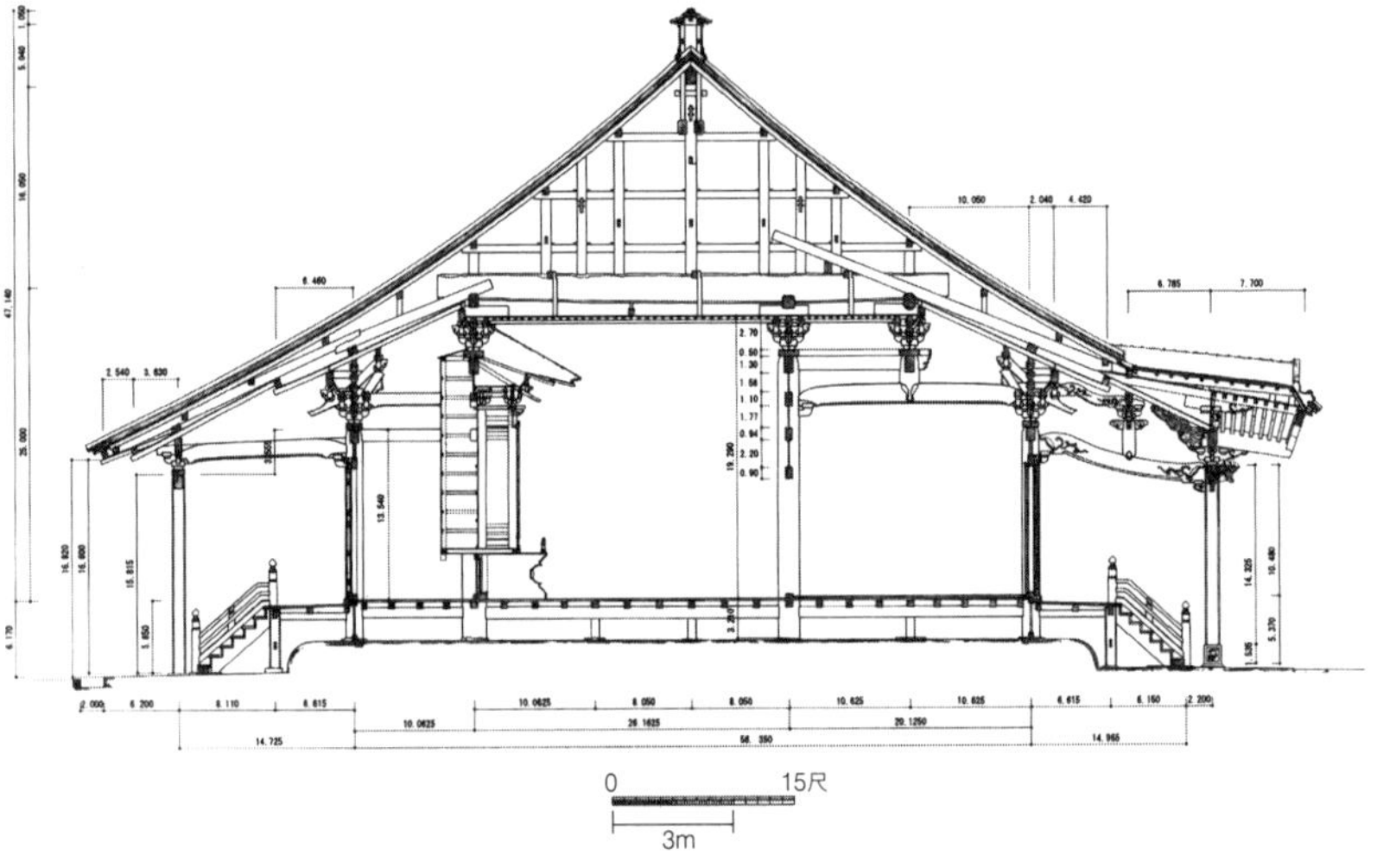

図14・14　鑁阿寺本堂の断面図（出典：東京藝術大学編『鑁阿寺本堂調査報告書』足利市教育委員会、2011年、図5-15）

15章

興福寺の復興と密教本堂の発展
——和様の展開と変容

1　中世の復興と3つの建築様式

◇中世の復興と3つの様式

南都の焼き討ちは建築における古代の終焉で、ここから中世が始まりました。中世の3つの様式、和様・大仏様・禅宗様のうち、特に大仏様・禅宗様は新しい影響を受け、構造、意匠、細部が違います。また伝統的要素の強い和様の系統にも、大仏様や禅宗様のデザインあるいは構造的な特性が及んでいって、折衷的な意匠や構造が和様の建築に生まれていくのが中世の様相です。つまり和様は奈良・平安時代からのルーツを強く受け継いでいるものから次第に変容し、大仏様や禅宗様とミックスしていくのです。

◇興福寺の復興

焼き討ちからの復興・再建にあたり、最も大きな問題は資金や労働力です。東大寺は自力では再建できず、後ろ盾である朝廷も経済力・権力が低下した状態でしたので、最終的には源頼朝が畿内におけるプレゼンスを示す目的もあって、助力することで実現しました。東大寺の復興は武家の力を借りなければならない状況だったのです。

一方で興福寺は、摂関家藤原氏の氏寺という東大寺とは異なるバックボーンを持ちます。藤原氏は院政期以降、影が薄くなりますが、まだ勢力を保ち荘園もあるため、東大寺に比べると興福寺の復興は順調に進みました。また興福寺自身の荘園もあったので、財政的に余裕がありました。治承4年（1180）の焼き討ちの翌年には再建に取り掛かり、そこでは朝廷（公家沙汰）・藤原氏（長者沙汰《ちょうじゃさた》）・興福寺（寺家沙汰《じけさた》）が建物ごとに分担しています。

公家沙汰は、朝廷関係が復興するもので、伽藍の中枢部、金堂・回廊・経蔵・鐘楼が対象です。興福寺では、経蔵・鐘楼は中金堂のすぐ後ろにあるので中枢部にあります。他に中門や講堂の北にある僧房を担当します。

藤原氏による長者沙汰では講堂・南円堂・南大門を再建します。また氏知識による東僧房も藤原氏によるものです。興福寺による寺家沙汰では食堂・上階僧房を担当します。僧侶が集まって決起をしたり生活したりするところで、ここは公家や藤原氏ではなく自力で建て直すわけです。

このような分担制度は鎌倉時代に始まったわけではありません。律令制では木工寮《もくりょう》という官の役所に技術者がいましたが、平安中期〜後期には修理・復興をなす力を中央政府が失ったため、造国制《ぞうこくせい》・所課国制《しょかこくせい》といって各国に建設を分担させます。さらにこれが変化し、地方の国司の役職に就くと地方の税を収奪して利益をあげられるため、貴族はこぞって摂関家や上皇の造営に協力する見返りに、国司の地位を約束してもらう成功《じょうごう》が常習化、増加します。この流れもあり、興福寺の復興は朝廷・藤原氏・興福寺の三者によって分担されました。

分担は経済的な話ですが、建築をつくる技術者たちには、元々興福寺に所属する工匠がいます。その他に京都からも工匠がきたことがわかっています。主に公家沙汰や氏長者沙汰の建物は京都の工匠が担い、寺家沙汰のものは興福寺の工匠が行ったのでしょう。京都は京都、奈良は奈良にそれぞれ独自の流派・特徴を持つ工匠がいたことを意味します。特に奈良には奈良時代に平城京の寺院などを建立する技術が蓄積されていましたが、それ以降平安時代に入って、京都でいわゆる六勝寺あるいは浄土系の建築が発達する中で、別の文化・系統を形成していました。この興福寺の復興では両者の交流する機会があったと考えられています。

◇南都の復興——興福寺と東大寺の違い

興福寺と東大寺の復興にはどのような違いがあるでしょう。興福寺の復興は大きく3期に分けられると言われます。治承4年（１１８０）に焼き討ちをされて、その再建の一段落までに約6年かかりましたが、ここで講堂・食堂・南円堂が最初に再建されています。その後、東金堂と西金堂が再建された時期では興福寺や藤原氏の積極的な関与があります。特に食堂は僧侶にとっても大切な中心施設ですから、この時期に真っ先に再建されています。

二番目の時期は社会情勢も変わり、藤原氏のトップが九条兼実《くじょうかねざね》に変わります。この時期は九条兼実と源頼朝が密接な関係を築き、権勢を奮います。一方でようやく東大寺が復興を始め、建久元年（１１９０）に大仏殿が上棟、建久6年（１１９５）に供養されます。その後興福寺で中金堂の再建がなされ、12世紀末には九条兼実が失脚します。その頃には東大寺の復興が本格化し、浄土寺浄土堂や東大寺南大門が再建されますが、ここに大きく尽力した重源も建永6年（１２０６）には亡くなります。

鎌倉復興の最後の方には興福寺北円堂《ほくえんどう》が再建されます。藤原不比等を祀る北円堂は、仏堂というより廟所的な意味合いが強いのですが、藤原氏にとって大事な建築です。承元2年（１２０８）に露盤をあげ、伽藍の北西隅に建っています。また鎌倉初期に建てられた三重塔とこの北円堂の2つが、今も興福寺の鎌倉再建の建築として残っています。

以上のように、興福寺の復興は比較的早い段階でなされ、東大寺はワンクッション置かれて進みました。

2　興福寺の和様

◇興福寺北円堂

和様の代表の1つ、鎌倉時代再建の興福寺北円堂は円堂といっても八角形の平面です（図15・1）。大仏様や禅宗様だと長押を使わず貫を使ったり、詰組や桟唐戸《さんからど》を使いますが、北円堂には長押がぐるっと回り、扉も桟唐戸ではなく長押を打って板扉を吊る形式です。腰長押も回して連子窓《れんじまど》までついています。1つ1つの要素を見ると、中世に入ってきた大仏様や禅宗様の要素がなく、基本的に奈良・平安時代に見られる建築の要素を使う点が特徴です。

細部では例えば、頭貫の先端に飛び出す木鼻《きばな》が大仏様・禅宗様の特徴ですが、北円堂では隅柱で木鼻は飛び出しません。また垂木を3本重ねた三軒《みのき》で、これは紫宸殿など天皇に関連するところでしか見られないのですが、興福寺の北円堂と南円堂で使われていて、藤原氏の権勢を示しているのかもしれません。各柱上では、深い軒を各隅で三手分出た組物で支えています。柱上の組物は円堂であるため、普通の組物形式とは形が違い、手先は出ず桁は柱筋の上にあります。

内部は堂の中心の身舎に仏像を祀り、上に天蓋を吊るし、小壁に間斗束《けんとづか》を立てています。身舎と廂は二重の虹梁《こうりょう》で繋いでおり、奈良・平安時代にはない方法です。中世に入って梁を二重にすることで内と外を強固に連結しています。中世に奈良時代の建築を修理する時にこの手法が使われることもあります。和様は平安時代以前の単なる踏襲ではなく、新しい構造的な考えを取り込んでいます。ただ、北円堂では側柱や内側で貫に似た水平材を使っています。本来貫は柱を貫通しなければなりませんが、北円堂では真ん中の間柱の貫は本当に貫通しているわけではなく、間柱を横からはめ込む形で厳密には貫ではなく、さらに長押で挟まれているので意匠上、外からは見えません。つまり貫を入れて構造的に強化しつつ、意匠上はそれを隠して見せず、伝統的な意匠とする、これが和様の特徴なのです。

◇興福寺三重塔

興福寺には三重塔もあります（図15・2）。建立年代はわ

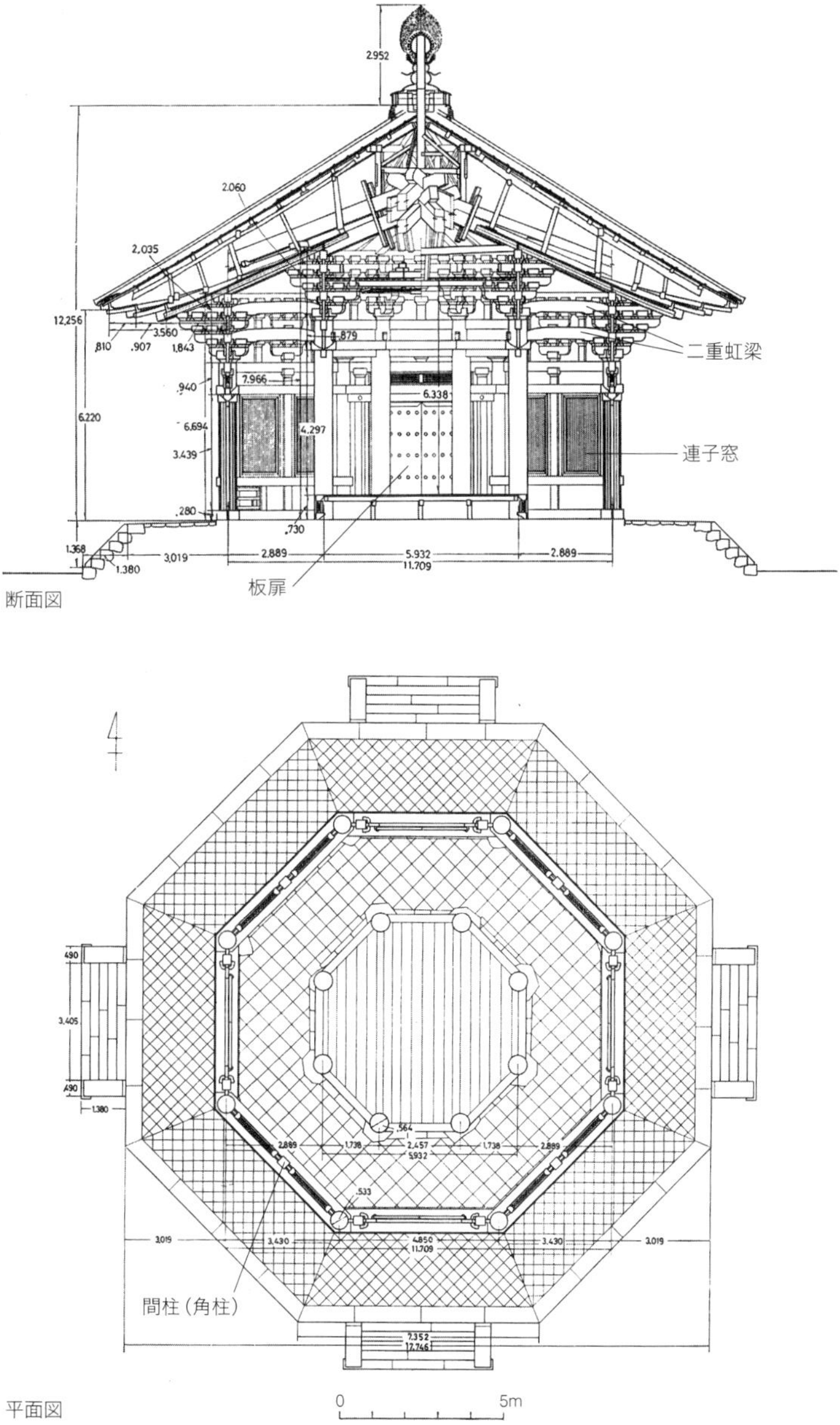

図 15・1　興福寺北円堂の平面図・断面図（出典:『日本建築史基礎資料集成 4』仏堂 1、中央公論美術出版、1981 年、212・213 頁に加筆）

かりませんが、平安時代後半に建てられたものが焼けて、鎌倉時代に再建されました。普通の塔では初層、2層、3層の組物は全て同じで、三手先にすることが多いですが、この塔は少し変わっていて、2・3層は三手先なのですが、初層の組物は出組で小さく、一手しか出ていません。一重目は千体仏といって壁に仏を祀り、内部は仏の空間が広がります。塔は元々仏舎利を納め、それ自体がモニュメント性を持ち、他の用途には使いません。一方でこの塔は1層目を使えるようにするため平面を拡大したかったのです。一方で初層だけ、平面を大きくして、軒先が外に張り出していたら不格好です。軒先はある程度ラインを揃えるため、軒先は揃えつつ、初層の組物を小さくすることで、柱の位置を外に寄せているわけです。すると内部はより広い空間を確保できるのです。

　また部材のバランスも北円堂に比べると、塔全体の規模に比べてやや細く、華奢なつくりが特徴の京都系と興福寺系の工匠の違いを表しています。

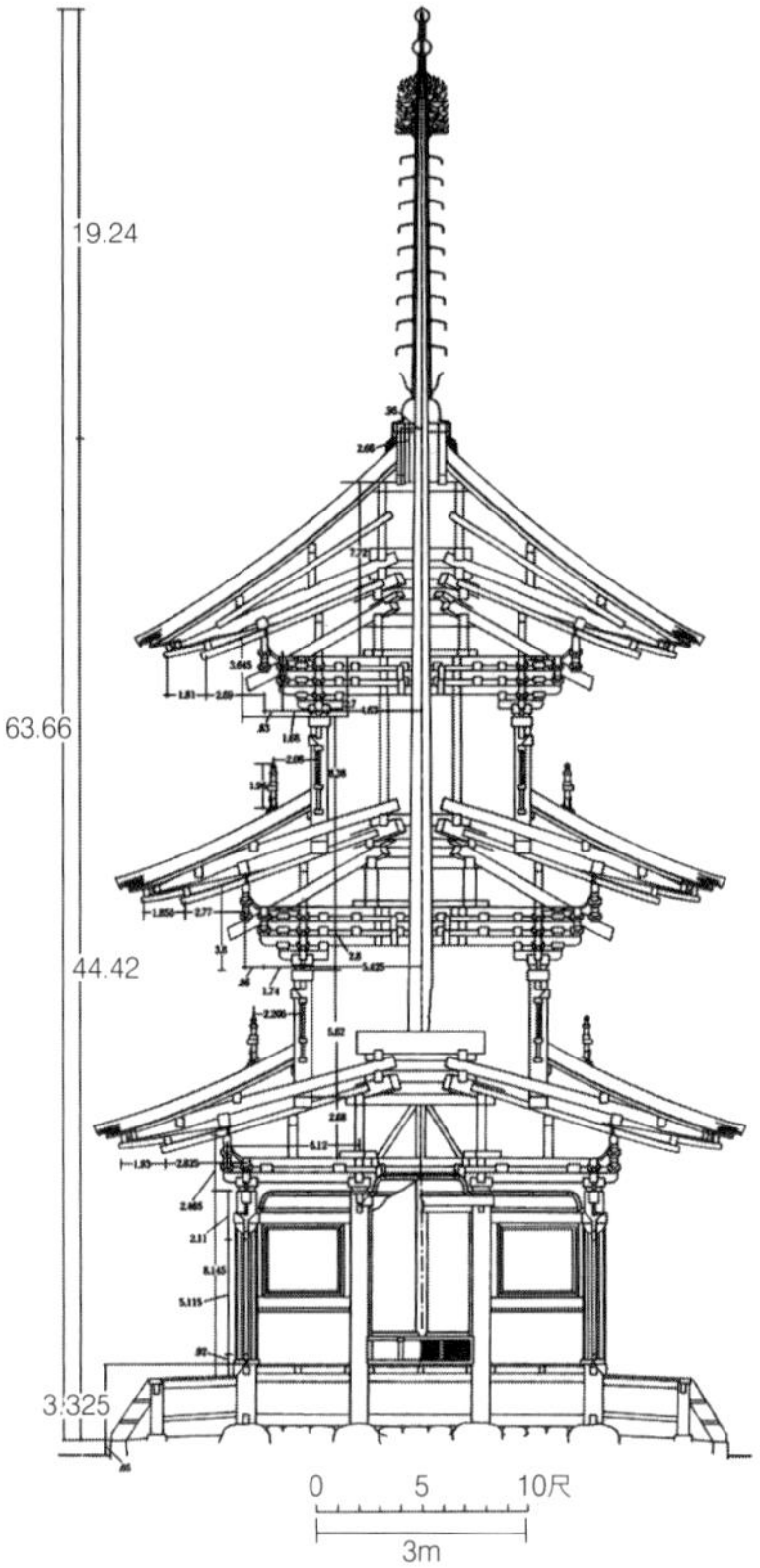

図 15・2　興福寺三重塔の断面図（出典：『日本建築史基礎資料集成 12』塔婆 2、中央公論美術出版、1999 年、141 頁）

　細部を見ると、長押を使い連子窓をはめ頭貫を通しています。通例、塔には台輪は載り、薬師寺東塔などでも用いられており、禅宗様では柱の上に台輪が載ることが多いですが、興福寺三重塔の初層にはありません。一方で2層目には台輪が載っています。初層は塔というよりは仏堂のような要素を示しているのです。

◇**興福寺東金堂**

もう1つ興福寺で重要な和様の建築が東金堂です（図15・3）。五重塔の脇に建っている建物で、五重塔も東金堂も鎌倉再建の建築ではなく、室町時代に再建されたものです。梁間2間桁行5間の身舎四周に廂がぐるっと回った五間四面の平面です。いわゆる奈良時代の四面廂の柱配置です。奈良時代の礎石を使っていると考えられています。古建築の寸法は尺で考えますが、一尺は近世以降の尺で約30・3㎝、天平の一尺は約29・5㎝。たった8㎜の差ですが、それが何十尺にもなると大きな差が出てくるので、ここから礎石が昔の位置なのか今のものなのかを判別できます。東金堂の柱間も古い時代の尺でつくられており、礎石を再利用していると考えられています。

全体の形は三手先の組物を使っていますが、入側柱（身舎）と側柱（廂）を比べると両者は二重梁で繋いでいます。これらは、例えば奈良時代の唐招提寺金堂では見られません。また内陣も、外陣の外の部分も折上天井です。奈良時代には廂は平たい組入天井にするところを外の部分まで折上天井にしている点が中世らしい様相です。

もう1つの特徴がプロポーションです。奈良時代は唐招提寺金堂のように側柱が低く屋根も低いのですが、東金堂では廂柱も身舎柱と同じ高さです。柱間に対して柱の頂部までが高く、間延びした、背の高い点が特徴です。

組物に関しては三手先の組物も、薬師寺東塔や唐招提寺金堂とは違い、形式として完成されています。一方で正面から1間入った入側通りでは、連子窓で腰長押が使われ、奈良時代の要素が見られ、貫は外観に表れません。

◇**なぜ興福寺は和様なのか**

興福寺は、なぜこの和様を使ったのでしょう。鎌倉再建の頃には東大寺は新しい建築の要素でつくられ、室町時代には既に禅宗様がたくさん建てられていました。それにもかかわらず復古的で保守的な和様を使い続けているのです。

理由の1つは、前例主義を基本とする摂関家が興福寺のパトロンであったことです。彼らは従来のノウハウを優れたものとしてプライオリティをおいていました。朝廷に力がなくなり、頼朝という新しい勢力が入ってきた東大寺に

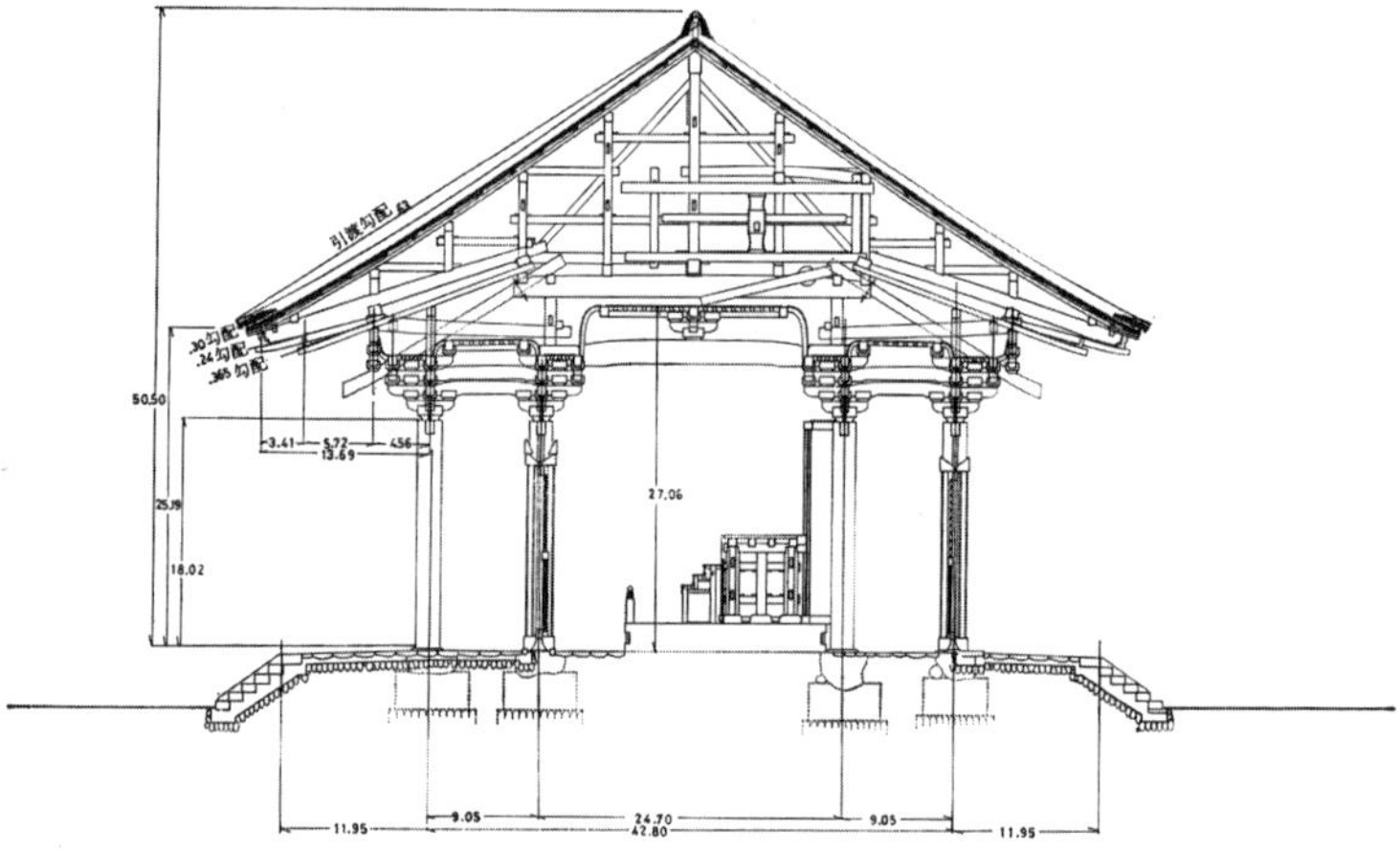

梁行断面図

0 5 10 15 20 25尺

5m

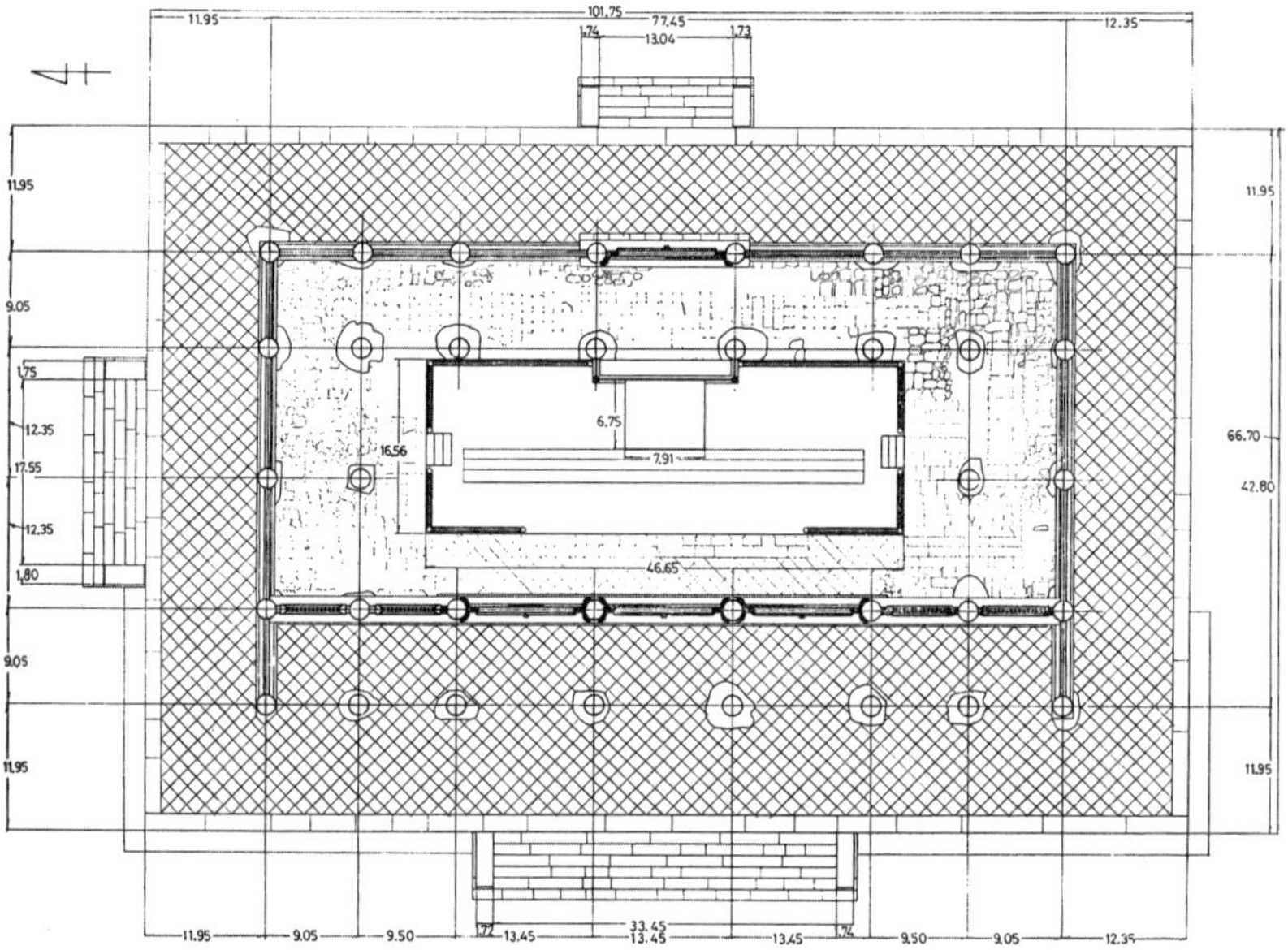

平面図

図 15･3　興福寺東金堂の平面図･断面図(出典:『日本建築史基礎資料集成 4』仏堂 1、中央公論美術出版、1981 年、218・220 頁)

は、新しい建築方式に移るきっかけがあったでしょう。対して、興福寺は藤原氏の基盤が大きく、積極的かはともかく、建築にも古い形を堅守する背景があったと考えられます。

3　和様の展開

◇法隆寺聖霊院

興福寺の和様は、他にも発展しています。法隆寺聖霊院《しょうりょういん》です（図15・4）。法隆寺の金堂や五重塔がある西院伽藍の東方に昔の僧房があります。僧房には妻室と東室がありますが、東室の一番南端の部分を聖霊院に改造しています。聖徳太子を祀っており廟所的な意味合いが強い建物で、弘安7年（1284）に再建しています。この頃は法隆寺を興福寺の僧侶が統括していました。元々寺ごとに伽藍を管理していましたが、中世や近世になると、本末制度といって、本山の下に多くの寺が属するようになります。

聖霊院で使われている新しい要素に足固貫《あしがためぬき》があります。床より下の部分で貫を使い固定します。北円堂と同じく、意匠的には見えない形で構造強化をしています。

多彩な建具も特徴で、蔀戸《しとみど》もあります。仏堂ではあまり使われませんが、寝殿造の住宅ではよく使われる要素です。遣戸《やりど》なども伝統的な要素をそのまま継承したものです。また唐破風《からはふ》という軒先につく屋根がありますが、最古のものがこの聖霊院の奥にあります。唐破風は平安時代の絵巻などに出てきますが、現存では最古のものです。

◇薬師寺東院堂

もう1つ、南都系の和様に薬師寺があります。薬師寺東塔は有名ですがその東側に東院堂が残っており、身舎桁行五間の四周に廂が回る古式な形です（図15・5）。ただ、外観から全てを和様でつくっているわけではありません。桟唐戸《さんからど》や貫を用い、大仏様の木鼻を外に出す点は大きな特徴です。組物も一手出した出組からさらに鼻を出していて、出組＋出三斗のような形式です。ちなみに平三斗の垂直方向に肘木が出る出三斗《でみつと》のように出てくる形式は中世的な要素の表れです。

内部では厨子を祀って天井を張っていて、内陣の天井は垂直に立ち上がります。正面の扉周りには本来の和様の形

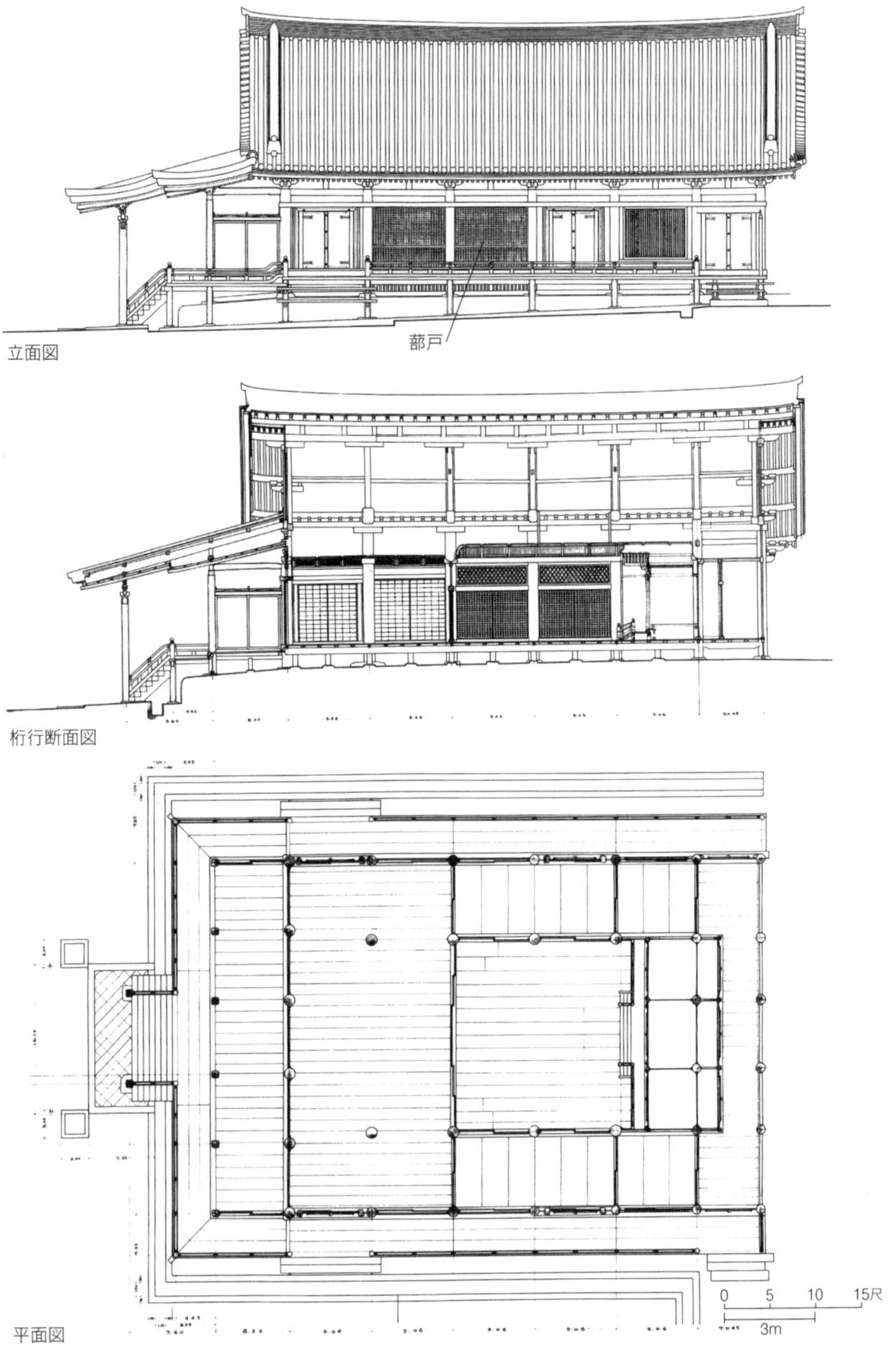

図15・4　法隆寺聖霊院の平面図・断面図・立面図(出典：『法隆寺国寶保存工事報告書　聖霊院第12冊』法隆寺国宝保存委員会、1955年、第17・21・22図に加筆)

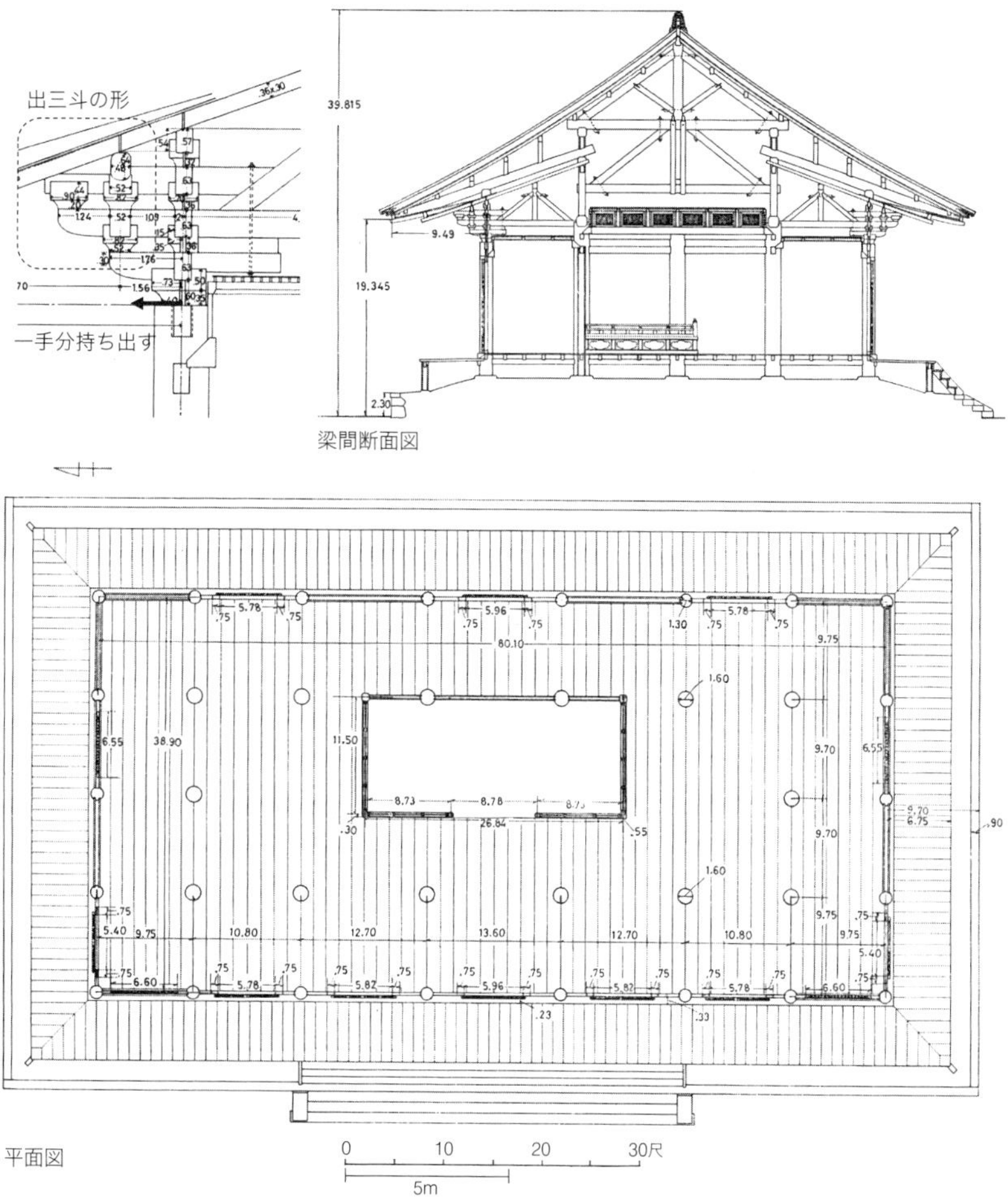

図 15・5　薬師寺東院堂の平面図・断面図(出典:『日本建築史基礎資料集成 4』仏堂 1、中央公論美術出版、1981 年、226・227 頁に加筆)

式では長押を打って板扉とするところを、藁座を打って桟唐戸を吊る新しい形式になります。このように、東院堂は和洋と中世の要素がミックスされた建物です。奈良時代の寺院がどのように中世的に変化したのか、密教寺院以前の寺院にどんな変化が起こったのかがわかるわけです。

4　中世の密教本堂の形成

◇密教本堂の展開――礼拝空間の拡大

次に密教系の仏堂の話に移ります。重要なのは従来の仏の空間に礼堂《らいどう》と言われる空間が付くことです。承和10年（843）の東寺灌頂院の絵図には、正堂の手前に礼堂を、その間に作合《つくりあい》という1間をつくっています（図11・6）。作合の間には全て扉が入り、正堂は俗人が立ち入る場所ではなく修法《すほう》の場です。対して礼堂は、正面側に蔀戸が描かれていますが、作合との間は開けていて、修法の場に向かって空間が開いています。中は両界曼荼羅《りょうかいまんだら》という、金剛界《こんごうかい》と胎蔵界《たいぞうかい》の曼荼羅を両脇に立て修法を行います。

このような礼堂を付ける形として、東大寺法華堂のように2棟を並べた双堂形式と兵庫県の鶴林寺太子堂のように身舎・廂が本来の空間で、正面に孫廂を延ばして礼拝空間にする方法があります（図11・9）。しかし、孫廂を拡大しすぎると軒先が低くなり、出入り口としての利用が困難になり限界があります。これに対し、當麻寺曼荼羅堂で、密教本堂の成立過程がよくわかります（図11・10）。元々の四面廂の形式を、正面側に廂を伸ばして礼堂を付け、さらに孫廂を撤去して正堂と礼堂の身舎同士を付け、その周囲に廂を廻らせる形に発展しています。中世になると意匠や空間の構成にさらに変化が加わります。

◇大報恩寺本堂

安貞元年（1227）に建てられた大報恩寺《だいほうおんじ》本堂は、洛中最古の仏堂です。中世の密教本堂として知られており、天台宗で学んだ義空によって建てられました。天台宗の仏堂では常行堂・法華堂のように求心性の強い正方形平面が特徴です。大報恩寺本堂も四天柱の四周に回った正方形の平面が内陣の最も重要な建築要素です（図15・6）。

大報恩寺縁起によると、今も残る四本の太い四天柱は、

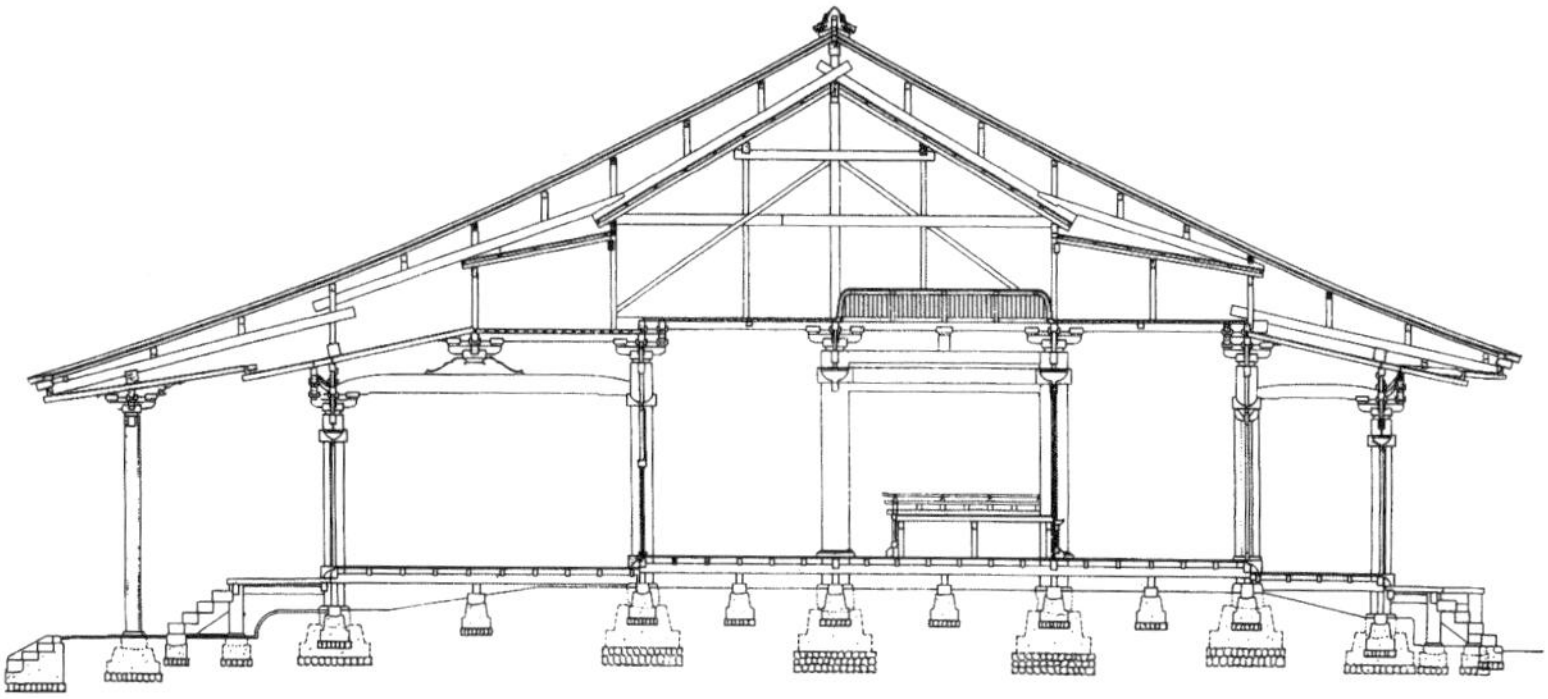

梁間断面図

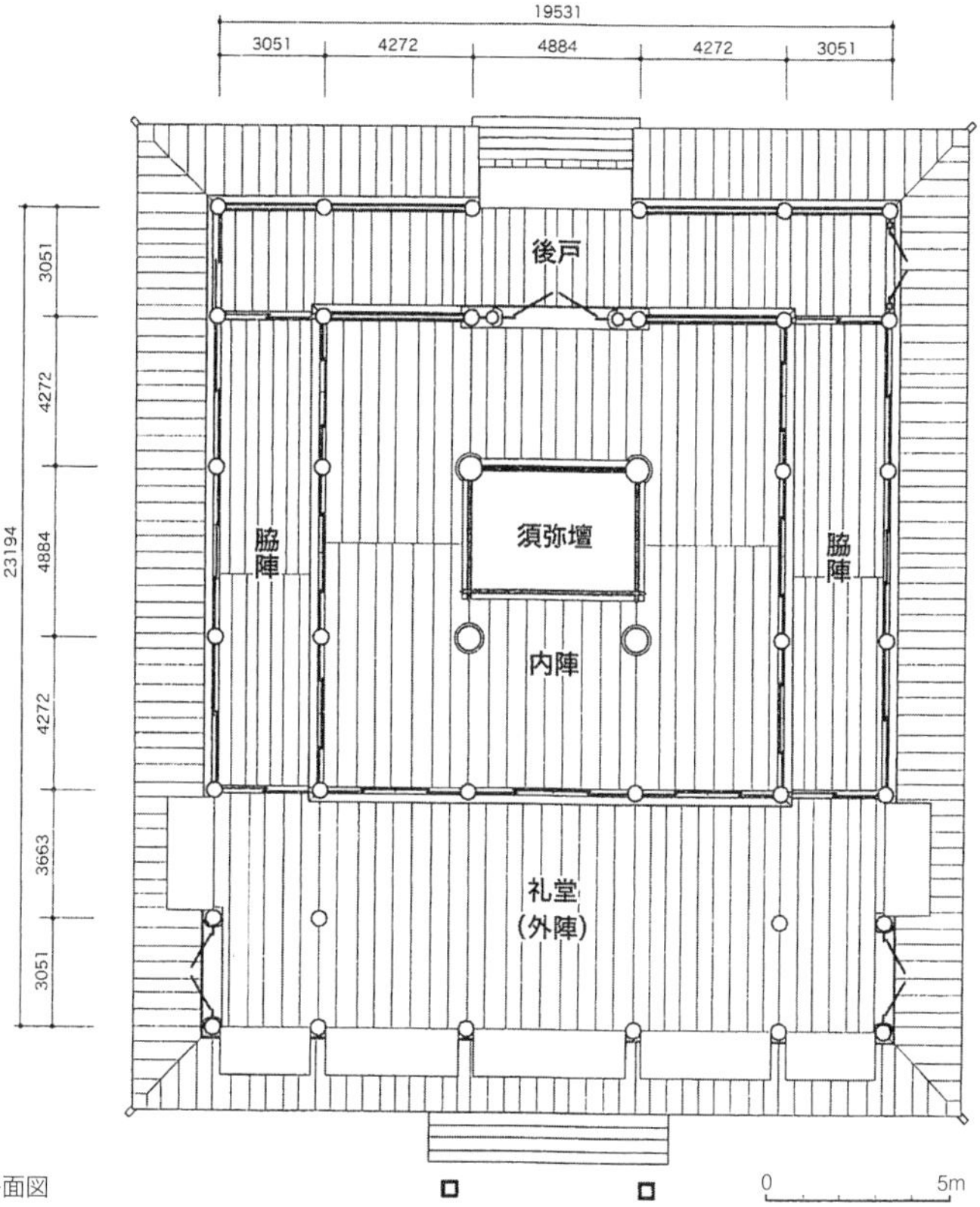

平面図

図15・6　大報恩寺本堂の平面図・断面図(出典：千本釈迦堂大報恩寺編『千本釈迦堂　大報恩寺の美術と歴史』柳原出版、2008年、98頁及び國寶大報恩寺本堂修理事務所編『國寶建造物大報恩寺本堂修理工事報告書』京都府教育庁、1954年、16頁)

なかなか材が手に入らなかったところ、ある日尼崎の材木商が寄進すべしという夢を見たのをきっかけに巨材を寄進し、建てられたという逸話があります。この本堂は有力なパトロンではなく、市井、民衆の力でつくられたと言われていますので、それが材料確保の話にも繋がっているのでしょう。

密教本堂の特徴として周囲に廂が回る構成が天井にも表れています。中心に方3間の内陣があり、その正面に礼堂がついて、礼堂の柱が抜かれています。この構成は周囲1間のみ化粧垂木を掛けていて、外周（礼堂正面・脇陣・後戸《うしろと》）に廂が廻ることがわかります。礼堂正面では空間の途中で、天井の形式が変わっていて、これも密教系の仏堂の最大の特徴で、礼堂の空間の面白さでもあります。

ではそれぞれの天井を見ると、一番外の礼堂では外の廂部分が化粧垂木、あとは組入天井です。内陣は一段高い組入天井、最も中心の内々陣は折上小組天井としていて厨子が祀られている中心の内々陣が一番重要だと天井からわかります。さらに内外陣の境には格子戸や菱格子の欄間がはまり、床も一段高く、細部の違いを組み合わせて建物のどこが大切なのか、格式の高さを示しているのです。

また礼堂では途中まで組入天井で、外周の廂の部分は化粧軒裏で、この切り替わりの部分には本来柱が必要でした。ここに大きな梁をかけることで柱を撤去して、礼堂の大空間をつくっています。しかし、柱を1本抜くのは大変な技術で、実際には、ある時期につっかえ棒を入れて下から突っ張った痕跡が大梁の下にあります。本来の設計意図は柱の抜かれた大きな空間をつくることでしたが、現実にはそれができず、後で柱が加えられたのです。

外陣の空間構成において、密教本堂らしい天井の切り替わりと、礼堂の開放的な空間は魅力的です。一方で内陣は僧侶が修法や修行をする、基本的には俗人が入らない場所なので、礼堂と違って閉鎖的です。しかし荘厳は凝らされており、内々陣では彩色や絵が描かれています。あるいは折上天井により普通より一段折り上げた小組天井で格の高さを表現しています。内外陣の境を見ると、輪違七宝繋《わちがいしっぽうつなぎ》という間の空間を埋める輪繋ぎのデザインにより荘厳しています。一方、廂の空間の脇陣・後戸と礼堂の正面では化粧垂木をそのまま見せており、密教本堂の空間構成が見て取れます。

さて大報恩寺本堂と鶴林寺太子堂の平面はそっくりで、2つを比べると密教本堂の展開がわかります（図11・9、15・6）。鶴林寺太子堂は方3間の正面に、1間3間の礼堂がつき、大報恩寺本堂は方3間の正面に礼堂がついて、四周に廂が廻っています。つまり鶴林寺太子堂の四周に廂が巡ると大報恩寺本堂になるわけです。1112年の鶴林寺太子堂から約100年経った大報恩寺本堂は、四周に廂が回った密教本堂の形式に変わっているのです。

◇礼堂の拡大形式――西明寺本堂

礼堂の付加の方法には2つの方法があり、1つは身舎の前に礼堂をくっ付けて、四周に廂を巡らせる形式。もう1つは、最初から三面廂の仏堂をつくって、廂を含めた桁行と同じ礼堂を正面に付ける方法です。

滋賀県にある西明寺《さいみょうじ》本堂（鎌倉前期）は前者の方法で、元々5間の仏堂が7間に変えられています（図15・7）。元々桁行3間の身舎の前に梁間1間の礼堂を付け、四周に廂をめぐらしていましたが、後に拡大して、桁行3間三面廂の正堂に桁行5間梁間2間の礼堂を付け四周に廂を巡らしています。

拡大している様子は断面図を見るとわかります。元々正堂は切妻造の化粧垂木で扠首が見えるところが内陣で、外の礼堂は折上天井、外周の廂は化粧垂木になっています。本来の正堂と礼堂がくっ付いて、四周に廂がめぐる発展形式は双堂形式から発展した中世の本堂にあたります。化粧軒裏が周囲にぐるっと回るところが特徴的です。

◇礼堂の拡大形式――長寿寺本堂

同じ滋賀県内の長寿寺本堂では正堂の身舎の背面側に三面廂を巡らせ、正面に礼堂を付けています（図15・8）。設計理念としては、中心の正堂・礼堂をセットしたうえで廂を回すのではなく、あくまで内陣と礼堂それぞれで空間を構成し、両者を合体させる形式で、設計の方法や考え方が前者とは異なります。

この違いは天井の形式に表れてきますが、長寿寺本堂で

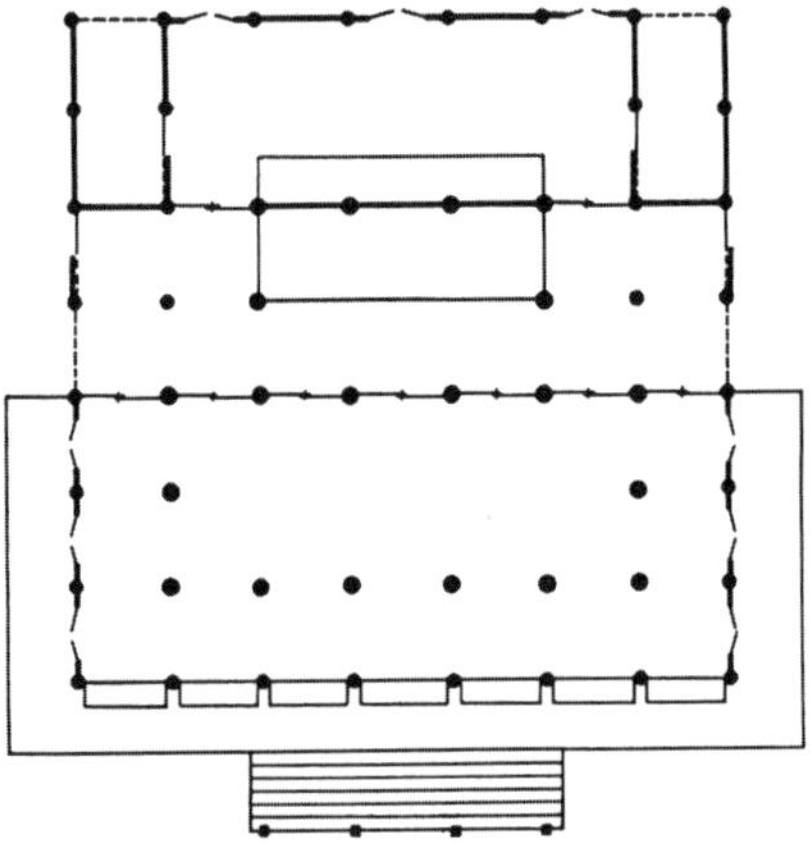

平面図（現状）

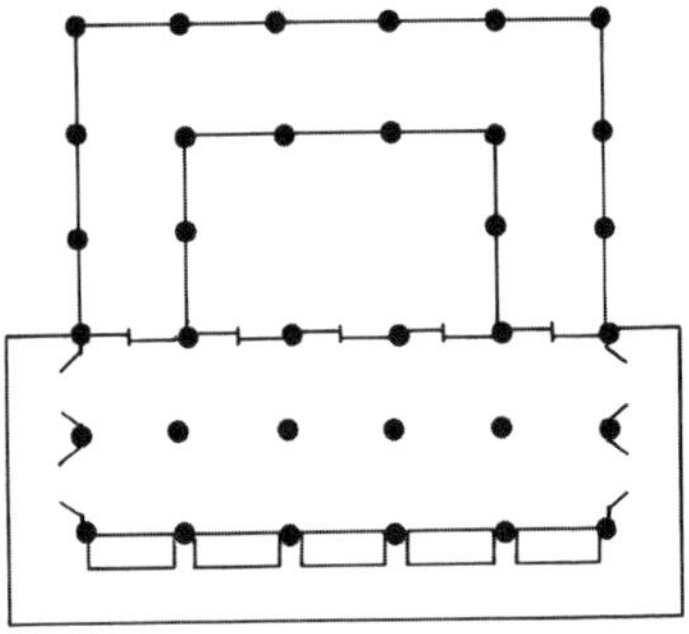

当初推定平面図（五間堂のとき）

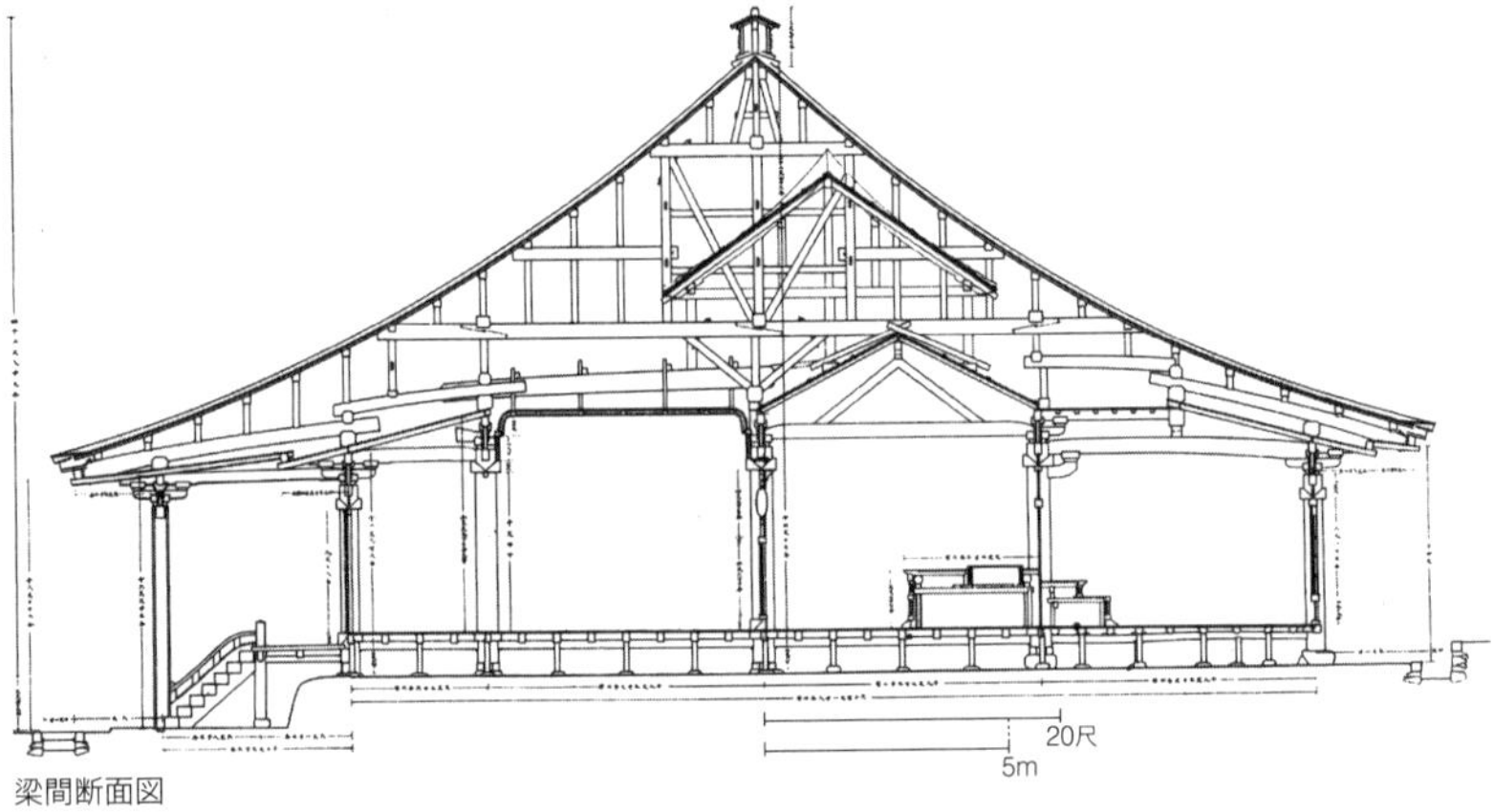

梁間断面図

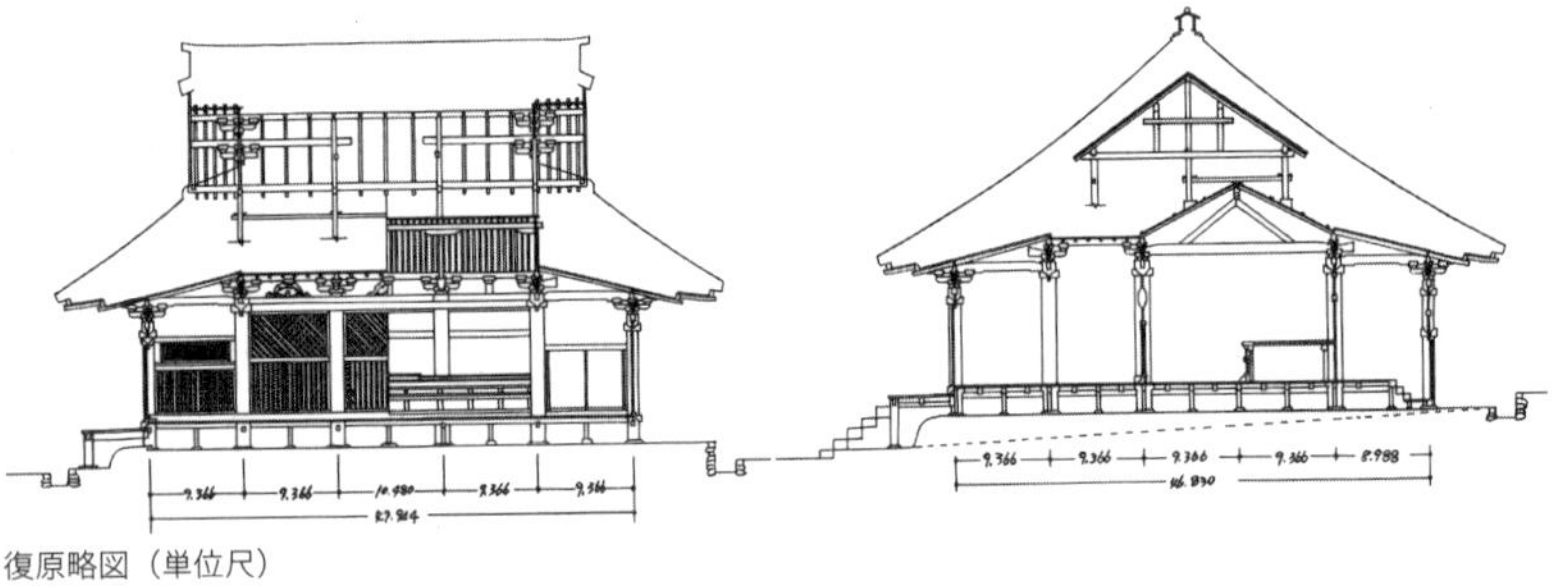

復原略図（単位尺）

図 15・7　西明寺本堂の平面の拡大と構造（出典：伊藤延男『密教建築』日本の美術 143、至文堂、1978 年、49 頁、第 69 図・70 図及び滋賀県教育委員会『国宝西明寺本堂他一棟修理工事報告書』1982 年、48 頁・23 図）

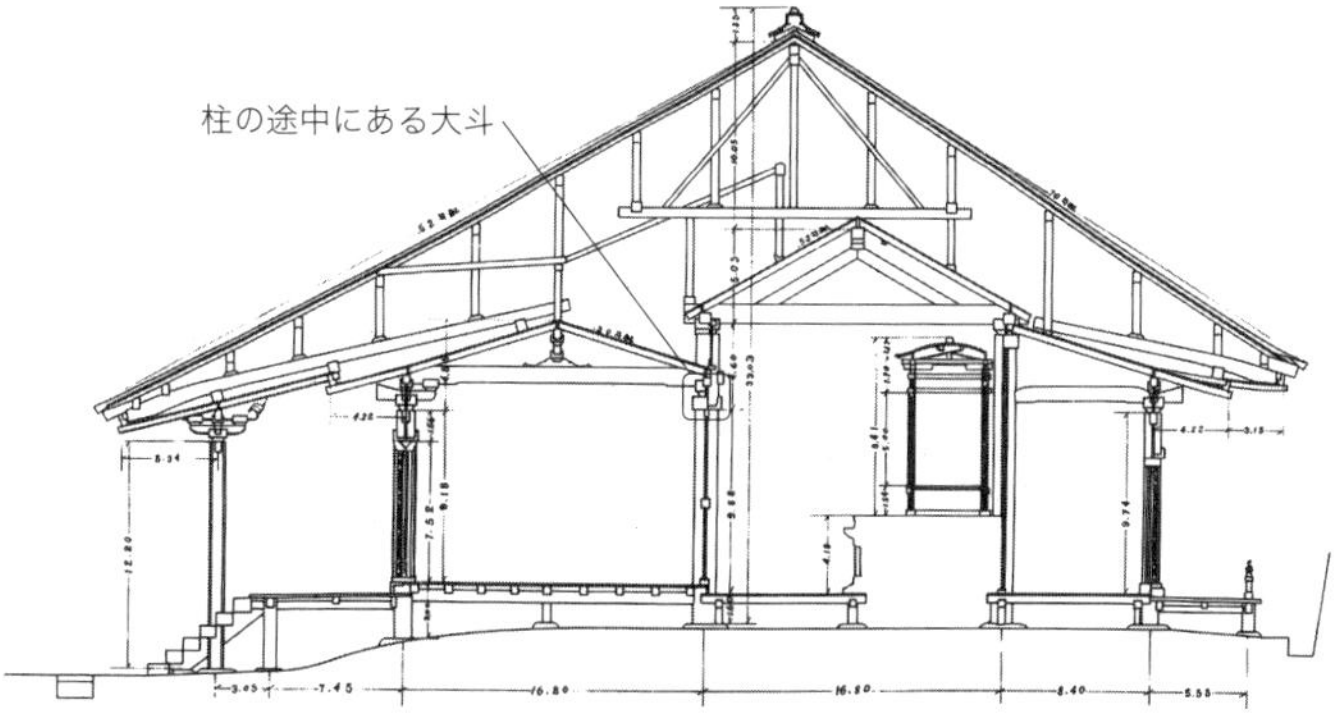

梁間断面図

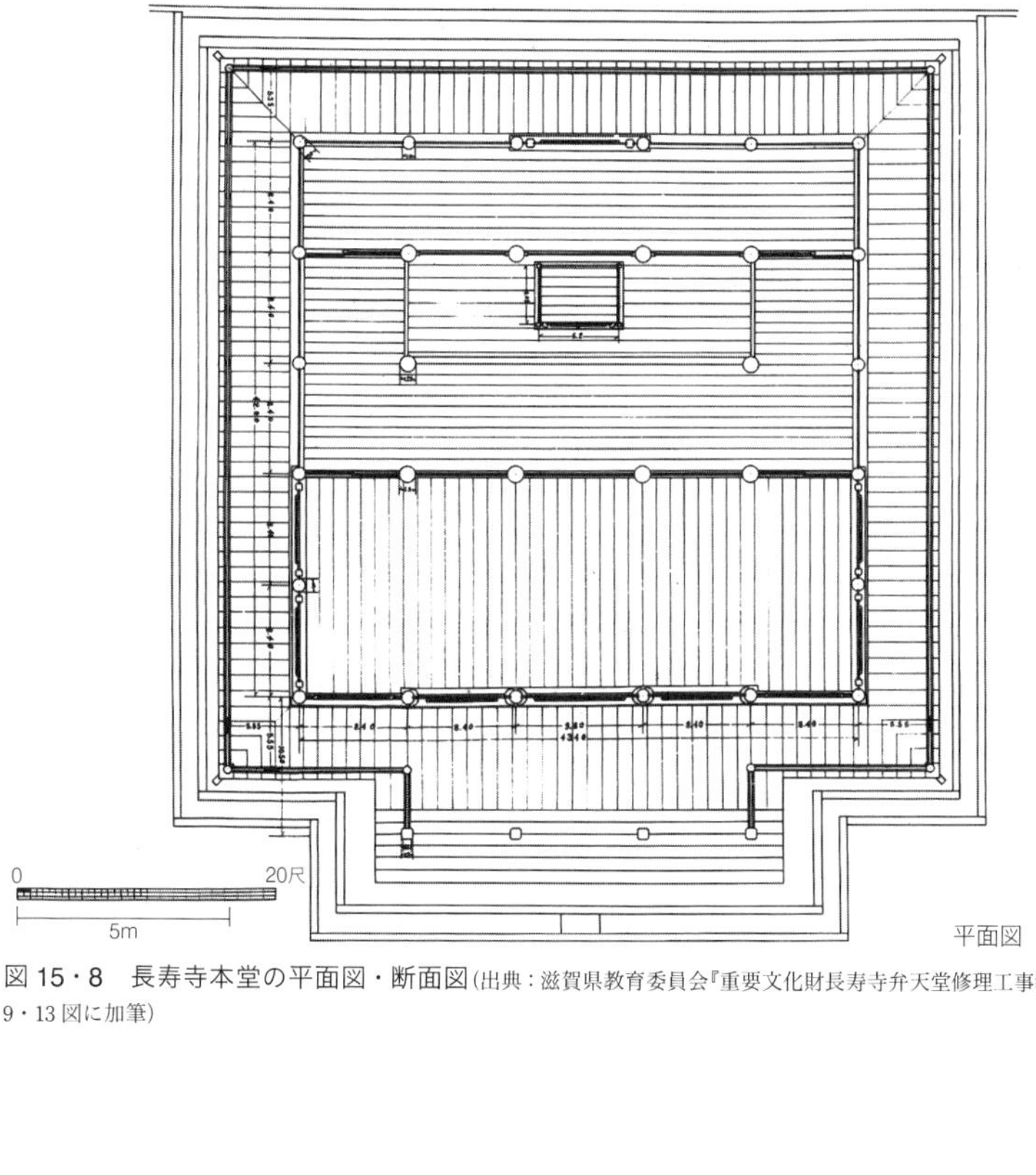

平面図

図 15・8　長寿寺本堂の平面図・断面図(出典：滋賀県教育委員会『重要文化財長寿寺弁天堂修理工事報告』1957 年、9・13 図に加筆)

は礼堂も正堂も別の屋根をM字でつくり、それをくっ付けています。平面でも、それぞれ2間の正堂と礼堂の部分が別になっています。四周に廂を回す形式では、礼堂の大梁上の中備と正堂・礼堂の境の柱までが平たい組入天井になります。これに対して、礼堂が別棟でくっ付く形式ではM字の天井がつくられています。その上に大屋根をかけ、この2つの空間が合体しているのです。

礼堂部分は内陣に向かって下がる垂木をかけています。大報恩寺や西明寺の本堂では、ここが平たい天井形式でしたが、長寿寺本堂の礼堂では内陣側に下がって隅に斜めに隅木が入り、寄棟造の天井になっています。礼堂があくまで正堂と別のものを足していることをよく示す要素で、2つの形式の違いを強く表しています。

5　中世密教本堂の展開

◇外陣柱の撤去

空間的な発展でいうと、礼堂に柱があると空間を一体的に使う時に邪魔になります。そこで柱を撤去する試みが出てきます。福井県の明通寺《みょうつうじ》本堂では、梁間2間にして礼堂をつくっています（図15・9）。すると礼堂は大きくなりますが正堂と礼堂をくっ付けて四周に廂を巡らせるので柱は抜けません。逆に山梨県の大善寺《だいぜんじ》本堂（1286年）では礼堂の梁間は1間ですが、正面柱を2本抜き、その四周に廂を回しています（図15・10）。大きな虹梁をかけ渡すことで正面の柱を撤去して大空間をつくっています。

これが何を意味するのでしょう。奈良時代は

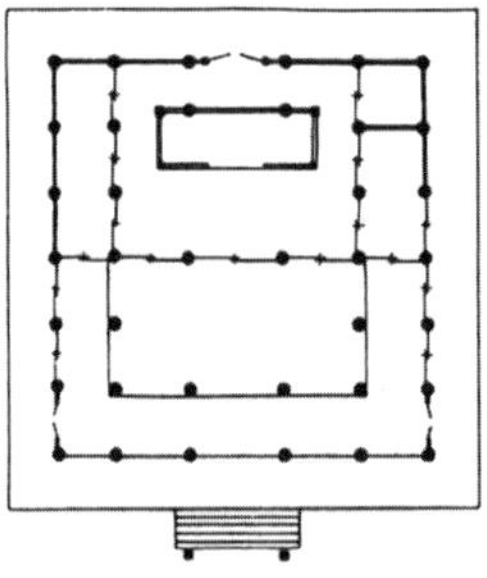

図15・9　明通寺本堂の平面図（出典：新建築学大系編集委員会『新建築学大系2』日本建築史、彰国社、1999年、218頁）

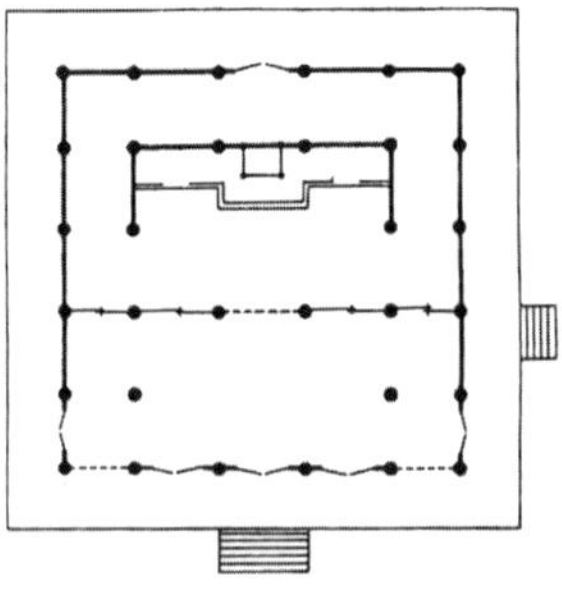

図15・10　大善寺本堂の平面図（出典：新建築学大系編集委員会『新建築学大系2』日本建築史、彰国社、1999年、219頁）

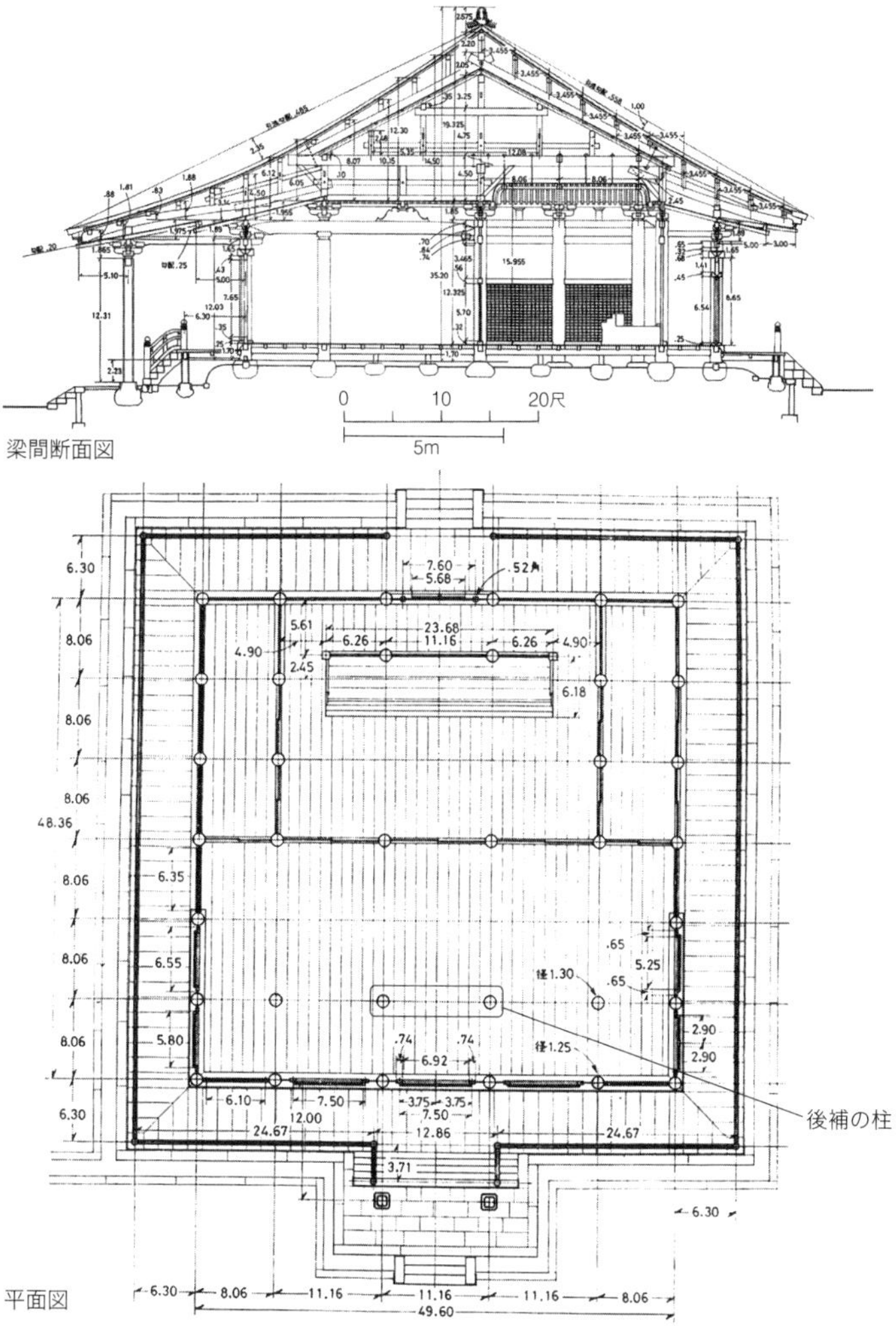

図 15・11　長弓寺本堂の平面図・断面図(出典：『日本建築史基礎資料集成 7』仏堂 4、中央公論美術出版、1975 年、119・121 頁に加筆)

柱の配置、隅木をどこにかけるか、母屋桁をどう支えるかが重要で、柱は屋根と密接に関係していました。それが柱の配置がある程度自由になり、空間をつくるために柱が撤去されるのが中世・鎌倉時代の特徴になります。

ほぼ同じ平面ながら少し違う形のものに奈良県の長弓寺本堂（１２７９年）と福井県の明通寺本堂（１２５８年）があります。これらは密教本堂の2つの大きな違いを示していて、進化の過程が見られます。両方とも正堂と礼堂の部分があって、四周に廂を巡らせる構造です。現在、長弓寺本堂の正面大梁の下には柱が入っていますが、これは後補柱で、建設当初にはなかったものです（図15・11）。明通寺本堂はこの位置に柱があるので、正堂と礼堂の部分をきっちりつくって周囲に廂を回しています。そこから約20年経った長弓寺本堂では、この柱を撤去することで礼堂を開放的な空間にすることを目指したわけです。ただ、長弓寺本堂の礼堂では梁間3間の大梁をかけなくてはいけなくなります。通常、梁は2間までですので、三間梁を飛ばすことは構造的に相当厳しく、その下の柱は早い時期に足しています。この三間梁は、中世にもいくつかあって、唐招提寺講堂は鎌倉時代に改造していますが、中央間に三間梁をかけていて、ここでもすぐにつっかえ棒を足しています。なかなか三間梁は成功しなかったようで、この後三間梁は基本的に出てきません。

◇柱撤去の2つの形式

長弓寺本堂と同じ時期に、霊山寺《りょうせんじ》本堂（奈良県、１２８３年）が建てられます（図15・12）。両方とも弘安年間に建てられ、建築年代は4年しか変わらず、約6㎞しか離れていませんが、全く違う形式をしています。

長弓寺が正堂と礼堂を付けて四周に廂を巡らせている一方、霊山寺は礼堂を別に加える形式で、廂を身舎の背面側だけ巡らせて、正面には礼堂を付けています。天井の違いにも表れていて、霊山寺は礼堂を別に付けるので、

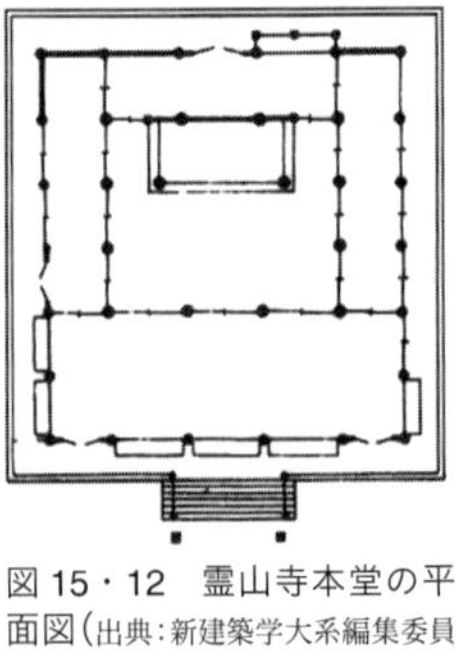

図15・12　霊山寺本堂の平面図（出典：新建築学大系編集委員会『新建築学大系 2』日本建築史、彰国社、1999年、219頁）

図 15・13　長弓寺本堂(左)と霊山寺本堂(右)の礼堂内部

外陣は全部一面の天井で、垂木や隅木のようなものが見えません。対して長弓寺は、大梁をかけて途中で天井の形式を変えて化粧垂木を掛けています(図15・13)。

　長弓寺と霊山寺はほぼ同じ時期の建立、しかも近距離にありますが、これらは全く違う設計方法の密教本堂であることがわかります。密教本堂の設計方法は弘安年間以降に特にその形式が定まったようです。一面に天井を張る形式は近世以降も続きますが、実際、この

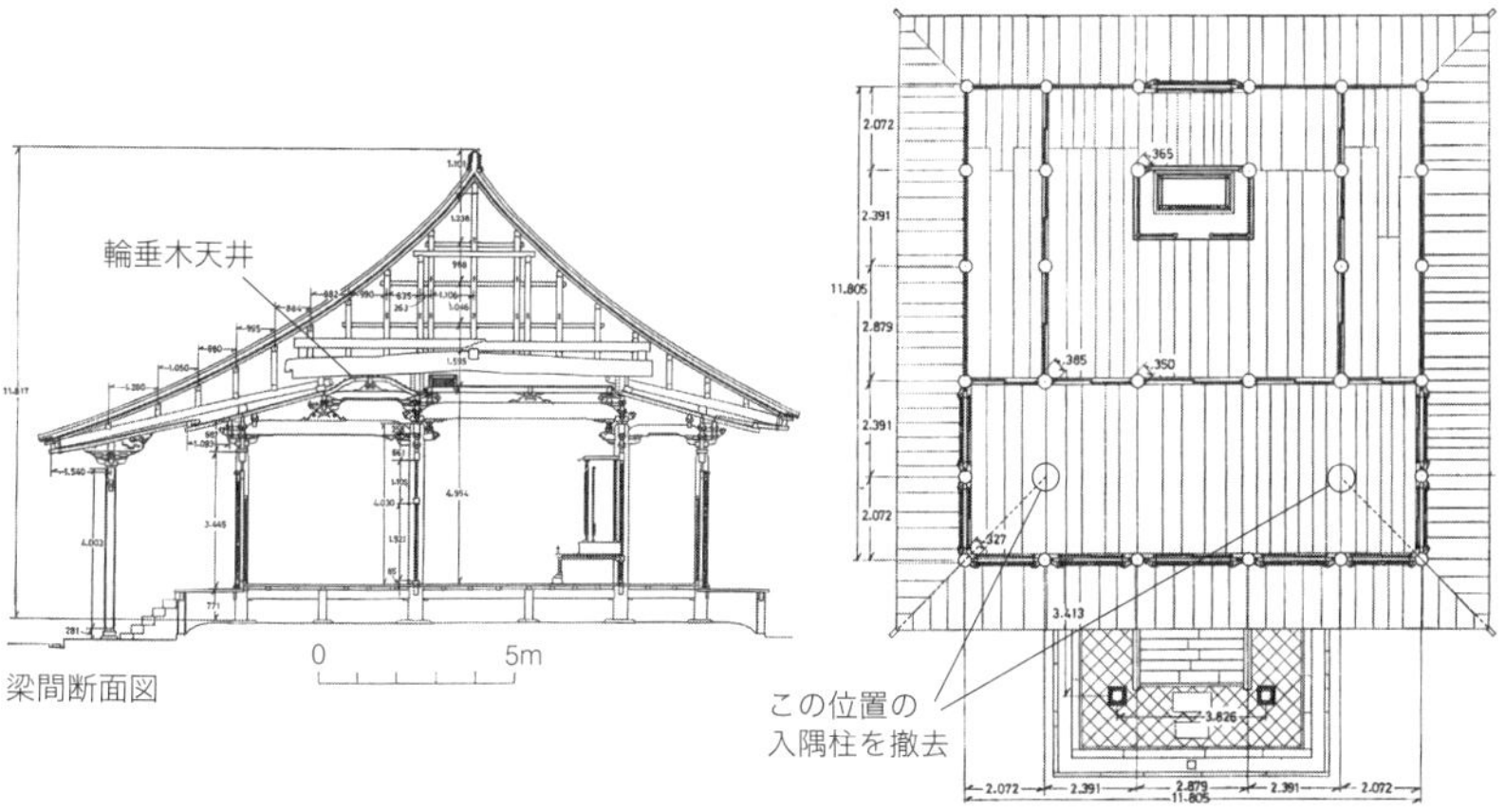

図 15・14　明王院本堂の平面図・断面図(出典:『日本建築史基礎資料集成 7』仏堂 4、中央公論美術出版、1975年、158・160 頁に加筆)

形式は楽につくれるのです。天井を張れば小屋組を隠せて、礼堂の空間的な面白味はでてきませんが、化粧垂木を見せ、礼堂の途中で天井を変える形式では、梁上の構成や納まりを柔軟に考えられます。西明寺本堂でいうと大梁をかければ柱を抜けます。

一方で隅木をかけるところの柱を抜くのは大変です。この入隅柱《いりすみばしら》を抜いたのが元応3年（1321）の明王院《みょうおういん》本堂です（図15・14）。平面だけ見れば、内陣身舎に三面庇が付いて、正面に礼堂が付いたように見えますが、内部に入ると隅木が入り、正面の入隅柱を撤去していることがわかります。隅木の尻は虹梁の上で納めています。大梁の上の中備から垂木が掛かり、隅木もこの中備から隅の柱に向かって渡すことで入隅柱を撤去しています。この柱間は広くないので礼堂が大きくなったわけではありませんが、2本の入隅柱を撤去することで、平面的には正面に礼堂を付ける形式と四周に廂を回す形式が同じ形になります。鎌倉時代以降にはこのような平面的には同じ系統への変化が起こってきます。

◇天井による空間表現

天井による空間表現が一層強くなるのが密教本堂の特徴です。組物も天井と密接に関わってきます。天井桁を支えるのは組物で、格式が高い天井である折上小組天井にするのか、廂の空間のように化粧軒裏にするのか、格天井にするのか、場所ごとの天井の形式が重要になってきます。

天井自体は厳密には構造体ではありませんが、奈良時代までは構造と密接に関わっていたのが、中世に入って、構造体としての組入天井から、野屋根の発生もあって天井面を荘厳するためだけの吊材・化粧材に変わっていきます。すると天井を自由にデザインでき、これが中世的な展開の1つで、天井が室内空間を差別化する手段に変わってきます。住宅系は吊天井ばかりになります。小屋裏に登るとわかりますが、組入天井には乗れますが、吊天井の棹縁天井や格天井は乗った瞬間に抜けてしまいます。

実際、長弓寺本堂は正面の三間梁の下に柱を立てていますが、この柱の上で大斗をかませています。この礼堂は組入天井と化粧屋根裏、内陣に入ると折上天井にしていて、内陣の空間を荘厳しています。また明王院では外陣を輪垂木《わだるき》天井、内陣を平たい板天井にしています。一方で簡素な内陣に対し、外陣の方が華やかになる例もあります。理由の1つは、地方を中心にパトロンである武士や有力者の入る礼堂を尊重するようになるためです。パトロンの入れない内陣よりも礼堂空間が重視され、格式の高い礼堂の表現が中世後期には見られるようになります。

だからといって、内陣を簡素にして良いわけではありません。内陣の須弥壇に仏像が安置されている状態から、荘厳性の高い厨子の中に納められるようになります。特に禅宗様系の厨子がつくられ、中世後期になると実際に仏像は見えなくなることもありました。さらに厨子の中に仏像が入ることで内陣の荘厳方法も変わるのです。このように中世の天井形式から密教本堂の展開が見えます。

◇内と外の理屈

ここで建築の内と外の理屈をどのように繋げるかが問題になります。内陣・外陣で違う構成を融合させると内外陣の整合が取れないことがあります。これは平安時代から起こっていました。平等院鳳凰堂翼廊では廻廊内側からいくと梁が連続していなくてはなりません。しかし折れ曲がりでは外側の壁にも梁がかかっていますが、外側から見ると、梁がかかっているようには見えません。内側から見ると梁、外側から見ると梁に見えないように内外でデザインの理屈を変えています。この方法を片蓋《かたふた》と言います。

このように内側から見える意匠上の理屈と、外側から見える意匠上の理屈の接点の処理は、密教本堂では内陣と礼堂の境、礼堂と外部の境で問題になります。要するに、内側には梁がかかっているが、外側では組物に見せないといけない、あるいはその逆が起こってくるわけです。

長弓寺本堂では、大梁の端部をどう見せるかが問題で、正面では内側から大梁がかかって外に出てきますが、この外側の端部を肘木につくり出し、その上に梁が載っているように見せかけの部材を載せています。構造的には意味のない部材ですが、外側に梁があるように見せているわけです。奈良時代には構造が意匠に直結していたものが、屋根や柱が自由になったため、内外の整合が取れなくなった部分の見せ方が問題になったのです。

◇見せかけの組物

當麻寺曼荼羅堂（図11・10）では、上にも梁がかかっていますが、梁は実はもっと上の部分にかかっていてその下の部分は肘木で支えています。外側は大斗で肘木を付けても先の方まで引き込めないので、鯖の尾《さばのお》だけ付けて内側は肘木にします。よって、外からは梁があるように見えますが、内側には組物があるだけです。

長寿寺本堂でも同じようなことをしています（図15・8）。礼堂と正堂では、礼堂の大梁はかかっていますが、端部は柱の途中に刺さっています。柱の端部は斗で受けなければならないので、大斗をつくりますが、内側はもっと上に大斗があるので、ここに大斗を付けると大斗が2つ出てきてしまいます。外側だけ大斗に見える形をつくって、礼堂の側は礼堂の理屈で完成させています。また、正面の内部側では根肘木で大梁を支えていますが、外側では鯖の尾を出して、本来の梁よりも低い位置に梁があるように見せています。ここにも内外の理屈の整合が取れない部分の調整が表れています。

見せかけの肘木や見せかけの虹梁尻のような言い方をしますが、なぜこのようなことが起こるかというと、1つは正堂の柱と礼堂の柱で高さが違うからです。正堂の柱の方が高いため礼堂側では柱の途中に梁が掛かるわけです。その高さの差を埋める処理をしなくてはいけません。この礼堂の梁の位置は内陣側の理屈では柱の途中ですが、礼堂側の理屈では柱の上に当たらなくてはいけないので、この方法をとっています。

大善寺本堂では礼堂で頭貫の高さに大梁、内陣側で柱上の大斗上に大梁をかけますが、この一段の差で天井の差が生まれる仕掛けもできています。手先としては内陣・外陣とも両方一手分しか出していませんが、梁位置の高さの差を利用しながら天井を構成しています（図15・15）。

太山寺《たいさんじ》本堂では、内外陣ともに頭貫の高さに虹梁がかかりますが、若干、礼堂側の虹梁を下げて根肘木で受け、内陣側では根肘木の高さ分だけ一段あげて、内外陣の高さの差をつくり出しています（図15・15）。内外陣の境の処理で

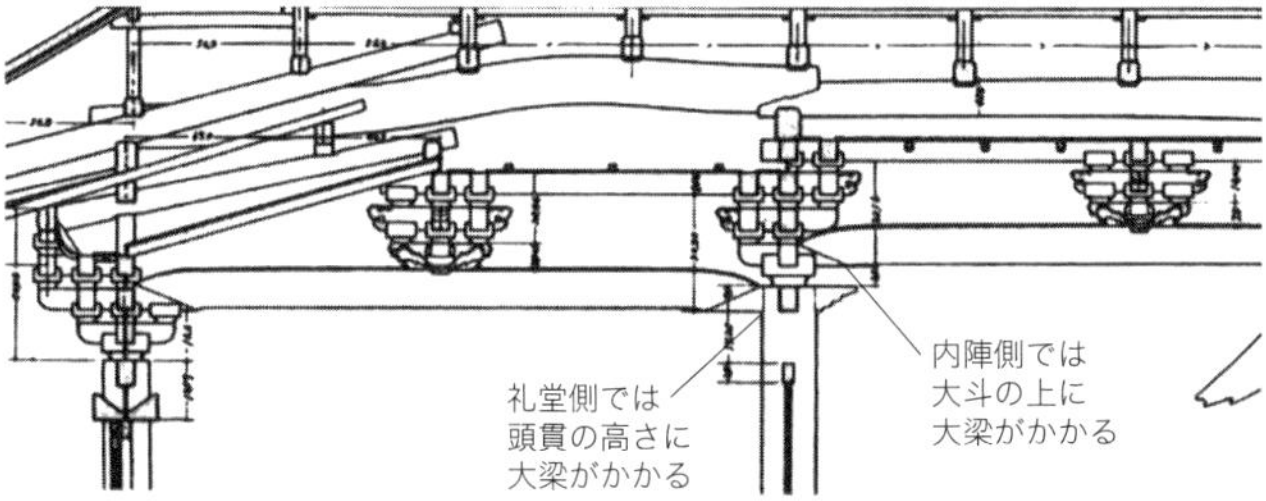

内陣側では
大斗の上に
大梁がかかる
礼堂側では
頭貫の高さに
大梁がかかる

大善寺本堂断面図（部分）

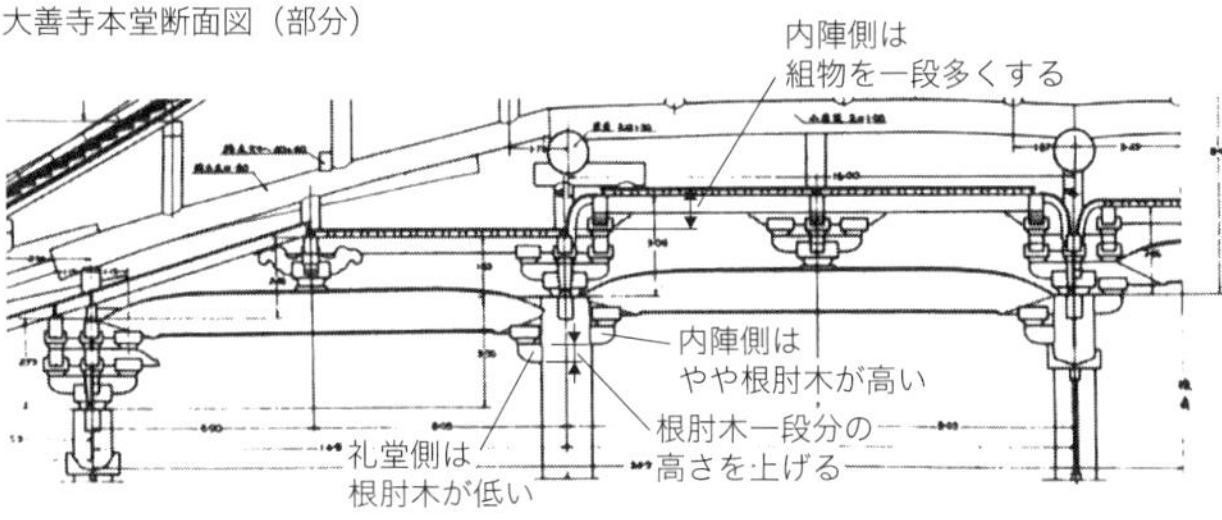

内陣側は
組物を一段多くする
内陣側は
やや根肘木が高い
根肘木一段分の
高さを上げる
礼堂側は
根肘木が低い

太山寺本堂断面図（部分）

図 15・15　大善寺本堂（上）・太山寺本堂（下）の内外陣境（出典：新建築学大系編集委員会『新建築学大系 2』日本建築史、彰国社、1999 年、244 頁に加筆）

は、同じ高さの柱の上に梁・天井を構成しますが、内側は一手のところで天井桁を渡すのに対して、内側はさらに一段加えて三斗を組み、折り上げて一段高い天井をつくっています。一段分の組物の差を付けることで、折り上げるスペースは十分できるので、天井の高さの差を処理しているわけです。

◇内外陣の天井差の解消

ただし、内陣と礼堂の柱を全て同じ高さにすれば、この内外陣境の問題はなくなります。実際、この後の時代になると全ての柱を同高として、梁をかける位置は頭貫や大斗の位置に定まってきます。この梁架構の構成とは別に天井もそれぞれに張ることで、内外境の問題はなくなりました。

元々礼堂と内陣で手先のある組物の使用の有無や折上天井や組入天井という天井の違いなど、その構成に応じて空間ごとに違いを設けていたものを、内部も外部も同じ形式の肘木や天井が出てくるようになるのです。外周を化粧屋根裏とする場合、細部の処理や天井の差が構造や平面と密接に関連しますが、西明寺本堂の礼堂のように構造と関係のない折上天井がつくられるようになると、礼堂の天井が平面的になります。

一方で、化粧垂木の見える立体的な空間構成を持った密教本堂の礼堂の空間の面白さは徐々に失われていきます。内外の境の問題は解決しますが、全ての空間が均質化して、建築的な面白みが薄れてしまうのです。代わりに内陣を荘厳するために厨子を安置したり、部分的に彩色したりすることで、格式の違いを表すようになります。

こうして近世になると一面に平たい天井を張った礼堂が多くなり、化粧屋根裏のような、天井の高さの差を生かした立体的な空間構成の特徴が消え、どの密教本堂も似たようなつくりになっていきます。わずかに、比叡山のような本家本流系の寺院では近世になってもあえて化粧軒裏を意図的に残して使うこともありました。

以上のように、中世の密教本堂の建築構成には似た形式がたくさんありますが、全く同じものは1つもありません。どれも一品生産で、全く同じフォーマットでつくられることは中世の段階ではなかったことを示す例です。オリジナリティを出す傾向が中世の本堂建築で見られるわけです。

一方で、外陣の天井や内外陣境の納め方、外観意匠は大きく異なっても、柱配置や柱を抜く手法にはある程度共通性が見られます。建築を構造的に成り立たせる技術、あるいは流行など、共通点もあったのです。

ここまで密教系本堂の和様の話をしましたが、次回はこの和様に大仏様や禅宗様の要素がどのように入ってきたか、そして中世の神社建築の話も触れたいと思います。

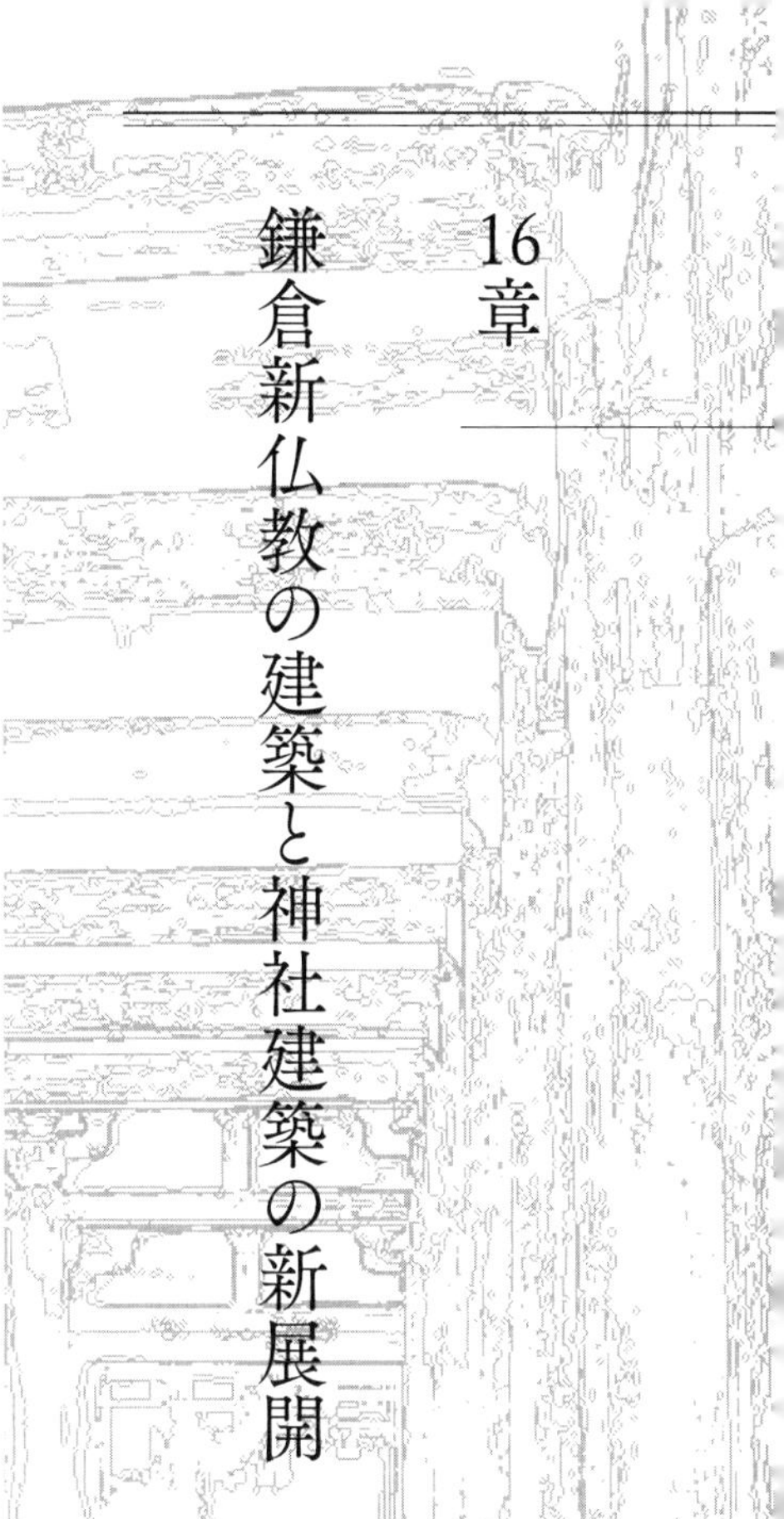

16章 鎌倉新仏教の建築と神社建築の新展開

1 大仏様・禅宗様の波及

◇大仏様・禅宗様の特徴と南都寺院の復興

大仏様・禅宗様が和様に与えた影響について見てみましょう。特に「貫」は密教建築だけでなく、中近世の建築で構造的な強化の意味もあり多用されます。また藁座《わらざ》や桟唐戸《さんからど》も取り入れられます。桟唐戸は意匠的にも華やかで和様の建築でも多用されます。このように大仏様・禅宗様は後の建築に構造、意匠の両面で影響を与えています。

また東大寺の鎌倉復興建築にも大仏様の波及があり、その1つに仏餉屋《ぶっしょうや》があります（図16・1）。東大寺にはお水取という二月堂で行われる儀式があり、仏餉屋は儀式に入る僧侶の食事を準備する場所です。焼き討ち以前からあり、現存するものは鎌倉時代前期の再建と考えられています。

桁行5間、梁間2間で、柱間は天平尺です。貫以外は虹梁の上に扠首を組んでおり奈良時代の形を受け継いでいます。大仏様の建築を新築したというよりは、伝統的な形式の建築に貫を挿入することで、桁行、梁間方向ともに構造的な強化を図ったわけです。一方で頭貫先端は大仏様の木鼻が使われており、木鼻を出すことで頭貫同士を組むことができ、構造的に強化されます。重源や栄西が行った東大寺の復興は大仏様だと言われますが、主要建物以外では必ずしも大仏様を導入するのではなく、伝統的な形式も重視しながら部分的に構造や意匠を足していったのです。

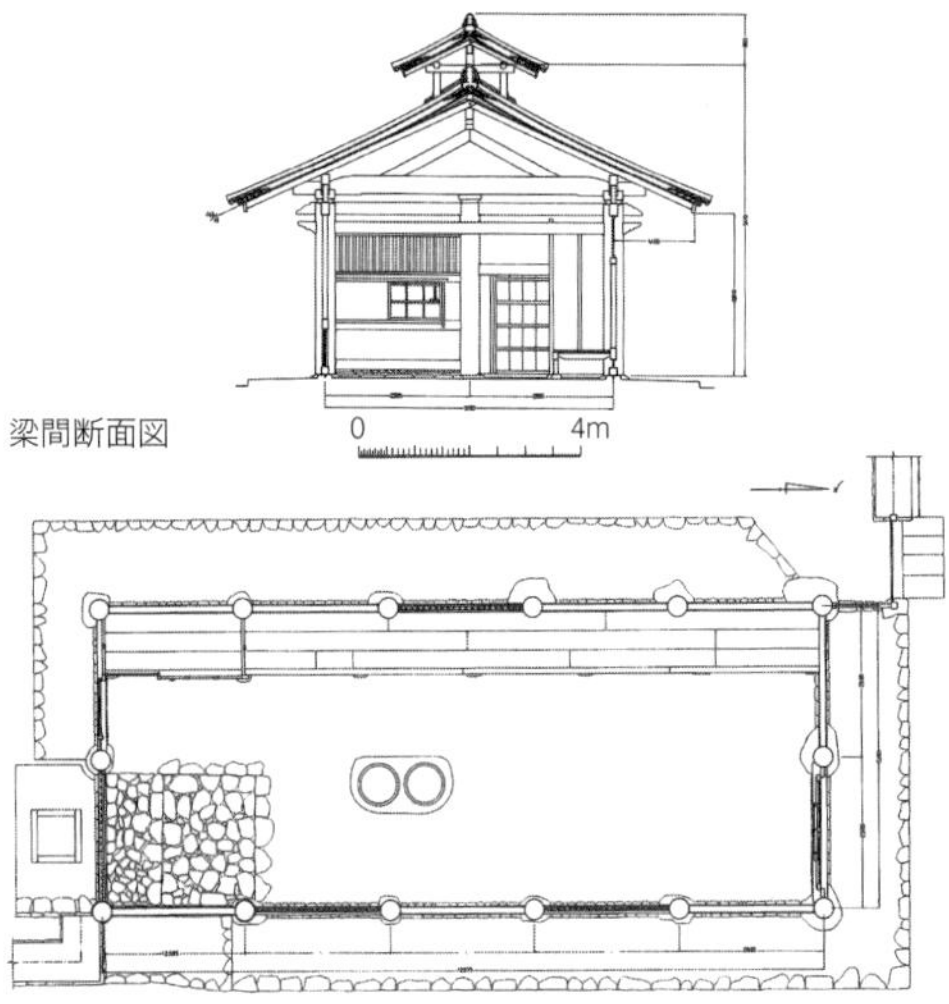

図16・1　東大寺仏餉屋の平面図・断面図（出典：奈良県教育委員会事務局奈良県文化財保存事務所『重要文化財東大寺二月堂仏餉屋修理工事報告書』1984年、第1・8図）

東大寺以外では何が起こっていたのでしょう。南都寺院では大仏様系の技術を使ったデザインが見え隠れします。興福寺の南方の元興寺《げんごうじ》は治承の焼き討ちの影響はあまり受けていません。ただしパトロンや荘園などの経済力に恵まず、寺勢は衰えていきました。

ただし東室南階大房《ひがしむろみなみかいたいぼう》（東南の僧房）の一部は独立した極楽坊を形成しました。智光曼荼羅が安置され、それが信者を集めて寺院を形成していきます。ここには極楽坊の本堂と禅室の2つの建築が残っています。ともに13世紀の建物で、奥が禅室、手前が本堂です（図16・2）。元々1棟の細長い僧房だったものが本堂と禅室に分離しました。細部は頭貫の木鼻や蟇座で桟唐戸を吊る形式などに大仏様の技術が使われています（図16・3）。また頭貫より低い位置のところで飛貫《ひぬき》を通しています。禅室に行くと3間のところ

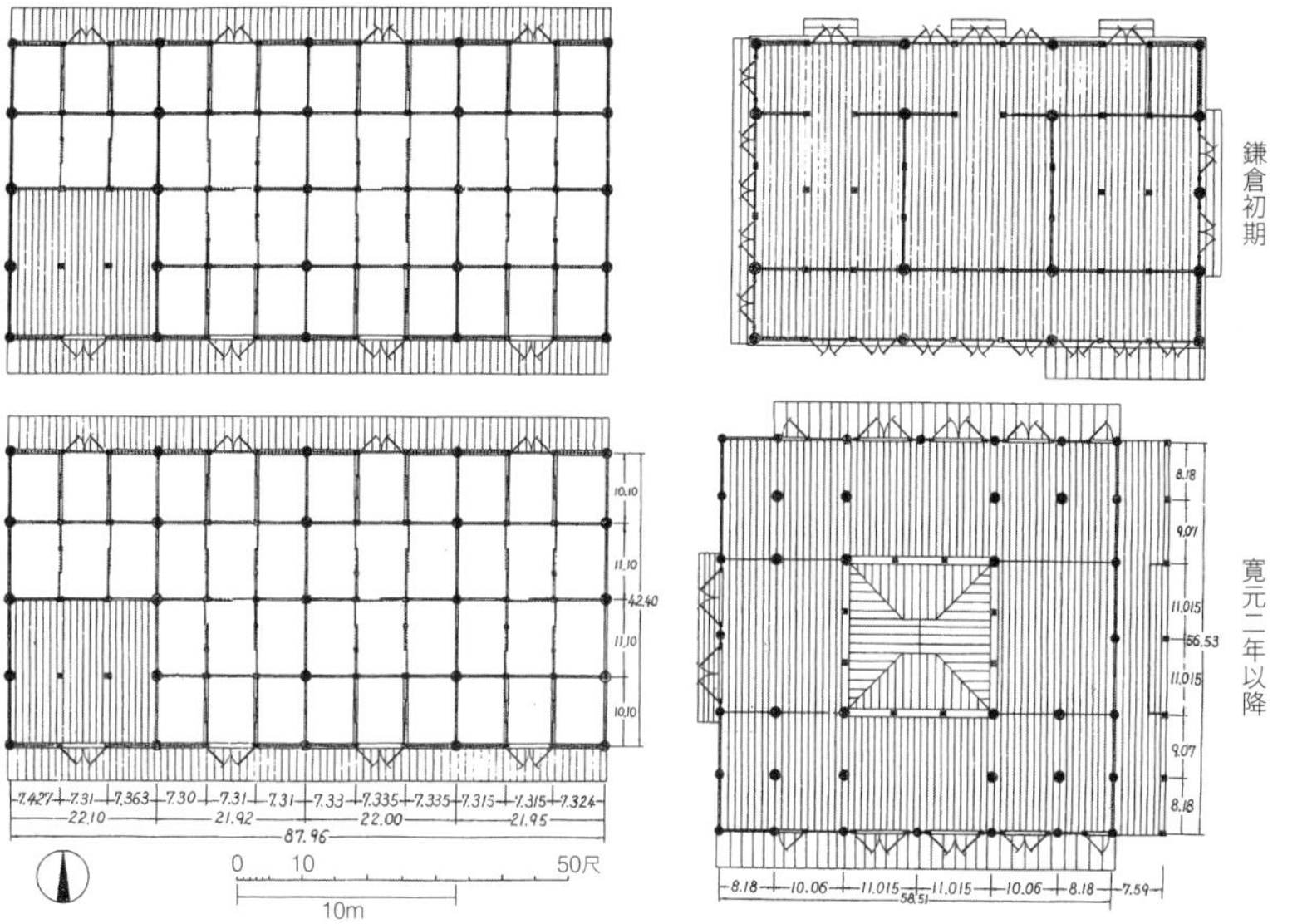

図 16・2　元興寺極楽坊本堂（右）・禅室（左）の平面図（出典：鈴木嘉吉『奈良時代僧房の研究』奈良国立文化財研究所学報第 4 冊、1957 年、第 1 図）

で丸柱と角柱を使い分けています。つまり丸柱は僧房の1間分の幅ごとにあり、これが一室の幅で、一方、間仕切の柱は角柱です。この丸柱と角柱のセットが連続して繋がっています。

大仏様の細部意匠は南都寺院にいくつか見られ、唐招提寺でも大仏様の展開が見えます。寺院の中で律という戒律を守ることを良しとして、中世に伽藍復興をしていき、鎌倉時代の礼堂、鼓楼が現存します。礼堂は建仁2年（1202）、東大寺復興の最初期と同時期に建てられて、かつての僧房を改造し、間に馬道《めどう》という通れる道をつくり、北半を僧房としています。貫・藁座・桟唐戸等の要素がありますが、木鼻は大仏様ではなく禅宗様の意匠と混在してい

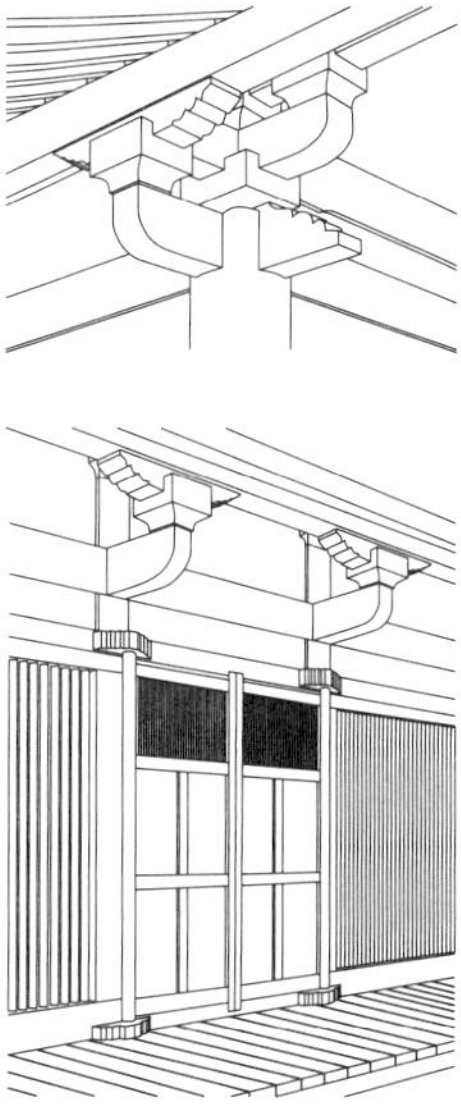
図 16・3　頭貫の木鼻や藁座で桟唐戸を吊る形式

て、かなり後世の改造もあるようです。一方、鼓楼の外観はほとんど和様で、伝統的な奈良時代以来の技術を使っています。突出する頭貫の木鼻や足固貫など、大仏様の要素は一部で主張していません。なぜ唐招提寺に大仏様系の技術が入ったかというと、この時期東大寺の僧侶が唐招提寺を管理していたこととも関係があるのでしょう。寺院同士の管理・経営の関係が建築の意匠や技術者の伝播や移動に影響を与えた様子が考えられます。

◇密教本堂と大仏様

同じように細部意匠をみると、奈良県北部で東大寺にも近い長弓寺本堂（図15・11）には双斗《そうと（ふたつど）》や大仏様の木鼻が用いられて、部分的に大仏様の要素が入っています。東大寺の工匠がかかわっていたようです。また山梨県の大善寺本堂（図15・10、１２８６）は東大寺の鎌倉復興から遅れた時期ですが、大仏様の頭貫木鼻《かしらぬききばな》を使っています。この頃に各地には大仏様や禅宗様が波及し、柱間をとばす大きな虹梁も見られます。後述の鑁阿寺《ばんなじ》本堂（図14・14）のように禅宗様の要素が出てきているのに対し、大善寺では大仏様の木鼻を使っているわけです。大善寺には柱の上に台輪はなく、禅宗様とは違う要素が伝わったのかもしれません。

◇巨大建築の造営

貫や藁座《わらざ》は別として大仏様系の要素は巨大建築を建てる時に参照されました。代表例が方広寺《ほうこうじ》大仏殿です。方広寺大仏殿は秀吉により文禄2年（１５９３）に上棟、その後、慶長7年（１６０２）に焼け、それを秀頼が再建したのが慶長14年（１６０９）で、畿内の大工を支配していた大工頭中井家の中井正清が手掛けています。その時の指図には東大寺大仏殿のように挿肘木を使って、大仏様系の技術を使って再建しようとしていたことがわかります。

今の東大寺大仏殿は知っての通り江戸時代の再建で、重源再建の大仏殿も松永久秀らによって永禄10年（１５６７）に焼失、それが再建されたのは宝永6年（１７０９）です。江戸時代の再建時では前身建物より両脇を縮小しています。細部では柱に根肘木を差し込み、正面側でも挿肘木を用いています。いわゆる大仏様系の技術は、江戸時代でも巨大建築をつくる時に参照されたわけです。そういう意味で大仏様の本来の目的は巨大建築をつくるためのものであったため、それ自体が他の建築に波及せず、意匠的・部分的な摂取にとどまったことは自然であったのでしょう。

◇禅宗様の波及

対して禅宗様は意匠を中心に波及します。細部意匠は江戸時代を通じて色々なところに摂取されます。主な要素に詰組や桟唐戸、禅宗様の木鼻と台輪のセットや花頭窓《かとうまど》は、通常の建築でも使おうと思えば使えます（図14・9）。内部の柱と柱を繋ぐ梁も、装飾的な海老虹梁、柱の下にも碁石状の礎盤も置いて、柱頭には少しすぼめる粽《ちまき》を施します。このような細部意匠は建築の規模に関わらず摂取されました。

和歌山の焼けてしまった密教本堂に松生院《しょうじょういん》本堂があります（図16・4）。組物は尾垂木《おだるき》付の二手先組物を使っています。内部は虹梁がかかって大瓶束《たいへいづか》が置かれ、内側では見えるところに尾垂木の尻が出ています。奈良・平安時代の三手先や尾垂木を持つ組物では、尾垂木を隠しますが、禅宗様の内部空間では中心の鏡天井にしても、周りの部分は化粧屋根裏にして、組物の尻などの構造を見せることがあ

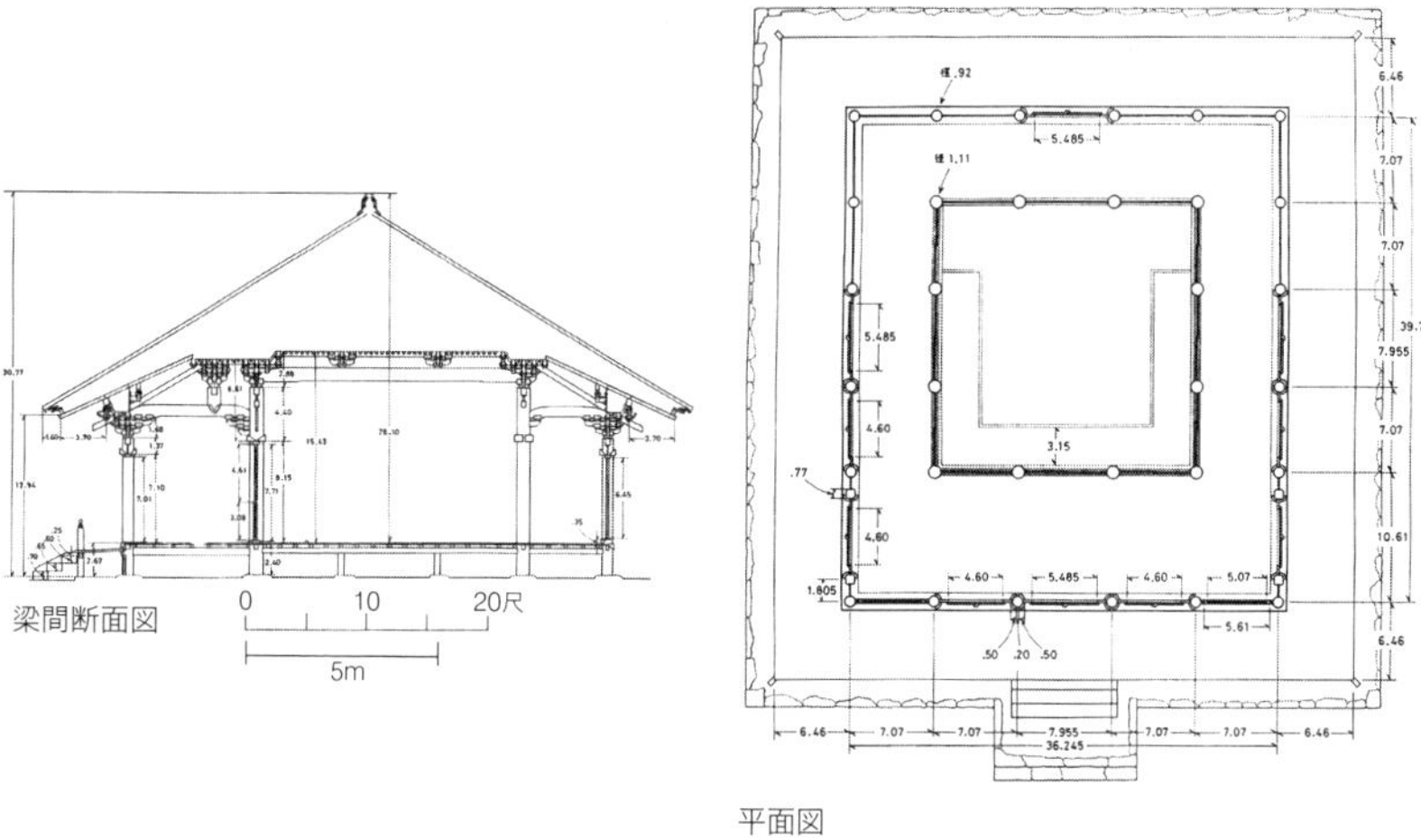

図16・4　松生院本堂の平面図・断面図（出典：『日本建築史基礎資料集成7』仏堂4、中央公論美術出版、1975年、129・131頁）

ります。この松生院ではこの尾垂木尻を見せる方法が外陣で用いられているわけです。ちなみに平面も少し変わっていて、内陣が大きく後退し、正面側に外陣を設けています。外陣は途中までが平たい天井で、そこから先に化粧屋根裏を回していて、密教本堂の四周に廂を巡らせる形式です。それらと尾垂木を持つ組物という、通常であれば相性が良くないものが組み合わさっています。内部は禅宗様の木鼻や大瓶束のような禅宗様の要素が部分的に入っています。

禅宗様がいつできたのか、13世紀の現存建築がないのでわかりませんが、13世紀後半の段階の鑁阿寺《ばんなじ》（図14・14）や松生院にしても、部分的に禅宗様の要素が見えます。例えば禅宗様系の木鼻を使うとすると、台輪・詰組などの禅宗様の意匠のセットで使うことが考えられますが、これらがパッケージ化されていない一部分の使用がこの時代にあったことがわかります。

◇禅宗様の意匠の導入と展開

少し時代が下ると、禅宗様はより明確に使われています。１００年ほど経った室町時代の応永4年（１３９７）に建

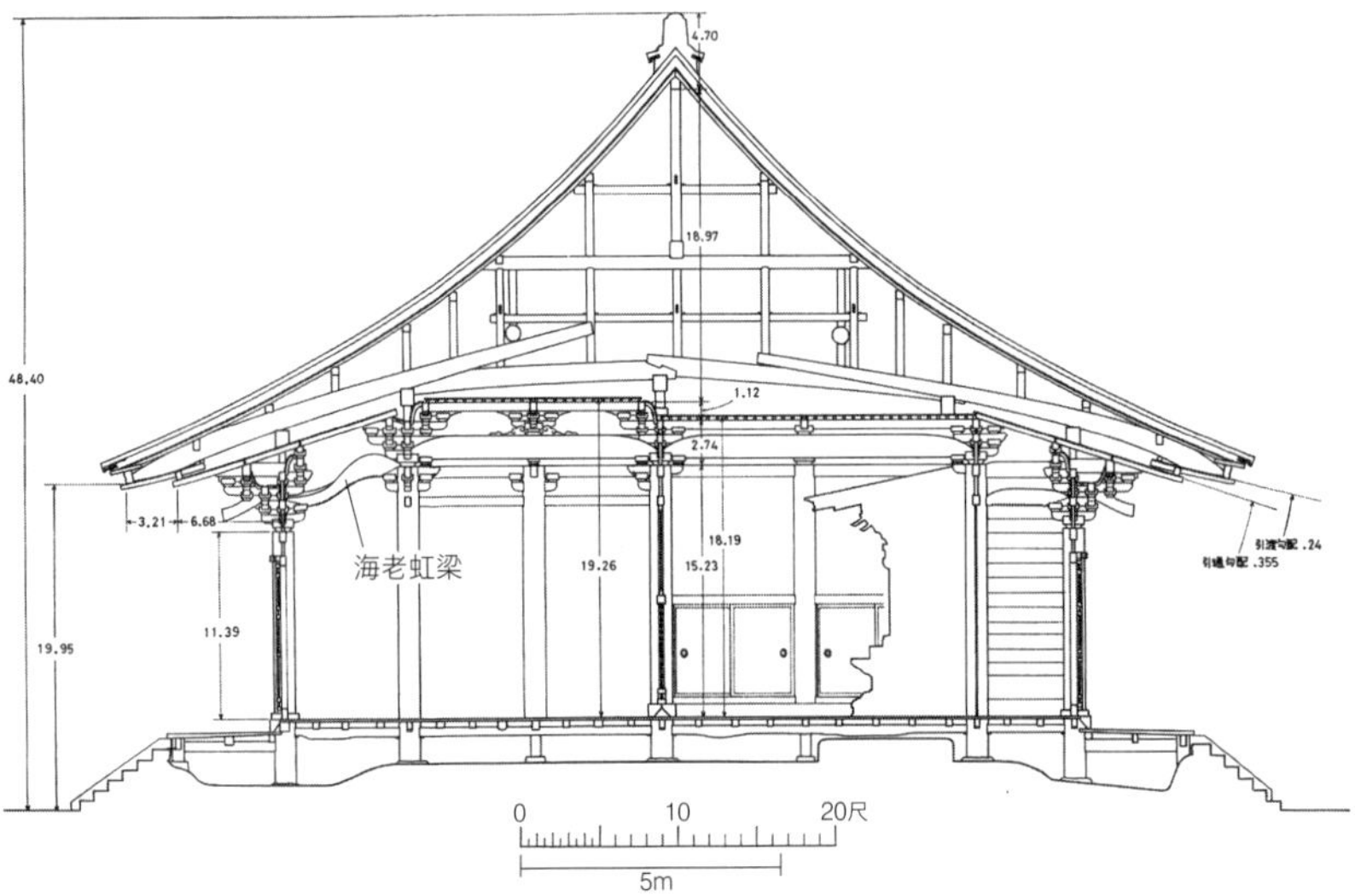

図16・5　鶴林寺本堂の断面図(出典：『日本建築史基礎資料集成 7』仏堂 4、中央公論美術出版、1975年、182頁に加筆)

てられた鶴林寺本堂には内陣、脇陣があって、正面側に外陣がついてくる密教本堂の平面ですが、中備には双斗を使い、尾垂木付きの組物を用いています（図16・5）。内部では海老虹梁を用いて、正面では藁座を使って桟唐戸を吊っていて、禅宗様・大仏様の要素が複合的に入っています。平面的には密教本堂の系統ですが、細部意匠には禅宗様・大仏様の要素が摂取されているわけです。禅宗様の意匠は華やかなので、それらを部分的に摂取しながら、密教本堂に影響を与えたのが中世です。

中世後半になると厨子の中に仏像を納めるようになり、禅宗様の厨子が多く出てきます。江戸時代になりますが、従来のように仏を祀るのではなく、祖霊を祀る霊廟建築で禅宗様が多用されます。徳川秀忠を祀る台徳院《たいとくいん》霊廟の模型が残っていますが、桟唐戸や木鼻、花頭窓に使われています。ちなみにこの模型は近代にイギリスに持っていかれ、ロイヤル・コレクションとされたものが長期貸与で、増上寺に戻ってきています。台徳院霊廟自体は戦災で焼けて残っていませんが、二天門《にてんもん》がまだ残っています。

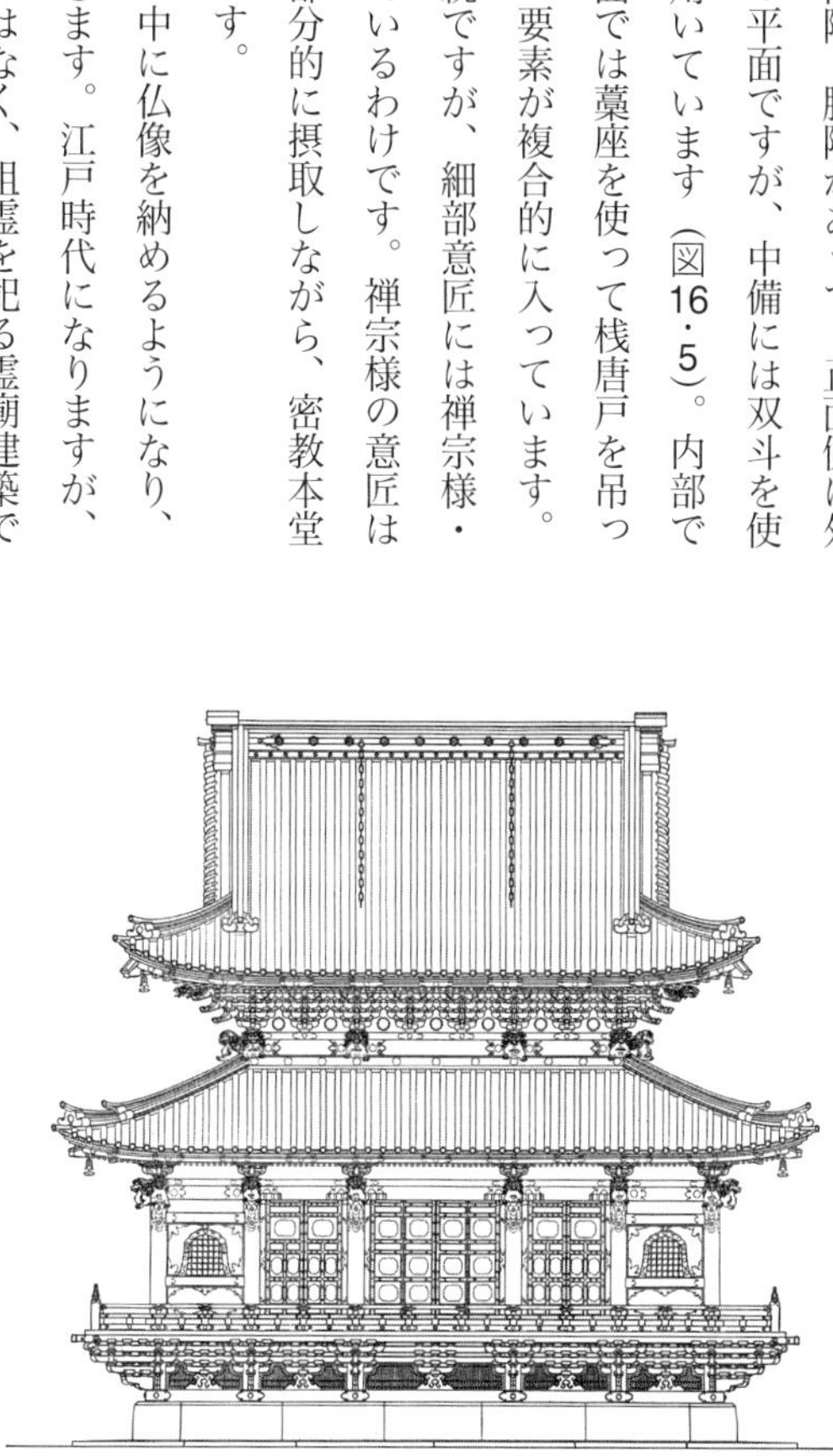

図16・6　輪王寺大猷院霊廟本殿の立面図（背面）（出典：『日本建築史基礎資料集成3』社殿3、中央公論美術出版、1981年、170頁）

仙台の伊達藩の霊廟には、復元された瑞鳳殿《ずいほうでん》があり、花頭窓や藁座で吊られた正面の桟唐戸や、木鼻と台輪を用いた華やかな建築です。徳川家光を祀った輪王寺《りんのうじ》大猷院《たいゆういん》霊廟も花頭窓と桟唐戸を用い、柱上は詰組で禅宗様の要素が満載です（図16・6）。支配者層の霊廟だけではなく、延暦寺などの密教寺院でも高僧の廟所では禅宗様を意識した建築で、延暦寺の伝統から見て禅宗様の廟所は異色です。江戸時代には歴史ある密教寺院でも、仏堂とは違うことを表現するために禅宗様が用いられたわけです。

2 鎌倉新仏教の建築

◇鎌倉新仏教の中世の建築

南都寺院系の東大寺・興福寺、そして密教系の天台宗・真言宗が中世以降も力を持つ中で、臨済宗の栄西や曹洞宗の道元が禅宗を武士中心に浸透させていきます。一方で法華宗も含め、浄土系の念仏を唱えることを主とする宗派は民衆の支持を得ていきます。しかし建築をつくるパトロンの力が強くなく、仏教寺院や伽藍形成の意味ではまだ主役になるような状況ではありませんでした。浄土真宗は農村部を中心に布教していましたし、それ以外の宗派は、京都や鎌倉でも布教していきますが、基本的に大きな建物を構えず小規模な住房や道場くらいのものです。

天台宗・真言宗の仏堂は中世の主流でした。対して鎌倉新仏教の中世建築は少ないのです。耐久性の高いものではなかったことが理由の1つです。建設時の初期投資が十分ではなく、中・長期に耐えられる建築ではなかった可能性があります。鎌倉幕府の滅亡後に鎌倉が衰退し、政治の中心も京都に移りますが、15世紀半ばから16世紀の京都では戦乱が起こったので、多くの建築が失われました。大報恩寺本堂が洛中最古と言われるように、応仁の乱を始めとする戦乱で京都の中心部にはあまり残っていません。そのため鎌倉新仏教の現存建築では様相の把握が難しいのです。宗派ごとに見ていきますが、密教本堂系を意識しながら移っているものが多いことがわかります。

◇浄土宗

浄土宗は法然が広めたもので、専修《せんじゅ》念仏を主とします。法然自身は建築や仏像よりも念仏を主眼としました。仏堂は仏像を祀るための堂宇なので、仏像がなければ建築もつくられません。実際は法然が没した知恩院《ちおんいん》が総本山として中心的な役割を果たします。この場所が法然の由緒によるため、開祖である法然自身が祀られる対象となった建築も建てられています。

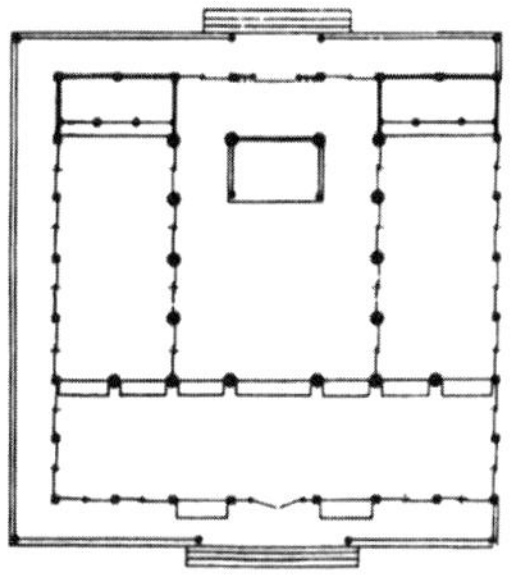

図16・7　知恩院勢至堂の平面図
(出典:新建築学大系編集委員会『新建築学大系2』日本建築史、彰国社、1999年、225頁)

中世の遺構として１５３０年に建てられた知恩院勢至堂《せいしどう》が御影堂《みえいどう》より奥まった高台の上にあります(図16・7)。住宅風の外観で角柱、内部は丸柱で、奥行の深い内陣で、両脇間を持ち、時宗の仏堂とも類似する形です。鎌倉新仏教の各宗派の仏堂同士でも影響関係があった可能性があります。

　実際に仏堂として使われたものでは愛知の信光明寺《しんこうみょうじ》観音堂があります。ここは基本的に禅宗様の要素が使われています。現在の知恩院の建物は近世に建てられましたが、やはり禅宗様の要素が多く見られます。鎌倉新仏教の寺院では既存の密教寺院や奈良の南都寺院とは対比的な建築の表現方法として禅宗様が使われたと考えられます。大恩寺念仏堂では礼堂がつき、西福寺阿弥陀堂では禅宗様を用いています(禅宗様仏殿の部材利用)。禅宗寺院や密教寺院の仏堂のようなカチッとしたスタイルは見られず混在しており、少なくとも中世の段階では浄土宗の仏堂という形式は確立していたわけではなさそうです。

◇浄土真宗

浄土真宗は親鸞により展開され、農村部で布教されました。拠点として、仏を祀り中心施設にする場合と、道場的な拠点をつくる場合の２つありました。布教活動をするには定点にとどまらず移動しますので、常設の立派な拠点の建設は適しません。その中でも西徳寺《さいとくじ》本堂(１７１３年)は中世の道場的な様相を残しています。

　また京都では親鸞の没した大谷に廟がつくられ、永享10年(１４４０)には阿弥陀堂や御影堂がつくられ、これらはその後の本願寺にも継承されます。

　一方で既存の宗教からすると新興勢力は疎ましく、本願寺は比叡山に中世の段階で焼き討ちを受けています。それでも蓮如が文明10年(１４７０)から再建し、その後、本願寺は力を付けていきます。

浄土真宗の建築で古いものに岐阜県の照蓮寺《しょうれんじ》本堂（永正元年＝1504）があります（図16・8）。密教本堂で脇陣にあたる余間《よま》が内陣の両脇にあります。密教本堂では仏像を祀り修法をする場所が主だったのに対し、浄土真宗では外陣に信徒が集まることが重要で、建築の構成にも違いが表れます。

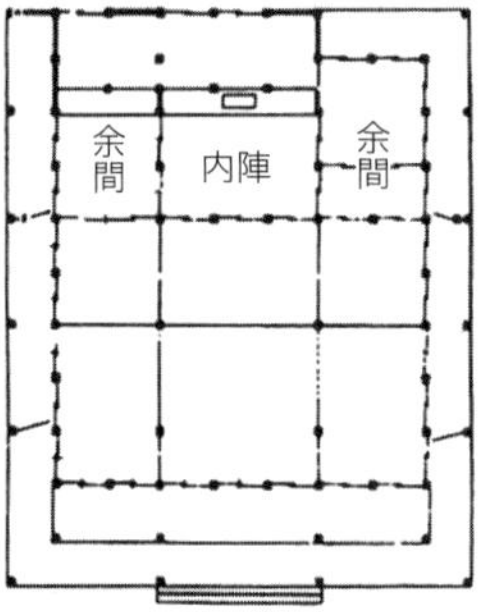

図16・8　照蓮寺本堂の平面図
（出典：新建築学大系編集委員会『新建築学大系2』日本建築史、彰国社、1999年、223頁に加筆）

もう1つが近世の専修寺《せんじゅじ》御影堂《みえいどう》という三重県にある仏堂です。内陣と外陣の間が緊密な関係になっています。密教本堂ではこの境界の扉が閉まっていて、声だけ聞く、あるいは格子戸でチラ見せ状態でした。それが浄土真宗仏堂では仏像と信徒がより近い関係で、ポピュリズムに対応した空間がつくられました。近世でも密教系の仏堂では内陣が閉鎖的で、入りにくさや見にくさを視覚的に感じますが、浄土真宗系では今でも矢来《やらい》などが置かれて中が見える状態で空間の境界のイメージも違います。

◇時宗

時宗は一遍《いっぺん》が広め、踊《おどり》念仏を中心に布教します。仮設舞台をつくって踊りながら念仏を唱えて布教活動します。布教では移動して信者を増やすため、やはり恒常的な建築がつくられないことが特徴です。一方で一遍の没後は、開祖が宗教活動をしたところや布教拠点が道場として各地につくられます。それが時宗における建築の展開になります。

残っているものは少なく中世の遺構では広島尾道にある西郷寺《さいごうじ》本堂（図16・9）、島根の萬福寺本堂のみです。西郷寺は内陣の両脇に脇陣があり、正面側に礼堂があるという密教本堂に似た形態ですが、奥行の深い内陣が特徴

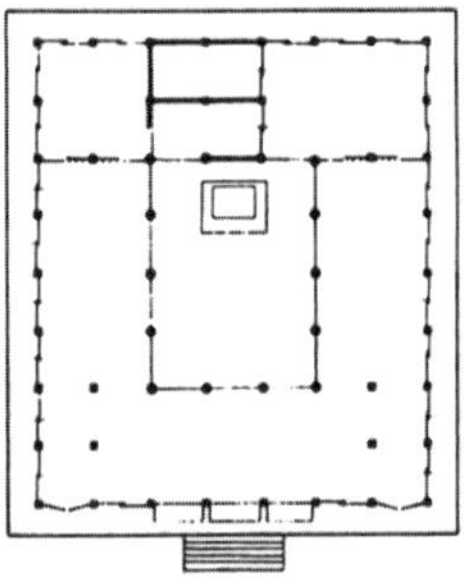
図16・9　西郷寺本堂の平面図
（出典：新建築学大系編集委員会『新建築学大系2』日本建築史、彰国社、1999年、224頁）

です。また角柱に舟肘木《ふなひじき》という、住宅風の外観で、内部は丸柱や組物を使う仏堂の構えで、外観と内観で大きな違いを見せています。もう1つが浄土真宗と似ていて、内陣・脇陣と礼堂の間に強い境界を設けずに開放的な空間になっています。俗人には見えない修法などを大切にするのではなく、民衆信仰として内陣を見せる形をとっています。

◇日蓮宗

日蓮は関東出身なので鎌倉時代初期に関東から布教を始め、地頭や御家人級の武士らがパトロンになります。日蓮宗の総本山の身延山《みのぶさん》は東京から少し離れていますが、中世以来からの拠点である中山法華経寺《なかやまほけきょうじ》や池上本門寺《いけがみほんもんじ》は東京から電車で40～50分の距離にあります。関東圏にも有力な寺院が日蓮宗の拠点としてつくられたのです。14世紀前期になると京都に妙顕寺がつくられ、足利幕府とも密接に関わります。中世の遺構は残っていませんが、瀬戸内の交易の港湾都市、岡山の牛窓に本蓮寺《ほんれんじ》本堂があります（図16・10）。平面は奥行の深い内陣に脇間がつき正面に礼堂が付く形で、時宗や浄土宗の形式とも似ています。一方で住宅風の舟肘木や丸柱を使う特徴があります。

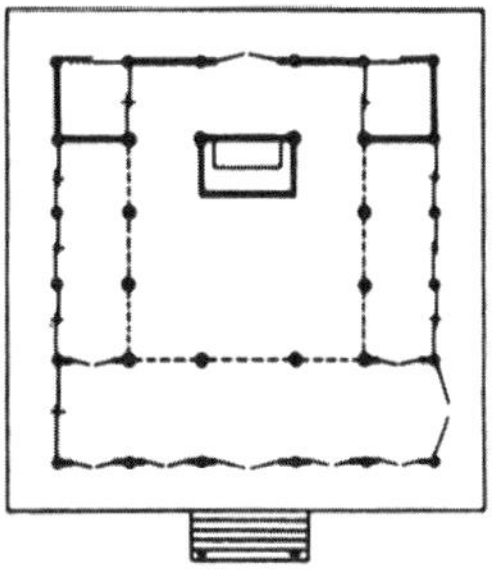

図16・10　本蓮寺本堂の平面図
（出典：新建築学大系編集委員会『新建築学大系2』日本建築史、彰国社、1999年、226頁）

千葉の中山法華経寺には室町時代に建てられた法華堂が日蓮宗の仏堂の特徴を示していて、正面が吹放しになっています。日蓮宗は天台宗から分かれましたが、天台系の密教本堂では正面は吹放しではなく、建具や壁の中に礼堂が収まるのに対して、日蓮宗では正面が吹放しになるわけです。この中山法華経寺祖師堂（延宝6年＝1678）では、入母屋造屋根を2つ並べた比翼《ひよく》入母屋造も特徴的ですが、吹放しの礼堂です。開放的な吹放しの構成が日蓮宗の仏堂の特徴の1つです。

◇臨済宗・曹洞宗

以上は念仏を唱えることを主とする宗派です。これに対して同じ禅宗でも臨済宗とは違う要素が曹洞宗の寺院では見られます。栄西の臨済宗は寺院を京内中心につくっていますが、曹洞宗を広めた道元は俗世を離れた修行を求め、福井県越前の永平寺に籠ります。臨済宗が京都や鎌倉などの都市部に残って、幕府と近づき力を付けたのに対して、曹洞宗は対比的な動きをしたわけです。武士の帰依によって北陸から東北の南部に広まっていきます。

建築の形式では、変わった部分もあります。曹洞宗の方丈に見られる最大の特徴は、正面1間分だけ土間にする点です。例えば近世初頭に建てられた青森の長勝寺本堂では、畳の敷かれた部屋が8つに分かれた方丈のような仏堂に厨子を祀って、一室を仏堂化しています。通常は床張の仏堂であれば、外部の縁に上がって内部に入りますが、扉を開けると土間があり、そこから一段上がって入る形式です。

富山の曹洞宗の瑞龍寺《ずいりゅうじ》では仏堂・山門・法堂・廻廊などが中軸線に並び、臨済宗と同形式の構成ですが、背面に行くと方丈で堂内の正面1間を土間として、床上は六室構成の部屋割りがなされています。このあたりが同じ禅宗でも、臨済宗と曹洞宗で違うところです。

鎌倉新仏教には遺構がほとんど残っておらず、江戸時代以降、近世の寺社建築の理屈でつくられることも多く、宗派によると色分けが難しくなります。建築として本当に成立していたかどうかもわかりません。中世の建築史では密教寺院や臨済宗の禅宗様、東大寺の再興で使われた大仏様については、建築が残っているので語られやすいのですが、それ以外の新仏教でも建築に関する動きがあったのです。

3　神社建築の展開

◇礼拝施設の付加

一方で、神社建築の展開もありました。神社建築は伊勢や出雲などの古式から始まり、流造や春日造のように古代の段階である程度形ができています。元々は本殿建築に神の場所がありましたが、中世になるとその前に礼拝施設が設置されてきます。また仏教と神道が緊密な関係を持ち、拝殿や長床《ながとこ》と呼ばれる礼拝スペースが付加されます。

宇治上神社では本殿の前に鎌倉時代末期の建立と考えられる拝殿があります（図16・11）。住宅風の要素である蔀戸《しとみど》や舟肘木を使っていて、繁垂木《しげだるき》ではなくまばらに入った疎垂木《まばらだるき》も特徴です。本体の中心部分は丸柱ですが一番外側の廂部分は角柱を使っています。このような住宅風の要素も取り込んだ拝殿が出てきます。床張で儀礼ができる空間になっていて、正面の本殿に対して礼拝します。仏堂では内陣に礼堂が近接し同じ屋根の中に仏像が納められていますが、本殿の前に礼拝のスペースが設けられるです。

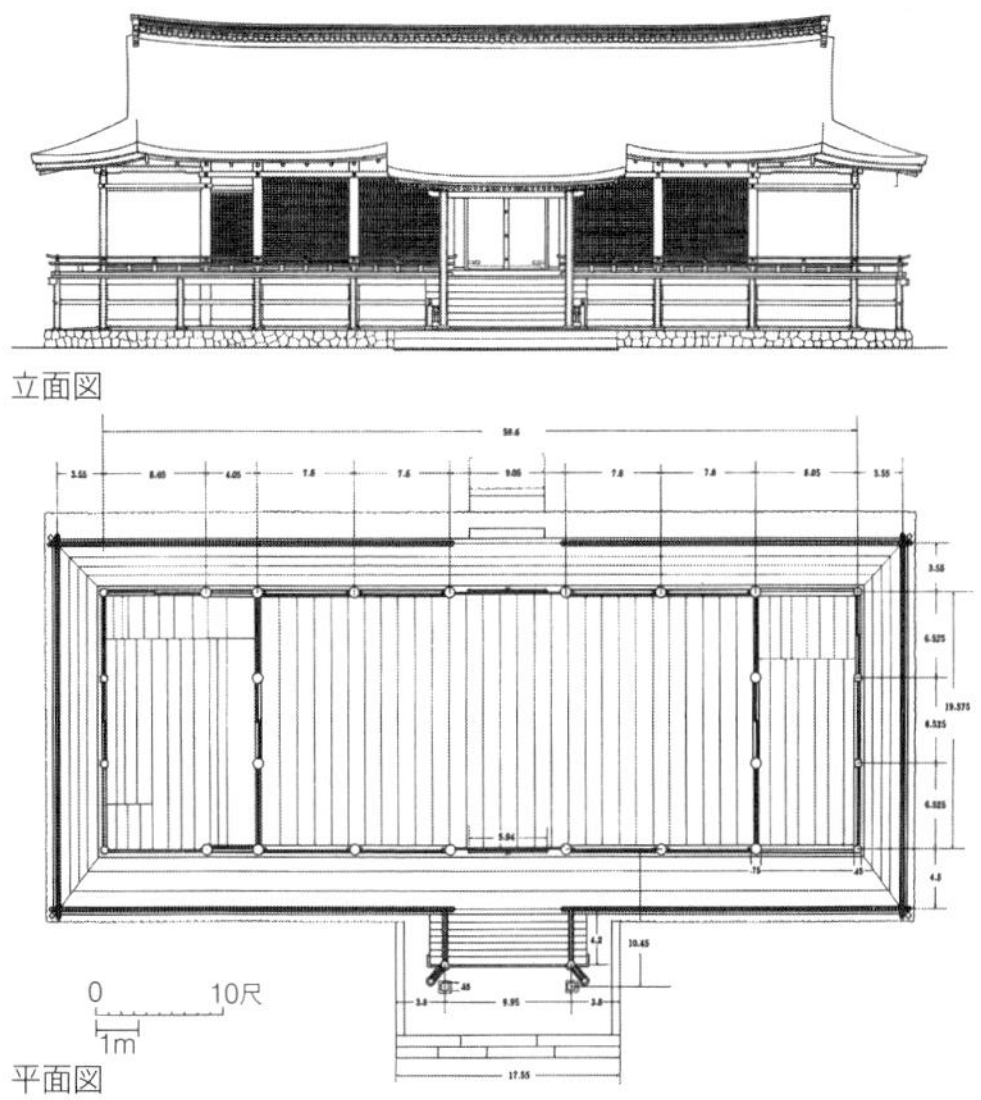

図16・11　宇治上神社拝殿の平面図・立面図（出典：『日本建築史基礎資料集成2』社殿2、中央公論美術出版、1972年、92・93頁）

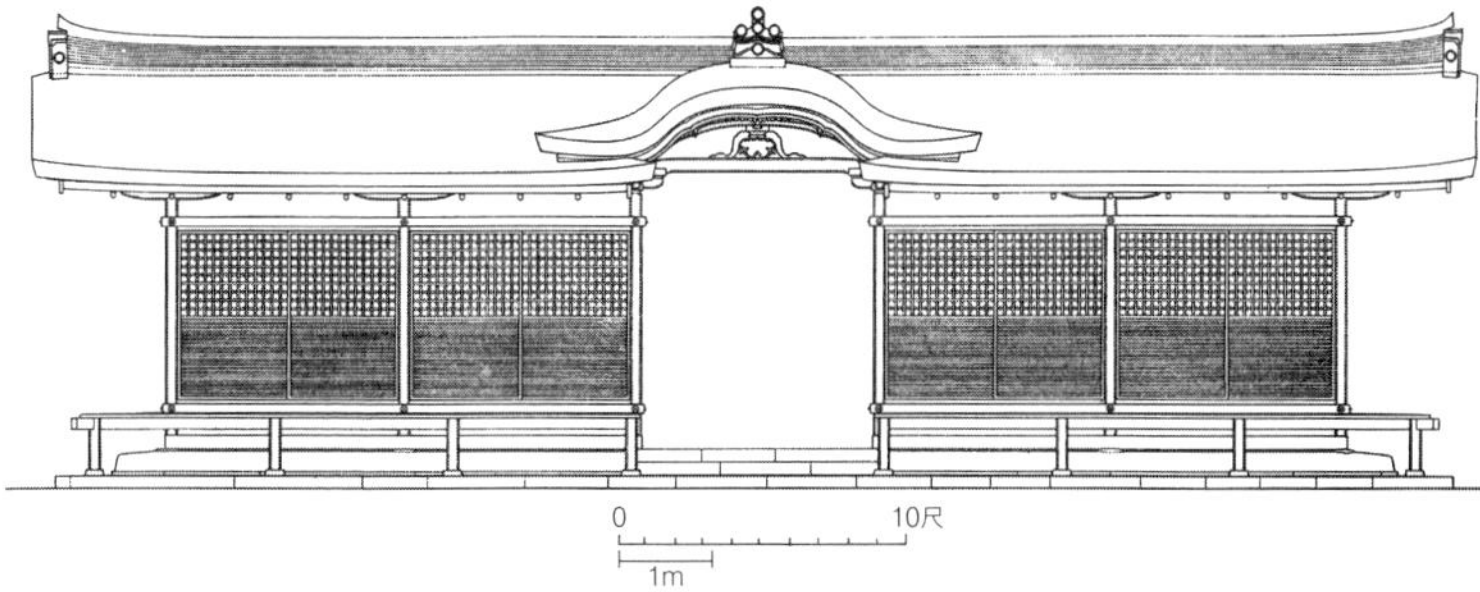

図16・12　石上神宮摂社出雲建雄神社拝殿の立面図（出典：『日本建築史基礎資料集成2』社殿2」、中央公論美術出版、1972年、122頁）

　同じようなものに石上神宮《いそのかみじんぐう》の拝殿があります。割拝殿《わりはいでん》の形式で、桁行5間の中央1間を馬道という通れる形式をしています（図16・12）。両脇は床を張っていますが、真ん中は通行できる形です。屋根の上の中央に唐破風がのっています。後の時代だと軒先に曲線を持った軒唐破風を付ける形式をとりますが、ここでは本体の屋根とは別に真ん中に唐破風を載せており、これは比較的古い軒唐破風の形式と考えられています。

もう1つ、拝所について、全く建具のない空間の長床《ながとこ》を忘れてはいけません。奈良と和歌山の県境付近に熊野本宮があって、熊野信仰が各地で起こりますが、この熊野信仰は、山中を歩いて修行する修験者《しゅげんじゃ》と緊密に関連します。寺社の礼堂や拝殿に当たる、修験者が加持祈祷や参籠《さんろう》をする場所として長床がつくられたと思われます。

熊野本宮から応徳2年（1085）に源義家が遷宮をしてきた福島県の熊野神社に長床が現存しており、現在の建物は鎌倉時代初期のもので、桁行9間、梁間4間で、古式な柱配置の寄棟造としています。床張ですが建具や間仕切りが全くありません。使い方はわかりませんが、必要に応じて何らかの設備を加えたことが柱に残っている痕跡からも想定されます。

4　神社本殿の展開

◇大規模本殿

礼拝施設は仏堂の影響で中世になると大規模な本殿がでてきて、ここには仏教的な要素がミックスされています。例えば応永32年（1425）に建てられた吉備津《きびつ》神社本殿では、仏堂の身舎、廂構造と同じような構成です（図16・13）。中心部分に、三間社流造の中心の本殿、その四周に廂が巡っています。正面に朱の壇《あけのだん》という空間がついて、これらの全体を囲むように廂がぐるっと廻る構成です。このような構成は、密教本堂で見たような身舎・廂の構造に礼堂がくっ付いてきて、四周に廂が廻るのと似ています。

この吉備津神社本殿も中山法華経寺と同じように、入母屋造を2つ並べたような形で、檜皮葺の比翼入母屋造《ひよくいりもやづくり》の屋根です。正面側の拝殿も高い柱の身舎の3面に裳階《もこし》が回る構成で、裳階部分だけ瓦葺で外観からも見て取れます。それぞれの床の高さも変えていて、空間の違いが床の高さからも読み取れます。

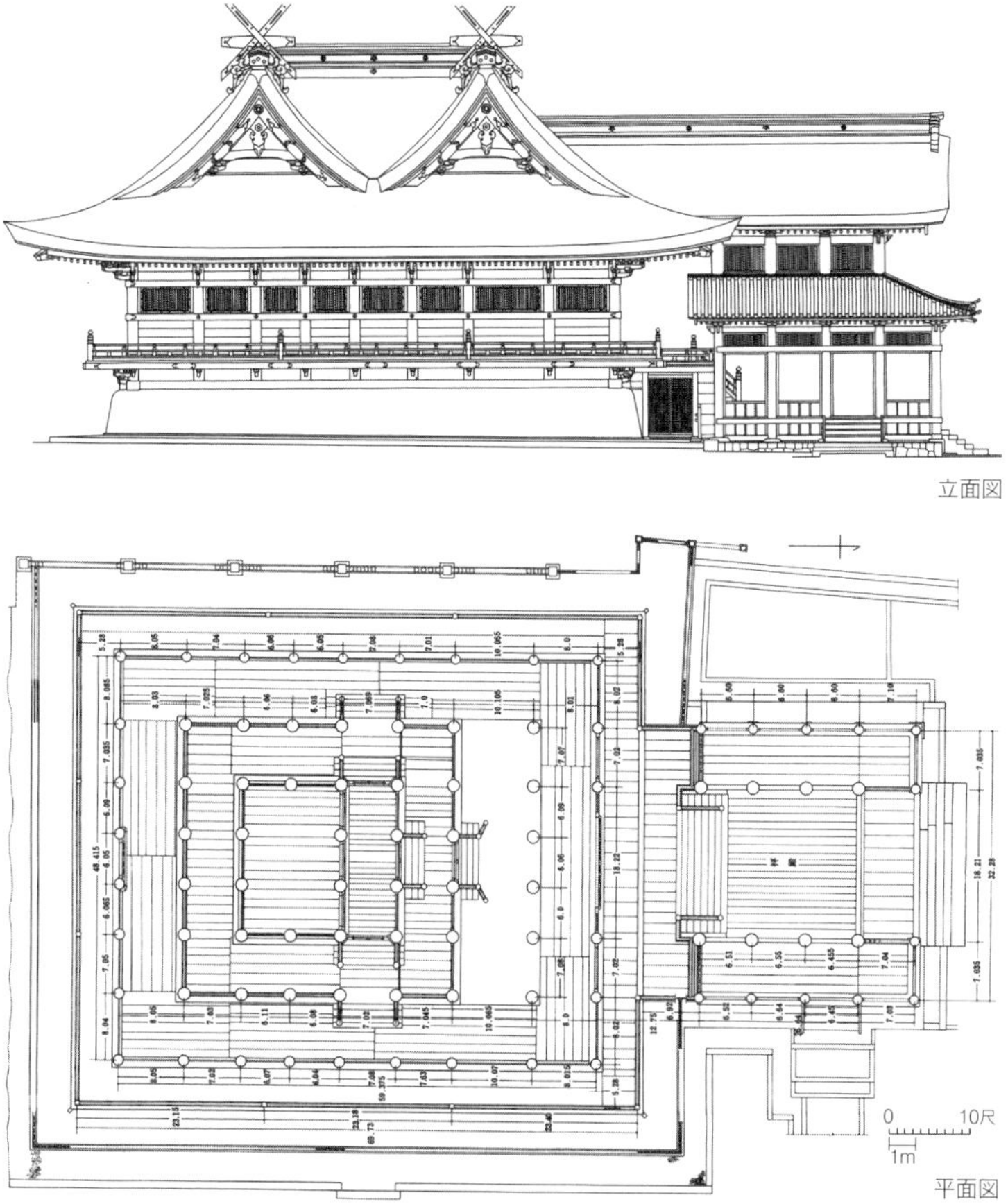

図16・13　吉備津神社本殿・拝殿の平面図・立面図（出典：『日本建築史基礎資料集成1』社殿1、中央公論美術出版、1998年、194・197頁）

実は吉備津神社では大仏様の要素がある挿肘木を用いています。神社にしては大きな建築ですが、仏教建築の要素が少なからず神社建築にも入り、両者の技術が全く別々に動いていたわけではないことがうかがえるわけです。なお大規模になるだけが中世の神社建築の特徴ではなく、新しい時代でも神社本殿は礼拝スペースなしで独立して建っているものは多く見られます。

◇流造の展開

三間社流造のような流造も変わっていきます。建立年代が明らかで最古のものに、建保7年（1219）の神谷《かんだに》神社本殿があります。ここでは土台ではなく、礎石建《そせきだて》です。元来、春日造や流造は土台が特徴ですが、礎石の上に建つ形式の神社が増えるのが中世の神社建築の特徴です。これは神社本殿が常設化したことを強く示す事例です。また扉が正面だけではなく、側面にも出てくることが特徴です。加えて古式な形式を残すとされる上賀茂・下鴨の両社に比べると、組物も廂の部分では出三斗を使い、仏教寺院の華やかな組物が持ち込まれている点に変化が見られます。

本殿の展開で言えば、平面形式では神社は元々1つの社に一柱の神という対応関係でしたが、中世になると3間であれば3つの部屋に分割して、三柱の神を祀るというように分室していきます。

大宝神社境内社追来《おふき》神社では、内陣と外陣を分けていて、本殿の内部に別室の空間をつくる分室も進みます。応永年間の広八幡《ひろはちまん》神社本殿になると、背面側は3間を三室に、三室の正面側は広い一室に分けて、1つの社殿に扉を3つ付けて三柱の神を祀っています。

◇前室付の流造

神官が正面で礼拝をするためには、仏教でいう礼堂、儀式の空間が要りますが、神社本殿の梁間は狭いので、奥行2間を二室に分けたとしても広くありません。そこで廂の空間を閉じて部屋にした前室が設けられます。身舎と廂の部分を囲って前室をつくるわけです。

前室付の三間社流造は園城寺新羅善神堂《おんじょうじしんらぜんしんどう》など滋賀県に集中的に残っています（図16・14）。身舎と廂の関係性は、丸柱と角柱、天井形式と細部の形式の違いで、前室と神を祀る空間の表現差を表し、あくまで神を祀る空間と前室の空間はきっちり分けている点が特徴です。この前室付の三間社流造が分布する範囲は限られていて、鎌倉時代以降の滋賀県下に多いですが、京都や広島・山口の瀬戸内地方や愛知・静岡や石川・富山にも展開しています。この範囲は必ずしも限定された地方ではなく、どのように伝わったかはまだ解明されていません。

◇浜床・浜縁

流造はさらに発展し、前室をつくるだけではなく正面側

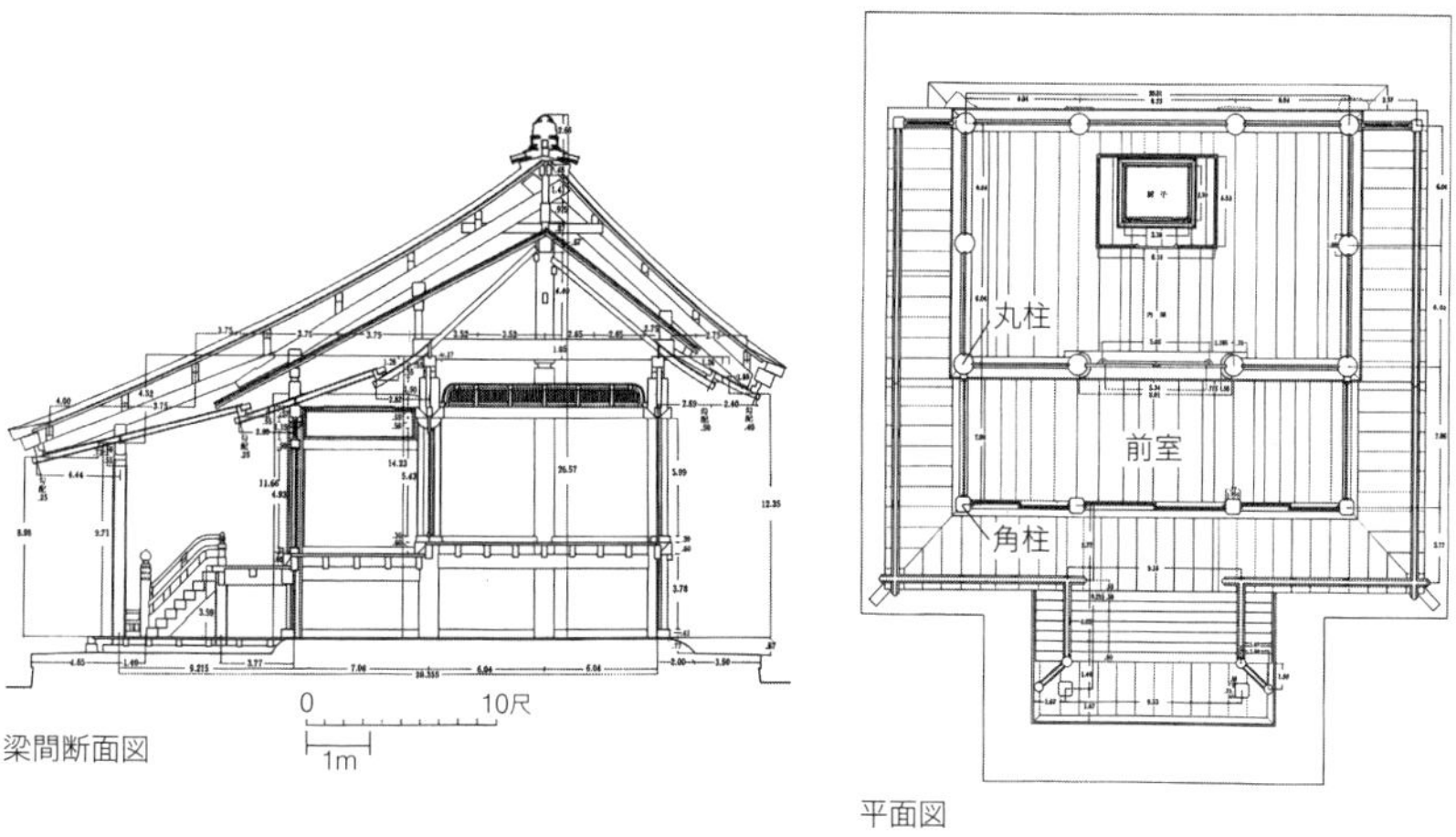

図16・14　園城寺新羅善神堂の平面図・断面図（出典：『日本建築史基礎資料集成2』社殿2、中央公論美術出版、1972年、108・110頁に加筆）

にも床を張るようになります。これは浜床《はまゆか》・浜縁《はまえん》と言います（図16・15）。中世になると大仏様で足固貫《あしがためぬき》を入れたように、神社でも身舎と廂の柱の足元部分が離れるのを繋ぐために貫を入れました。足固貫で連結すると、その上に床を張れるようになり、浜床・浜縁が発達します。それ以前の土台に乗ったポータブルな建築から発展したのが中世の流造の特徴です。

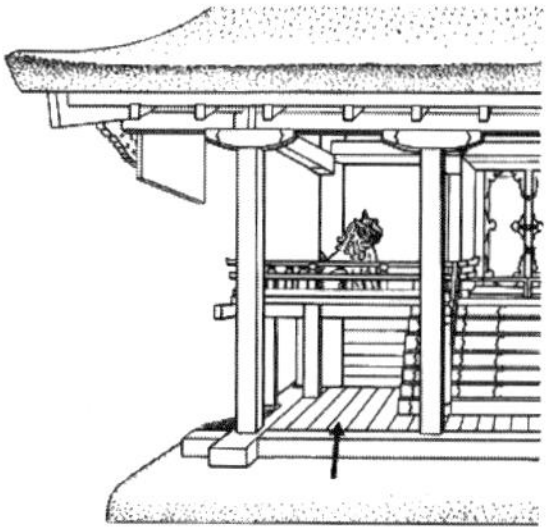

図16・15　浜床・浜縁（出典：『精選版日本国語大辞典3』小学館、2006年、浜縁の項、ジャパンナレッジ）

◇連棟本殿

中世には社殿が桁行方向について大型化することがあります。流造で一番大きいのは窪八幡《くぼはちまん》神社本殿の11間社流造ですが、実は11間に1柱の神が祀られているわけではなく、三間社流造が3セットあって、その間に1間ずつ繋がりの間があるので、3×3＋2＝11間になります。

流造では桁行方向に長い石清水八幡宮など古いものがあ

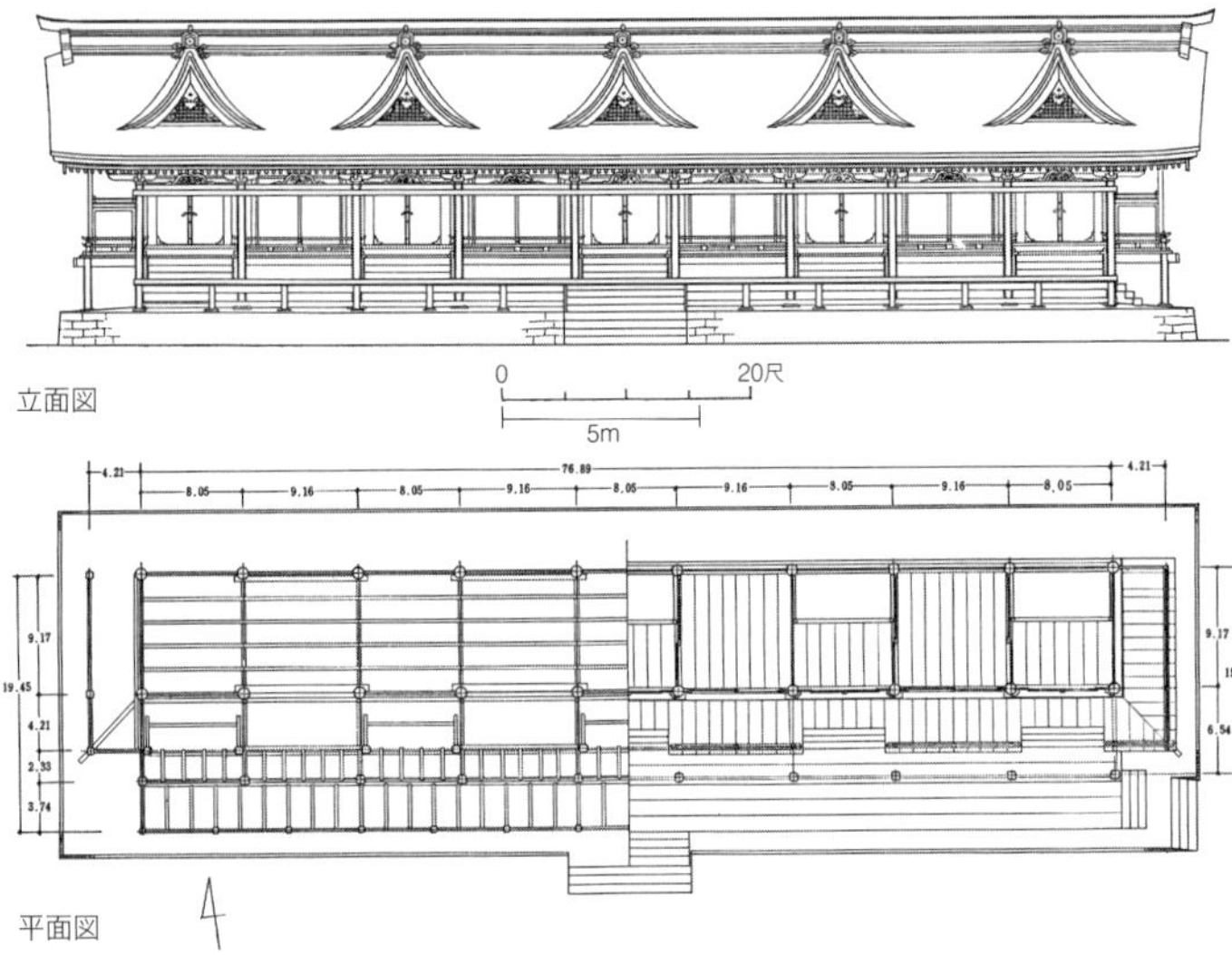

図 16・16　住吉神社本殿の平面図・立面図(出典：『日本建築史基礎資料集成 3』社殿 3、中央公論美術出版、1981年、110 頁)

りますが、中世になると幅1間のはずの春日造でも連棟式が出てきます。それが山口県の住吉神社で応安3年（1370）の建立です（図16・16）。

正面立面では破風がないと流造のようですが、よく見ると5つの扉があり神の場所がわかります。扉がある所に必ず破風が載っていて、全部で5つの春日造が連続しているわけです。春日造でも連棟式で並んで繋がっているのです。

少し複雑なものに、近世の初頭に建てられた吉野水分《みくまり》神社本殿があります（図16・17）。立面図を見ると3つの破風が並んでいます。両脇に三間社流造が2棟、真ん中に1棟の一間社春日造が並んで長い連棟式の社殿をつくっています。真ん中だけ隅木入の春日造としているので、両脇部分の隅木なしと比べても、中央が春日造とわかるようにしています。連棟形式でも、それぞれが必ずしも全く同じものではなく、元々は別の社殿がくっ付いていることを示しています。一見、元々春日造なのか流造なのか判断できませんが、分解していけば元の形がある程度見えてくるわけです。

◇入母屋造の本殿

神社も仏教との関係が大きいので、仏教的な社殿もでてきます。入母屋造の本殿が増えてくるのが中世の状況です。御上《みかみ》神社本殿は正方形の中心部があって四周に廂が巡る形で、一間四面堂と全く同じ形です（図16・18）。壁も板壁ではなく漆喰壁で屋根を宝形造にしたらほとんど仏堂です。平面的には中心の1間を神坐としていますが、3面に廂を廻らせ、入母屋造の屋根をかけています。屋根上に千木や堅魚木《かつおぎ》があり、神社本殿だとわかります。

一方でこの神社では、神坐の1間後ろにもう一室あって、背面側にも扉があります。通常本殿の背面の壁には扉はありませんが、御上神社の背後には山があって、遥拝するための拝殿という説もあります。入母屋造の本殿は古いものとは断定できませんが、一間四面堂の寺院建築とかなり近い平面で、屋根は神社建築の特徴を示しています。

さらに発展した入母屋造本殿の派手な建築として、大阪の錦織《にしこおり》神社本殿（正平18年＝1363）があります。平面は背面を三室に分けて正面1間は一室としていて、前後室に分けています。正面は千鳥破風と軒唐破風が付きますが、千鳥破風は中央の1つのみです。先ほどの連棟式の春日造の場合には、扉のある神のいるところには必ず破風が載っていたのに対して、この場合は神社本殿全体を荘厳するための意味でしかない千鳥破風が正面に1つ置かれています。

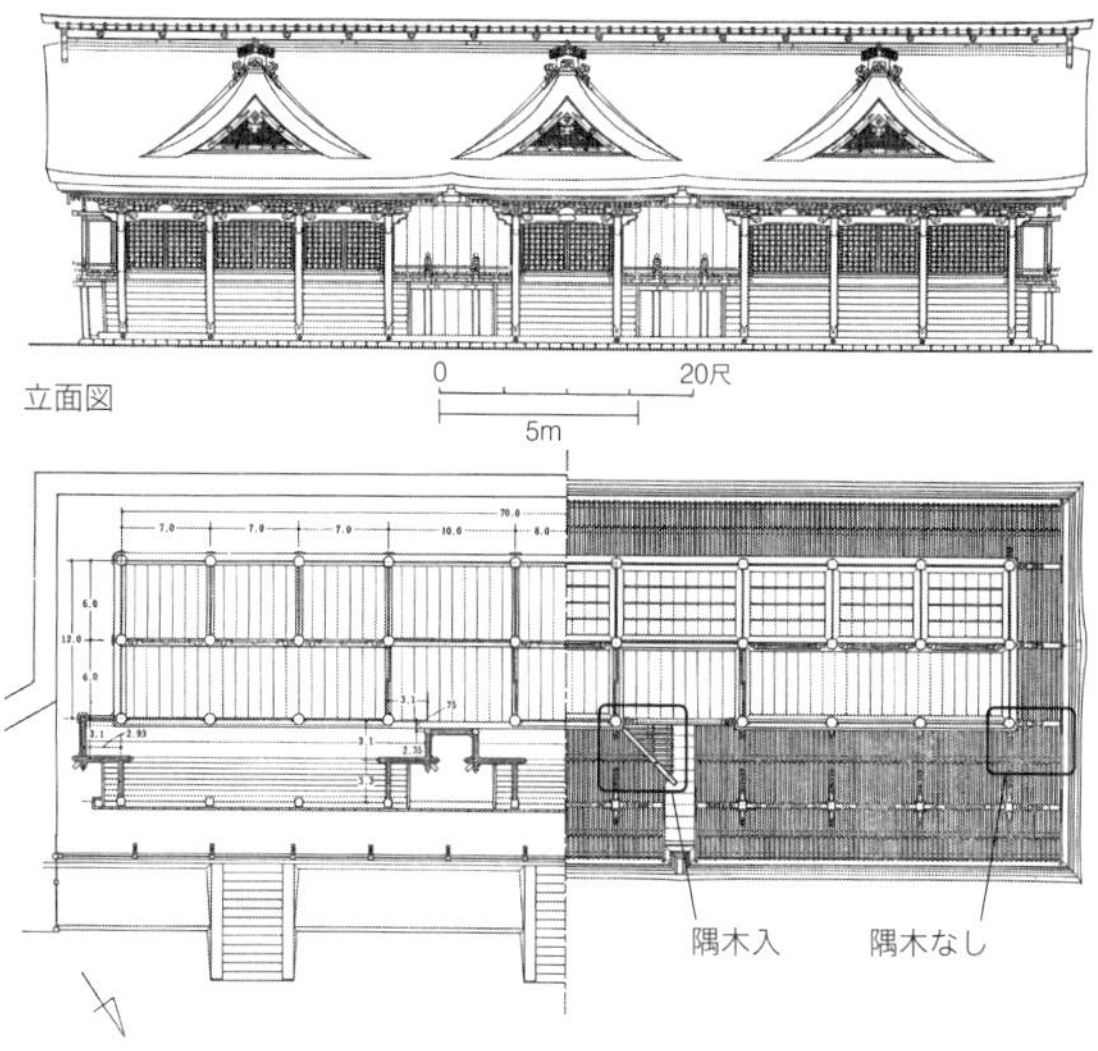

平面図（左）および天井伏図（右）

図16・17　吉野水分神社本殿の平面図・立面図（出典：『日本建築史基礎資料集成3』社殿3、中央公論美術出版、1981年、128頁に加筆）

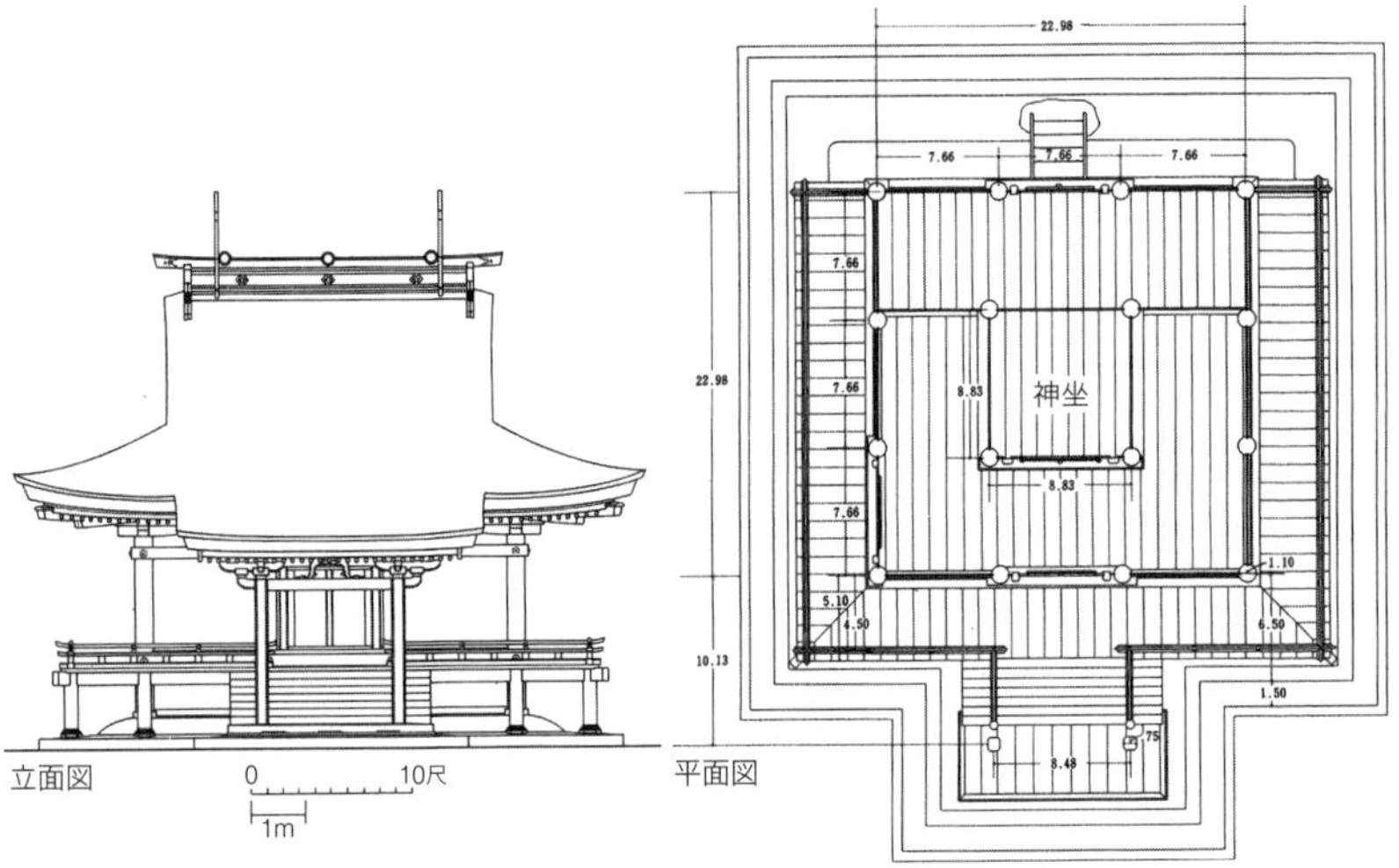

図16・18　御上神社本殿の平面図・立面図（出典：『日本建築史基礎資料集成 1』社殿 1、中央公論美術出版、1998年、186・187 頁に加筆）

つまり神坐のある場所とは無関係に、破風が装飾的に用いられているわけです。その他にも組物を使ったり、海老虹梁や妻飾《つまかざり》に大瓶束《たいへいづか》を使ったりと、装飾的な要素が入っています。仏教建築に対抗するために装飾の少ない形式でつくられていた時とは違って、神社建築にも装飾的なものが増え、その象徴が入母屋造の屋根の形や、千鳥破風・軒唐破風に見てとれます。このように中世になると寺院と神社が神仏習合する中で神社本殿がつくられることもあり、装飾的な入母屋造の本殿も増えてきます。

◇複合社殿

さらに社殿が複合的になるものがあります。その例が厳島神社で、仁安3年（1168）に平清盛の援助で再興し、仁治2年（1241）に再建されたものです（図16・19）。浜辺に浮かんでいるかのような様相をしています。本殿と幣殿《へいでん》・拝殿・廻廊・祓殿《はらえどの》が一体化しています。本殿の形が変わっていて、通常の流造では正面側にしか庇が流れませんが、背面側にも流れている両流造です。本殿の正面に幣殿がつき、その前に拝殿が付いています。さらにその前

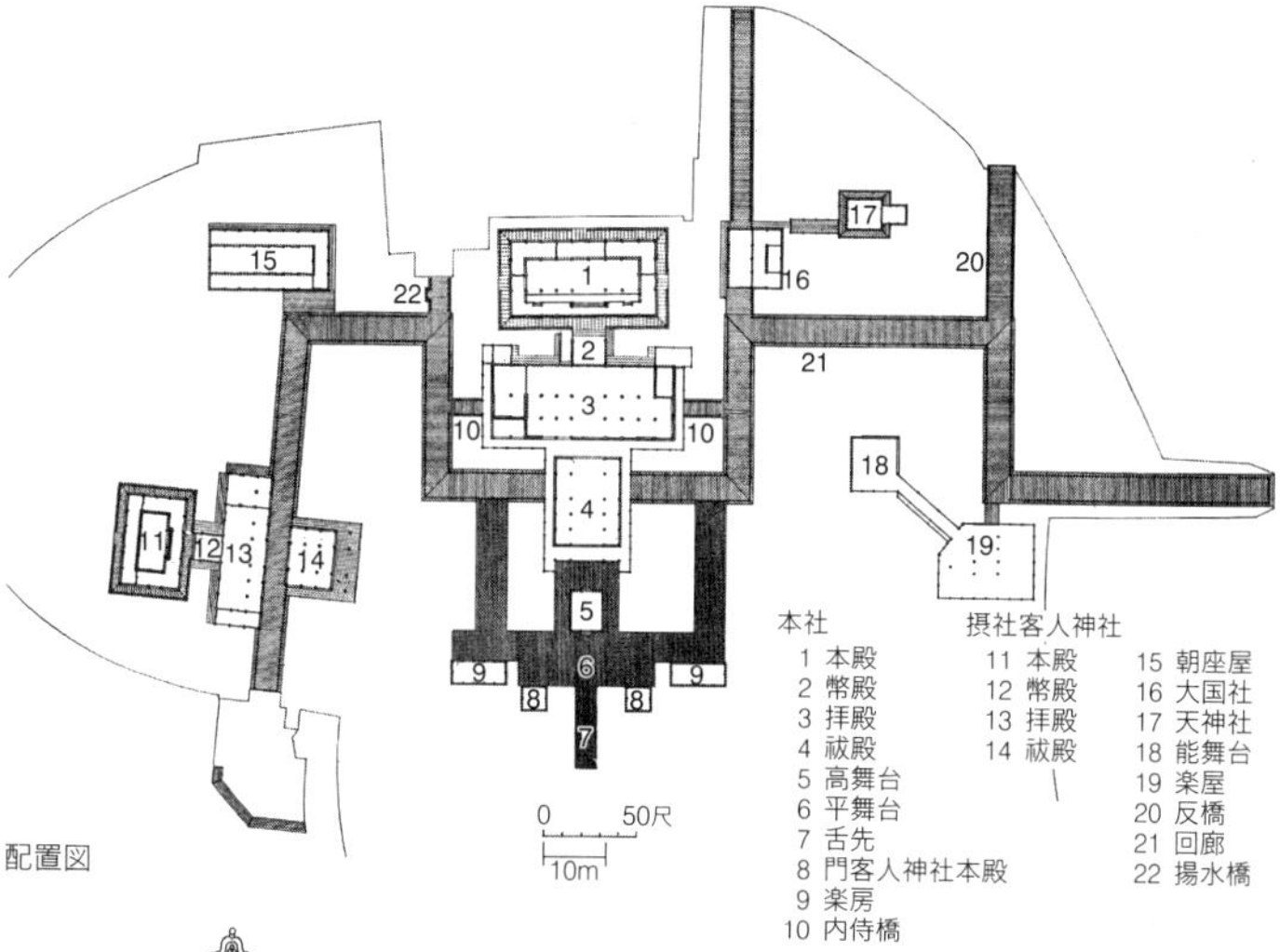

配置図

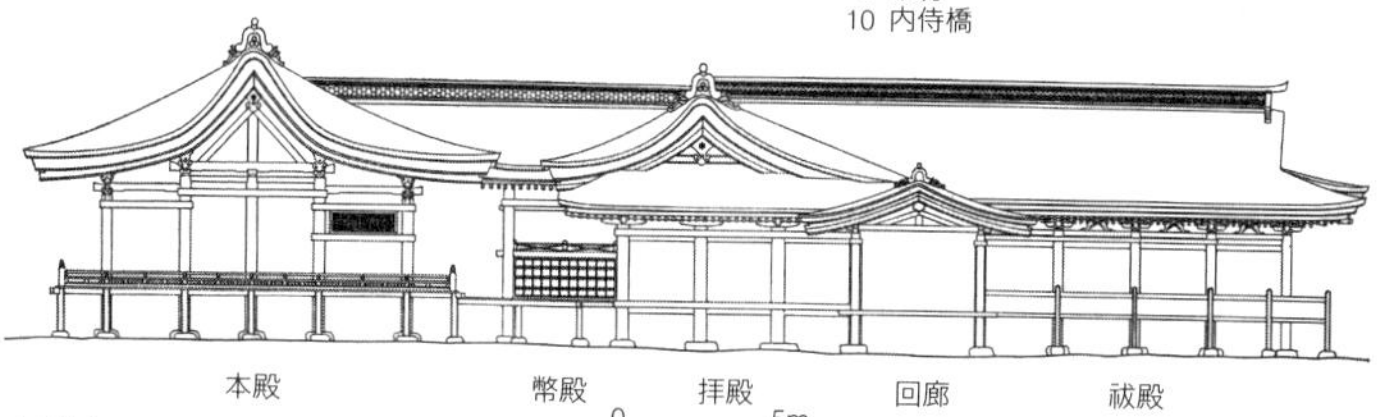

立面図

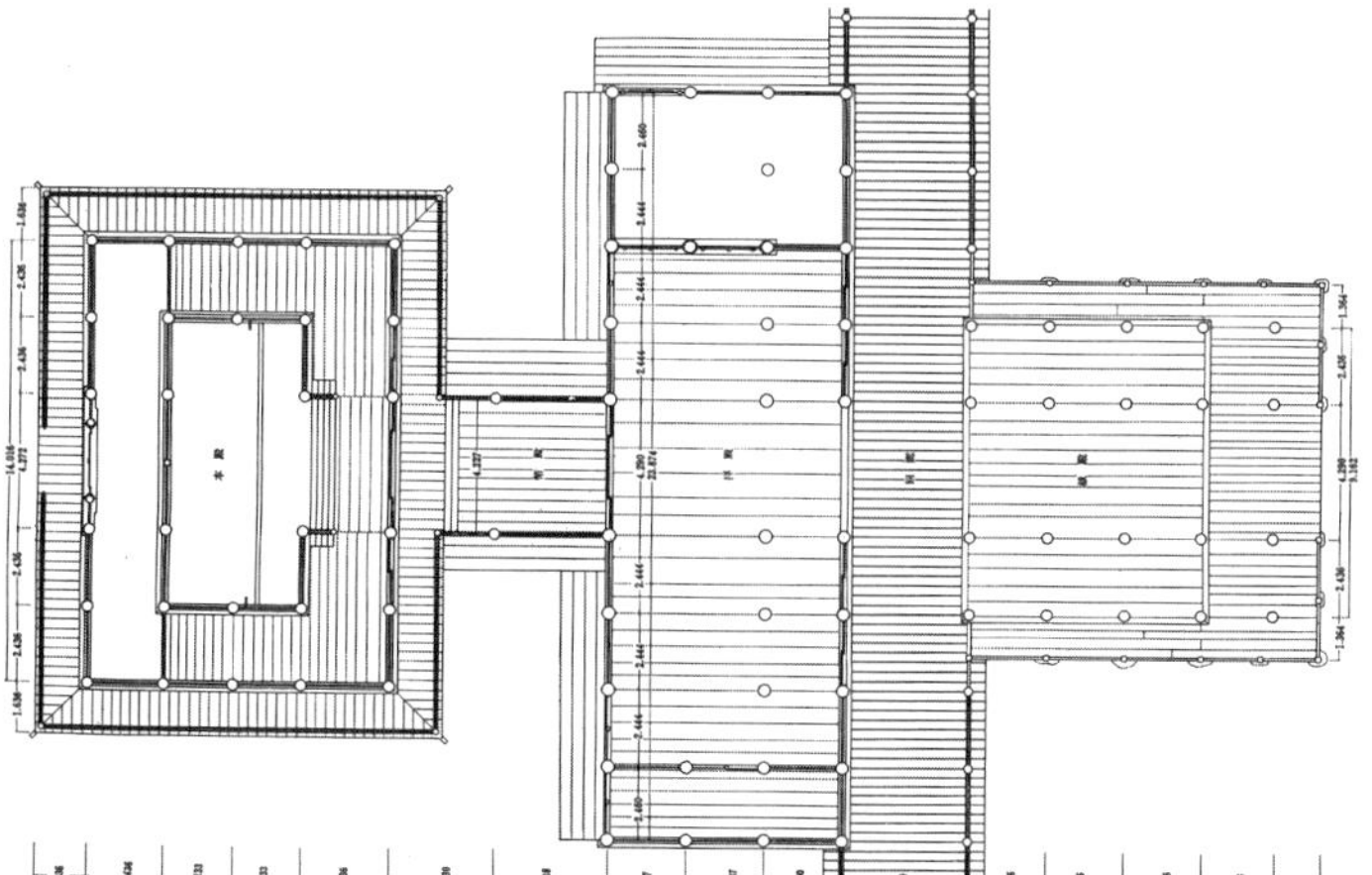

平面図

図 16・19 厳島神社の配置図及び摂社客人神社本殿・幣殿・拝殿・廻廊・祓殿の平面図・立面図
(出典:『日本建築史基礎資料集成 2』社殿 2、中央公論美術出版、1972 年、125・133・136 頁)

には祓殿が建ち、廻廊が付いて、複合的な社殿をつくり上げています。

◇権現造

このような幣・拝殿を付ける形式が発展しますが、この本殿・幣殿・拝殿の構成には権現造《ごんげんづくり》があります。現在の北野天満宮が慶長12年（1607）のものなので、権現造は

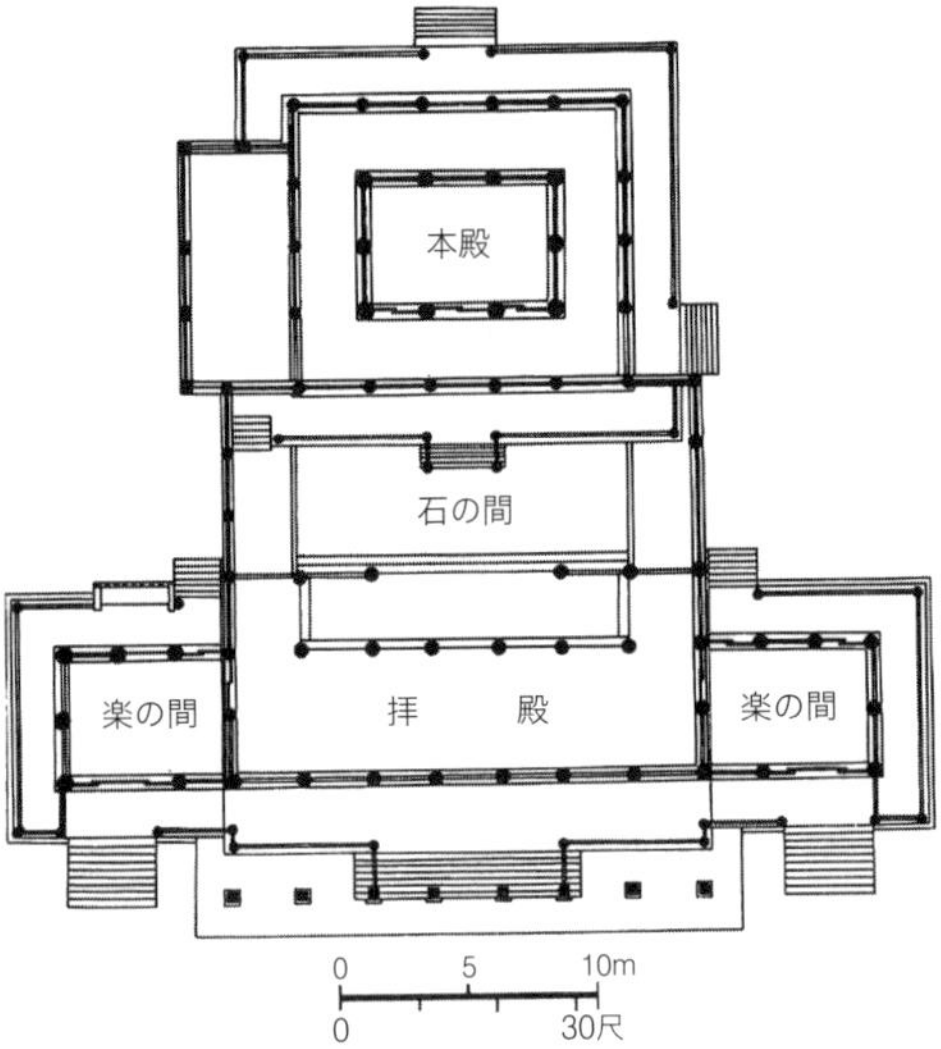

図16・20　北野天満宮本殿・石の間・拝殿の平面図（出典：『文化財講座日本の建築1』古代1、第一法規、1977年、115頁）

現存建築では新しくなってしまいますが、平安時代の北野天満宮の建立時からあるとされ、本殿と拝殿の間に石の間を付けた3つの複合の構成が権現造の基本となります（図16・20）。この石の間は相の間《あいのま》になっていて、本殿や拝殿とは違う形を示しています。

豊臣秀吉を祀った豊国廟を描いたものでは、奥に本殿があって、幣殿の棟が直交して手前に拝殿があり、エの字のような形をした屋根で繋がっています。八幡社でも使われていて、仙台の大崎八幡宮では、奥に本殿、手前に拝殿があって間を石の間でつないでいます。伊達政宗が慶長12年（1607）に建てた建物ですが、断面でも本殿と拝殿の部分があり、石の間でつないでいます（図16・21）。間の部分は一段下がって、床張の2つの建物を繋いでいるので、ここのみ床を張らずに一段低いのが特徴です。

この形でいちばん有名なのが日光東照宮で、基本的に本殿・幣殿・拝殿のセットでつくられている典型です（図16・22）。東照宮は家康が1616年に没した後、最初は静岡県の久能山《くのうさん》に祀られ、翌年に日光東照宮に改葬していま

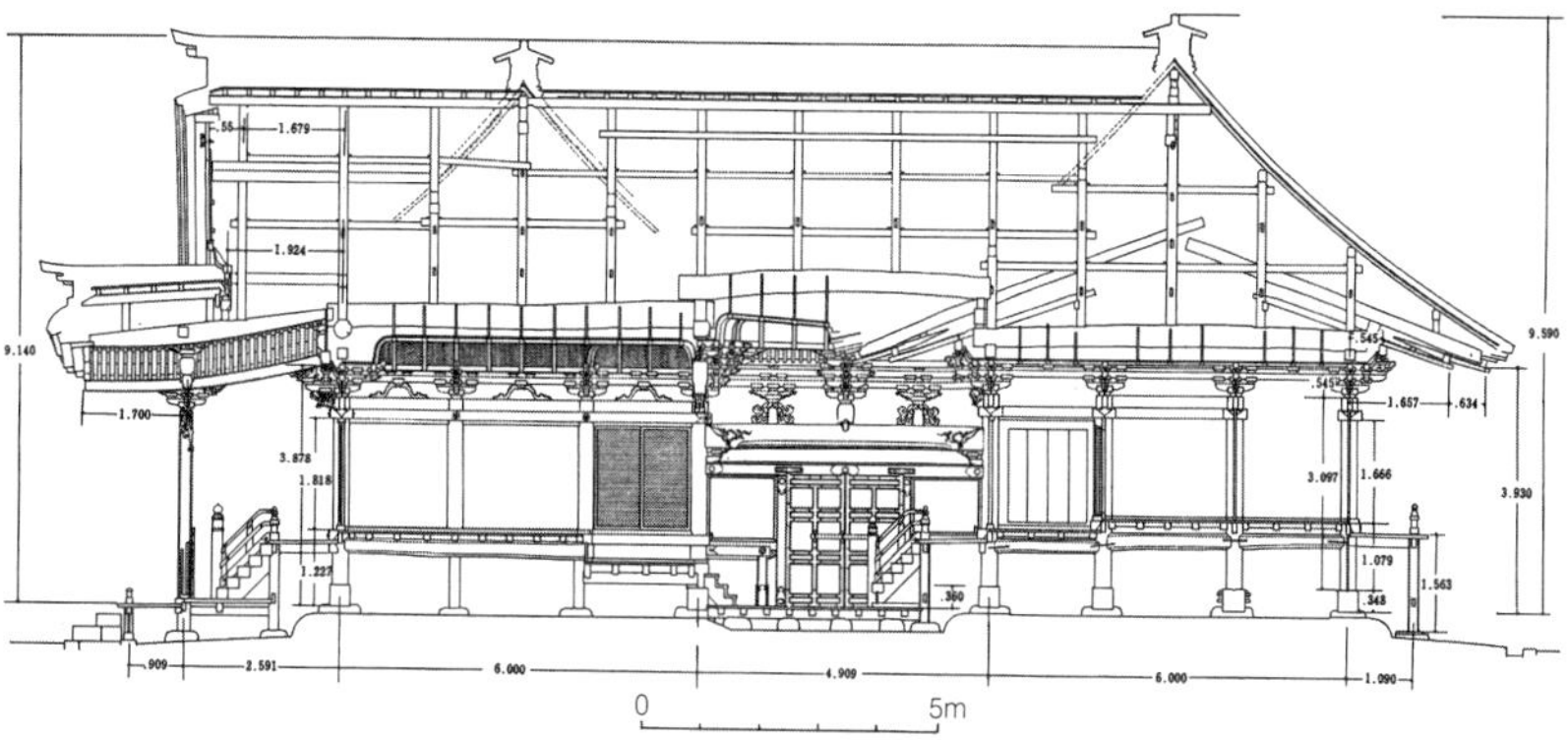

図 16・21　大崎八幡宮本殿・石の間・拝殿の断面図（出典：『日本建築史基礎資料集成 3』社殿 3、中央公論美術出版、1981 年、135 頁）

す。この日光東照宮も元和3年（1617）に建てられた建物は残っておらず、現社殿は家光による寛永13年（1636）のものです。本殿・拝殿の間を石の間でつないでいて、いずれも石の間は梁間が狭くなっています。

装飾史的に日光東照宮は画工・漆工・金工などの芸術の諸分野を集めており、技術的にも高く、世界遺産になっています。断面図を見ると中心の本殿は二重の折上天井で格が高いのに対して、正面側では床も、天井の形式も低く、空間の差別化が東照宮でもきっちりされています。東照宮は全国にたくさんありますが、どれも微妙に違います。本殿と拝殿の柱の筋の揃え方や、拝殿の入母屋と本殿の切妻を並べて、その間に直交する屋根をかけるので、屋根同士や軒先をどう納めるかの調整が難しく、それぞれ工夫しています。こうした細かい納まりは近世に技術発展し、柱間ではなく垂木寸法を基準とした枝割《しわり》設計など、中世以前とは全く違う考え方が出てきます。さらに大工技術書のような技術書ができて、技術が継承・蓄積され、近世の建築は展開していくのです。

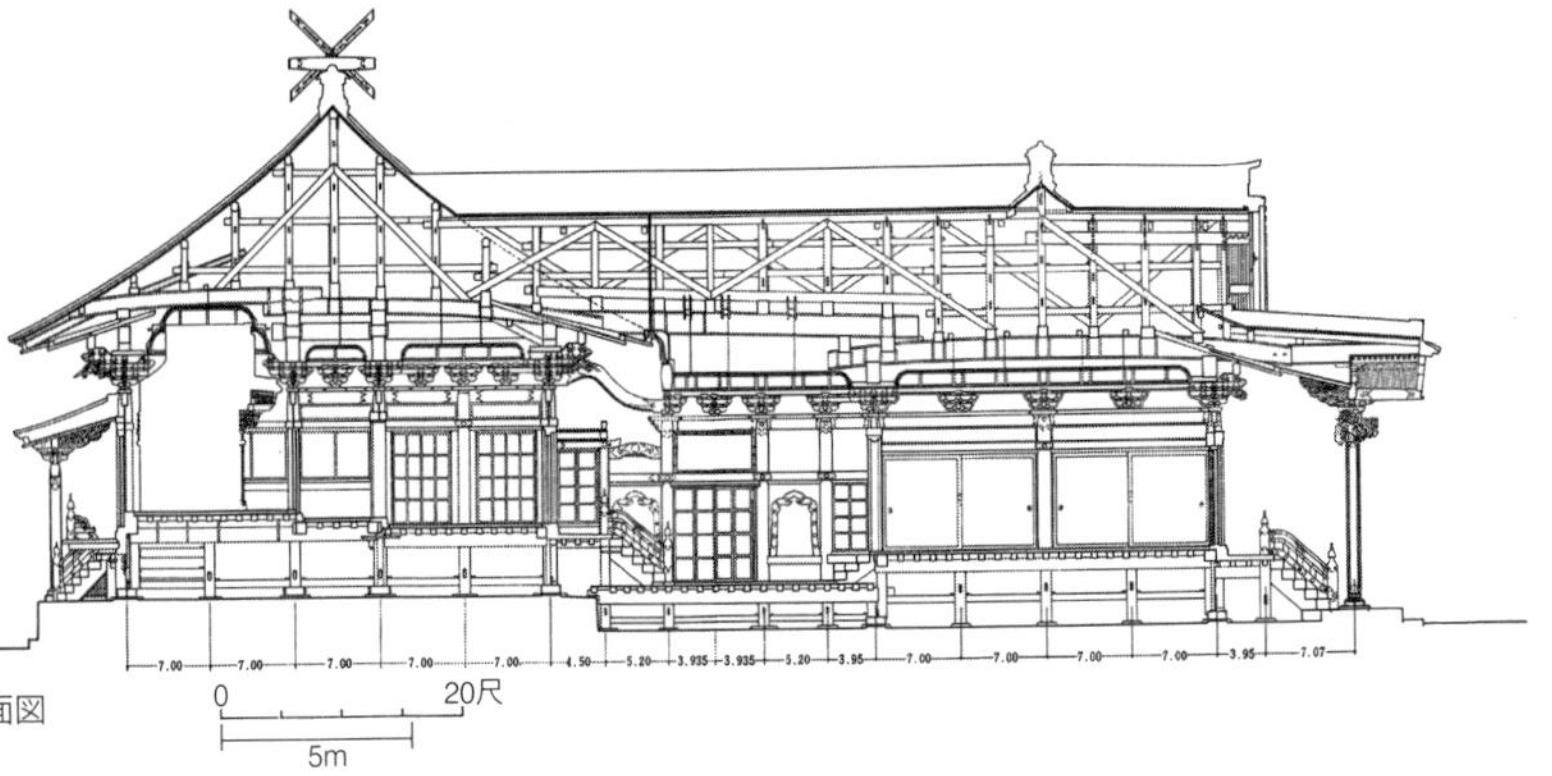

断面図

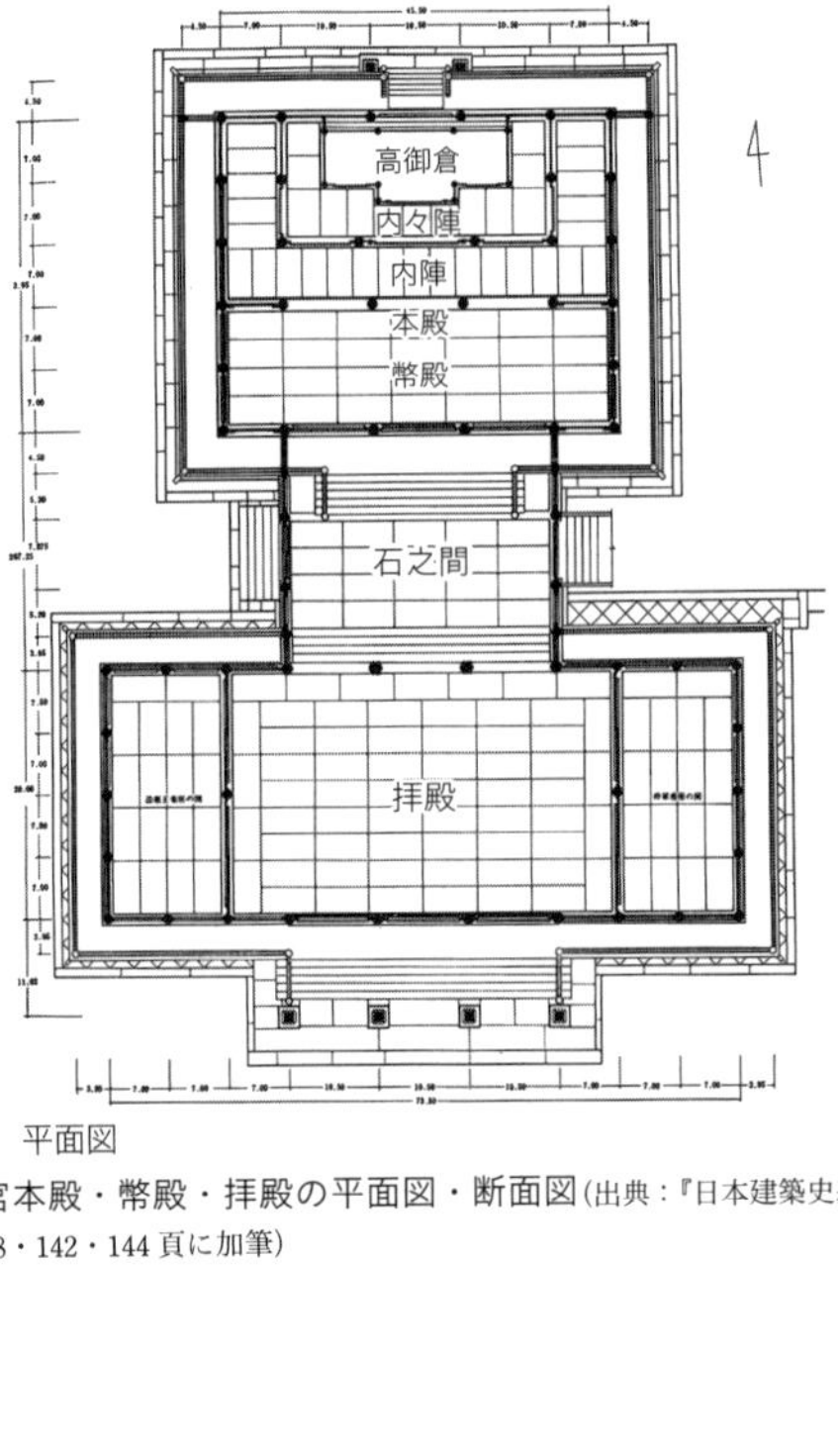

平面図

図 16・22　日光東照宮本殿・幣殿・拝殿の平面図・断面図(出典：『日本建築史基礎資料集成 3』社殿 3、中央公論美術出版、1981 年、138・142・144 頁に加筆)

17章

支配層の住まい2
——禅宗の住房と書院造の形成

1　禅宗の住房と塔頭の展開

◇禅宗寺院の方丈

鎌倉時代の武家の住宅は寝殿造の系統を受け継ぎ寝殿や主殿と入口の中門廊《ちゅうもんろう》にあたる部分が継承され、牛車のための車宿《くるまやどり》にかわり、武家的な要素として馬屋が設けられました。時代が下るとこれが武家の住宅として書院造の形式や今の和室に繋がる要素も出てきます。ただし古い武家の住宅は残っていないので、寺院にある住居から推察する必要があります。特に中世には貴人が仏門に入ることがあり、また隠居した僧侶が住む住房も出てきます。

中でも室町時代には武家により鎌倉新仏教の中でも禅宗は特に庇護されました。鎌倉でも鎌倉五山が、京都でも五山がつくられました。元々あった真言・天台の密教系の寺院や、藤原氏や天皇家と縁のある南都の寺院など既存の勢力に対して、室町幕府は新たな政権として禅宗寺院を庇護し、それを建築的にも形にしていくのです。

禅宗の大寺院では塔頭《たっちゅう》、あるいは子院が派生的に展開します。塔頭は祖師や高僧の死後、その弟子が師を慕ってつくった小寺で、寺院の周りに子院が展開すると、都市のように展開します。

寺院の僧侶が子院を開くだけではなく、例えば天皇や皇族・貴族、あるいは武家など社会的地位の高い家ではあるが家を継げない人、嫡子でない人が住持《じゅうじ》として寺院に入り生活する場でもありました。そのため比較的大きな敷地を持った有力な子院が形成されたのが中世の状況で、方丈の建築も展開します。これらの塔頭を中心とする禅宗寺院の住房は支配者層の住宅と並行して発展しました。そのため禅宗の住房を踏まえることで書院造の展開も見えてきます。

禅宗寺院である鎌倉の建長寺の伽藍配置を見ると、中軸線上に三門・仏殿・法堂があり、トイレである西浄《せいじょう》や浴室があります。禅宗寺院の伽藍配置では法堂よりも前面部分を中心に話をしてきましたが、僧侶の生活の場は背面側で寺院と近接しています（図14・8）。背面側には客殿や楼閣があり2階建の建物や庭園・苑地が広がるのが特徴です。住職の住居を禅宗寺院では方丈と言います。方丈では小部屋に分けており、これが1つの大きな特徴です。一方で寝殿造は部分的に部屋に仕切られることはありますが、建具や調度をつかって室礼《しつらい》により、空間を仕切っていました。

寝殿造の系譜としては、縁が廻っていたり、中門廊状のものが突出していたりと、住宅に禅宗様の要素が入ってきても、中国的な住宅となったわけではなく、それ以前からの古い要素と新しい要素を組み合わせながらつくられたのが禅宗寺院の住宅です。

◇禅宗寺院と塔頭

もう1つ、京都の南に禅宗寺院の東福寺があります。永正2年（1505）に描かれた絵図を見ると五重塔が見えます（図17・1）。行ったことがある方はわかると思いますが、大きな谷にかかる臥雲橋《がうんきょう》を渡って、中心の伽藍まで行きます。その周辺の手前に子院が展開しています。また寺

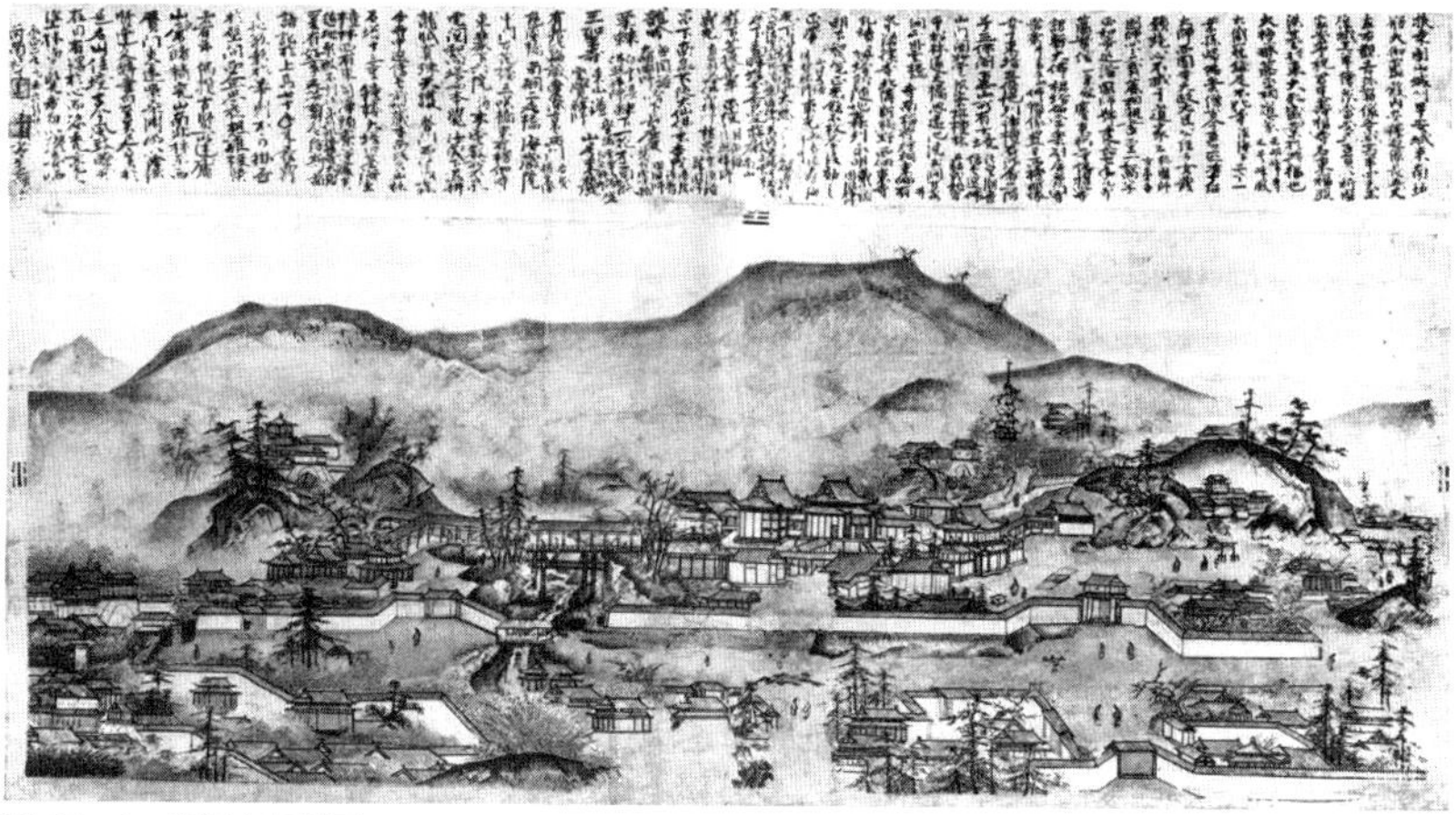

図 17・1　東福寺伽藍図(所蔵：東福寺)

院外には建物が密集した町家のようなところがあり、植栽や庭園が広がっています。このように大寺院を中心に塔頭1つを単位とした施設が広がっていたようです。

同じような例として禅宗の天龍寺があります。天龍寺は渡月橋で有名な嵯峨野、京都の北西に位置する寺院で室町時代の応永《おうえい》頃の図があります。天龍寺から直線状に道路が続き、そこを中心に多くの子院が集まっています。禅宗寺院には五山十刹《ござんじっせつ》というランキングがあり、天龍寺自体も由緒深く、五山に列しています。発願者は室町幕府を開いた足利尊氏で将軍家とも関係の深い寺院です。

また大徳寺は後醍醐天皇が外護《げご》したことで知られています。元々ある法堂・仏殿・三門の周辺から敷地を拡大して子院を形成していき、外に広がる子院が大きな敷地を占めていました（図17・2）。室町時代末までに塔頭は寺院の周辺を中心につくられましたが、江戸時代に入る直前までの天正年間、そして江戸時代の寛永期と西側に拡大します。

◇方丈の建築

具体的にどんなものがあるのでしょう。元々塔頭《たっちゅう》は寺

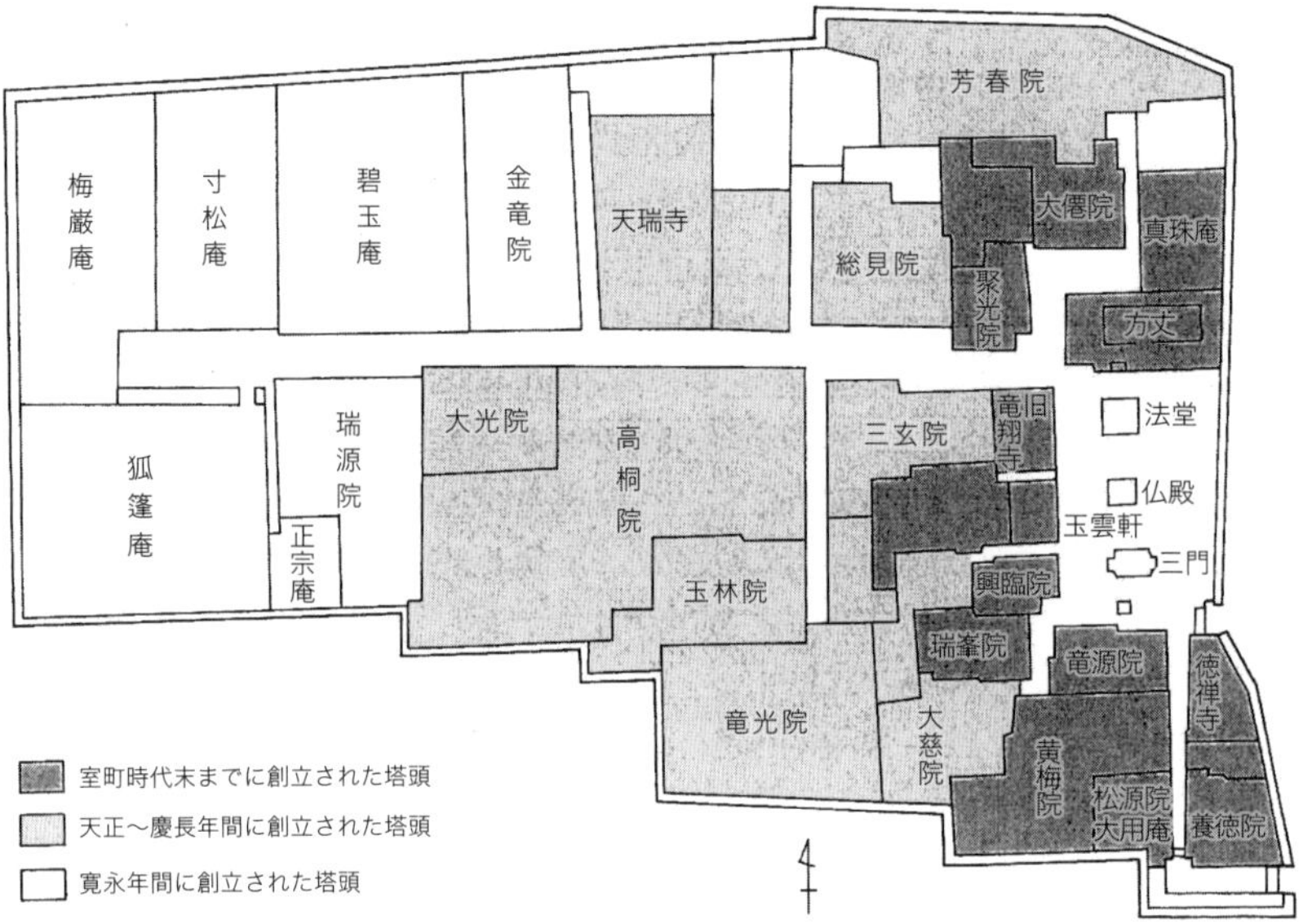

図 17・2　大徳寺周辺の塔頭（出典：『図集日本都市史』東京大学出版会、1993 年、93 頁）

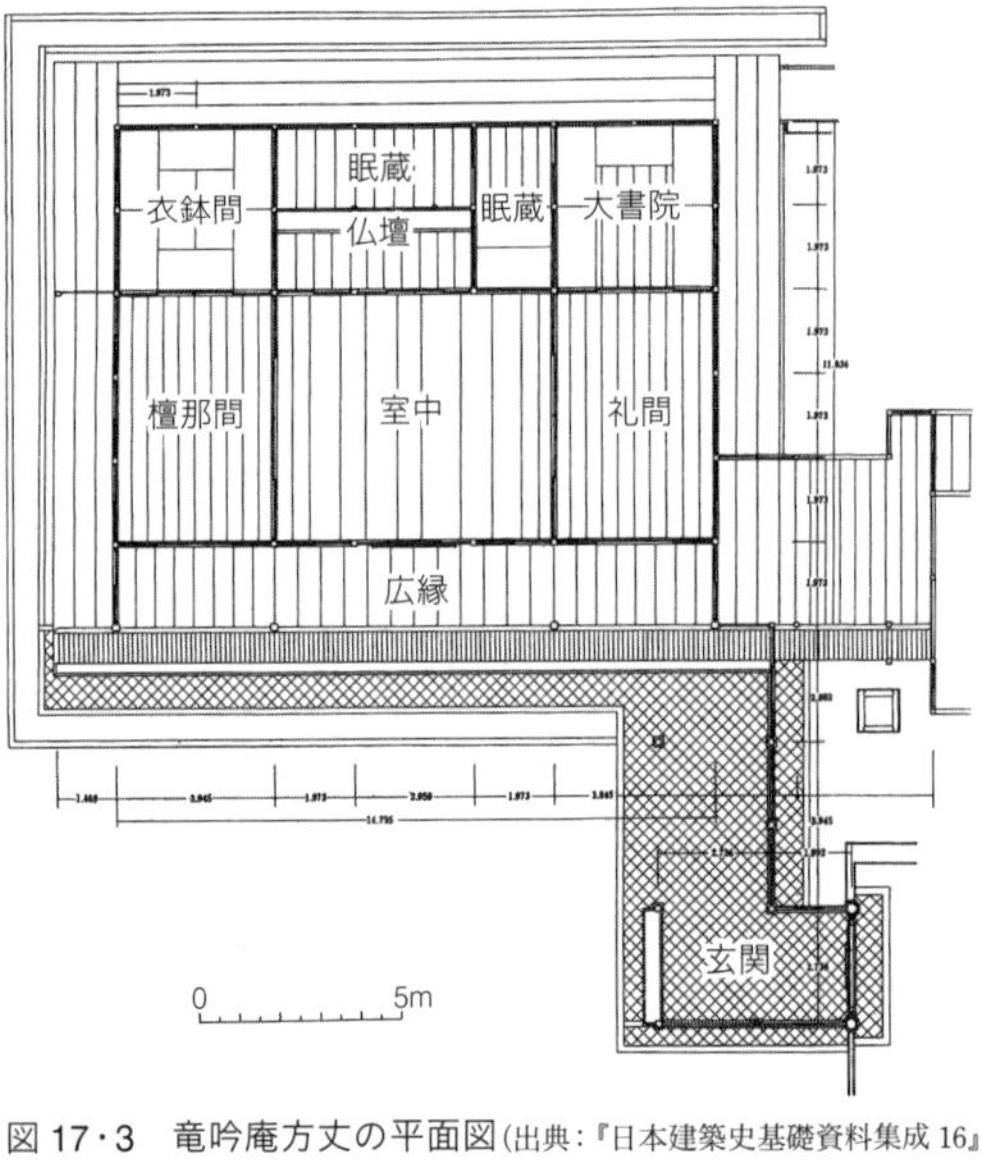

図 17・3　竜吟庵方丈の平面図（出典：『日本建築史基礎資料集成 16』書院 1、中央公論美術出版、1971 年、105 頁に加筆）

院を開いた開祖の墓を守るための一院や生活する人にとっての隠居所としての庵です。東福寺の龍吟庵《りゅうぎんあん》方丈《ほうじょう》は方丈建築の典型的な例です（図17・3）。応永35年（１４２８）頃に建てられ、綺麗に6つに分かれた部屋があり、手前側に広縁《ひろえん》があります。玄関が広縁の手前につくられ、正面側の梁間がやや広く公的な場所で、背面側の梁間が狭くやや私的な場所です。中心の部屋が「室中《しっちゅう》」で禅宗様の要素の桟唐戸《さんからど》が設けられた仏事の空間です。一方、蔀戸《しとみど》・妻戸もあって、必ずしも仏教色が強くなく、住宅に仏事を行う場所が形成されているのです。正背面の境は、襖で繋がるところも多いですが、ここでは板壁で仕切っています。元々部屋に座となる畳を置く「置き畳」でしたが、畳の敷き方も方丈では重要です。龍吟庵ではそれぞれの両側面の居室は室内全部に畳が敷き詰められましたが、室中では周囲に沿ってぐるっと回したような敷き方になっています。これを「追廻敷《おいまわしじき》」と言います。

特に門跡寺院と言われる有力な寺社では皇族や公家が院主になります。彼らは必ずしも寺内だけで生活をするのではなく、公家との交流はじめ、公私両方で交流があります。要は門跡寺院の方丈は僧侶の邸宅といっても単に生活するだけの場ではなく、接客や遊興など貴族生活を反映させるものも出てくるのです。寺院の生活は、世俗から離れて修行を行うイメージがありますし、中国や韓国の寺院は今でもそうですが、この時代の京都や鎌倉の禅宗寺院は都市の中にあり、院主が社会との関わりを常に持っているのです。

また鎌倉時代の住房で鶴岡八幡宮の社務職の邸宅からも当時の住居の様子が見えます。永仁6年（1298）の例で大きく南北に分かれ中門廊状の突出が残っています（図17・4）。この中門廊が寺院の住房でも使われています。建具も蔀戸で外と内の区切りとし、寝殿造と同様です。内部には引違戸が見えます。畳は全面敷き詰めではなく置き畳ですが、特徴的なのが柱の筋と畳の位置が合っていることです。今の和室は畳の数で部屋を決め、畳と柱の筋が合うのが一般的です。この置き畳は置いておくだけなので柱間のモジュールはいくつでも良いはずですが、この時期は揃えていて柱間と畳との関係性の変化が見えるわけです。ただし、我々が思い浮かべる畳が何畳（約1800mm×900mmの基準）という和室のモジュールは比較的新しい考えで、もう少し後の書院造から繋がってきます。

興福寺の子院の『仏地院主殿指図《ぶっちいんしゅでんさしず》』も面白いです（図17・5）。文明17年（1485）のもので各部屋に何間何間と書かれ、二畳＝1間と読み解くと部屋の大きさがわかります。

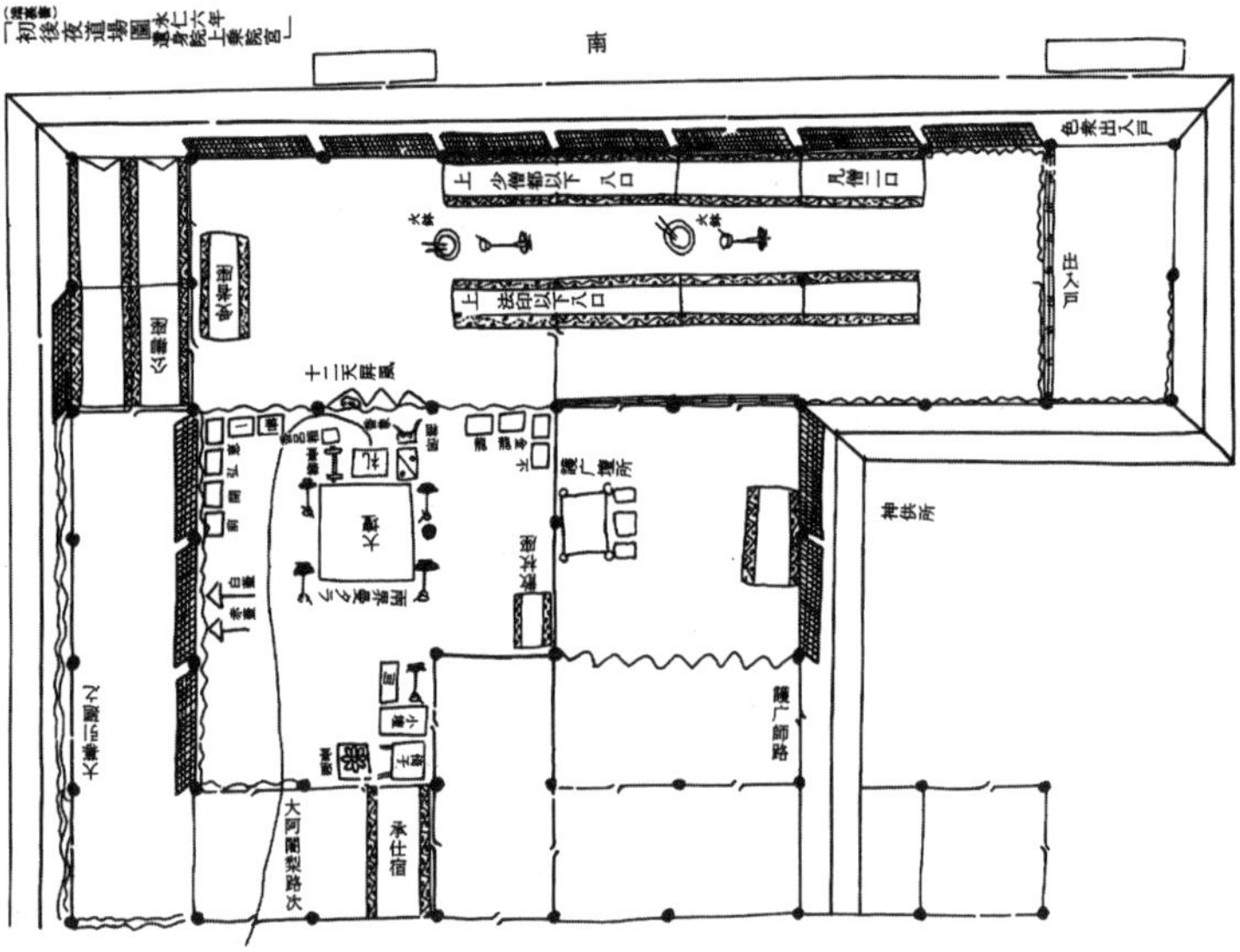

図 17・4　鶴岡八幡宮社務職の邸宅（出典：『金澤文庫資料全書』第 9 巻寺院指図篇、便利堂、1988 年、231 頁）

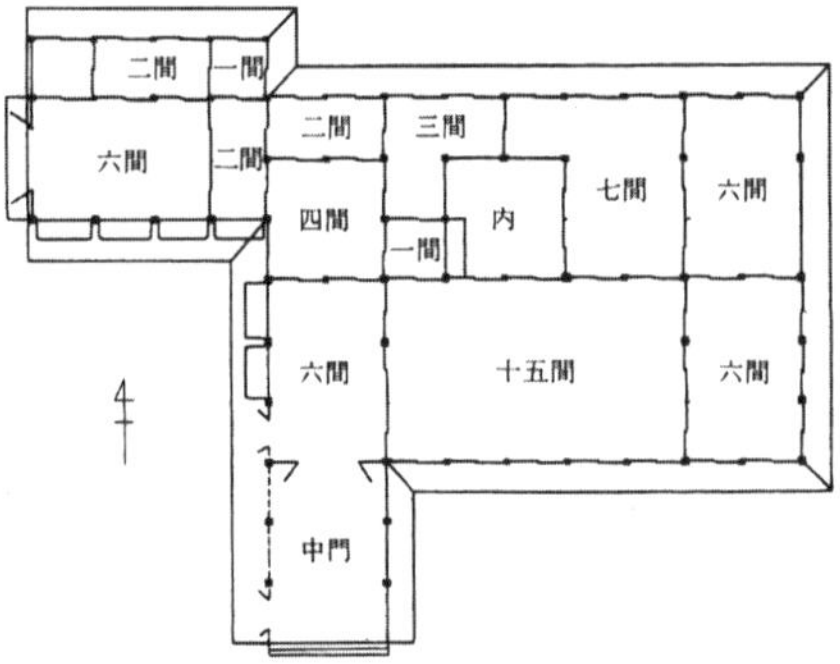

図 17・5　興福寺子院の仏地院主殿指図（出典：新建築学大系編集委員会『新建築学大系 2』日本建築史、彰国社、1999 年、326 頁に一部加筆）

畳の大きさは時代と場所で違いますが大体９００×１８００㎜、３尺×６尺位です。２枚分で大体６尺×６尺、１・８ｍ四方を１間と考えて、部屋の大きさを何間なのか書いています。この１間は今の１坪とほぼ同じですが、大きさの共通の理解が成り立っていたことが推測されます。また寝る所にあたる「塗籠《ぬりごめ》」（内の字の部屋）に線が入っていて「押板《おしいた》」という床の間の前身とみられます。他の部材を文書で見ると「明障子《あかりしょうじ》」や色々な障子などのスライドする建具が使われていたようです。日本では中世の後半から異常に寸法の細かい設計が始まり、障子や襖のように引違戸が発展します。この背景には精度の高い施工ができるようになったこと、あるいは設計が畳のモジュールでなされていることが関係しています。

2 書院造の萌芽

◇室町時代の住宅建築

畳のモジュールや建具の特徴は寺院方丈でも見えてきます。大きく六室の構成で、正面側の部分が公的な部屋で裏側が私的な部屋です。「ハレ」と「ケ」と言いますが、ハレの場は正面、ケの場が背面になります。日本語で「晴れの日」や「晴れ着」など気合を入れて表舞台に出るような時を「ハレ」と呼びます。対して「ケ」は日常を指し、こうした対比が建築空間にも表れてきます。

室町時代の武家住宅は室町将軍邸がその中心ですが、将軍の代替わりごとに邸宅を替えていく慣習があります。場所を替えることも、同じ場所で建て替えることもありました。

これらの室町将軍邸の中心の建物は主殿で、これとは別に会所《かいしょ》と呼ばれる接客空間が室町時代の邸宅の大きな特徴です。書院造が完成していくのは江戸時代ですが、寝殿造とは異なる武家の特徴を示す住宅形式が出てきたわけです。

室町幕府と禅宗寺院の関係でいえば五山の制度や全国に設置された禅宗寺院の安国寺があります。聖武天皇が各国に国分寺をつくったのと同様、足利氏は安国寺を設置しました。ちなみに安国寺が全て新築されたかどうかは別問題で、既にあった寺院に寺号を与えた場合もあります。いずれにしてもこの時代に禅宗系の意匠が全国的に広まります。

室町幕府の初期の頃は南朝と北朝に分かれており、南側の吉野にある朝廷と京都の朝廷、2つ朝廷がある時代です。三代将軍の足利義満が南北朝の統一をしました。鎌倉幕府は京都から情報を摂取するのに苦労していましたが、室町幕府は京都にあって公家との関係が強く、将軍も公家化する傾向がありました。こうしたこともあり、将軍邸も寝殿造の影響が多くあります。

一方で室町時代には山荘がいくつか営まれていて、居所から少し離れた場所に景勝地をつくります。北山殿《きたやまどの》や東山《ひがしやま》殿《どの》が代表です。これらの将軍邸や山荘はほとんど現存していませんが、北山殿は鹿苑寺《ろくおんじ》、東山殿の慈照寺《じしょうじ》に寺院という形で残っています。慈照寺は八代将軍義政の東山殿を受け継ぐもので、将軍邸の要素をうかがうことができますが、現存する当時の建築は観音殿（銀閣）と東求堂《とうぐどう》のみです。

◇「洛中洛外図」に描かれた室町将軍邸・細川管領邸

「洛中洛外図」は異なる時代に、色々な形態で描かれています。洛中洛外図屏風の「歴博甲本《れきはくこうほん》」は１５３０年頃の様子を描いたものです。将軍邸である柳の御所を外側から見ていくと（図17・6上）、築地塀で囲っていて上に土を塗った「上土塀《あげつちべい》」があり、門が２つ描かれています。塀の中には庭があり中心に主殿や会所と池があります。なぜ２つの異なる形の門を設けるかというと昔は門によって通れる人と通れない人がいたからです。この人は正門を通って良い、この人は脇門から入るなど、身分社会が建築の形にも現れているのです。今でも大きな寺院の勅使門《ちょくしもん》がいくつか残っていますが、柵が置かれ門が閉まって通れないものも

図 17・6　『洛中洛外図』に描かれた将軍邸（上、歴博甲本）と細川管領邸（下、上杉本）（所蔵：（上）国立歴史民俗博物館　（下）米沢市上杉博物館）

多くあります。これは同じく昔の伝統で、勅使門は勅使のための門なので、勅使がきた時しか開きません。同じく、寺院や邸宅・御殿などの格式の高い門も天皇の行幸や将軍の御成《おなり》の際に限って開かれる門も多く、これらは通行機能以上に社会の格式を表しているのです。

将軍邸宅以外に目を移すと実務のトップの管領だった細川氏の邸宅も正面側に上土塀《あげつちべい》があります（図17・6下）。門が2つあり平唐門《ひらからもん》の方が正門で脇の門の方は板葺で建築の形が変わっています。他の敷地内の建物全体を見ても基本的に板葺で描かれています。将軍邸が檜皮葺であったのに対して管領邸は板葺で描き分けられているわけです。正門に関しても貴人が入ってくるところだけ唐破風の檜皮葺の門を設けており、入り口で接客の動線を示しています。一方で主殿や会所、あるいは庭の構成は将軍邸とも共通します。管領は政治的にも文化的にもそれなりに地位が高いので共通する要素がみえるのです。

◇北山殿

鹿苑寺金閣は元々の北山殿の建物です（図17・7）。足利義満が応永4年（1397）から造営を開始した山荘ですが、亡くなった後、鹿苑寺となり今に伝わっています。全体としては寝殿を中心とした寝殿造の系譜でつくられ、有名な舎利殿（金閣）は1950年に焼失しその後1955

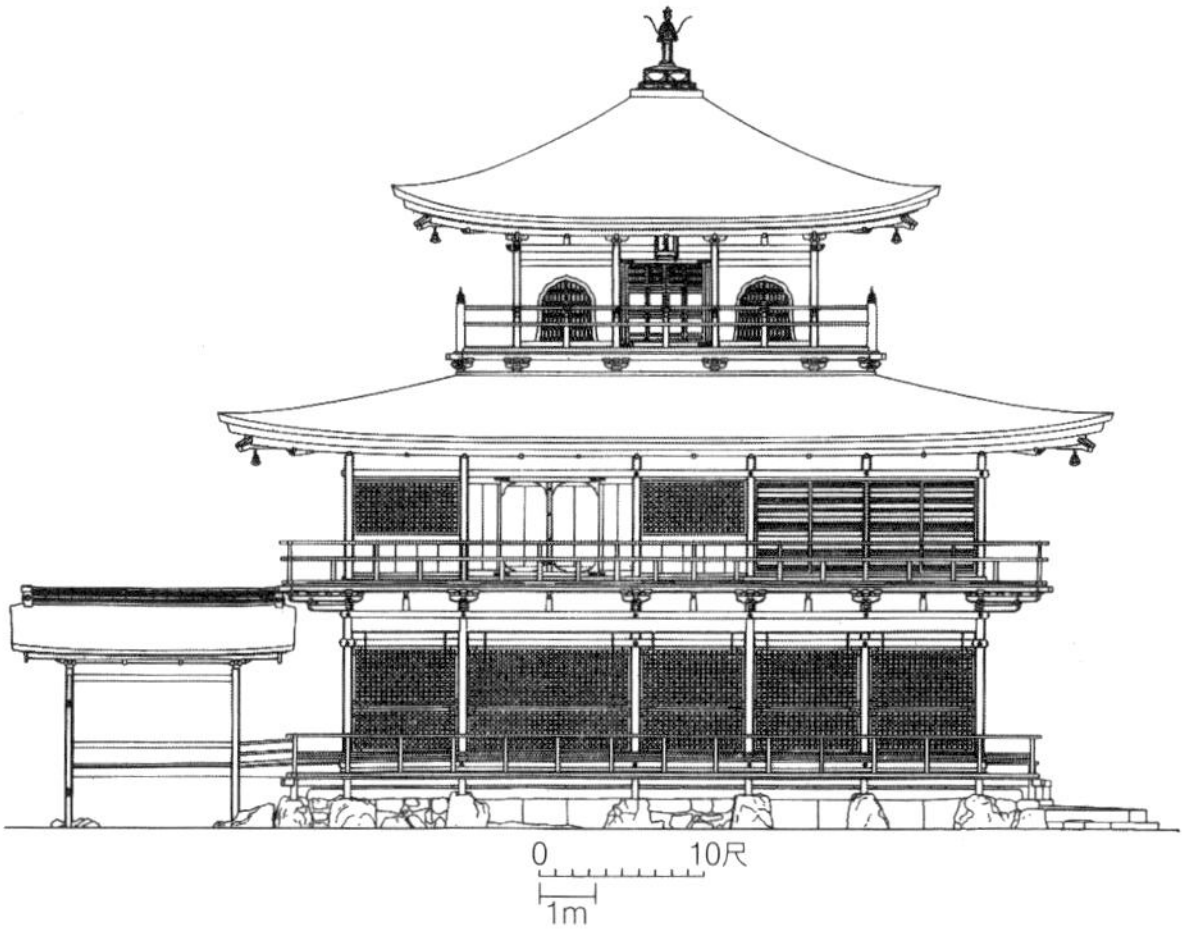

図17・7　鹿苑寺舎利殿（金閣）の立面図（出典：『日本建築史基礎資料集成16』書院1、中央公論美術出版、1971年、83頁）

年に再建されました。戦前の調査により情報があったため、完全に一致はしませんが、ある程度室町時代の様子がわかります。舎利殿は多くの禅宗寺院の造営を手掛けた夢窓疎石《むそうそせき》の西芳寺《さいほうじ》の瑠璃閣《るりかく》を模してつくられました。

1〜3層目で形式が違います。1層目は蔀などを用いた寝殿造の要素のある住宅風です。2層目は和様の仏殿風です。一番上は中央に桟唐戸、両脇に花頭窓《かとうまど》と禅宗様の要素を用いた仏堂です。画一的な様式でまとめるのではなく、各層ごとに色々な要素を持ち込んでいます。人（貴族）の世界が一番下でその上に比叡山や高野山など密教系でもよく使う和様の形式を、一番上に将軍が庇護した禅宗系のものとして、金閣の構成で社会階層を表した解釈もあります。

もう1つ、日本建築では基本的に重層の建物でも上層利用は少なく、生活しません。寝殿造も平面的に広がるもので、高い建物をつくって2階で生活をすることはありませんでした。対して舎利殿は2層以上にも人が上がって利用します。これは大きな特徴で、建長寺の伽藍指図にも2階の住房があったようです。

北山殿の中心の施設は現存しませんが、社交・遊興の場として使われたと考えられています。

◇室町幕府と将軍邸

6代将軍義教の邸宅は、3代将軍義満の花の御所の跡地に永享3年（1431）につくられました。永享4年の「室町殿御亭大饗指図」からその様相を知ることができますが、その建物は、寝殿の脇に中門廊や車宿を設けた寝殿造の要素が強いものでした。1つの特徴は同じ建物の中を北と南でハレとケを明確に分ける点です。他に常御所《つねのごしょ》・対屋《たいのや》・持仏堂《じぶつどう》・泉殿《いずみどの》・会所・観音堂などの諸施設があり、寝殿造の構成を基本としつつ会所が加わったことが特徴です。公的な儀礼の場としての寝殿に加え、会所という内々の接待の場が設けられているのです。よりプライベートな接待の場で親密な関係を築く場所になります。ただ公式行事はある程度記録に残りますが、会所での行事はその場限りの設えをすることが多く、指図などに記録されにくいという課題があります。残っている部分的な史料などを見ると、中国の絵である唐絵や花瓶、香炉、書院道具など舶来品を大事にし、それを飾ってもてなしたようです。さらにこれらの美術工芸品を専門に扱い、座敷飾りなどを整える僧同朋衆《どうぼうしゅう》が活躍しました。

◇東山殿と会所

東山殿は慈照寺となっています。建築的には観音殿（銀閣）よりも東求堂の方が重要で、書院造の萌芽が見えます（図17・8）。元々東山殿は義政の隠居所としてつくられましたが残念ながら彼の生前には完成しませんでした。隠居所なので公的な寝殿は始めからつくる計画はなかったようです。常御所・会所・持仏堂・観音殿などが建てられました。観音殿に関しても1層目は腰高の障子が入っており住宅風です。上層は花頭窓を持つ禅宗様仏殿風の意匠で、金閣と同じような傾向です。

東求堂（持仏堂）は柱の上に舟肘木《ふなひじき》が載っています。普通組物は外側に見えていたら内側にも見せますが、ここでは内側では見えません。内部は畳が敷き詰められて四畳半

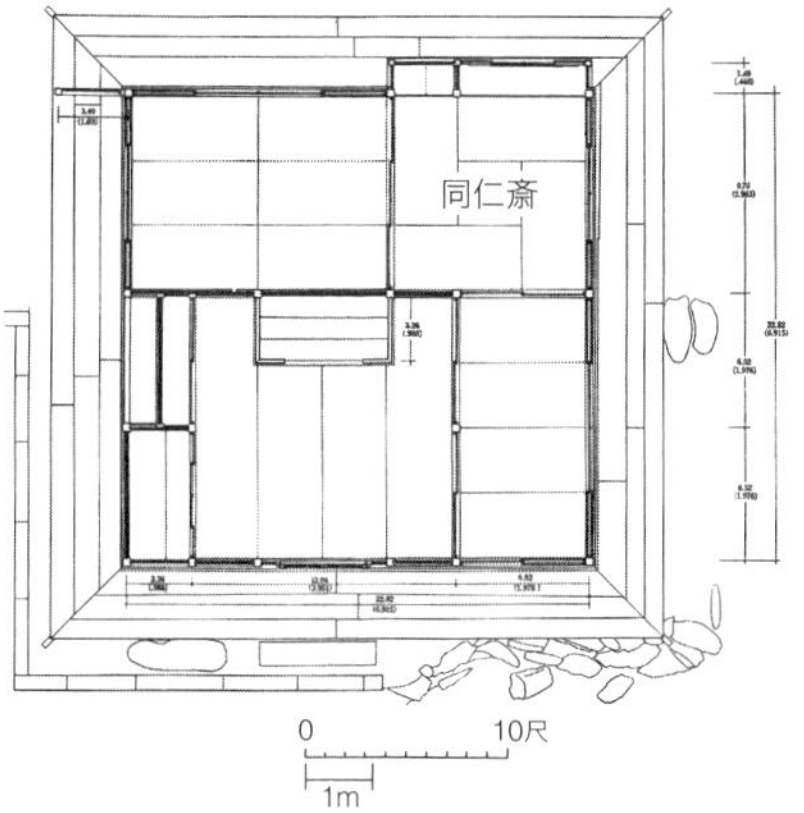

図 17・8　慈照寺東求堂の平面図（出典：『日本建築史基礎資料集成 16』書院 1、中央公論美術出版、1971 年、90 頁に加筆）

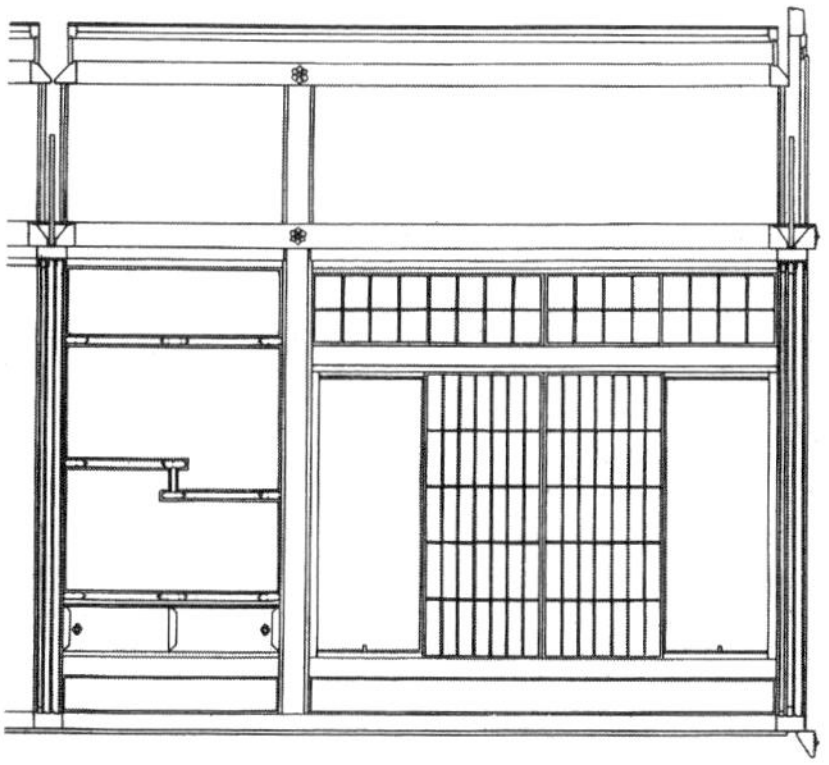

図 17・9　慈照寺東求堂の座敷構え（出典：『日本建築史基礎資料集成 16』書院 1、中央公論美術出版、1971 年、96 頁）

の部屋もあり、一畳の半分のサイズが出てきています。外廻りの建具も板戸を入れた上で内側に明障子を入れます。

東求堂は小さな持仏堂なので仏間が中心に置かれ、その横に四畳の部屋、さらに六畳の部屋があり、その奥にある同仁斎《どうじんさい》が書院造の萌芽として大事になります。小部屋の畳の敷き詰めは仏間以外の部屋では行われていて柱間と畳の大きさがきっちり合った設計がこの頃にはありました。同仁斎の座敷構え（棚・書院）は現在の和室の床《とこ》の間の基本的な形ですから和室の萌芽が出ており、こういった構えは15世紀の後半頃には完成していたようです（図17・9）。

残っていない建物ですが同じく東山殿の会所は長享元年（1487）に完成し中心に九間《ここのま》がありました。柱間3間×3間分の大きさで9間です。この会所の隅の部屋、石山の間を見ると、床・棚・書院・押板があります。ここでも書院造の萌芽が見えるわけです。部屋の数も細分化され、寝殿造との違いが見られます。

◇**座敷構えの源流と発展**

座敷構えの床・棚・書院（＋帳台構え《ちょうだいがまえ》）が社会的なステータスになったのがこの時代です（図17・12）。ただし座敷構えはいきなり定まった形として誕生したのではありません。それぞれには源流が様々あり『慕帰絵詞《ぼきえことば》』に見えます。『慕帰絵詞』の床の描写は巻の5、10、1にありますが、巻の1は文明13年（1481）に補足したもので、これにのみ床が描かれています。それ以外は観応2年（1351）のもので、掛軸が飾られていますが（図17・10）、この段階では床の間は描かれていません。ここから14世紀中頃の段階では床がないまま掛け軸を飾るのが通例だったのが、少なくとも文明13年頃には床に掛け軸を飾るのが普通で、それが描かれています。描かれた時間差の130年の間にこの変化が起こったと考えられます。またここの描写では押板《おしいた》には仏画と三具足（香炉・花瓶・燭台）の3つを並べます。座敷構えとともに飾りの形態がわかります。

では棚や付書院はどんなところで見られるのでしょう。『春日権現験記絵《かすがごんげんげんきえ》』には鎌倉末期に棚から経典を取り出そうとしている絵があり、室内に日用品を置く棚は平安時代からありましたが、次第に固定化されていきました。鎌倉

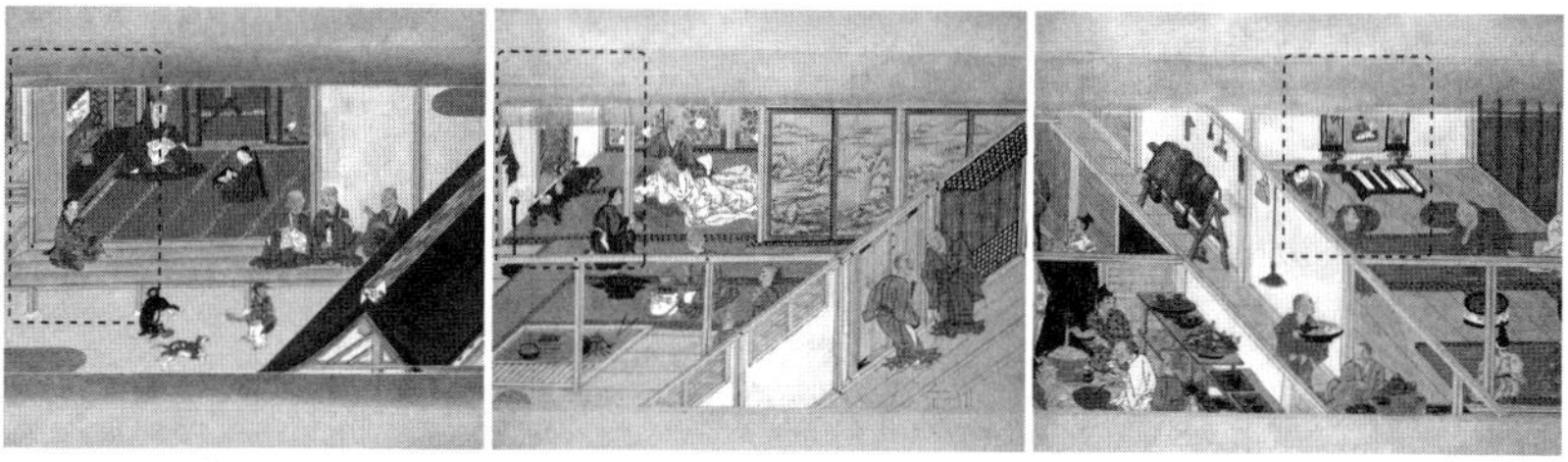

図 17・10　『募帰絵詞』に描かれた飾り付け(出典：国立国会図書館デジタルコレクションに加筆)

図 17・11　『法然上人絵伝』『慕帰絵詞』『春日権現験記絵』に描かれた付書院(出典：国立国会図書館デジタルコレクションに加筆)

時代末期の『法然上人絵伝』を見ると、付書院で僧侶が物書きをしています（図17・11）。出文机《いだしふづくえ》というのですが物書きをするために使われていたようです。この頃は主体部から付け書院部分が廂として飛び出た状態でわざわざ別につくっていたのです。今では付書院の屋根がここまで大きく飛び出る形は取っていないと思います。

さらに建物の形式だけでなくそこに何を置くかが大事になってきます。花瓶・唐物・絵画・掛け軸などの飾り付けにより、美術と建築の文化が融合して発展していきました。これがなぜ起きたのか、その背景には武家が武家故実と言われる、自分たちが貴族とは違う、新しい価値観を見出した点があります。美術工芸品の珍重にも繋がり文化、建築を形成していきました。

最後に帳台構えの話をします。塗籠への一段高くなった入り口が帳台構えです（図17・12）。現代の和室で帳台構えをつくることはまずないので目にする機会が少ないですが、書院造の要素の1つです。元々寝殿造でも塗籠が寝る場所としてあり、その入り口として奥に繋がるところを一段高

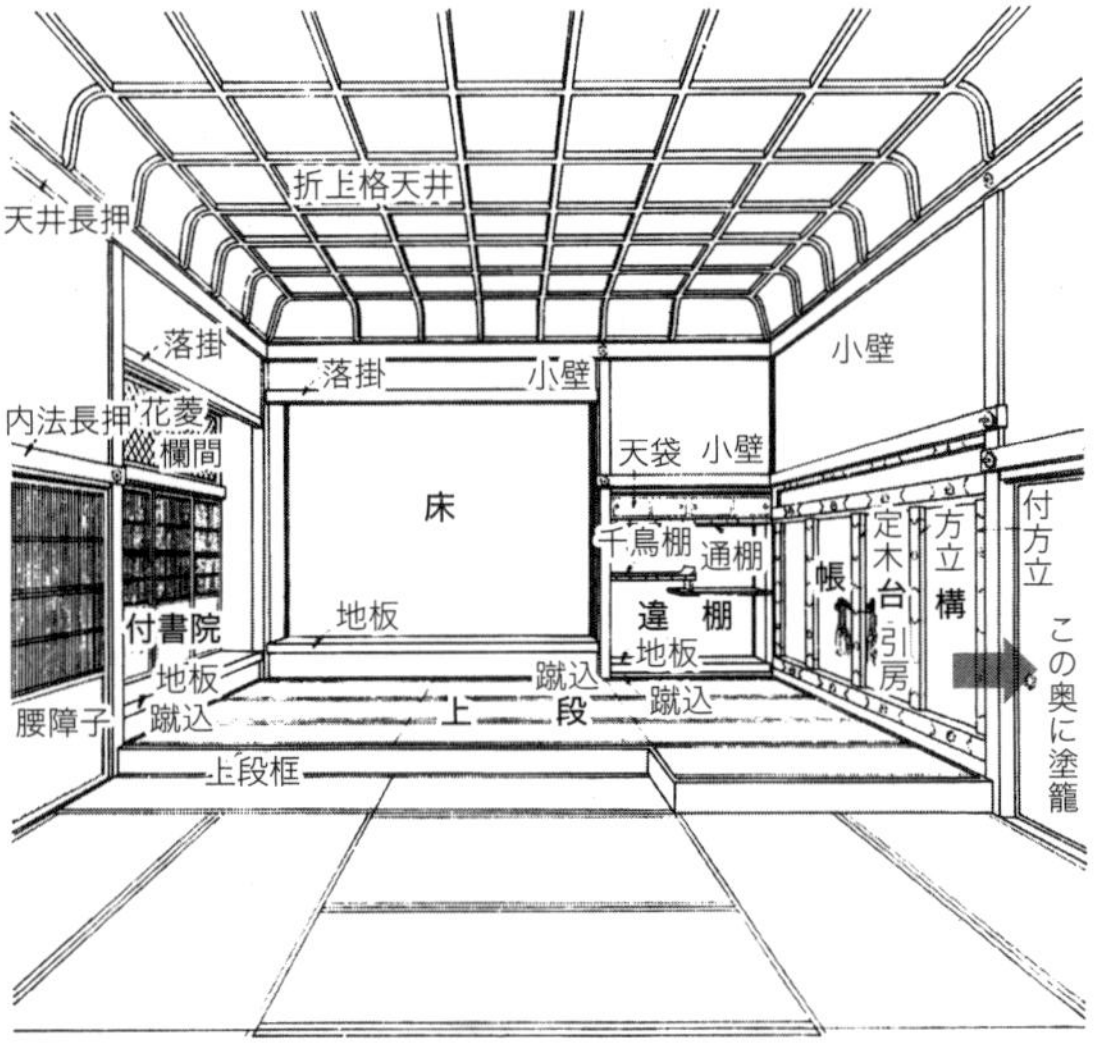

図17・12　二条城二の丸御殿の座敷構え（床・違棚・付書院・帳台構え）（出典：平井聖『日本の近世住宅』鹿島出版会、1968年、44頁に加筆）

い帳台構えとしました。一段敷居を高くする形式は民家でも寝所である納戸で同様の形式をとることがあります。

◇書院造と座敷飾り

座敷飾りに関しては同朋衆が室町幕府の保有する器物をどう扱うか、どう飾るか考えていました。大永3年（1523）の『御飾書《おかざりしょ》』にどういう物を飾ったのか記してあります（図17・13）。永禄3年（1560）『君台観左右帳記《くんだいかんそうちょうき》』に関しても同じようなものがあります。床にどういう掛け軸を飾るのか、あるいは棚に花瓶などをどう置くか、付書院に並べる物が事細かに記されています。座敷飾りがステータス化する過程が見て取れます。

◇主殿の構成

主殿は現存していないのですが、後世の大工の秘伝書があります。慶長13年（1608）の平内政信《へいのうちまさのぶ》の奥書のある『匠明《しょうめい》』という史料で、その中でかつての武家住宅の典型例として「昔六間七間主殿之図」を挙げています（図17・14）。比較的広い庭の四方が築地塀で囲まれ西に会所、東南に主殿を設けています。

主殿の図では右側がケの空間の納戸であるのに対して、左側が公的なハレの空間で、左下に中門の突出があります。寝殿造の系譜がこの辺にも残っていたようです。色代（式台）のような人を迎える施設があったことがわかります。

『匠明』の図とよく似た建物として、慶長6年（1601）

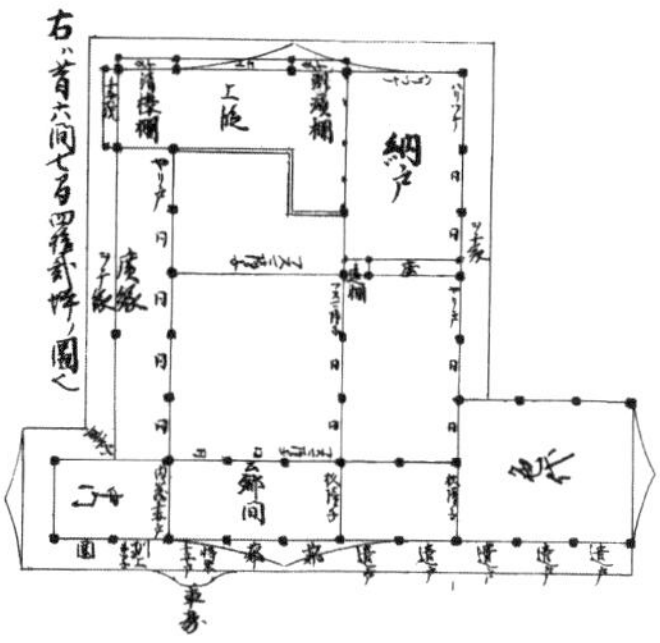

図 17・14　『匠明』昔六間七間主殿之図
（所蔵：東京大学大学院工学系研究科建築学専攻）

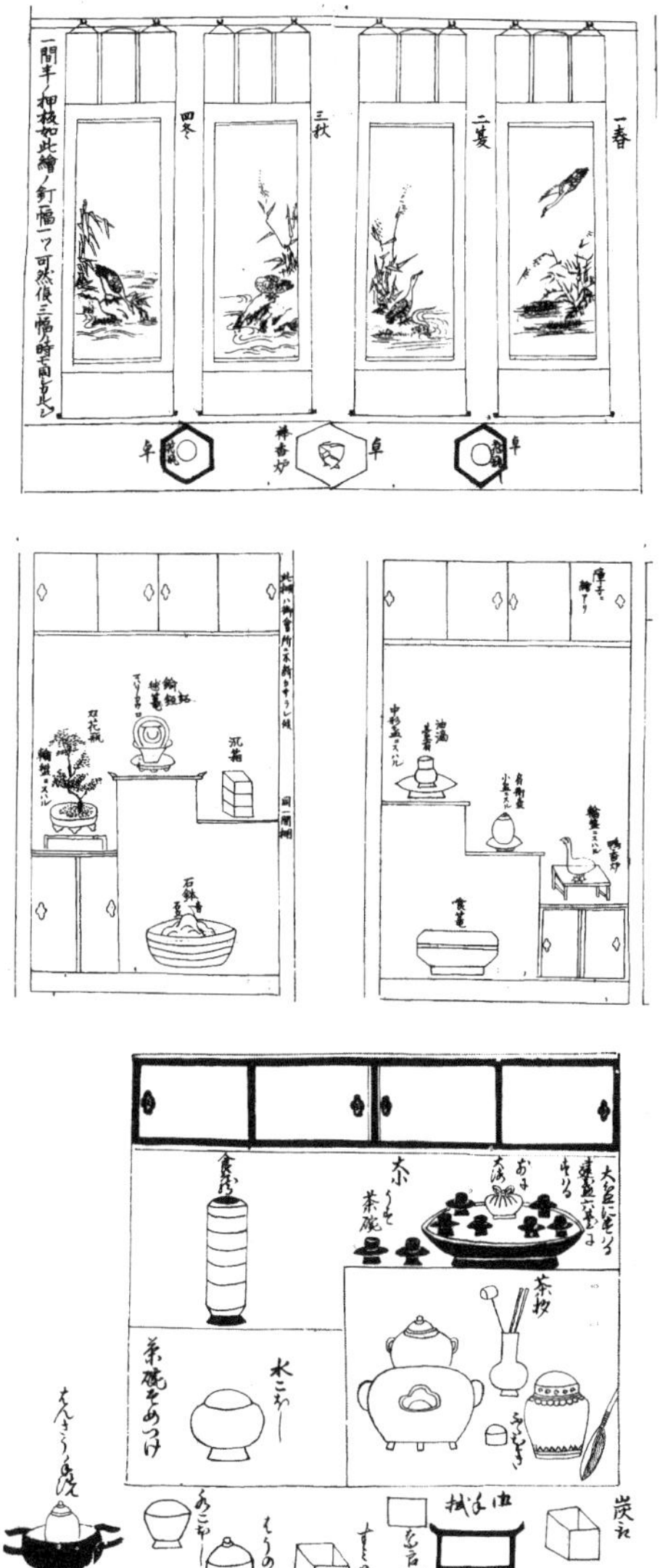

図 17・13　『御飾書』『君台観左右帳記』の座敷飾り（出典：国立国会図書館デジタルコレクション）

の滋賀県の園城寺《おんじょうじ》光浄院客殿（図17・15）が残っています。その上座の間の正面には床と棚、帳台構えがあります。光浄院客殿では主たる部屋に上座の間、次の間と連なる空間があります。この列とは別の列のある2列の構成です。最も格式の高い上段の間は上座の間よりもさらに格上のところです。2列の構成では上段の間があるので、L字に折れ曲がった空間で、上段の間は狭い空間ですが、上座の間以外からは直接、見えない場所になっています。上座の間のわきに付く狭い上段の間には付書院があります。こうしたL字の折れ曲がりの空間は、この時代、いくつか武家の住宅で出てきます。ここから昔の主殿の図の構成がある程度現存する建物と比較しても大きく間違ってはいないとわかるわけです。

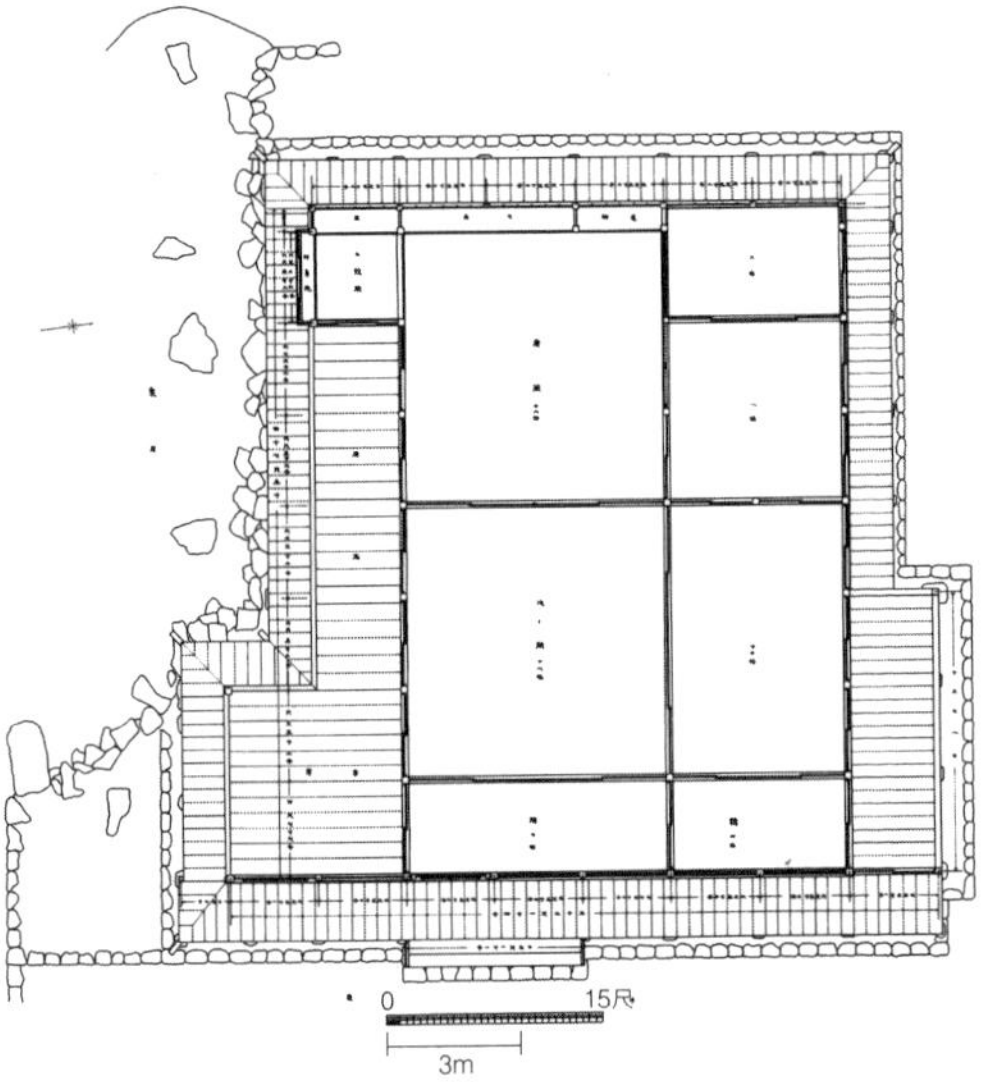

図 17・15　園城寺光浄院客殿の平面図（出典：滋賀県教育委員会『国宝光浄院客殿・国宝勧学院客殿修理工事報告書』1980 年、1 図）

◇書院造の空間

平面を見ると園城寺勧学院客殿（1600）では主たる部屋の列が直線的にあって、その南側に広縁があり、中門廊に繋がります。園城寺光浄院客殿では2列の構成であったのに対して、勧学院客殿が大きく3列の構成です（図17・16）。また光浄院客殿では居室がなく、ハレとケの差が

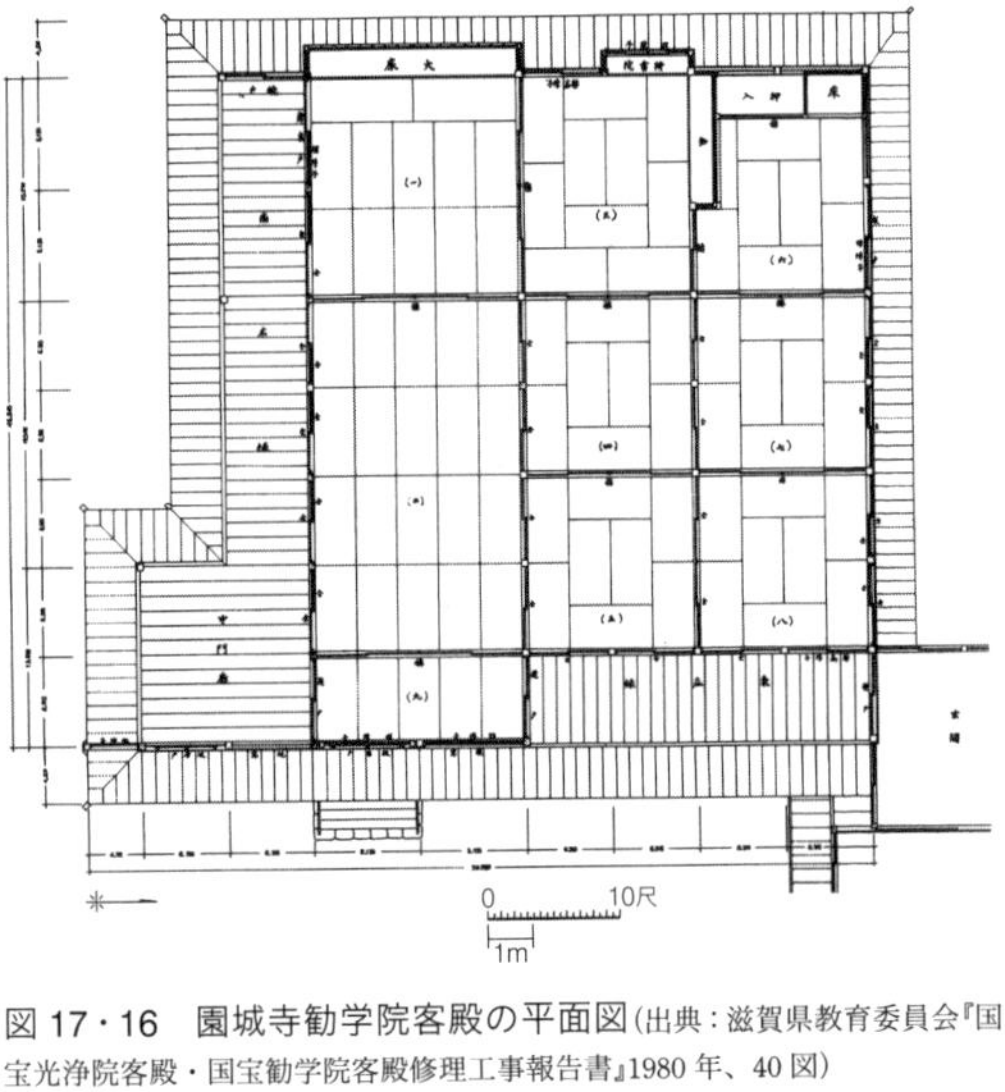

図 17・16　園城寺勧学院客殿の平面図（出典：滋賀県教育委員会『国宝光浄院客殿・国宝勧学院客殿修理工事報告書』1980 年、40 図）

ほとんどなく、対面することに特化した空間です。対して勧学院客殿は中央の列の十畳の部屋には床の間や付書院があって、居室空間としても使われていたようです。

3　書院造の完成期

◇聚楽第

豊臣秀吉の京都の政庁・邸宅である聚楽第《じゅらくだい》は第一に場所性が重要で、天皇の居所として平安宮の大内裏《だいだいり》の跡につくられました。3列の空間構成で、メインの列は上々段から中段というL字の折れ曲がりの空間構成としています（図17・17）。この図はかつて聚楽第の図とされていましたが、近年の研究では江戸時代に当時の大広間をモデルに創作されたと指摘されており、聚楽第の姿そのままではないかもしれません。ただ大広間の性格は、ここからもうかがえます。中央列には納戸の空間があり、プライベートな空間も中段の脇に設けられています。中段のところに床・棚を構えて、普段はここを使いません。上々段は天皇の行幸時に使う場所です。聚楽第の建物は残っていませんが、秀吉と毛利輝元が対面した時に中段の床の間の前に秀吉が座ったと言われています。秀吉といえども上々段に座って人に会ったわけではなく中段で対面していたようです。納戸には陪席の者がおり、次の間以下に諸大名が控えます。対面する相手と従える人で空間と社会階層が視覚化された構成だったのです。ちなみに納戸や帳台構えの由来には色々な説があり、武者隠しとも呼ばれ、護衛の人がここにいて飛び出せるようにしていたとも言われます。

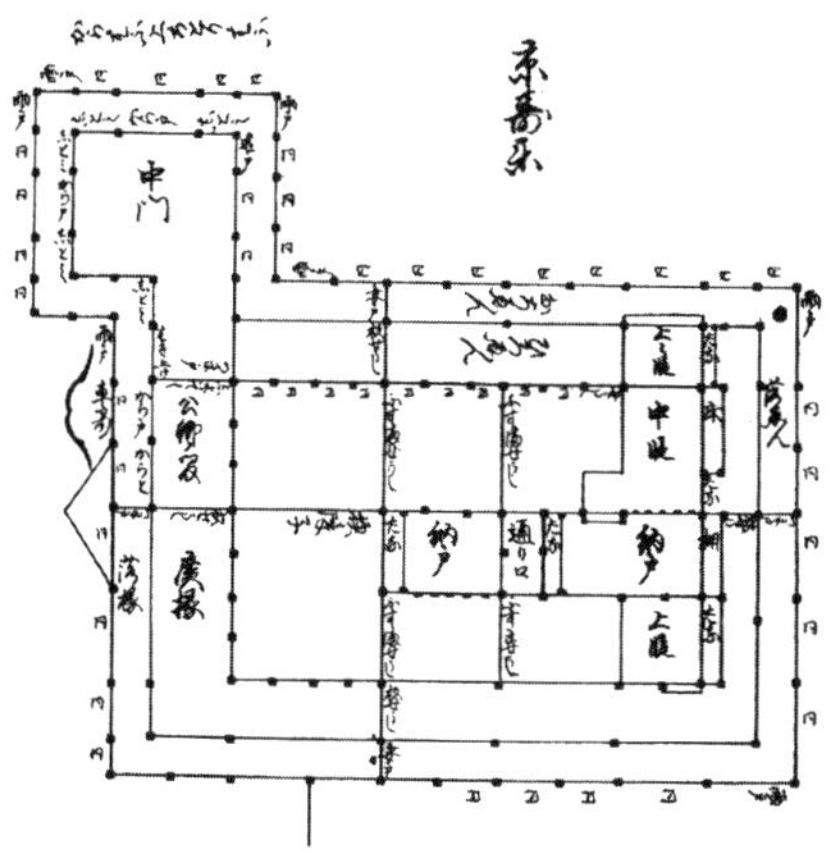

図17・17　聚楽第大広間平面図（出典：大熊喜邦「豊公聚楽第の大広間」『建築史』第二巻・第一号、1940年、6頁）

◇江戸時代の御殿建築

書院造が花開いて華やかになってくるのはもう少し後の江戸時代になります。江戸幕府の政情が安定してくると、それまでは天守や櫓など荘厳や軍備のための施設を中心につくられていたのが、天守では生活しにくいため、平場に御殿をつくるようになります。3代将軍家光の頃までは幕府や諸藩もある程度力を持っていましたから、多くの造営が続きました。城の構成としては玄関・遠侍《とおさぶらい》・式台・大広間・御成書院・御対面所《ごたいめんじょ》が重視されていきます。例えば名古屋城本丸表書院は慶長8年（1613）に建てられ、建具も蔀《しとみ》なども用いられず、それ以前の寝殿造の系譜と決別して武家の独立した住宅形式を示しているのです。金箔に濃彩を描いた金碧障壁画《きんぺきしょうへきが》を用いる一方で、素木《しらき》の折上格天井を用いたり、部屋ごとに荘厳の方法を使い分けたりして、それぞれの空間を対比的に表現しています。また金具も細工の細かい物を使っていて、建築だけではなく、絵画・金工など諸分野を融合した、いわば総合芸術なのです。

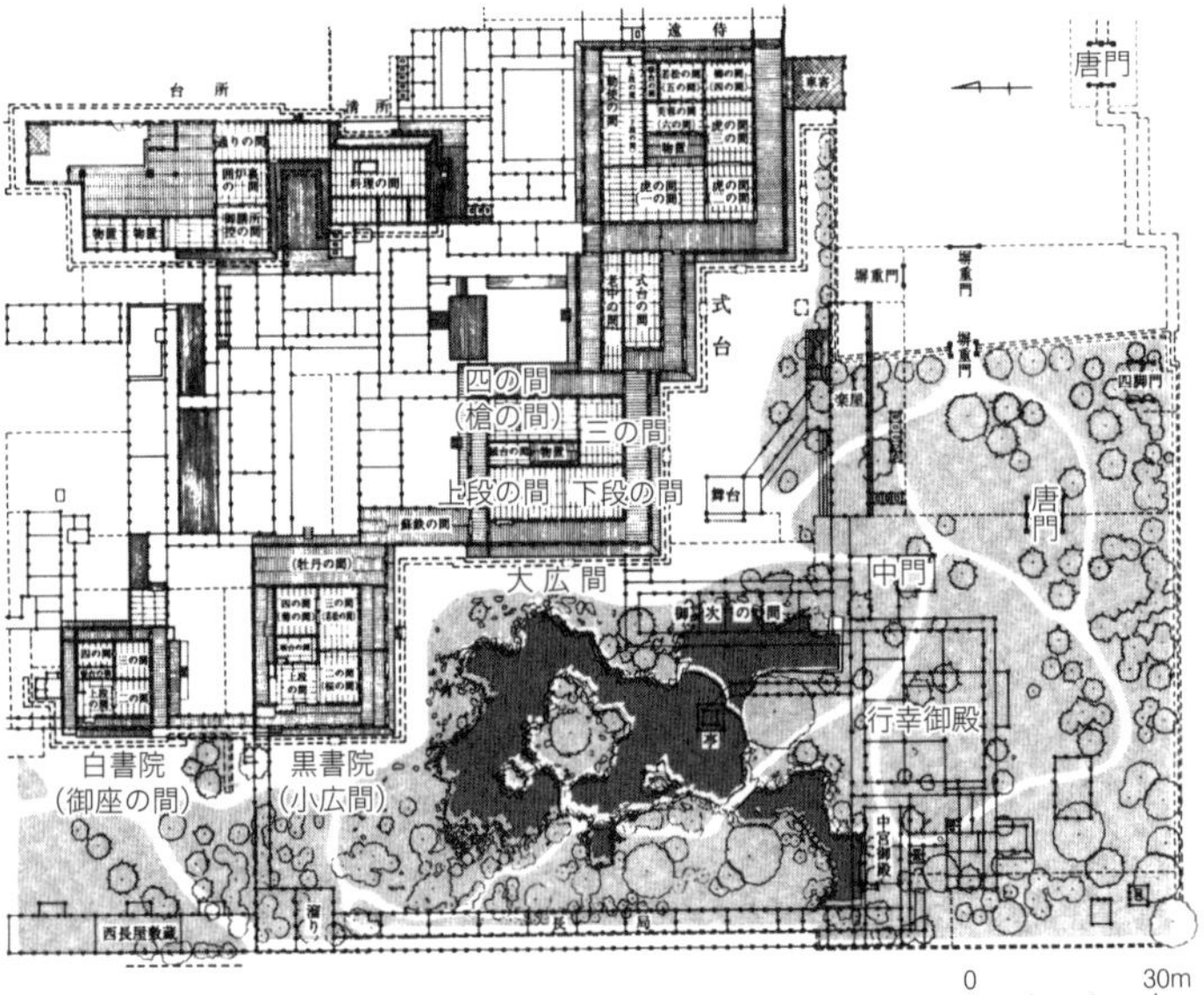

図17・18　二条城二の丸御殿（出典：日本建築学会『日本建築史図集』新訂第3版、彰国社、2011年、71頁に加筆）

◇二条城二の丸御殿

書院造の完成の典型としてよく出てくるのが二条城です(図17・18)。ここでは先ほどみた床・棚・付書院・帳台構えの基本的な要素が見られます。この時代になると書院造が御殿でもよく使われ、さらに金碧障壁画のように建具に障壁画を描く、いわゆる狩野派の絵師らが活躍し、荘厳された華やかな建築が生まれます。

空間的に段差、あるいは天井の形式によってランクの違いが示されており、例えば折上の格天井は、その下に座る人が偉い人であることを示しています。

現存する二条城は重要な書院造の具体例で、徳川家康が上洛した時の居所とするための居館として慶長8年(1603)に建てられたものです。現在の二条城は寛永3年(1626)頃にこれを大改造したものと考えられています。これは後水尾天皇の行幸を二条城で迎えるための大改修です。唐門をくぐって入り、縁側を歩きながら奥に行く構成ですが、大広間と呼ばれる公式の接見の場と、その奥には別に黒書院・白書院が接見の場としてあります。これらが雁行形に並ぶ平面計画で、当時の御殿でよく用いられます。表向きの大広間では上段の間から下段の間、そこから折れて三の間があり、さらに折れて四の間(槍の間)に繋がるコの字の形になっています。公式なものは大広間で行い、もう少し内向きになると黒書院、一番内向きのものは白書院で行いました。さらに池を挟んだ反対側に後水尾天皇の行幸御殿《みゆきごてん》が建てられました。

二の丸御殿の大広間・黒書院・白書院を見ていくと、床の段差でも天井の形式でも差を付けています。さらに白書院は素木に彩色しているだけで金碧障壁画ではないなど、部屋の空間全体だけでなく部分部分の要素の差によっても空間の差を演出しています。さらにそれぞれの部屋ごとにも天井の内法の高さや柱、鴨居の大きさを差別化することで、細かいですが内部空間の差を表現していました。一方で行幸御殿は3列の空間構成を取っています。二の丸御殿のように2列の空間構成の場合は対面に特化しますが、行幸御殿は天皇との対面という機能だけではなく、天皇の居所を兼ねるので寝殿と会所、主人の居住空間としての常御所《つねのごしょ》

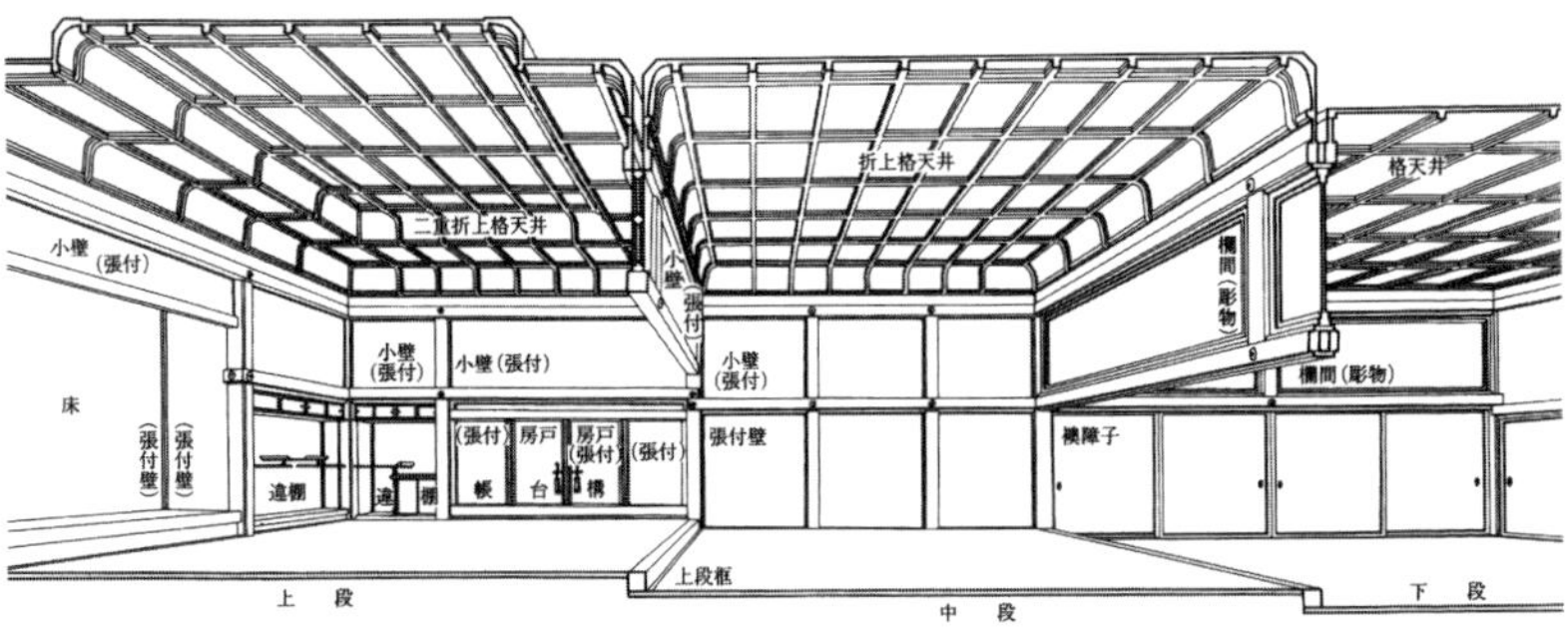

図 17・19　江戸城模式図（平井聖復元）（出典：平井聖『日本の近世住宅』鹿島出版会、1968 年、60・61 頁）

などの諸空間がさらに簡略化したもので、近世の貴族住宅のエッセンスが詰まっています。

◇江戸城本丸御殿

書院造の空間の差別化の特徴がよく表れているのが江戸城本丸御殿です。床は上段・中段・下段の構成で、上段は天井が二重に折り上がった二重折上格天井で、将軍の座はさらに天井が折り上がっています（図17・19）。中段は一段の折上格天井で、その下の下段になると、折り上げのない格天井です。床と天井で細かく、かつ緩やかに空間を分節し、差を演出しているのです。平面的にも上中下段までは一直線ですが、ここから二の間、三の間が折れ曲がり、さらに四の間に折れ曲がっています。本丸御殿の序列の中でも三の間以下は全く将軍が見えないところにつくられ、階層社会が細かく表れています。また三の間の脇には中門があるように、寝殿造以来の要素も部分的に継承されています。

◇寺院の御殿

寺院の御殿もいくつか残っています。本願寺黒書院を見ると、3列の空間構成の対面所があり、その奥に上段、上段のわきに上々段があります（図17・20）。家光の御成にあわせた空間構成ですが、武家の書院造の形式とは異なります。上段は対面所3列分の空間と同じ幅広で、この座敷構えが特徴的です。一般的な書院造の座敷構えでは床・棚・書院をL字に配置します（図17・19）が、本願寺黒書院の上段では帳台構え・床・違い棚を一直線に並べています。南側にある能舞台もこの時代の重要な接客施設です。

知恩院大方丈は、南に広縁があり、東端に上段・中段・下段という対面の空間構成を備えており、書院造の要素が強く出ています（図17・21）。知恩院は元々浄土宗の総本山ですが、徳川将軍家のバックアップで大きく造営されます。そのため当然、武家の要素が強く入り、その類型がよく表れています。二重折上格天井や床・棚・付書院・帳台構えの座敷構えは二条城二の丸御殿大広間とも共通します。

◇書院造の規格化

書院造は江戸時代最初期まで文化的に展開します。明暦3年（1657）に明暦の大火が起こり江戸の中心部がほとんど焼けてしまいました。この前後には大名屋敷を含む都市改造が行われ、防火の施設として道幅を広げた広小路や火除地、あるいは不燃化した建物が計画されました。ただし幕府諸藩とも頻繁な火事による造営は財政的に大きな

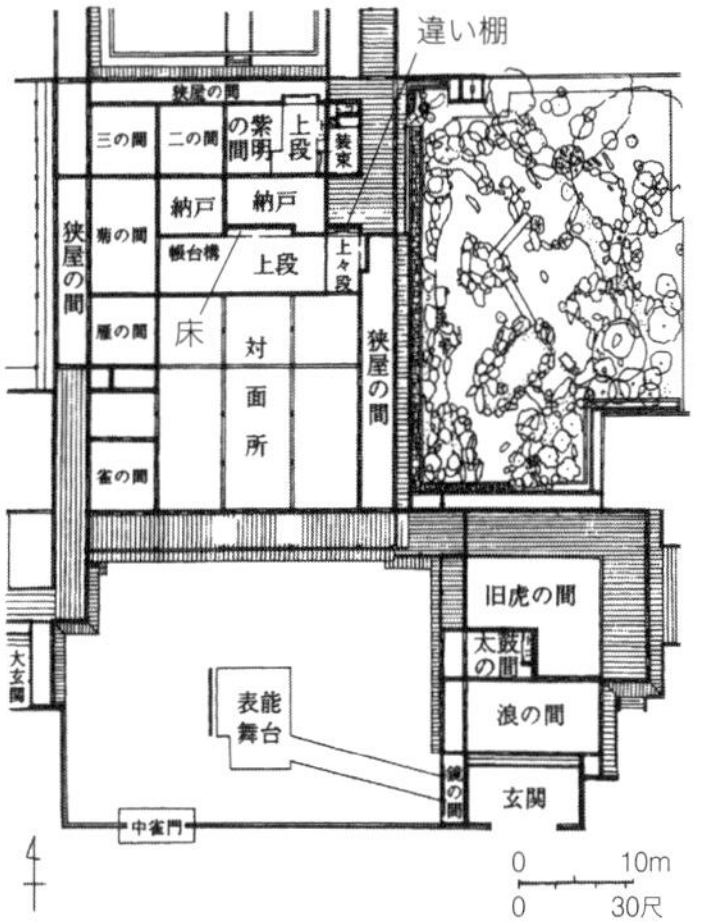

図17・20　本願寺黒書院・対面所・白書院・能舞台（出典：日本建築学会『日本建築史図集』新訂第3版、彰国社、2011年、73頁に加筆）

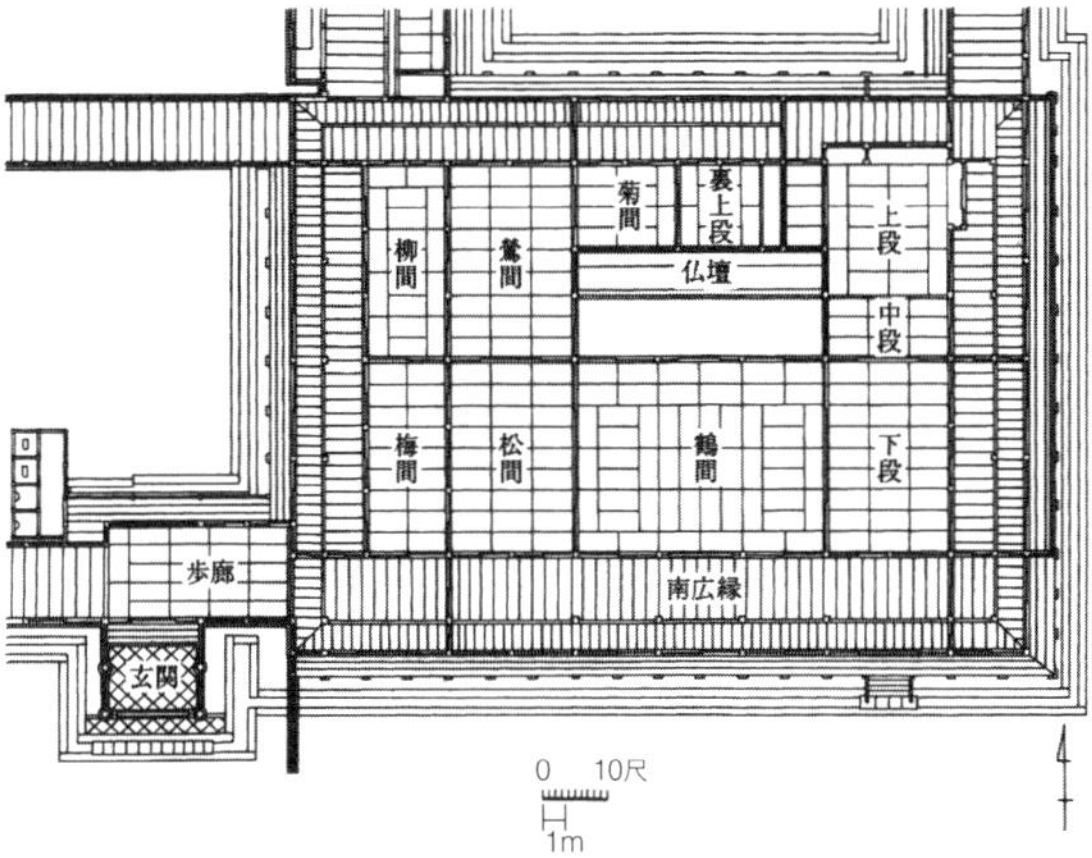

図17・21　知恩院大方丈の平面図（出典：日本建築学会『日本建築史図集』新訂第3版、彰国社、2011年、73頁）

負担でした。そこで各大名屋敷や寺院などに対し家作の制限が設けられます。例えば規模についての制限がありました。建物規模の制約による倹約として、柱と柱に架ける梁の大きさは3間（約5・4m）以下に制限されました。それよりも大きくすると部材もたくさん使い構造的にも困難になるため規模を小さくすることを求めたわけです。あわせてこの頃には帳台構えがなくなっていったと言われます。現在の住宅建築の和室でも床・棚・書院の3つの要素のいくつかを選択することがほとんどだと思います。

この書院造の延長線上で明治時代に財を成した人たちがつくった庭園や和室には、この座敷の要素を使いながら庭との関係性を重視したものが見られます。次回以降の数寄の話にも関わりますが、床・棚・書院のカチッとした武家的封建的な社会の象徴であった座敷構えに、例えば床の樹種で遊ぶとか、棚や天井に別の要素を組合わせるとか、数寄好みの要素が入ってきます。近代で花開き、現代も我々が知るような和風住宅ができ上がってくるのです。

最後に書院造の特徴を5つにまとめてみます。1つは寝殿造とは異なり部屋を小部屋に仕切ること。部屋を仕切ると襖や明かり障子などの建具が重要な要素になり、現代の和風住宅の大事な要素になっています。2つ目は畳を敷き詰める部屋が出てくること。これにより畳を基準にした部屋の設計が重要になります。戸にも舞良戸《まいらど》・明障子・襖障子・板戸などの引違戸が用いられることで精度が向上し、間仕切りの在り方や扱いが大きく変わり、壁が減って軽快になります。天井も1つのキーワードで、空間を意味付け、象徴し、床の段差と合わせて、緩やかに繋がりながらも強い空間の階層を形成します。3つ目が角柱の使用で、丸柱を使っていた寝殿造と大きく異なります。その上でそれを繋ぐ貫や梁・桁を繋ぐだけでなく、大引や敷居・鴨居・長押で固められます（図17・22）。特に敷居・鴨居はスライド系の建具に必要ですので、引違戸と合わせて重要な要素です。4つ目はデザインとして接客用の部屋に座敷構え（床・棚・書院＋帳台構え）が成立し、場面や接客する相手に応じて、そこに飾るものを替えるようになります。ちなみに飾ってあるものによって相手に対する関係性が示されるわけですが、当然同じ文化圏で共通の理解がなければ、それが客に対する心尽くしであることは理解できません。つまり同じ文化圏にいて、共通理解のある者同士で文化が成熟していることが前提にあります。そこでは国内の美術文化だけでなく、中国の唐物なども用いて、もてなしの心が表現されました。5つ目は敷地や建物が客用と生活用、ハレとケに二分された点です。また接客だけではなく、身分に応じて、建物の形や葺き材が区分されていました。

このように書院造では武家の社会、封建的体制が建築と密接に関わり、強く現れています。次回以降は、茶室や数寄など、格式とは異なる要素が、こうした社会でどう生み出されたのか、お話しします。また農家や町家では座敷構えをほとんどつくれませんでした。庶民が書院造の要素を持つこと自体、制限されていたからこそ書院造が特異な要素となり、この制限が解かれる近代になると座敷構えが多くの民家にもつくられ、近代和風建築の文化が成熟します。書院造は現代の和風建築の理解、あるいは現代の和室を設計する上でのキーポイントになるはずです。

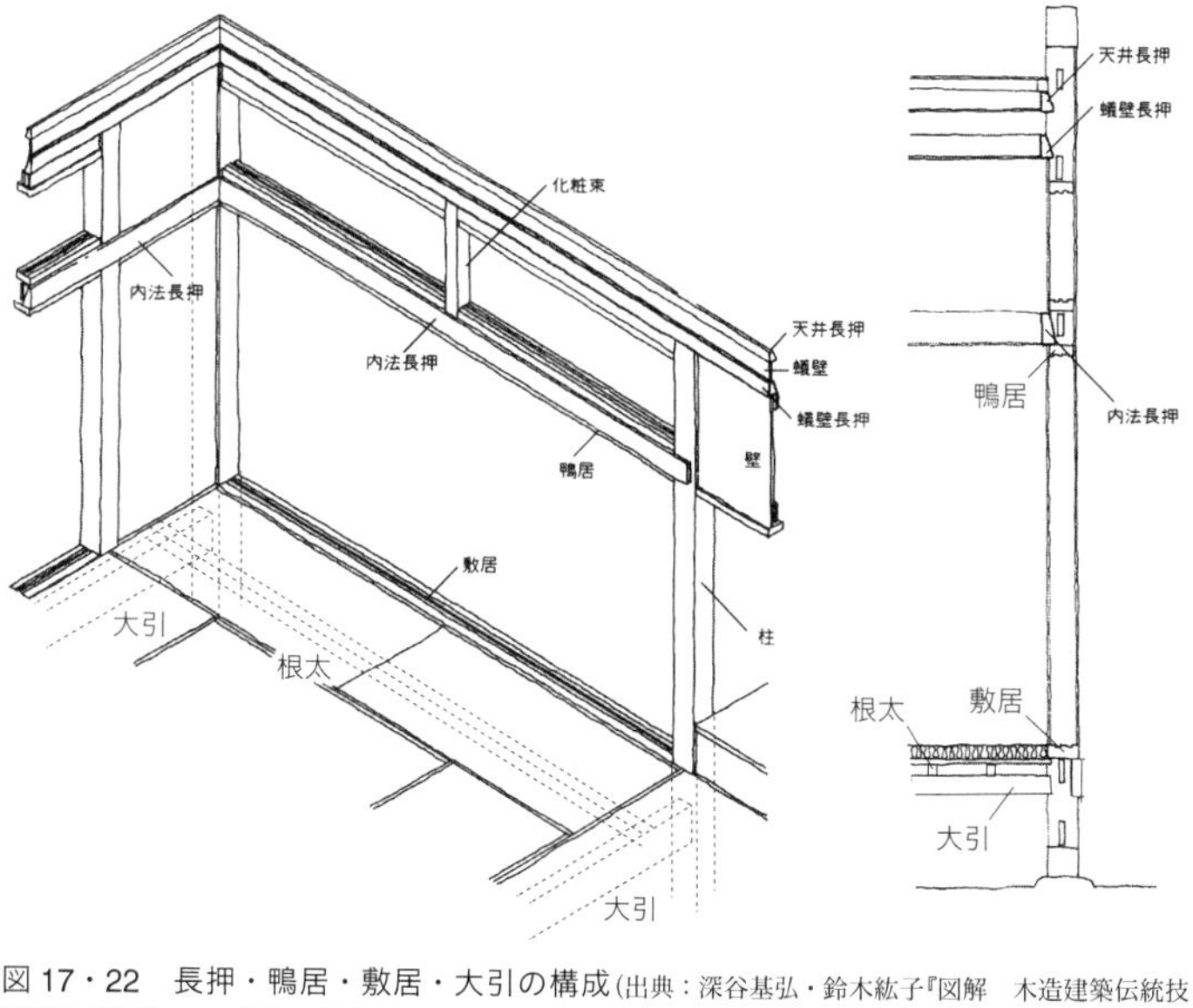

図 17・22　長押・鴨居・敷居・大引の構成（出典：深谷基弘・鈴木紘子『図解　木造建築伝統技法辞典』彰国社、452 頁を一部改変）

18章 接客空間から遊興空間の追究へ
――茶室と数寄屋

1　茶の文化と茶室・数寄屋――

◇茶を飲む習慣

今回は茶室と数寄屋の話です。茶室ではディテールに凝った設計が明確に見えてきますし、数寄屋には現在の住宅や和風建築に見られる要素が多く入っています。なぜこうしたものが発生したのか、あるいはどのような茶室が良いものと考えられていたのか、さらに茶室では「良い茶室」をコピーしていくことで建物を継承する考え方もあり、この辺も話していきましょう。

茶の文化と茶室建築の成り立ちはリンクしています。茶を飲むことは日本でも古代から行われていたようですが、今の表千家や裏千家のような茶道として確立していたわけではありません。鎌倉時代には禅宗が盛隆すると、禅僧や上流階級で茶を飲む習慣や茶でもてなすことが文化的な交流のツールや娯楽となります。茶の寄り合いや闘茶も行われていました。闘茶とは茶を何種類か煎れて、その銘柄を当てることで、これが賭博化していきました。

室町時代には足利義満の頃から、茶と建築の関わりが出てきて、接客に茶が用いられるようになります。茶室ができる以前は、その場で茶を点てることは重要ではなく、接客が重要で別の場所で点てたものを運んでくる「殿中の茶」でした。書院造の座敷飾りのように室町時代の接客空間では唐物・茶器・掛け軸などの名品を飾ることでその場を荘厳し、接客でもそこに心を尽くす文化があったので、座敷飾りとともに茶を飲むようになりました。それが茶のための専用の空間である茶室となり、次第に茶を点てること自体も芸能化、あるいは作法化していきます。その過程で都会から離れた山荘趣味のような田舎風のものが好まれるようになり、庶民住宅の要素が着目されました。

◇茶室の発生

現在の茶は15世紀の茶人村田珠光《じゅこう》の始めた侘び茶の精神を受け継ぐと言われています。村田珠光の大きな成果は茶専用の施設として茶室をつくったことです。それ以前には広間の一部分を区切ったり、座敷飾りのある小部屋を使ったりしていました。茶の湯を点てる茶の湯殿には道具を陳列し、茶を飲み接客する場所よりも一段格が落ち、客の座とサーブの座で分けていました。

村田珠光を受け継いで武野紹鴎《たけのじょうおう》がより洗練させ、千利休の時代にわび茶が大成されます。茶というと千利休のイメージで語られますが、実は茶室が建築的に展開するのは利休より後の時代です。織田有楽斎《うらくさい》・古田織部《おりべ》・小堀遠州《こぼりえんしゅう》らは大名茶人と呼ばれ茶にも長けた大名たちでした。彼らが茶室を展開していきます。

では茶室はどのようにできていったのでしょうか。珠光の美意識では「殿中の茶」とは異なる形が根本にあります。茶道では一座建立という、亭主と客が同じ空間で客の前で茶を点てることが大事です。茶室は小さく狭いイメージがあると思いますが、元々多人数の参加を拒まない庶民的な発想があったようです。

茶室では立地や建物の周囲にも相当気を配るのが特徴です。寝殿造でも寝殿の南側に庭をつくることが重要でしたが、茶室の場合にはそれが特に強く出ています。また黒木塗、節のある竹を使うなど、茶室ごとに独自の表現を用いています。「山居《さんきょ》の躰《てい》」といって、都市部にありながら山中に居るような、環境も含めた再現が求められました。室町時代の文化人は隠遁の傾向が強く、「市中《しちゅう》の隠《いん》」とも言いますが、都市の喧騒の中にあえて田舎風のものをつくる好みがありました。しかも上流階級だけではなく、町衆とも一緒に茶を介した交流があり、それまでは身分階層によって儀礼や文化が分断されていたものに交流が起こり、そこで礼儀作法が伝わったり、逆に田舎的な要素を摂取したりすることも行われました。ただし珠光の頃の資料はあまり残っておらず様相がわかりませんが、もう少し進んだ紹鴎の頃になると茶室の形がわかってきます。

◇紹鴎の茶室

珠光の頃の茶室では四畳半という畳の大きさによる茶室の形が出てきます。『山上宗二記《やまのうえそうじき》』の中に「四畳半座敷ハ珠光ノ作事也」とあり、珠光がこの大きさを考案したとあります。茶室では基本的に四畳半より大きいか小さいかが1つの基準になります。四畳半より大きいものを広間、小さいものを小間《こま》と言います。鎌倉時代の鴨長明が『方丈記』を記し京の郊外に隠匿してつくった囲炉裏の大きさも四畳半の規模で、文化人が隠遁する1つの規模が四畳半として意識されています。

紹鴎はこれをさらに草庵化し、山居の躰の様相を強くしていきます。紹鴎の頃には重要な要素として客の前でお湯を沸かし交流する「点前《てまえ》」があり、そのための囲炉裏が必要になります。草庵の茶室は草葺が多く見られます。柱も普通の建物では製材された角材や丸材を使いますが、あえて面皮付《めんかわつき》の柱を使ったりします。茶室では粗野な形を見せつつも素朴であることが大切な要素としてあったようです。行き過ぎると粗末な小屋になってしまうのですが意図的に素朴な意匠を取込むものが出てきました。これらは当時の書院造とは対照的です。書院造では長押を廻すことで部屋の格式を表していましたし、庭に縁をつくって貴人はそこから中に入る形式もありました。茶室はこれらとは別の方法を建築的要素として取り込んでいます。もう1つは露地《ろじ》という茶室の周辺環境、建物そのものだけでなくアプローチの設計にも力を入れています。

茶室は茶人の好みが反映されます。「○○好み」、例えば利休好みや紹鴎好みなど茶人の名前を冠した呼び方をすることがあります。茶室ほどの大きさであれば部材1本1本のスケール、例えば節の位置やディテールまで落とし込むと、それが設計意図として表れます。それが○○好みとされるのは、ある意味現代の建築家の名前が付いた建物に近いようなものですね。茶室が今でも建築として好まれるのはこれらの設計理念を読み取ることができるからでしょう。

◇紹鴎の茶室

紹鴎の茶室は『山上宗二記』に伝わる紹鴎の四畳半の茶室に見られます(図18・1)。この段階では完全に他の建物から独立した茶室ではありません。実際には茶室の隣室は茶会と同じように歌会などで使用されていたと考えられます。

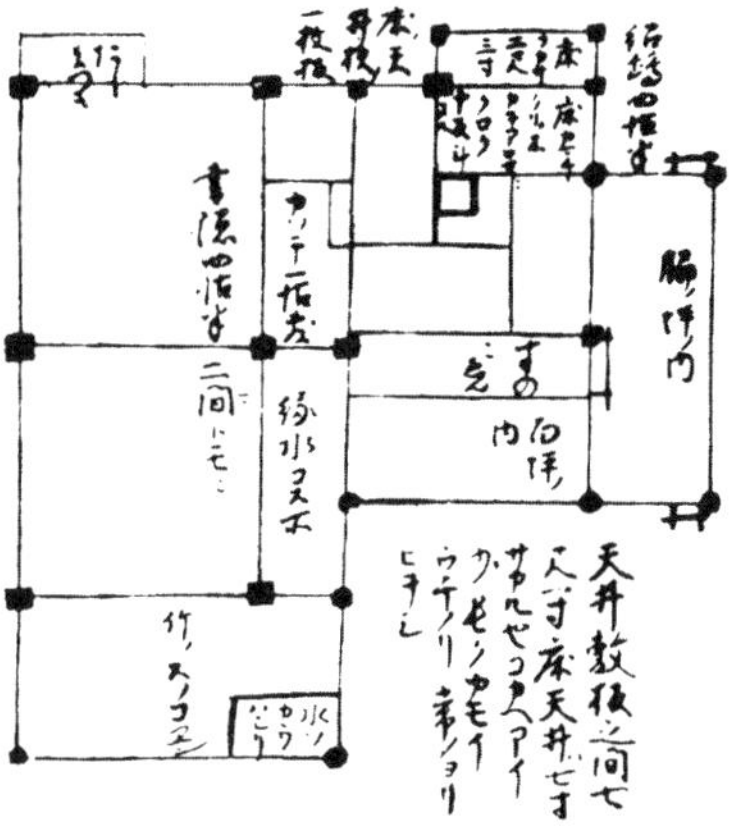

図18・1　山上宗二の伝えた紹鴎の四畳半(出典：中村昌生『茶室と露地』日本の美術19、小学館、1972年、165頁)

四畳半の茶室の隣に四畳半の部屋が2つ付いており、さらに四畳の簀子縁《すのこえん》が付いています。この図には材種まで書いてあり、床框《とこがまち》には栗の木を使っているようです。普通の建築書や建地割図《たてちわりず》などでは部材の材種まで書くことはほとんどありません。茶室ではどの位置にどんな木を使うのか、木材の見た目の違いなど部材の情報が重要なのです。その他にも「カキアワセニクロク」、塗って仕上げたとも書かれています。もう1つが襖などの高さを内法高さと言いますが、入口の高さを低くしています。茶室の場合はすごく小さい躙口《にじりぐち》という潜って入る入口がありますが、それに繋がる先駆的手法と考えられます。

もう1つ茶室では向きがかなり重要です。窓の位置やどこに壁を設けるかで内部の光環境が変わってきます。特に紹鴎の頃には北面採光による柔らかな光を重視しています。茶器の見え方から出てくる考えで、時間にもよりますが、東・南・西では強い光が入ってしまい、北からの光が最も茶道具を良く見せるというのが理由です。茶室は規模が小さく色々なところに移築されるのですが、建物の向きまで汲んで設計されているものなので方位が変わると茶室にも大きく影響するのです。

◇茶室と「ろぢ」

茶室へのアプローチの話をしましたが、実際には町人の茶室は都市の中につくられました。貴族・武家の邸宅など大きな敷地では茶室自体を庭園に単独でつくることができますが、多くの茶人の住まいは町家と言われる、接道して幅が狭く奥行の深い敷地にありました。店舗は道に面していた方が得ですから、多くの軒数を接道しようとすると一軒の間口が狭くなります。この形式ではさすがに茶室を正面につくるわけにはいかず背面に建てることになり、敷地奥へいく通路が必要です。

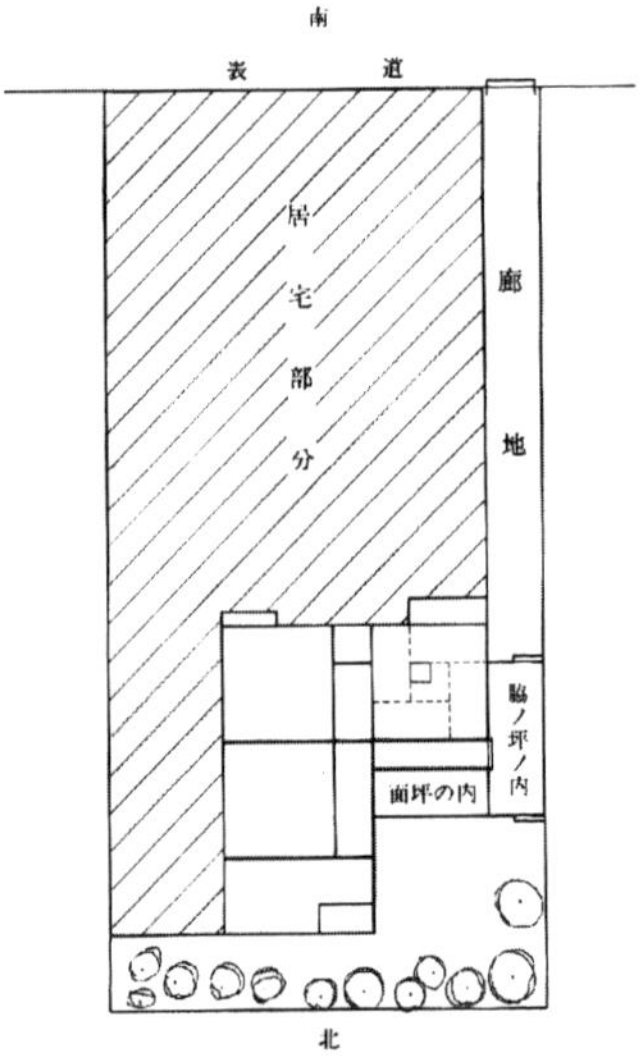

図18・2　紹鴎の四畳半と露地（出典：中村昌生『茶室と露地』日本の美術19、小学館、1972年、165頁）

実際に紹鴎の茶室では（図18・2）、露地の萌芽である「廊地《ろぢ》」の先に茶室を置いています。露地には腰掛けや雪隠《せっちん》など必要な要素がありますが、これらを全部組み込んで整理されるのはもう少し後の時代になります。そのためこの時代はろぢの文字の表記にも路地・路次・廊地などが混在していました。

◇くど構え

侘びの趣向の1つとして紹鴎の頃に「くど構え」が流行

したと言われます。「くど」は「おくどさん」、カマドのことです。民家にあるカマドを茶室に持ち込んだのです。高台寺時雨亭《しぐれてい》・傘亭《からかさてい》が代表的で、伏見城から移築されたと言われています。宝形造の屋根で化粧屋根裏として頂部から垂木が下りる様子を傘に喩え、傘亭と言います。隣に建つ時雨亭は2階建の茶室で、いずれもくどを備えています。

図18・3　高台寺傘亭の起こし絵図（出典：ColBase；http://colbase.nich.go.jp）

加えて茶室では部材1本1本、床や採光にこだわるので窓の高さは大事な情報になります。パトロンや茶人の3次元の建築情報の共有手段として「起こし絵図」がつくられました（図18・3）。紙に描いたものを起こして立体化し模型状にする表現です。これは茶室の継承、あるいは情報の伝播のツールとしても、面白い表現です。

◇台目畳

さらに草庵茶室が小規模化していく中で畳の大きさも変えてしまいます。そもそも京都と江戸と中京でサイズは変わりますが、畳の大きさは大体９００㎜（3尺）×１８００㎜（6尺）です。そこに利休は通常の4分の3の大きさの台目畳《だいめだたみ》をつくり茶室に持ち込みます。茶を点てる亭主の点前畳には人が座ります。「座れば半畳寝て一畳」と言いますが、座っていたら半畳分は亭主の座です。残りの半畳は丸々茶を点てるために使うわけではなく、その半分を茶道具を置く場所（台子《だいす》）とします。そうすると最後の4分の1は本来使う場所ではなく要らないので4分の3の大きさになったのが台目畳です。台目畳の発生については諸説ありますが、1つは『南方録』によると紹鴎と利休が合議で決めたと言います。いずれにせよ両者が余分な物を排除し極小のものを突き詰めていたことがわかります。その後も台子や棚物も必要なくなり、草庵化が進みました。

2 利休の理想

◇利休の茶室の特徴と好み

茶人の好みが茶室に出てくる例としてまずは利休を見ていきます。残念ながら利休の茶室はほとんど残っていません。現存は天正10年（1582）に建てられた妙喜庵待庵《みょうきあんたいあん》だけで、あとは利休の好みを示すもの、あるいはそれを元に後の時代につくられたものがある程度です。

特徴として縁からの出入りをやめたことがあります。寝殿造の場合、正式な客は南庭から縁を介して室内に入ります。縁からの出入りをやめることで格式の要素を完全に排除し、代わりに躙口を通って入る形式をつくったわけです。躙口の前に土間をつくることもありました。縁は建物の周囲に飛び出してきますが、縁がなくなることですっきりした外観をつくります。他にも通常の壁は竹小舞《たけこまい》を編んでその上に土を塗って中塗り上塗りをして漆喰で仕上げますが、あえて部分的に空け、下地の竹小舞を見せつつ窓として光を取り込む下地窓《したじまど》という装置をつくりました。土壁という草庵的な要素を取り込んだものです。

実際、利休好みはどのようなものなのでしょう。利休は侘び茶を大成したと言われるのですが、「一座建立」の精神として亭主と客が表面上の付き合いではなく心を交わせるために、物理的な距離を近づけることを志向します。そうすると茶室は四畳半からさらに小規模化します。待庵は二畳分の茶室になっています（図18・4）。さらに都市内に俗世を離れた山里をつくることも目的となります。下地窓や苆入りの土壁もそうですし、民家の囲炉裏の上で小舞竹を燻《いぶ》して煤《すす》を受ける煤竹なども侘びた化粧材として取り上げました。待庵では土間に廂をかけて躙口から入ります。そこには下地窓が見え、中には床、框、窓があり、狭い空間で色々な工夫がなされています。隅にはリズムのある吊り

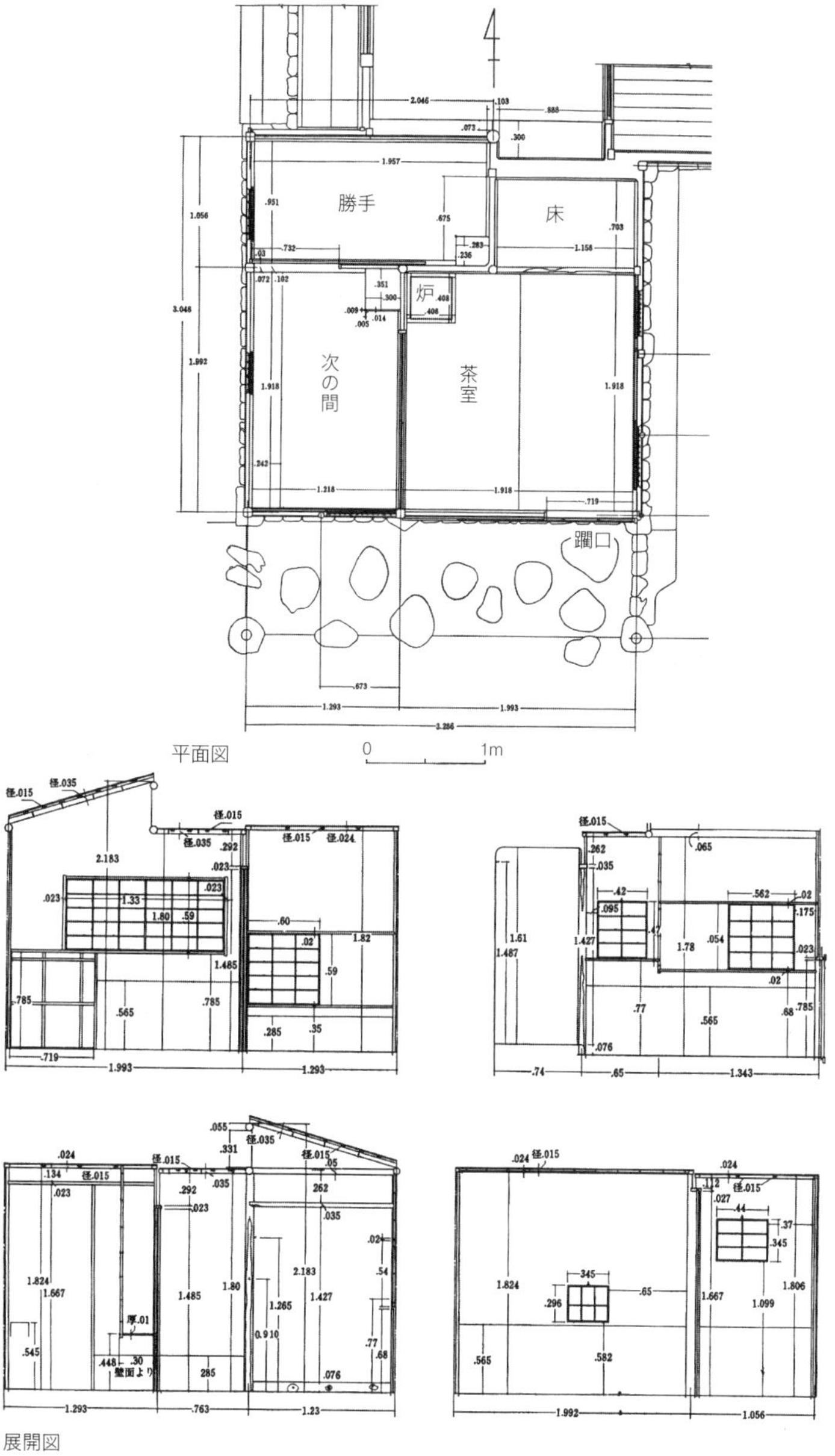

図 18・4　妙喜庵待庵の平面図・展開図（出典：『日本建築史基礎資料集成 20』茶室、中央公論美術出版、1974 年、115・119 頁に加筆）

棚で勝手三重棚をつくり、窓の高さも変え、腰壁に紙を貼り、それが色違いになったりします。天井も化粧屋根裏とする所と棹縁天井のところがあります。わずか二畳の狭い空間にも関わらず、天井を変え、各面で壁の構成要素を変えるなど工夫しています。

床の間も普通は一畳分の約6尺の幅があるのですが、ここではわずか間口4尺です。もう1つ、二畳という狭さでは四隅にある柱が圧迫感を与えます。そこで床の入隅《いりすみ》柱を塗り込める室床《むろどこ》とすることで奥行がわからないようにする視覚的効果を狙っています。室床と同じような手法は隅柱にも行っていて、柱を塗り込めることで狭くても窮屈にならないよう、空間的な広がりを見せています。同時に天井の高さを場所で変え極小の空間に差をつくっています。

◇利休の四畳半とその系譜

利休が追究した四畳半の茶室は残念ながら現存しません。秀吉が京都につくった聚楽第で完成させたようで、聚楽第の茶室や秀吉の北野の茶会などの復元案から様子がうかがえます（図18・5）。床前の畳である貴人の座の床前畳と客

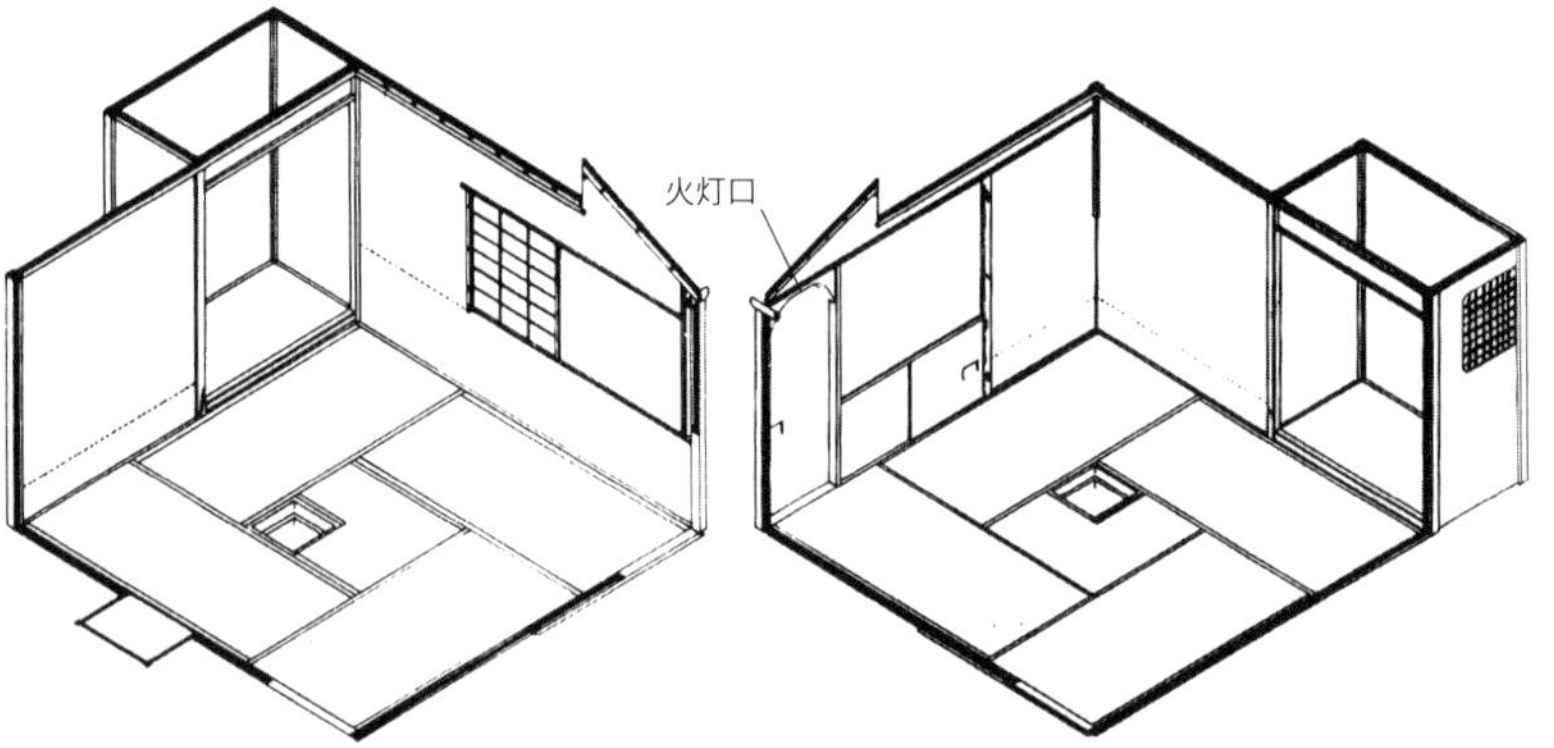

図18・5　利休の四畳半茶室（右：北野大茶会、左：聚楽の利休四畳半復元図（出典：中村昌生『茶室と露地』日本の美術19、小学館、1972年、177頁に加筆）

畳、そして亭主のための点前畳があり、茶道口近くには踏込畳がそれとは別に炉畳に炉を切っていて、全体の位置がある程度決まってきます。床は一間床から縮小した五尺床でこれらの畳の配置が、ある程度人の動きと対応する平面の形になっています。

また利休の四畳半の系統と見られる裏千家の茶室又隠《ゆういん》では（図18・6）、床の間は6尺より小さくし躙口をつくっていて、利休の茶室の特徴が表れています。写しは茶室をつくる際によく行われ、ある茶人が好んだ茶室、由緒ある茶室をオマージュしてコピーすることがよく行われていました。利休の孫の千宗旦がつくった又隠は天明3年（1788）に焼けた後に再建されたので比較的新しいものですが、茶室はディテールまで含めて建築の情報が継承されることが多く、おおむね踏襲されたと考えられています。ただ孫の代の写しなので基本的な構成は類似するのでしょうが、100%の復元ではありません。室床の上の方は柳柱（楊枝柱）という細い柱で特徴的な見せ方をしています。これは利休の手法です。一方で、洞庫先《どうこさき》の柱がなく、躙口側に柱があるなど部分的な変化も見えます。

利休の系譜としてもう1つ、不審庵があります。元々元和4年（1618）に宗旦が利休の寸法で「一畳台目床なし」という非常に狭い茶室をつくったのですが、それが正保4年（1647）になって平三畳台目でつくられています。五尺床があり、三畳の畳が敷かれ、そこから点前側に

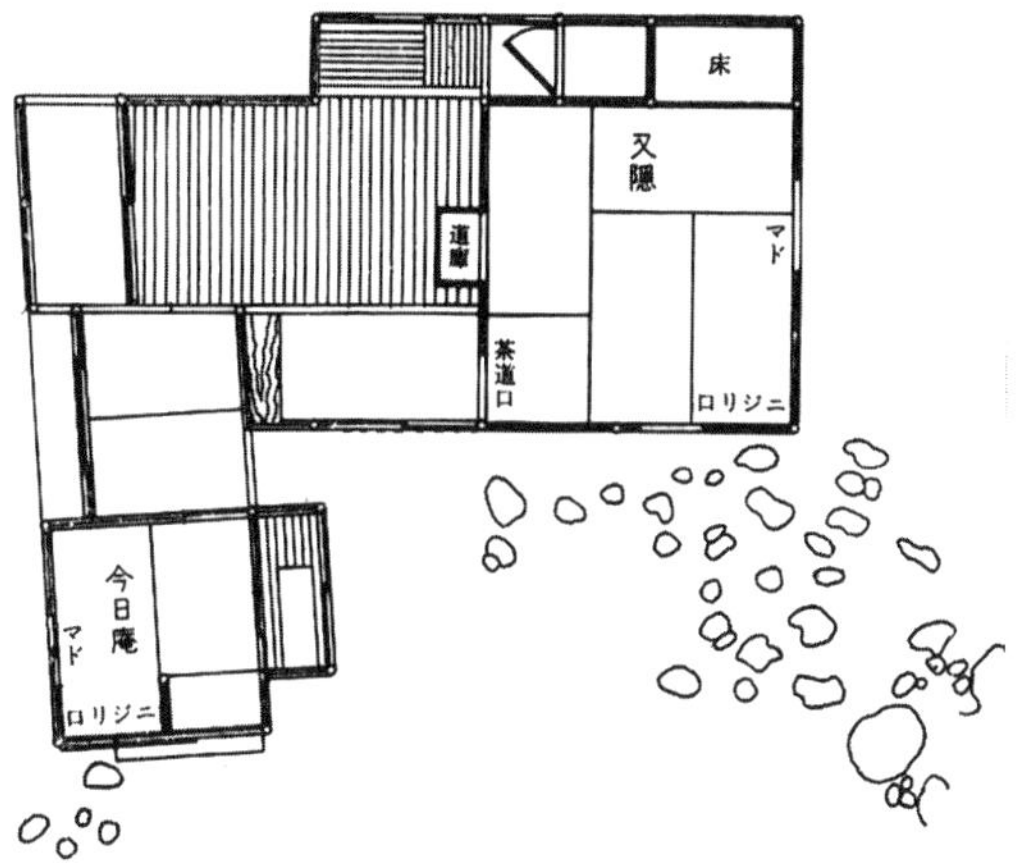

図18・6　又隠・今日庵の平面図（出典：堀口捨巳『茶室』日本の美術83、至文堂、1973年、84頁）

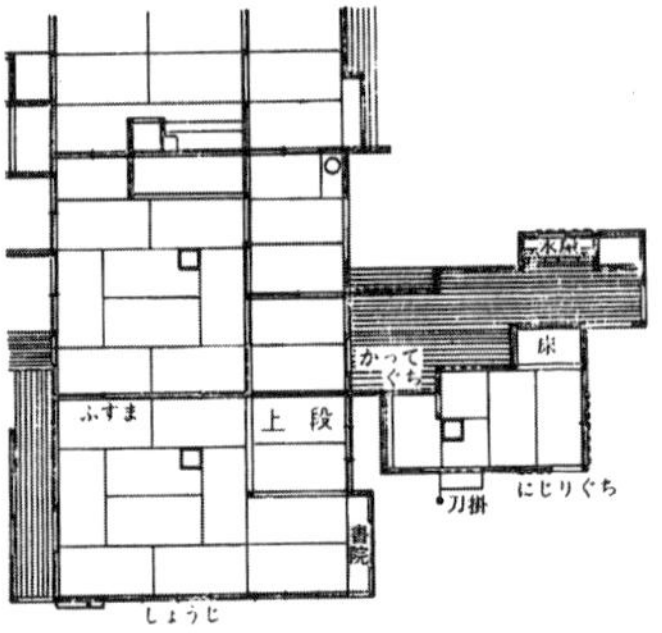

図18・7　不審庵の平面図（出典：堀口捨巳『茶室』日本の美術83、至文堂、1973年、82頁）

台目畳が張り出しています（図18・7）。茶道口を点前座の前方にしていて、客畳からは見えません。天井が変化する場所に赤松柱をあえて持ってくることで空間にアクセントを与えています。天井をよく見ると垂木として太い竹と細い竹を使い分けて天井に強弱を付けています。

◇台目畳と道安囲

茶室では道安囲《どうあんがこい》という客室と点前畳の間の仕切壁があります（図18・8）。アーチ状の火灯口《かとうぐち》の奥に炉を切って点前する場所をつくる方法です。亭主と客が道安囲で分断されてしまうのですが、中柱や炉を囲む形で客と亭主が対座する形ができます。民家では囲炉裏を中心にした団欒の場があるように、火灯口に柱を立てると、炉を囲む団欒の要素がつくられています（図18・11）。一方で点前座はあくまで客に比べれば下位であり、招く側が下、招かれる側が上という意識があります。宗旦は利休の侘びを徹底し一畳半・床なし・座敷飾り不要にまで極限の縮小化をしたと言われますが、ここまでくると遊びの要素のないストイックな茶室になっています。

形が少し違いますが、又隠の隣にある今日庵《こんにちあん》は一畳台目という極小の茶室で、炉が切った台目畳プラス一畳の客座で十分という大きさです（図18・6）。その屋根は片流れで、天井も待庵では二畳の空間の天井を切り替える操作をしていましたが、ここでは総化粧屋根裏にしてしまいます。また床も壁床で装飾的要素をどんどん排除していきます。

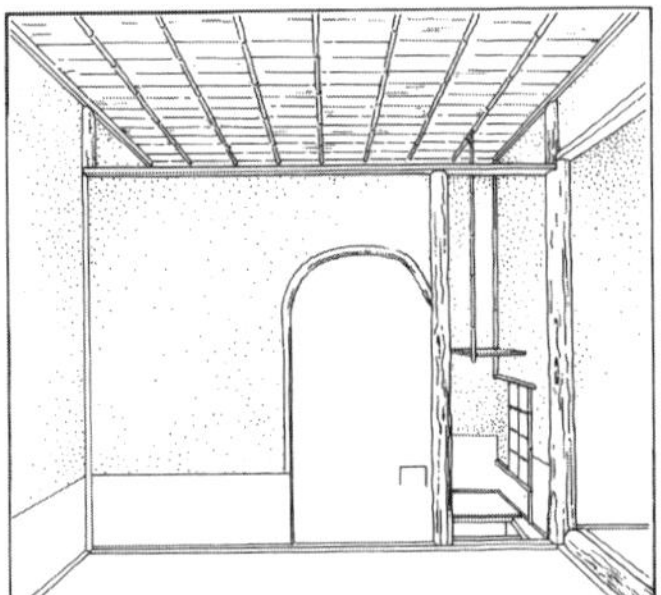
図18・8　道安囲（少庵、宗旦時代の千家にあった道安囲の復原図）（出典：中村昌生『茶室と露地』日本の美術19、小学館、1972年、184頁）

3　茶室の書院化

◇侘びと数寄の追究

利休の茶室が草庵化し、侘びを追究する一方で数寄を凝らした茶室も出てきます。この数寄の要素は利休の理想として求めたものでなく、武家による社会が確立していくと、彼らの権威的な空間構成として書院造が成立していくように、華やかなものが好まれるようになるのです。

天正14〜19年（1586〜91）頃になると二畳を中心とする侘びの小座敷が出てきます。これは侘び数寄と呼ばれる特殊な好みです。一方、もう少し大きい四畳半や三畳は世間一般にも通用する大きさです。そうすると大きい茶室と小さい茶室で使い分けがされるようになり、ある程度余裕がある人は小さい茶室と大きい茶室を両方持つことが普通になってきます。基本的に四畳半を持ったうえでさらに小間を保有するという形式になるわけです。

元々利休の茶は武士社会との強い繋がりがあったのですが、利休の茶室はストイックで侘びしすぎるとも言われるようになります。同時に武家社会が書院造による華やかな座敷をつくって、格式やヒエラルキーの要素を持ち込んでいましたから、同じ要素が茶室にも求められました。本来、利休の目指した茶室は客と亭主が近い所で対等な立場で顔を突き合わせる場だったのですが、いつの間にか武家社会のヒエラルキーが茶室にも持ち込まれ、せっかく排除した書院造の要素がまた茶室に取り込まれ、茶室が書院化していきます。

◇有楽好み

これらの華やかな茶室は武家の茶人、すなわち大名茶人によって展開され、それをいち早く行った人物が織田有楽斎です。彼は利休と繋がりがあり、利休より台子を相伝しました。有楽斎は織田信長の実弟ですから、武家の要素があります。その典型が床の位置を自由に変えることです。それまで四畳半も三畳も床の位置や畳の敷き方は比較的限定されていました。有楽斎はこれを打破し、四畳を横並びに敷くなど自由な発想で平面をつくっていきます（図18・9）。あるいは窓の高さや材料など、多様な窓の選択に凝った茶

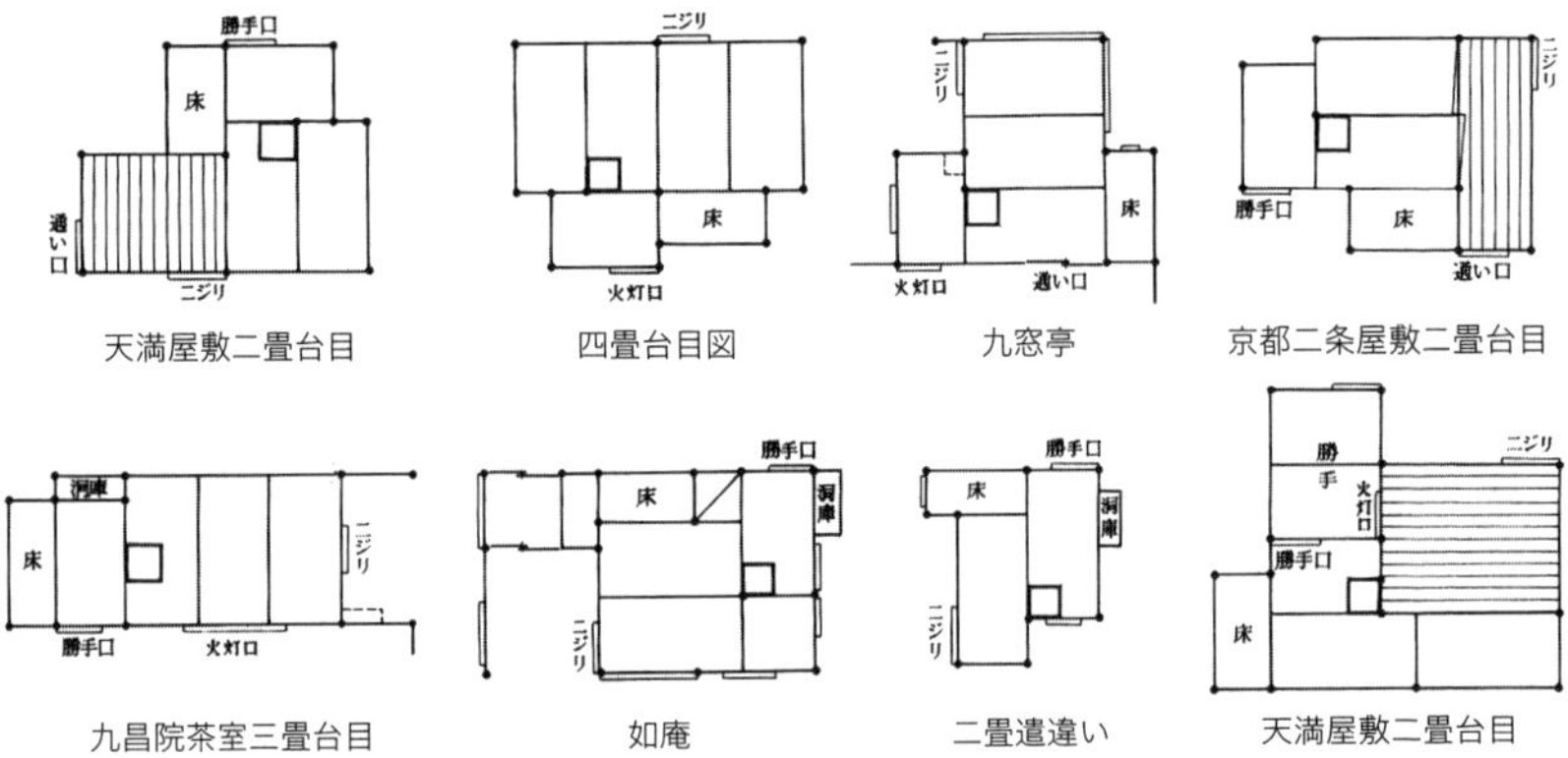

図 18・9　織田有楽斎の茶室(出典：中村昌生『茶室と露地』日本の美術 19、小学館、1972 年、192・193 頁)

室も織田有楽斎の1つの設計手法です。さらに点前座と客座にプラスアルファで相伴《しょうばん》をする席、列席する場所を設けます。その場所をあえて板の間にし、畳に座っている本来の客ともてなしをする側とは別に格下の場をつくります。そこに座具を敷いて空間の区別を付けています。

有楽斎の茶室で現存しているのが犬山城の麓にある如庵《じょあん》です。二畳半台目の茶室で床脇に三角形の板を用いた特殊な平面です。外側に竹の格子を入れ、内側に明障子《あかりしょうじ》を付ける有楽窓を用いています。また床が見える躙口から入り、床前に出てくるようになっています。その他躙口の前の土間には円形の下地窓があり、杣《そま》なぐりの床柱や黒塗りの床框、色々な要素を持ち込み1つの材料にも心を配っています。

◇織部好み

同じく侘びから転向して大成させた有力な人として古田織部がいます。彼は『茶譜《ちゃふ》』の中で、それまでの利休の茶は「侘過《わびすぎ》タヤウ」と言っています。織部は「奇麗成《きれいなる》ヤウ」の茶に変えていきます。この時代になると徳川幕府の政権も確立され、武家社会に適合した茶室がつくられていきました。それとともに古田織部が重視したのが露地の展開で、燕庵《えんあん》では露地には飛び石や長石、腰掛けを設けます。この腰掛けも深い方と浅い方で正客と相伴の客が座るものと形によって差を知らしめています。このような微細な差は、その文化に高度に精通した者同士で理解されます。共通理解のある社会の中で文化を共有しそれに価値を見出されて初めて建築の意味が形として出てくるのです。

燕庵は三畳台目に相伴席が付いたもので、床の隣には勝手口があります（図18・10）。点前座の背後に色紙付の腰壁を設け、中柱には曲がった自然木を用い、上下に高さの違う窓を並べています。また床にも下地窓が用いられ、なぐりの床柱が用いられています。点前座はもちろん茶を点てるための場所でしたが、茶を点てること自体が芸能化し点前座は舞台化されます。相伴席は化粧屋根裏としており、ここ以外は棹縁に小竹を用いた天井であることから、相伴の方が格下であることが天井からもわかります。特に織部は全体の空間としてもデザインしますが、ある内側から見た壁面、立面を重視し美意識として強調しています。

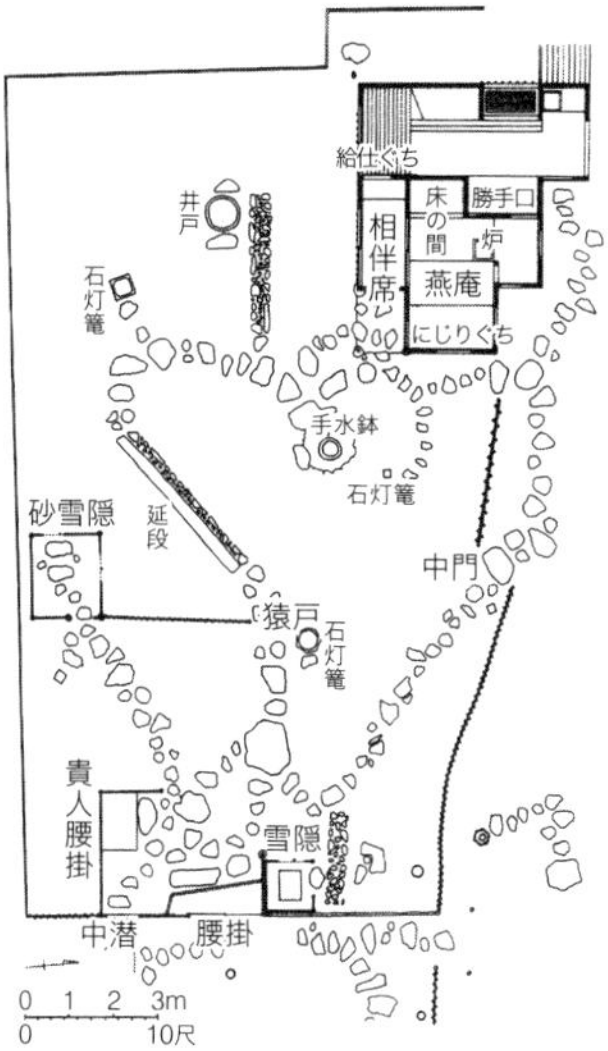

図18・10　燕庵と露地（出典：日本建築学会編『日本建築史図集』新訂第2版、彰国社、2002年、87頁に加筆）

◇遠州好み

書院造系の茶が完成したのはもう少し後で、古田織部の弟子である小堀遠州が完成させます。彼の伏見屋敷の茶室では、奥の位置に畳が並行に置いてありそこから飛び出たところが点前する場所とされます（図18・11）。貴人の座はやはり床の前です。対して相伴席は点前が見えにくい場所になっており、天井も格の低い化粧屋根です。細部の違いによって人が座る場所を表しています。貴人の座から点前の作法の場所がよく見え、相伴席からも一応、見えます。点前座の畳で茶人が茶を点てる様子が茶室のどの場所からも見えるような設計コンセプトでこの茶室はできているのです。遠州はもう1つの特徴的な要素として長押を廻し、蔀戸《しとみど》のような突き上げの窓、あるいは庭から縁を介して入

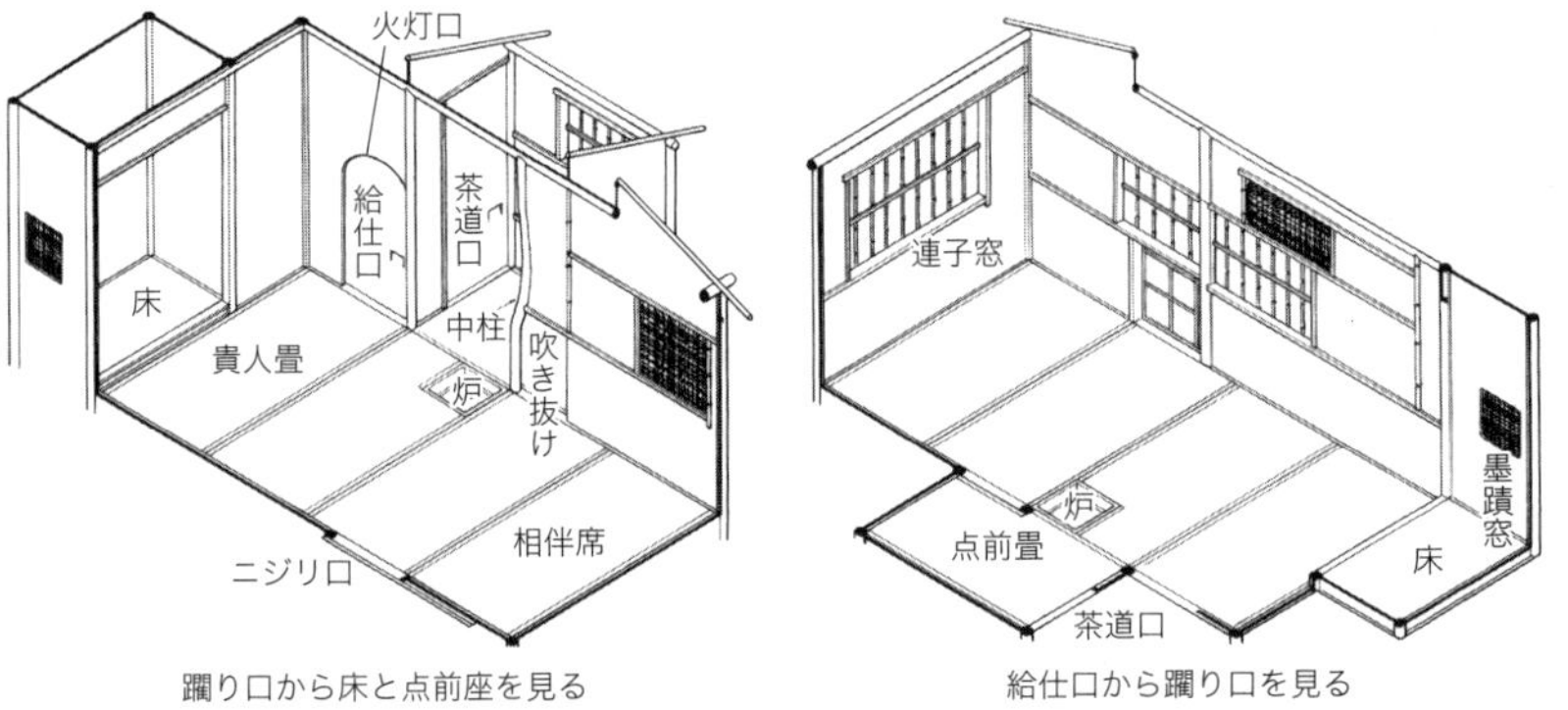

図 18・11　小堀遠州の伏見屋敷の茶室の復元（出典：中村昌生『茶室と露地』日本の美術 19、小学館、1972 年、227 頁に加筆）

室する書院的な方法を再び取り入れました。

遠州好みが強くでたものに密庵《みったん》があります。草庵風の台目構えと書院の座敷の要素が入り、通常の書院造の座敷構えに近いしっかりとした床をつくっています。茶室では基本的に棚を設けませんが、茶の湯飾りの違い棚が二段あり、棚の変化も普通の固い書院造にはない崩れた形を取り入れています。

もう1つの遠州の試みでは、書院造で床のある部屋で基本的に用いる長押も茶室に持ち込まれました。最たる例が孤篷庵忘筌《こほうあんぼうせん》です（図18・12）。寛永年間（1624〜44）に建立したものが寛政の頃に焼けて復興したものです。庭から落縁《おちえん》・広縁《ひろえん》を介し忘筌に入ります。内部には床の間などがあり、障子4枚が上から嵌っているので躙口と同じように頭を下げながら入っていきます。書院の要素を持ちつ

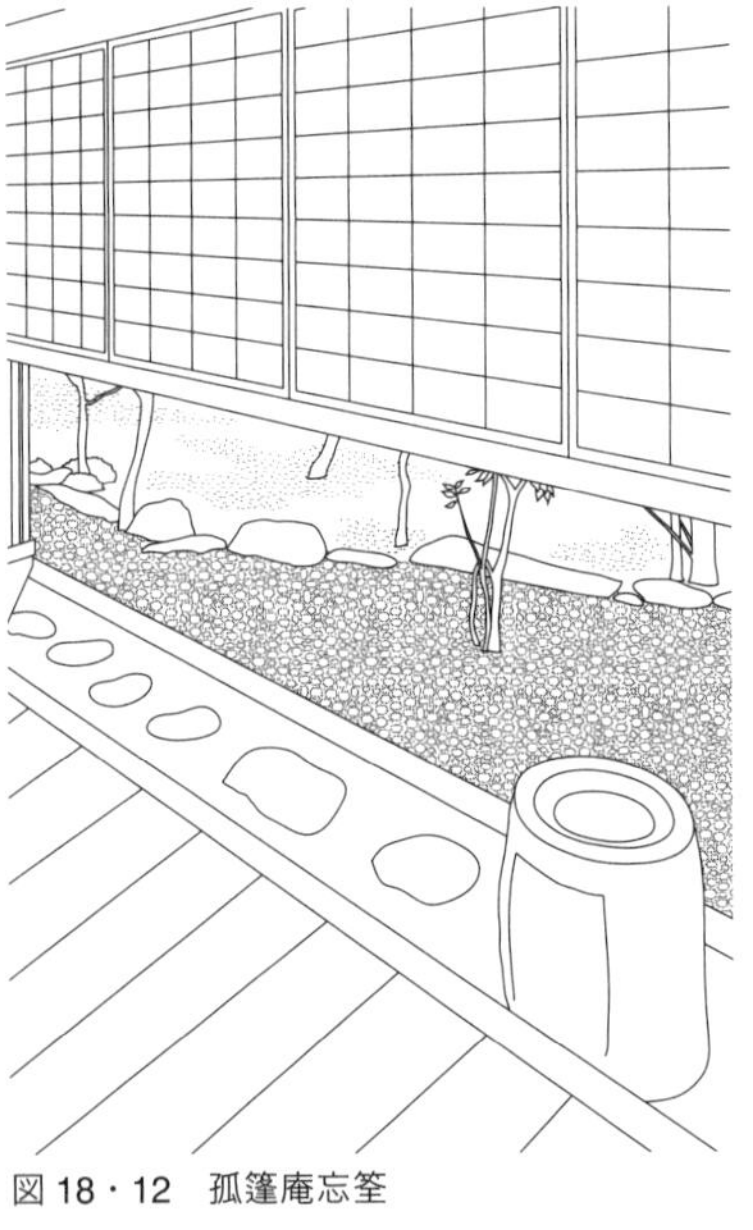

図 18・12　孤篷庵忘筌

つ茶室の躙口の入り方を兼ね備えた形で、作法を継承しつつ新しい形をつくり出すことに成功したのです。

茶室は茶人によって好みが多種多様に分かれるので一筋では見えにくいのですが、大まかな流れとしては一度、侘びに振れたところからまた書院系の要素に戻ってきて華やかになっていきました。同時代的には数寄屋風の書院が展開しています。

ところで、茶室は良いものはコピーされましたが、書院はあまりコピーされないのです。茶人の○○好みのようなものが書院では珍重されなかったのでしょうが、特定の茶室が珍重され、例えば燃えてしまってもまた同じような形でつくる、あるいは別の場所に同じ形の茶室をつくる文化が成熟した点は茶室ならではです。ルーツを踏まえ評価されているものを継承する文化を示しています。

4　数寄屋風書院造

◇書院造の発展

書院の要素を取り込んだ茶室では綺麗であることを重視しました。元々数寄屋は数寄屋風書院造とも言われますが、そこでは茶室に加えて綺麗の要素を取り込み、数寄の要素を強くした建物が16世紀末〜17世紀初頭に増えてきます。

本願寺飛雲閣は特徴的な例です。それまでになかったような平屋の上に2層の建物を載せ3階の建築にしています。屋根には唐破風や入母屋

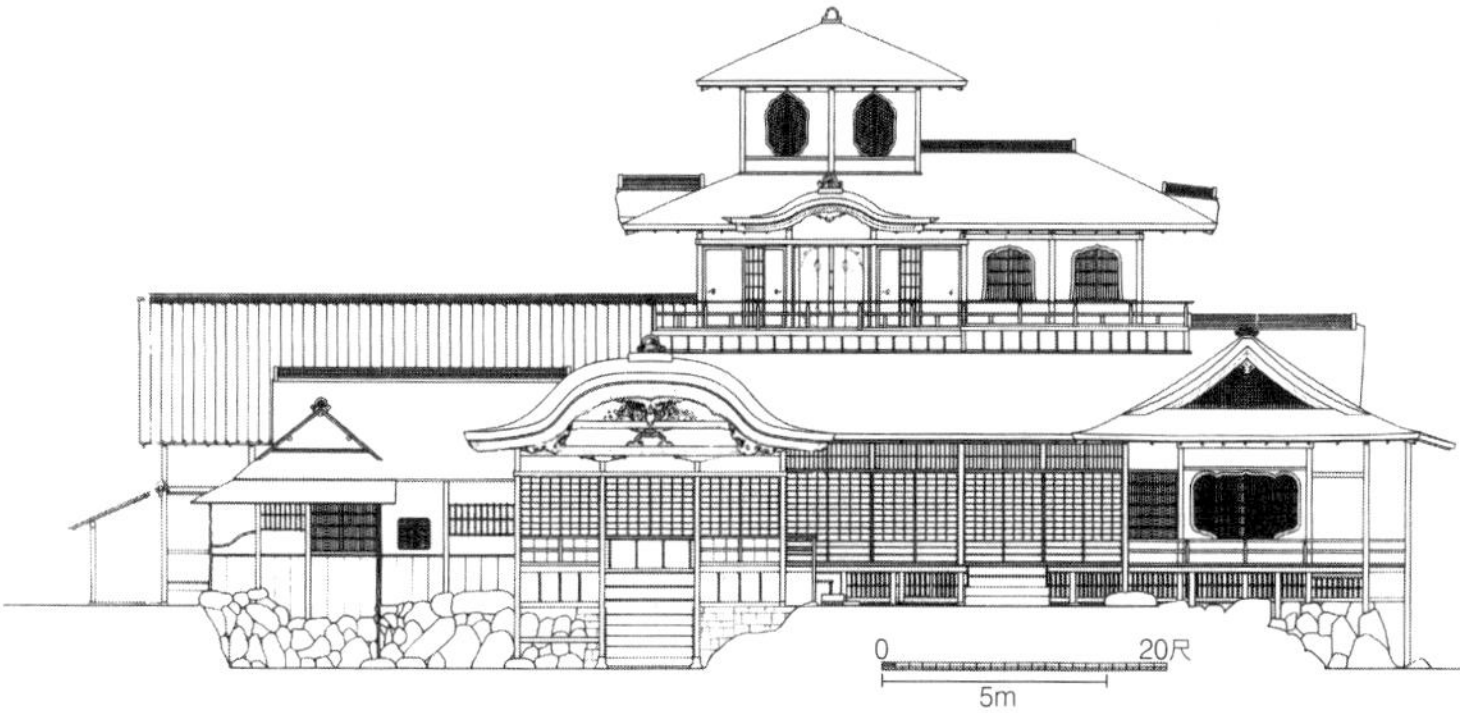

図 18・13　本願寺飛雲閣の立面図（出典：京都府教育委員会『国宝本願寺飛雲閣修理工事報告書』1966年、2図）

破風をゴテゴテと付け相当に派手な建築ですが屋根自体は非常に薄く軽やかに見せています（図18・13）。こうした数寄屋建築は基本的に公的な場ではなく、遊興の場所や数寄者と言われる遊びの要素が強いものです。飛雲閣にも船が池から直接建物に入っていく舟入があり、茶室の部分も色漆喰仕上げや面皮柱など、崩れた書院の要素が持ち込まれています。

◇三渓園臨春閣

江戸時代には17世紀中期以降には家作制限という建築の制限が入ってきます。幕府も藩も財政が厳しくなり、華美な建築をあまりつくらなくなります。武家が立派な建物をつくれないのですから商人のような庶民ではたとえ経済力があっても、制限される時代になります。したがって数寄を凝らしたものは比較的早い時代のものが多いのですが、その1つに横浜にある三渓園《さんけいえん》に移築されている臨春閣があります（図18・14）。元々紀州徳川家の別邸巌出御殿《いわでごてん》の建物で慶安2年（1649）に建立され徳川家から豪商の食屋《めし》に渡され大坂近郊に移築されたものが、明治になりさらに実業家で美術品収集家としても知られる原三渓の庭園の現在地に移築されました。

大きく3つの建物でできており雁行の配置を取っています。この配置は二条城で説明しましたが、書院造で用いられる形式です。元の位置からは変わっており、第三屋の向

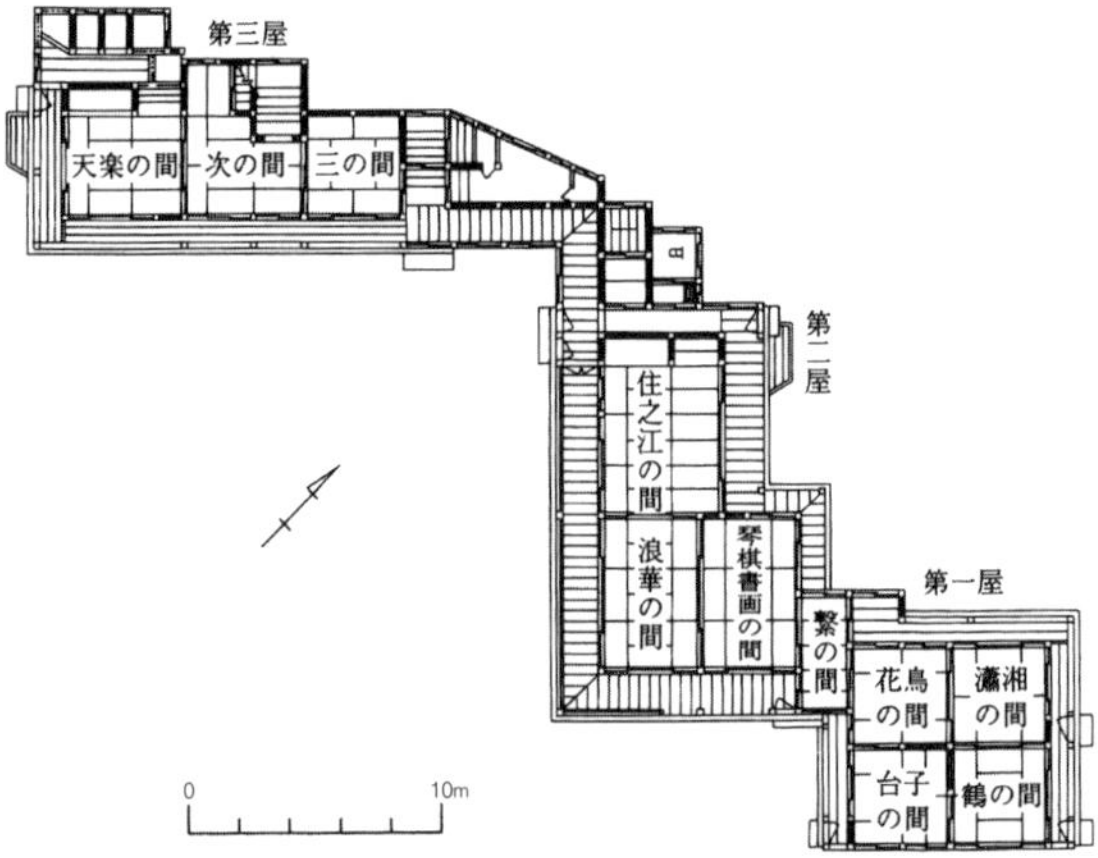

図18・14　臨春閣の平面図（出典：日本建築学会編『日本建築史図集』新訂第3版、彰国社、2011年、91頁）

きが180度変わり位置も第一屋の手前にあったことがわかっています。形としては第二屋が最も格式が高いのですが、その住之江の間に関してはあえて長押を使わない一方で、波形文様の障子や楽器をモチーフにした欄間など遊びの要素を加えています。それに対して第三屋は平べったい建物で開放的な三面縁を設けて2階から眺望できます。

◇桂離宮

飛雲閣、臨春閣と並ぶ数寄屋建築のもう1つ代表が桂離宮です（図18・15）。元々八条宮《はちじょうのみや》親子の別邸として建てられたもので現況は古書院・中書院・新御殿が庭に対して雁行して並んでいます。庭とセットで建物を並べる時の書院造のパターンの1つです。庭に目を向けると元々日本の回遊式の庭園にあるような築山や池、苑路、橋に加えて、茶室や持仏堂《じぶつどう》などが整備されています。

元和元年（1615）に最初に整備されたのが古書院です。その後20年くらい経って中書院ができ、正保頃（1644〜1652）に全体が完成し、さらに後水尾《ごみずのお》天皇が行幸する寛文3年（1663）に新御殿がつくられました。

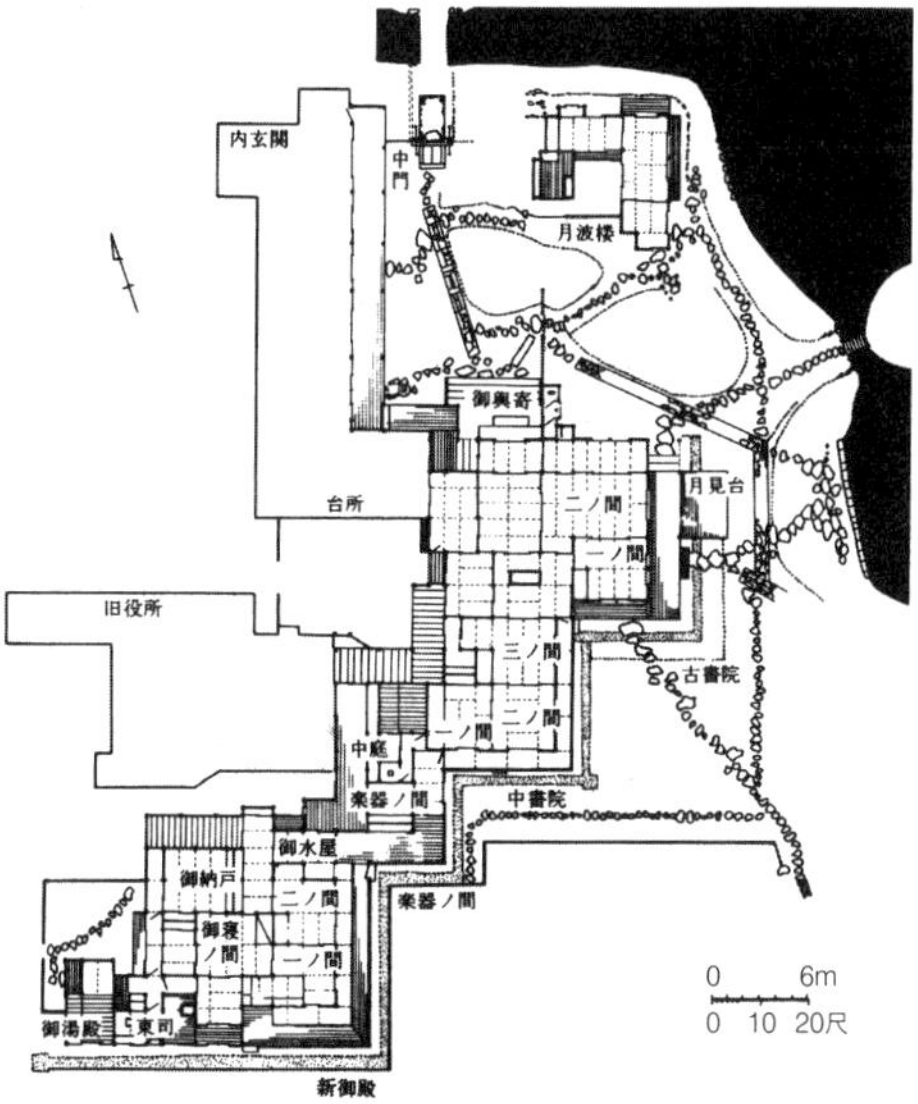

図18・15　桂離宮の平面図（出典：日本建築学会編『日本建築史図集』新訂第3版、彰国社、2011年、88頁）

古書院の部分は比較的数寄の要素が強く具体的には月見台を設け、縁状に入り込み一体的になっています。深い軒の出に対して軽やかな屋根で、床が高い特徴があります。新御殿の内部を見ると一段高い部分にこれだけ棚が縦横に飛び出し桁行梁間の2方向から交差し組み合っていて、一段高い畳の上だけ格天井を張り、さらにこの壁の柱を下まで下ろさず切ることで三畳の一段高い部分が開放的に見えるようにしています。崩れた数寄の要素にあふれています。

数寄の要素は床や棚に集中しがちですが色々な樹種選択にも及んでいます。例えばヒノキの丸柱・角柱などの格式張ったものを使っていたのが、面皮柱、あるいは壁を色漆喰にする、腰に反古紙を貼るなど細部で色々な材料を使うようになります。天井も画一的な垂木ではなく竹を使う、また同じ垂木も吹寄《ふきよせ》と言って普通のピッチではなく2本セットにして、密に配するのではなくセットごとに距離をあけて軽く見せるなどの意匠上の操作も行われました。

◇成巽閣の成熟した数寄屋風書院造

数寄屋風書院造は江戸時代初頭から出てくるのですが、後の時代に成熟するものがあります。幕末の頃の加賀藩の成巽閣《せいそんかく》などが例です（図18・16）。元々加賀の13代藩主前田斉泰が母親のために兼六園につくった建物で書院造の御殿のような雁行配置とは違う配置です。謁見の間のような公的な場所がある一方で、比較的数寄の要素の凝った部屋もあり、さらに上層では群青の間など多彩な色を使った部屋もあります。謁見の間の隣の鮎の廊下では廊下の天井でさえも船底型のように折上の天井になっています。

松の間では床も凝っており、床柱をあえて切ってしまったり、腰板にギヤマンを貼ったりして数寄の好みを強く出します。さらにつくしの廊下の脇の縁では無柱で10間分（約18 m）の距離を飛ばしています。柱を抜くことで庭と縁を一体化させようという意図が強く表れています。ちな

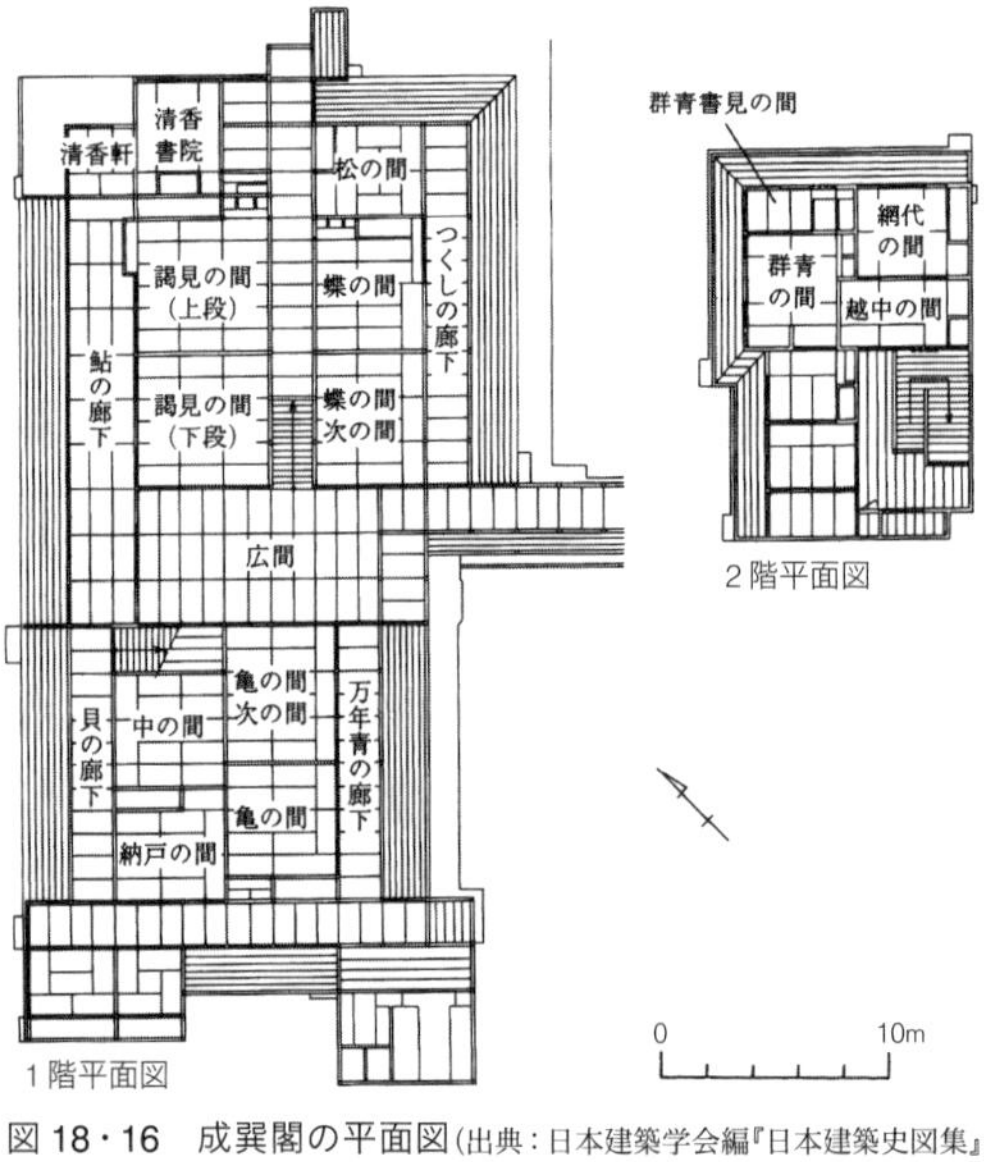

図18・16　成巽閣の平面図（出典：日本建築学会編『日本建築史図集』新訂第3版、彰国社、2011年、91頁）

みに柱を抜くので軒桁の材料も1本の材とする必要がでてきます。良材、長材を使うことが流行るのも数寄の特徴です。例えば杉の絞り丸太という樹皮ははぎ、その内側を磨き上げた長い丸太を軒桁に使うことが流行ります。

2階の群青《ぐんじょう》の間と呼ばれる群青の要素や色漆喰《いろしっくい》の仕上げ、棚と花頭窓《かとうまど》の内側に明障子を入れそれぞれ数寄の要素を見せています。円窓も数寄の要素ですが、これに加えて部屋の隅の部分だけ網代《あじろ》天井にして変化を付けています。

成巽閣は前近代にしては数寄の要素を凝らした成熟した書院ですが、数寄が本当に花開くのは近代に入ってからです。江戸時代は経済力があってもつくれなかった建物が、近代以降になると自由につくれるようになります。また工匠も腕としてはつくれるけれど機会がなかった、あるいは発注者の問題でつくってこなれなかったものが、近代に入って、近代和風建築として経済的、社会的、技術的にも成熟し花開くのです。

◇**近代和風の展開**

近代和風建築の一例として延暦寺の大書院（登録有形文化財）という建築があります。村井吉兵衛（煙草王）の東京の邸宅を移築したものです。縁と近接する御殿風の畳の廊下により、庭と一体的に繋がっています。内部は折上天井で床と付書院の座敷構えで丹精につくられています。その上で部屋に長押を廻すなど、近代建築でありながら伝統的な書院の作法もおさえています。メインの座敷は欄間にも彫刻を彫りますが、細部までのトータルコーディネートで部屋をつくっています。比較的軒の出は大きく、展開のある空間で、張り出しの部分には半屋外の空間も設けられています。

これを設計したのは明治の建築家武田五一で、数寄の要素が近代に入ってから花開き、近代建築でも参照されてきます。茶室研究の代表者の堀口捨巳《すてみ》、彼もバリバリの建築家です。茶室や数寄屋の細部に拘った設計が近代以降の設計者の興味を引き、ディテール、施工精度へのこだわりにも影響をあたえています。特に和風の住宅や邸宅においてそのまま使うにしても、解釈して使うにしても数寄や書院の細部は主要な要素として溶け込んでいきました。

19章

都市と庶民の住まい

——町並みの類型と町家の形成

1　中世までの町の展開

◇中世の庶民住宅と町並み

これまでは一般庶民の住宅をとりあげてきませんでした。寺社建築に比べて住宅は現存するものが少なく、絵巻や資料に描かれるのも高級住宅や貴族の住宅が中心になってしまいます。庶民住宅といっても、都市部にある町家と集落にある農家型で建築の形は異なり、今回は前者を扱います。

現在も残る町並みの類型としては、城郭を中心に形成された城下町、街道に一定の間隔ごとに置かれた宿場町、寺社の門前に展開した門前町、主に浄土真宗の門徒によって、寺院や道場を中心に形成された寺内町などがあります。いずれも建物が点在するのではなく、密集するところに特徴があります。

日本建築史の講義の冒頭（3章）で竪穴建物や高床倉庫を紹介しました。また地面に直接穴を掘って柱を立てる掘立柱の建築は古代以前からあります。宮殿や寺院などの高級住宅は、礎石建物の技術が使われたのに対し、一般庶民には縄文・弥生時代以来、近世の段階でも掘立柱建物が住居に使われていたことがわかっていますし、竪穴建物も一部では中世くらいまで用いられていたようで、プリミティブな形の建物が長く使われてきたのです。

一方、都市部を中心に住宅の形は変化しています。都城や鎌倉などの政治都市では人が集まって住む、集住が起こります。交易の中心になる場所、街道の宿場、あるいは海運・水運に関わる港、寺や神社の周辺には金と人が集まります。するとそれを相手にした商売が成り立ちます。さらに近世になると寺社に参詣する庶民が増加してきます。すると門前に商売人が集まり、町が展開してきます。ここに都市的な状況と農村部や漁村部との大きな違いが出てきます。都市の住宅、いわゆる町家がどのように出てきたかは諸説あります。建物が連続して並び建つのが特徴で、狭い土地に多くの人が住もうとすると建物が集密します。接道も大切なので、少しでも多くの敷地が道に面するように、間口が狭く奥行の長い敷地となります。

また長屋や門塀など境界装置が元となり町家に発展したという考え方や祭りの見学用の桟敷や市場で建てる仮設の建物が常設化したという説もあります。いずれにしても隣棟間隔の狭い建物群が登場したわけです。

残念ながら中世以前の町並みは残っておらず、近世以降のものしかありません。ただし、中世以前の町並みが平安末期の『年中行事絵巻』や正安元年（１２９９）の『一遍聖絵』に描かれています（図19・1）。なぜこれらが貴重かというと、通常、絵巻や文字を扱う人の興味の対象は貴族や武士の生活、儀礼などで、庶民に注意が払われることはありません。そのため一般庶民のものは歴史的に記録されにくいのです。

なかでも一遍上人は地方を行脚して布教していたので、彼の生涯を描こうとすると、京都以外を訪れた時の町並みの様子が描かれるわけです。例えば滋賀の大津の町並みで

図 19・1 『年中行事絵巻』に描かれた京の町並み(出典：国立国会図書館デジタルコレクション(江戸後期写本 藤原光長絵))

図 19・2 『一遍聖絵』に描かれた大津の町並み(出典：国立国会図書館デジタルコレクション)

は、船のある湖から道が延び町家が並んでいます（図19・2）。ここでは切妻屋根が連続し片側が土間になっています。ただし必ずしも全部の建物が接道しているわけではありません。つまり中世の段階では我々が想像するような京都や奈良などの道に面して町家がずらりと並ぶ集密状況ではなかったようだとわかります。

◇描かれた京都の町並み

同じ時期の京都はどうだったのでしょうか。『一遍聖絵』や室町時代に描かれた『福富草子』を見ると、土壁が崩れている様子が描かれ、下地の竹の小舞が見えています。土壁もあったよ

図19・3　『洛中洛外図（舟木本）』に描かれた京の町並み（出典：ColBase；https://colbase.nich.go.jp の部分）

うですが、板壁が多く用いられたこともわかります。屋根は板葺が多く、今のような瓦葺の屋根並みは中世にはなかったようです。

また人が顔を出し、物を出して店を設けている様子や、縦の格子には節が描かれるので竹の格子が使われていたようです。この竹の格子からは高い防御性が読み取れ、京都の治安の悪さをうかがわせます。

もう少し時代が下った『洛中洛外図屏風』にも京都の町並みが描かれています。京都は元々、平安京という都城でしたから、道路が網の目のように通されており、町家の構えはかなり近接して並んでいます（図19・3）。ただし建物同士の壁の間には隙間があります。また屋根の一部分に棟が上がっているのは今の民家でも見られる「うだつ」で、中世後半からあったとうかがえます。一方で隣棟間隔があいている様子からやはり高度に集密化した江戸時代と中世の町家の状況の違いがわかります。

また寺や神社の門前が栄えていく様子もうかがえます。京都では清水寺門前の産寧坂《さんねいざか》、八坂神社や建仁寺の前の祇園の周辺が門前町として有名です。寺社と門前町との関係が中世からあったことがわかります。近世に入ってからは参詣客の来訪で門前に芝居や遊郭などの遊びの要素もミックスされ産業として成り立ってきました。

建物を詳しく見ると、建物同士が隣接し間隔が開いていない5軒が並んだ例では、暖簾をかけた先に土間があります。また部分的に道路側に店を張り出して商品を陳列する様子も見られます。

◇福井県一乗谷の町並み

他の地域でも正面・接道側は接客の要素が強く、奥側ではそれとは別の部分が出てきます。それがよくわかる例が中世の町並みが発掘された福井県の一乗谷です。道路に沿って細長い敷地に建物が並んでいます（図19・4）。間口の狭い敷地、奥行の深い建物でした。『洛中洛外図』や『一遍聖絵』で見たような建物同士が近接して集住する形態ではないものの、十分に連続的な町並みを形成していて、その

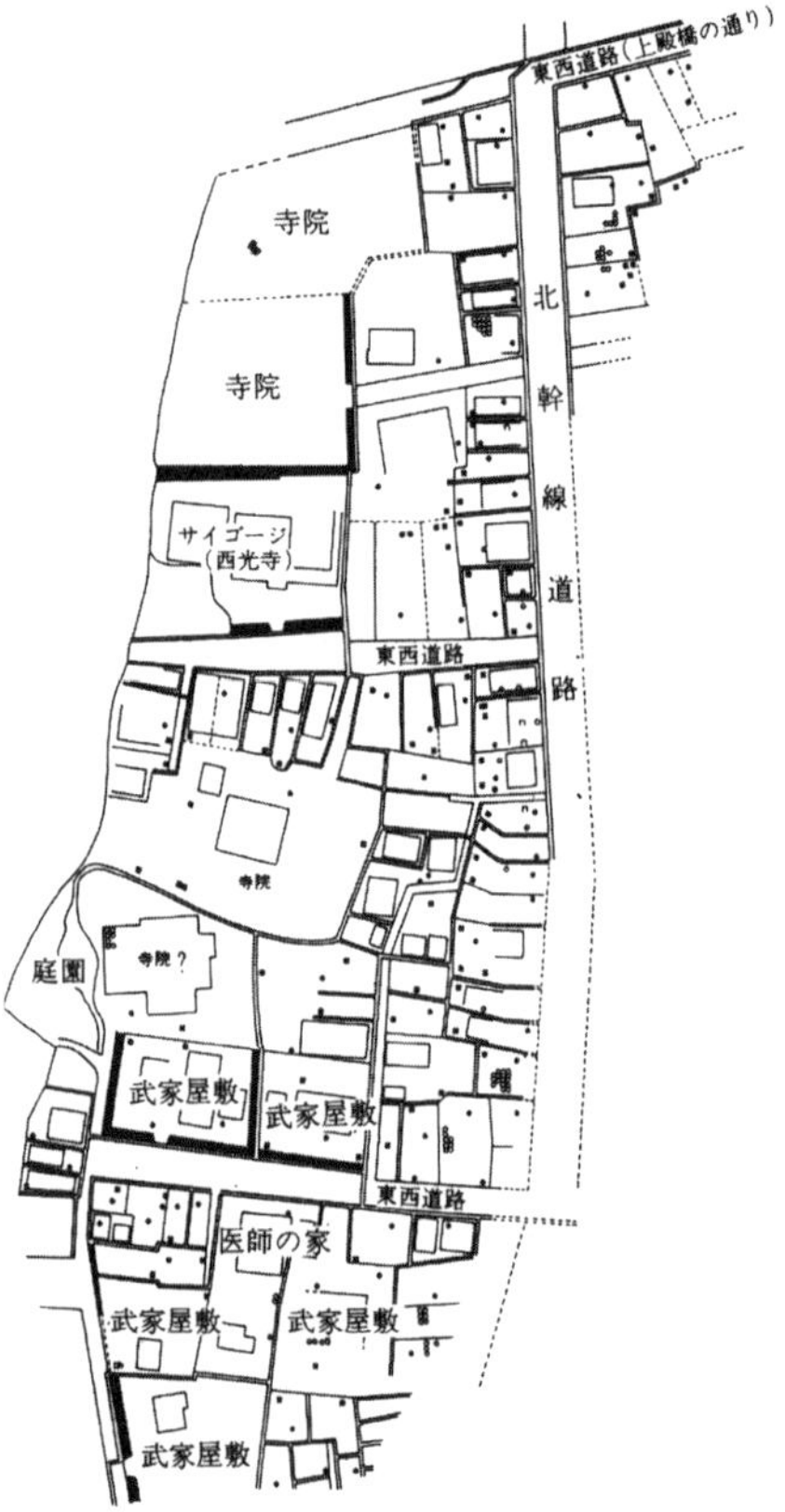

図19・4　一乗谷の町割りと復元された町並み（出典：新建築学大系編集委員会『新建築学大系2』日本建築史、彰国社、1999年、339頁及び海野撮影）

様子は復元した町並みからもうかがえます。出土品からは数珠製作や鋳物、染め物など、様々な職人も住んでいたことがわかっています。接道する側の正面にメインとなる建物をつくり、背面に裏庭や便所など機能的な物を設けています。染め物屋では大甕《おおみか》を並べバックヤード的な物を裏側のスペースに使って活動していました。

京都の例では切妻造の屋根で棟と直交する平入でしたが、一乗谷では逆に両脇が隣の建物と接していないので妻入と考えられています。集密化した都市でも中世と近世で町並みにも違いがあるわけです。一方で敷地は接道する間口を確保した上である程度広くするには、どうしても奥行が深い敷地になるのですが、その萌芽はここでも見えています。

2　城下町の諸類型

◇城下町の構造

町並みの類型は道との関係が大きく、城下町・宿場町・門前町・寺内町などの類型があります。現在にも町家やかつての地割・敷地割が継承されていることがあったり、道もウネウネと曲がったり、クランクしたりと昔の道の形状が残していることがあり、かつての町の様子がそこからうかがえるのです。

城下町で最も大切なのは城で、城は立地によって3つに分けられ、それぞれ利点・欠点があります。山間部にある山城（備中松山城・竹田城等）は防御性が高い一方で、町としては発展しにくく、平野部の平城（松江城・名古屋城等）は防御性が低く、堀や河川などを設ける必要がありま す。一方で町としては発展しやすい形式です。平野部の丘陵地にある平山城（彦根城・姫路城等）は堀を廻らせますが、山城と平城の中間のような形態で、町としての発展もできます。城の中心施設は天守（天主）でしたが、江戸時代には一国一城令により、多くの出城は破却され、天守も生活上、不便であったため、御殿（本丸御殿・二の丸御殿等）を併設して生活しました。

天守の構造には望楼《ぼうろう》型（犬山城等）・層塔型（松本城等）があり、望楼型は楼を上にのせる形式で、破風が出てきます。古いものは逓減が大きく、上層が小さい傾向があります。後者は元和・寛永年間以降、主流になったと言われ、各層ごとに少しずつ逓減し、必ずしも破風は出てきません。

城下町には色々なパターンがあり、軍事体制との関係で城の周辺部には武家地が広がります。武家を配して城の防備を固めるのです。そこからもう少し外側に町人地が配され、外縁部に寺町をつくることがよくありました。寺は瓦葺で漆喰塗・土塀であることが多く、火に強い建物が多いため、堅固な寺を外周部に構えることで防衛線が張れるわけです。そのため寺町が前線基地のように外縁部に置かれることがよくありました。城を中心に同心円状に何重にもゾーニングが重なってくるのが城下町の特徴です(図19・5)。

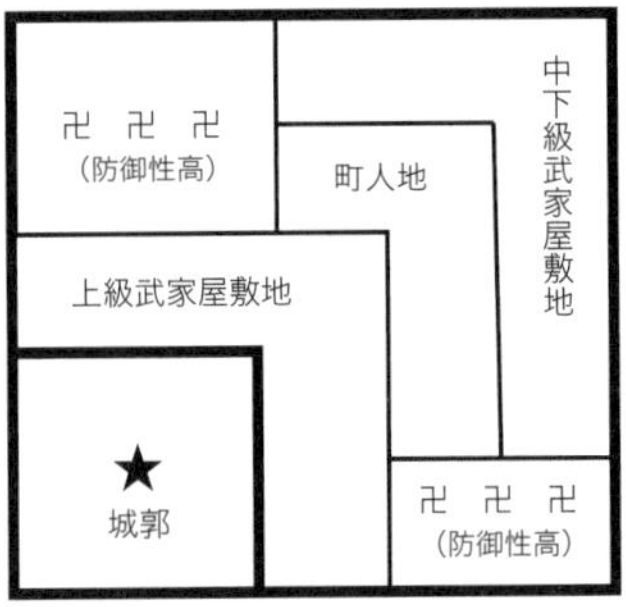

図19・5　城下町の空間概念図

次に、どこが城下町の内と外なのか、これが重要です。堀の内側は基本的には防御する範囲で、外側になるとそこは最悪の場合は放棄され、内側が優先的に守られます。前提にこうした概念がありますが、さらに見ると城下町の類型は2つあります。

1つは城郭・武家地・町人地を全部堀の内側に入れる形です。そうすると全部守れるわけです。しかし有事の際の防御には便利ですが、人口が増え商業が発展し、都市が拡大するにはその堀が邪魔になります。特に商業が発展すれば人が増えて町人地は外に拡大しますから、不利になってきます。大和郡山の例を見ると、堀の外側にも町が展開しています。いざという時には守れない場所が出てきます。平穏な時代には町人地はむしろ堀の外にあった方が自由に発展できるのです。大垣では、町人地を含む中心部を堀で囲い、その外側にさらに町人地を配することで自由に発展しています。さらに時代が下ると武家地自体も外郭に持っていく例も出てきます。堀をつくるには労力が掛かりますから、範囲を狭くして武家地も外に出すのです。戦国時代の城下町では、防御意識が高いのですが、時代が下って社会的に安定すると形骸化する場合もあり、武家地以外が外

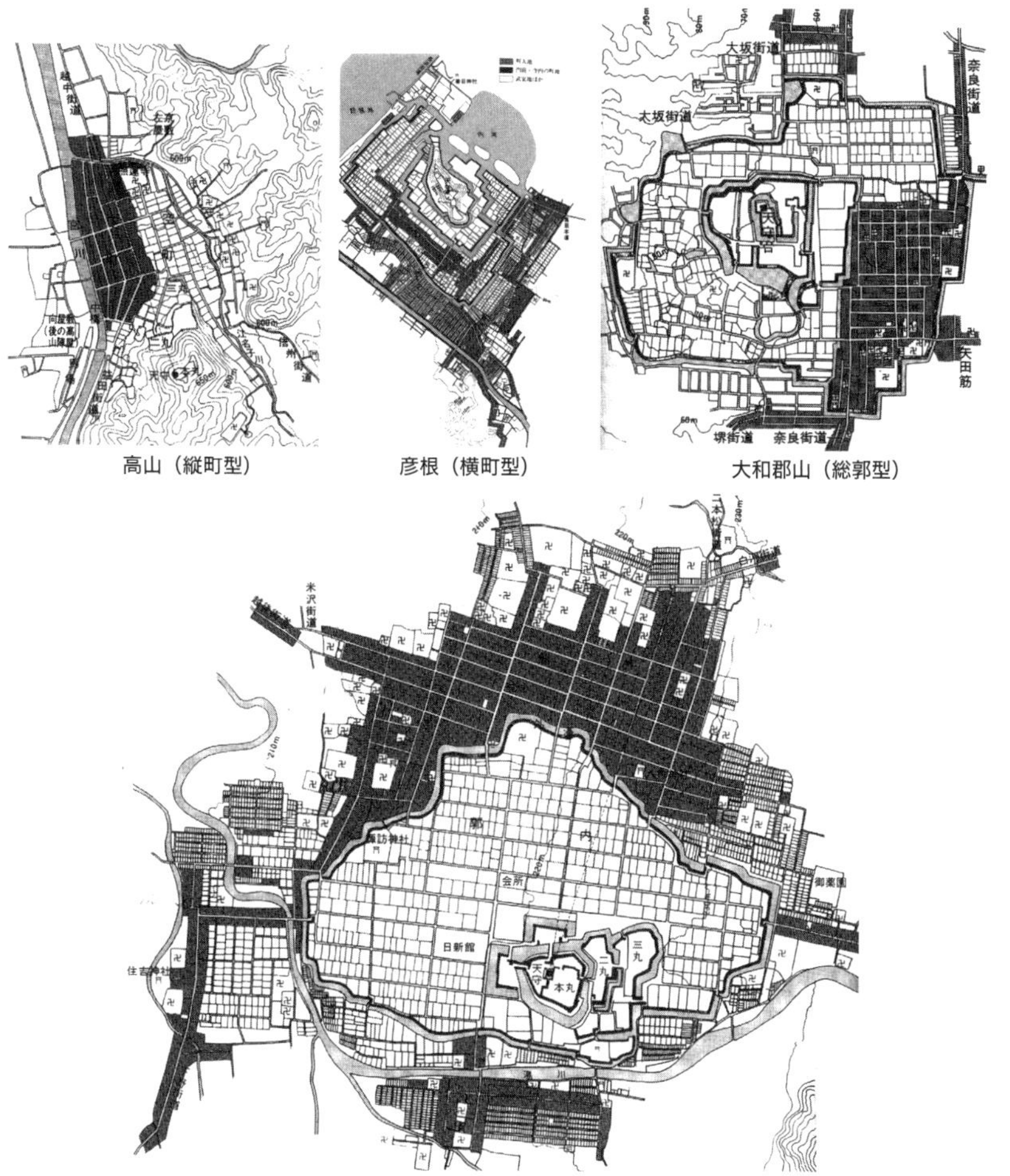

高山（縦町型）　彦根（横町型）　大和郡山（総郭型）

会津若松（町外郭型）

図19・6　城下町の類型（上：縦町型と横町型と総郭型、下：町外郭型）（出典：『日本都市史入門』I 空間、東京大学出版会、1989年、171・172頁）

に出てくることが増えるのです。

◇縦町型と横町型

城下町のもう1つの類型として「縦町型」と「横町型」があります（図19・6）。

縦町型は城から道が1本ズドンと伸びてその両側に町家や武家屋敷が目抜き通り沿いに集まる形です。城を中心に目抜き通りの先に大手門を設けることで城に近いところが身分の高い人、遠いところが身分の低い人と、ヒエラルキーがわかります。一方、目抜き通り沿いだけでは足りないため背面側にメインストリートと平行して走る別の道が何本か形成されます。

しかし縦町型は城下町と外部を繋ぐ大きな街道との接続を考えると不便です。縦町型では目抜き通りを街道にしてしまうと城でぶつかってしまいどこかで曲げないといけなくなります。城下町に入る手前に街道を通すと、今度は街道から入ってきた時に城までの距離ができてしまいます。

それに対して「横町型」では城郭があり、それに平行する道を通します。城をぐるっと囲む形で脇町や脇通りが展開し、その周辺には町が展開します。また城からの距離がある程度均等になるので明らかに遠いところ、近いところができず町の中の格差が生じにくくなります。街道との接続も有利になるのが横町型の特徴です。

ただし、平野部の場合は横町型も可能なのですが、山城など平地の少ないところでは縦町型とせざるを得ない傾向があります。地域と地形の問題が影響してくるので一概に時代で区分することはできないのですが、城下町は主にこの2つの類型があります。

◇城下町のヴィスタ

城下町は城郭を中心とした都市設計がなされて、天守を見通す道路がつくられました。戦国時代から江戸初期には天守は社会安定のために、支配者の威厳を示す装置でもあったのです。天守を見通せる街路ということは天守から町を見下ろせるということでもあります。都市構造に社会支配体制が表れているわけです。

城下町の目抜き通りを貫くヴィスタについて、鳥取城を例に見てみましょう(図19・7)。元和4年(1618)の城下拡大により設定されたヴィスタで、鳥取城は城下町の北東の山上にあり、これを中心に武家地・町地・寺院が広がり、周縁部には袋川が流れています。そして道路は鳥取城のある山裾から放射状に街道が延びていますが、特に京町筋・智頭街道・上町通りの放射の起点は天守です。つまりこれらの通りでは、道路の先に天守が見える都市計画としており、天守の強い象徴性が示されています。こうした例は仙台・萩などでも見られ、江戸では中橋や日本橋から

図19・7　城下町のヴィスタ（鳥取城）（出典：高橋康夫他編『図集　日本都市史』東京大学出版会、1993年、174頁）

天守を望め、さらに富士山も意識した景観演出がなされていました。明暦の大火（1657年）以降、天守は再建されませんでしたが、街道の起点である日本橋から天守を望む景観は天下の中心たるに相応しいものであったのでしょう。

3　宿場町

◇宿場町と本陣

元々古代より京都や奈良を中心とした街道がありましたが、江戸時代に参勤交代の制度と共に東海道・中山道・奥州街道・日光街道・甲州街道の五街道やこれに加えて脇往還《わきおうかん》が整備されました。街道の整備が宿場町はじめ街道沿いに展開する町の形成に役割を果たします。それ以外にも若狭国（福井県）の鯖を京都に持ってくる鯖街道という山越えのルートなど地方の街道も発展していきます。

宿場町は街道沿いに展開するので細長い形になります。現在も多くの歴史的建造物が比較的街道に沿って残っています。宿場町は参勤交代と大きく関わり、大名の移動時にはお付きの人も多く、大勢が移動します。その時に本陣や脇本陣を設けて大名や家来が泊まり、他の人もそれぞれ宿場内に分宿をします。宿場町の建物では平入にしても、妻入にしても、基本的に敷地を塀で囲わず建物は隣接して並びますが、本陣だけは大名を迎えるので違う形を取ります。門や玄関、座敷など、いわゆる一般庶民には許されていない設備が設けられました。横並びの町並みに対して、異なる建築の形で泊まる人や機能を表現しています。

その他、宿場町には、人馬を継立するための場所や人の出入りを管理する「問屋」、金銭を払った人に宿泊場所を提供する「旅籠《はたご》」、宿場の端を示す「木戸《きど》」などが設けられました。江戸時代には宿場に泊まることが定められたため、そのエリアを示すことも大事だったのです。新宿御苑の四谷側に大木戸門がありますが、あれも内藤新宿の木戸が由来です。さらに街道は宿場の内外で道幅が変わることもあります。木戸の位置がわからなくてもこれが宿場の内外を示す手がかりで、宿場の範囲や性格がうかがえます。

また宿場町は二重の支配を受けることがあり、普通なら領主の支配だけですが、街道を管理する道中奉行や勘定奉行と領主の二重の支配を受ける関係にありました。宿駅や宿場町は幕府が特権的に通行を保障する場所で人馬を用意し、宿役人を置いて継いでいく役割を持ちました。街道で重要なのは泊まる場所で、宿場町にはたくさんの旅籠というイメージがあると思いますが実態としては一般の住宅がほとんどで、旅籠は2割以下くらいでした。参勤交代の時には分宿をすることもありましたが、大半は普通に生活している人の住宅です。参勤交代で特に重要な施設として本陣や脇本陣があり、建築的な特徴があるので見ていきます。

◇本陣の建築

本陣や脇本陣が宿にいくつあるかは街道によって違います。多くの大名が使う東海道では本陣が1ヶ所では泊まりきれません。その問題を解決するために東海道では複数の本陣が置かれました。メインルートとは外れた中山道では必ずしも複数設ける必要がなかったので、多くの宿場の本陣は1つでした。街道の性質によって本陣の建築の数が異なるのです。

幕末の文政5年（1822）の参勤交代の数を見ると東海道が159藩に対して中山道は34藩しか通っていません。奥州街道は17、日光街道は6、甲州街道は3藩です。相当数の差があり、必要な本陣の数にも差が表れます。

当時の実態を示すものに天保14年（1843）「東海道宿村大概帳《しゅくそんだいがいちょう》」があります。小田原や箱根の宿の様子がわかり、本陣・脇本陣が小田原では8、箱根では7と相当多かったことがわかります。箱根越えは大変なのでその前後で泊まることが一般的でしたから、このような数になっていいます。それでも足りない場合があり、寺院が本陣の代替として用いられることもあったようです。

宿場の様子を示す史料として宿割、宿絵図があります。誰がどこに泊まったのかなど書き付けをします。相当な数の人が色々な所に分宿するので事務的に大変だったでしょう。また本陣の建築や修理を指示する普請の史料も残っています。

◇本陣の建築

本陣は実はあまり残っていません。参勤交代が終われば必要でなくなるため残りにくいのですが、いくつかの例を見ていきましょう。

西国街道の矢掛宿や中山道の美濃太田宿では町並みの街道沿いの町並みに門が開いていますが、これは大名のための本陣であることを示す重要なサインです（図19・8）。町並みに溶け込んでしまう長屋門のようなものではなく、門を独立させることで門自体が重要なサインとして機能します。内部には床や座敷構え、長押などの書院造の要素があります。

会津滝沢本陣は会津藩が出発する前に泊まった本陣で、門を設け通常の建物よりもセットバックした所に位置しています。サーブのスペースには竈《かまど》などの機能的要素があり、中心の座敷では長押を打ち床構えがしっかりしています。町家とは異なった要素が表れています。

本陣では位の高い人が滞在するスペースと動線、そこに至るまでの門、別棟の建物とし

図 19・8　矢掛宿の本陣（右）・脇本陣（左）

て重要な玄関や庭、門とそれとは別の居室スペース、施設部分で通り庭や竈を使って炊事をするスペースが、敷地の中に入るのですが、貴人のスペースはサーブのスペースとは完全に分かれます。そういった動線の明確な分離が本陣の1つの大きな特徴です。参勤交代自体が封建社会の体制を強く表すものですから、それが本陣の建築にも強く表れているのです。

◇問屋・旅籠の建築

宿場町の重要な施設である問屋・旅籠などの話をしていきます。旅籠はあまり建築として良好に残っておらず、塩尻宿の小野家という旅籠が良い例になります。塩尻は北に行くと松本、昔の中山道で言えば日本橋を出発して大宮や本庄を抜けて軽井沢の碓氷峠《うすいとうげ》を超えて追分の方を通って塩尻に入り、その北には松本があります。中山道はそこから今の中央本線の通る名古屋に行く谷筋を抜けていきます、妻籠はこの途中にあります。

塩尻宿は北から千国街道、南から三河と繋がる三州街道が交わる所で交易としても重要な場所でした。小野家の前身「いてうや」は十返舎一九が宿泊したことで知られ、文政の大火で焼けてしまい再建されたのが今の建物です。

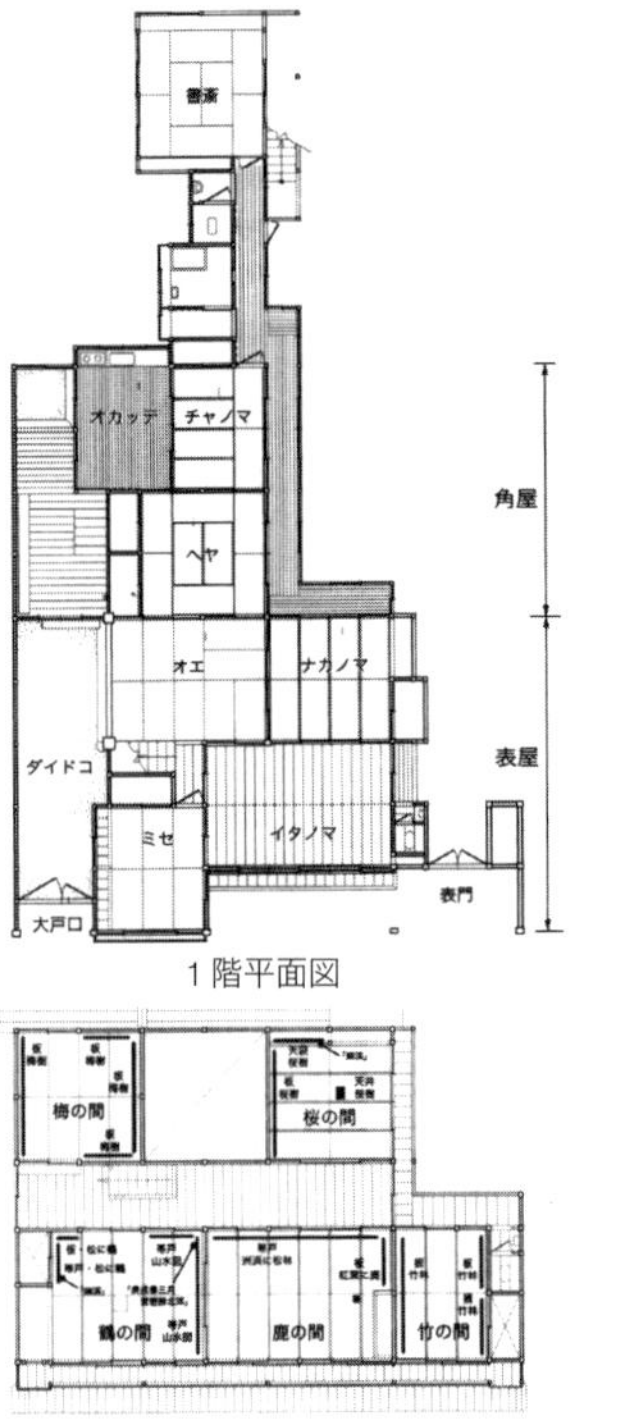

図19・9　小野家住宅の平面図(出典：奈良文化財研究所編『重要文化財小野家住宅・保存活用計画調査報告書』塩尻市教育委員会、2006年、15・36頁)

絵図が残っており天保の頃には主屋があって奥に座敷棟がありさらに奥に建物群があったことが知られています。現況は正面側に主屋が残っていますが、座敷棟がなくなり、そこには文庫や隠居屋が建てられています。

主屋を見ると中山道に面して1階部分には接客スペースとして正面側に店

や板の間があり、奥にオエとナカノマ、通り土間が台所に繋がる通路として向かって一番左側に設けられています。泊まる場所は2階にあり、梅や桜、鶴、鹿、竹などをモチーフにした間がつくられ、中廊下で接道側と中庭側の採光できる部屋をつくっています（図19・9）。

1階正面には張り出しがあります。なぜ張り出しているかというと、旅籠と両替商を営んでおり両替の設備が店の前にあったためです。動線としては旅客は板の間で荷解きをして帳台（オエ）で記帳して階段で2階に上がります。普通の町家では土間を通って中に入りますが、ここでは板の間から上がる動線で、基本的に使用人やサポートをするバックヤードとしての土間の動線とは区別しています。

2階に上がると各部屋ではテーマごとに彩色がされていたり、床を備えていたり、色壁を使っています。数寄の要素の強い装飾性に富んだ空間で、旅籠も1つの遊興の施設としての要素が求められた様子がうかがえます。

◇関宿の宿場町の特徴

宿場町をよく示す例として三重県亀山市の関宿があります。三重県と奈良県の境にあり、古代から鈴鹿の関という関所が設けられていた場所で、畿内の内外の境とする大切な関所の1つです。東海道の両脇に町が展開し、軒の低い2階建・平入・瓦葺の町家がずらっと並ぶのが特徴です（図19・10、19・11）。建物内部に入ると片側が通りの土間、正面側にミセがあり、奥には居室が連なります。入口は「大戸《おおど》」と言われる大きな出入口を開け、大八車《だいはちぐるま》などの荷の出し入れに使いました。通常は大戸に開く小さい通用口しか使わないのですが、搬入などの際には蔀《しとみ》状にグッと上げ土間に荷入れができるようにします。

宿場町では「出格子」がよく付けられます。接道した部分にミセをつくるので、こういった設備をつくっておき、上げ下げをして棚を下ろすと商品を陳列できます。2階には漆喰で塗り込めた窓の「虫籠窓《むしこまど》」があります。江戸時代の2階は半分くらいの高さしかない「つし二階」という形式です。参勤交代をする武家や大名を2階に上って庶民が見下ろすのは身分的に不謹慎であるためと言われ、社会体制と建築の形が強く表れています。

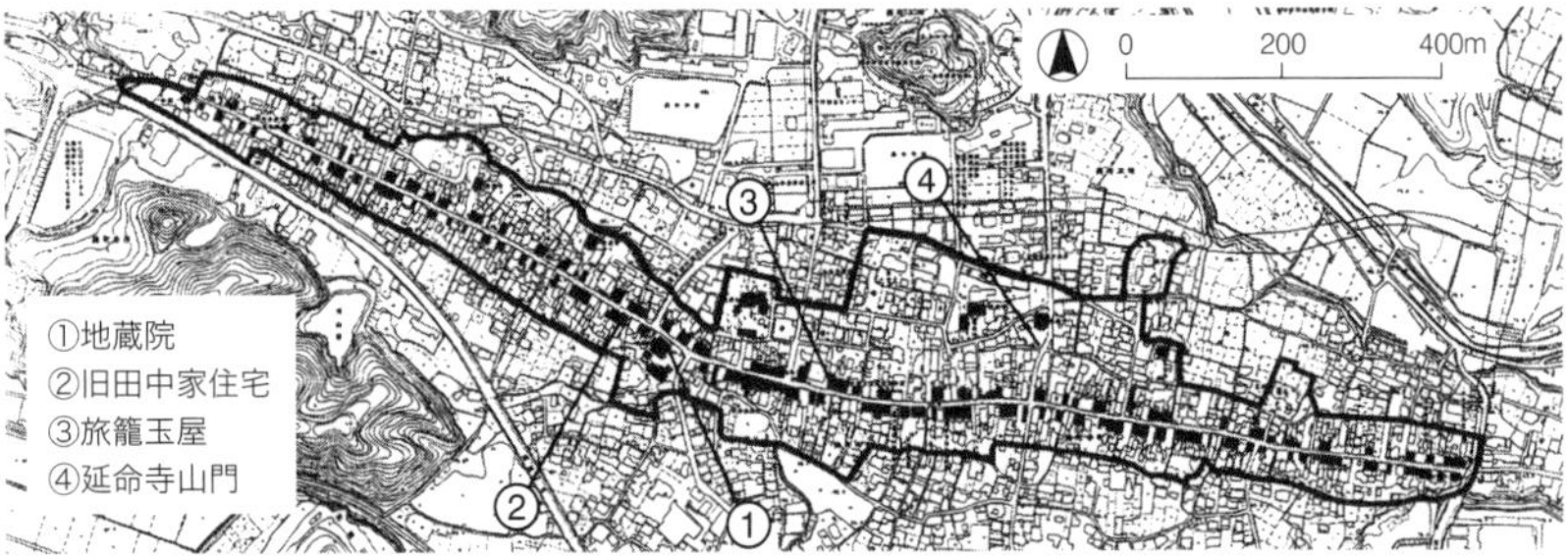

図 19・10　関宿の町割り（出典：文化庁編『歴史と文化の町並み事典』中央公論美術出版、2015 年、109 頁に加筆）

図 19・12　関宿の看板（左：江戸側　右：京都側）

図 19・11　関宿の町並み

また看板に名前が書いてあり、江戸向きには漢字、京都向きには平仮名で書くことで、方向を示していたようで、ここにも宿場町らしい要素が表れています（図 19・12）。

4　寺内町

◇浄土真宗の展開と寺内町

寺内町は関東圏にいると馴染みがありませんが、近畿圏にはよくあります。16世紀、戦国時代には浄土真宗が寺院や道場を中心に門徒集団が集まり武装化していました。有力な土豪や大名が政治的に保護する場合もありますし、大阪の富田林のように門徒集団自身が土地を買得や占拠して町をつくることもあります。寺内町では城の代わりに浄土真宗の寺院や道場が都市の核で、戦国期に形成されたものが多いので防御性が高く、町の周囲を堀や土居で囲います（図 19・13）。また交通の便の良いところが多かったため、近世以降に浄土真宗の勢力が衰えても交易都市、あるいは在郷町、商業都市として存続・発展した町が多く見られます。宿場町は道の周辺に展開しますが、寺内町は城下町と

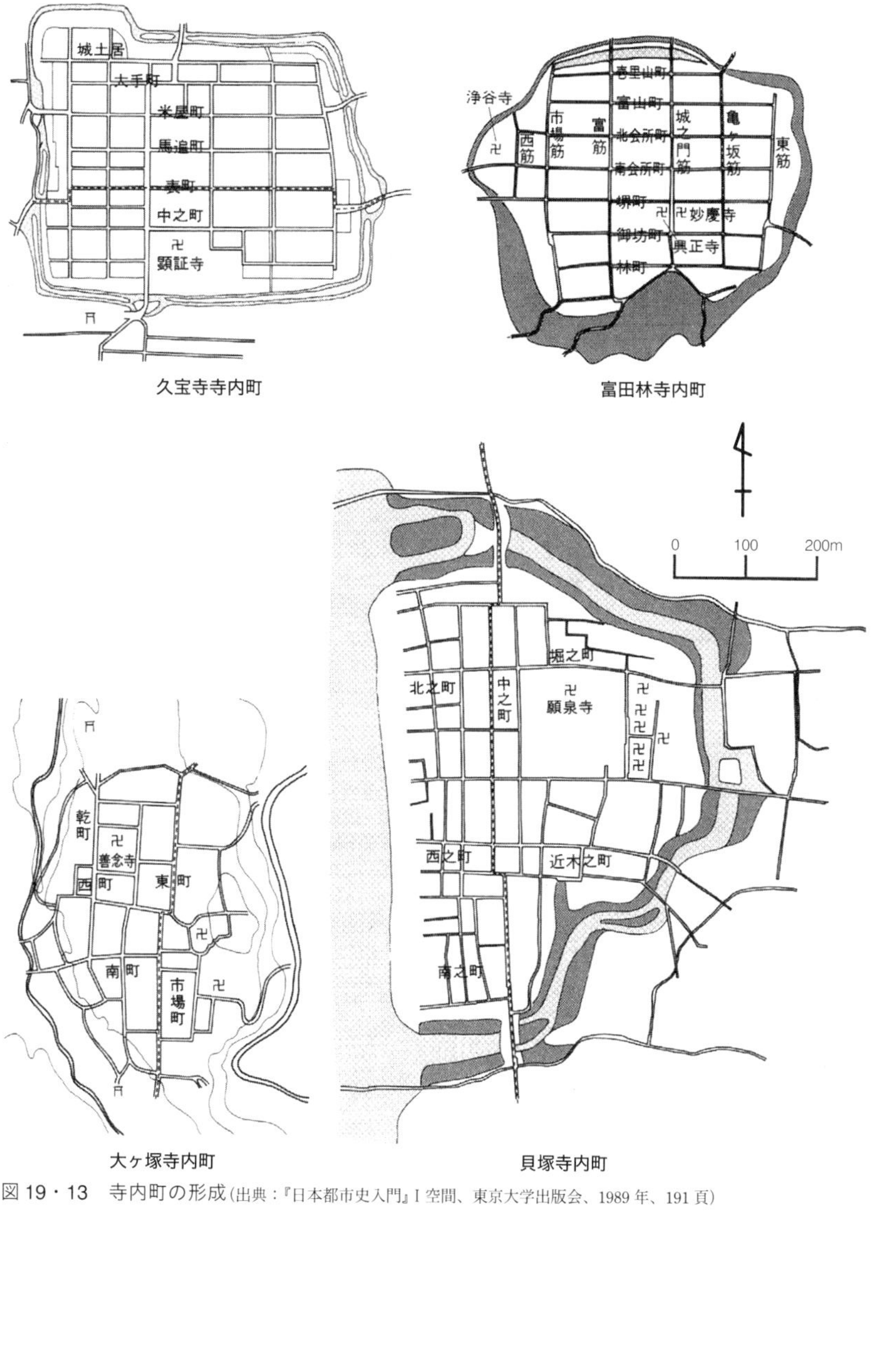

図19・13　寺内町の形成(出典:『日本都市史入門』I 空間、東京大学出版会、1989 年、191 頁)

同じく寺院や道場という点を中心に展開するので、複数の道から成立しており、集住します。

◇今井町

寺内町の好例が奈良県橿原《かしはら》市にある今井町です。外側をぐるっと堀と土居で囲い、グリッドの通りを通し、その中に伝統的な建物が残っているエリアが今でも残っています（図19・14）。その中心は称念寺で、元々周囲に堀や土居が廻り、防御性の高い都市でした。西側には珍しい屋根が重なった今西家住宅があります。土居の脇に建つ威圧感のある構成です。今西家住宅は江戸時代の平和な時期に再建された建物ですが、元々は今井町の西を守ることで「今西」の名をもらったそうです（図19・15）。今井町では江戸初期まで自治権が認められていました。検断《けんだん》権、いわゆる警察と裁判をする権利を許された町です。

城下町でもクランクが用いられることが多く、これにより攻められにくくなりますが、今井町でも道はクランクしています。防御面でも有効ですが、時期によって町が拡大していったことと関係しています。町自体も元々の称念寺の中心エリアから東や北に徐々に

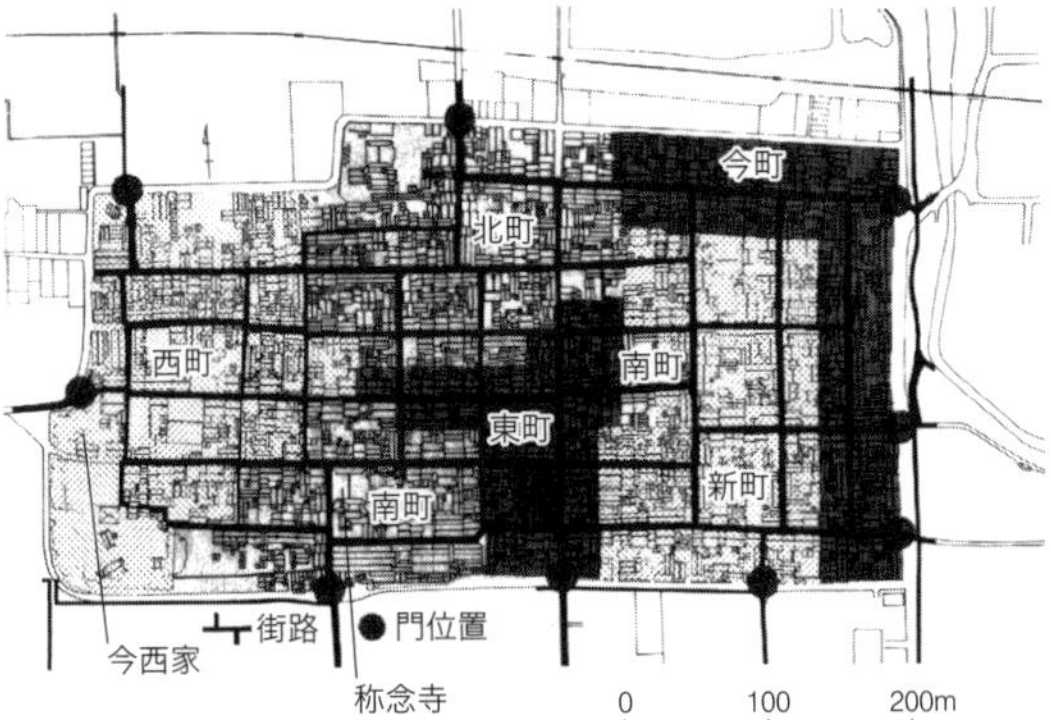

図 19・14　今井町の展開（出典：日本建築学会編『日本建築史図集』新訂第 3 版、彰国社、2011 年、101 頁に加筆）

図 19・15　今井町の西側からみた今西家

展開したことがわかっています。またグリッド状に道路が割と真っ直ぐ通っていますが、クランクしたり道が切れたりしている部分もあり、時代ごとに発展していった様子が町割りの痕跡からも見えてきます。道の形に都市の成立背景が表れているのです。戦後の道路整備で失われた地域も多いですが、古い道の形からかつての歴史を知るきっかけになることもあります。

2本の道の両側から建物がくると、背面側で建物と建物の間に「背割り」ができます。正面側では屋根を伝って道に雨が落ちますが背面側にも落ちるので背割りに水路を通し、排水路をつくることで集密化した都市を支える基幹が整えられました。なぜ水路の話をするかというと、建物や土地は簡単に売買され人の手に渡ると形状を変えることも多いのですが、道や水路は公共性も高いので規模も大きく、長く使われることが多く、痕跡が残りやすいのです。

◇門前町

門前町は有力な寺社の門前に展開した町です。寺社関係者も利用しますし、参拝客を相手にした商工業者の集住がおこります。浅草の浅草寺、柴又の帝釈天《たいしゃくてん》の門前町などは有名ですね。こういうと土産物屋が想像されますが、寺もある種の行政組織ですから寺社関係のものとして、仏具の他にも硯、筆などの文房具などをつくって売る商工業者もいました。京都の八坂神社や清水寺、建仁寺の周辺には産寧坂のような町並みが残っていますし、大阪の天王寺も四天王寺の門前町が元になって発展しています。

5 町家の構成

◇町家の敷地

町家はどういう建築の形をしているのでしょうか。接道した町家は奥行が深く間口が狭い敷地という制約がありました。そこで有効に建物を建てようとすると妻入の切妻よりは平入の切妻の方が奥行の深い敷地に合わせた建物を並べて建てるのに有効です。その1つ、高山では間口に対して奥行の深い建物が並んでいます（図19.16）。建物の正面が道に隣接し、片側に土間を通して、土間に沿って何部屋か繋がる形です。片側の土間には竈《かまど》などの炊事、水廻り関係

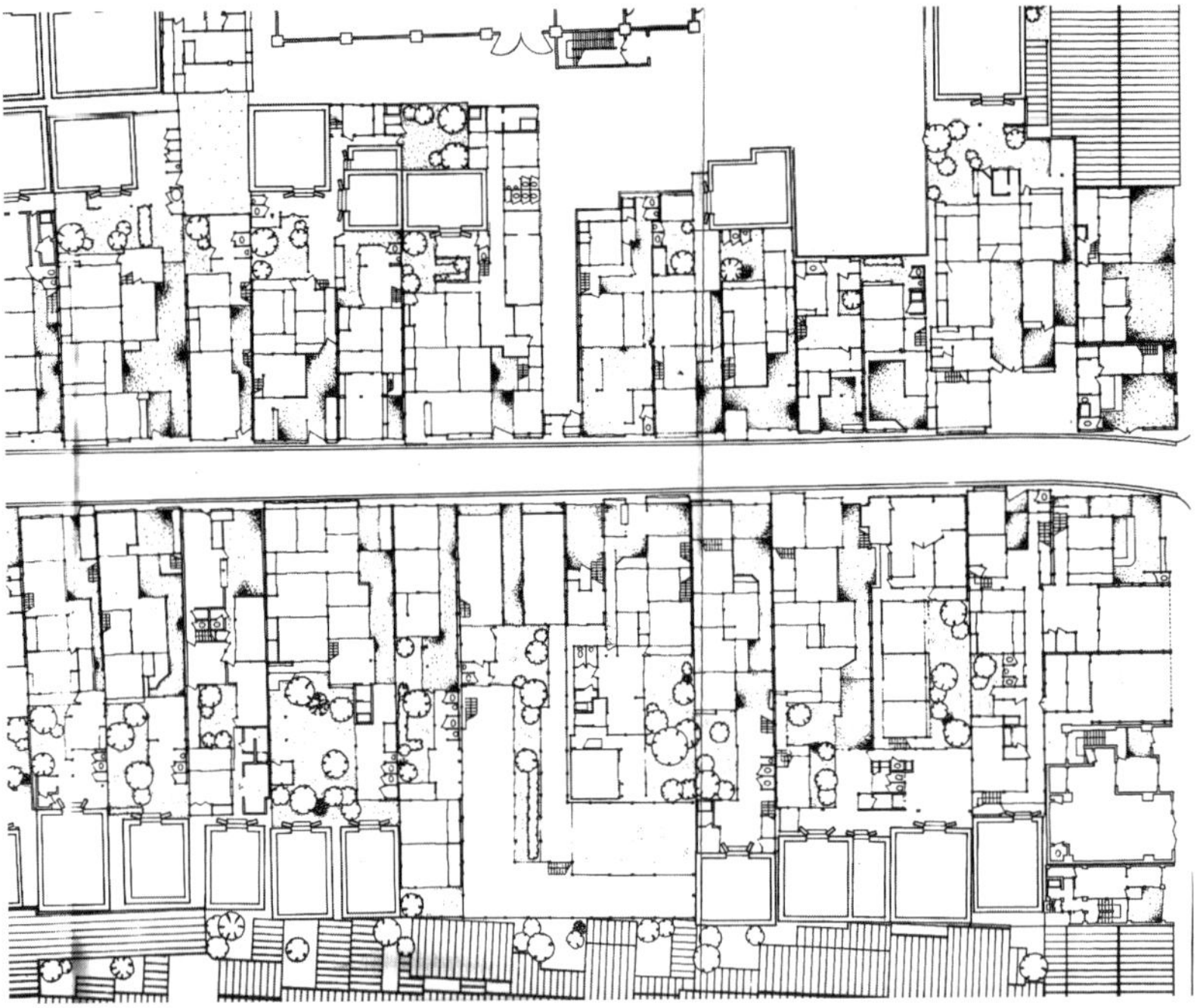

図 19・16　高山の連続平面図（出典：奈良文化財研究所編『高山Ⅱ　伝統的建造物群保存対策調査報告』高山市教育委員会、1984 年、巻末図版）

の設備が置かれることが多く、中庭に面して座敷や仏間などを設けるのが一般的です。中庭を介した敷地の一番奥に土蔵が配されます。奥はプライベートなスペース、接道する正面側はミセを中心に対外的なスペースになります。一方で町家では土蔵が前に出てくることはあまりないので、逆に土蔵が接道する場合は珍しく価値があります。

◇接道のファサード

ファサードは切妻造で庇の付く、2階のたちの低いつし二階の建物が連続します。それが部分的に連続していない場所や交差点になると、2面に接するので入母屋造に見せて通りに配慮した形もあります。建物が連続しているので町並みが揃っているように見えますが、現代の地方でよくあるのが、連続する真ん中の一軒がなくなってしまう例です。途端に町並みの連続性が失われ、壁は両方の家が共有しているので一方の建物がなくなると、もう一方の建物の壁は漆喰を塗っていないため土壁が雨に晒されて壊れるのでトタンなどを張っていたりします。つまり古い建物が連続していることで町自体が成り立っているのです。

◇町家の建築

さて町家では奥に向かって走る土間があり、そこに竈が置かれる例が多く見られ、接道する側にミセの空間を設けます。後ろにヒロマやナカノマ、奥にザシキを持つのが三室の典型的な形です。特に居室の部分が1列に並んだ「1列型」の平面が多く見られます。

1つの例として滝澤家住宅では土間が1列通り、そこには竈が並んでいます。居室は1列で、ミセノマが2部屋に分かれています。ミセノマは格子戸を付けたり天井を張って接客する場で、接道するミセノマは接客をする外向けの公的な場所で、正面側と背面側では公と私に分かれています。座敷飾りや長押は武家や社家の要素なので庶民には不適切といった建築の制限があり、町家でも農家でもあまり用いられないのですが、奥のザシキでは畳を敷き、民家には珍しく床の間を付けて書院風のつくりが入ってきています。時代が下ると、民家でも座敷構えが用いられることがあります。

◇最古の町家――栗山家住宅

年代のわかる最古の町家は奈良県南部の五條の栗山家住宅です。比較的大きなもので慶長12年（1607）の棟札が残っています。五條の豪商の家と考えられており、入母屋造の本瓦葺・平入で塗籠《ぬりごめ》です。平面が相当改造され当初の様子はきっちりわかりませんが、構造的には新しく進歩的です。この形式だけで年代を判断してしまうと1607年よりも新しく見えますが、当時の文化的先端地域である畿内にあって、最先端の技術が入りやすい場所ですから、年代のわりに相当発展した形式になっているわけです。また豪商という社会ランクからも最上層の住宅になるので最新の構造形式を早くに取り入れていたのでしょう。

◇今井町の町家――米谷家住宅

もう少し大きな例では今井町の米谷家があります。2列に5つの部屋がありずらっと並ぶ大型の町家の1つです（図19・17）。正面側の入り口から入るとミセノマが大きく、

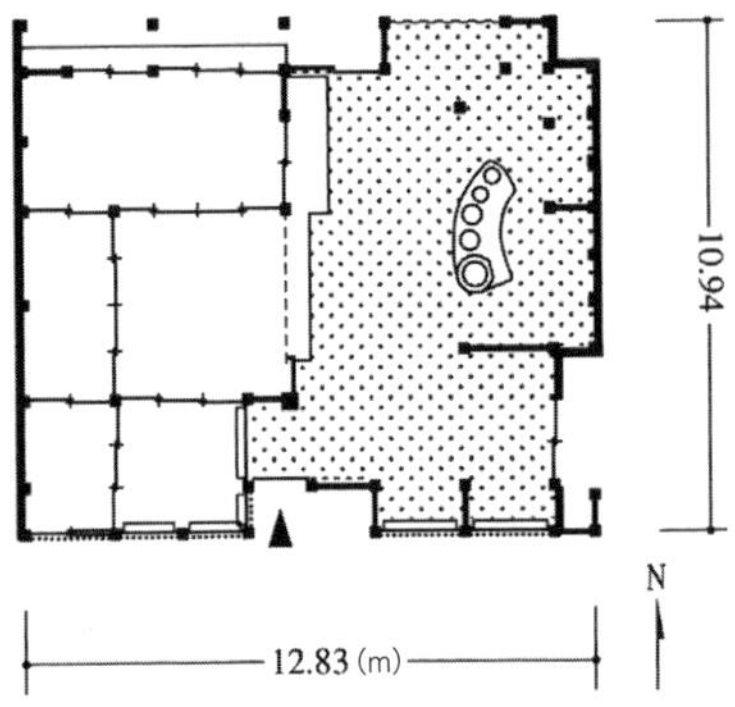

図 19・17　米谷家住宅の平面図（出典：『国宝・重要文化財大全』12 建造物下巻、毎日新聞社、2003 年、684 頁）

3部屋あります。土間の通り庭との境に上がりがあり仕切りがなされています。土間の部分は天井が張られていません。

ミセノマは板の間の帳台部分と三畳で滝澤家住宅と同じような形です。奥の部屋から見ると大きな2列の広い部屋があります。竈が土間にあり通り庭の竈の上に壁をつくって煙が奥から屋根の方に上がり、居室にこないように工夫しています。

◇今井町の町家——豊田家住宅

今井町の豊田家は6間の2列型で居室が2列に分かれ、別に通り庭がつくられた形です。基本の構成は通り庭と何列の部屋が連なっているかで分類されますが、正面側がミセであるのは2列になっても変わりません。真ん中の居室はナカノマやオウエなど呼び方が地域によって違いますが、この部屋はすごく暗いのです。光は接道部分か中庭のどちらかしか入らないので真ん中の部屋は暗くなります。ナンドと言って寝るスペースとして用いる例があります。

余談ですが書院造で帳台構えの話をしましたが、町家でもナンドに入る所に一段敷居をつくり納戸構えとすることがあります。そこは例えば家長しか入れず貴重品を収める場所にするなど防御性の高い空間になります。

◇今井町の大規模な町家——今西家住宅

先ほどの今西家住宅に戻ると、屋根も城郭のように八棟造で通常の町家とは違います（図19・18）。今西家にはお裁きをするという重要な役割があり、その権威が建物にも表れているのです。中に入ると通常より相当広い「お白洲」と呼ばれる土間があります。ここは裁判をする半公的な場所として利用されていたようです。建物の中の土間と床上の境に雨戸があり、本来、室内なので雨戸を使う必要はないはずの位置に雨戸を入れていることから、土間空間が外として扱われたわけです。

さらに建具の仕切りの敷居に古さが表れていて、敷居の溝が途中で止まっています。現在の住宅では溝が柱と柱の間を通っていると思いますが、戸を閉める時に奥の戸は最後まで、2枚目は途中まで、要は襖など3枚並んでいれば十分なわけです。3枚とも溝を彫り通してしまい、戸の位置を間違えてしまうと、どちらが表か裏で隙間が開いてしまいます。引き戸ごとに止まる位置が決まっている溝で「突きどめの溝」と言います。比較的古い形式で、新しく

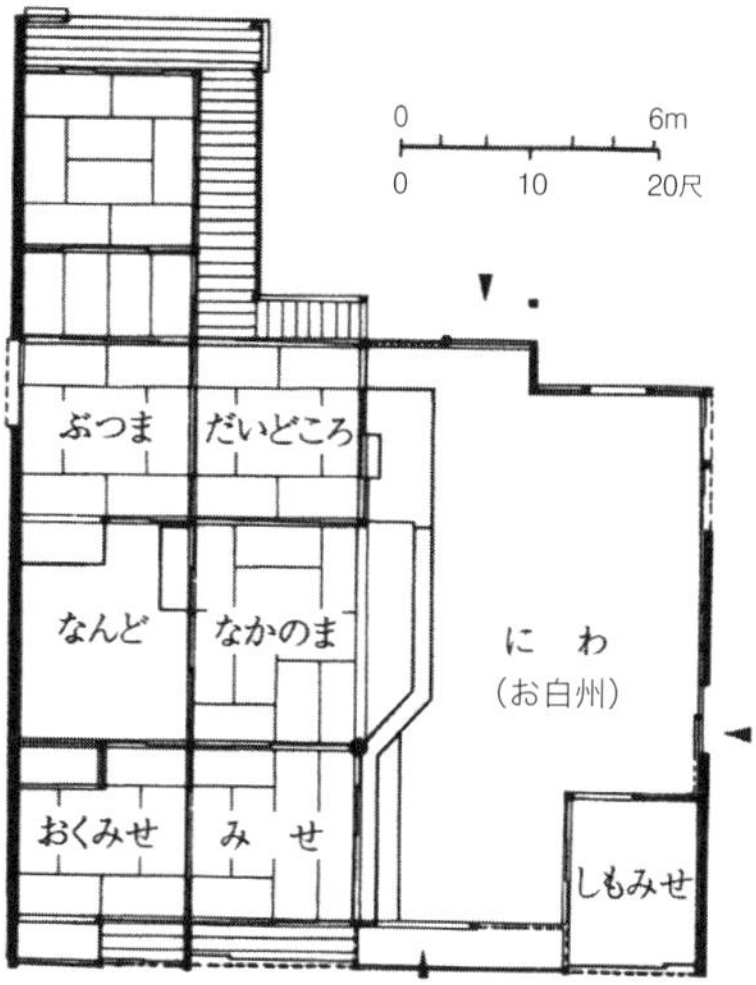

図 19・18　今西家住宅の平面図（出典：日本建築学会編『日本建築史図集』新訂第 3 版、彰国社、2011 年、101 頁に加筆）

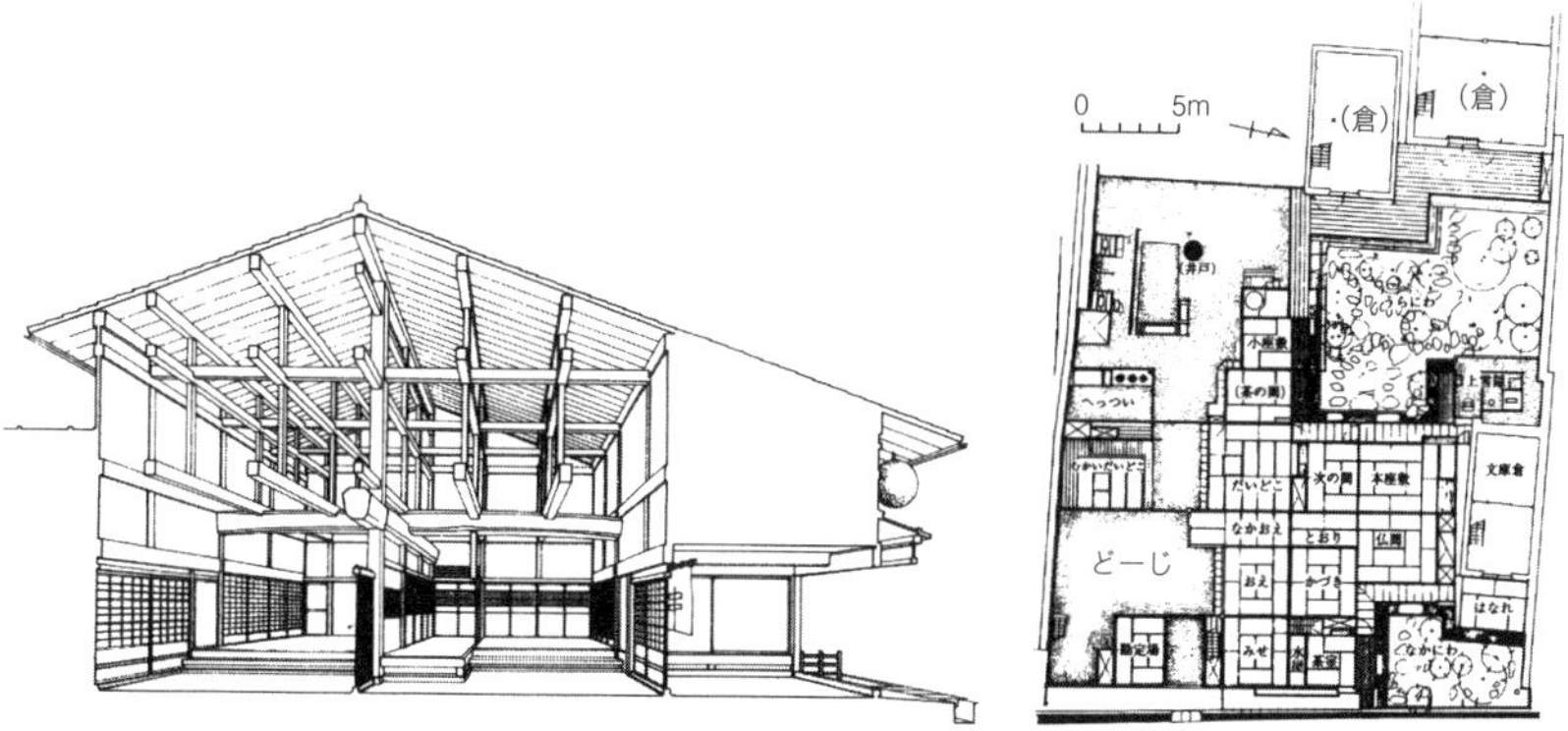

図 19・19　吉島家住宅の断面パース・平面図（出典：日本建築学会編『日本建築史図集』新訂第 3 版、彰国社、2011 年、99 頁）

なると敷居の部分を柱から柱間で全部溝を彫った2本引きの溝、3本引きの溝の形になります。

◇**近代の町家**

民家の展開は近世でお終いではなく、近代になっても展開します。良い例が高山にある吉島家住宅で、明治38年（1905）の火災で焼けて同40年に再建され、近世の架構をよく示す例です（図19・19）。通り庭があり真ん中の部分を吹抜にして大きな架構を見せています。棟の位置に牛梁《うしばり》を通しそこに棟木を支える太い束を立てています。吹抜で伝統的な架構を見せることは、町家の場合はあまりありませんが、農家では大黒柱のような構造的、精神的に中心となる柱があり、ここに梁がかかります。

6　多様な町家と町並み

◇**町並みの将来**

町家の構造と町並みの関係を見てみましょう。集密して高度に利用するには切妻・平入の建物を連続して並べることが土地を有効に利用するには重要です。ただし集住しているからといってこのパターンが全てではありません。

妻入の形を取る町並みもいくつかあります。会津の大内宿では大きな茅葺が連続して並びます。隣棟間隔を空けて妻入にする例もあります。あるいは金沢市主計町《かずえまち》では川沿いで3階建を用います。秋田県横手市増田の例でも隣とくっ付いていませんが、ここは冬に雪が多く切妻・平入にすると雪が道路に落ちて道が埋まってしまうため、妻入にすることで建物と建物の間に雪を落とし始末できる形にしています。農家型では地域性が強いのと同じように、同じ都市でも構成は地方で異なります。ちなみに増田は切妻の町並みで立派なのですが実はこれは覆屋《おおいや》で、内部に蔵があり、黒漆喰や色漆喰を使い、さらに中は漆で磨きあげた座敷を蔵の中につくります。雪国で中が傷みやすいのでそれをカバーするための建物をつくっているわけです。切妻の連続の集密とは違う形で、必ずしも画一的ではない地域の多様性が見られます。

現代の地方都市の大半は敷地割や道路など江戸時代の初期、あるいは安土桃山時代に形成されたものが、現役で存在することも少なくありません。県庁所在地があるような都市には旧城下町がたくさんあります。

古い建物だけでなく、町の骨格が残っていることが地方都市の重要な要素になります。各区画によって町の規模が異なり、武家屋敷だったのか、町人地だったのかで敷地の大きさが変わってきます。そこでエリアごとの棲み分けがなされていたのが江戸時代、近世以前の様相でした。現状はそれがミックスされている場合が多いですが、城下町に関しては、近代に入った時に城郭部分、あるいは武家地から武家が出た後の空白地に公共施設が入ることも多く見られます。場所によっては城の堀の中に高校や市役所があったりするのはこうした経緯をたどったからです。近代のまちづくりをする側からしても元々あった権威のある所に新政府の施設をつくるのは支配の上で都合の良い方法の1つでした。こういった敷地利用も継承の要素なのです。

もう1つ、敷地の形状に加え道路の形状が現代社会では大きな問題になります。城下町の幅が狭く、折れ曲がる道路は自動車交通には不便です。これに拡幅道路を通してしまうのも1つの解決策ですが、あえて迂回するバイパスをつくる方法もあります。既存の建物と都市の痕跡と現代社会をどのように整合させるのかが重要です。

さらに城郭・武家屋敷・町家が機能的には現代社会に不都合な面も出てきます。前二者はほぼ残っていないので課題は町家です。居住性を考えると現代生活に必要なものと必要でないものが町家には混在しています。例えば土間は建築家も好きな人が多いのですが、現代の生活ではあまり使われません。むしろトイレに行くのに靴を必要とする生活は現代社会に適合していません。茶室や書院は、美術品的に価値が認められ残りやすいのですが、大量に存在する町家や農家とどう共存していくかを考えると、現代に調和させる部分について、相当取捨選択と調整が必要になります。リノベーションなどをする時にはこの辺りを考えながら設計などに活かすことが求められます。

20章

農村部の住まい
――農村型民家の構造と地方性

一　多様な農家

◇農村型民家

今回は農村部の住宅、農村型の民家を見ていきます。都市部の町家は場所によって切妻、平入をはじめ色々な形があることをお話ししました。農家以外にも漁村や山村の民家もありますが、ここでは農村型の民家を農家と呼びましょう。農家は町家に比べてさらに多様性があり、特に地域の気候とその周辺にある材料とも関係があります。

海に近い漁村部は湿気や塩による木造建築の被害が大きく、建物や景観は残りにくい状況です。農村部では村を統括する大きな庄屋や、名字帯刀を許された名主など上層階級の住宅はある程度残っています。つまり庶民とはいえかなり有力で経済力のある住宅ですから、必ずしも地域の大多数の住宅の形ではないことを念頭においてください。

寺院建築も基本的には建築年代の新しいものの方が残っていて、民家も庶民が力を付けた18世紀の江戸時代中期以降のものが大半を占めます。低い社会階層の新しい建物と、高い階層の古い建物の新旧の判断は困難です。経済力が低いと、高級な材料や技術が使えず経年劣化が大きいので古く見えるのです。また民家は地域の独自性や地域ごとの技術格差が大きい点も特徴です。そのため民家研究は総括的な把握が難しく、地域の特徴の傾向を積み重ねないといけません。山を越えて隣の村に行けば形が違うこともあるわけです。これが民家研究の面白いところです。

◇農村集落の景観

農村の景観も色々な形があります。町家では宿場町でも城下町でも道が重要で、接道した細長い敷地という傾向がありました。一方、農村では必ずしも道が最重要ではありません。京都北部の美山に茅葺の民家が並ぶ農村がありますが、山裾に沿って川が流れ、山裾が迫り窪んだところに集落が形成されています。現状は区画整備されていますが、集落外には田畑が広がります。民家同士は接続しませんがある程度集中しています。岐阜県の白川郷でも、同じように山あいの開けた部分に農家が点在しています。

◇農家の特徴

農家の形の魅力の1つは町家以上に生活と密着していることです。町家の通り庭（土間）も炊事・作業や荷入れの用途で使われましたが、農家の土間は道具の繕いや収穫物の選別など、農作業と密接に絡んでいます。もちろん土間とは別に居室部としての居間が存在します。生活するだけなら居室や炊事場や洗い場があれば良いのですが、もう少し上級の庄屋クラスで年貢諸役《しょやく》や行政的な業務を下請けするようになると武士もくるわけです。そのための接遇の場として座敷を設ける場合も出てきます。寺社や武家住宅、茶室では座敷の床や棚で数寄屋的な要素が展開しましたが、農村部では限定的で部分的な発展に留まります。農家では座敷構えの代表的な要素である床はあっても、床・棚・書院を構え長押を廻すような座敷構えはなかなか見られません。また農家では、町家・寺院・書院造とは違って柱や梁に曲がった材を使うこともよくあり、大きな特徴です。

農家の場合は敷地に余裕があることが多いので、屋根の形状などが敷地の形状に影響されず自由につくれます。また敷地内に主屋1棟で完結するわけではなく、土蔵や穀物を納める櫃《ひつ》、離れ、農作業小屋など付属屋が多いことが特徴です。町家でも離れ座敷や土蔵がありますが、それ以上に農家では付属屋と生活の関係が深くなります。

もう1つの魅力は地域によって形が違う点で、地域ごとに形式の名前が付いています。例えば白川ならば合掌造、奈良から大阪南部では大和棟《やまとむね》、長野の本棟造《ほんむねづくり》など、地域性を示す建築の類型があるのが面白いところです。

農家の形に最も影響を与えるのは気象条件です。風の強さや向き、寒さ、積雪などが影響します。日本建築については吉田兼好の「夏を旨とすべし」(『徒然草』)という表現がありますが、上層階級の良い衣服を着て暖をとれる人たちの住宅では涼しく開放的な空間が大事ですが、必ずしも上等な服を着ることもできず、薪も入手できない場合には、寒さ対策が重要です。数寄屋系の建築など上層階級の住宅は庭と接して開放的と語られることが多いですが、農家の場合は思ったよりも閉鎖的で土壁などで覆われほとんど開口がなく真っ暗に近い状態もあります。

さらに典型的な特徴が屋根葺き材です。取替サイクルが最も早いのが屋根葺き材で、雨が漏れると軸部が傷み、建物に影響を与えるため、その対策が重要になります。屋根葺き材が地域の外から買う材だと、更新の度に購入しなければならず、負担も大きいため、葺き材を茅や板など周辺から取れる植物性の材料を使う例が多く見られます。

一例として、村単位の自給自足で葺き材を得るため茅場の運営が前近代では行われていました。また労働力に関しても在地の工匠に建具や木工を依頼し、それ以外の部分は共同作業を村落で行っていました。これを「結《ゆい》」と言い、田植えや稲刈り、土木工事などと同様、建物の建設やメンテナンスもコミュニティで行う仕組みがありました。東南アジアでは今でも集落内のどこかで家を建てることになれば、人が集まって棟梁を決めてつくることがあります。

◇民家の調査

法隆寺が一番古く建築史上重要であることが知られていたのとは違い、町家・農家ともに民家の研究は若干遅れます。最初は建築史よりも民俗学的調査が入ってきます。その先駆者に今和次郎がいます。1923年の調査の時点のスケッチを見ると民具や民家について多く記録を取っています。加えて、部屋の呼び名や使い方などの聞き取りを中心に調査しています。部屋の呼び方にも地域性があり、これらの民家調査の基礎がつくられました。

さすがに現在ではスケッチを描く調査はされていませんが、1936年の調査では寺社など他の建築類型の調査と同じように建築図面をつくり、矩計図で細部の納まりまで調査がなされています。この約10年には1929年に国宝保存法ができ、寺社建築の解体修理で調査方法が進展しました。法隆寺の昭和の大修理もその代表で、修理調査の方法として図面や写真による記録が積極的になされ、民家調査でも図面による記録が行われるようになったのです。

ただし戦前の民家は国宝として守るべきものとして認識されず、国宝指定は寺社約1000件に対してわずか2件でした。戦後になり高度経済成長期に民家の取り壊しが進んだため、緊急民家調査が行われ、情報が集まることで研究が進みました。

2　古式の農家

◇農家の小屋組

民家の構造を考える時に「上屋《じょうや》」と「下屋《げや》」の構造を知っておくと理解が進みます。元々日本建築では間面記法など身舎《もや》に廂が付くという話をしましたが、民家では身舎に当たる部分、心部の柱の若干高い部分が上屋、廂に当たる部分、外側に付加される部分が下屋です。この上屋・下屋の構造を取るものが農家の古い形になります（図20・1）。

構造的に農家の組み方には大きく3つあります（図20・1）。「おだち組」が比較的古い形で棟木を直接支えます。上屋梁の上に束《おだち》を立て、束の上で棟木を支持する方法です。「扠首組」は同じく上屋梁の上に斜めの部材を2本組みます。この代表例は合掌造です。この形を取ると小屋裏で無

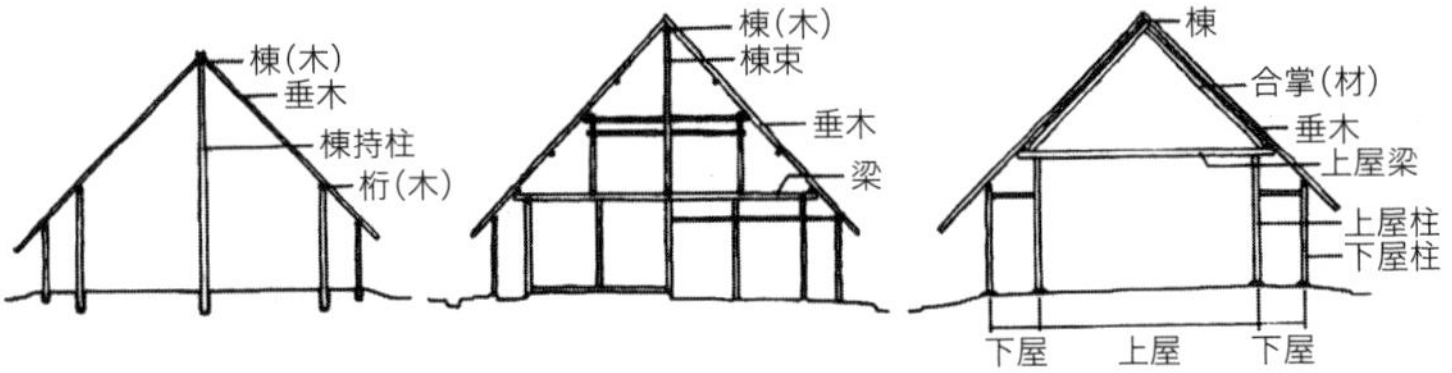

図 20・1　上屋と下屋の構造と農家の多様な小屋組（出典：光井渉・太記祐一『建築と都市の歴史：カラー版』井上書院、2013 年、117 頁）

柱の空間が使えるようになるため養蚕ができるようになります。茅葺系の民家の多くで取られる形式です。

それに対して「和小屋」では桁行方向にも小屋貫を通すことで3次元的に小屋を強固にする方法があります。時代が下るとそこに筋交を打ち付け構造的に強くします。こういった貫を通す技術は加工や施工の精度が必要になるので時代が下ったもの、あるいは瓦葺・板葺・檜皮葺のような勾配の緩い屋根に多く使われます。

◇古井家住宅

民家で古いものの1つに室町時代末期とされる古井家住宅（兵庫県）が挙げられます。実際には1000年も経っていないのですが、民家の中で特に古いものを表す呼び方として「千年家」と呼ばれます（図20・2）。

時代が下ると上屋と下屋の区別がなくなり柱配置が自由になり、構造と意匠が厳密に関連していた状態から柱を抜いた大空間がつくられるようになります。古井家では正面側の柱間には全部上屋の柱があり、さらに棟通りにも棟木を支える柱があります。上屋と下屋、棟木を支える構造と

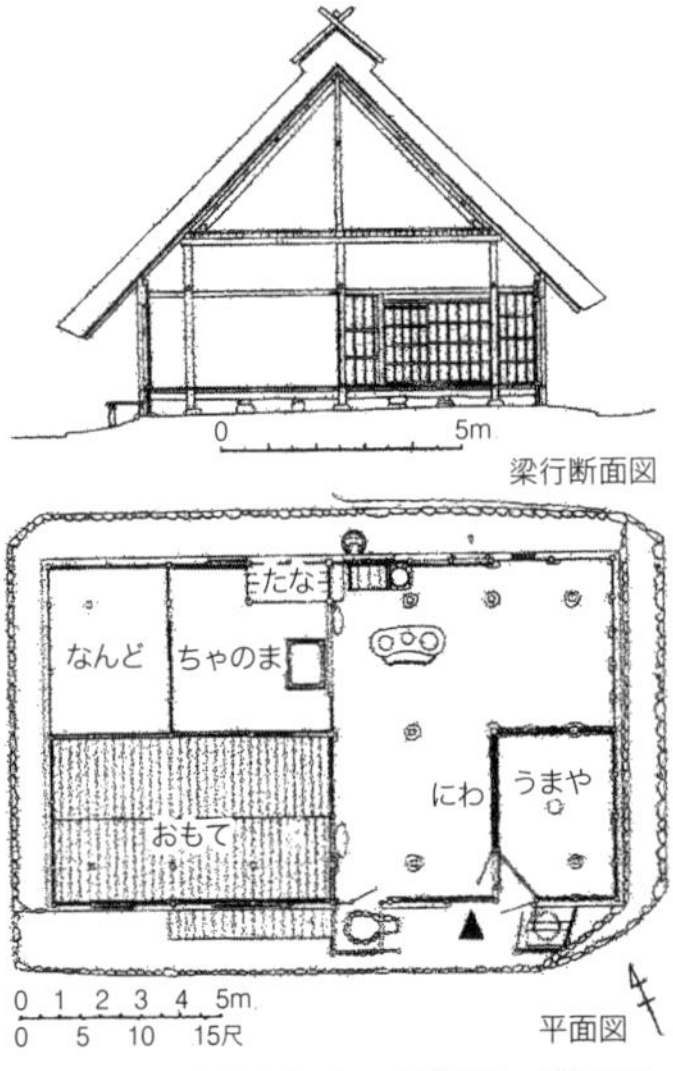

図 20・2　古井家住宅の平面図・断面図
（出典：日本建築学会編『日本建築史図集』新訂第 3 版、彰国社、2011 年、65 頁に加筆）

柱の配置が密接した関係になっています。この辺が後の時代になるとごちゃごちゃになってくるのですが、古井家住宅ではこの2つが密接です。

さらに後の時代になると上屋と下屋が一体化していきます。屋根構造は上屋と下屋の構造が分離していれば、構造的に一緒にする必要がありませんが、大空間をつくるために柱を抜くと上屋から下屋をまたぐような梁をかけることもあります。そのため上屋と下屋が別構造の古式な要素を残す古井家住宅の特徴です。中に入ると土間の広い部分と床を張った奥の部分があり、上部の内法より上方は開放的で全部の部屋が繋がっています。

◇箱木家住宅

もう1つ室町時代後期の箱木家住宅（兵庫県）は建物のほぼ半分が「にわ」、つまり広い土間になっています（図20・3）。民家では太い梁や力強い材料を使うと言われますが、これは太い材料を使うことで構造的に柱位置が解放されて柱を自由に動かし広い空間をつくるためです。ただしそれは庶民が経済的社会的に安定してきてからのことで、この時代には比較的細い材料が用いられます。

古井家と比べると、箱木家では上屋柱が一部抜けているのですが、それでも省略がほとんどありません。また材の加工道具で年代がわかります。後の時代ではノコで製材しますが、チョウナで材をはつっていて、その加工痕の残る梁や貫の架構の仕上げから刃の形が古いことがわかります。また箱木家では縛って垂木を固定し、内部も土間が広く壁より上の部分はツーツーに繋がっています。

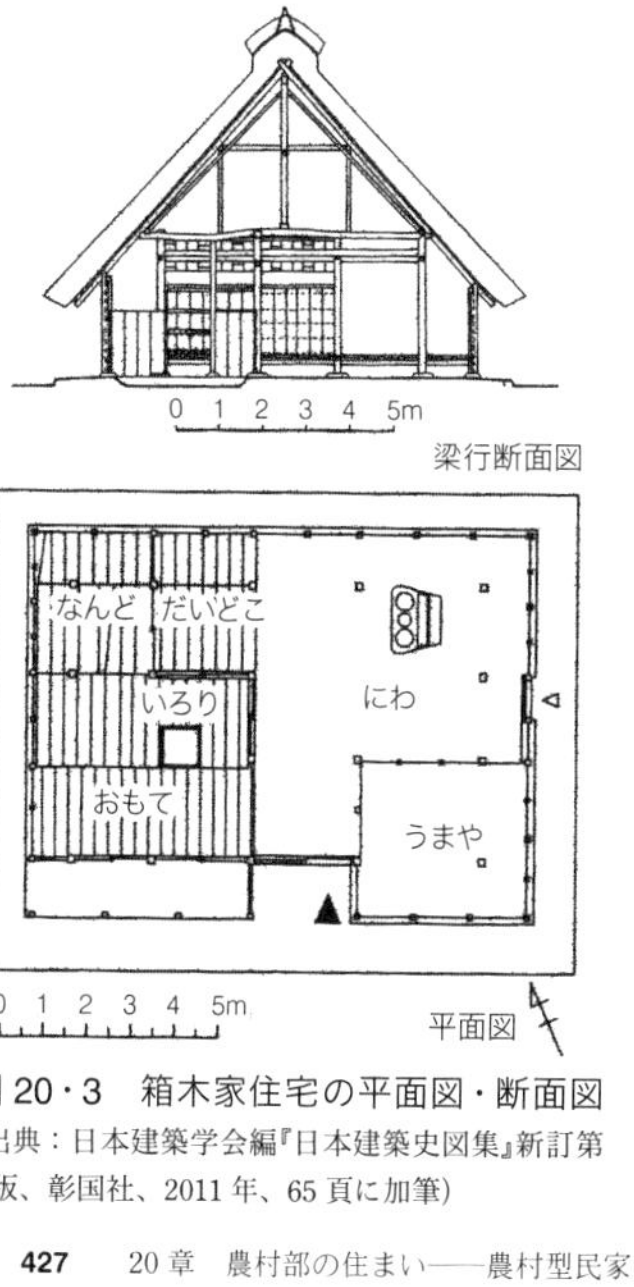

図20・3　箱木家住宅の平面図・断面図
（出典：日本建築学会編『日本建築史図集』新訂第3版、彰国社、2011年、65頁に加筆）

3　古式を残す民家

◇西日本と東日本

この2つは室町時代から近世初頭なので飛び抜けて古い事例です。他にも古式を残す事例がいくつかあります。なぜ「古式を残す」という言い方をするかというと、民家は年代だけでなく地域や社会階層によって形式が異なり、新しい時代でも古式で建てられている場合があるからです。17世紀の民家が残っていても、畿内の上級住宅が多いので、年代は古くても技術的には先進的で古式を必ずしも残していません。対して西日本に比べると東日本は古式を残している傾向があります。

その例が山形の17世紀末頃の尾形家住宅です。座敷が付いて新しく見えますが半分くらいが土間で、上屋柱が密に残り、古式です。

山形や長野など雪が多い所では、土間の床をたたきにしてもみ殻、干し草・茅を敷きその上に直接座る形式(土座《どざ》)をとることが多いです。この土座により冬が暖かく過ごせます。また座敷と別棟の居間一室で、間仕切りで小部屋に分けないのも古い民家の特徴です。

同じように元々長野県にあり移築された18世紀前半の旧山田家住宅では、上屋部分の外側に下屋が付き、正面側の突出部に中門という馬屋が設けられています。民家では板壁や土壁が多いですが、茅を並べて壁をつくった茅壁としています。下に土座を敷き暖かく座れる形を取るのも先ほどと同じです。上屋の柱に太い梁を用いることで柱を省略しています。もう1つの特徴として、ここでは建具を用いていません。「ヘヤ」と板張りの「ナカノマ」があり、ナカノマの広い空間に1つ部屋がありますが、建具がありません。建具は前近代では施工するのが大変な貴重なものだったので、庶民住宅の農家では積極的には用いられません。奥の小部屋は寝所です。こうした部屋は大事な物も一緒に入れて「ナンド」ということもあります。

◇多様な平面

岩手県の江刺《えさし》の旧後藤家住宅は、全体の半分が土間で上屋柱は土間を中心に柱の抜き取りがあまりないことが大きな特徴です。広い土間は他の家も含めた共同の農作業場所として使われた可能性が考えられます。旧後藤家住宅は旧山田家住宅とは違い5部屋で構成されています。部屋部分は大きく上屋・下屋で構成されますが、間仕切りをつくって空間を分節するための柱が別に設けられています。

4　農家主屋の変遷

◇掘立柱から石場建てへ

農家の主屋の構造で一番大きいものは掘立柱です。屋根をかけるために一番大事な棟木を直接掘立柱で支える棟持柱の原始的な形式の1つで、地下の構造と屋根の構造が直接リンクしています。

一方、掘立柱では柱の足元がすぐ腐り根腐れを起こします。雨や虫害の影響から掘立柱の長寿命化は難しく、農家建築もほとんど残らないのですが、近世に入ると柱を礎石に載せる「石場建て」や梁と束による屋根構造が出てきて農家建築も長寿命化が進みます。

もう1つの屋根は屋根架構で扠首《さす》を用いる方法があります。梁を渡して、その上に大きな斜材をかける方法です。梁の長さや扠首組の斜材の長さによって、梁間の規模が決まります。梁間方向を大きくしようとしても無限にはできず材料的な限度があります。そのため上屋に下屋を付けて梁間を拡大することが民家の構造的な発展に繋がります。古代建築の廂がないものから前後に廂を付け平面が拡大したのと同じような方法で、上屋・下屋の方法を取ることで空間を大きくします。元々は上屋の柱を撤去するために大きな梁を用いましたが、後の時代になると扠首組が増えてきます。

柱の省略も変遷の1つの特徴です。古井家は上屋と下屋が一体化していますが、古式なものは上屋に下屋が差しかけ状に付いている形があります。元々上屋も全ての柱を置くことが多かったのですが、内部に大空間をつくりたい欲求がありますから柱を抜くことを考えていくわけですね。そうすると室内の独立柱を抜く1つの方法として、大きな扠首を組む、あるいは大きな梁をかけます。そのためには梁間の大きな梁だけでなく、桁行方向にも太い材料

（牛梁《うしばり》）が必要になります。後の時代になると材料が大きくなり、省略できなかった上屋と下屋の柱が次第に省略されていきます。

これらの変化は18世紀以降に大きくみられます。18世紀になると本百姓や庄屋クラスの豪農は普請にお金を掛けられるようになり、農家建築も発展していきます。また農作業に必要だった土間が縮小して接客の場や座敷の要素が農家建築にも持ち込まれます。建物が大規模化すると共に部屋の数も増え、三間取《みつまどり》が四間取《よつまどり》、六間取《むつまどり》に分かれてきます。

◇民家の空間

町家では背の低い2階をつくることがありました。農家の場合は敷地に余裕があり2階以上をつくる積極的な理由がありません。2階以上は多くの場合、養蚕や倉庫などとして用いられます。最低限必要になる部屋は囲炉裏などを置き食事を取る居間で、それに加え寝間である納戸、それに土間や台所の設備です。階層によって必要に応じて座敷などの接客空間が増え、逆に必要なければ設けません。部屋には、「オエ」や「オカミ」、あるいは「ザシキ」「ナンド」「デイ」など同じ機能を持った部屋でも呼び方が色々あります。また「オエ」も地域によっては「オイエ」「オエイ」のような訛りに近い違いが出ることがあります。

調査の時には仏壇や神棚がどこにあるのかも重要です。比較的家の中心、居室に近い所に多いです。また接客のための客間が設けられているかも1つの要素になります。建設当初はなくても、庄屋になったタイミングで後から付ける場合もあり、家の歴史が見える所です。時代が下ってくると接客空間の要素が増えてきます。

農家の最大の特徴は主屋の平面の3分の1～2分の1が土間であることです。その部分に竈や流し、風呂場、馬屋を囲います。特に馬を家の中に入れることは、それが大事なものであることや地域の特徴の表れです。山村部に行くと敷地に平場がないこともあり、大きな主屋を建てられないパターンがあります。その場合には逆に土間を分棟（分棟型）にすることがあります。

その他、付属屋としての倉庫や作業場は農作業に不可欠です。農村部では門が多いのも特徴ですね。町家には門はほとんどなく宿場町の本陣や脇本陣に限られますが、大きな庄屋クラスでは門の両脇に農作業場を兼ねた長屋門を構えることがあります。また裕福なところでは離れの座敷や隠居屋をつくり、ある意味遊興の要素が入った建築があることもあります。

◇平面の展開

18世紀初頭の菊家《きくや》家住宅は前座敷三間取の建物の典型です（図20・4）。土間があり、居室の床上部分に座敷が前半分にあります。土間以外の部屋が三室で広間があるので「広間型三間取」や「三室広間型」と言います。そして三室広間型でも土間側にズドンとあるパターンもあるので、正面側にヒロマがある形式を「前座敷三間取《みつまどり》」と言います。この三間取は東北から九州まである程度の階層においては全国的に展開します。しかしこれが標準ではなく、水呑百姓や都市の下層民はこれよりも小規模な一室、あるいは寝間だけ分けた二室などのもっと小さな住宅に住んでいたと考えられます。さらに江戸中頃以降になると小部屋に分かれ4部屋さらには6部屋になります。

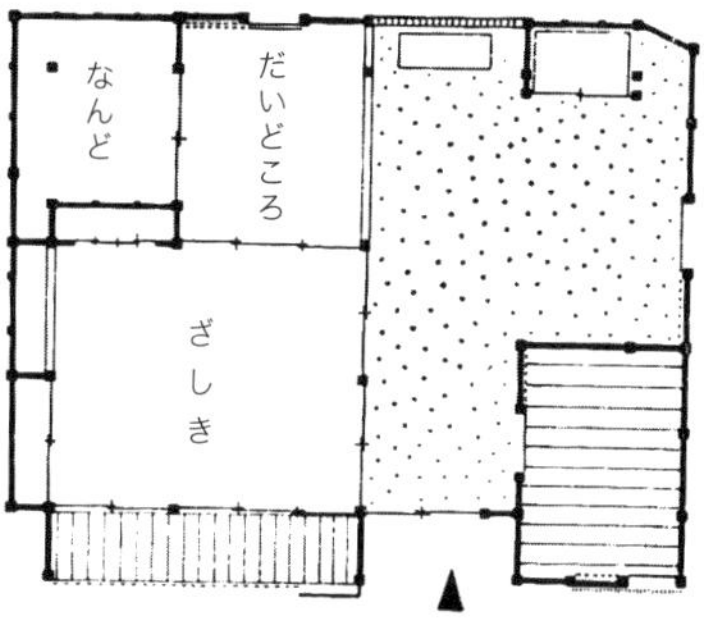

図20・4　菊家家住宅の平面図（出典：吉田靖『民家』日本の美術60、至文堂、1971年、79頁に加筆）

元々は全部一室で土間と居間にしか分かれておらず、低い階層の住宅では時代が下っても残りますが、この形から一部分だけ居室が発生してきます（図20・5）。旧山田家住宅もそうですが、部分的に部屋が発生するわけです。土間以外の部分が前後二室にまず分かれます。そしてこれが三間に分かれる時に、前後に長い広間を取って土間に面して二部屋に分かれるパターンと、正面側に広間を取り背面側を2つに分けるパターンの三間取が展開していきます。それがさらに発展すると四室に分かれます。この四間取では必ずしも部屋の柱筋がきっちり十字に通らないような形が古く、整理されて整形四間取《せいけいよつまどり》と呼ばれる形になっていきます。さらに大きな形になると、土間の部分の割合が減ってき

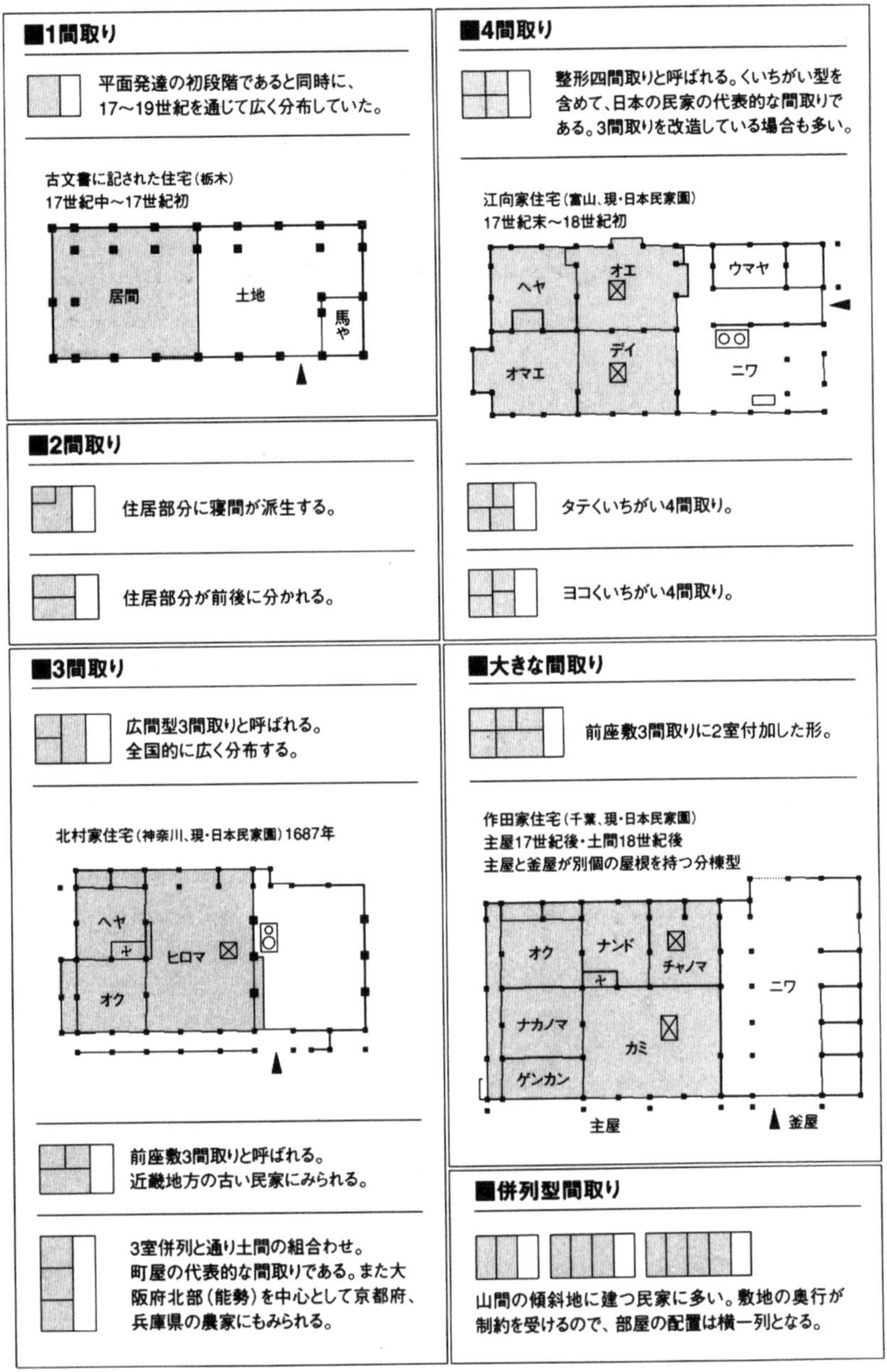
■1間取り
平面発達の初段階であると同時に、17〜19世紀を通じて広く分布していた。
古文書に記された住宅（栃木）
17世紀中〜17世紀初
居間
土地
馬や
■2間取り
住居部分に寝間が派生する。
住居部分が前後に分かれる。
■3間取り
広間型3間取りと呼ばれる。全国的に広く分布する。
北村家住宅（神奈川、現・日本民家園）1687年
ヘヤ
ヒロマ
オク
前座敷3間取りと呼ばれる。近畿地方の古い民家にみられる。
3室併列と通り土間の組合わせ。町屋の代表的な間取りである。また大阪府北部（能勢）を中心として京都府、兵庫県の農家にもみられる。
■4間取り
整形四間取りと呼ばれる。くいちがい型を含めて、日本の民家の代表的な間取りである。3間取りを改造している場合も多い。
江向家住宅（富山、現・日本民家園）
17世紀末〜18世紀初
ヘヤ
オエ
ウマヤ
オマエ
デイ
ニワ
タテくいちがい4間取り。
ヨコくいちがい4間取り。
■大きな間取り
前座敷3間取りに2室付加した形。
作田家住宅（千葉、現・日本民家園）
主屋17世紀後・土間18世紀後
主屋と釜屋が別個の屋根を持つ分棟型
オク
ナンド
チャノマ
ニワ
ナカノマ
カミ
ゲンカン
主屋
釜屋
■併列型間取り
山間の傾斜地に建つ民家に多い。敷地の奥行が制約を受けるので、部屋の配置は横一列となる。

図 20・5　民家の間取の変遷（出典：『カラー版　日本建築様式史』美術出版社、2010 年、123 頁）

て、大きな広間を取って奥に向かって別の玄関・ナカノマを通って奥に行く接客の列が加わることで、四間取にさらに部屋が付いて六間になる形へと平面が発展していきます。

5　古い農家の特徴

◇建築細部の特徴

どのような農家が古いのでしょうか。全体的に特に棟高・軒先の高さが低いものには比較的古いものが多く、開口部が少ないのも古い特徴です。構造的に柱を省略できなかったり、防寒のための壁を設けたりするのが理由でもあります。付加的なものとして、竈で炊いた煙を外に排煙する設備（煙出し）や棟飾・妻飾りなどの装飾的な要素が控えめなもの、そして規模が小さいのも古い農家の特徴です。

平面では矩形の歪みや小部屋に分けられず、間仕切りに建具が少ないことが古い要素です。また名主クラスの社会階層でも座敷がなかったり、座敷構えが整わない形式が比較的古い形式を示すこともあります。ただし名主クラスは元々地方の武士であることもあるので、例外もあります。

天井や床を見ると東北や日本海側で土座が古い要素を示すものになります。あるいは天井を張らない形式、張っていたとしても竹のすのこなどで、天井に板をきっちり張るものは時代が下ります。設備に関しては、囲炉裏を囲んだ居間に仏壇や神棚あるいは押板《おしいた》が集中する形式も古い形式の1つです

構造的には、上屋と下屋がきっちり分かれているのが古い特徴です。構造的に柱を抜くのは時代が発展しないとできないので、あくまで柱を省略せずに柱の密度が高いわけです。柱間が小さいのも同じ理由で大きな材料を使わないのでこまめに柱を立てないといけません。

◇部材・樹種の特徴

材料については地域差が大きいのですが、クリやマキなどの雑木を使っているものが古いと言われます。雑木を使っているものは材木が流通している時代よりも前の時代である可能性があるわけです。同じように曲がった柱や梁、丸太の形状のままのものは古式を残しています。ただし梁は後の時代になるとあえて曲がった梁を使うこともあるの

で注意が必要です。一方で柱は後の時代では大体真っ直ぐな柱を使うので1つの参考になります。

もう1つが「面取り」です。普通、角柱では角柱の四隅を落とします。その面取りの幅が大きいものは比較的古く、新しくなるにつれて面取りの幅は小さくなり、近代の書院では「糸面」という糸を1本外したくらいしか面取りをしていないけれど角に当たっても痛くないような細かい面取りになっていきます。この面取りが大きい方が古い傾向は農家でも寺院建築でも同じです。

もう1つが構造に関わる話で、必要以上に大きな梁や柱を使うのは時代の傾向として新しくなります。構造材をあえて意匠的に農家の使い方として見せるわけです。要は座敷をきっちりつくる数寄屋のようなものは制限されたので、構造材を見せることに注力したのです。

仕上げに関しても色々あり、ヨキ（斧）で削ったままのような方法やチョウナやカンナの仕上げがあります。板をチョウナではつるような時も先が丸い丸刃（ハマグリ刃）と直刃があり、丸刃は直刃よりも古いことが知られています。逆にカンナは、ダイカンナが出てくるのが中世以降ですので、新しい施工で高い加工精度のものは比較的新しいものと考えられます。

地域によって古さは変わるのですが、細部を見ていくと納戸構えが古い形式として残っていることがあります。寝る場所に一段高い敷居を設け跨いで入る形です。書院造の帳台構えも一段高くなっていましたが納戸構えも敷居を床より一段高くします。また古式な細部としては、がっしりした格子窓を用いたり、奥行の浅い押板を使ったりします。ただ地方や家の格式でも大きく異なるので、簡単には他の地方との比較はできません。地域性や家の大小、家格を総合的に考えながら民家を捉える必要があるわけです。

◇**接客と生活の動線**

一般的な農家の平面の多くは直屋《すごや》と呼ばれる長方形の平面です。屋根も寄棟造や入母屋造などの古代に見られたプリミティブな形を取り、多くの地域で展開しています。1687年の北村家住宅（図20・6）では広間があり、残りが二室に分かれた三室広間型の建築形式で、竹のすのこや板

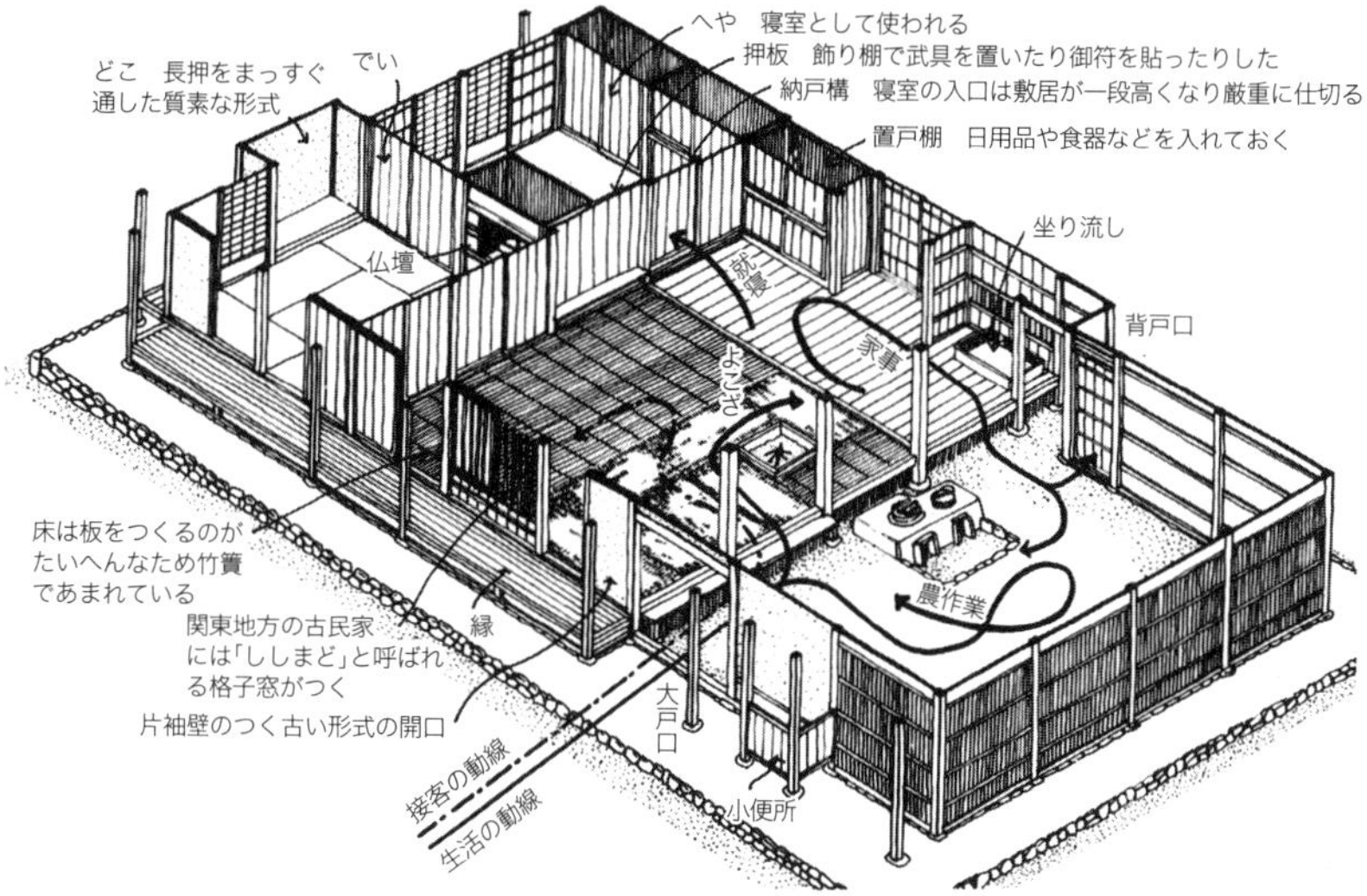

図20・6　旧北村家住宅の動線（出典：鈴木充『江戸建築』日本の美術201、至文堂、1983年、第88図に加筆）

敷としています。この家では「ヘヤ」が寝室に当たり、床と仏壇を持つ正面側の部屋に「オク」が設けられています。土間沿いに「ヒロマ」が広がり、囲炉裏が置かれます。「ダイドコロ」にはカマドが置かれ炊事の場として使われました。

ここでは生活と接客の動線が別で、接客の動線は入口から上がって正面側を通り「オク」に出ていきます。生活動線は竹すのこを上がり囲炉裏に行く、あるいは農作業は入口から入って土間で行われます。それに対して背面側の炊事や洗いの動線は裏の背戸口も使います。緩やかに正面側の大きな入り口を使う動線と背面側の動線に分かれているわけです。

6　農家の地方性

◇曲屋・中門造・かぶと造

農家の地方性は色々な形があり直屋《すごや》が基本の形で、梁間・桁行方向にしても建物を巨大化するのは困難です。一方で曲屋《まがりや》・中門造《ちゅうもんづくり》の平面はL字型です（図20・7）。これは東北地方を中心に関東以北、新潟や北陸の雪国でも見られます。正面側の突出部に馬を飼育するための「ウマヤ」があり、これが建物の中に取り込まれています。曲屋と中門造の違いは入口の場所の違いです。曲屋は南部地方によく見られ、入隅の部分に入口があります。一方で中門造は「ウマヤ」の先端の突出部に入口があります。秋田の中門造の旧奈良家住宅には正面側の入口があります。

かぶと造も広い地域で展開しています。秋田や山形などの北国だけではなく東京や神奈川でも展開しています。かぶとの形をした小屋裏の大きい2階を持つつくりです。山形県の田麦俣《たむぎまた》集落に多くのかぶと造の民家があることが知られています。草葺で大きな小屋裏は通風が良く温湿管理でも便が良いので養蚕に使われます。

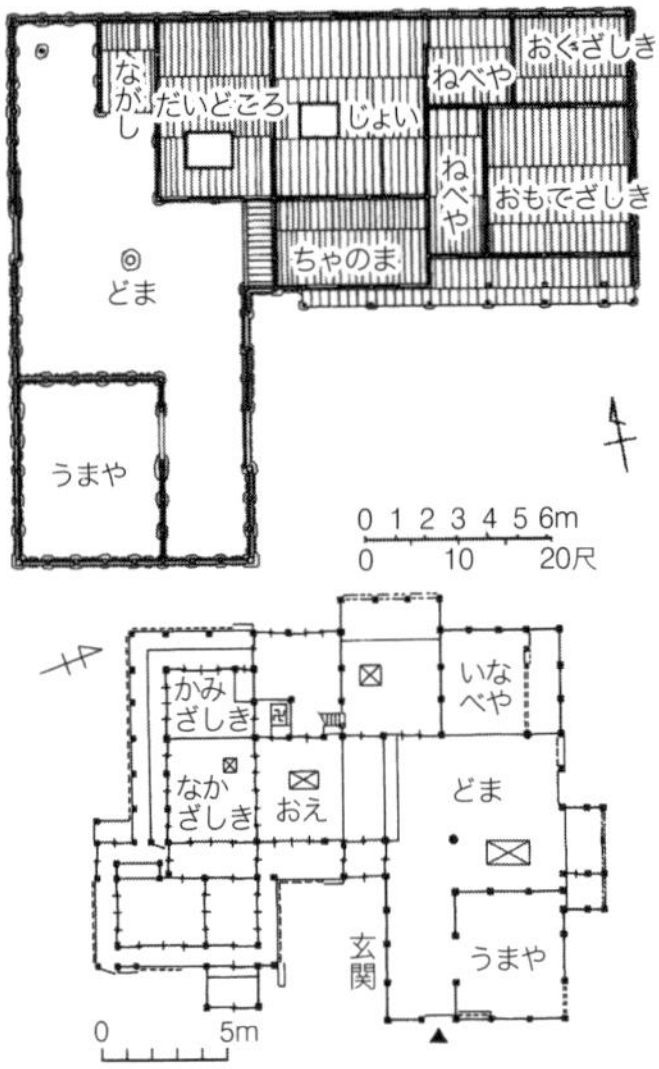

図 20・7　曲屋と中門造（出典：日本建築学会編『日本建築史図集』新訂第 3 版、彰国社、2011 年、96 頁に加筆）

◇**分棟型**

旧作田家《さくだけ》住宅（現川崎市立日本民家園）は元々千葉県にあった分棟型の農家です。主屋が17世紀後半、土間部分は18世紀後半に建てられました。農作業をする場所と生活する場所が接合しているのですが、1つの大きな建物にすると、大きな屋根をかけることになります。これを分棟にすることでそれぞれの建築を大きくせずすむわけです。ただし屋根を繋げようとすると屋根同士の間に雨が溜まるので、この部分に雨樋を設けます。似た例では寺院建築の正堂の正面側に礼堂を設け、梁間方向を大きくし、正堂と礼堂の間にも樋を設けていました。これと同じように分棟型では屋根の谷の納め方を気にしたわけです。このような形式はベトナムなどではたくさんありますが、樋などで受けないことも多く、あまり気にしていません。気候と作業動線との関係に特に気を配っているのが日本の建築の特徴だと思います。

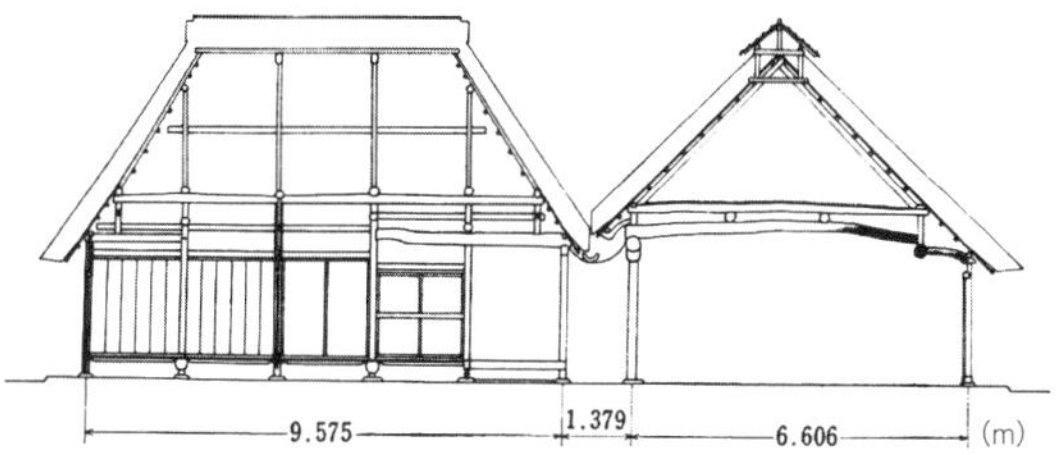

図 20・8　旧太田家住宅の断面図（出典：吉田靖『民家』日本の美術 60、至文堂、1971 年、57 頁）

土間と床の境に屋根は下がり、樋が見えます。実質的には一体空間になっているので、中に入ると大規模な建築にいるのと変わりません。

旧太田家住宅（現川崎市立日本民家園）も元々茨城にあった住宅です（図 20・8）。少し土間部分が正面に突出した形になっています。主屋と土間の間に樋を掛けますが、両者に少し違いがあり、構造的にも梁間に大きな扠首をかけて土間空間を構成しています。

◇本棟造

本棟造《ほんむねづくり》は長野県を中心に群馬・静岡県まで中部地域の山沿いに展開する大きな切妻の形式で板葺が多くみられます。本棟造では妻が大きくなるので正面性が強くなります。入口とは別に玄関を設けることが多く、両者で正面性を強調する立面を構成して、妻入の屋根の上に「雀踊り」の屋根飾りを置くのが大きな特徴です。梁間方向が大きくなるので和小屋の小屋組がしっかり組めなければできません。

堀内家住宅を見ると、平面は玄関に入ると、表の部分のげんかん・かみざしきが接客のスペースです（図 20・9、20・10）。奥に入ると「おえ」があり、奥側に部屋が展開します。これだけ広い平面で窓がないと、「おえ」は暗く実際の

図 20・9　堀内家住宅の正面

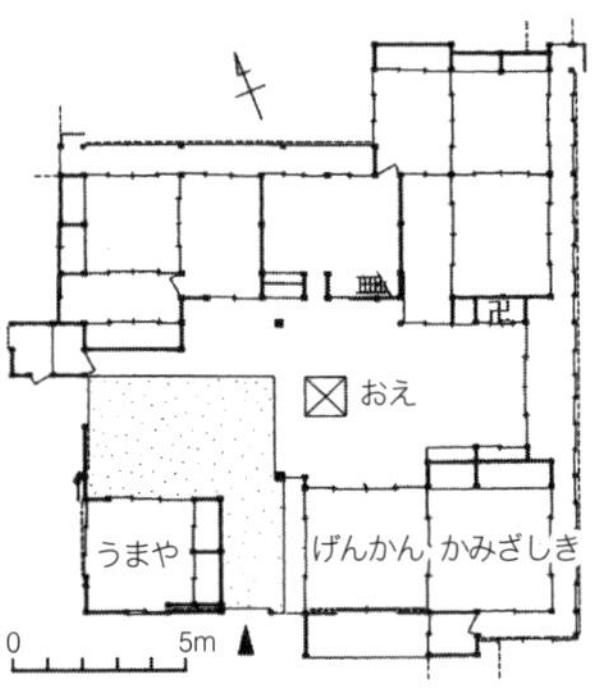

図 20・10　堀内家住宅の平面図（出典：日本建築学会編『日本建築史図集』新訂第 3 版、彰国社、2011 年、98 頁に加筆）

生活では使いにくいところがあります。「おえ」の側面側では窓が開いているので光が入りますが、土間側は採光がなく、暗い空間です。そのため本棟造の住宅では近代になるとトップライトで光を取り入れ、使いやすく改造されています。正面側のうまやの部分が土間で、その脇に竈が並びます。小屋組を見ると縦横無尽に和小屋を組み、桁行方向にも小屋貫を通して構造的に強化しています。

◇養蚕の四つ建て

山梨にあった広瀬家住宅（現川崎市立日本民家園）は大きい切妻屋根の家です。草葺では大棟で雨が漏りやすく、それを防ぐために瓦を乗せる、あるいは板の覆いをします。ここでは芝を上に置く「芝棟《しばむね》」で保護する形をとっています。内部は床上と土座が残り、建物全体を特徴的な４本の太い柱で支えており、四つ建ての構造とも言います。構造的に強固な柱とそれより細い柱を組み合わせることで、無柱の大きな空間をつくっています。

◇合掌造

白川郷で有名な合掌造は大きな合掌の材を設け屋根裏に大空間をつくります。小屋裏にも床を張って、養蚕のための蚕棚を置くスペースとすることもあります。雪国では雪下ろしが大変なので急な勾配の屋根は気候にもマッチした形と言えます。土間が少なく、うまやが内部に取り込まれ

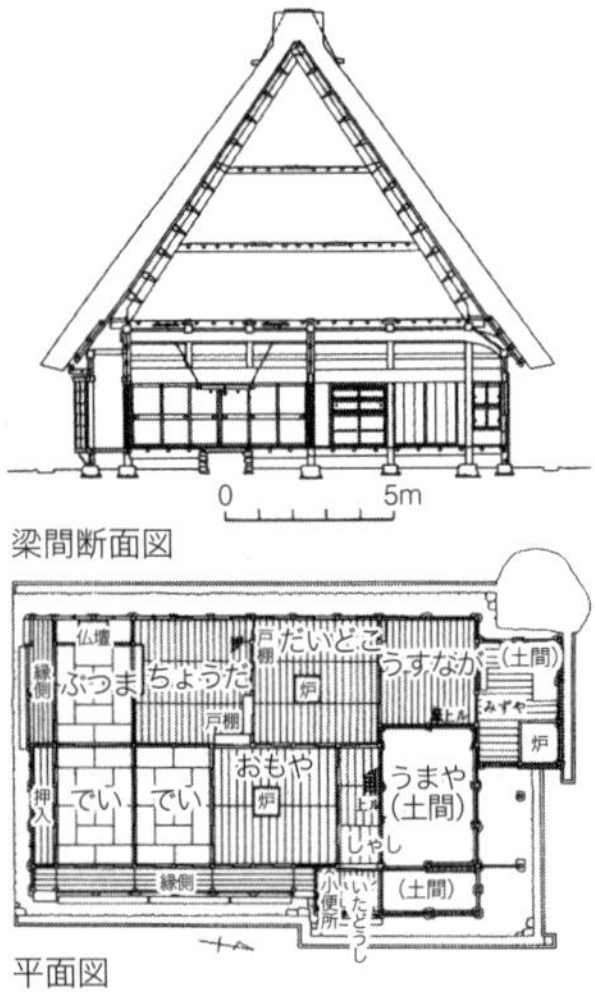

図 20・11　大戸家住宅の平面図と断面図（出典：日本建築学会編『日本建築史図集』新訂第 3 版、彰国社、2011 年、99 頁に加筆）

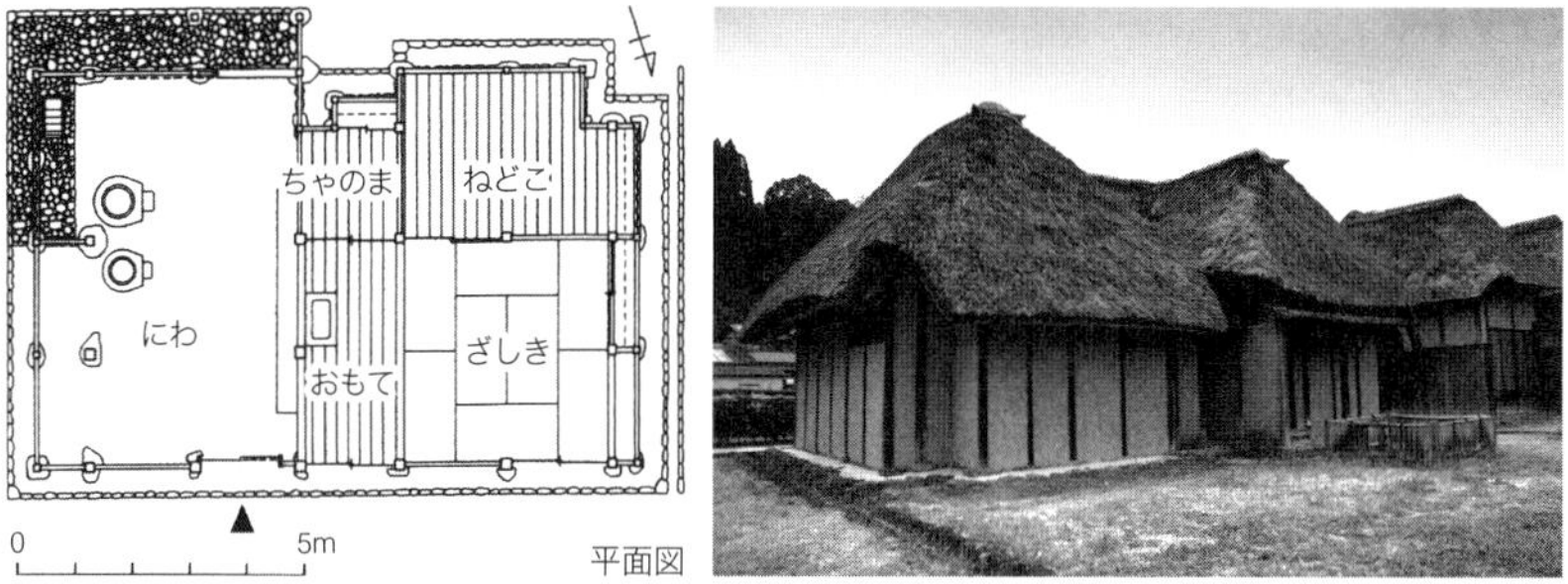

図20・12　旧川打家住宅の平面図と外観（出典：日本建築学会編『日本建築史図集』新訂第3版、彰国社、2011年、103頁に加筆及び海野撮影）

て「うすなが」が土間の代替の作業場として使われます（図20・11）。地域性と建物の使い方の違いがこの辺りにも表れています。

また「結」という村人の共同作業による屋根の葺替が残っているのが特徴です。軸部は工匠がやりますが定期的な葺替は村の共同作業です。かなりの人数で全面の葺替をしていますが、茅葺の屋根の場合、必ずしも全ての屋根を一度に葺替するのではなく、各年4分の1〜6分の1程度で、何年か掛けて終えることも多くあります。

◇くど造

南に行くと佐賀県のくど造が代表的です。コの字形の平面で、突出部が2つありその奥にもう1つ横長の棟があります（図20・12）。1本の長い直屋をコの字に折り曲げたような構造をしているわけです。くど造の建物の奥行は深いのですが、それぞれの梁間を大きくしないで済む工夫です。これにより梁も太くない材料で済ませることができるのです。

7　民家の現代的活用

◇地域性に応じてつくられた民家

以上のように、地域性に応じた建築がたくさんつくられたのが民家の特徴です。町家の場合も地域によって形が違いますが農家の場合はそれ以上に違います。一方で今日見てきた中で大半が瓦葺ではなく茅葺です。葺き材や材料、労働力などそこに繋がる社会との関係性が大きいわけですね。

寺院や神社などの宗教施設は、現代でも継承されますが、民家の場合は社会の中でどのように活用するかが課題になります。住宅のまま活用するパターンが多いのですが、吹抜や床上土間境のあがり、座敷、箱階段など改修しなくても建築の良さが評価されやすい場所はあまりいじられません。大半の活用事例で問題になるのは水廻り・温熱環境・二方向避難です。そのため、第一にトイレや風呂、台所の対策が最もよく求められます。対して現代生活で使うかわからないけれど、座敷周りや出入口は良い場所として残されたりします。活用する場合には所有者自身もここに価値を見出すことが多いので、前の時代に評価されていた、あるいはつくる時点でも力を入れていた所を継承することで活用がうまくいく場合があります。

民家の土間上の牛梁などの構造材や建具、部分的な土間空間や吹抜を元の空間を継承して残す方法があります。新しい設備を入れたり温熱や機能性の面で断熱性を高めたり、必ずしも全部残すわけではなく部分的に改造を加え、活用の方法を考えるわけです。

機能を大きく変えることもあり、米蔵から店舗に改装した例もあります。土蔵は堅固につくられているので材料が傷んでいないことが多く、一方で壊すと多額の費用が掛かるので活用の道を辿ることもあります。

蔵は1階と2階で分かれていることが多く、2階の床を抜くと部分的に開放的な空間になります。通し柱が多く、天井も張らないので材料や構造部材をそのまま見せることが多くあります。店舗への活用が多いですが住宅への改造例もあり、部分的に壁に窓を開けて採光したり、建具を使って前の建物の記憶を残したりして、活用が図られています。

農家も町家も今後再生していく上で、元の建築が持っていた良い所と現代生活にマッチさせる折り合いが重要です。その際には取捨選択が必要になり、建物の価値や状況をきっちり把握・調査することが設計の側でも必要になってきます。そのためにも建築の歴史や特徴を知っておくことや実測調査のスキルが重要になってくるわけです。

あとがき

私自身、建築史の研究をしようと思って、建築学科に進学したのですが、進学時には全くの素人であったといっても過言ではありません。ただ、中高校生のころに、奈良や京都を訪れ、寺院や民家などの古建築の力強さ、そして次世代への継承という時間の積み重ねに面白さを感じていましたから、こうした現地での体験を通じて、その魅力を感じていたのでしょう。まさに自身の「感性」のおもむくままに、この世界に足を踏み入れたのです。

ようやく建築学科で日本建築史に関する講義を受けたのですが、思えば、指導教員であった藤井恵介先生の講義も一般的な通史とはかけ離れており、想像の斜め上をいくものでした。当時は1コマ90分の講義でしたが、法隆寺の再建論争や両界曼荼羅で1コマが終わるなど、一部のテーマを深掘りした講義で、モノだけではなく、観念的なコトにも重きが置かれていました。先生の専門性が強く表れていた講義であったと、後年になってわかりましたが、曼荼羅からモヤモヤと仏が出てくる、そういった話は、建築史ではモノを扱う、という先入観のあった私にとって刺激的でした。教え手が10人いれば、10通り以上の日本建築史の講義がありうる、とも気づかせてくれました。その意味で、私の講義は自身の文化財の現場で培った経験を反映しているため、考古学や美術史など、学際的な視点が多く、本書もゴリゴリとモノの見かたを積み上げた性格が強いといえるでしょう。

いろいろと書き連ねましたが、建築史に限らず、建築では座学だけではなく、実物と向き合うことが一番です。本書で得た知識や見方とともに、実際の古建築に向き合うと、読んでいてわかりにくかったことも理解できることも多いでしょう。それ以上に古建築の持つ力強さや美しさにじかに触れてもらいたいと思います。各地の寺社や城郭などの訪問がより豊かな体験になり、そこに建つ建物についても、これまでとは違って見えてくることでしょう。

学芸出版社の井口夏実さんから講義録の企画をお声がけいただきましたが、講義の内容での多岐にわたる図面や絵図等は驚かれたかと思いますし、編集でもお手を煩わせました。ここに記して感謝したいと思います。そのかいもあって、尖った講義の一端を示せたと自負しています。ともあれ、この本で示したような多彩な講義のあり方を通して、もう研究されつくされたとも思われがちな日本建築史に未知の世界が広がっていること、無限の可能性を秘めていることを少しでも伝えられたならば本懐です。

さらに日本建築史を学びたい人は次にあげる参考図書をめくっていけば、より深い研究に触れることができるでしょう。本書が皆さんを日本建築史の世界にいざなう扉になれば幸いです。

２０２２年２月　自宅書斎にて

海野　聡

主な参考図書一覧

【日本建築史総論・図集】

・海野聡『建物が語る日本の歴史』吉川弘文館、２０１８年
・海野聡『森と木と建築の日本史』岩波書店、２０２２年
・日本建築学会編『日本建築史図集新訂 第三版』彰国社、２０１１年
・太田博太郎『日本建築史序説　増補第三版』彰国社、２００９年
・『日本建築史』新建築学大系2、彰国社、１９９９年
・藤井恵介・玉井哲雄『建築の歴史』中央公論社、１９９５年、（文庫版、２００６年）
・文化庁編『文化財講座　日本の建築』1〜5　第一法規、１９７６〜７８年
・『日本建築史基礎資料集成』中央公論美術出版。１９７１年〜（未完）
・太田博太郎・西和夫・藤井恵介編『太田博太郎と語る日本建築の歴史と魅力』彰国社、１９９６年
・『日本の美術』シリーズ
・井上充夫『日本建築の空間』ＳＤ選書、鹿島出版会、１９６９年

【木造建築の構造】

・海野聡『古建築を復元する―過去と現在の架け橋―』吉川弘文館、２０１７年
・伝統のディテール研究会編『改訂第二版　伝統のディテール　―日本建築の詳細と技術の変遷』彰国社、２０２１年
・西和夫『図解 古建築入門』彰国社、１９９０年
・『日本人はどのように建造物をつくってきたか』シリーズ、草思社

【寺社建築】

・海野聡『奈良で学ぶ 寺院建築入門』集英社、２０２２年
・太田博太郎『奈良の寺々：古建築の見かた』岩波ジュニア新書、岩波書店、１９８２年（吉川弘文館より２０１９年再刊）
・文化庁歴史建造物調査研究会編『建物の見方・しらべ方―江戸時代の寺院と神社』ぎょうせい、１９９４年

【住宅・都市関係】

・太田博太郎『図説日本住宅史（新訂）』彰国社、１９７１年
・平井聖『日本住宅の歴史』ＮＨＫブックス、１９７４年
・小泉和子・玉井哲雄・黒田日出男編『絵巻物の建築を読む』東京大学出版会、１９９６年

【建築細部・大工道具・工匠】

・日向進『物語／ものの建築史　窓のはなし』鹿島出版会、１９８８年
・山田幸一『物語／ものの建築史　日本壁のはなし』鹿島出版会、１９８５年
・高橋康夫『物語／ものの建築史　建具のはなし』鹿島出版会、１９８５年
・『ものと人間の文化史』シリーズ、法政大学出版会局
・大河直躬『番匠』ものと人間の文化史5、法政大学出版局、１９７１年

索引

【著者】

海野 聡（うんの　さとし）

1983年生まれ。2009年東京大学大学院工学系研究科建築学専攻博士課程中退、博士(工学)。2009〜18年（独)国立文化財機構奈良文化財研究所を経て2018年より東京大学大学院工学系研究科建築学専攻准教授。専門は日本建築史・文化財保存。著書に『奈良時代建築の造営体制と維持管理』(2015)、『古建築を復元する：過去と現在の架け橋』(2017)、『建物が語る日本の歴史』(2018)（いずれも吉川弘文館)、『奈良で学ぶ　寺院建築入門』(2022、集英社)、『森と木と建築の日本史』(2022、岩波書店)

日本建築史講義
木造建築がひもとく技術と社会

2022年5月　1日　第1版第1刷発行
2024年6月20日　第1版第3刷発行

著　者……… 海野聡

発行者……… 井口夏実
発行所……… 株式会社 学芸出版社
〒600-8216
京都市下京区木津屋橋通西洞院東入
tel 075-343-0811
http://www.gakugei-pub.jp/
E-mail　info@gakugei-pub.jp
編　集……… 井口夏実

ＤＴＰ……… 村角洋一デザイン事務所
装　丁……… 永戸栄大・見増勇介（ym design）
印　刷……… 創栄図書印刷
製　本……… 新生製本

ISBN 978-4-7615-2816-4